Soden um 1615

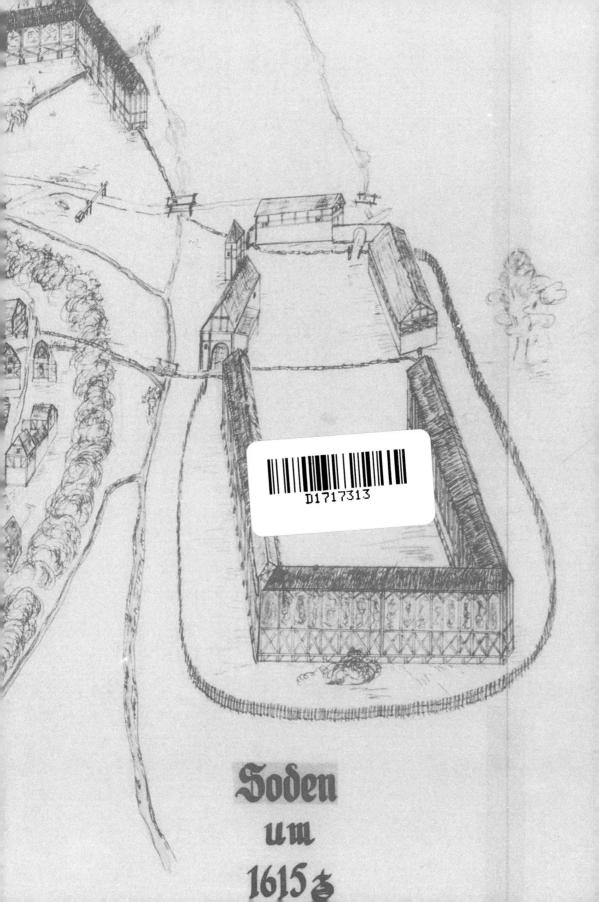

Bad Soden
am Taunus

Bestehen aus der Geschichte

Stadtgeschichte
von Joachim Kromer

Herausgegeben vom
Magistrat der Stadt Bad Soden am Taunus

Verlag Waldemar Kramer

Die Deutsche Bibliothek – CIP – Einheitsaufnahme

Kromer, Joachim:
Bad Soden am Taunus : Stadtgeschichte / von Joachim Kromer.
Hrsg. vom Magistrat der Stadt Bad Soden am Taunus. —
Frankfurt am Main : Kramer.
Bd. 2. Bestehen aus der Geschichte. — 1991
ISBN 3-7829-0414-1

ISBN 3-7829-0414-1

Vorderes Vorsatzpapier: »Das Dorf Soden«
Ausschnitt aus der Salinenzeichnung von 1615 (Tafel V).

Hinteres Vorsatzpapier: Plan von Soden 1897
in »Bad Soden am Taunus ...«, Selbstverlag der Gemeinde.

Gesamtherstellung: W. Kramer & Co. Druckerei-GmbH,
Frankfurt am Main

Inhalt

Geleitwort

Am Ende des Jubiläumsjahres erscheint nunmehr der Band über die Zeitgeschichte von Bad Soden.

Hat schon der Band »LEBEN AUS DEN QUELLEN« dem Leser einen Einblick in verschiedene Lebensbereiche der Vergangenheit unserer Stadt vermittelt, so wird nun die geschichtliche Folge vom Werden, der Entwicklung und dem Wandel unseres Gemeinwesens aufgezeigt, wie die Menschen vor uns ihre Probleme angegangen sind und zu bewältigen versucht haben. Mehr noch als im ersten Band wird uns beim Lesen der einzelnen Vorgänge bewußt, daß auch wir heute, trotz veränderter Ausgangslage, ebenso gefordert sind und der Frage, wie wir unser Handeln zu rechtfertigen gedenken, nicht ausweichen können. Dies macht unsere Freiheit aus. Wir sind in die Verantwortung genommen.

Keine wohlstandsorientierte Selbstgenügsamkeit und einseitig auf materielle Dinge ausgerichtetes Streben können auf Dauer den Forderungen unserer Zeit gerecht werden. Die notwendigen Entscheidungen verlangen ein Bemühen um verantwortete Standpunkte.

Nicht einseitiges oder parteiliches Denken ist gefordert, sondern was unserer Stadt Zukunft schafft. Wir müssen uns deshalb den Blick für Wesentliches freihalten und an den gegenwärtigen und zukünftigen Aufgaben gemeinsam mitarbeiten. Besonders heute, wo Freizeit und Freiheit grenzenlos erscheinen, wächst bei vielen Menschen eine neue Unsicherheit. Unsere Erkenntnis aus der gewonnenen Freizeit kann nur heißen, daß wir uns der eigenen Verantwortung für die Gesellschaft bewußter werden und persönlichen Einsatz für die Allgemeinheit gerne leisten, ohne zu fragen, ob nicht andere dafür zuständig sind.

Beispiele hierfür haben Bürger unserer Stadt zu allen Zeiten gegeben. Dies lohnt sich nachzulesen.

Mein Dank gilt in besonderem Maße dem Verfasser, Herrn Joachim Kromer, und allen, die zum Erscheinen dieses Buches beigetragen haben.

Im November 1991

Berthold R. Gall
Bürgermeister

Einführung

In dem im vergangenen Jahr erschienenen Band der Bad Sodener Geschichte waren bestimmte Lebensbereiche Gegenstand der Darstellung. Der nunmehr vorliegende zweite Band beschäftigt sich mit der Zeitgeschichte unserer Stadt. Anhand von Urkunden, Verträgen, Denkschriften und sonstigen Texten wird versucht, Anfänge, Entwicklungen und Vorgänge der vergangenen Zeiten aufzuzeigen, wobei die Wiedergabe noch vorhandener Urkunden und Texte eine wesentliche Rolle spielt. Eine solche Darstellung kann nicht der Versuch sein, »objektive« Tatsachen zu sammeln, um ein »objektives Bild« der Zeit zu gewinnen, was gar nicht möglich ist, denn, wie Goethe es formulierte[1], »es ist schwer, gegen den Augenblick gerecht zu sein«.

Dennoch stellt er an anderer Stelle fest[2], »wir alle leben von Vergangenem«, und »die Menschen sind als Organe ihres Jahrhunderts anzusehen... Frage sich doch jeder, mit welchem Organ er allenfalls in seine Zeit einwirken kann und wirkt«. Mit Leopold von Ranke möchte man hinzufügen: »Das Geschäft der Historie ist die Wahrnehmung dieses Lebens«[3]. Die Beschäftigung mit den Anfängen, dem Fortgang und dem Wandel der Dinge in einer Zeit, mit dem, was der Mensch zu leben versucht hat, führt zu »allgemeiner Ansicht der Begebenheiten«, »zur Erkenntnis ihrer... Zusammenhänge«[4]. Der für diesen Band gewählte Titel »Bestehen aus der Geschichte« will einerseits darauf hinweisen, daß auch die Vergangenheit Einfluß auf unser Tun hat und heute noch in den Gegebenheiten dieser Stadt fortwirkt, zum andern aufzeigen, daß dies zugleich bedeutet, daß wir uns dem, was als Bestand vorgefunden wird, in seinen Anforderungen stellen und es bewältigen müssen.

So wie die Zeit sich wandelt, so muß auch Geschichte fortgeschrieben werden. In diesem Sinne bedeutet dieser nunmehr vorliegende Band der Bad Sodener Geschichte keinen Abschluß der Geschichtsschreibung dieser Stadt, sondern will vielmehr Anstoß sein, einzelne Sach- und Fachfragen weitergehend zu erforschen und einer weiterzielenden Bearbeitung zuzuführen, die den Umfang dieses Buches überschritten haben würde. Dem dienen ja z.B. auch die Veröffentlichungen des Arbeitskreises für Bad Sodener Geschichte.

Der Verfasser dankt dem Magistrat und den Stadtverordneten der Stadt Bad Soden a. Ts. für die Bereitstellung der Mittel zum Druck dieses Bandes.

Mein Dank gilt in gleicher Weise dem Leiter des Heimatmuseums, Herrn Rudolf von Nolting, für seine Unterstützung bei der Sichtung des dort vorhandenen Materials sowie bei der Reproduktion von Bildern, Drucken und Urkunden. Auch danke ich Herrn Dietrich Kleipa vom Kreisarchiv für seine Hilfe bei der Archivarbeit und für die Überlassung seines Materials. Nicht vergessen sei hier auch die Arbeit von Pfarrer Otto Raven, aus dessen Nachlaß eine Ausarbeitung für eine Salinengeschichte zur Verfügung stand.

Zu danken habe ich für vielfältigen fachlichen Rat und Unterstützung allen Damen und Herren der Archive und Museen sowie der Verwaltung, die mir behilflich waren.

Bad Soden, 15. November 1991 — Joachim Kromer

I. Vor- und Frühgeschichte

1. Jungsteinzeit

Die Geschichte eines Ortes beginnt nicht erst in der Zeit, da sich ein Gemeinwesen bildete. Von der Zeit an, da Menschen in diesem Landstrich ihre Spuren hinterlassen haben, sei es als Sammler, Jäger oder Viehzüchter und Bauern, müssen wir die Vergangenheit zu erforschen suchen.

Der 800. Jahrestag der Ersterwähnung Sodens in einer datierten Urkunde, den die Stadt 1991 beging, mußte also Anlaß sein, auch in jene Zeit zurückzublicken, die für uns »Vorgeschichte« ist, aus der uns keine schriftlichen Zeugnisse überliefert sind und aus der uns nur wenige Funde aus dem Gebiet der heutigen Stadt bekannt sind.

Was diese Funde betrifft, so war der Umgang mit ihnen vor allem bei ihrer Auffindung oft nicht sachgemäß, oft wurden sie nicht genau beschrieben, und was entscheidend ist, sind viele heute nicht mehr auffindbar, vor allem einige, die in Privathand blieben oder mit der Zerstörung des alten Bad Sodener Heimatmuseums im Zweiten Weltkrieg verlorengingen. So bleibt uns heute zunächst nichts weiter übrig, als z.B. das Verzeichnis des alten Heimatmuseums von 1925/26 zu Rate zu ziehen, wo dessen Leiter, Herr H. Vohl, außer den Fundstücken auch die Herkunft, und, wenn eine fachgerechte Bestimmung erfolgte, diese vermerkt hat. Weitere Hinweise in der Literatur helfen, den Einblick in jene Zeit zu erweitern. Einige Fundstücke befinden sich heute in der Sammlung Nassauischer Altertümer im Museum Wiesbaden.

Der jüngste Fund aus der Zeit des Neolithikums, der Jungsteinzeit also (ungefähr 5.–2. Jahrtausend v. Chr.), wurde in der Altenhainer Flur »Mühlhelle«, nahe der »Roten Mühle«, 1982 von Erich Behle gemacht. Er fand beim Pflügen eine unregelmäßig geformte Axt aus heimischem Serizitschiefer, 10,2 cm lang, von rechteckigem Schnitt, mit »sanduhrförmiger Durchbohrung« für den Holzstiel[1]. Diese Form der Axt läßt auf die Herkunft aus der sogenannten Rössener-Kultur (4800–4600 v. Chr., benannt nach dem Gräberfeld von Rössen bei Merseburg, schließen.

Eine Streitaxt aus derselben Zeit aus Lydit (Kieselschiefer) mit polierter Schneide und poliertem Nacken, im oberen vorderen Teil beschädigt, die auf Sodener Gebiet gefunden worden sein soll, befindet sich heute in der Sammlung Nassauischer Altertümer im Wiesbadener Museum (Inventarnummer 38 52.3). Im Bad Sodener Heimatmuseum befindet sich eine Kopie dieser Streitaxt (Farbtafel IV).

Wie die vorgenannte gehörten auch die beiden im Museum Wiesbaden aufbewahrten Beile ehemals zur Sammlung des preußischen Diplomaten und Altertumsforschers Dr. Friedrich Wilhelm Dorow (1790–1846). Die bei seinen Ausgrabungen in Südnassau gemachten Funde gelangten aus Anlaß seiner Berufung zum Direktor für Altertumskunde im Rheinland und Westfalen nach Bonn, später mit der gesamten Dorow'schen Sammlung in das Bonner Provinzialmuseum, von wo das Museum Wiesbaden die Streitaxt und die beiden Steinbeile im Tausch erwarb.

Das eine Fundstück, ein Rechteckbeil, gut geglättet, 9 cm lang und an der Schneide 5,5 cm breit, wurde von E. Sangmeister der Glockenbecherkultur (2. Jahrtausend v. Chr.) zugewiesen[2]. Das andere Beil, mit einer asymmetrischen Schneide, bestoßenem

Nacken, aus Pyrit (Schwefelkies), 6,5 cm lang, mit einer 5,6 cm breiten Schneide, konnte nicht genauer einer bestimmten Epoche zugeordnet werden.

Aus der Dorow'schen Sammlung stammen auch eine Reihe anderer Fundgegenstände, die er von dem Höchster Tabakfabrikanten Johannes Horstmann erhalten hatte. Sie wurden, wie Dorow in seinem Buch »Opferstätten und Grabhügel der Germanen und Römer am Rhein«, 2. Abteilung Wiesbaden 1826 in dem Abschnitt »Opferstätte am Wege von Soden nach der Veste Königstein« berichtet, bei »dem Bau der Straße, welche von Soden nach Königstein führt«, gefunden. Dort »stieß man auf einen Platz, welcher mit Asche, Knochen von Thieren, unter denen ein sehr verwittertes, jedoch geglättetes Stück eines Hirschgeweihs lag, bedeckt war. Darunter fand man:

1) eine 3 Pfund 29 Loth schwere Streitaxt von graugrünlichem Serpentinstein.[3] Das zum Stiel durchgebohrte Loch ist eben so meisterhaft gearbeitet, wie bei der im 1ten Heft S. 3 beschriebenen Streitaxt, und trefflich und ebenmäßig ist die Steinmasse zu beiden Seiten der Oeffnung nach dem Ende zu geschliffen; die andere Seite ist nur im Rohen bearbeitet, so wie diese ganze Waffe ein rohes aber kräftiges Zeitalter zeigt. Die Axt scheint gebraucht, welches aus Beschädigungen, die mit gewaltiger Kraft von ähnlichen Waffen hervorgebracht scheinen, offenbar ist.

2) eine 13 Loth schwere Streitaxt (= 188,5 g) aus glänzendem schwarzen Serpentinstein, mit einem eben so künstlich durchbohrten Loch für den Stiel. Diese Waffe ist an dem einen Ende sehr beschädigt, und es scheint sogar ein Stück zu fehlen, vielleicht im Kampfe abgehauen ... Auffallend ist es, daß die Oeffnung zum Stiel bei dieser bedeutend leichteren und feiner gearbeiteten Streitaxt größer ist, als bei der vorher beschriebenen.

Streitäxte, Streithämmer wurden als Symbole von Thors Waffe, womit er den Donner hervorrufe, und die in den Klüften der Erde hausenden Riesen treffe, in heiligen Hainen verehrt und zum wirklichen Gebrauch eingeweiht.

3) Vier zum Theil messerförmig zugeschliffenen Steine, zwei aus feinem Basalt, die anderen aus Serpentinstein. Keiner wiegt über 10 Loth (= 145 g); wahrscheinlich Opferinstrumente der Teutschen. Der eine, an Form einem Rehfuß nicht unähnlich, ist sehr verwittert.

4) Ein 26 Loth (= 377 g) schwerer zungenförmiger Stein, welcher nur im Rohen behauen, unvollendet zu seyn scheint, und daher umso interessanter wird, da er die Art und Weise angiebt, wie die alten Teutschen ihre Steine bearbeiteten.

5) Drei hart gebrannte rothe Backsteine in Form eines stumpfen Kegels, am oberen Theil mit durchgehendem Loch. An Form und Arbeit sind sich alle drei gleich; an Gewicht etwas verschieden. Der Schwerste wiegt 22 Loth (= 319 g).

Als Schleudersteine, wofür man sie halten wollte, scheinen sie ihrer Masse wegen unzweckmäßig und für die damalige Zeit auch zu kostbar, indem einfache Feldsteine diesen Zweck mit mehr Erfolg erfüllen. Könnten es vielleicht Gewichte gewesen sein?«

Dorow vermutete in dieser Fundstelle eine »geheiligte Opferstätte unserer alten Vorvorderen« aus der Zeit vor »Gründung des Pfahlgrabens«, denn später hätten die »Römer wohl schwerlich einen Opferplatz der Teutschen innerhalb ihres Gebietes« geduldet, es sei denn, daß sie »den unter ihrem Schutz stehenden Mattiaken ihre alte Religion und deren Gebräuche ungefährdet gelassen«[4].

Wesentlich wahrscheinlicher ist wohl die Annahme, daß wir es hier mit einer Feuerstelle, einem Lagerplatz mit einer dazugehörigen Abfallgrube aus der jüngeren Steinzeit zu tun haben. Streitäxte waren auch Arbeitsgeräte. Eine genaue zeitliche Bestimmung ist nicht mehr möglich. Den Fundort kann man ebenfalls nur vermuten. In Frage kommt der Straßenabschnitt zwischen dem oberen Kurparkeingang gegenüber dem Haus St. Elisabeth und der Einmündung der Parkstraße. In beiden Fällen war ein Bachlauf in der Nähe, im unteren Gebiet, so darf man annehmen, eine Quelle.

Auch der Archäologe Georg Wolff vermutet in seinem Buch »Die südliche Wetterau in vor- und frühgeschichtlicher Zeit mit einer archäologischen Fundkarte« (Frankfurt a. M., Ravenstein 1913 S. 145) in der Fundstelle eine »neolithische Wohnstätte«.

Nachgewiesen sind die Funde im Inventarverzeichnis des Museums Wiesbaden Nr. 5816, die Tierreste, u.a. ein geglättetes Stück Hirschgeweih, unter der Nummer 3852. Die genannten Fundstücke werden durch diejenigen ergänzt, die im »Bestand-Verzeichnis des Nassauischen Heimatmuseums für Bad Soden am Taunus und Umgegend« 1925/26 von dem Leiter des Museums, Postdirektor a.D. H. Vohl, aufgelistet sind und deren Fundort meist bekannt ist[5].

1. »Steinmeißel« (wohl Steinbeil), gefunden bei Arbeiten an der Wasserleitung in der Kaiserstraße bei dem Haus »Guckes« im Juli 1910 in 80 cm Tiefe von Bauunternehmer Hans Stark. Der Stein war 10 cm lang und 2,5 cm dick.

2. »Steinkeil oder Hammer«, gefunden an der gleichen Stelle zur gleichen Zeit. Die Fundstelle enthielt auch Knochen und Asche. Vohl vermutet eine neolithische Wohnstätte.

3. »Steinhammer«, gefunden Kaiserstraße/Ecke Kronberger Straße im Oktober 1917 von H. Vohl, ein Zufallsfund neben einem aufgeworfenen Graben.

4. Ein »Steinkeil (Faustling)«, gefunden 1905 bei Arbeiten hinter der Trinkhalle nach der ehemaligen Hauptstraße zu bei der Quellenneufassung unter Leitung v. Ing. Scherrer von Bad Ems durch Rohrmeister Zengler[6].

In diesem Zusammenhang steht auch der Brief von H. Vohl vom 2.2.1917 an den Direktor des Museums Wiesbaden, Herrn E. Ritterling, der verschiedene Sodener Funde bestimmt hat.

Nicht unerwähnt bleiben soll das im Museum für Vor- und Frühgeschichte der Stadt Frankfurt a. M. mit der Fundortbezeichnung »Altenhain« sich befindende spitzhackige Beil mit geschliffener Schneide, 7,5 cm lang und 5,5 cm breit, aus »dunkelgrünem Gestein« (Inventar-Nr. X 2317 Sammlung Ritter). Anzumerken ist noch, daß nach dem Zweiten Weltkrieg beim Neubau einer Werkstatt unmittelbar am Fuße des Dachbergs bei Ausschachtungsarbeiten eine weitere Feuerstelle gefunden wurde, Asche mit Tierknochen und Scherben. Die Reste wurden mit dem Erdaushub abgefahren. Eine Überprüfung und Sichtung der Gegenstände fand nicht statt[7].

Mit den genannten Funden läßt sich die Frage nach der Besiedlung des Sodener Gebietes in der Jungsteinzeit nicht schlüssig beantworten. Dazu reicht die Anzahl der Fundstücke wie auch der Informationen über Fundort und Eigenart nicht aus, zumal die meisten Gegenstände verlorengegangen sind. Als Siedlungsflächen kamen damals nur die den Hängen von Burgberg, Dachberg und Münsterer Höhe vorgelagerten Streifen in Frage, da die Hänge der Taunusberge bis in die Ebene waldbestanden waren, das Gelände der heutigen Ortsmitte sumpfig. Der übrige Boden des Vorgeländes bestand aus Schwemmlöß, gelagert über See-Sedimente, Ton und Kalkstein, war also schwer.

Der Geologe Christian Röhr setzt nach seinen Untersuchungen 1985/86 in der Baugrube des ehemaligen Park-Hotels den Beginn menschlicher Besiedlung in unserm Gebiet nach dem Erstauftreten von Funden menschlichen Ursprungs in den Erdschichten vor 10000 Jahren an[8]. Gleichwohl wird man von einer Besiedlung im eigenlichen Sinne nicht sprechen können, wohl von umherstreifenden Jägern und ihren wechselnden Lagerstätten. Zu längerem Verweilen kämen nur Viehhalter in Frage. Andererseits wird man wohl kaum annehmen können, daß z.B. die in der Kaiserstraße gefundenen Gegenstände durch abergläubige Landbewohner der späteren Jahrhunderte, die die steinzeitlichen »Donnerkeile« etwa als Amulette gegen Blitzschlag verwendeten, dorthin gelangt sind.

2. Hallstattzeit

Weitere vorliegende Funde von Bad Soden datieren ins 6. Jahrhundert v. Chr. und sind jener Kultur zuzurechnen, die nach dem Gräberfeld oberhalb von Hallstatt in Oberösterreich benannt ist. Die Hallstattkultur wird in verschiedene eigenständige Stufen eingeteilt. So bezeichnet man die Hallstattzeit A und B als Urnenfelderzeit, die Stufe C als ältere Hallstattzeit, etwa um 700 v. Chr. beginnend, und die Stufe D, die Zeit um 600 v. Chr. als jüngere Hallstattzeit, die in der 2. Hälfte des 5. Jahrhunderts von der La-Tène-Zeit abgelöst wurde. Die Sodener Funde sind der jüngeren Hallstattzeit zuzurechnen, der Hallstattzeit D 1. Sie weisen auf eine Besiedlung im Sodener Gebiet hin.

Schon Oppermann weist in seiner »Kronik Bad Soden, Taunus« von 1896/97 (handgeschrieben, jetzt im Heft 7 der MATERIALIEN ZUR BAD SODENER GESCHICHTE veröffentlicht) auf Grabhügel im Sodener Bereich hin. Er schreibt: » . . . und befinden sich in dem Soden-Sulzbacher Wald (Eichwald), an dem alten, fast verwachsenen Königsteiner Pfad . . . zwei Gruppen solcher tumuli, an welchen man Spuren früherer Nachgrabungen sehen kann« (S. 55/Heft 7 S. 90).

Der Ort liegt 168–175 m über NN auf einem leicht fallenden Gelände gegen Südosten hin. Insgesamt befanden sich ehedem 15 solcher Grabhügel an diesem Platz, von denen drei gestört sind. Der Grabhügel 12 wurde 1965 vom Landesamt für geschichtliche Bodenaltertümer in Wiesbaden unter der Leitung von cand. phil. P. Wehlt geöffnet. Er lag an der Ecke des früheren Sportplatzes in der Flur »Sauheck«. Die Grabung erfolgte, um eine Zerstörung des Grabes beim Bau des Kreiskrankenhauses zu vermeiden[9].

Dieser Hügel hatte einen Durchmesser von etwa 20 m, die Höhe der Erdaufschüttung betrug annähernd 1 m. Darüber lag noch eine Waldhumusschicht von bis zu 0,60 m. Das gesamte Grabfeld war bis auf den gewachsenen Boden mit Fuchsbauröhren durchzogen, die teilweise aufgegraben waren. »In der gesamten Erdaufschüttung«, so schreibt M. Sturm[10], »Streuscherben rot-, braun- und schwarztoniger Gefäße von verschiedener Stärke und Feinheit sowie Holzspuren ungeklärter Herkunft«. In dem Hügel war, von SO nach NW angelegt, eine Grabkammer durch seitlich aufgestellte Bretter und eine hölzerne Abdeckung, erkennbar an einer Holzkohleschicht, gebildet worden. Die Bestattung hatte eine Breite von 1,60–1,70 m und war mindestens 2,6 m lang. Der Boden des Grabes war mit feinem rötlich-gelbem Sand bedeckt. Auf diesem waren Schädel, Armteile, Wirbelsäule und Schenkel als Leichenschatten erkennbar, der Körper des Toten aber war vollständig vergangen. Dem Toten waren eine ganze Reihe Gefäße und Geräte des persönlichen Gebrauchs beigegeben, wodurch uns etwas von dem Totenbrauchtum jener Zeit vermittelt wird.

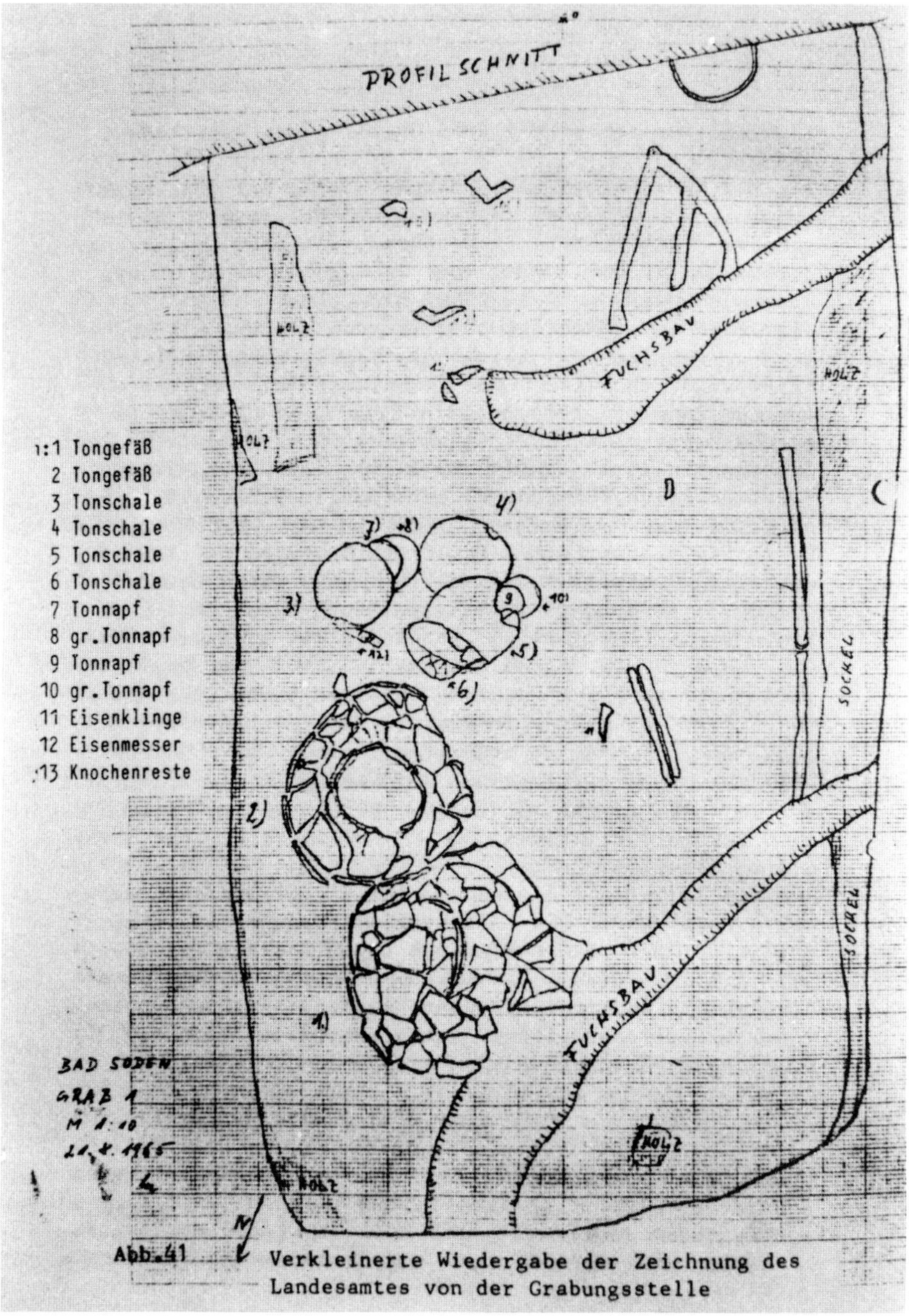

Die Grabungsstelle von 1965 – Grundriß
(Landesamt für kulturgeschichtliche Bodenaltertümer Wiesbaden)

Zustand der Gefäße im geöffneten Grab
(Landesamt für kulturgeschichtliche Bodenaltertümer Wiesbaden)

Geborgen wurden[11]: eine bauchige Urne mit abgesetzter Schulter und ausschwingendem Rand, 31 cm hoch, mit einem größten Durchmesser von 37 cm; desgleichen eine zweite Urne mit abgesetztem Rand, 17,5 cm hoch (oder 35 cm) und einem größten Durchmesser von 24,5 cm (oder 49,6 cm), wenn man die Maße der Zeichnung von K. Wurm zugrunde legt; weiterhin Scherben einer Urne, die wohl ursprünglich eine ähnliche Form hatte, mit einem größten Durchmesser von 40 cm; eine einfache Schale mit abgesetztem Boden, 7 cm hoch, und einem Durchmesser von 22 cm; eine ähnliche Schale, 8 cm hoch und 18,5 cm Durchmesser, mit angedeutetem Omphalos, einer Aufwölbung in der Bodenmitte; außerdem eine einfache Schale, 6,2 cm hoch und einem Durchmesser von 17 cm; eine Fußschale mit durchlochtem Fuß, 7,7 cm hoch und 19 cm im Durchmesser; 4,5 cm in der Höhe und 17 cm Durchmesser hatte ein Schälchen mit kleinem Omphalos; ein anderes, 4,5 cm hoch und 11,5 cm im Durchmesser, hatte sechs eingedrückte Stellen um den Omphalos auf der Außenseite, die innen nur wenig deutlich erkennbar waren. Auch ein Becher mit »eingezogener Schulter und leicht ausschwingendem Rand«, 6,5 cm hoch und 8 cm Durchmesser, befand sich unter den Fundstücken, desgleichen ein zweiter von 5,5 cm Höhe und 7,5 cm Durchmesser.

Aufschlußreich ist auch, daß man dem Toten sein halbmondförmiges eisernes Rasiermesser mitgegeben hatte, 6,5 cm lang und 2,5 cm die größte Breite der Klinge; dann noch ein leicht gekrümmtes Eisenmesser, an dem sich noch Reste eines Holzgriffes fanden,

Fundstücke des geöffneten Grabes nach der Restaurierung (Landesmuseum Wiesbaden)

bei der Auffindung noch 14 cm lang und 2,5 cm in der größten Klingenbreite. Am Kopfende des Toten lagen die Reste einer eisernen Pinzette oder Spachtel, nach der Zeichnung von K. Wurm in der größten Breite 1,9 cm. Im Grabaushub fand Dr. J. Kärtner, Frankfurt a. M., noch einen Gefäßboden, 21,3 cm im Durchmesser. Alle Funde befinden sich heute im Museum Wiesbaden (Nr. 65/37).

Die Grabhügel selbst waren oft mit Steinen ringsum abgegrenzt, die das aufgeschüttete Erdreich zusammenhalten sollten. Heute sind sie naturgemäß durch die Witterungseinflüsse nur noch gewölbte Hügel. Vergleicht man sie mit denen auf Sulzbacher Gebiet, dicht nordöstlich der Straße »Am Eichwald«, westnordwestlich der Bahnlinie Bad Soden – Schwalbach, nach dem Waldrand (Fluren »Eichwald«, »Auf der Weid«), so fällt auf, daß diese z.T. höher sind, bis zu 1,70 m[12]. Vermutlich entstanden die großen Hügel durch Nachbestattungen[13], u.U. aus späterer Zeit.

Ursprünglich waren auch die auf Bad Sodener Gebiet gelegenen Gräber nicht von Wald umgeben und somit von der wohl nahegelegenen Siedlung aus sichtbar. Oppermann meint, daß »diese Völker ihre Toten immer neben den Straßen zu bestatten pflegten«.[14] Als sicher kann gelten, daß sich in der Nähe der Gräber eine Ansiedlung befand, möglicherweise in dem späteren Distrikt »Alte Burg« oder im Gebiet Kaiserstraße/Kronberger Straße in der Nähe des Baches, der durch den Kurpark fließt, auch nahe bei einer Quelle. Für diese Lage spricht der Fund einer hallstattzeitlichen Tonschale[15] bei der Grabung

Rekonstruktionszeichnung der Situation der Zeit um 600 v. Chr. im Gebiet Kaiserstraße/Kronberger Straße und der Hügelgräber im Eichwald (beim Kreiskrankenhaus).
Erklärung: Bildmitte (l): Siedlung, Bildrand links vorn (2): Quelle Major, Bildrand links oben (3): Burgberg, Hügelkuppe Mitte hinten (4): Hügelgräber in Sichtweite der Siedlung

im Bereich der City-Arkaden. Möglicherweise wurde sie mit den übrigen dort gefundenen Gefäßbruchstücken vom Bach bei Hochwasser dort angeschwemmt.

Bei dieser Grabung, die von Mitgliedern des Arbeitskreises für Bad Sodener Geschichte durchgeführt wurde, fand man auch eine Keramikscherbe mit Kammschraffen aus der frühen La-Tène-Zeit (2. Hälfte 5. Jahrhundert), also der Folgezeit auf die jüngere Hallstattzeit.

Anzumerken ist auch der mittlerweile verlorengegangene Fund einer Topfscherbe aus der jüngeren Hallstattzeit, die der Sodener Bauunternehmer Hans Stark bei Kanalisationsarbeiten in 80 cm Tiefe an der Ecke Dachbergstraße/Hauptstraße (heute Zum Quellenpark) im August 1916 gefunden hat und die durch Dr. Unverzagt (Brief von H. Vohl an E. Ritterling, Direktor des Museums in Wiesbaden (Heimatmuseum Bad Soden a. Ts.), vom 2.2.1917)[16] bestimmt wurde.

Genannt werden müssen auch die Grabhügel auf Altenhainer Gebiet. Sie liegen zwischen den Gemarkungen nordöstlich der Brücke über die neue B 8 im Walddistrikt 1, Flur »Dicknet« z.T. bei der Brücke, z.T. am Wald in Richtung des Altenhainer Sportplatzes. Es sind etwa 11–15 Hügel auszumachen, alle von kleiner bis mittlerer Größe. Die Hügel sind noch nicht untersucht, somit auch keine Funde verzeichnet. Dennoch ist anzunehmen, daß sie in der Zeit errichtet wurden, wo diese Art Grabhügel im Vordertaunusgebiet vorherrschte.

3. Soden – eine germanische Malstatt?

Die aus der Hallstattzeit vorliegenden Grabfunde haben hier auf Sodener Gebiet keine Anschlußfunde aus den Jahrhunderten bis zur Zeitenwende, ebensowenig liegen Hinweise auf eine keltische Besiedlung vor. Dennoch scheint es der Vollständigkeit halber sinnvoll, die in der Literatur gegebenen Angaben anzuführen.

In den Nassauischen Annalen Band XVII (S. 108) nennen A. v. Cohausen und Jakobi 1882 den Sodener Burgberg eine »vorzeitliche Wallburg«, was immer man darunter verstehen soll. »In Steilrändern und Anschüttungen« sehen sie »Anlagen, die seinen Namen rechtfertigen, wenn auch Kulturen und namentlich Promenaden vieles verdorben haben«[17]. Nähere Angaben sind nicht genannt.

Inwieweit das Siedlungsgebiet jener Zeit diesen Distrikt umfaßte, ist ungewiß, zumal für den Feldbau im Sodener Gebiet nur begrenzte Flächen in Frage kamen, hier eben Teile der Flur »Alte Burg«, der Südhang im Gebiet der heutigen Kronberger Straße, Flächen am NW-Hang der Münsterer Höhe zum Talgrund des Altenhainer Tales hin. Nur von den beiden letzteren haben wir frühzeitliche Funde vorliegen.

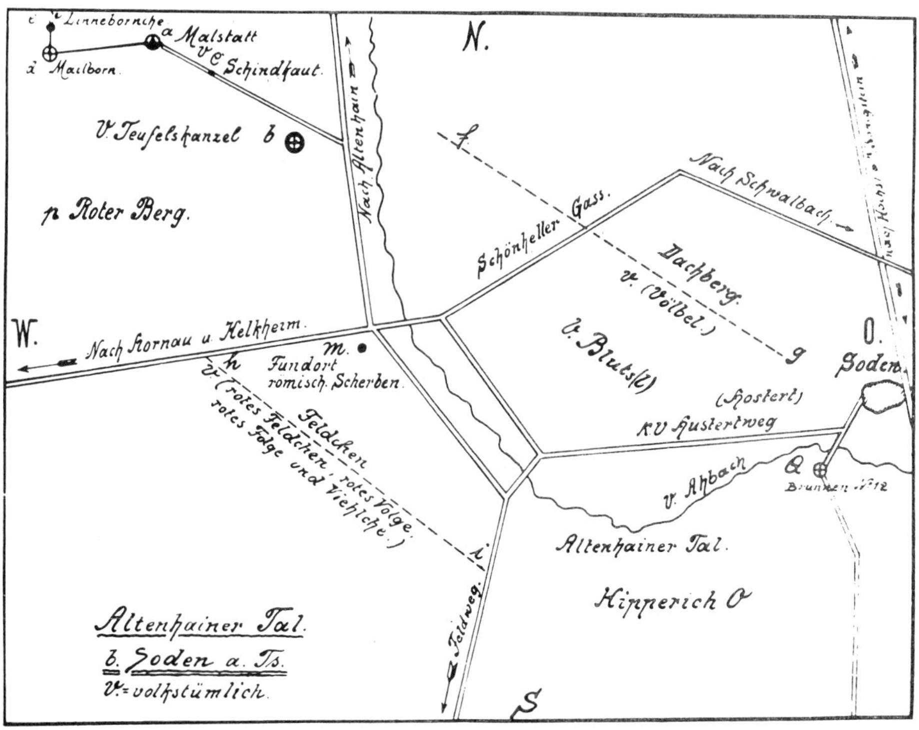

Karte zu den Angaben und Deutungsversuchen von H. Vohl (Nassauische Jahreshefte 2. Heft 1923 Abschnitt II)

H. Vohl, ehemaliger Leiter des Bad Sodener Heimatmuseums, geht in seinen Vermutungen weiter[18]. Er spricht von einer ehemaligen germanischen Malstatt im Altenhainer Tal. In dem am Waldeingang befindlichen Felsstück, das ehedem größer und markanter in der Form war, von dem beim Bau des Weges nach Altenhain ganze Partien abgesprengt wurden, im Volksmund »Teufelskanzel« genannt, sieht er einen Opferstein der Malstatt, die im linken Seitental, 600 m entfernt, in der Nähe der »Mailborn« genannten Quelle gelegen war. Dicht dabei liegt das sog. »Lindenbörnchen«. Linden hatten an der Malstatt ihren Platz.

Auch der Hinweis auf Flurnamen, die mit Blut oder der Farbe Rot in Verbindung stehen, soll nach Vohl diese Auffassung belegen. So heißt der Distrikt an der Teufelskanzel »Roter Berg«, der nach Soden zu anschließende »Rotes Feldchen«, »rote Völge« oder »rotes Viehldche«, der am Dachberghang der gegenüberliegenden Seite »Bluts«. Einen »Hustertweg« (siehe Kap. XIII, 4) will Vohl auch ausgemacht haben. Als Abgangspunkt zur Malstatt nennt er eine Stelle in der Nähe der Quelle XII (Glockenbrunnen) im Wilhelmspark. Sein Verlauf geht etwa dem späteren Philosophenweg nach am Bach entlang durch die Flur »In der Aue« ins Tal hinein.

Vohl sieht all diese Feststellungen im Vergleich zu den Siedlungsdenkmälern in der Riedelsbacher Gemarkung (Riedelbach, gelegen zwischen Camberg und Usingen, sw-lich von Alt- und Neu-Weilnau)[19]. Auch eine römische Ansiedlung ist nach seiner Meinung in Soden gegeben.

4. Die Römerzeit

Im Gebiet zwischen Eder, Werra und Main lebte im ehemaligen keltischen Siedlungsland um die Zeitenwende der germanische Volksstamm der Chatten (im 7. Jahrhundert mit dem Namen Hassii, Hessones, Hessen benannt). Als die Römer im Jahre 10 v. Chr. erstmals unter Drusus den Rhein bei Mainz überschritten, stießen sie auf diese Bevölkerung. Ihr zäher Widerstand, die Niederlage des Varus 9 n. Chr. beendete jedoch die Versuche, weiteres germanisches Gebiet zu erobern.

Im Jahre 83 n. Chr. begann Kaiser Domitian wieder gegen die Chatten zu kämpfen, wobei es bis zum Jahre 86 n. Chr., bedingt durch die Taktik der Germanen, zu keiner endgültigen Entscheidung kam.

Inzwischen waren im Jahre 85 n. Chr. an der unteren Donau die Daker in römisches Gebiet eingefallen. Von der Rheingrenze mußten Legionen abgezogen werden. Der Ausbau des Limes wurde beschleunigt. Soden lag im römischen Gebiet. Belege für die Anwesenheit der Römer finden sich dennoch nur wenige.

In dem von H. Vohl angelegten Inventarverzeichnis des alten Bad Sodener Heimatmuseums aus den Jahren 1925/26 sind als römische Funde angeführt: ein abgebrochener Hals eines römischen Topfes, gefunden Ende der 90er Jahre in »Soden, Höhlchen Kelkheimer Weg am Wegweiser« von Friedrich Uhrich bei Feldplanierungsarbeiten in 1 m Tiefe; ebenso römische Scherben bei der gleichen Gelegenheit gefunden (Nr. 6 und 7 des Verzeichnisses). Die genannten Funde wurden vom Leiter des Museums Wiesbaden Dr. Ritterling bestimmt. Vermerkt ist im Verzeichnis noch, daß letztere auf der am Weg gegenüberliegende Seite gefunden worden waren, aber verloren gingen. Gefunden hatte sie der Ortslandwirt Brückmann. Als »fremdartige Topfwaren« waren sie zunächst aufgenommen worden.

Vohl nimmt im 2. Heft der Nassauer Jahreshefte 1923, das Themen der Vor- und Frühgeschichte von Bad Soden am Taunus und seiner Umgebung gewidmet ist[20], an, daß eine »vorgeschichtliche und später römische Straße das Altenhainer Tal durchkreuzt« hat, »um sich durch die Schönheller Gasse über den Dachberg nach Schwalbach« und von dort über Bommersheim fortzusetzen, »wo sie in die Weinstraße einmündete«. Diese Straße sei in der »archäologischen Karte des Großherzogtums Hessen-Darmstadt von Dr. Walther eingetragen«. Wo sie das Altenhainer Tal kreuzte, haben die Landwirte Uhrich und Brückmann ihre Funde gemacht. »Weitere Nachgrabungen würden sich«, nach Vohl, »voraussichtlich lohnen«; was heute nicht mehr möglich ist, da die betreffenden Parzellen inzwischen bebaut sind.

Gewicht haben, auch wenn die Fundstücke nicht mehr vorhanden sind, die Aussagen des Frankfurter Arztes, des Hofrates Dr. S. F. Stiebel aus dem Jahre 1840[21]. Stiebel war auch in Soden als Arzt tätig, betreute unter anderem Enoch Reiss. Sein Sohn Fritz Stiebel, ebenfalls Arzt, begleitete diesen auf seinen Winterreisen in den Süden.

Hofrat Stiebel war ein ausgezeichneter Beobachter und Botaniker. Aufsehen erregte z.B. seine Abhandlung »Über den Bau und das Leben der grünen Oscillatorie (Lysogonium taenoides)« in MUSEUM SENCKENBERGIANUM – Abhandlungen auf dem Gebiete der beobachtenden und beschreibenden Naturgeschichte[22]. Seine Angaben über Funde aus der Römerzeit im Sodener Kurpark sind mit Sicherheit glaubwürdig.

In seinem Buch »Soden und seine Heilquellen« (Verlag von Carl Jügel Frankfurt a. M. 1840) schreibt er (S. 20/21): »Den sichersten Beweis . . . liefert auch hier wieder der Boden. Man sehe sich nur in den Anlagen bei den Quellen No. 6 und 7 um, da liegt zwischen den neuen Pflanzungen am aufgewühlten Boden alles voller Scherben von Gefäßen, deren Stoff und Gefüge offenbar römische Arbeit zeigt, darunter sehr schön glasierte Fragmente von terra sigillata, auch Bruchstücke ungeheurer Schüsseln, zum Theil aus schwarzem Thone, die wohl zu nichts anderem als zum Salzsieden dienten. – Auf dem Burgberge stehen noch Mauerreste eines Gebäudes aus dem Mittelalter und ein Theil des benutzten Materials ist römischer Backstein. Römische Münzen fand man auf dem Wege nach Königstein und in der Gegend von Sulzbach«.

Auch der Fund einer Scherbe von einem römischen Tongefäß bei Instandsetzungsarbeiten der Quelle VII (Major) am Badehaus bestätigt Stiebels Hinweis[23]. Dr. August Haupt bemerkte in einem Vortrag[24], daß ihm gelegentlich seiner Nachforschungen die Auffindung eines Ziegelsteins mit dem Stempel der XXII. Legion bei Brunnenarbeiten am Solbrunnen (Quelle IV) gemeldet worden sei, also mitten im ehemaligen Dorf Soden. Wohin der Stein gekommen, wußte er nicht zu sagen. Auch hat er ihn nicht selbst gesehen.

Dr. Stiebel war mit dem Höchster Fabrikanten Horstmann durch ihre gemeinsamen archäologischen Interessen bekannt; von letzterem hatte Dorow Fundstücke erhalten, die beim Bau der Königsteiner Straße gefunden worden waren.[25]

Dorow beschreibt in seinem Buch[26] auch einige Münzen, die aus diesem Fund stammen. Sie reichen von der Zeit des Tiberius bis zu der des Philippus Arabs (14–37 n. Chr./244–249 n. Chr.):

TIberius **CAESAR. DIVI. AVG**usti Filius **AVGVSTVS**
Kopf des Kaiser
Rückseite: Die sitzende Roma, einen Lorbeerzweig in der Hand
Umschrift: **PONTIF**ex **MAXIM**us
Silber

CAESAR. TRAIAN. HADRIANVS. AUGustus
Kopf des Kaisers
Rückseite: Eine verschleierte weibl. Figur mit der Längenprägung **PVDIC.** itia
Umschrift: **P**ontifex **M**aximus **TR**ibunitia **P**otestate **CO**n**S**ul **III**
Silber

IMPerator **CAES**ar **M**arcus **AVR**elius **ANTONIUS PIVS AVG**ustus
Rückseite: Elagabal (Anmerk.: = Marcus Aurelius Antoninus Heliogabalus um 219 n. Chr.) in weiblicher Kleidung mit Opferschale, an einem Altar opfernd; zu den Seiten: Senatus Consultum
Umschrift: **SVMMUS SACERDOS AVG**usti
Mittelerz

ANTONIUS PIUS AVGustus
Kopf des Kaisers
Rückseite: Elagabal in Kriegskleidung mit Schild und Lanze.
Umschrift: **PONTIF**ex **TR**ibunitia **P**otestate **XI CO**nsul **III**
Silber

IMPerator **C**aesar **M**arcus **AVR**elins **SEV**erus **ALEXAND**er **AVG**ustus
Kopf des Kaisers
Rückseite: Eine vorschreitende Victoria.
Umschrift: **VICTORIA AVG**usti

SALONINA AVGusta
Kopf der Gemahlin des Kaisers Gallienus
Rückseite: Eine stehende weibl. Figur mit einem Zweige in der Hand.
Umschrift: **VENUS VICTRIX**
Silber

IMPerator **MAXIMINUS PIVS AVG**ustus
Kopf des Kaisers
Rückseite: Der Kaiser in kriegerischer Kleidung, zu den Seiten zwei Feldzeichen.
Umschrift: **P**ontifex **M**aximus **TR**ibunitia **P**otestate **III CO**n**S**ul **P**ater **P**atriae
Silber

IMPerator **M**arcus **IVL**ius **PHILIPPUS AUG**ustus
Kopf des Kaisers
Rückseite: Eine weibliche Figur mit Lanze und Bogen
Umschrift: **SALVS AVG**usti
Silber

Imperator Philippus Caesar
Kopf des Cäsar
Rückseite: **Principi juvent.** Der stehende Kaiser, die Weltkugel und einen Spieß haltend
»Großerz«

Anmerkung: Die fettgedruckten Buchstaben bilden die In- und Umschriften der Münzen, die normal geschriebenen die zum Verständnis notwendigen Ergänzungen.[27]

Einen Münzfund verzeichnete auch die Grabung in den Jahren 1985 und 1986 in der Baugrube der City-Arkaden an der Königsteiner Straße/Ecke Kronberger Straße[28]. Die Bronzemünze ist ein sogenanntes »As« (1 Denar = 4 Asse) aus der Zeit des Kaisers Trajan (98–117 n. Chr.), und war im Jahre 99 n. Chr. in Rom geprägt worden (RIC 402). In jener Zeit lebte der Schriftsteller Tacitus (+ um 120 n. Chr.).

Die *Vorderseite* zeigt den mit Lorbeer bekränzten Kopf des Kaisers im Profil (nach rechts gewandt).

Die *Umschrift* der Münzvorderseite lautet: **IMP**(erator) **CAES**(ar) **NERVA TRAIAN.** **AVG**(ustus) **GERM**(anicus) – **P**(ontifex) **M**(aximus)
(Die in Klammer gesetzten Wortteile sind zur Ergänzung der Abkürzungen auf der Münze hinzugefügt).

Die *Rückseite* der Münze zeigt eine nach links schwebende Victoria, die in ihrer Rechten einen runden Schuld trägt. Auf diesem stehen die Buchstaben: S – P – Q – R (Senatus Populusque Romanus = Senat und römisches Volk). Diese Abkürzung galt als offizielle Bezeichnung des römischen Staates und diente der Kennzeichnung der den römischen Staat tragenden Kräfte.

Vorderseite der bei den Grabungen im Bereich der Cityarkaden gefundenen römischen Münze, geprägt im Jahre 99 n. Chr.

Zeichnung der Rückseite der Münze

Die *Umschrift* der Münzrückseite lautet: **TR**(ibunitia) **POT**(estas); was auf die Amtsgewalt des Kaisers als Tribun hinweisen sollte. **COS II** (zum 2. Male Konsul); **P**(ater) **P**(atriae) (Vater des Vaterlandes).

Zu beiden Seiten der Göttin befinden sich die Buchstaben **S** und **C** (Senatus Consulto), womit die Zustimmung des Senats zur Prägung der Münze dokumentiert wurde.

An Scherben aus römischer Zeit wurden bei dieser Grabung geborgen und sind vor allem erwähnenswert:

Becher (?), Stück vom oberen Rand
Terra sigillata (Bezeichnung für dünnwandiges Geschirr aus Ton mit rotbraunem Schlickerüberzug und reliefartigen Verzierungen) mit schwarzem eingraviertem Muster (Abb. 9 Nr. 2). Der Durchmesser dieses Gefäßes betrug nach seiner Rundformung ca. 9 cm, seine Höhe ca. 6 cm.

Schale (?), Bruchstück mit Querstreifenmuster
(Abb. 9 Nr. 1). Der ursprüngliche Durchmesser des Gefäßes betrug ca. 13,4 cm.

Schale (?), Randbruchstück mit einer Tropfenform
Terra sigillata (Abb. 9 Nr. 3). Hier muß es sich der Form des Bruchstückes nach um eine flache Schale gehandelt haben, deren Durchmesser ca. 16 cm betrug, deren Höhe höchstens 4 cm.

Bruchstück aus rotem Ton mit umlaufendem Bandring (Abb. 9 Nr. 5). Der ursprüngliche Durchmesser des Gefäßes muß ca. 18,4 cm betragen haben.

Das Verzeichnis aller bekannten Funde aus römischer Zeit führt folgende Fundstücke an (Abb. 54–59 in Heft 1 Materialien zur Bad Sodener Geschichte):

Krughals*
mit Henkelansatz, rot ockerfarbener Ton (Form ähnlich Gose 370); M ∅ 5,6 cm H 4,6 cm; Ende 2.– Anfang 3. Jhdt.; Fundort: ?

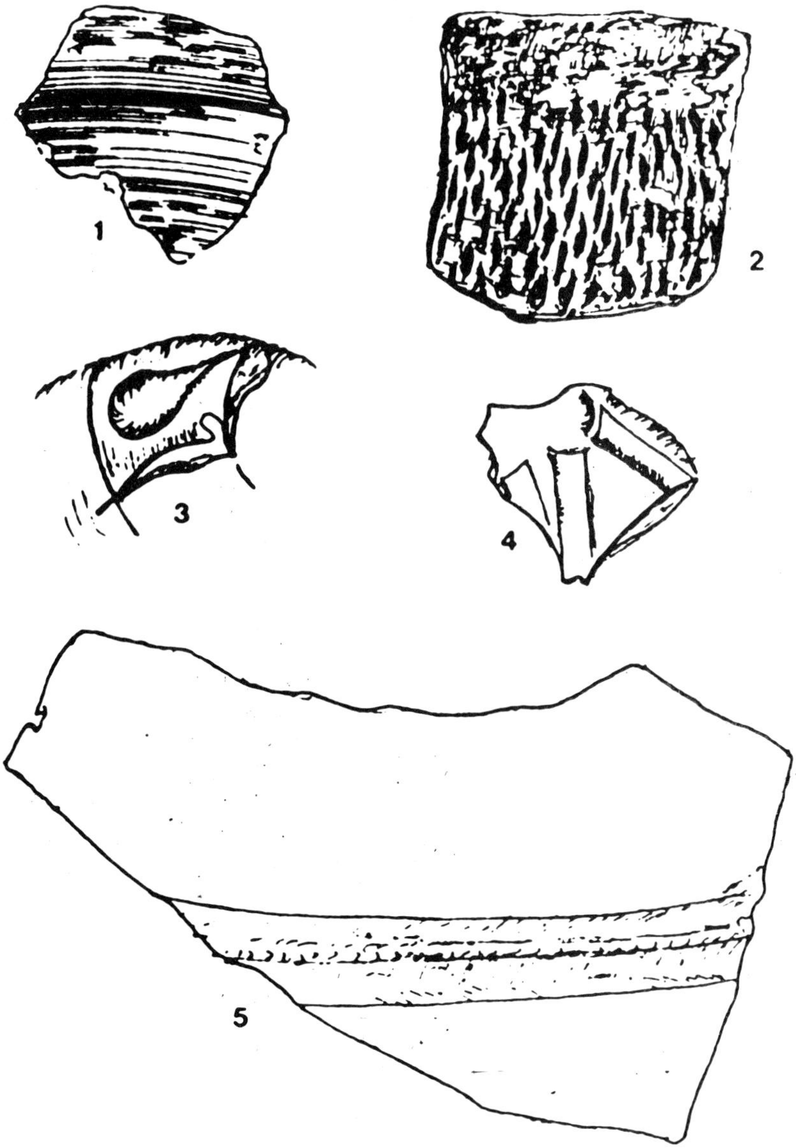

1–8 Fundstücke aus den Grabungen bei den Cityarkaden 1985/86 – Scherben Nr. 1, 2, 3, und 5 aus römischer Zeit.

Nachweis: MW Katalog Konvolut (= K) 1 77/1–5) (s. Abb. 57)

Amphorenhenkel*

gelb-roter Ton, mit Quarz gemagert

Nachweis: MW Kat. K 1. 77/17 (s. Abb. 58)

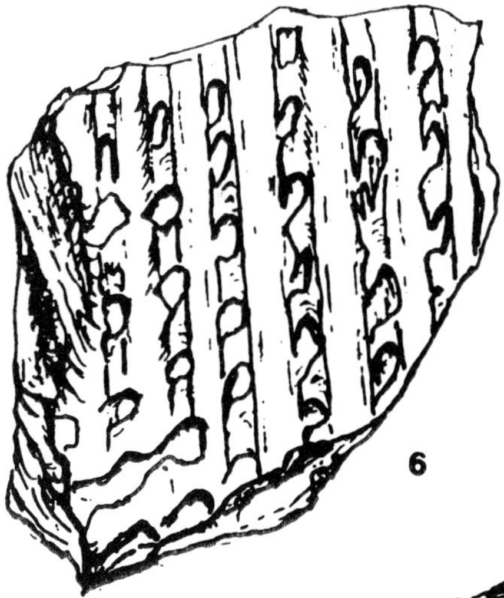

6

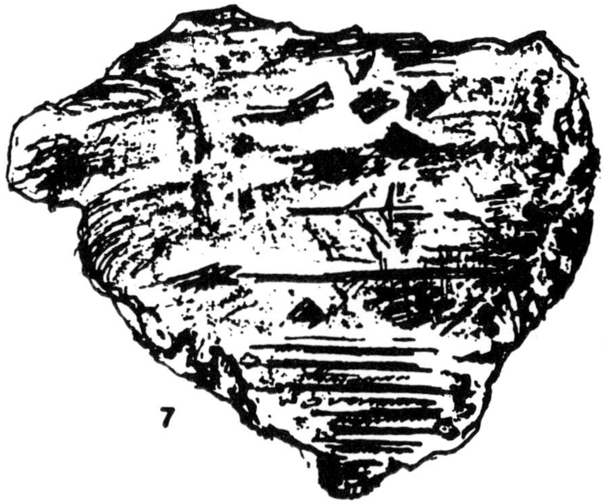

7

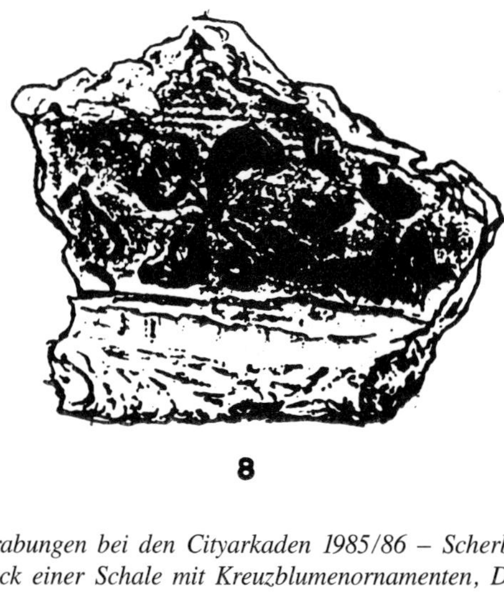

8

Fundstücke aus den Grabungen bei den Cityarkaden 1985/86 – Scherben Nr. 8 mittelalterlich: Nr. 8 Sockelbruchstück einer Schale mit Kreuzblumenornamenten, Durchmesser ca. 22 cm

Teil einer Reliefschüssel mit Medaillonreihe mit Kreuzchen, dazwischen stilisierte personenähnliche Zeichen – römisch

Terra Sigillata*
Randbruchstück einer Reliefschüssel (Drag 37); Verzierung: Eierstab ähnlich Lavoye C, darunter Wellenstab, darunter Medaillon (Medaillonrand besteht aus 2, einem dicken und einem feinen konzentrischen, Kreisen mit einem Frauenkopf darin ?), zwischen den Medaillons im oberen Teil Vögelchen; Rdm 20,2 cm H 6,9 cm – ostgallisch, römisch
Nachweis: MW Kat. K2 77/2–1 (s. Abb. 59)

T. S. Reliefschüssel*
(Drag 37) Bodenbruchstück; Verzierung: Medaillonreihe mit Kreuzchen (061) in der Mitte, dazwischen Stütze (0161) (?) Bdm 7 cm, gr. ∅ 15,4 cm H 4,2 cm – römisch/Rheinzabern (?)
Nachweis: MW Kat. K2 77/2–2 (s. Abb. 54 u. 59)

Standringfragment*
dazu passend; rotbemalte Wetterauer Ware; in der Bemalung Fingerabdruck; Dicke 2,2 cm, Graffito »X« an der Unterseite – römisch
Nachweis: MW Kat K3 77/3–13

T. S. Teller (?)*
Wandbruchstück (Gose 132 ?) ∅ 27 cm
Nachweis: MW Kat K2 77/2–3 (s. Abb. 59)

Amphorenhals oder Tonrohrfragment (?)
blaßrosa-gelber Ton, grobe Quarzmagerung; ∅ 12 cm (innen), 15 cm (außen) H 5,9 cm – römisch
Nachweis: MW Kat. K2 77/2–4

Teller*
Randbruchstück, rotbemalte Wetterauer Ware; ∅ 22 cm H 1,8 cm
Nachweis: MW Kat. K2 77/2–5 (s. Abb. 59)

Gefäßrand*
Brüche z.T. verwaschen, Magerung mittelgrob, innen z.T. grauer Ton, sonst gelb-rot
Nachweis: MW Kat. K2 77/2–6

Wandbruchstück*
außen dunkelbraun bis rotbraun, ziegelroter Ton
Nachweis: MW Kat. K2 77/2–7

Gefäßboden*
∅ 8 cm
Nachweis: MW Kat. K2 77/2–11 (s. Abb. 59)

Gefäßboden*
Bruchkanten stark verschwaschen; Bodenmaße 7 cm (F. O.: Top K. 5816 34–63 320: 55–56 450); gefunden von Landwirt Friedrich Uhrich Ecke Kelkheimer Str./Weg nach Kelkheim um 1898/99 in 1 m Tiefe; ∅ 7 cm
Nachweis: MW Kat. K2 77/2–12 (wahrscheinlich identisch mit 77/2–20 (s. Abb. 59)

römische Scherben
F. O. Weg nach Kelkheim/Ecke Kelkheimer Straße auf der gegenüberliegenden Seite von Nr. 46 von Landwirt Brückmann Ende der 90er Jahre
Nachweis: Akten des alten Heimatmuseums Bad Soden

abgebrochener Hals eines röm. Topfes
Weg nach Kelkheim/Ecke Kelkheimer Straße Ende der 90er Jahre durch Friedrich Uhrich bei Planierungsarbeiten gefunden
Nachweis: nach H. Vohl bestimmt von Dr. E. Ritterling, Wiesbaden

Wandungsscherbe*
dickwandiges Gefäß
Nachweis: MW Kat. K2 77/2–15

Firmalampe*
schwarz-braunes Äußeres, Stempel z.T. beschädigt, erkennbar noch »ERI«; folgende Ergänzungen sind möglich:
a) (SYRT)ERI (Menzel, H., Antike Lampen, Mainz 1969 Nr. 322 (zu lang)
b) (C)ERI (Löschke, S., Lampen aus Vindonissa, Zürich 1919 S. 28;
c) (VEN)ERI (CIL XIII, 10001, 327 Rheinzabern (Lampenform jedoch grundsätzlich anders) (Abb. 55).

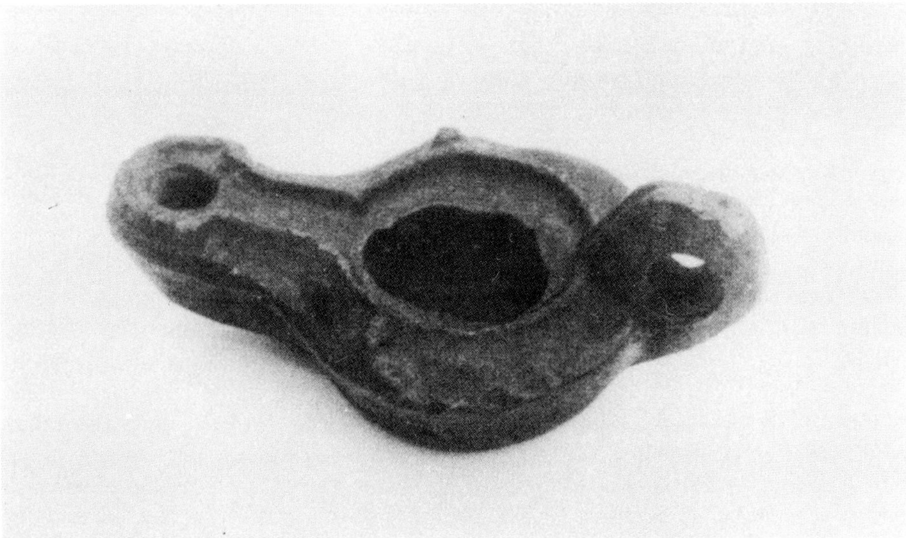

Firmalampe, gefunden 1910 bei der Neufassung der Quelle XII (Glockenbrunnen)

Nachweis: H. Vohl, Zur Vorgeschichte S. 18: er gibt an, daß bei der Neufassung des Brunnens Nr. XII (Glockenbrunnen) in 2–3 m Tiefe neben verschiedenen mittelalterlichen Scherben auch »ein von Rauch geschwärztes Schalenlämpchen in der Größe eines silbernen Fünfmarkstückes« gefunden worden war; Fundzeit 1910; Akten des alten Heimatmuseums Bad Soden; MW Kat. K3 77/3–1 (Abb. 59) dazu: 2 kleinere Steinkugeln und mittelalterl. Scherben

Kugeltöpfchen mit Tupfen

1916 in einem alten in Holz gefaßten Brunnenschacht gefunden, der fast in der Dachbergstraße lag, in 2 m Tiefe (Anmerk.: »wie Pingsdorfer Ware«)

Nachweis: Akten des alten Heimatmuseums Bad Soden.

Randbruchstück*

rotbemalte Wetterauer Ware

Nachweis: Kat. K3 77/3–2 (s. Abb. 59)

Becher*

Randbruchstück, ziegelroter Ton, schwarz bemalt, ∅ 14 cm (Gose 342)

Nachweis: MW Kat. K3 77/3–3 (s. Abb. 59)

Becher*

Randbruchstück, grauer Ton, schwarz bemalt, ∅ 8,8 cm (Gose 342)

Nachweis: MW Kat. K3 77/3–4 (s. Abb. 59)

Platte*

dickwandiges Bodenstück mit Standring; rotbemalte Wetterauer Ware; Fingerabdruck i. d. Bemalung; Dicke 2,2 cm Graffito: »X« an der Unterseite

Nachweis: MW Kat. K3 77/3–13

römische Scherben

Fundzeit Juni 1921 in der Kaiserstraße (gegenüber Nr. 1); Ton mit Quarz vermengt und mit feiner Tonmasse geglättet

Nachweis: Akten des alten Heimatmuseums Bad Soden

römische Scherben

wie vorige; Stück einer großen Urne; Fundort: Feld an der Kaiserstraße (gegenüber Haus Nr. 1); Ton mit Quarz vermengt und mit feiner Tonmasse geglättet

Nachweis: wie vorige[29]

Vermerkt werden muß noch die Angabe von H. Vohl in seiner handschriftlichen Ausarbeitung zur Sodener Geschichte[30], daß er »am nördlichen Saume des Waldes« (Eichwald) einen »Backstein mit Stempel« gefunden habe und gleichzeitig beim Bau der Villa Thilenius in der Königsteiner Straße eine »Vase«. Er bringt diese Stücke in Zusammenhang mit einem römischen Lager (Nachschub für den Limes) auf dem Burgberg, wofür es aber keinen gesicherten Hinweis gibt, auch nicht für das Vorhandensein einer alten Römerstraße im Verlauf der Königsteiner Straße. Zwar ist das Fehlen der Straßenführung auf der »Militärischen Situationskarte von den Ländern zwischen dem Rhein Main und Neckar nebst den angrenzenden Gegenden im Maßstab 1 : 30 380«, der sog. »Haas'schen Karte«, die zwischen 1758 und 1810 entstand, nicht unbedingt ein Beweis im negativen Sinne, dennoch kann auch Wolff keine konkreten Anhaltspunkte für das Vorhandensein einer gradlinig geführten römischen Straße von Höchst in Richtung Königstein beibringen.

Von Höchst aus überquerte man ursprünglich die spätere Elisabethenstraße, die heutige Autobahn nach Wiesbaden und Mainz, gut 1 km weiter östlich vom Verlauf der heutigen Königsteiner Straße und gelangte so nach Sulzbach. Von dort führte ein Weg an dem Gelände des späteren Neuwerks der Saline vorbei nach Soden zum Obertor hin. Von dort aus konnte man über die heutige Waldstraße, Schwalbacher Straße nach Neuenhain an das dortige Tor gelangen. Man konnte aber auch den Weg über den Dachberghang westlich des Niedersdorfbaches nach Neuenhain benutzten. Der Weg vom Sodener Untertor nach Sulzbach war ebenfalls nur ein Feldweg.

5. Die Zeit der Alamannen und Franken

Schon Anfang des 3. Jahrhunderts schlossen sich die Chatten den nach Westen drängenden Alamannen an. 233 n. Chr. fand ein erster Einfall dieses Volksstammes statt, 259/260 n. Chr. überrannte er den Limes. Nur mit Mühe konnten die Römer den Rhein als Grenze verteidigen. Funde aus jener Zeit sind im Sodener Bereich nicht vorhanden.

Im Werk des römischen Geschichtsschreibers Ammianus Marcellinus (um 330–390 n. Chr.), der die Zeit von 96–378 n. Chr. beschreibt, taucht im 27. Band Kap. 10 das Wort »Solicinium« oder auch »Salicinium« zu lesen, auf. Es steht im Zusammenhang mit dem Versuch des Kaisers Valentinian I. im Jahre 371 n. Chr. sich des kranken, Heilung suchenden Alamannenkönigs Markian im Bade zu bemächtigen, um ihn zu töten. Nun findet man in der Sodener Literatur immer wieder die Vermutung, dieses Bad sei Soden gewesen, nicht Wiesbaden, das zu nahe an Mainz gelegen, und auch nicht Ems[31]. Es gibt aber keine Belege für diese Annahme. Auch dürften damals die Quellen in Soden

– wenn überhaupt bis dahin jemals schon – kaum offiziell zum Baden benutzt worden sein, denn eine Quellenfassung ist nirgends auch nur im Ansatz oder in Bruchstücken gefunden worden; höchstens zur Salzgewinnung oder »Salzlese« an den Rändern der aus dem Boden quellenden Salzwasser, wo das Salz auskristallisierte, so daß sogar spezielle Salzpflanzen sich dort ansiedelten.

Auffallend ist, daß der starke Bevölkerungszuwachs nach der Völkerwanderungszeit, der allenthalben, vor allem nach dem Sieg Chlodwigs über die Alamannen, 496/497 an den zahlreicher werdenden Friedhöfen aus jener Zeit feststellbar ist, sich für das Sodener Gebiet nicht nachweisen läßt.

Als die Franken im 6. Jahrhundert n. Chr. das Untermaingebiet besetzten, Frankfurt Königsland wurde, die Friedhöfe in Reihengräbern angelegt wurden, ist Soden immer noch nicht in der Reihe der Siedlungen zu finden, wenn wir nach den bisherigen Funden urteilen. Entweder sind, wenn zur Römerzeit in Soden gesiedelt wurde, die Siedlungszellen mit diesen verschwunden, aus welchem Grund auch immer, oder es gab bis dahin keine feste Besiedlung in diesem Talgrund, was wegen der klimatisch günstigen Lage aber unwahrscheinlich erscheint. So bleiben all diese Fragen zunächst offen.

Die Annahme, die 753 n. Chr. an das Kloster Lorsch geschenkten beiden Salzquellen im Niddagau seien Sodener Quellen gewesen[32], kann als unzutreffend angesehen werden. Gleiches gilt wohl für die von Ludwig dem Frommen (814–840 n. Chr.) von »Fuld« eingetauschte und an die Pfalz von Frankfurt gegebene Salzquelle, wiewohl hier die Verbindung Sodens zu Frankfurt durch die räumliche Nähe zu vermuten wäre. Bezugspunkt für Siedler müssen damals Königshöfe gewesen sein, curtes, als Rast- und Etappenstationen, die halfen, die Herrschaft des Königs zu stabiliseren[33]. Im übrigen weisen sachbezogene Ortsnamen auf Gründungen auf Königsgut hin.

Aus der Karolingerzeit ist ein Fund aus Soden vorhanden, von dem folgende Beschreibung vorliegt[34].

Doppelhenkelkrug mit Ausgußtülle
die breiten Bandhenkel schließen mit der Mündung ab; gelbl.-weißer Ton, z.T. leicht rosa, mit dunkel-braunem, fast schwarzem Überzug; Teile der Mündung fehlen, Loch auf der Schulter; B ∅ 7 cm, Bauch ∅ 12,5 cm, H 16 cm.
Auf einem beiligenden Zettel ist vermerkt: Amphore, Flasche breite Henkel . . . vom oberen Halsrand . . . karolingisch gef. K. S. 137 Barbarische Umgestaltung der spätrömischen Amphore G. ST. XXI 12 Bonner Jahrbücher 103 S. 119 4
Nachweis: MW Kat K1 77/1–13

Die im Verzeichnis des Bad Sodener Heimatmuseums von H. Vohl als »mittelalterlich« angegebenen Fundstücke sind zumeist später anzusetzen, sollen aber hier angeführt werden[35]:

Kurzschwert*
Eisen, handgeschmiedet, kurzer Hohlschliff (sog. Blutrinne) L 10,7 cm, am Ende leicht umgebogen; Schneiden nicht; Schmiedehaut nur noch partiell erhalten; Parierstange fehlt; erhaltene Klingenlänge 26 cm, Gesamtlänge 36,7 cm; evtl. sog. »Katzbalger«, Landsknechtsschwert 14./15. Jhdt.
Nachweis: MW Kat. K1 77/1–1

Schüssel*
Fragment, Renaissance (?)
Nachweis: MW Kat. K1 77/1–2

Deckel*
gelblich-grauer Ton; nicht ganz kreisrund, ∅ 9,5 cm, Knauf ∅ 3 cm; Fundort am Brunnen Nr. XII (?) in 2–3 m Tiefe, Fundzeit 1910
Nachweis: H. Vohl, Zur Vorgeschichte S. 18; MW Kat. K 1 77/1–3

Deckel*
mit kleinem Bandhenkel; grauer Ton; ∅ 11,8 cm; Fundort wie voriger
Nachweis: MW Kat. K 1 77/1–4

Becher*
Boden und Wandung; gelblich-weißer Ton mit grüner Glasur; Wandung schwach gerillt; B ∅ 5,4 cm, Bauch ∅ 9,6 cm, H 10,8 cm*
Nachweis: MW Kat. K 1 77/1–6

Becher*
B ∅ 4,8 cm, Bauch ∅ 8,4 cm, H 9,6 cm; Fundort wie voriger
Nachweis: MW Kat. K 1 77/1–7

Trichterhalskrug*
Hals, Mündung und Henkel fehlen; Steingut, graue, partiell rotbraune Lehmglasur; Wellfuß; Wandung leicht gerillt; Anfang 15. Jhdt. (?), Siegburg (?)
B ∅ 6 cm, Bauch ∅ 7,2 cm, Hals ∅ 4 cm, H 9,6 cm;
Nachweis: MW Kat. K 1 77/1–8

Trichterhalsbecher*
graues Steinzeug, tief schwarz-braune Glasur; auf dem Schulterknick drei Beerennoppenauflagen (9 Noppen); Wellfuß; Mündung fehlt; H 10 cm, B ∅ 5,8 cm, Bauch ∅ 6,5 cm, Hals ∅ 4 cm; Rheinland 15. Jhdt.
Nachweis: MW K 1 77/1–9

Becher*
schwarz-braune matte Glasur; Mündung fehlt, Halsrand vorhanden; H 9,5 cm, B ∅ 4,4 cm, Hals ∅ 4,8 cm, Bauch ∅ 5 cm; Rheinland 14./15. Jhdt.
Nachweis: MW K 1 77/1–10

Becher od. Krug*
Unterteil; Steingut, hellgrauer Scherben, schwarz-graue matte Glasur; H 6,5 cm, B ∅ 5 cm, gr. ∅ 6,6 cm – mittelalterlich
Nachweis: MW K 1 77/1–11

Becher oder Krug*
Unterteil; Steingut, hellgrauer Scherben, braune Glasur, Wellfuß stark beschädigt (Wellen abgeschlagen) H 4,2 cm, gr. ∅ 5,7 cm, B ∅ 4,5 cm – mittelalterlich
Nachweis: MW K 1 77/1–12

Krughals*
mit Henkel- und Schulteransatz; gelber Ton, dunkelbraune Bemalung; H 9 cm M ∅ 3 cm, gr. ∅ 10 cm; Fundort wie Deckel oben K 1 77/1–3
Nachweis: MW K 1 77/1–14

Doppelhenkelkrug*
Halsrest erhalten; Henkel nur noch in Ansätzen; weiß-grauer Ton, außen grau; H 6 cm, gr. ∅ 9 cm, M ∅ 2,8 cm; Fundort unbekannt
Nachweis: MW K 1 77/1–15

Kerzenleuchter od. Kaminkachel (?)*
mit Henkelansatz (?); oberes Ende grün glaciert, ähnlich K 2 77/2–20

Nachweis: MW K1 77/1–16
Kugeltopf*
Gefäßboden; grauer Scherben, hart gebrannt – mittelalterlich
Nachweis: MW K1 77/1–18
Ziegelstempel (?)*
kugelig, roter Ziegelton mit eingedrücktem Buchstaben; gebrannt; Stempel »HN« = Hessen Nassau (?) – neuzeitlich
Nachweis: MW K1 77/1–20
Ziegelstempel*
beschädigt; Hälfte des »H« fehlt
Nachweis: MW K1 77/1–21
Ausgußtülle*
weiß-gelber hart gebrannter Ton – mittelalterlich
Nachweis: MW K2 77/2–8
Gefäßrand*
Rand grauschwarz, sonst weiß-grau, weich gebrannt; ∅ 7,8 cm, H 2,4 cm – mittelalterlich
Nachweis: MW K2 77/2–9
Apothekerschälchen mit Ausguß*
weißgrauer Ton, z.T. mit Feuerspuren; ∅ 7,8 cm, H 2,4 cm – mittelalterlich
Nachweis: MW K2 77/2–10
Gefäßboden*
∅ 6,8 cm, weißgelber Ton – mittelalterlich
Nachweis: MW K2 77/2–13
Wandungsscherbe*
braun-ziegelroter Ton – mittelalterlich
Nachweis: MW K2 77/2–14
Zahn
Nachweis: MW K2 77/2–16
Nagel*
Eisen
Nachweis: MW K2 77/2–17
Wandungsscherbe mit Henkelansatz*
hartgebrannter grauer Scherben – mittelalterlich
Nachweis: MW K2 77/2–18
Krug*
Schulterscherbe, hartgebrannter rot-gelber Scherben, außen braun bemalt u. mit Sandkörnern bestreut – mittelalterlich
Nachweis: MW K2 77/2–19
Kerzenleuchter*
∅ 13 cm
Nachweis: MW K2 77/2–21
Gefäßboden*
∅ 5,2 cm – mittelalterlich
Nachweis: MW K2 77/2–22

Becherchen*
grauer, hartgebrannter Scherben, Wandung leicht gerillt – mittelalterlich
Nachweis: MW K2 77/2–23

Becher*
Unterteil; Steingut, grau-brauner Scherben, Wellfuß stark beschädigt; Becher stark asymmetrisch; Bd ∅ 4,2 cm, H 6 cm – mittelalterlich
Nachweis: MW K2 77/2–24

Deckel*
gelb-roter Ton, mit Quarz gemagert; ∅ 20 cm – mittelalterlich
Nachweis: MW K2 77/2–25

Gefäß*
Randbruchstück; innen dunkelgrüne Lasur, ∅ 15,6 cm, H 5,4 cm – mittelalterlich
Nachweis: MW K3 77/3–5

Gefäß*
Randbruchstück; grauer, hartgebrannter Scherben, ∅ 14 cm, H 4,4 cm – mittelalterlich
Nachweis: MW K3 77/3–6

Zweihenkelkugelflasche*
Halsbruchstück; grauer, hartgebrannter Scherben; M ∅ 1,7 cm, gr. ∅ 16 cm, H 6,5 cm, Henkelbreite 2,5 cm – mittelalterlich
Nachweis: MW K3 77/3–7

Krug*
Halsfragment; blaßgelber Ton, weichgebrannt; M ∅ 6 cm, H 3,4 cm
Nachweis: MW K3 77/3–8

Gefäßboden*
rötlichbraune Bemalung mit Sand; rötl. Ton; ∅ 5,5 cm, H 2,1 cm – mittelalterlich
Nachweis: MW K3 77/3–9

Deckelknauf*
rotgelber Ton, ∅ 3,5 cm – mittelalterlich
Nachweis: MW K3 77/3–10

Stengelfußfragment*
Glas; umgelegter Bodenstengel nicht erhalten – 16. Jhdt.
Nachweis: MW K3 77/3–11

Becher*
Unterteil; grau, Steingut, Wellfuß
Nachweis: MW K3 77/3–12

Henkelfragment*
2stabig; rotgelber Ton – mittelalterlich
Nachweis: MW K3 77/3–14

Gefäßwand*
grauer, hartgebrannter Scherben; unregelmäßige Form – mittelalterlich
Nachweis: MW K3 77/3–15

Anmerkung:

Die im jeweiligen Nachweis mit MW Kat. und der Konvolutnummer 77/1, 77/2 und 77/3 gemachten Fundangaben sind einem vom Landesamt erstellten Katalog über das

Fundstücke von den Grabungen im Bereich der Cityarkaden 1985/86 – Irdenware aus der Zeit zwischen 1500 und 1700 – Topf rechts: Durchmesser 12,5 cm und 11,9 cm; Standfläche 4,4 cm

Inventar des Heimatmuseums Bad Soden entnommen. Dieser Katalog wurde ergänzt durch das Verzeichnis des alten Sodener Heimatmuseums. Die mit * gekennzeichneten Gegenstände befinden sich im Heimatmuseum Bad Soden.

6. Der Burgberg – eine Burg?

Das Gelände am Südhang des Burgbergs trägt noch heute den Namen »Alteburg«. Auch eine der Seitenstraßen der Kronberger Straße heißt »Alteburgstraße«. Auf der Höhe steht die 1900 vom Zweigverein Bad Soden a. Ts. des Taunusklubs gestiftete »Burgwarte«, die nicht nur als Aussichtsturm dienen, sondern auch an eine alte Anlage, eben die »Alteburg« erinnern sollte, von der wir aber nichts Näheres wissen.

1469 ist, wie eine Urkunde im Staatsarchiv Darmstadt[36] belegt, die »alte Burg« als »wingarten, die alte Burg genannt« erwähnt. Aufgrund dieses Halbsatzes vermutete man dort eine Burganlage aus dem Mittelalter.

»Auf zwei im Jahre 1784 im Druck erschienenen Flugblättern, jedes ein dichterisches Erzeugnis von 20 Versen enthaltend«, so Theodor Schüler in seinen »Culturhistorischen Skizzen aus Taunus Bädern«[37], verbreitet, nachdem 1753 die von Kurzmainz und Frankfurt gegebene neue Gerichtsordnung einen Prozeß ausgelöst hatte, der nach 30 Jahren noch immer nicht entschieden war, wurde die Anlage freie »Reichsburg« genannt, die von Frankfurt zerstört worden war.

Johann Isaak v. Gerning bezeichnet sie in seinem Buch »Die Lahn- und Main-Gegenden von Embs bis Frankfurt antiquarisch und historisch«[38] als Wohnsitz der Herrn von Sulzbach: ». . . Das im 16. Jahrhundert erloschene Geschlecht der Herren von Sulzbach hatte . . . auch Güter zu Soden und auf dem noch sobenannten Burgberg eine Burg, deren Mauergestein zu den Gradiergebäuden der Saline verwendet wurden«. Bekannt ist aber auch, daß das Sulzbacher Geschlecht auf einem Hof in Sulzbach zu Hause war[39]. Stiebel, spricht, wie schon erwähnt, von Mauerresten eines Gebäudes aus dem Mittelalter, die z. T. »römischer Backstein« waren[40].

Karl August von Cohausen, seit 1871 Konservator der Altertümer im Regierungsbezirk Wiesbaden, reihte den Burgberg 1882 in den Nassauischen Annalen unter die »Wallanlagen« ein, von denen noch in diesem Jahrhundert Reste festgestellt wurden. Auch die Vermutung eines Verwaltungssitzes von Reichsgutbesitz im Umland wurde geäußert[42]. Tatsache ist der zu verschiedenen Zeiten auftauchende Name »Alte Burg«, der einen Zusammenhang aufzeigen muß, eine, was am wahrscheinlichsten ist, Anlage, die zwischen dem 7. und 10. Jahrhundert Bedeutung hatte.

II. Die Urkunde von 1191

Die erste datierte urkundliche Erwähnung Sodens geht auf das Jahr 1191 zurück. Dennoch ist dies nicht die älteste Urkunde, die Soden nennt. Im ältesten Bolander Lehnbuch[1] ist eingetragen, daß Werner II. von Bolanden und Gerhard I. von Hagenhausen von den Söhnen des Kaisers Friedrich I. (Barbarossa) mit dem gesamten Zehnten in Soden belehnt worden sind[2]:

»Ego (Werner II.) et Gerhardus de Hagenhusen inbeneficiati sumus a filiis imperatoris omni decima in villa, que dicitur Sode . . . super bona illa, que pertinet abbacie in Limpurg cum omnibus appendiciis suis et hoc beneficium pertinet ad Spirensem episcopum«.

Die Schenkung gehörte also dem Bischof von Speyer. Was die zeitliche Einordnung der Texte betrifft, so läßt sich sagen, daß der 3. Teil, das eigentliche Lehnbuch Werner II. zwischen 1189 und 1190 entstanden ist[3]. Die Abschrift entstand zwischen 1250 und 1260. Grund dafür war die Bolandische Erbteilung von 1262 oder der Tod Werners IV. 1258. Der exakten Datierung dienen einige Indizien. So nennt sich Gerhard I. 1186 in den Regesten der Herrn von Hainhausen[4] letztmalig »von Hagenhausen«, 1189/90 erstmals Gerhard I. »von Eppstein«[5].

Außerdem erfoglte die Belehnung durch die Söhne Friedrich Barbarossas in der um 1194/98 gefertigten Abschrift des Lehensverzeichnisses Werner II. von Bolanden[6] vor Beginn des Kreuzzuges 1188, nachdem Friedrich I. die Teilung der Hausgüter unter seinen Söhnen vorgenommen hatte. Somit kann die Datierung der Belehnung für das Jahr 1188 als sicher angenommen werden.

Weitere Erwähnungen Sodens im 13. Jahrhundert finden sich im Lehensverzeichnis Gottfrieds III. von Eppstein (1282ff)[7] über den Zehnten an Sodener Gütern: I/152 erwähnt, daß Eppstein vom Bistum Speyer die Vogtei in Sulzbach und den Zehnten in Soden zu Lehen hat[8]; I/217 ein Starcgeradus de Solzbach hat Anteil am Zehnten in Soden[9]; derselbe erscheint 1232 als Zeuge in einer Urkunde; III/2 gibt an, daß »sein Herr« Anteil an dem Zehnten in Soden hat (1280–85)[10].

In der Urkunde des Jahre 1191, ausgestellt Ende Juni, bestätigt der Erzbischof von Mainz dem Kloster Retters seinen Besitz u.a. in Neuenhain und in Soden und stellt diesen unter seinen Schutz[11].

In dem an Klostergründungen reichen 12. Jahrhundert war das Kloster Retters in dem stillen Taunustal nördlich von Fischbach gegründet worden. Graf Gerhard von Nüring hatte es 1146 unweit der Burg Nürings (heute Falkenstein) auf eigenem Grund und Boden sowohl als Mönchs- als auch als Nonnenkloster errichtet. In der Folge war es von dem Prämonstratenserstift Rommersdorf bei Neuwied, dessen Abt das Visitationsrecht zustand, geistlich abhängig, was für die Jahre 1162 und 1179 schriftlich belegt ist. Demnach ist das Kloster der 1120 in Prémontré bei Laon gegründeten Ordensgemeinschaft des hl. Norbert von Xanten zugehörig, die zu gemeinsamem und beschaulichem Leben und Armut in Verbindung mit Wanderapostolat verpflichtete und deren Grundlage die Augustinerregel (secundum regulam beati Augustini) war. Sicher bezeugt ist diese Zugehörigkeit für das Jahr 1272.

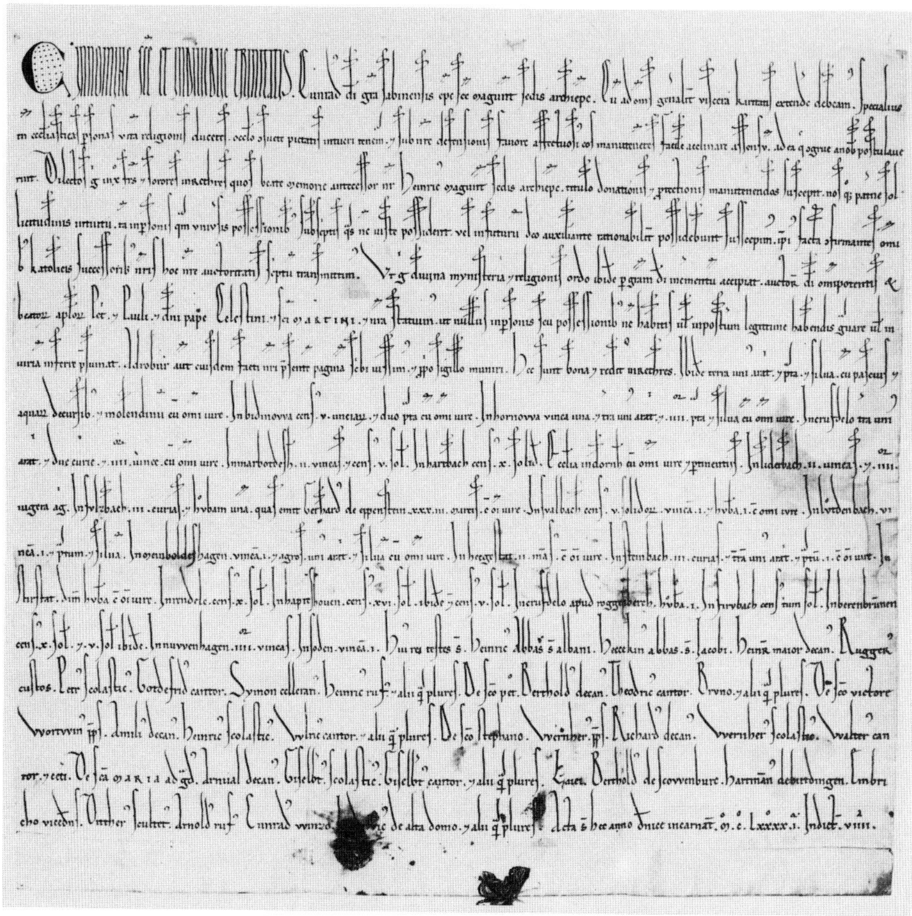

Die Urkunde aus dem Jahre 1191 (Bayerisches Hauptstaatsarchiv München, Mainzer Urkunden 33)
Originalgröße 47 1/2 x 43 1/2 cm

Nach dem Aussterben der Grafen von Nüring und ihrer Nachfolger, der Grafschaft Königstein, haben sich die Ordensleute von Retters als Eigenkloster verstanden. Wohltäter des Klosters waren die Eppsteiner, vor allem in der Zeit der seligen Nonne Christina von Retters (1269–1291), einer Seherin gleich der Elisabeth von Schönau, deren handschriftliche vita (vita beatae Christinae Rhetericensis), ebenso ihr Liber revelationum, in dem ihre Geschichte und ihre Erscheinungen von Mönchen aufgeschrieben waren, verloren sind. Texte verschiedener Überlieferungszweige sind dennoch vorhanden, vor allem durch Schriften belgischer Prämonstratenser[12].

Anfangs des 13. Jahrhunderts wurde das Kloster nur noch als Nonnenkloster geführt, das die unverheirateten Töchter des niederen Adels der Umgebung aufnahm und so ver-

sorgte. Wirtschaftlich war es durch zahlreiche Liegenschaften und Einkünfte gesichert. In der Reformationszeit wurde das Kloster 1559 von dem Nachfolger des Stifters, dem der lutherischen Lehre anhängenden Grafen Ludwig von Stolberg, aufgehoben und zu einem Gut umgewandelt, dessen Reste heute den »Rettershof« ausmachen[13].
Der lateinische Text der Urkunde lautet:

(C.) xxx In nomine sancte et individue trinitatis. xxx Cunradus dei gratia Sabinensis episcopus, sancte Magunt(ine) sedis archiepiscopus. Cum ad omnes generaliter viscera karitatis extendere debeamus, specialius | tamen ecclesiasticas personas vitam religionis duce[n]tes occulo consuete pietatis intueri tenemur et sub nostre defensionis favore affectuosius eos manutenentes facilem acclinare assensum ad ea, que congrue a nobis postulave | rint. Dilectos igitur in Christo fratres et sorores in Rethres, quos beate memorie antecessor noster Heinricus Magunt(ine) sedis archiepiscopus titulo donationis et protectionis manutenendos suscepit, nos quoque paterne sollicitudinis intuitu tam in personis quam universis possessionibus subscriptis, quas nunc iuste possident vel in futurum deo auxiliante rationabiliter possidebunt, susscepimus[b] ipsius facta confirmantes, omnibus katolicis successoribus nostris hoc nostre auctoritatis scriptum transmittimus. Ut igitur divina mynisteria et religionis ordo ibidem per gratiam dei incrementum accipiat, auctoritate dei omnipotentis et beatorum apostolorum Petri et Pauli et domini pape Celestini et sancti xxx Martini xxx et nostra statuimus, ut nullus in personis seu possessionibus nunc habitis vel in posterum legittime habendis gravare vel iniuriam inferre presumat. Ad robur autem eiusdem facti nostri presentem paginam scribi iussimus et proprio sigillo muniri. Hec sunt bona et reditus in Rethres[3]: ibidem terra unius aratri et prata et silva cum pascuis et aquarum decursibus et molendinum cum omni iure, in Bidinowa census V unciarum et duo prata cum omni iure, in Hornowa vinea una et terra unius aratri et IIII^{or} prata et silva cum omni iure, in Crufdelo terra unius aratri et due curie et IIII^{or} vinee cum omni iure, in Marbotdesh(eim) II vineas et census V solidorum, in Hartbach census X solidorum, ecclesia in Dornh(eim) cum omni iure et pertinentiis, in Liderbach II vineas et IIII^{or} iugera agri, in Svlzbach III curias et hv̊bam unam, quas emit Gerhardus de Eppenstein XXXIII marcis, cum omni iure, in Svalbach census V solidorum, vineam I et hvbam I cum omni iure, in Lvtdenbach vineam I et pratum et silvam, in Meinboldeshagen vineam I et agros unius aratri et silvam cum omni iure, in Hecgestat II mansus cum omni iure, in Steinbach III curias et terram unius aratri et pratum I cum omni iure, in Stirstat dimidiam hvbam cum omni iure, in Rendele census X solidorum, in Hapreshouen census XVI solidorum, ibidem etiam census V solidorum, in Crufdelo apud Roggenberch hv̊bam I, in Firvbach census trium solidorum, in Berenbrunnen census X solidorum et V sol(idorum) ibidem, in Nuwenhagen IIII^{or} vineas, in Soden vineam I. Huius rei testes sunt: Heinricus abbas sancti Albani, Heccekinus abbas sancti Iacobi, Heinricus maior decanus, Ruggerus custos, Petrus scolasticus, Gotdefridus cantor, Symon cellerarius, Heinricus Rufus et alii quamplures; de sancto Petro: Bertholdus decanus, Theodricus cantor, Brvno et alii quamplures; de sancto Victore: Wortwinus prepositus, Amilius decanus, Heinricus scolasticus, Wlricus cantor et alii quamplures: de sancto Stephano: Wernherus prepositus, Richardus decanus, Wernherus scolasticus, Walterus cantor et ceteri; de sancta Maria ad gradus: Arnual decanus, Giselbertus scolasticus, Giselbertus cantor et alii quamplures; laici: Bertholdus de Scowenburc, Hartmannus de Butdingen; Embricho vicedominus, Dittherus scultetus, Arnoldus Rufus,

Siegel der Urkunde aus dem Jahre 1191
(Bayerisches Hauptstaatsarchiv München Mainzer Urkunden 33)

Cunradus Winzo, Lvdewicus de Alta domo et alii quamplures. Acta sunt hec anno dominice incarnationis Ṁ.Ċ.LXXXẊ.I^{c}, idictione VIIII.

Der Text lautet ins Deutsche übertragen:
»Im Namen der heiligen und ungeteilten Dreifaltigkeit. Konrad, durch Gottes Gnade Bischof von Sabina, Erzbischof des heiligen Stuhls zu Mainz: Wenn wir auch unser ganzes Herz, von Nächstenliebe erfüllt, allgemein allen zu schenken verpflichtet sind, so halten wirs doch für richtig, erst recht die kirchlichen Personen, die ein Leben der Gottverbundenheit führen, anzuschauen mit dem Auge gewohnter Verehrung und ohne Zögern den Dingen unsere Aufmerksamkeit zuzuwenden, die sie in passender Weise von uns erbeten haben und sie mit allem Eifer zu begünstigen und für sie einzutreten.

Der in Christo geliebten Brüder und Schwestern in Retters, deren Schutz unser Vorgänger seligen Angedenkens Heinrich, Erzbischof des Mainzer Stuhls, als Spender und Schirmherr übernommen hat, haben auch wir in Erwägung der väterlichen Fürsorge uns schützend angenommen, und zwar sowohl der Personen als auch aller unten aufgeführten Besitzungen, die sie jetzt rechtmäßig besitzen oder in Zukunft mit Gottes Hilfe mit gutem Grund besitzen werden. Wir bestätigen unseres Vorgängers Schritte und überliefern allen unseren katholischen Nachfolgern dies hier auf unsern Befehl hin Geschriebene. Damit also der Gottesdienst und der fromme Orden in Retters durch Gottes Gnade weiteres Wachstum erfährt, haben wir im Namen des allmächtigen Gottes und der heiligen Apostel Petrus und Paulus und des Papstes Celestinus, unsers Herrn, und des heiligen Martin und in unserem Namen festgesetzt, daß niemand sich untersteht, die Personen oder den Besitz, den sie jetzt haben oder späterhin haben werden, zu beschweren oder unrechtmäßigerweise zu beschädigen. Zur Bekräftigung aber dieser unserer Schritte haben wir befohlen, gegenwärtige Urkunde zu schreiben und mit unserem eigenen Siegel zu befestigen.

Die Güter und Einkünfte in Rethres (Retters) sind folgende: Dortselbst eine Hufe (30 Morgen) Land und Wiesen und Wald mit Weiden und Wasserläufen und eine Mühle mit allen Rechten. In Bidinowa (Hofwüstung Beidenau bei Altenhain) 5 Unzen (Münzgewicht, 1 Unze = 1/12 Pfund) Grundzins und zwei Wiesen mit allen Rechten. In Hornowa (Hornau) ein Weinberg und eine Hufe Land und vier Wiesen und Wald mit allen Rechten. In Crufdelo (Kriftel) eine Hufe Land und zwei Höfe und vier Weinberge mit allen Rechten. In Marbotdesheim (Marxheim) zwei Weinberge und 5 Schillinge Grundzins. In Hartbach (Wüstung westl. von Diedenbergen) 10 Schillinge Grundzins. Die Kirche in Dornheim (bei Groß-Gerau) mit allen Rechten und allem Zubehör. In Liderbach (Liederbach) zwei Weinberge und vier Morgen Äcker. In Sulzbach drei Höfe und eine Hufe Land, die gekauft hat Gerhard von Eppstein für 33 Mark, mit allen Rechten. In Svalbach (Schwalbach) 5 Schillinge Grundzins, ein Weinberg und eine Hufe mit allen Rechten. In Lutdenbach (Flur Lotterbach bei Neuenhain) ein Weinberg und eine Wiese und ein Wald. In Meinboldeshagen (Mammolshain) ein Weinberg und die Äcker einer Hube und ein Wald mit allen Rechten. In Heegstat (Höchstadt) zwei Mansen (Bauerngüter) mit allem Recht. In Steinbach drei Höfe und eine Hufe Land und eine Wiese mit allen Rechten. In Stirstat (Stierstadt) eine halbe Hufe mit allen Rechten. In Rendele (Rendel bei Friedberg) 10 Schillinge Grundzins. In Hapreshoven (Oppershofen bei Butzbach) 16 Schillinge Grundzins, ebenda noch 5 Schillinge. In Crufdelo apud Roggenberch (Wüstung Cruftila bei Rockenberg) eine Hufe. In Firubach (Fauerbach bei Friedberg) 3 Schillinge Grundzins. In Berenbrunnen (Wernborn bei Wehrheim) 10 Schillinge Grundzins und ebenda 5 Schillinge. In Nuvvenhagen (Neuenhain) vier Weinberge (IIII vineas). In Soden ein Weinberg (vineam I).

Zeugen dieser Verhandlung sind: Heinrich, Abt von St. Alban. Heccekin, Abt von St. Jakob. Heinrich der Größere, Dekan. Rugger, Küster. Peter, Scholaster. Gottfried, Kantor. Simon, Kellermeister. Heinrich Rufus und einige andere mehr. Vom St. Peterskloster: Dekan Berthold, Kantor Dietrich, Bruno und einige andere mehr. Von St. Viktor: Probst Wortwin, Dekan Emil, Scholaster Heinrich, Kantor Ulrich und einige andere mehr. Von St. Stephan: Probst Werner, Dekan Richard, Scholaster Werner, Kantor Walter und die übrigen. Von St. Mariengreden: Dekan Arnual, Scholaster Giselbert, Kantor Giselbert und einige andere mehr. Laien: Berthold von Schauenburg, Hartmann von Büdingen, der Vizedom Emrich, Schultheiß Dieter, Arnold Rufus, Konrad Winzo, Ludwig von Alta domo (Hochheim) und einige andere mehr.

Geschehen ist das im Jahre der Fleischwerdung des Herrn 1191, in der 9. Indiktion.«[14]

Demnach sind in dem Schutzbrief 21 verschiedene Ortschaften im Mainvorland, im Taunus und in der Wetterau genannt, wo das Kloster Besitzungen hatte.

In einem weiteren Schutzbrief vom 30. Dezember 1221, den der Erzbischof Siegfried II. von Mainz ausgestellt hat, ist der Klosterbesitz in Soden umfangreicher[15].

»In Soden fünf Weingärten und ein Zins von 15 Schillingen und von der Mühle 5 Schillinge 7 Pfennige und ein Halbpfennig. Im Meilborn (Flurname) ein Weingarten (In Sodin

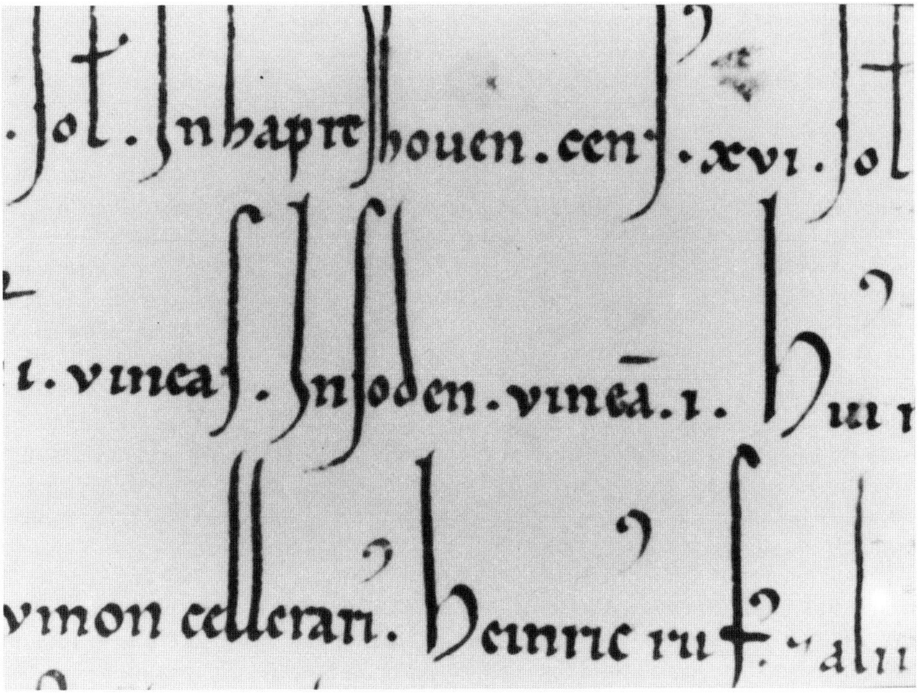

Ausschnitt aus der Urkunde von 1191 mit dem Vermerk über Soden und Neuenhain

V vinee et census XV cim solidorum et de molendino V solidi et VII denarii et obolus. In Milinbrunnin una vinea).«[16] Die erwähnte Mühle stand wohl nicht in Soden, denn Einwohner von Soden zahlten noch vor 1559 einen Geldbetrag für das Mahlen in den Retterser Klostermühlen zu Hornau und Zeilsheim[17].

Zwei weitere Beziehungen von Soden zum Kloster Retters sind überliefert. Wenzil von Soden, seine Ehefrau Dyne und drei Kinder verschreiben am 21. Juli 1346 vor Schultheiß und Gericht zu Sulzbach eine halbe Mark ewiger Gülte der Jungfrau Godin von Seulburg, Nonne zu Retters. Nach dem Tode der Nonne fällt die Gülte dem Kloster zu. Als Unterpfand setzen Wenzil und Dyne und ihre Kinder ihr Eigengut, eine Hofreite und den Garten zu Soden (Sodin). Für den Aussteller siegelt der Ritter Georg von Sulzbach.[18]

Die Sodener Eheleute Markel Snuse und Gude, Henne Balz und Aleid sowie Henze Balz und Gude pachten am 15. Februar 1364 vom Kloster Retters zu Landsiedelrecht die Weingärten am »Soder Berg«, in der »schonen helden« (Schönhell). Bei Nichtbeachtung der Pachtbedingungen kann das Kloster vor dem Gericht zu Soden klagen. Ritter Johann von Sulzbach beurkundet den Pachtvertrag mit seinem Siegel.[19] – Die Weingärten des Klosters Retters in Soden gingen bei der Aufhebung des Klosters 1559 wohl in den Besitz des Grafen Ludwig von Stolberg über.

III. Die Zeit von 1035–1450

1. Die Urkunde Kaiser Konrads II. und ihre Bedeutung für Soden

Für die Beantwortung der Frage nach der Entstehung und Entwicklung Sodens als Gemeinwesen und selbständiger Ortschaft ist die Ersterwähnung Sodens in der Urkunde von 1191 nicht ausschlaggebend, da sie nicht das Gründungsjahr des Ortes angibt, das sicher früher anzusetzen ist. Die Urkunde enthält nur die Aussage über den Besitz eines Weinberges des Klosters Retters in Soden.

Das Wort Soden ist von dem mittehochdeutschen Wort »Sod« (Sot) = Quelle, Mineralquelle, aber auch sieden abgeleitet[1]. Eine »Sode« oder »Soden« ist eine Salzsiederei[2]. Für das Verständnis der Entstehung und Entwicklung des Ortes ist die Urkunde aus dem Jahre 1035 von Bedeutung, in der Kaiser Konrad II. und seine Gemahlin Gisela dem Kloster Limburg a. d. Haardt u.a. das Predium (Praedium) (= Eigengut; hier: königliches Eigengut) Sulzbach übergibt.

Der Text der am 17. Januar 1035 lateinisch abgefaßten Urkunde lautet in unserer heutigen Ausdrucksweise[3]:

Im Namen der heiligen ungeteilten Dreieinigkeit. Konrad, durch Gottes Gnade römischer Kaiser, Mehrer des Reiches, bekannt gemacht allen, die heute und zukünftig Christus und Uns getreu sind, daß Wir, Konrad mit Gisela der Kaiserin, unserer Gemahlin, für das Heil unserer Seelen, dieser Kirche, die wir zu Ehren und zum Lobe Gottes gebaut haben, kraft eigenen Rechts das Predium Dürckheim, Wachenheim, Schifferstadt, Gau-Odernheim und in der Pflegschaft Wetterau, in der Grafschaft Ottos gelegen, Eichen, Sindlingen, Fauerbach, SULZBACH zu Eigen übergeben haben mit allem, was dazu gehört, nämlich Mancipien (Unfreie, später Leibeigene), die bebauten Hofstätten, bebauten Ländereien, Äcker, Wiesen, Weiden, die stehenden und fließenden Gewässer, die Fischgewässer, die Mühlen, die Felder, die Wälder, die Jagden, die Aus- und Eingänge, die Wege und Stege; dies alles in der Gegenwart und in der Zukunft, mit allem Nießbrauch, soweit er festgeschrieben oder (noch) bekannt werden sollte. Der Abt kann in diesen Stätten mit der gleichen Gewalt, die Wir gehabt haben, gebieten und verbieten. Darüber möge er zum Nutzen der Kirche und der Mönche frei verfügen. Und auf daß die von Uns übergebenen Eigentumsrechte stetig und unverbrüchlich bleiben ewiglich, haben wir diese Urkunde und was darin geschrieben steht mit eigener Hand bestätigt durch die Anfügung unseres Siegels.

Damit aber keiner der übergebenen dem Abt mehr geben muß, als die kirchliche familia gemeinhin fordern darf, auch daß nicht die Untertanen ihre rechtmäßigen Verpflichtungen gegenüber dem Abt im Laufe der Zeit vergessen, hoffärtig, die Schuld zu bezahlen, sich weigern, dünkt es Uns gut festzulegen, was der Abt, wenn er Dienste fordert, verlangen kann, oder was die Untertanen bezahlen sollen als Ablösesumme:

Ein jeglicher Mann einen Solidus (Schilling), auch eine jede Frau 6 Denare (Pfennige) alle Jahre oder einen Tag in der Woche sowohl Mann als Frau in der Curtis des Abtes (Fronhof) dienen. Der Abt hat auch Macht über die noch unverheirateten Kinder, sie ganz nach Belieben in der Küche, in der Mühle, in der Schäferei oder zum Pferdehüten einzusetzen und (ebenso) richtet der Abt über alle Dienstleute (ministeria), über wen oder wo immer es sei, Kellermeister, Küchenmeister, Zöllner (oder) Förster.

Das Kloster Limburg an der Haardt – Rekonstruktion

Abtei Limburg an der Haardt (Schmuckblatt)

Wenn aber der Abt einen der genannten zu seinem Dienst haben will, kann er ihn zum Truchsess, Mundschenk oder reisigen Knecht (Ritter) machen.

Wenn er ihn mit einem Lehen ausstatten und belohnen will, so er in der Gunst des Abtes ist, kann er das tun; wenn nicht, so hat er dieselbe Rechtsstellung, die er zuvor gehabt. Nach dem Tode eines Mannes soll das beste Tier (Besthaupt), nach dem Tode der Frau das köstlichste Kleid, das diese bisher hatte, in (den Besitz) der Curtis des Abtes kommen (Mortuarium).

Hat einer seinen Mitknecht erstochen, soll er siebeneinhalb Pfund in Silber (und einen Heller dazu) für ihn büßen. Wenn eine Frau außerhalb des Dorfes sich verheiratet, so soll sie sechs Denare (Pfennige) Zins zahlen.

Solchem Recht unterliegen die Dürckheimer, die Eichener, die Sindlinger, die Fauerbacher, dem selben Recht die Schifferstadter, außer daß nach einem Todesfall niemand einen Rechtsanspruch hat; die SULZBACHER unterliegen demselben Recht, außer denen, die dort Laszen (Loße, Liten, Laten) genannt werden, die, wenn sie ein Lehen haben, an jedem Tag reiten müssen, wohin der Abt auch immer befiehlt;

welche aber kein Lehen haben, sollen den Wein und das Korn des Abtes von Sindlingen bis nach Worms zu der Pforte, die Pfaffentor (Pfauentor) genannt wird, fahren.

Die Gau-Odernheimer unterstehen demselben Recht wie die Dürckheimer, außer demjenigen, der wegen der täglichen Fron weder in seinem Leben noch nach seinem Tod irgendeinen Zins zahlt. Aber alle Genannten unterliegen der Bestimmung, daß der Abt bei einer Ehe in eine fremde familia nach Belieben entscheiden kann, solche Ehen zu hindern (was die Exkommunikation zur Folge hatte). Bleiben sie aber zusammen, gehören nach dem Tod des Mannes zwei Teile von dessen Besitz zur Curtis des Abtes, der dritte Teil bleibt seiner Frau und seinen Kindern.

Signum des Herrn Konradus, des unüberwindlichen Römischen Kaisers und Mehrer des Reiches. Hat bestätigt Burckardus Canzler, anstelle Pardonis des Erzkanzlers.

Gegeben an den Kalenden XVI des Februar MXXXV der Menschwerdung unsers Herrn, Indiktion III, im Jahr XI der Regierung des Herrn Konrad II., das das Neunte seines Kaisertums ist. Geschehn zu Lintburg. Amen.

Die Urkunde ist nicht im Original, aber in mehreren Abschriften erhalten[4]. Obwohl sie auf das Jahr 1035 datiert ist, wurde sie wahrscheinlich schon im Vorjahr ausgefertigt.

In der Urkunde ist Soden nicht genannt, was nicht besagen muß, daß Soden damals noch nicht als Gemeinwesen existierte.

In der Urkunde werden nicht nur Menschen, Eigentumsrechte und Liegenschaften überschrieben, sondern auch die rechtmäßigen Verpflichtungen und Dienste dieser Menschen, die das Kloster fordern darf, festgelegt. Betroffen sind nach der Urkunde, in der sie an erster Stelle genannt sind, die Mancipien, also die ungesiedelten Hörigen, die nur eine beschränkte Rechtsfähigkeit hatten, in späteren Zeiten z.T. selbständig wirtschaftende Grundholde auf Grundherrnland wurden, die aber der hofrechtlichen Gewalt des Grundherrn unterstellt blieben, wie in Sulzbach dann einem Fronhof (einer curtis) zugehörten, der seinerseits einer Pfalz – im Falle des Sulzbacher Fronhofes wohl der Pfalz in Frankfurt zugeordnet war.

Ausgenommen von den Rechtsbestimmungen der Urkunde waren die Liten oder Laten, die Halbfreien, die ihrem Herrn, also dem König zu Dienst verpflichtet waren (Reiterdienste) und mit einer Liten- oder Lathufe ausgestattet von der Fron (opus servile) frei waren, hier sich also als Eigenleute des Königs verstanden, die nicht der Rechtssprechung des Klosters Limburg unterstanden. Oftmals bildeten sie eine eigene Rechtsgemeinde mit eigener Gerichtsbarkeit, wie etwa das spätere Sulzbacher »freie Obergericht«. Die Bindung an den König stellte letztlich die ›Freiheit‹ dieser Liten dar. Durch ihre Bindung an den König waren sie frei von anderen Herren, »Königseigene« Leute. Hierin hat die ›Reichsunmittelbarkeit‹, um die Soden und Sulzbach durch Jahrhunderte hin kämpften, ihren Ansatz. Zugleich aber bedurfte diese ›Freiheit‹ des Schutzes durch den König, letztlich seines Vertreters in unmittelbarer Nachbarschaft. In jener Zeit war dies der ›Reichsschultheiß‹ in Frankfurt. Mit diesem Schutz aber war sehr bald auch ein Drang nach Herrschaft verbunden, vor allem in jenen Zeiten, als die Reichsgewalt in Frankfurt zunehmend an Bedeutung verlor und das Amt des Reichsschultheißen gar käuflich wurde, die städtischen Interessen ins Spiel kamen.

Die Bildung einer Gemeinde hängt mit diesen Gegenbenheiten ebenfalls zusammen; denn daß die Personengruppe der auf ihre ›Freiheit‹ bedachten Einwohner eines Ortes sich zur Wahrung ihrer Interessen im Umfeld der Vogtei enger zusammenschlossen und ihre Eigenstellung auch in der Ansiedlung sichtbar machte (Bannzäune, Bannbezirk), war absehbar.

Was die Entwicklung der Gemeinde Soden betrifft, so ist diese wohl nicht Folge einer Neuordnung im 11. und 12. Jahrhundert an den Taunushängen. Der Frage ist nachzugehen, welches der Herrschaftsbereich war, den die Urkunde von 1035 mit der Bezeichnung »Predium . . . Sulzbach« benennt. Es heißt dort weder »in Sulzbach« noch »in der Gemarkung Sulzbach«. Es bleibt auch unklar, ob es sich um das Gebiet handelte, das später als »Vogtei Sulzbach« bezeichnet wurde.

Deutlich wird außerdem, daß in diesem Gebiet jedwede Bewohner entweder unter Königsherrschaft standen oder dessen Dienstleute waren: Mancipien und Laten. Dabei gab es vielerlei Variationsmöglichkeiten, was den Grund und Boden betraf, auf dem sie wirtschafteten: persönlich rechtlich Freie standen auf zinspflichtigem Grund, umgekehrt wirtschafteten Unfreie auf zinsfreien Gütern. Freie im Sinne des Begriffes »Gemeinfreie« u.ä. gab es nicht. Es ist demnach zu unterscheiden zwischen freiem Grundbesitz, Freiheit von Herrschaften, persönlich rechtlicher Freiheit, Freizügigkeit usw.

Wohl schon in fränkischer Zeit waren Eigenleute des Königs in unserem Gebiet angesiedelt. Da aber das beackerbare Land im Sodener Gebiet verhältnismäßig kleine Areale umfaßte, Dachberg, Burgberg und Münsterer Höhe beschränkten den Talgrund nach drei Seiten, ist die Zahl der Siedlungsstellen als gering anzusetzen, zumal die spätere Ortsmitte nach allen Seiten hin sumpfiges Terrain war. Das Gebiet vom heutigen Kurpark bis nach Sulzbach war Weideland, Ackerland lag am SW-Hang bis ins Tal hinein. Nicht ohne Grund heißt heute noch eine Flur am Taleingang »In der Aue«.

Der in der Ersterwähnungsurkunde von 1191 genannte Weinberg in Soden kennzeichnet, welches Land auf Sodener Gebiet Wert besaß, der Burgberg mit der Flur »Alteburg« als Südhang, auch der Südhang des Völpels (Dachberg). Dort treffen wir auch später auswärtige Grundbesitzer wie die Grafen von Solms-Rödelheim oder das Heilig-Geist-Spital in Frankfurt a. M.

Dennoch müssen sich auf Sodener Gebiet Liten (oder Laten) befunden haben, möglicherweise noch aus fränkischer Zeit, die wohl die gleiche Stellung inne hatten wie die in Sulzbach ansässigen und die sich auch im 12. Jahrhundert und in der Folgezeit als »königseigen« fühlen konnten, (Bevölkerungsreste germanischer, eventuell auch alamannischer Herkunft, angesiedelte Franken), von denen galt, was später in den Bestätigungen und Privilegien festgeschrieben wurde, wiewohl noch in Bezug auf den Fronhof Bindungen bestanden, die der größeren Gemeinde Sulzbach ein Übergewicht gaben, was sich später auch darin äußerte, daß das Obergericht, das über Leib und Leben entschied, in Sulzbach war, in Soden nur ein Untergericht, das über Frevel und Scheltworte und dergleichen zu richten hatte.

Bei dem Namen »Soden« handelt es sich um einen mittelhochdeutschen – Sod, Sode –, bzw. mittelniederdeutschen – sot (Sood, Sooth) = sieden – Ausdruck, für dessen erste Anwendung die Zeit zwischen 1050 und 1350 n. Chr. in Frage kommt. Allgemein wurde das Wort »Sode« mit einer Salzsiederei in Verbindung gebracht (siehe: Paul Imm. Fuchs, Deutsches Wörterbuch auf etymologischer Grundlage, Stuttgart 1898). In alter Zeit hieß ein Schöpfbrunnen auch »Sood« oder »Sooth«, so der Schöpfbrunnen des alten Salzwerkes zu Lüneburg. Das Salzwerk selbst nannte man »Sülze«. Der durch den Kurpark fließende Sulzbacharm hieß früher ebenfalls »die Sülz«. Auch Quellöcher in Sumpflagen bezeichnete man als Sode. Solche Quellöcher stellten auch Sodener Quellen dar, bevor sie gefaßt und genutzt wurden. Auf Landkarten findet man ein sumpfiges Ried als »Soothried« eingetragen, der Bach, der aus dem Ried abfließt hieß dann »Soothried-Bach« oder einfach »Soothried«. In einer Urkunde aus dem Jahre 1323, welche einen Vertrag über das Weiderecht der Hirten von Sulzbach und Soden enthält, heißt es: »Wir Hermann, Schultheiße, die Schöffen und der Rat zu Frankfurt bekennen offentlich . . . daß eine Zweyung waß in den dorffen Sultzbach und Soden, die zu einander gehören, umb die gemeine (das gemeinschaftliche Eigentum), die zu den zweyen dorffen gehöret, in wald und feld und an der bach die durch Soden und vor Sultzbach fleußt, die da heißet die Sode . . .«. Der Name »Soden« als Ortsbezeichnung stellt sprachlich einen dritten Fall (dativus locativus) dar und war ursprünglich mit Vorwörtern verbunden, z.B. »zu den Soden« oder »bei den Soden«. Die Ortsbezeichnung wäre demnach dem Quellengrunde entnommen, bei dem das alte Dorf lag. Was die Schenkungsurkunde Kaiser Konrads II. aus dem Jahre 1035 betrifft, mit der er »Sulzbach« mit seinen Ländereien, Hofstätten, Äckern, Wiesen, Weiden und Wäldern sowie den Mancipien, den Unfreien, an das Kloster Limburg a.d. Hardt schenkt, in der Soden nicht erwähnt ist, so ist es möglich, daß dies deshalb nicht geschah, weil beide Flecken, am Sulzbach liegend, »einander horent«, das Gebiet von Soden damals noch nicht den für den Flecken typischen eigenen Namen trug. Dann wäre die Wahl eines eigenen Namens auch als Hinweis auf Salzgewinnung nicht auszuschließen. Sicher nutzten die Einwohner das Salzwasser zur Speisebereitung und auch beim Schlachten von Vieh, wie dies noch im 19. Jahrhundert üblich war. Nachzuweisen ist dies urkundlich bisher nicht. Sollte aber Soden damals schon seinen eigenen Namen geführt haben, was der etymologischen Entstehung des Namens nach möglich wäre, so könnte es durchaus sein, daß der Ort von der Schenkung nicht betroffen war.

Im Lehensverzeichnis Gottfrieds III. von Eppstein ist zwischen der Vogtei Sulzbach und dem Zehnten von Soden unterschieden (6. Kap. II).

Die Frage nach der Entstehung und der Entwicklung des Dorfes Soden ist eng mit der Frage nach der der Reichsdörfer und der freien Dorfgemeinden verbunden.

Das Wort »frei« bezieht sich hier lediglich auf die Befreiung von verschiedenen Diensten oder auf eine besondere Art der Bindung, bei den Reichsdörfern an den Kaiser.

Reichsdörfer, von denen es nur vier gab, Gochsheim, Sennfeld, Soden und Sulzbach, waren nicht durchweg geschlossene freie Gemeinden. Entweder waren sie Reste einzelner kaiserlicher Güter oder nicht wieder verliehene Reichs-Grafschaften oder – Hofgenossenschaften. Sie hatten keine Vertretung auf dem Reichstag, also nicht die Reichsstandschaft. Oft standen sie unter dem Schutz eines Nachbarn, wie z.B. Soden und Sulzbach unter der Obhut Frankfurts. So klagten die beiden Reichsdörfer 1321 gegen einen Ritter, der ihre Allmenderechte angriff, vor der Stadt Frankfurt als der Inhaber der Reichsschirmvogtei[5]. Was Wunder, wenn der Frankfurter Rat sie in die reichsstädtische Landschaft einzubeziehen suchte.

Bei den Gemeinden Soden und Sulzbach handelte es sich um ehemalige Genossenschaften von Köngisleuten, die am Rande des Fronhofes von Sulzbach lebten, aber von diesem nicht einbezogen wurden. Sie wurden im Hinblick auf ihre Sonderstellung 1323 als »Samtgemeinde«, »gemeinschaft der dorfe Solzpach und Soden« bezeichnet[6].

Der Begriff »Gemeinde« bedeutete zunächst nur »etwas gemein haben«, Gemeindeland, die Allmende. Die »gemeindsmänner«, die in einem umschlossenen Landbezirk, dem Etter, wohnten, in dem auch andere Grundherrn noch Besitz hatten, lebten nach gleichem Recht und teilten sich die Nutzungsrechte untereinander als »burscap«, »bursame«, waren »mitbauern« oder »medegeburen«. Als »jung und alt, arm und reich« gehörten sie zusammen, waren die von Soden und Sulzbach »der zweier dorfer arm und richer gemeinlich«[7]. Bis ins 14. Jahrhundert war man von der personal bestimmten, genossenschaftlichen Denkform zur Vorstellung von Dorfgemeinde als körperschaftlichem Verband nur langsam vorangekommen. Demnach kann damals von einer Gemeinde im eigentlichen Sinne noch nicht gesprochen werden[8]). Erst im Laufe des Spätmittelalters bildete sich langsam die zum Verband zusammenwachsende Dorfgemeinde, »eine gebursame gemeinlich des dorfes«[9], eingebettet in den Machtbereich kirchlicher wie weltlicher Herrschaften. Der Verzicht auf Eigeninteresse, auf Recht, die der Familienverband ehedem beanspruchte, war auch durch die Siedlungsverdichtung notwendig geworden. Hofgruppen hatten sich gebildet, weilerartige Gebiete, die eine Übergabe von Rechten »an eine breite gemeinschaft«[10] erforderlich machten. Mitte des 13. Jahrhunderts findet sich in den Urkunden der Begriff »vicinus«, der aus dem spätrömischen Vulgärrecht stammt, durch das Wort »Nachbar« ersetzt, der nun sowohl Rechtsgenosse als auch Hilfsgenosse ist. Wirtschaftliche Faktoren spielen eine wichtige Rolle. Rationalisierung des Feldbaus, Funktionsteilung Waldnutzung und dergleichen. Neben dem entstehenden Wirtschaftsverband sind auch kulturelle, religiöse und soziale Faktoren wirksam. Hierin liegt mit ein Grund, warum die Sodener 1482 eine Kapelle bauen wollen, eigene Kirchenpflege, eigenes Meßamt, Meßner- und Glöckneramt anstrebten. Ortsarme, Krankenpflege, Witwen und Waisenversorgung verlangten greifbare ortsgebundene caritative Funktionsträger. Auch das ortsübliche Brauchtum spielte hier eine Rolle[11]. Fragen, wie die der eigenen Kirchweih waren wichtig.

Mit zur Gemeindebildung trugen auch die Auseinandersetzungen mit den übrigen im Dorfbereich Grundherrschaft ausübenden Grundbesitzern bei, ebenso deren Ansprüche und Auseinandersetzungen untereinander. Vom Nebeneinander von Klosterbesitz und Freier Reichsstadt profitierten die Reichsdörfer. Auch das Kondominat Frankfurt und Kurzmainz ab 1650 brachte für die Kondominatherrn Probleme.

Durch die Teilhabe am grundherrlichen Gericht, die durch die für notwendig gehaltene Zustimmung zu Rechtsgeschäften bedingt war, bildete sich ein Gerichtsverband heraus. Dabei wirkte sich für die Dörfer nachteilig aus, daß die Gemeinde kein durchweg geschlossener Bezirk war, somit auch kein einheitlicher Gerichtsverband, die Rechtsprechung uneinheitlich. Dennoch trat der örtliche Zusammenhang gegenüber den einzelnen Grundherrschaften immer mehr hervor. So trat an die Stelle der früheren Personalverbände die örtlich-räumliche Herrschafts- und Verwaltungsform, das Dorf. Auch der Reichsschultheiß stärkte, um sich der Konkurrenten aus dem Adel und der Geistlichkeit zu erwehren, im Spätmittelalter die Dorfschaften, wiewohl er auch andererseits, wie 1450, ihre letztlich von Frankfurt verschuldete Notlage ausnutzte.

2. Die Vögte der Limburger Herrschaft nach 1035

Wenn die spätere Vogtei Sulzbach schon vor 1035 als Verwaltungsbezirk bestand, so ist anzunehmen, daß nunmehr nach der Übernahme durch das Kloster Limburg ein klostereigener Vogt diesen betreute. Über seine Aufgaben sind wir durch die Urkunde von 1035 unterrichtet, was die Pflichten der Mancipien und deren Rechte betrifft. Über die eigentliche Stellung des Vogtes und die seinem Amte zugeordneten Rechte erfahren wir darüberhinaus wenig. Die ersten, die die Vogtsrechte ausübten, waren die Herren von Hagenhausen/Eppstein und von Bolanden/Falkenstein etwa um die Zeit der Urkunde mit der Ersterwähnung Sodens 1191. Sie haben die Vogtei Sulzbach und den Zehnten in Soden zu Lehen, Werner II. von Bolanden und Gerhard von Hagenhausen sind gemeinschaftlich im Besitz aller Rechte und Güter, die dem Kloster Limburg zustehen. Werner stammt aus einem Ministerialengeschlecht in der Pfalz bei Kirchheim-Bolanden und stand, was die Vogtei betrifft, in der Nachfolge des Grafen von Nürings nach 1174. Die Herrn von Hagenhausen aus Hainhausen bei Offenbach übernahmen den anderen Teil des Nüringserbes und nannten sich in der Folge nach ihren Besitzungen in Eppstein im Taunus »von Eppstein«.

Bis zum Jahre 1418, dem Jahr des Aussterbens derer von Falkenstein-Bolanden, reicht dieser gemeinsame Besitz der Eppsteiner und Falkenstein-Bolander. Danach fällt der Falkensteiner Teil mit dem Eppsteiner Anteil zusammen. Seit etwa der Mitte des 13. Jahrhunderts war das Vogteilehen zur Hälfte von den Eppsteinern an die Sulzbacher Ritterfamilie weiterverlehnt[12] Einen Anteil am Vogteilehen hatten wohl auch die Grafen von Sponheim. Diesen hatten sie wahrscheinlich von den ihnen verwandten Bolandern erhalten. Als Afterlehen fiel er nunmehr den Sulzbacher Rittern zu, wozu die Einwilligung Limburgs nicht erforderlich war.

1380 sind Eberhard von Eppstein, Philipp von Falkenstein und Johann von Sulzbach gemeinschaftliche Besitzer des Vogteilehens in Ganerbschaft, d.h. der Besitz war dadurch von einer Teilung ausgeschlossen[13]. In diesem Jahr verkaufte Eberhard von Eppstein seine Herrschaftsanteile für 1000fl an Walter von Kronberg mit der Möglichkeit des Rückkaufs[14].

Belehnt wurden die Vögte um 1190 noch vom König, bzw. dessen Söhnen – »mit der Vogtei in Sulzbach über allen Besitz, der von der Abtei Limburg herrührt mit seinem gesamten Zubehör« (. . . advocatia in Sulzbach super bona illa, que pertinent ab abbacie in Limburg cum omnibus appendiciis suis . . .)[15], um 1250 dann Bischof von Speyer und von 1350 an etwa direkt vom Kloster Limburg. Die Äbte waren im 15. Jahrhundert oberste richterliche Instanz. Anzumerken ist, daß der Klostervogt zwar seine Rechte im Gebiet der Vogtei wahrnehmen konnte, innerhalb der beiden Orte aber blieben sie auf den Fronhof beschränkt. Dort bildete die Gruppe der Laten mit ihren Nachkommen sowie derer, die sich aus der Herrschaft des Klosters hatte befreien können, als Königseigene eine eigene Rechtsgemeinde.

Über die Obrigkeitsverhältnisse in bezug auf diejenigen von ihnen, die in Soden wohnten, wissen wir für die Zeit vor 1282 nichts Genaues. Möglicherweise wurden diese »kleinen Splitter des Reichsgutes«[16] damals kaum noch beachtet. Dadurch wurde sicher auch der Anspruch des Frankfurter Rates auf »unser und des Reiches Dorf« in der Folgezeit geweckt, zumal das Reichsschultheißenamt immer mehr städtischen Interessen diente. So ist es nicht verwunderlich, daß man jede günstige Gelegenheit ausnutzte, um die Selbständigkeit dieser exemten Gemeinschaft, die sich wohl auch in einer Umwallung des Dorfes mit Hecke und Bannzaun sowie Wassergraben (Bachlauf) ausdrückte, zu beseitigen.

3. Das Frankfurter Mandat aus dem Jahre 1282 und die Folgezeit

Im Jahre 1282 erwirkten die Sulzbacher – wohl auch stellvertretend in seiner Fronhofposition für Soden u. Neuenhain, wie die Urkundenabschrift vom 17.12.1321 beweist, ein Mandat vom Frankfurter Gericht, wonach es um die Frage ging, wem die Dörfer Heeresfolge zu leisten hatten[17].

Nos Henricus Scultetus, Scabini Consules et Universitas Frankkenfurdensis, universis presentes litteras audituris cupimus esse notum, quod Scultetus, Scabini et Universitas de Soltzbach obtinuerunt coram nobis in nostro iudicio per divinitatem sententiam Scabinorum, quod ipsi similes sicut nos ire et mittere debent suos homines in exercitu et reysa generali et speciali proportionaliter tamen secundum virium suarum numerum et quantitatem. Et nos ipsos in his aliquando supportare possumus, si nobis placuerit, et facere ipsis gratiam mitiorem. Preterea nos predictos Scultetum, Scabinos et Universitatem de Soltzbach tamquam nostros concives defendere debemus, et ipsis tamquam concivibus nostris assistere bona fide.

In cujus rei testimonium et firmitatem sigillum civitatis nostre presentibus litteris duximus appendendum.

Actum et datum Anno Domini Millesimo CCLXXX scdo XIII Kal. Augusti.

In deutscher Übersetzung:

Wir, Heinrich (der) Schultheiß, Ratsschöffen und die Gemeinde der Stadt Frankfurt (und) alle Gegenwärtigen wollen, daß mit diesem Brief bekannt wird, daß (der) Schultheiß, (die) Schöffen und die Gemeinde Sulzbach durch den weisen Spruch unserer Schöffen vor unserem Gericht das (Urteil) erhalten haben, daß sie selbst ebenso wie wir in derselben Zahl und Menge jeden zweiten ihrer Männer in den allgemeinen und auch besonderen Reichskrieg entsenden müssen. – Ebenso müssen wir in der gleichen Weise wie unsere Bürger sie schützen und ihnen wie unseren Mitbürgern getreulich beistehen. – In Bestätigung und Bekräftigung dieser Sache hängen wir unser öffentliches Siegel an diesen Brief.

Beurkundet und gegeben im Jahre 1282 an den Kalenden des August XIII.

Eindeutig heißt es, daß das Urteil festlegt, die Dörfer hätten wie die Reichsstadt Frankfurt jeden zweiten ihrer Männer in den allgemeinen und auch besonderen Reichskrieg zu entsenden. Damit wurden sie der Stadt als freie Reichszugehörige gleichgestellt und anerkannt, was wichtig ist. Heeresfolge war nicht nur eine Pflicht, sondern auch besonderes Recht von Menschen in bestimmter sozialer Stellung.

Bei der Entscheidung haben wir es mit einem Schöffenspruch in einer strittigen Sache zu tun. Danach ist die von C. Moser geäußerte Meinung, es handle sich hier um einen Bündnisvertrag irrig[18], wiewohl mit der Beistandszusage Frankfurt gewisse Möglichkeiten des Verpflichtetseins allgemeiner Art einforderbar macht, dabei aber auch eigene Absichten in bezug auf den Einfluß der Stadt auf das Gebiet verfolgt. Ein Schutzversprechen war dies auf jeden Fall nicht, kein ›Gegengeschäft‹, nur ein Hinweis auf die für Frankfurt selbstverständliche Tatsache, daß die Stadt als Vertreter des Reiches gewisse ›Leistungen‹ zu erbringen hatte, die seit eh gegeben waren.

Als nun 1372 das Reichsschultheißenamt in Frankfurt an die Stadt überging, diese also ihre eigenen Interessen verfocht, hatte inzwischen der Kaiser seinerseits reagiert. In der Urkunde Kaiser Karls IV. vom 24.6.1349[19] wird Sulzbach (mitgemeint wohl auch Soden) als ». . . unser und des reichs dorf . . .« bezeichnet.

Aus dem Jahre 1321, Donnerstag vor Thomae, datiert ein weiterer schiedsrichterlicher Spruch der Stadt Frankfurt, daß bei »allgemeiner Reiß die Gemeine zu Neuenhain denen zu Sulzbach und Soden Zuzug thun sollen«. Wenn also die Frankfurter »aus soll fahren«, so sollen die Neuenhainer den Sodenern und Sulzbachern Hilfe angedeihen lassen, wie die »alden Brive sagen, die darüber sint gemacht«. Den Dörfern steht es im Kriegsfall frei, Frankfurt mit Geld oder einem »Heerwagen« mit Begleitpersonal zu unterstützen.[20] Ein Beispiel für Geldablösung ist aus dem Jahre 1378 berichtet[21]: ». . . han die von Sulzbach gegeben 16 Fl. 3 Kr. vor einen wagen, damit sie der stadt 15 tag vor Hatzstein dienen sollten in der reiss . . .«

Ein Beispiel für die Stellung eines Heerwagens ist im Weistum von 1418 bei einem Aufgebot von Reichs wegen berichtet[22]: ». . . Einstmals haben die zwey dorf (Soden und Sulzbach) dem rade ein Heerwagen geschickt, dem riche zu dienen. Das sy lenger dann vor 100 jaren geschehen, alss er von syner mutter seligen gehört habe, das die von Sulzbach haben dazu gegeben 2 knechte und die von Soden 1 knecht, sy sin vatter gewest, und zwey pferde . . .«

Die von Soden hatten demnach halbsoviel zu stellen wie die von Sulzbach, was die Sulzbacher 1478 bestritten und auf gleiche Anteile an Kosten und Zehrung drängten.

Sulzbach wollte alle in gleicher Höhe belasten, »dagegen die von Soden meinten, daß das nit alt herkommen were, sondern es were von alters also gehalten, wann sie heerwagen oder suste von der beyder dörfer und gemeinden nothe oder sachen wegen etwas costen oder zerung hatten, daß daran die von Sulzbach zwey teile und sie von Soden eine teile geben hetten«.[23]

Frankfurt entschied zugunsten Sulzbachs[24]. ». . . und wann auch nun hinfüro, es were von herwagen oder sust von ander bey deregenannten dorfen und gemeinden node und sachen wegen . . . solches sollen die von Soltzbach zu halben und die von Soden zum halben teil tragen und gelten«.

Im 14. Jahrhundert gab es auch für die Dörfer hilfreiche Entscheidungen. So überließ 1314 Abt Johann vom Kloster Limburg den Gemeinden Soden und Sulzbach den Wald, den man »den Forst« nannte, mit Ausnahme von 100 Morgen, die ungerodet bleiben sollten, zur freien Nutzung. Der Text des sogenannten »Waldbriefs« hatte nach der Kopie von Johann Henrich Reiff in seinem Werkbuch aus dem Jahre 1703 folgenden Wortlaut:

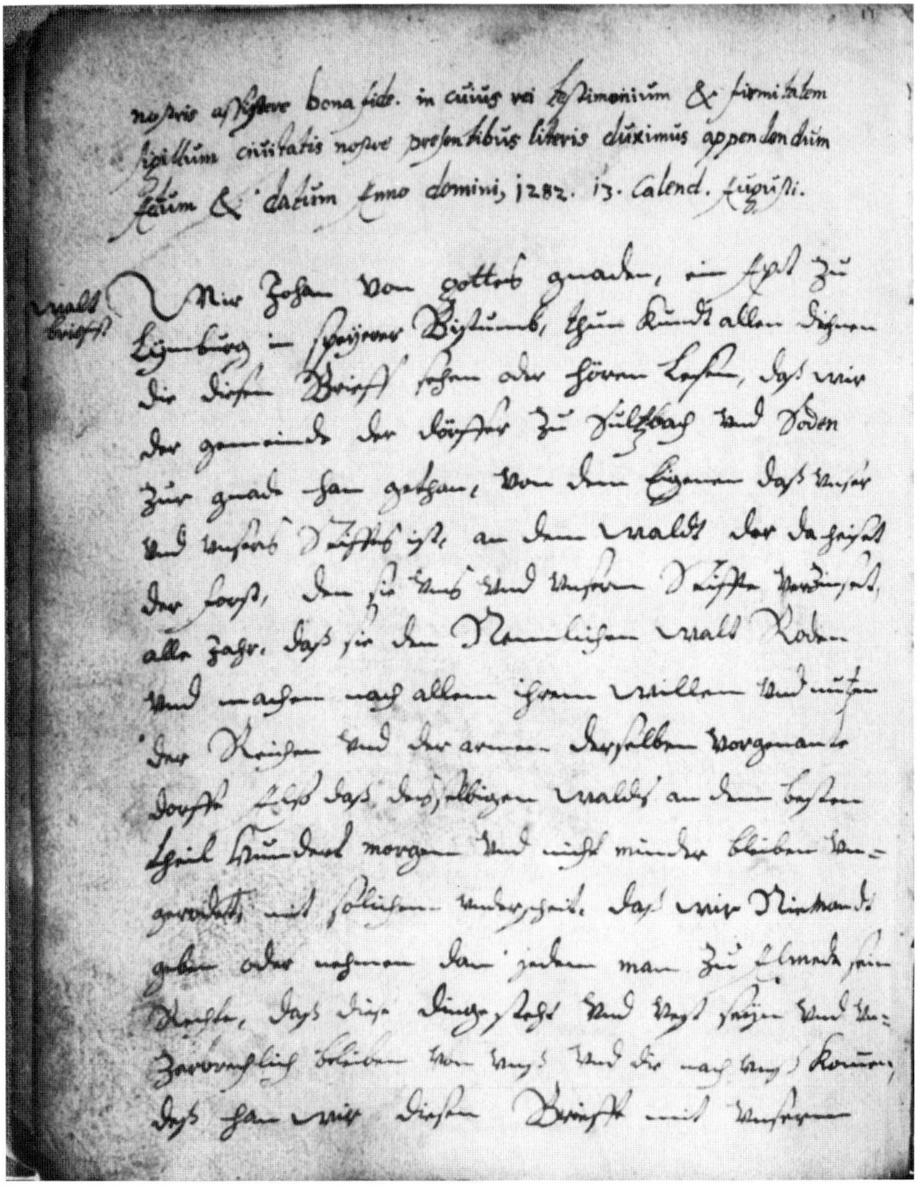
nostris assistere bona fide. in cuius rei testimonium & firmitatem
sigillum civitatis nostre presentibus literis duximus appendendum
actum & datum anno domini, 1282. 13. Calend. Augusti.

walt brieff.

Wir Johan von gottes gnaden, ein Abt zu
Limburg in speyrer Bisthumb, thun kundt allen diejenen
die diesen Brieff sehen oder hören lesen, das wir
der gemeinde der dörffer zu Sultzbach und Soden
zur gnade han gethan, von dem Eigenen das unser
und unsers Gotteshauses ist, an dem walde der da heisset
der forst, den sie und und unsern Gotteshause werdinget
alle Jahr. das sie den Namlichen wald roden
und machen auf allen ihren willen und nutzen
der reichen und der armen derselben vorgenanten
dörffer also das desselbigen waldes an dem besten
theil hundert morgen und nicht minder bleiben ungerodet, mit solchem underscheid, das wir niemandt
geben oder nehmen den jeder man zu almende sein
mögte, das diese dinge, stet und vest seyen und unzerbrechlich bleiben von uns und die nach uns kommen,
das han wir diesen Brieff mit unserm

Abschrift des »Waldbriefes« von 1314 von Johann Henrich Reiff aus dem Jahre 1705

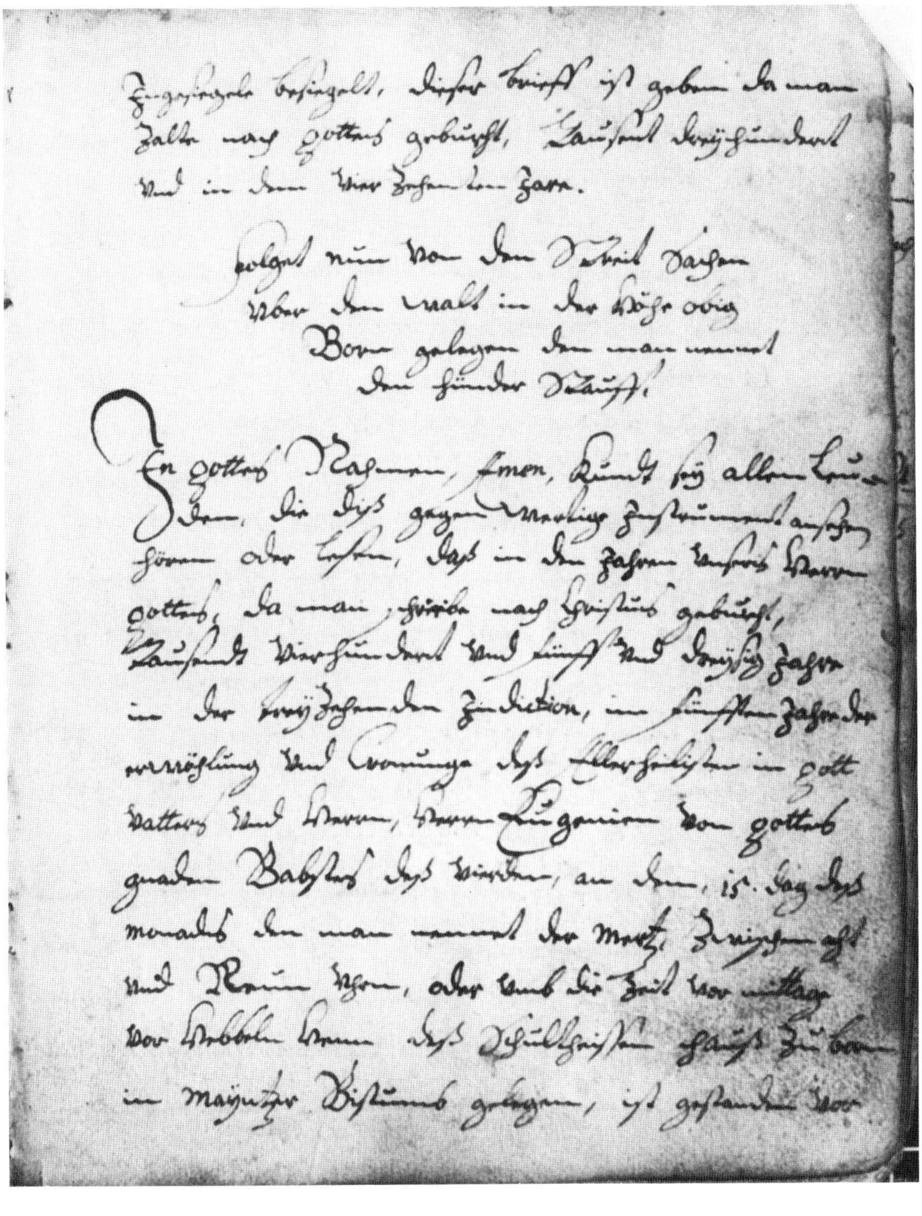

Zweite Seite des »Waldbriefes«

Wir Johann von Gottes Gnaden, ein Apt zu Lymburg im Speyerer Bistumb, thun kundt allen dehnen die diesen Brieff sehen oder hören laßen, daß wir der gemeinde der Dörffer zu Sultzbach und Soden zur Gnade han gethan, von dem Eigenen daß unser und unseres Stifftes ist, an dem waldt der da heißet der Forst, den sie uns und unserem Stiffte verzinset, alle Jahr, daß sie den Namlichen walt Roden und machen nach allem ihren willen und nutzen der Reichen und der armen derselben vorgenante dorffe Alß daß'desselbigen waldes an dem besten theil Hundert morgen und nicht minder bleiben ungerodet, mit solichem underschiete daß wir Niemandt geben oder nehmen dann jedem man zu Almende seine Rechte, daß diese Dinge steht und vest seyn und unzerbrechlich bleiben von unß und die nach unß komen, deß han wir dießen Brieff mit unseren Insiegeln besiegelt, dieser Brieff ist geben da man zalte nach gottes geburth, Tausend dreyhundert und in dem vierzehnten Jarr.

Die Urkunde aus dem Jahre 1349, 24.6., wurde schon genannt. Gegenstand des Vertrages war die Verpfändung von Sulzbach durch Kaiser Karl IV. an Philipp von Falkenstein für 2000 Pfund Heller, die diesem zustanden. Abgesehen davon, daß in dieser Urkunde der Ort erstmals nachweislich als »Reichsdorf« bezeichnet wird, gibt es keinen Nachweis dafür, daß der Falkensteiner irgendwelche Rechte übertragen bekam und Herrschaft über die beiden Dörfer ausübte.

1366 bestand kein Anspruch von seiner Seite mehr. Möglicherweise wurden ihm die Pfandrechte nach dem Reichskrieg gegen ihn, der 1366 endete, wieder abgesprochen oder anderweitig befriedigt[25]. Erwähnung finden muß auch die Übertragung der Wahrung der Gerechtsame der Dörfer durch Frankfurt an Henne von Delkenheim im Jahre 1371[26]:

»Ich, Henne von Deckilnheim Edelknecht, irkenne mich uffinlichen mit diesem Brieffe, daß ich . . . verstricke und verbinden mich zu den Erben wisen Luden, den Burgermeistern den Scheffen und Rade der Stede gemeinlich zu Franckfort in solcher Maße und Wiß, als hernach von Worte zu Worte stet geschriben, zum ersten sol und will ich ir und aller der die in zu virantworten stent, ir bestes werben und ir Schaden warnen wo ich den frei sehe oder gewar wirde, ez were heimelich oder uffenbar woher und von weme das queme nach aller myner Macht und Vernunfft, und en sal oder en wil auch in kehne Wiß widder sie tun, wers auch Sache daß yemand he were, das Dorf und Gerichte Lute oder Gud zu Soltzbach und die den von Franckinfort zu virantworten stent, anegriffe und schedigeten, das sal und will ich weren und da wider sin mit aller myner Macht, wors aber daß sie uffenbar Vienschaft hetten, darzu were ich nicht schuldig zu tune, ich entede es dann gerne, ane als vore begriffen ist, alle diese vorgeschriben Articul und Stücke samtlichen und iglichen besunder, han ich in guten Truwen an Eyde stad gelobet und zu den Heilgen gesworen, stete und veste unverbrochlichen, diewile daß ich gelebin zu halden, und sollen sie mir darumb gebin, alle Jahr sechs Marg uff sant Walpurge Dage, als lange als ich daz Verbunt von mynen wegen uz, unden sin sie der sechs Marg Geldes nimmer schuldig zu geben, Und des zu Urekunde und vester Stedigkeit, han ich Henne von Delckenheim vorgnt. mein Ingeß. an diesen Brieff gehangen. Datum Anno D. 1370. primo in Vigilia Palmarum.«

War Frankfurt 1323 gegen Ritter Hartmud von Sulzbach für die Dörfer aufgetreten, so schlichtete es auch deren Streit mit Ritter Klaus von Wolffskehl in den Jahren 1401–1403. Fünf Briefe sind uns darüber erhalten geblieben. Der Streit ging um einen Erschlagenen, dessen Herr Klaus von Wolffskehlen war. Vor dem Sulzbacher Gericht hatte sich die Witwe des Toten ihr Recht zusprechen lassen. Darüber machte nun Frankfurts Beauftragter, Hermann von Rottenstein, dem Ritter Mitteilung[27]:

»mynen dienst zuvor lieber Clas, ich lasse dich wissen, das mir die von Frankfurt gesaget han, wie das du den von Sulzbach und von Soden, die yn von richs wegen zu versprechen sten, zuspreches und anhanges umb einen toden, des sie doch nit zu schicken haben, darumb sie auch desselben hussfraw gericht und recht von den, die das getan haben, haben lassen gediehen und widfaren. Biden ich dich von mins gnedigen Herrn des königs und des richs wegen, dass du sie solcher ansprach nach gelegenheit der sachen früntlich erlassen wulles.«

Kurze Zeit danach verlangte der Ritter für seinen erschlagenen Mann Entschädigung. Daraufhin schrieb der Rat von Frankfurt an Klaus von Wolffskehl[28]:

Unsern freundlichen Gruß zuvor Lieber Clawes; uns han die Nachbern von Soltzbach und von Soden vorgebracht, wie daß in zu wißen getan und gewarnet sin, daß du in ir meinest zugreiffen, in den Dingen als sie nicht mit dir zu schaffen wißen haben, darum gedachte Nachbern uns nu die von Soltzbach und Soden vorgenannt zu verantworten steen und wir uns auch keins argen zu dir versehen, so bidden Wir dich und getruwen dir auch besonderen wole, daß du zu den obgenannt von Soltzbach und Soden, keinen Zugriff tust und duchte dich, daß du ichtwas zu zesprechen meyntes zu haben, wan du dan doch ohne das by uns gen Franckfurt kommen würde und das zwen Tage oder drey zuvorne ließe wißen, so meinten wir die obgnt. Nachgeburn eines teils zu besenden und die Sache zu verhören und die Güt laßen versuchen, obe die Sache fruntlich hingelegt mochte werden, und laß uns hierumb eine fruntlich beschriben Antwort wider wißen.

Datum Sabb. proximo post Decol. St. Jo. Bapt. Ao. xiiijC. primo.

Klaus von Wolffskehl antwortete wie folgt[29]:

Den Erbern Wysen Ludin, dem Rade zu Franckfurt, minen guten Frunden.

Min Dienst zufür lieben erbern Frund, also als ir mir geschriben had von der von Soltzbach und Soden wegen, daß han ich wole verstanden, des hoff ich itzt sy wohl kuntlich, daß sie das han gethan, als ich uch fürgeschriben han, auch gleuben ich uch, daß ir uch Unterdiger uch ane nemet zu verantworten, die von Soltzbach und Soden, die mir die Minen ermordet han, want ich itz minne Heren und Frunde seen und kleen wil, die ich meine die mir darzu zu behelffen mogen sin, geben under meine Ingeß.

Clais von Wulffskeel

Des Magistrats zu Franckfurt Wieder=Antwort an Claus Wolffskeelen[30].

Unsern freundlichen Gruß zuvor liebe Clawes, als du uns abir von der von Soltzbach und Soden wegen geschriben hast, daß du dich nit nach unseren Schrifften gerichten konnes, wen du mit dir zu dem Tage bringen moges, laßen Wir dich wißen, daß wir dir und wen du mit dir zu dem Tage bringen wirdes, Geleide geben, by uns in der Stad Franckenfurt, als unser stede Gewohnheit stet ane Geverde, also daß du nimanden mit dir brengest der in des heiligen Richs Achte sy, odir verlantfrydt syn, in dem Lantfriden am Ryne odir zu Westfalen, auch als du schribis, duchte uns gut sin; so wuldestu uff unser Frauwen Abend Assumptionis, zu einem gutlichen Tage aldar gen dorfelden kommen; Laßen wir dich wißen, daß die obgenannte von Soltzbach und Soden by uns gewest sin, und wir in das auch also zugesaget han, und dein Briff worden ist, und sie meinen auch den Sachen nach zu geen, als du unsern Rads Frunden auch gered hast, uff den Tage als man

mit Bechtram von Vilwyl einen Tag leistit, und laß uns des die beschriben Antwort wider wißen, obe du dem also nachgeen wüllist;
Datum Sabb. ante festum assumpt. Mariae gloriose virginis xiiijC. secundo.

Wolffskehls Schreiben aus dem Jahre 1403 lautet[31]:
»min früntlich dienst zuvor liebe frunde: Als ir mir geschriben hat von der von Solzpach und Soden wegen, das han ich wole verstanden und lass üch wissen, dass ich keine Ansprach nit enweis, die die von Solzbach oder von Soden zu mir haben, und mir nit wissentlich ist, das ich yn y leit getede. Und han mir myn armen man ermordet als ich des unbesorget vor yn bin. Und bieten üch lieben fründe umb mynes dienste willen, sint dem mal, dass sie üch zugehoren und von des rats wegen zu verantworten steen, dass ir sie unterrichten wellet und sie darzu haldin, dass sie myn armen man keren und mir darum ein wandel tun als fil mir darum noit ist, nach rechte.«

Auch die Sulzbacher Ritter, Georg der Alte, Georg der Junge und Reichwein von Sulzbach, erlaubten sich Übergriffe in den beiden Gemeinden. Im Jahre 1424 schrieb der Frankfurter Magistrat an diese[32]:
Unsern freuntlichen Gruß zuvor liebe Frunde, als ir uns wider geschriben hat, von der von Sultzbach und Soden wegen und meinet uff ein gutlichen Tag zu kommen gein Petterwil oder Ober-Ursel, uf Sant Walpurge Tage, laßen wir uch wißen, daß uns die Stede zu des Zitz ungelegen sin, die Unsern dahin zu Tage zu schicken, und biden uch aber, daß ir die von Sultzbach und Soden an irem Walde und Rode unbetranget und unbeschedigt laßet, die Schefferei da abetut und ire Gemeinde laßet liegen als wir uch y getruwt, meynet ir des abir nit zu thun oder pflüchtig sin, daß ir das dan wullet zu eim gutlichen Tage uff Sant Walpurge Tag nest kommet, gein Redelheim zue die Burg oder gein Hofe, da man auch vor me Tage davon geleist hat, laßen kommen und mochte man da nit gutlich der Spenne vereynet werden, so verehrte man wol wer dem andern bescheidenlich und redlichen ußginge odir nit, und last uns üwer beschrieben Antwort wider wißen, darnach zu richten, Actum feria ante festum Palmarum.
Anno xiiijC. xxiiij.

Das Antwortschreiben, unterzeichnet von Jungo und Richwin von Sultzbach, Gebrüdere, lautet[33]:
Unsern fruntlichen Dinst zuvor guden Frunde, so als ir uns geschriben und bedeydinget haid, als von der von Sultzbach und Soden wegen, des Bidden wir uch fruntlichen uns solcher Forderungen zu erlaßen, als wir meynen daß das billich sy, nachdeme als Unser Aeldern das lange Zyt herbracht und beseßin hant, das wollen wir gerne umb uch verdynen, under mynem jungen Ingeß, des ich mich Richwin zu diß Zyt mit eine gebruchen,
Datum An. Dom. xiiijC. Vigesimo Quatro Domi. ante Urbani.

Die Antwort des Frankfurter Magistrats lautet[34]:
Unsern frundlichen Gruß zuvor George, als wir dir me geschriben han von des Betrangis wegen, als den von Soltzbach und Soden von dir und den deinen geschicht, darumb Wir und sie mit dir zu gutlichen Tagen komen sin und dich laßen biden, solchen Betrag abezutun, oder darumb zu Ußtrage zu kommen, und als du und darnach dine Sone von dinen wegen meintet, daß du des hinter dem Riche nit Macht habes von dem du itz zu Lehen habest, haben unser Frunde dinen Sonen uff dem gutlichen Tage zu Franckfurt von dinen wegen geboden, der Sache gein dir zu Ußtrage zu kommen, uff den Aller-

durchl. Fürstl. unsern liebsten gnedigsten Herrn den Romischen Konig oder ob ez dir zu swer were, uff den Edeln unsern Herrn von Hanauwe oder Herrn Eberhard Lewen Burggraven zu Frideburg, uff ir einen, welchen du wuldes, als einen gemeinen dritten oder fünfften, mit eim iglichen Zusage, unser beyder Frunde und wulles du, die Sache in solcher Maße uff unsern Herrn von Hanauwe oder Herrn Eberhard Leben vorgnt. laßen zu Ußtrage kommen, sie truweten daß wir an ersters von des Königl. Gnaden siner Gnaden willen erwerben sulden, daß sine Gnade ir einem die Sache schriben und befehlen sulde, obe des Not were, solchs dine Sone vorter an dich bringen wulde und wand uns izunt dine Sone geschriben han, dainne wir nit versten daß die den Betrangen menes abzutun oder darumb zu Ußtrage zu kommen, also wir doch meinen, daß iz billich wer, so biden Wir aber und manen dich auch, nachdem als du uns virbunden und gewant bist und die von Soltzbach und Soden uns zu verantworten steeen, daß du bestelles, daß solch Betrang itz sy in Walde, Scheferi oder anders noch unverzogelichen von dir und den Dingen abegetan werde oder obe dich beduchte, daß du des nit pflichtig were, abzutun, so wulles des zu kurtzligen Ußtrage kommen in vorgesetzner Maße, dan wo du lenger Intrag und Verzog darinnen lechtes, so kunden Wir nit wol abgesin, Wir misten das andere understeen zu suchen und zu fordern und in beholffen und geraden sin, zu irme glichen und rechten und laß uns herum ein beschriben Anzwort wider wißen, Uns darnach zu richten.

Datum feria--- infra octa, festi Pentecost. Anno xiiijC. xxiiij.

Dieses Schreiben war verfaßt worden, nachdem der Schlichtungstag zu Rödelheim ergebnislos verlaufen war. Da wir von weiteren Verhandlungen nichts hören, muß die Sulzbacher Ritterfamilie wohl nachgegeben haben, da sie wohl eine Verhandlung vor den von Frankfurt vorgeschlagenen Herren fürchten mußte.

4. Die kaiserlichen Privilegien

Übergriffe auf die Freiheit der beiden Dörfer Soden und Sulzbach gab es immer wieder. In den Jahren 1442 bis 1459 erhob Eberhard von Eppstein Ansprüche, eine Folge der Verpfändung der Dörfer durch Karl IV. an Philipp von Falkenstein im Jahre 1349, als dieser dem Kaiser 2000 Pfund Heller im Dienst des Reiches gegen Günter von Schwarzburg aufgebracht hatte. 1418 war nach dem Aussterben der Falkensteiner der Besitz an die Herren von Eppstein gefallen, die nun ihrerseits Ansprüche aus dieser Verpfändung erhoben. Ob und inwieweit diese zu Recht geltend gemacht wurden, ist nicht nachzuweisen.

Auf die Eppstein'schen Forderungen deutet auch eine Urkunde hin, die 1423 Kaiser Sigismund ausstellen ließ – wiewohl ihre Echtheit, da das Original der Urkunde nicht mehr vorhanden, nicht sicher ist, (Kopie 18. Jhdt., Diktion des Textes nicht der im 15. Jhdt. üblichen entsprechend[35]). Der Text hat folgenden Wortlaut:

»Wir Siegmund von Gottes Gnaden Römischer König . . . tun kund . . . daß uns der ehrwürdige Konrad, Erzbischof zu Mainz . . . durch seine Freunde uns recht fürbracht hat, wie daß zwey Dorfer in der Wetterau gelegen sein, eins genannt Soden und das ander genannt Solzbach. Dieselben Dorfer und Gericht sein von alters dem heiligen Reich zugehörende gewest und sein nun (im Begriff) davon sich zu ziehen, daß doch nicht sein sollte. Want uns nun von königlicher Macht . . . nicht ist gestattet, des heiligen Reichs Lande,

Leute und Güter zu unterdrücken, zu verändern oder jemand fremder Hand zu verwenden, darumb so haben wir . . . die obgenannten zwey Dorfer mit Gerichten, Vogteien . . . ihm und seinen Nachkommen, Erzbischof zu Mainz, zu Besserung anderer Lehen« verliehen[36].

Als Grund für diese Verleihung gibt der Text an, daß Soden und Sulzbach sich »dem Reich zu entziehen« trachteten, was in diesem Sinn wohl nicht denkbar ist, da die beiden Dörfer immer wieder bestrebt waren, Reichsdörfer zu bleiben. Hier war wohl ein Dritter, eben der Eppsteiner im Spiel.

Ostern 1434 stellte Kaiser Sigismund die Privilegien über die Reichsunmittelbarkeit der beiden Dörfer aus, was wohl auch in diesem Zusammenhang zu sehen ist. Das für ihre Zukunft entscheidende Dokument hat in der Übertragung des Sodener Zimmermeisters Johann Henrich Reiff aus dem Jahre 1751 folgenden Text[37].

Gleich Lautende Abschrift der Keyserlichen Privilegien damit beite Gerichte und Gemeinden zu Sultzbach und Soden begnadigt sind worden:

»Wir Sigmund von Gottes Gnaden Römischer Keyser, zu allen Zeiten mehrer deß Reichs, und zu Hungern, zu Böhmen, Dalmatien, Croadien u. König bekennen und thun kundt, offenbar mit diesem Brief, allen denen, die ihn sehen oder hören lesen, daß für uns gekommen ist, der Dörfer Gerichte und Gemeinden treue Botschaft, der Kirchspiel Sultzbach und Soden, unsere und des Reichs Liebe getreuen, und hat uns von derselben Dörfer Gericht und Gemeinden wegen demütiglich gebetten, daß wir ihnen Gerichte, Freyheit, Allmende gute Gewohnheit, und wie sie dann mit unser und des Reichs Stadt Franckfurth herkommen sein, sich gebraucht und gehalten haben, vom Römischen Keyserlicher Macht zu befestnen und zu bestetigen gnädiglichen geruchen, daß han wir angesehen solche ihre zimliche Biete, und auch redliches Herkommen, und haben darumb mit wohl bedachtem Muthe und rechter Wießen, den obgenannten Dörfern, Gerichten und Gemeinden, der vorgenannden Kirchspiel zu Sultzbach und Soden, Gerichte, Freyheit, Allmende, gute Gewohnheit und Herkommen, als vorgemeltes ist, und sie hergebracht haben, gnädiglich bestettiget, Convermiret und verneuert, bestättigen und verneuen Ihnen die von Römischer Keyserlichen Machtvollkommenheit, gegenwärtiglichen, in Krafft dieses Brieffs und wir setzen und wollen auch von derselben Macht, daß sie bey den Gerichten, Freyheiten, Allmenden, gute Gewohnheiten, und wir sie und ihre Vorderen mit der obgenannten unserer Stadt Franckfurth herkommen sein, sich gebraucht und gehalten han fürbaß mehr zu ewigen Zeiten bleiben sollen, von aller mäniglichen ungehündert, doch unschättlichen und dem Reiche ahn unsern und sonst jedermann an seinen Rechten, und darumb so gebiethen wir allen und jeglichen, Fürsten, Geistlichen und weltlichen, Graven, freyen Herrn, Rittern, Knechten, Ambtleuthen, Schultheißen, Bürgermeistern, Schöffen, Räthen, Gemeinschafften und sonst allen anderen unsern und des Reichs Unterthanen und Getreuen ernstlich und festiglich mit diesem Brieffe, daß sie die vorgenannten Gemeinde und Kirchspiel von Sultzbach und Soden an solchen Gerichten, Freyheiten, Allmenten, Gewohnheiten und Herkommen, als vorgemelt ist, nicht hündern oder irren, in keiner Weise, sondern sie dabey schüren, schützen und schirmen, hand haben und geruhiglich bleiben laßen, als lieb ihnen sey unser und des Reichs schwere Ungnade zu vermeyten: mit Urkund dieses Brieffs versiegelt, mit unser keyserlichen Mayestät in siegel, geben zu Baasel nach Christi Geburt 1434 Jahr am nächsten Freytag nach dem Heilig Ostertag, unser Reich deß Hungrischen im acht und vierzigsten, deß

Das Schreiben des Frankfurter Bürgermeisters, der Schöffen und des Rats vom 31. März 1434

Römischen im vier und zwanzigsten, des Böhmischen im vierzehnten, und deß Keyserthums in dem Ersten Jahr.

Ad mandatum imperatoris. D. S. Cancellar reverente
Theodoricus Ebbracht«

Der Frankfurter Bürgermeister und der Rat bestätigen in einer gleichzeitigen Urkunde, daß . . . die »zwey Dörfer und Gerichte zu Soltzbach und Soden« sich »von alden langen Jahren und Zyden her zu uns und der Stad zu Franckenfurd gehört, und sich auch getrulichen also zu uns gehalden han und noch halden, nach Ußwyßunge der alden Brieffe. Soliches wir betrachtet und angesehen han, und auch umb sunderlicher Gunsten und Liebe Willen, die Wir zu yn han, und han yn die Gonste und Fruntschaft gethan, das Wir und Unser Nachkommen dieselben unsere Dorffer und Gerichte is syn lude Geistlich Edele oder andere, oder in gude doselbs nit hoher oder meebeschweren oder betrangen sollen oder wollen anders dann von alder herkommen ist, one alle Geverde . . . Und deß zu

Urkunde und Bekenntniß han wir der egenanndten Unser Stede Ingesiegel an dießen Brieff thun hencken. Datum Ao. Domini Millesimo Quadringentesimo Tricesimo quartro quarta feria infra octavas festi Pasche«.

Daß Soden und Sulzbach zu Frankfurt »gehört«, ist meistens so verstanden worden, daß sie sich zu oder an Frankfurt gehalten hätten. Die Stadt hat es in der Folge oft anders ausgelegt.

Wie das Verhältnis der Dörfer zu Frankfurt gewesen ist, zeigt auch eine Einladung des Frankfurter Rates an Schultheiß und Schöffen zu Soden in einem Rechtsstreit mit Sulzbach von 1423[38]. Dort heißt es:

»Unsern früntlichen gruss zuvor, Schultheiß und Schöffen zu Soden. Gute fründe, wir han vernommen, wie das zuschen iuch an eins teil und Schultheiß und Schöffen zu Sulzbach an dem andern etzlicher masse misshellunge und span sy, des uns nit lieb ist. Und herumb ist unser meinunge und begeren ernstlich, dass ir uff Sant Elisabeth tag nechst komet, zu nünden stunde by uns zu Frankfurt uff unseren rathuse syn wollet, als wir auch schultheiß und schöffen zu Sulzbach in solcher masse verbottschafft han. So meinen wir durch uns selber oder unsere fründe, die wir darby schicken werden, iuwer rede und widerrede von beiden teilen zu verhören und mit ernste zu versuchen, iuch darumb mit ein zuvereinigen und zu setzen.«

Von alters her waren die Einwohner Sodens und Sulzbachs durch das Frankfurter Burgrecht der Stadt verbunden und mußten an der Stadtbefestigung mitarbeiten. Seit 1435[39] schwuren Schultheiß und Schöffen der beiden Gerichte auf dem Frankfurter Rathaus, dem Rat und der Stadt treu zu sein. 1433 hatte Frankfurt zwischen den Dörfern Recht gesprochen und Landscheider gesetzt[40]. Der Streit ging darum, ob die Salzquelle (Quelle VII Major), die Soden für sich beanspruchte, wie die Viehweide und die Almende von beiden Orten genutzt werden dürfe. Der schiedsrichterliche Spruch hat folgenden Wortlaut:

»Wir die Bürgermeistere, Schöffen und Rath zu Franckefurth bekennen und thun kundt offentlich mit dießem Brieffe, daß unße Klage von Leenherrn, Geistlichen, Edlen, und andern, die Gude in unseren Dörffern und Gerichten zu Sultzbach und Soden liegende han, vor uns kommen und bracht sin, darum daß nit Landtscheider in denselben unsern Dörffern und Gerichten weren, und auch als man meinete, daß der Gemeinde da faste an Ihrer Almende abgezogen wäre, und wurde. Deß han Wir angesehen und betrachtet solche Klage und Gebrechen und han in denselben Dorffen und Gerichten Landscheidere thun setzen und bestellen, uf daß allermänniglich mit Landscheidunge und anderer gleich und recht wiederfahren mochte.

Und daß Schultheißen und Schöffen der genannten zweyer Gerichte denselben Landtscheidern und darzu achtzehn Personen der Redlichsten uß den Gemeinden, mit Nahmen von den von Sultzbach zwölfte und den von Soden Sechs befohlen und geheißen, die Almende zu begehen und zu steinen, das sie auch also gethan han biß an die Saltz-Sode und nach dem die von Soden meinten in die Almende und zu der Gemeinschafft nit gehörten, und Ir weren, und die von Soltzbach doch vernamen, und meineten das sie in die Almenden gehöreten, uf daß sie nun drumb und andere nachgeschrieben gespiene und solche, die sie unter ein ander gehabt und uns fürbracht han, auch zu Luterungen und Austrag kommen möchten: Han Wir Ihn von beyden seiten Ihre Freunde vur unß zu schicken bescheiden, die Sie auch alß von Ihr und der Gemeinde wegen mit voller Macht vor uns geschickt han, sie darum zu setzen und zu entscheiden, deß han Wir sie auch beyder Seiten Reden und wieder Rede von der Stadt stede wegen gesazt und entscheiden, nachdem uns eigentlich fürbracht ist, und unterwißet sin, daß die Salz Sode zu der Gemeinde gehöret, und doch kein Fieheweyde ist; So han Wir Ihn gegönnet und erlaubt, die unter sich zu theielen und sich der zu gemeinem Nutzen und besten Zeugenißen und zu gebrauchen.

Auch so setzen und entscheiden Wir Burgermeistere, Schöffen und Rath zu Franckfurth die Ehegenandte Gerichte von derselben Gerichte wegen Nachdem sie spenig waren, als daß die von Soden umb Frebele Scheltwort zu verbrechen und sunst um kleinliche Sache, die sich in den Banne Zäunen deßelben Dorffs und Gerichte machen und verhandlen, Wiißen Orteiln und richten mögen, ohne der von Soltzbach Intrag, als was Dodtschlage Lib und Leben antrifft das sal gehandelt werden zu Sultzbach, mit Vorbehaltnus doch unser Beyden vorgenandten Gerichten der Buße, als von Alter Herkommen ist, und was unser Gericht zu Soden umb solche Sache, Als vorbenandt seyn, die sich in den Banne Zäunen verhandlen, mit recht Wissen Ortheilen und richten, de Bestede bleiben, Es wäre dann deß sich einer Unverwandte Fuß Brieff Gein Sultzbach an Gerichte, als an das Ober Gerichte, der man In auch gönnen sulde zu kommen. Und was das Gerichte zu Solzbach dann darum zum Rechten irkennen wirdt, dabey sol es »bleiben« und das Gericht zu Soden doch daniyde an Ihren Richten und Ehren nit geschmitzet seyn Weres auch sache, daß Jemandes kommen oder klagen wulden von Erbschafft, Geltschulde, oder der Sache glichen uf eigen oder Erbe in den Banne Zäunen des ehegenandten Dorfs und Gerichts zu Soden gelegen, solche Kommer und Klage sulten geschehen mit dem Gerichte zu Sultzbach zu gleicher Weiße, als auch herkommen und gehalten ist, zu thun, uf eigen und erbe in unserem Gerichte zu Soden Ußwendig den Zeunen daselbs gelegen; Wer es auch, daß jemandts Eigen oder Erbe bynnen den Ban-Zeunen zu Soden gelegen kauffen oder verkauffen, oder sust verphenden wulde, so mögt man des Uf Gifft und Währschafft denen thun und nehmen vor Gerichte zu Soden, so fern beede Parthien daran ein Begebung haben wöllen; Und die soll alsdann auch Macht han, zu gleicher Weiße, als obe das zu Sultzbach vor Gerichte geschehen wäre. Wulten aber der Keuffer oder Phender daran nit ein Begnügen han, So sulde solche Ufgifft und Wewhrschafft geschehen vor dem Ober-Gerichte zu Sulzbach. Fürbaß so setzen und entscheiden wir sie: weres Sache, daß die von Sultzbach etliche Bäume oder Este zu Ihrer beider vorgenandten Dörffer Notze und Nothdurfft in den Wälden verkauffnen wulden, das sulden Sie nit thun, ohne der von Soden Rad, Willen und beweißen, fügete sich aber, daß die von Soltzbach zu Zeiten ungeverlich etzliche Este von zweien, dreien oder vier Baumen, die abgehaien würden, verkaufften Edelluden oder andern, als die zu Zeiten bey ihn Tage leisten oder sust by sie kommen, Erbarkeit oder zimlich schencke daum zu thun, der mögten sie thun ohne beywißen der von Soden, doch daß sie Jährliches den von Soden darvon Rechnung thun sollen, und was Geld In davon Oberte und Ober bleibe, daß solte in beyder Dörffer Notze und Frommen gegeben verwandt werden, oder sust gegeben u. gekert, ohne alle Geuerde. Auch setzen und entscheiden Wir Sie, zu welcher Zeit die von Soltzbach Ruge von Eynunge, als von der Almende wegen besitzen wollen, so sullen sie daß den von Soden verkündigen und zu wießen thun, daß sie dabey gehn Sultzbach zu kommen, und was Gelds dann davon gefellet, daß soll auch in beeder unser vorgenandter Dörffer Notze und Frommen gekardt und gewendt werden. Und wer es, daß sie damit ein zu rade würden, solches Geldts, als da gefallen werde, eines Theils, uf die Zeit zu verzehren oder zu vertrincken, so sulten sie das den von Soden, die alsdann da sin, ungefehrlich zu wißen thun, und welchen von Soden dann gefuglich ist, die mögen dabey bleiben, das helffen zu verzehren, oder zu vertrincken, ußgescheiden in diesen Sachen alle Arglist und Gefährde; Welcher vorgeschrieben Sachen Puncte und Articul zu urkunde und Bekenntniß, so han Wir Burgermeister, Schöffen und Rath zu Franckefurdt der ehegenandten unserer Stade Franckfurth Ingesiegil wießentlich an dißen Brieff thun hencken.

Und wir die Schultheißen Schöffen und Gemeinde der ehegenandten Zweyer Dörffere zu Soltzbach und zu Soden bekennen offentlich mit diesem Brieffe, daß wir den Sachen nach dem uns die egenansten unsern Herrn zu Franckfurth, gesatzt und entschieden han, als hiervor geschrieben steht, in allen und jeglichen Stücken, Punckten und Articuln, stede, veste und unverbrüchlich halten wollen und sollen, und den nachgehen, als sie ußwißen, ußgeschiden alle Argeliste und Gefährde. und han wir des zu Bekenntniß gebetten, die versten Junckherrn Junckhern Richwyen von Sultzbach Gebrüder und Junckern Gottfridt von Delckenheim, daß Ihr jeglicher sin eigen Ingesigel durch unser beeder Willen an dießen Brieff gehangen hat. Und wir George Richwein und Gottefridt Jezundt genandt, irkennen was daß wir unser Ingesiegile Umb ihr beede Willen an dießen Brieff gehangen han.

Datum Anno Domini Millesimo Quadringentesimo Tricesimo tertion (1433), feria sexta ante Valentini.«

Aus demselben Jahr datiert die folgende Urkunde, aus der die wichtigsten Abschnitte sowie die aufgeführten Namen hier wiedergegeben werden sollen[41]:

»Wir Burgermeister Schöffen und Rath zu Franckfurt, bekennen und thun kundt offentlich mit diesem Brieffe, daß vor uns kommen sin, dieße hernach geschriebene Erbaren Luden mit Nahmen . . . zu Sulzbach, . . . und dieße hernach geschriebene erber Lude, mit Nahmen Henne Schoderang der Junge, zu dießer Zeit Schultheiß und Schöffen, Kleyen Henne, Klaß Keßel, Wirtenbergers Henne, Kune Keißer, alle Schöffene Hennechen von Aldenhain, Henne Großhennen sonden man nennet Garer und Gontzhin Einmel den Man nenet Dille Nachgeburen zu Soden, als von der von Soden wegen, uf die ander seiten von etlicher Gespenne wegen, als zwischen In waren mit Namen von der Gerichte wegen derselben zweyer Dorffe, auch vom Baum und Este wegen, als die von Soltzbach bisher verkaufft solten han, und von Buße der Eynunge von der Almende wegen u. und han uns gebetten, Sie darum mit Rechte oder Freundschafft zu sezen, und zu entscheiden, darum um ihre fleiße bethe Willen, und nach Ihrer beederseite vorgenommene rede, und Wieder-Rede, han wir obgenandte Burgermeister, Scheffen und Rath zu Franckfurth sie mit ihrer beyderseits Wießen und Willen freundlich vereinigt, und entscheiden, In der maße als hernach geschrieben stehet, mit Nahmen und zum Ersten ist bedheidingt daß das Gericht zu Soden um Frevel und Schelt-Wort zu verbrechen auch sust kleinliche Sache die sich in der Bahn-Zäunen deßselben Dorfs machen und verhandlen, Weysen, Ortheilen, und richten mögen, ohne der von Soltzbach Intrag, ußgescheeiden Dotdschlage und was Leib und Leben antrifft, daß soll gehandelt werden zu Soltzbach, mit Behältnis doch beyden Gerichten der Buße als von Alter Herkommen ist. Und wie das Gericht zu Soden, umb solche vorgeschriebene Sache, die sich in Ihrem Banne Zeunen verhandeln mit rechte wießen Ortheilen, und richten, dabey soll is bleiben, Iß were dann, daß sich einer deß de unverwandts Fuß beruffe gein Soltzbach an »Ihr« Ober-Gerichte, so sulte man demselben gönnen darumb an das Gerichte zu Sultzbach zu kommen und was dann von dem Gerichte zu Sulzbach darumb mit recht erkendt wirdt, dabey soll is bleiben und sulde das Gericht zu Soden doch damite an ihren Eyden und Ehren nit geschmizet seyn . . . Datum 1433, Sexta feria ante diem Sancte valentini martyris.«

Aus diesen Texten geht hervor, daß Frankfurt von »unseren Dörfern« spricht. Auch holen beide bei Frankfurt Erlaubnis ein, wenn sie z.B. wie dem Gottfried von Delkenheim 1438 eine Rente verkaufen (25 fl)[42]. Was ehedem von Reichs wegen gegeben war, die Zuordnung zu Frankfurt, wurde jetzt von der Stadt als an sie übergegangen betrachtet. Soden und Sulzbach unterstanden dem Amtmann von Bonames[43].

Die Bestätigung der Privilegien[44] durch Kaiser Sigismund 1434 für die beiden Dörfer ist auch auf dem Hintergrund der Forderungen der Herrn von Eppstein in der Nachfolge der Falkensteiner zu sehen. Schon 1442 hat der Kaiser den Schenken Konrad, Herr zu Erbach, zum Schiedsrichter in dem Streit berufen, doch erst am 24.4.1444 lädt dieser die Stadt Frankfurt als verantwortlichen Vertreter der beiden Orte und diese selbst zu einem Termin ein. Der Gerichtstag kommt aber nicht zustande, da, wie die Frau des Schenken, Anna, mitteilt, »der Junker nit ine hemisch ist[45].

Inzwischen hat der Eppsteiner beim Kaiser auf seine Rechte aus der Pfandverschreibung durch Kaiser Karl IV. aus dem Jahre 1349 gepocht, und dieser schreibt den Frankfurtern, den Eppsteiner in seinen Rechten nicht zu kränken. Zugleich möchte er wissen, ob dessen Ansprüche zu Recht bestehen. Der Frankfurter Magistrat antwortet und läßt den Kaiser wissen, »daß die Dorffe Soltzbach und Soden, anderhaltb hundert Jare lang und lenger in getruwelichen beseße mit des heiligen Richs Stat Franckfurt, zu dem heiligen Riche gehörig herkommen sin, also daß sie by dem heiligen Rich sich zu der Stat Franckfurt gehalten han und noch also halten und die Herrschaft von Falckenstein noch die Herrschaft von Eppenstein und Königstein, der nie zu tunde sie innegehabt oder besеßen haben oder noch haben und die egnt. Dorffe yme auch keins Rechten ane yne bekennen . . .[46].

Im übrigen habe der Vater des Königsteiners seit etlichen Jahren die Bewohner der Orte hart bedrängt und ihnen in Mark und Wäldern beträchtlichen Schaden zugefügt, die Bauern gezwungen, ihr Holz auf seine Burg zu fahren, Einwohner willkürlich gefangen genommen. Auch habe er Kohlen unberechtigterweise in der Mark brennen lassen. Die Markwaldungen des sogenannten Hinterstauf habe er gänzlich an sich gebracht und das Dorf Neuenhain dem Reich entzogen. Die Dörfer aber »hoffen und meynen an dem heiligen Rich, nachdem sie herkommen sin, zu bliben«[47]

Sicherheitshalber fragten Frankfurter bei der königlichen Kanzlei an, ob möglicherweise der Eppsteiner noch irgendwelche Rechte habe. Das Antwortschreiben, das ein Michael Pfullendorf an die Stadt richtet, lautet[48]:

»Mit vill dienste alzyt zuvor . . . Euwer begerung und schreiben hab ich wol vernommen und ich hett euch wissen lassen, was der von Eppenstein wider die von Soltzbach erworben hat oder nit, so (nicht) in der Cantzley (das) register, dorinne sichs alles geschriben stet, iczt eingemacht und verslossen (wäre) von des zogs wegen, so unser her der kunig ictz hinauf in daz rich zu tund vor im hät, und daz ich darüber nicht komen mag zu disen zyten . . .«

Die Gemeinde Soden und Sulzbach schreiben am St. Peterstag 1444 ihrerseits an Kaiser Friedrich III.[49]:

»Allerdurchluchtigister Fürste, Großmechtigister konig, uwer Koniglichen Gnaden entbieten wir armen Lude unsere Oitmündige willige schuldige Dinste mit Underteinkeit berait, allergnedigister Fürst und Herre, es ist in unsere Oren erschrocklichen geschollen, wie an uwern Koniglichen Gnaden von etlichen unsern Lantherren geworben und angebracht sulle worden sin, daß ir uns von uwern Königlicher Gnaden und dem heiligen Riche abegeschiden und in Vergeben suldet des wir armen Lude großlich betrübet und erschrocken sin, were des also vor uwern Koniglichen Wirdikeiden gescheen, so dedden wir uwer Großmechtikaid Ortmüdiclich wißen, daß unsere Altfedern und wir anderthalb hundert Jare und lenger bey dem heiligen Romischen Riche und des heiligen Richs Stadt Franckfurt herkommen sin und zu dem heiligen Riche und der Stadt Franckenfurt alwege getrulich gehalten, derselben Stadt zu des heiligen Richs Reysen und Züge myde geholffen, unsere Orteil und Recht, unser alimende Zugehorungen, unser Irrunge under uns entstanden und andern unsern Gebrechen von yn underwyset, entricht, entscheiden, geordnet und gesatzt worden, auch von yn und iren Amtluden von des heiligen Richs und iren wegen verantwurt, versprochen und verthedinget worden syn. Darumb uwer große Wirdikait wir undertemitlich und flehelich als uwer Konigliche Gnade uns, uwer armen Lude von uwer Gnaden und dem heiligen Riche und uwer Stad Franckenfurd nit entziehen oder entfertin wulle, in eyniche Weg oder Wyse, sunder uns by uwer Koniglichen Gnaden, dem heiligen Riche und der Stad Franckenfurt, als wir dann von Alder von anderthalb hundert Jaren und länger, herkommen sin, gnediclich behalten und bliben lassen wullet, dann wir nest Gode keynen Trost oder Zuversicht lieber Herre han, dan uwer Konigliche Gnade des heiligen Riche und den Rad und Stadt Franckenfurd von uwer Koniglichen Gnaden und des heiligen Richs wegen, und biden uwer Konigliche Majestad uns hierinne so gnediglich zu versehen und zu versorgen, als wir arme Lude zu uwer großen Mechtigkeit eyn ganz Getruwen und Zuversicht han, und mit Oitmüdigen Gehorsam Dinst gerne verdienen wollen, gein uwer Koniglichen Gnaden die der almechtige Got lang lebende zu aller Seligkeid gefristen wulle, geben under des festen Edelmans, Jungher Hermans von Horn Wysses des alten Ingeß u Uff Sambstag St. Peterstag ad Vincula Anno XiiijC. xLiiij.

Schultheiß, Scheffen und Gmeinde der Dörffer Soltzbach und Soden.«

Kaiser Friedrich III. lud die Parteien in einem Brief vom Fronleichnamstag 1444 auf den Reichstag zu Nürnberg, wo die Sache entschieden werden sollte[50]. Am St. Franziskustag 1444 bestätigt Kaiser Friedrich erneut die Rechsfreiheit der beiden Dörfer[51]:

»Wir Friderich von Gottes Gnaden Römischer Kunig zu allen Ziten Mehrer des Reichs, Hertzog zu Oesterreich, . . . bekennen und thun kundt offenbar mit diesem Brieff allen den die In sehen oder hören lesen, Nachdem Wir dann kundtlich unterweiset sein, daß die Dörffer Soltzbach und Soden von Alter und vor viel langen Jahren zu Uns und dem heiligen Reiche gehört han, und »noch gehörent,« und daß Sie mit Unser, und deß H. Reichs-Statt Franckfort Herkommen sein, sich zu ihr gehalten, Ihr Urtheils-Recht daselbs geholt, und ander Ihre Ordtnungen und Regierunge von derselben Statt empfangen und versehen han, und das auch noch also thun, als wir unterweist worden:

So han wir gnediglich betrachtet und angesehen die getrewen Dinste, als die ehegenannten dörffere, Unsere und des Reichs lieben Getrewen, Uns und Unsern Vorfordern an dem Reiche allezeit williglich gethan haben, teglich thun, und noch in künfftigen Zeitten tun mögen und sollen: Und han darum den Dorffern Soltzbach und Soden zu Nutze und zu gut uff daß Sie desto baß bey Uns und dem Reich behalten werden, mit wohl bedachtem Muthe, gutem Rate Unser Fürsten, Edlen und getrewen, mit rechter wißen, und Römischer Königlicher Macht Vollkommenheit, vor Uns und Unser Nachkommen, solch vorgeschrieben Herkommen gnediglich vernnuvet, bestettiget und confirmiret, und erkennen, setzen und wöllen, mit Kraft dieses Brieffs, daß die vorgenannten Dörffere Soltzbach und Soden, und die Lute darinnen je zu Zeitten wohnende, mit allen und jeglichen Iren rechten und Zugehörungen forter ewiglich zu dem heiligen Reiche, als sie dann jetzund seyn, gehören, dabey blieben, und sich mit reysen, Gerichten, Freyheiten, Almenden, guter Gewohnheiten halten sullen, zu Unser und deß heiligen Reichs-Statt Franckfort, die sie auch versprechen, verantworten, und vertheidigen, und mit aller Ordnunge und Versehunge bestellen sollen; Als von Alters her gehalten worden ist, und wir gebiten darum allen Fürsten, Geistlichen und Werntlichen, Grauen, Freyen, Herrn, Rittern und Geburen und anders allermenniglich bey Unser und deß Reichs Hulden, daß sie die obgenannten Unsere und des Reichs Burgere und Statt zu Franckfurt, und auch die ehegenanten Dörffere Soltzbach und Soden bey den vorgeschrieben Unsern Gnaden und Freyheiten schützen, schirmen, und Handthaben, und darwider nit thun, bey Unsern und deß Reichs Hulden. Dann wer einstheils oder zumal dawider thete, der sulle als dieck das geschehe, in Unser und deß Reichs schwere Ungnade und darzu eine Pene, Zweintzig Margk lötiges Golts, die halb in Unsere Kungliche Cammer, und das halbteyl der egenanten Unserer Statt Franckfort werden sullen, verfallen sein, und sullen doch darzu hinfür die egenanten Unserer Gnade und Freyheit vestiglich gehalten werden in vorgeschriebener maße: Mit Urkunde dieß Brieffs versigelt mit Unserm Kuniglichen anhangenden Insigel. Geben zu Nurnberg an Suntag sand Franciscen Tag, nach Christs-Geburd, Vierzehnhundert Jahr, und darnach in dem Vier und Virzigsten Jahre, Unseres Reichs im fünfften Jahre.

Ad Mandatum Dni Regis. D. Caspar
Can[r]j referens. Wilhelmus Tatz
Rta Jacobus Wierl.

Daß vorstehende Abschrift dem mir vorgelegten auf Pergament geschriebenen wahren Königlichen original-Privilegio, auf vorhergegangene Collationirung von Wort zu Wort gleichlautend sey; Solches attestire hiemit unter eigen-händiger Suscription und Beydruckung meines notariat Signets, Sultzbach den 11. May 1753 (L. S.) Johann Jacob Höning Not. Caes. publ. jur. ac. in aug[mo] Judicio Camerae Imperialis immatriculatus.«

IV. Die Zeit von 1450 bis zum Bergsträsser Recess

1. Die Verpfändung von 1450

Die beiden Dörfer konnten sich ihrer Privilegien nicht lange erfreuen. Schon sechs Jahre später, 1450, begann der über 300 Jahre andauernde Kampf bis sie trotz allen Mutes und aller Zähigkeit sich 1803/06 neuen Herrn unterordnen mußten; das Reich hatte aufgehört zu bestehen. Doch schon zuvor mußten sie sich ihrer Schutzherrn immer wieder erwehren, Frankfurt, Kurpfalz und Kurmainz. Zunächst wurde das Jahr 1450 für sie ein Jahr ständiger Auseinandersetzungen und der Erniedrigung, wenn auch manchmal in der Literatur die Auswirkungen des Pfandvertrages als nicht so gravierend angesehen werden[1].

In der sogenannten Bickenbacher Fehde (1448–69) zwischen Frankfurt und Michael von Bickenbach war die Stadt der Auffassung, daß auch die Dörfer als zur Stadt gehörig anzusehen seien, und deshalb Abgaben zu entrichten hätten. Bickenbach seinerseits »zoch dem rade fas fyntschaft zu, det ine und den iren vil schadens by tage und nacht und half die von Solzbach (und Soden), die doch des heiligen riches und vom riche dem rade befohlen sin, an 800 Fl. ungeverlich brantschatzen«[2]. Da diese nicht sogleich zahlen konnten, wurden angesehene Einwohner in Haft genommen und mit dem Anzünden der Ortschaften gedroht. Frankfurt gab sich hilfreich und lieh die 800 fl Brandschatzung zu 5%. Demnach waren jährlich 40 fl. Gold in Frankfurter Währung an den Frankfurter Rat zu zahlen. Fällig war der Betrag zu St. Martin. Zum Pfand setzten die beiden Dörfer ihren ganzen Besitz und verpflichteten sich und ihre Nachkommen für die Laufzeit der Verpfändung zu Diensten und Gehorsam dem Gebot und Verbot des Frankfuter Rates, soweit dies nicht zum Schaden der Rechte des Reiches war. Am 23.10.1450 wurde das Geld ausgezahlt. Hier der Text der Schuldverschreibung:

»Wir Schultheiß, Scheffene und gemeyne geseßene Lude der zweyer Dorffere und Kirspiele Solzpach und Soden bekennen wir uns und alle unsere Nachkommen der vorgenanten Dorffere, und tun kunt allen den die diesen Brieff nu oder in künfftigen Zyten sehen lesen oder hören lesen, das wir mit samenderhant mit zytigem besonnen Rade, nach gemeyner Frage und überkommunge unsern Schaden zuverkommen, und unsern Notze zu fürdern, uff uns unsern Nachkommen Dörffern und Gerichten, uff unsern husungen, Hofen, Winegarten, Eckern Wyesen, Almenden, Welden, Waßern, Weyden, Zinsen, Renten und Gefellen und iglichen andern der vorgenanten Dörffern zugehörunge, benant oder unbenant samptlich und gesünder, nichts ußgenommen eins rechten Verkauffs, Recht und redelich zu eym Widderkauff verkaufft han, und verkauffen in Krafft diß gemeinwürtigen Brieffs, wie das in den Rechten oder von Gewonheit allerbest krafft und Macht hat, haben sal und mag, Den Vursichtigen Ersamen und Wisen Burgermeistern, Scheffene und Rade der Stadt Franckefurt unsern lieben Herren von derselben gemeynen Stede wegen, vierzig Gulden Gelts an Golde jerlicher Gulde Frankefurter Werunge, die wir und unsere Nachkommen der vorgenanten zweyer Dörffere yne und iren Nachkommen der Stadt Franckefurt alle Jare Jerlichs und eins iglichen Jares, besunder in derselben Stad Franckefurt uff sant Matins-Tag gutlich reuchen und geben sollen und wolle, ane alle Intrage kommere und Verbodes und aller Hindernis gänzlich ledig und freye, wand die vorgenante unsere lieben Herren uns izunt darumb zu unsern noden und anligenden Sachen achte Hundert Gulden guter Franckfurt Werunge an Golde gutlich und genzlich ußgeracht und betzalt, und auch andere ußgifft kost und zerunge unsernthalben gehabt han, die vorgerürten Achtehundert Gulden wir in unsern und unser Nachkommen Notze und Frommen gekart und gewand und auch etliche unsere Frunde die unserer Dorffe Node und Brantschatzunge halber gefangen waren, domidde geqwydiget han, und wer es Sache das wir oder unsere Nachkommen sümig wurden, die gulde Jerlichs nit reichten oder geben uff die Zyde und in der maße als vorgeschrieben stet, des nit sin sal, so mögen die vorgenanten unsere Herren oder weme sie ihre Forderunge geben gryffen zu unsern oder unser Nachkommen liben und guten oder mogen sich sost geistlicher oder Werntlicher Rechte und ander Behelffunge gein uns unsern Nachkommen unsern gütern und Zugehörunge, Gebrüchen und fürwenden, wiesyne füglich und eben wirt so saste und vil biß sie aller Ußstender, Gulde und Kostens und Schadens daruff gegangen gantz betzalt und vernüget sin, und nachdem wir und die vorgenanten zwey Dorffere und Kirspiel Solzpach und Soden mit den unsern Herren Burgermeistern, Rade und Stad Franckefurt, zu dem heiligen Riche gehörig Hundert Jare und faste lenger herkommen sin und uns zu yne gehalten han des dieselben unsere Herren und wir von Römischen Keisern und Königen, Bestedigunge und Verschreibunge han, so han wir angesehen und betrachtet solich alt Herkommen, und auch truwe Früntschafft und bystand als dieselben unsere Herren und in vergangenen Zyten getan und bewiset han, und in künfftigen Zyten noch wol tun mogen und das uns bißher nit nützlich gewest ist, das wir sünder Rechte Regierunge gewest sin und han nur uns und unsere Nachkommen, denselben unsern Herren und iren Nachkommen von des heiligen Richs wegen die Zyt als diese Pantschafft und der Verschreibunge stet und weret uns ingegeben befolhen und mit Dinsten und aller Gehorsamkeit underworffen, also das sie und ire Nachkommen, als von des heiligen Richs wegen in den vorgenanten Dörffern, Kirspielen und Gerichten gebieten verbieten, sezen und entsezen, heißen tun und laßen brechen und bußen uns unßere Nachkommen und Dorffere mit aller Ordenunge und Regierunge versehen und bestellen und auch Ungehorsamkeit und obertret darinne straffen und bußen sollen und mögen zu glicher Wise und in aller dermaßen und zu allen Rechten sie in ihren Woßen, Dorffern und Gerichten tun und Macht han zu tun, Daruff und darzu Wir und unsere Nachkommen yne iren Nachkommen und Stadt Franckefurt itzunt und so dicke Sie bynnen Zyt dieser Pantschafft beduncket not sin, geloben und sweren sollen, getruwe, holt gehorsam und gewertig zu sin, iren Schaden zu warnen, ire bestes zu werben und nurzukeren, so ferre wir mit eren mogen getun als arme Lude iren Gerichts Herren billich tun sollen, doch unsthedelich der Gelobde und Eyde die unser iglicher Syme rechten angehörigen Herren vorgetanhette, auch han die vorgenanten unsere Herren von Franckfurt vor sie und ire Nachkommen uns und unsere Nachkommen die besundere Gunst und Fruntschafft getan, daß wir oder unsere Nachkommen, welches Jares oder Zyt wir wollen, diese vorgeschrieben Verschreibunge und die vorgeschrieben Vierzig Gulden Gelts in der Stad Franckefurt mit Achtehundert Gulden Widderkeuffen und gwydigen mögen und wan wir solichen Widderkauff tun wollen das sollen wir oder unsere Nachkommen den vorgeschrieben unsern Herren oder iren Nachkommen ein Virteil Jaris zuvor verkundigen und vor ußgange des firtel Jares denselben unsern Herren in der Stadt Franckefurt die Achtehundert Gulden an guter cleiner gewegener Gulden Franckefurter Werunge und darzu obe yne der vierzig Gulden Gelts vor icht erschienen und nit bezalt weren und koste und Schaden obe die daruff gegangen weren gutlich

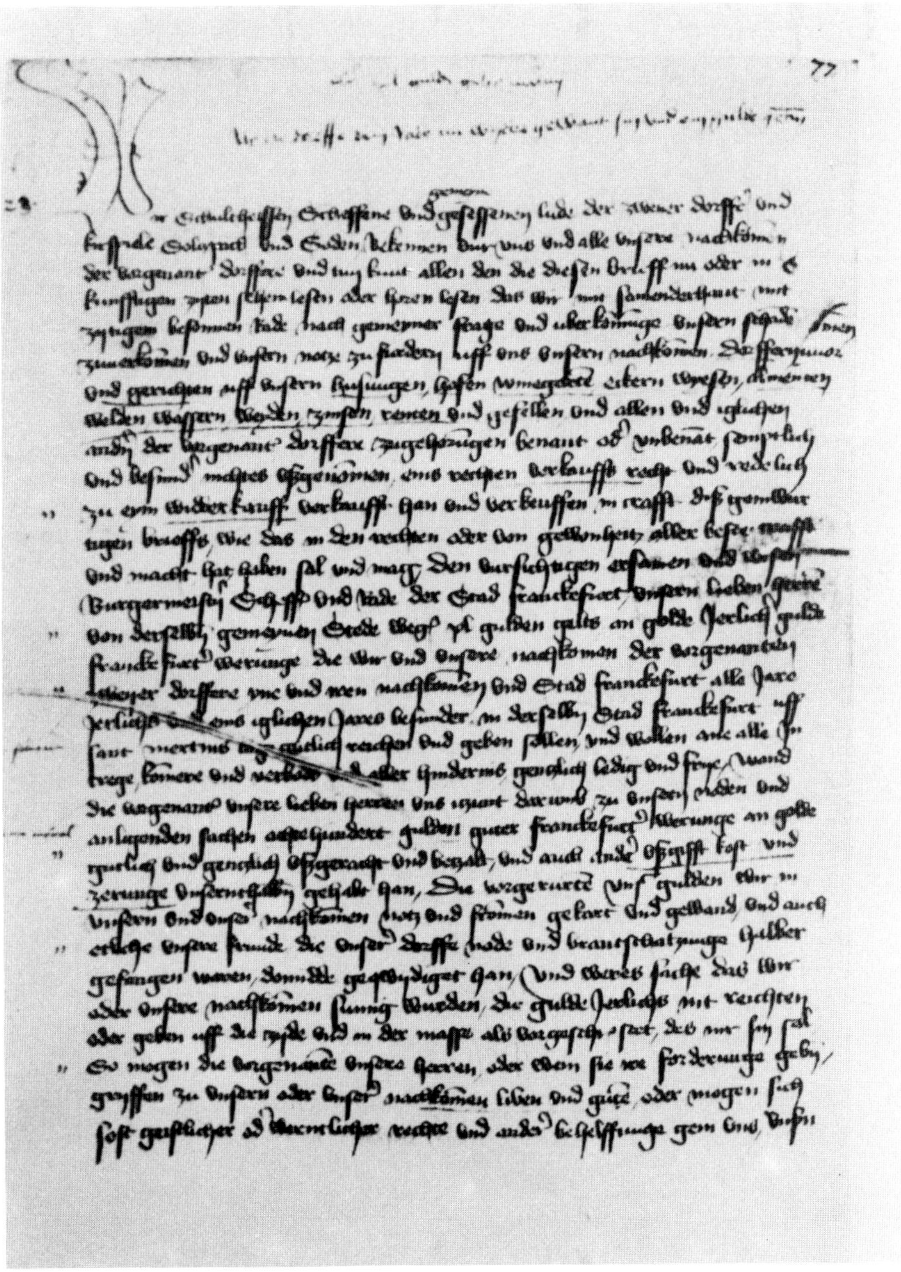

Verpfändungsbrief aus dem Jahre 1450 mit den Unterschriften der Sodener und Sulzbacher

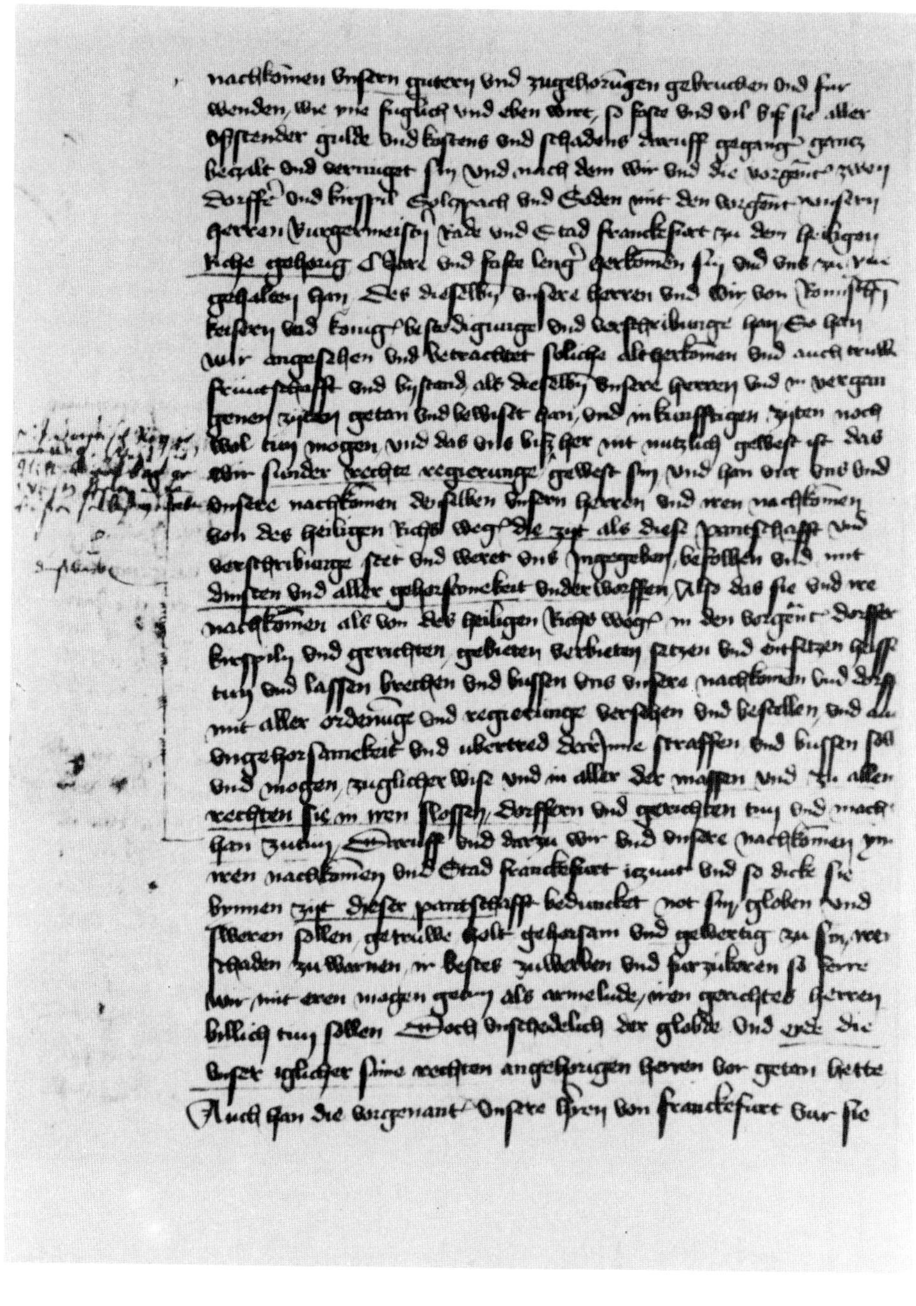
nachkomen unsern gutern und zugehorungen gebruchen und fur
wenden, wie uns fuglich und eben were, so fast und vil biß sie aller
uffstender gulde und kostens und schadens darauff gegangen gantz
bezalt und vernugt sin Und nach dem wir und die vorgen. zwey
dorffe und kirspil Sulzpach und Soden mit den vorgen. unsern
herren Burgermeister Rade und Stad Franckfurt zu dem heiligen
Riche gehorig gewest und fast lenge herkomen sin und uns zu ver
gehalten han, des dieselben unsere herren und wir von Romischen
keisern und konigen bestedigunge und verschribunge han So han
wir angesehen und betrachtet soliche alt herkomen und auch truwe
fruntschafft und bystand als dieselben unsere herren und ir vergan
genen zyten getan und bewiset han, und in kunfftigen zyten noch
wol tun mogen, und das uns biß her nit nutzlich gewest ist das
wir sunder rechte regierunge gewest sin Und han wir und
unsere nachkomen denselben unsern herren und iren nachkomen
von des heiligen Richs wegen die zyt als diese pantschafft und
verschribunge stet und weret uns ingegeben, befolhen und mit
dinsten und aller gehorsamkeit underworffen, Also das sie und ire
nachkomen als von des heiligen Richs wegen in den vorgen. dorffen
kirspeln und gerichten gebieten verbieten setzen und entsetzen heissen
tun und lassen brechen und bussen uns unsere nachkomen und dorff
mit aller ordenunge und regierunge versehen und bestellen, und alle
ungehorsamkeit und ubertred derselben [illegible] straffen und bussen sollen
und mogen zuglicher wise und in aller der massen und zu allen
rechten sie in iren slossen, dorffern und gerichten tun und mach
ten zu tun, [illegible] und darzu wir und unsere nachkomen yn
ren nachkomen und Stad Franckfurt iczunt und so dicke sie
binnen zyt dieser pantschafft bedunket not sin globen und
sweren sollen getruwe holt gehorsam und gewertig zu sin, ire
schaden zu warnen, ir bestes zu werben und furzukeren so ferre
wir mit eren mogen getun als armelude iren gerechten herren
billich tun sollen Doch unschedelich der globde und eyde die
unser iglicher sime rechten angehorigen herren vor getan hette
Auch han die vorgenant unsere herrn von Franckfurt vur sie

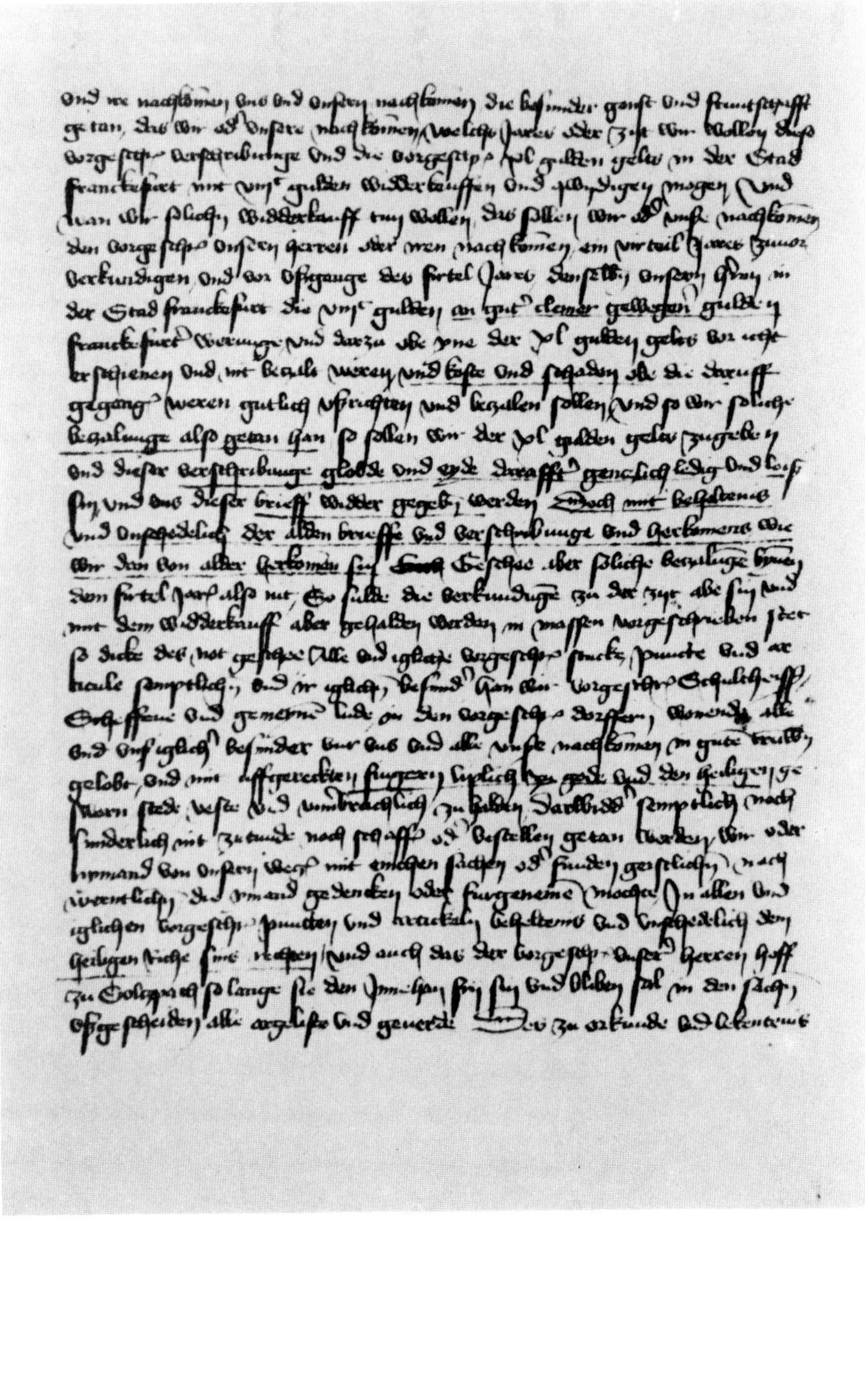

vnd ire nachkomen, vns vnd vnsern nachkomen die besunder gonst vnd fruntschafft
getan, daz wir od' vnsere nachkomen, welchs Jares oder zijt wir wollen, diese
vorgeschr' verschribunge vnd die vorgeschr' xl gulden gelts in der Stad
Franckenfurt mit viije gulden widderkeuffen vnd abelosen mogen, vnd
wan wir solichen widderkauff tun wollen, das sollen wir od' vnser nachkomen
den vorgeschr' vnsern herren oder iren nachkomen ein virteil Jares zuuor
verkundigen vnd vor vßgange des firtel Jares denselben vnsern herren in
der Stad Franckenfurt die viije gulden an gut' cleiner gewegen gulden zu
Franckenfurt' werunge vnd darzu ob yne der xl gulden gelts von eyncher
versessenen vnd vnbezalt weren, vnd koste vnd schaden ob die daruff
gegang' weren gutlich vßrichten vnd bezalen sollen, vnd so wir soliche
bezalunge also getan han, so sollen wir der xl gulden gelts zugeben
vnd dieser verschribunge globde vnd eyde dannen genczlich ledig vnd los
sin, vnd vns dieser brieff widder gegeben werden, Jedoch mit behaltenis
vnd vnschedelich der alden brieffe vnd verschribunge vnd herkomens, wie
wir dan von alder herkomen sin, Geschee aber soliche bezalunge bynnen
dem firtel Jars also nit, So sulde die verkundunge zu der zijt abe sin vnd
mit dem widderkauff aber gehalten werden, in massen vorgeschrieben steet
so dicke des not geschee. Alle vnd iglichen vorgeschr' stucke, puncte vnd ar
tikele sampthlich, vnd ir iglichen besunder han wir vorgenanten Schultheissen
Scheffen vnd gemeyn lude in den vorgeschr' dorffern, wonende alle
vnd vnser iglicher besunder vor vns vnd alle vnser nachkomen in guten truwen
gelobt, vnd mit uffgerackten fingern liplich zu gode vnd den heiligen ge
sworn stede veste vnd vnbrechlich zu halden, dawidder sementlich noch
sunderlich nit zu tunde noch schaffen od' bestellen getan werden, von vns oder
ymand von vnsern wegen mit einchen sachen od' funden, geistlich noch
werntlich, die ymand gedencken oder furgenemen mochte, In allen vnd
iglichen vorgeschr' puncten vnd artikeln, behaltenis vnd vnschedelich dem
heiligen Riche sine rechten, vnd auch das der vorgeschr' vnser herren hoff
zu Solczpach so lange sie den Inne han, fry sin vnd bliben sal in den sachen
vßgescheiden alle argeliste vnd geuerde. Des zu vrkunde vnd bekentenis

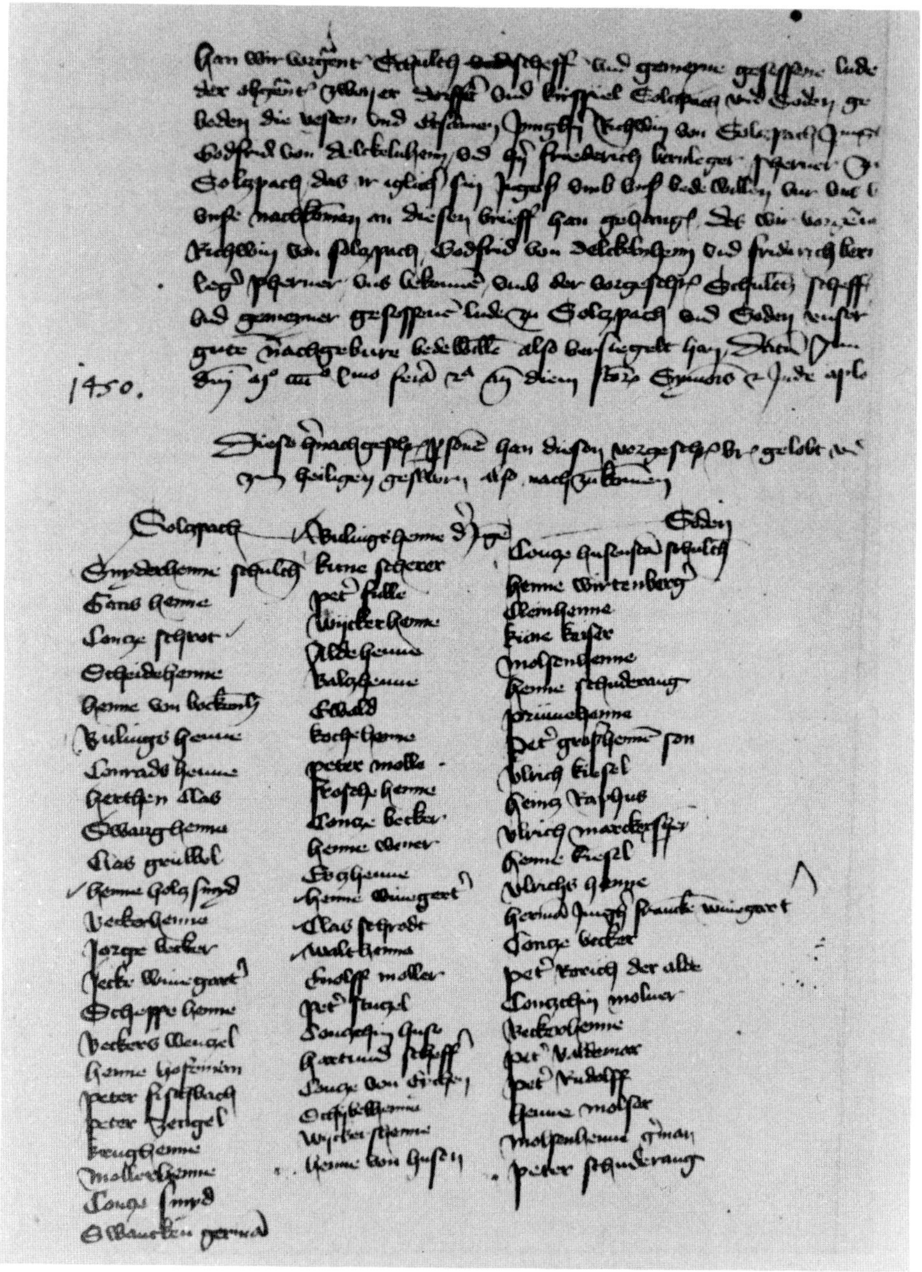

Han wir vorgenant Schultes scheffen und gemeyne gesessene lude der obgenant Bulinger dorffs und kirspiel Solspach und Soden gebeden die vesten und strenngen Junghern Ruckelin von Solspach Junghr Godfrid von Adelebsheim und her Frederich Cunlegen pherner zu Solspach das iß iglich syn Ingeß und auch bede wullen, vor uns und unser nachkomen an diesen brieff han gehangen. Des wir vorgenant Ruckelin von Solspach, Godfrid von Adelebsheim und Frederich Cunlegen pherner uns bekennen, und der vorgeschr. Schultes scheffen und gemeyner gesessen lude zu Solspach und Soden unser gute nachgebure bede wille also besiegelt han. Datum [illegible]

1450. [illegible] anno domini [illegible] Symonis et Jude apl[illegible]

Diese nachgeschr. personen han diesen vorgeschr. brieff gelobt und zun heiligen geswarn, als nachfolget:

Solspach	Bulinger henne dorf	Soden
Snyderhenne schultes	Kune Schreiber	Lange Gustav(?) schultes
Hans Henne	Pet Fulle	Henne Wirtenberg
Lange Schrot	Winterhenne	Clemshenne
Schindelhenne	Aldehenne	Kune Kiser
Henne von Lockwil(?)	Balzhenne	Molsenhenne
Bulingers Henne	Eckhart(?)	Henne Schnuderang
Conrads Henne	Kochhenne	Brunnehenne
Berthen Clas	Peter Molle	Pet grosshenne son
Schlangkhenne(?)	Kesselhenne(?)	Ulrich Kiesel
Clas genkel(?)	Lange Becker	Heinz Raschus(?)
Henne Holtzsmyd	Henne Wener	Ulrich Marderstr(?)
Beckerhenne	Kogelhenne	Henne Kiesel
Jorge Becker	Henne Wingert	Ulrichs Henne
Peter Wingart	Clas Schrode	Gerhard Jungs Frank Wingart
Scheppe Henne	Waltehenne	Lange Becker
Beckers Wenzel	Endreß moller	Pet Enrich der alt
Henne Hofmann	Pet Kugel(?)	Longschin moller
Peter Schifflach(?)	Kochin(?) Hans	Beckerhenne
Peter Wengel	Martin Scheff	Pet Vattemar
Brugkhenne(?)	Lange von [illegible]	Pet Rudolff
Mollerhenne	Schyblehenne	Henne Molsar
Langs Smyd	Wyterhenne	Molsenhenne [illegible]
Schlachten(?) gerard	Henne von Hus[illegible]	peter Schnuderang

ußrichten und bezalen sollen und so wir soliche Bezalunge also getan han, so sollen wir der vierzig Gulden Gelts zu geben und dieser Verschribunge Globde und eyde daraffter gentzlich ledig und loiß sin und uns dieser Bieff widder gegeben werden, doch mit Behältenis und unschedelich der alden Brieffe und Verschribunge und Herkommens, wie wir dann von Alte Herkommen sin Gesthee aber soliche Bezalunge bynnen dem firtel Jares also nit, so sulde die Verkundunge zu der Zyt abe sin und mit dem Widderkauff aber gehalten werden, inmaßen vorgeschrieben stet, so dicke des Not geschee, alle und igliche vorgeschrieben Stucke, Puncte und Artickele semptlichen und ir iglichen besunder han mit vorgeschrieben Schultheißen, Scheffene und gemeynen Lude in den vorgeschrieben Dorffern wonende alle und unser iglicher besunder vur uns und alle unsere Nachkommenin guten Truwen gelobt und mit uffgereckten Fingern liplich zu Gode und den heiligen gesworn Stede beste und unuerbruchlich zu halden darwidder semptlich noch sünderlich nit zu tunde noch schaffen oder bestellen getan werden wir oder nymand von unsern wegen mit enichen Sachen oder Sunden, Geistlichen noch Werntlichen die nymand gedencken oder furgenemen mochte in allen und iglichen vorgeschrieben Puncten und Artickeln beheltenis und unschedelich dem heiligen Riche sins Rechten und auch das der vorgeschrieben unsern Herren Hoff zu Soltzpach so lange sie den inne han fry sin und bliben sal in den Sachen ußgescheiden, alle Argeliste und Geuerde. Des zu Orkunde und Bekentenis han wir vorgenanten Schultheißen, Scheffene und Gemeyne geseßene Lude der obgenannten zweyer Dorffern und Kirspiele Soltzpach und Soden gebeden die vesten und ersamen Junghern Richwin von Soltzpach. Junghern Godfrid von Delckenheim, und Hern Friedrich Berleger Pherner zu Soltzpach, das ir iglicher sin Ingesiegel umb unsere bede willen vur uns und unsere Nachkommen an diesen Brieff han gehangen, des wir egenanten Richwin von Soltzpach, Godfrid von Delckenheim und Friedericus Bernlegere uns bekennen umb der vorgeschrieben Schultheißen, Scheffene und Gemeiner gesessenen Lude zu Soltzpach und Soden unserer guten nachgebure Bede willen also versiegilt han.

Datum Anno Domini Millesimo Quadringentesimo Quinquagesimo feria secunda ante diem Sanctorum symonis & Jude Apostolorum[3]«

Frankfurt hatte die Gunst der Stunde genutzt. 1556 brachten die Frankfurter die bis dahin in der Sulzbacher Kirche aufbewahrte Kiste mit den Privilegien und anderen Dokumenten nach Frankfurt. Den beiden Dörfern überließ man Kopien[4]. Jeder neuzugezogene Einwohner mußte fortan zu Frankfurt einen Eid schwören und 1 fl 6 Schillinge an den Rat zahlen, sein Eigentum diente zum Pfand für das Darlehen. Auch mußten sich die Einwohner allen Diensten zur Verfügung halten, die der Rat von ihnen forderte, Fronarbeit leisten. All diese Verfügungen waren ganz im Sinne der Eigen- und Territorialpolitik der Stadt. Frankfurt kannte die Stärke seiner Position den in Not geratenen Dörfern gegenüber. Es bestärkte sogar die Dörfer in der Annahme, daß das Herkommen und die Zugehörigkeit zum Reich nicht angetastet würden, und wiegte so die Dörfer in Sicherheit. Diese aber schätzten die Lage in bezug auf ihr Verhältnis zur Stadt falsch ein. Sie glaubten, daß Frankfurt als Repräsentant des Reiches sie niemals dem Reich entziehen würde. Sie hatten nicht bedacht, daß ja Frankfurt fast hundert Jahre zuvor dem Reich das Reichsschultheißenamt regelrecht abgekauft hatte, auch das Territorium des Reiches im Stadtbereich.

2. Die Reformationszeit

Es stellt sich nun die Frage, inwieweit die Pfandverschreibung von 1450 Einfluß auf den Dorfalltag und das Dorfregiment hatte. Seit etwa 1387[5] haben die Schultheißen der beiden Dörfer ebenso wie die Schöffen »in guten und truwen gelobt und zum heilig geschworen, dem rat und der statt Franckfurt getruwen und hold zu sein . . . als von alters herkommen ist«. 1447 steht im Frankfurter Ratsprotokoll der Vermerk[6]: Item an Ludwigen (L. zum Paradeis, Ratsherr) zu erfahren, wan man einen Schultheyßen zue Sultzbach setze. – Item Ludwigen befehlen, sich zue erklären, welche Zeit ide Von Sultzbach einen Schultheyßen pflegen zu setzen, uf dann des Raths freund undt Haubtmann darschicken und den Rath ein lasen setzen«. Nach der Verpfändung von 1450 steht es dem Rat zu, Soden und Sulzbach »mit aller Ordenungen und Regierunge (zu) versehen . . .«. Aber auch noch nach 1450 wählen die Gemeinden den Schultheißen; dessen Wahl bedarf aber der Bestätigung durch den Frankfuter Rat. Diesbezüglich gab es also keine Änderung gegenüber den früheren Gewohnheiten. Dennoch, hatte bislang der Amtmann von Bonames lediglich den den Dörfern zustehenden »Schutz und Schirm« zu gewährleisten, wie die beiden Urkunden von 1391 (23.10) und 1394 (4.12) ausweisen[7], so darf er nunmehr »in die Dörfer hineinregieren« wie bei anderen, Frankfurt zugehörigen Dörfern, wiewohl der Schultheiß sich nach wie vor seit 1436 »Scultetus iudicii imperialis« (Schultheiß des Gerichts des Reiches) nennt. Im übrigen läßt die Stadt »die überkommenen Strukturen« eher unangetastet[8].

Im Dienstbrief des Gilbrecht Riedesel, des Amtmannes von Bonames vom 23. Februar 1400 heißt es:

»Ich Gilbrecht, edelknecht, irkennen und tun kunt . . . daz ich mich verbunden han . . . den ersamen wisen burgermeistern, scheffen und rade zu Franckenfurt . . . wegen zwey ganze jare . . . ir amptmann zu Bonemese zu sin und darzu auch zu Solzbach und Soden . . . Und sal ich und myne Knechte und dienere . . . (vor) schaden warnen, ir bestes raden . . . als lange ich ir amptmann bin . . . Auch sal mir werden und gefallen von den dorffern . . . Solzbach und Soden, was den von Franckenfurt vorgenent von ampts wegen da gefellit . . . Des zu urkunde so han ich Gilbrecht Rietesel vorgenannt myn eigen ingesigel an dissen Brieff gehangen. – Datum anno Dm. millesimo quardringentesimo in crastino Petri ad kathedram.«

Was die Größe Sodens in jenen Jahrzehnten betrifft, so leisteten 1497 49 männliche Einwohner den Eid vor dem Frankfurter Rat. Soden hatte damals zwischen 200 und 300 Einwohner[9]. 1542 beträgt die Fläche des Kulturlandes in Soden 616 7/8 Morgen, davon entfallen 446 Morgen auf Ackerfläche, 70 Morgen auf Wiesen, 89 5/8 Morgen auf Weingärten, 6 Morgen sind Krautländereien, 5 Morgen Baumgärten und 1/4 Morgen Kleingärten. Von je 100 Morgen entfallen demnach 72,3 Morgen auf Ackerland, 11,4 Morgen auf Wiesen, 14,5 Morgen auf Wein und 1,8 Morgen auf Gärten.

Oftmals wird mit der Verpfändung von 1450 der Begriff Leibeigenschaft in Zusammenhang gebracht, die 163 Jahre gedauert habe. Wenn man die Urkunde aber genau liest, stellt sich heraus, daß in den folgenden fünfzig Jahren der Frankfurter Rat überhaupt keine leibangehörige Leute in Sulzbach oder Soden hatte und daß auch in der ersten Hälfte des 16. Jahrhunderts nur wenige Personen in diesen Gemeinden Leibangehörige des Rats waren[10]. Im Sagepahrten'schen Register findet sich für das Jahr 1597 die

Angabe, daß von Soden 30 Leibhühner abzuliefern waren, also 30 Personen dem Rat leibangehörig waren.

Es kam auch vor, daß eine Person in der Leibangehörigkeit zweier Herrn stand, also beiden Abgaben entrichten mußte, was unter Umständen eine Erhöhung der Gesamtabgaben mit sich brachte.

Was die Herrschaft des Limburger Abtes betraf, der ja nach wie vor in der Vogtei wie in den Ortschaften – in Sulzbach am Fronhof – in den Dörfern Macht ausübte, so verfiel diese in jenen Jahren immer mehr. Neben dem »Höfischen Gericht des Fronhofes« bestand das »Freie Obergericht« (Iudicium imperiale)[11], das Gericht des Reiches. Bemerkenswert ist ferner, daß die Eppsteiner Vögte nach 1250 die Vogtherrschaft über alles Limburger Gut im hiesigen Gebiet besaßen[12], auch Grundherrschaft von Limburg zu Lehen hatten, deren Grundholde Leibeigene der Eppsteiner waren. Außerhalb der Bannzäune der Dörfer Soden und Sulzbach hatten sie die vogtliche Gerichtsbarkeit und auch das Recht, einen Schultheißen an dem höfischen Gericht einzusetzen (im 14. Jahrhundert zusammen mit denen von Falkenstein und den Rittern von Sulzbach).

1433 hatten sich Gottfried VII. und Eberhard II., beide Eppsteiner, Land und Leute und Herrschaft untereinander geteilt. Die eppsteinischen Rechte in Soden und Sulzbach fielen an Eberhard, die Leibeigenen blieben bei Gottfried.

1492 verkaufte der letzte Eppsteiner, Gottfried IX. von Eppstein Münzenberg, das Kerngebiet seiner Herrschaft an den Landgrafen von Hessen, die Leibeigenen wurden so z.T. »Landgrafliche«. Die ehedem eppstein-bolandischen »armen Lude« kamen letztlich an die Kronberger, die eine ständige Erweiterung ihrer Herrschaft anstrebten. Mit dem Tode Frank XII., des Reichen, fiel dessen Erbe im Erbgang über seine Tochter an die Grafen von Solms.

Nach den Solmser Urkunden[13] (Nr. 1019) hatte der Abt Niklas von Immesheim von Limburg dem Frank d. Ält. von Kronberg am 14.1.1435 ihm zustehende Güter in Soden zu einem erblichen Lehen übergeben. Am 3.11.1446 übertrug Frank d. Ält. seiner Ehefrau Katharina von Isenburg 8 Fuder Wein aus den Weingärten von Soden zu einem Wittum nebst 300 fl. jährlich (Nr. 1214).

Am 22.2.1469 bekunden Philipp von Rensdorf und Henne Hühnervogt von Ursel, Bereiter Graf Kunos von Solms zu Rödelheim, daß sie für diesen an Madern Schneider . . . gegen einen jährlichen Zins von ¼ der Weinlese seinen Weingarten zu Soden gegeben haben, an Heinz Fye den großen Weingarten, gen. der Daßberg, und an Klaus Zimmermann den Weingarten, gen. die alte Burg in Erbleihe (Nr. 1583). Wichtiger ist der Hinweis vom 12.11.1518, in dem Graf Eberhard von Eppstein-Königstein bekundet, er habe im Streit zwischen Graf Philipp von Solms und der Stadt Frankfurt entschieden, daß Graf Philipp den Dinghof von Soden behalte, Frankfurt aber die höhere und niedere Gerichtsbarkeit im Ort (Nr. 2516). Am 12. Mai 1528 bekundet Landgraf Philipp von Hessen, daß er den Grafen Philipp von Solms und Eberhard von Königstein für 24.000 fl. Schloß, Stadt und Amt und Kellerei Nidda mit genannten Besitzungen und Zahlungspflichten wiederkäuflich verkauft habe (Nr. 2658). Die beiden Käufer bestätigen den Kauf ihrerseits (Nr. 2659). Unter den übernommenen Besitzungen sind solche in Soden genannt.

Was den »Dinghof« in Soden angeht, so ist dieser wohl gleichzusetzen mit dem in dem Lehensrevers von 1510 der Herrn von Vilbel genannten »Freyhof« in dem Dorfe Soden und dessen Gerichtsbezirk, »Vogtei« genannt, was hier nichts weiter sagt, als daß in die-

sem kleinen Besitz die niedere Gerichtsbarkeit über die Hintersassen des Hofes den besitzenden Herrn zustand. Das Vilbelgericht ist schon 1408 im Sulzbacher Weistum erwähnt. Die Familie von Vilbel trug damals das Gericht vom Kloster Limburg zu Lehen, verkaufte es aber in der Folge an die Ritter von Kronberg. Nach dem Tode Frank II. von Kronberg 1461 kam es an die Grafen von Solms (1. Lehensbrief 1464)[14]. In dem Weistum über das Solms'sche Hofgericht vom 3.8.1513[15] wird der Gerichtsbezirk abgegrenzt: da heißt es unter Nr. 2: »Zum andern weissen sie, dz meines gn. gr. v.h. gericht angehet von Peter Dosels haus biss vf dz obrigste gleisse obendig des weges«.
Und unter Nr. 4 ist vermerkt: ». . . weissen sie vier frei höffe daselbst gelegen zwischen zweyen bächen vund den zweyen gassen, die da seind genant die engen gassen . . .«[16].

Die Ereignisse von 1433 und 1450 hatten für die Zukunft der beiden Dörfer noch eine andere Folge, die die Entwicklung eines jeden Dorfes in eine eigene Richtung leitete. Die schwindende Sicherheit der Bindung an das Reich, die Erfahrung der zum einseitigen Vorteil Frankfurts genutzten Verbindung ließen die Sodener ein Eigengefühl als Gemeinde entwickeln, das eine Stärkung der Eigenständigkeit des Ortes zum Ziele hatte.

Ausdruck dieses wachsenden Eigenständigkeitsgefühls war die Absicht, eine eigene Kirche in Soden zu bauen. Am 13. März 1482 bestätigte Macharius von Buseck, Generalvikar des Erzbischofs Diether von Ysenburg von Mainz, in dessen Namen die Errichtung einer Kapelle in Soden und regelte deren Beziehungen zur Pfarrkirche in Sulzbach[17]. Am 27. April 1484 verzichtete Graf Philipp von Solms, Herr zu Münzenberg, auf die ihm zustehenden Grundzinsen an dem Platz in Soden, den sein verstorbener Bruder, Graf Johann, der Gemeinde Soden zum Kirchenbau geschenkt hatte:

»Wir Philippus Graw zu Solms Herre zu Münzenberg thun kunt und bekennen uffentlich mit diessem brieff für uns und alle unßer erben und nachkom̄en als unser leiber bruder Graw Johann seliger von sine und unsere wegen von sunderlicheer andachte und umb gotts willen den Scholtheissen und gantzer gemeinde zu Soden einen fflecken uns zusteende . . . geben hat darauff eyn kirchen und gottshuß zubulb(d)en . . . So haben wir Grawe Philippus obgenannt auch solichen gotts dienste angesehen und umb gotts willen den genanten von Soden auch den Burgermeister als von derselben kirchen und gottshuße wegen gesagt werden ader wer des zurhand haben und gewynnen wirt siliche obgemelte zinße vereygent gefryet und ubergeben, vereygen fryen und übergeben . . . spricht ledig und laß für uns alle unsere erben und nachkommen. Wir haben soliche ubergebunge und verzieg Inn der benanten kirchen messebuch mit unser eygen handt geschrieben . . . des zu warem und ewigem erkennteniße so han wir Grawe Philipps egenant unser Ingesiegel wissentlich an dissen brieff thun hencken der geben ist uff den fritag nach Sant Bartholomeus tag Anno Domini millesimoquardringentesimo octuagesomoquatro.«

Schon am 10. April 1482 übereignete Johann Gerauwe, Vikar zu St. Bartholomäus in Frankfurt in Vollstreckung des Testaments des Priesters Johann Walther der Gemeinde Soden eine Rente von 5 Gulden mit der Bestimmung, daß der Pfarrer von Sulzbach in der zu Soden zu errichtenden Kapelle gegen eine Entschädigung von 18 Heller eine Messe lesen soll[19].

Die Vorgänge in Verbindung mit der Reformation vollzogen sich nicht plötzlich und radikal und wurden weitgehend von denen in Frankfurt geprägt. Zwar waren seit ihrem Beginn bald viele der neuen Lehre zugetan, aber da die Geistlichen in Sulzbach zunächst an der alten Lehre festhielten, mußten diese, wollten sie in der neuen Lehre unterrichtet werden, nach auswärts gehen. Dies verstärkte die Abkehr von Sulzbach. Im Jahre 1525, dem Jahr der Bauernkriege, wollten sich die Sodener von Sulzbach trennen und einen eigenen Pfarrer haben. Aber der Abt von Limburg untersagte dies. – 1535 starb das Geschlecht derer von Eppstein Königstein aus. Erbe wurde der Neffe Eberhards IV. Ludwig von Stolberg. Zum Erbe gehörte die Vogtei. Lehnsherr war nach wie vor das Kloster Limburg a. d. Haardt. Es bestätigte das Erbe[20].

Die neue Herrschaft brachte neue Übergriffe. Die Leibeigenen der Stolberger hatten ihre Abgaben in Liederbach zu erbringen. Die von Eppstein auf die Eigenständigkeit der Dörfer zielenden Ansprüche erhob der Stolberger nicht mehr.

1521 hatte Kaiser Karl V. die Privilegien der Dörfer bestätigt. Bei Reiff heißt es dazu[21]:

»Diese Privilegien – gemeint sind die Kaiser Sigismunds von 1434 – von dem Keyser Karl dem Fünfften ist uns eingehändigt, und überreicht worden in der Stadt Worms am Ersten tag deß monaths Avrillis Nach Christi geburth 1521 unserer Reichs deß Römischen im andern, und der anderen aller im Secchsten Jahre: Carolus;
Ad mandatum D. imperatoris proprium.
Albertus Card. Mogunt. Archi cancell. supserip sit (1. April 1521).«

Die Übergabe geschah also auf dem Reichstag zu Worms, wo Luther sich damals »vor Kaiser und Reich« verantworten mußte. Möglicherweise haben die Vertreter der beiden Orte Luther dort gesehen und näheren Kontakt zu seiner Lehre bekommen. Die drei wichtigen Schriften u.a. »Von der Freiheit eines Christenmenschen« waren 1520 erschienen.

1530 hatten sich die evangelischen Fürsten im Schmalkaldischen Bund zusammengeschlossen. 1546 begann der Schmalkaldische Krieg, von dem auch die beiden Dörfer betroffen werden sollten.

Als das kaiserliche Heer unter Graf Beuern 1547 vor Frankfurt erschien, schloß die Stadt, die nunmehr zum Schmalkaldischen Bund gehörte, ihre Tore. Daraufhin zog ein Teil der kaiserlichen Truppe nach den beiden mit Frankfurt verbundenen Dörfern Soden und Sulzbach, plünderten und brandschatzten sie.

Kaum waren die Orte wieder aufgebaut, erschien am 10. August 1552 Markgraf Albrecht Alcibiades von Brandenburg mit seinen Truppen in den beiden Orten. Er hatte Frankfurt, das nunmehr auf kaiserlicher Seite kämpfte, mit seinem Heerhaufen eingeschlossen, konnte aber die Stadt nicht erobern, da seine Streitmacht zu klein war. Deshalb hob er die Belagerung auf und ließ die beiden mit Frankfurt verbündeten Orte plündern und niederbrennen. Von der Sodener Kirche blieb nur die 1510 erbaute Sakristei verschont.

Inzwischen war der Passauer Vertrag, der freie Religionsausübung bis zum nächsten Reichstag zusicherte, abgeschlossen worden. 1564 wurden den beiden Dörfern die kaiserlichen Privilegien erneut bestätigt. In Reiffs Zusammenstellung ist zu lesen[22]:

»Diese Privilegien von dem Kaiser Maximilian dem anderen (Maximilian II.) ist uns ein gehändigt und von Ihrer kayserlichen Mayestett underschrieben (1564) Maximilian.
Daniel Archiepis. mogunt per germaniam. Cancellarius
V.i.V. Zasius, D. Ad mandatum sacrä Cesareä
Maiesta. proprium
Haller supscipsit«

1582 bestätigte Kaiser Rudolf II. erneut die Reichsfreiheit der beiden Dörfer. Der Text der Urkunde lautet[23]:

»Wir Rudolff der Ander von Gottes Genaden, erwelter Romischer Keyser, zu allen Zeiten Merer des Reichs u. Bekennen offentlich mit diesem Brieff, und thuen kundtallermennigclich, daß uns unser unnd des Reichs liebe Getrewen N. die Dörffer, Gerichte unnd Gemeindte der Kirchspiel Soltzbach unnd Soden, einen Brieff von Weiland unsern Vorfahren am Reiche Keyser Sigmunden löblicher Gedächtnuß aßsgangen, in Glaubwürdigem Schein fürbringen laßen, der von Wort zu Wort lautet wie hernach volgt. Wir Sigmund . . . und uns diemütigclich angeruffen und gepeten, daß wir denselben Brieff, inmaßen jüngst hieuor von Weyland unserm lieben Herrn und Vatter Keyser Maximilianen dem Andern u. Hochseeliger Gedechtnuß beschehen, als Römischer Keyser zu confirmiren unnd zu bestetten gnedigclich geruechten, deß haben Wir angesehen solch jhr diemuetig ziemliche Bite und redtlich Herkommen, und darumb mit wohlbedachtem Muet, guetem Rath und rechter wißen derselben Dörffern, Gericht und Gemeind der Kirchspiel, Soltzbach und Soden, solch Gericht, Freyheit, Allmende, guet Gewohnheit und Herkommen, jnne berührtes Keyser Sigismunds Brieff begriffen, so viel sie der bisher in Posses jnnhabendt gewesen und noch seyn, als Römischer Keyser genediglich confirmiret und bestettet, confirmiren und bestetten die auch von Römischer Keyserlicher Macht, wißentlich in Crafft dits Briefs, und meyen, setzen und wöllen, daß die Crefftig und mechtig seyn, unnd sy und jre Nachkommen sich derselben wie obsteht frewen, gebrauchen und geniesen sollen und mögen von allermennigclich unuerhindert, doch uns und dem Reich, an unsern und sonst mennigclichen an seinen Rechten unuergriffen und unschedlich, und gebiethen darauff allen und yeden Chur Fürsten, Fürsten Geistlichen und Weltlichen, Praelaten, Grawen, Freyen, Herrn, Rittern, Knechten, Hauptleuten, Vizedomben, Vögten, Pflegern, Verwesern, Amptleuten, Schultheißen, Burgermeistern, Richtern, Räthen, Bürgern, Gemeindten, und sonsten allen andern unsern und des heiligen Reichs Unterthanen und Getrewen, was Würden, Stats oder Wesens die seyn, ernstlich und vestiglich mit diesem Brieff, und wöllen, daß sie die obgenannten Dörffer, Gericht und Gemeinde, der Kirchspiel Soltzbach und Soden und jr Nachkommen, dabey schüzen, schirmen und gerueblich bleiben lassen, und hiewieder nicht thuen, noch yemands andern zu thuun gestatten in kain Weise als lieb einem yeden sey unser Ungnade und Straff zu vermeiden. Mit Urkhundt diß Brieffs, besiegelt mit Unserm Keyserlichen anhangendem Insiegel. Geben Unser und deßß Reichs Statt Augspurg, den sechs und zwanzigsten Tage des Monats Julii, nach Christi unsers lieben Herrn Geburt, fünfzehn hundert und zwey und Achtzigsten, Unser Reich des Römischen im siebenten, des Hungrischen im Zehenden, und des Behaimischen auch im siebenden Jahren.

Rudolff

Woffgangus Electus Mogunt. per Germaniam Archicancellarias

Salvo jure tertii. Ad Mandatum Sacrae Caesareae

Vt S. Vieheuser D. Majestatis proprium

P. Obernburger.«

1581 wurde das Stolbergische Lehen durch den Tod des Grafen Christoph frei, da der Mannesstamm erloschen war. Das Reichslehen Königstein ging an den Erzbischof von Mainz. Mainz beanspruchte auch die Dörfer Neuenhain, Altenhain und Schneidhain. Mittlerweile aber hob der pfälzische Kurfürst 1561 das Kloster Limburg a.d. Haardt auf und trat in die Rechte des Klosters ein. Aber erst 1581 wurde die Frage aktuell, wer die Rechte des Klosters in den Dörfern übernahm. Vielleicht hatten sich deshalb die beiden Dörfer ihrer Reichsunmittelbarkeit 1582 noch einmal von Kaiser Rudolf II. bestätigen lassen.

Kurpfalz aber behielt die Dörfer unter seiner Herrschaft, wiewohl die Frankfurter Ansprüche kaum geschmälert wurden. In einem Vertrag vom 27.5.1589 zwischen Kurpfalz, Rechtsnachfolger des Klosters Limburg und Herr des Hochgerichts von Diefenwegen, und Frankfurt sprachen sich beide Obrigkeitsrechte über die Dörfer zu.

3. Die Herrschaft von Kurpfalz und der Dreißigjährige Krieg

Das Jahr 1581 war für die Orte Neuenhain, Altenhain und Schneidhain ein Kuriosum, mußten ihre Einwohner in diesem Jahr doch gleich zwei Herrn huldigen, zunächst dem Mainzer Erzbischof, der im Höchster Schloß Quartier genommen hatte, am 16. August. Am 3. Oktober ließ Kurpfalz sich huldigen. Kurmainz protestierte, unternahm aber keine weiteren Schritte[24].

Herzog Hans Kasimir von Kurpfalz hatte noch zu Lebzeiten des Christoph von Stolberg einen Amtmann ernannt, Philipp Wolf von Praunheim auf der Burg Philippseck bei Heddernheim, als Vogtei-Schultheiß Hans Queck von Neuenhain. 1589/90 ließ Kurpfalz den Herrnbau errichten, wohin in der Folge auch die Sodener Abgaben abgeliefert werden mußten. 1595 ging der Fronhof in Sulzbach an Kurpfalz, ebenso der dortige Zehnte. Die Herrschaft über die Dörfer aber wurde geteilt.

Die seit Ende 1612 durch den »Fettmilch-Aufstand« gegebene Unsicherheit der Verhältnisse in Frankfurt machten sich die beiden Dörfer zunutze. Im Jahr 1613 können sie mit der Unterstützung von Kurpfalz und der in Frankfurt anwesenden kaiserlichen Kommission, die dort den alten Rat als allein rechtmäßiges Stadtregiment erklärte und diesen zwang, die Rückzahlung der Pfandverschreibung von 1450 zu akzeptieren, die damals geliehenen 800 fl zurückzahlen. Über den Vorgang berichtet Moser[25]:

»So betrübt die Situation der Gemein(d)en an sich ware, so dunckel sieht es auch in ihrer Geschichte disen Zeitlauf hindurch aus, biß enlich mit dem Jahr 1613. eine neue fröliche Epoque anfienge und die Stunde ihrer Erlösung nach einer 163jährigen Leibeigenschafft sich wiederum einstellte, da dieselbe in disem Jahr durch der zu den damaligen Franckfurtischen Unornungen verordneten Kayserlichen Höchsten Herrn Commissarien, weyland Chur-Fürst Johann Schweikards zu Mayntz und Landgraf Ludwigs zu Hessen-Darmstadt hohe Vermittlung wieder in ihre angeerbte Reichs-Freyheit hergestellt, des Unterthanen-Eyds und Dienst entbunden und, in Gegenwart einer Deputation des Magistrats, zu Sulzbach dem Kayser und Reich, Franckfurt als Schutzherrn und dem Reichsfreyen Ober-Gericht aufs neue in Conformität der Kayserlichen Privilegien verpflichtet worden, nachdeme vorhero die Statt ihre 800 Golden wiederum abgelegt bekommen.

S. das Notariat-Instrument de An. 1650 12. Nov. Beyl. XXX.

Um hiebey den Gemein(d)en noch das letzte Denckmahl der Schutzherrlichen Affection und Treue zu stifften, beliebte einem Hochedlen Magistrat, die vier Männer, welche die fatale 800. Gulden überbracht, anstatt der Quittung zurück zu behalten und ins Gefängnis zu werffen. Alles Bitten und Flehen ihrer Mit-Nachbarn verfienge bey dem

Magistrat, der sich mit eins diser schon als ein Eigenthum gehaltenen Beute wieder verlustigt sahe, weniger als nichts und dise Märtyrer vor die Freyheit ihres Volcks würden villeicht ohne Hoffnung einer Erlösung gebliben seyn, wann nicht obgedachte Kayserliche Höchste Commissarii, Chur-Mayntz und Hessen Darmstatt den gemessenen Befehl zu ihrer Loslassung gegeben hätten; wie dann auch Chur-Fürst Friderich zu Pfaltz, welchem, als Vogtey-Herrn, der damalige Pfarrer zu Sulzbach dises ungerechte und harte Verfahren des Raths berichtet, diserhalb ein nachdrückliches Schreiben an den Magistrat erlassen, endlich vorhöchstgemeldte Kayserliche Commission den Gemein(d)en die schriftliche Versicherung gegeben hatte, falls sie fürter jemand wider die Privilegien und habende Gerechtigkeiten zu betrüben unterstehen würde, so wollten sie selbige, auf gebührendes Anrufen, beschüzen; welche Versicherung aber den Gemein(d)en dadurch wieder aus den Händen gespielt worden, da der Burgermeister von Sulzbach sich von dem Franckfurter Schultheissen so treuhertzig machen lassen, dise wichtige Urkunde wieder heraus zu geben.

s. cit. Notar. Instrum. & Acta Proc. Cam.

Disem ohngeachtet fuhre der Magistrat zu Franckfurt fort, die aus Unterthanen wieder Nachbarn gewordene Gemein(d)en mit Gewalt zu Abschwörung des zur Zeit der Pfand-Verschreibung gewohnlichen Eydes ingleichen zu Erlegung der sonst üblichen Gelder anzuhalten;

Die Mühle, auf welcher beyde Gemein(d)en von uralten Zeiten gemahlen, wurde ihnen mit Gewalt verboten, so gar, daß nicht einmahl deren Eigenthümer, ein gebohrener Sulzbacher, sich deren bedienen dürfen, gebote dagegen, auf einer anderen weitentlegenen dem Rath gehörigen Mühle zu mahlen und von jedem Achtel ein Kopfstück, so dann noch über diß zwiefachen Molter (=Mahllohn an Mehl) zu geben.

Neben der monathlichen Kriegs-Contribution vor die Franckfurter Garnison mußten die Gemein(d)en noch andere Schatzung übernehmen, welche in fünf Jahren über 2000 Gulden betragen hatte, und die sogar auch auf die nur Pacht- und Bestands weis innegehabte Güter gesetzt wurde.

Den Weydgang vom Schaafvieh zoge der Magistrat der Gemein(d)e weg, und an sich.

Die Gerichte wurden in dem der Statt eigenthümlichen Haus zu Sulzbach gehalten und der Betreuer verlangte allemahl beyzusitzen, um die Bussen und Straffen, welche die Gemein(d)en sonst jederzeit selbst erhoben, zum Besten der Statt-Aearii (Stadtschatz) sogleich einzuziehen.

Die älteste Gerichtsleute, welche vor ihre Freyheit sprachen, wurden in Schwein-Ställe und andere mit Schlangen und anderem Ungeziefer erfüllte Gefängnisse gesteckt, die übrige Einwohner aber der Brutalität eines Fähndrichs mit 21 Mann Preis gegeben.

Bey disen Bedrängniß-vollen Umständen sahen die Gemein(d)en sich genöthiget, Reichs-Obrist-Richterliche Hülfe zu suchen . . .«

Moser übertreibt bei seinen Schilderungen keineswegs, was der Neuenhainer Amtskeller Straub in einer Gegendeduktion[25] belegt:

». . . und mit diesen widerrechtlichen Prozeduren ware man frankfurterseits nicht zufrieden, sondern man wurfe das mit lauter interessierten Absichten gestrickte Fischgarn in das kurpfälzische trübe Wasser mehrmalen aus und nahm das Zehentsalz auf dem Malapertischen Salzwerk bei Soden mit gewaffneter Hand hinweg. Und weilen sie, die Frankfurter, bey damaligem über das Kurhaus Pfalz verhängten starken Donnerwetter keine Resistenz fanden, so fielen sie sogar in die Sulzbacher Markwaldung ein und ließen nicht nur zwanzig Stämme Bauholz hauen, sondern hat auch der Frankfurter Schultheiß und Hofbeständer in diesem Streit sich aus der Mark offenlich zu beholzigen tendieret. Und dieses war als noch nicht genug, sondern dieser Frankfurter Schultheiß unterstunde sich auch, mit Rohren, Jagdhunden und Windspielen in der Sulzbacher Vogtei herumzugehen und zu jagen.«

Im Jahre 1614 erzwang der Magistrat der Stadt Frankfurt die durch die Rückzahlung der 800 fl hinfällig gewordene Huldigung. Die Huldigungsformel lautete.[27] »Ein jeder Gemeinsmann allhier zu Sulzbach und Soden soll schwören einen leiblichen Eid zu Gott dem Allmächtigen, einem wohlweisen Bürgermeister und Rat zu Frankfurt von Reichs wegen und deren verordneten Landherrn und Befehlshabern treu und hold, als ein treuer, gehorsamer angehöriger Untertan – außerhalb Fron und Diensten – gehorsam und gewärtig zu sein . . . außerhalb derselben mit niemand einige Bündnis zu machen, oder da er einige gemachtet, selbige tot und ab sein solle . . .«

In demselben Jahr wollte sich auch Kurpfalz von den Dörfern huldigen lassen. Die Huldigungsformel lautete.[28]: »Ihr werdet samt und sonders für Euch und Euere Nachkommen geloben und schwören, dem durchlauchtigsten, hochgeborenen Fürsten und Herren, Herrn Friedrich, Pfalzgrafen bei Rhein . . . unsern gnädigsten Herrn als Erbkastenvogt, Schutz- und Schirmherrn und Landesfürsten des Stifts Limburg . . . und sonsten niemands getreu, hold, gehorsam und gewertig zu sein. Seiner Kurfürstlichen Gnaden und des Stifts Nachteil und Schaden zu wahren, frommen und bestens getreulich zu werben und alles zu tun, was getreuen und gehorsamen Untertanen ihrem Erbherren schuldig und pflichtig sein, ohne Gefährde.«

Doch zur Huldigung kam es – nach Struck[29] – nicht.

Die Frankfurter Huldigungsformel läßt die 1613 wiederhergestellten alten Rechtsverhältnisse – »von Reichs wegen« und »außerhalb Fron und Diensten« – erkennen, die von Kurpfalz nennt nur die Stellung als Landesfürst des ehemaligen Klosters Limburg.

1614 ließen die beiden Dörfer in Höchst die kaiserlichen Privilegien in mehreren Exemplaren drucken und vertrieben sie für 3–4 Batzen an die Einwohner, um die Tatsache der Reichsfreiheit im Bewußtsein zu halten. Die Schrift trug den Titel: »Gleichlautende Abschrift aller Käyserlichen Privilegien und anderer Gerechtigkeiten damit beyder Gerichte und Gemeinden zu Sultzbach und Soden begnadiget sind worden. Im Jahr 1614«.

In die Schrift sind aufgenommen die Privilegien Kaiser Sigismunds, Kaiser Friedrichs, Kaiser Karl V., Kaiser Maximilians II., Kaiser Rudolf II. das von den Gemeinden Soden und Sulzbach selbst beim Reichstag in Regensburg 1613 abgeholte Privileg von Kaiser Matthias sowie Schreiben des Frankfurter Rates und der Äbte des Klosters Limburg und des Präzeptors Goswin von Orsoy des Antoniterklosters Rossdorf und Höchst, dem späteren Präzeptor des Klosters Isenheim im Elsaß. Die Antoniter hatten auch in Sulzbach Besitzungen. Hier ging es um die Entwässerung von Wiesen im Talgrund.

1615 verlangte Frankfurt von den Bauern der beiden Dörfer wieder Frondienste, was gegen den Text der Huldigung verstieß. Über eine Fuhrverweigerung heißt es[30]: »Ob wir wohl in Hoffnung gestanden, es würden sich beide Gemeinden Sultzbach und Soden bey jetzigem etwas besseren Zustande auch etwas gehorsamer und willfahriger einzustellen, in Betrachtung daß sie nun in drey Jahren ahn eines Erb. Rathes und geiner Stadt gelendt zu Solzbach kein Furch gezackert und kein eintzige Fuhr verricht haben« . . .

Gleichlautende
Abschrifft aller Käyser-
lichen Priuilegien vnd anderer Gerech-
tigkeitten damit beyde Gerichte vnd Gemeinden
zu Sultzbach vnd Soden begnadi-
get sindt worden.

Im Jahr 1614.

Titelblatt der Schrift von 1614,
in der die Rechte und Privilegien der beiden Gemeinden zusammengefaßt waren

mußte der Schultheiß beiden Gemeinden ausrichten, daß »sie den Haffern, deren uff die hundert Achtel, so dieses Jahr aus eines Erb. Rats Gelendt gewachsen, mit guter ihrer Gelegenheit wollten herein führen. Solte ihnen von dem Kornamt eine Ergetzlichkeit widerfahren«. Die Bauern lehnten jede Dienstforderung ab und erklärten, »man hette sie im Wahltag, als sie Sand zur Rennbahn geführet, auch einer Ergetzlichkeit vertröstet und seye doch nichts erfolget.«

Die Verbindung der beiden Gemeinden mit Kurpfalz hat durch dessen Zugehörigkeit zum protestantischen Lager zu Beginn des Dreißigjährigen Krieges 1618 und dessen Niederlage am Weißen Berge bei Prag auch für diese Folgen. Die durch Kaiser Ferdinand ins Land gerufenen Spanier unter Spinola, 25 000 Mann, setzten für die Pfalz und ihre Gebiete eine spanische Regierung ein. So standen auch Soden, Sulzbach und Neuenhain unter spanischem Regiment.

Herzog Christian von Braunschweig (der »tolle Christian«), dessen Bemühungen auf die Wiedereinsetzung des kurpfälzischen Kurfürsten zielten, lagerte 1622 in der Umgegend von Höchst, wo es Anfang Juni zur Schlacht kam. Die Braunschweiger mußten unter großen Verlusten das Feld räumen, aber sie taten es nicht ohne zu brandschatzen und Beute mit sich zu nehmen. In Sulzbach blieben nur 3 Gebäude unverseht. Soden und Sulzbach mußten danach den nachrückenden Ligisten 954 fl Brandschatzung zahlen. Das Geld schoß die Familie Malapert, die Besitzerin der Sodener Saline, vor. Jährlich waren dafür dann 47 fl 15 xr (Kreuzer) an Zinsen zu zahlen.

Hilfe suchten die Dörfer nunmehr bei Frankfurt[31]: ». . . demnach E. E. Rat angehörige Untertanen (!) und Gemein(d)e zu Sulzbach jüngsthin durch Kriegsvolk nicht allein geplündert und beraubet, sondern auch ihre Häuser und Wohnungen samt der Kirchen und Schulhaus abgebrannt und in die Asche gelegt worden, als hat E. E. Rat ihnen auf ihr untertenigstes Bitten gestattet und gewilliget, daß sie allhier in der Stadt bey der Burgerschaft eine Brandsteuer einsammeln mögen . . ..«

1623 gab der Frankfurter Rat 100 Dielen für die Reparatur der im Vorjahr zerstörten Kirche von Soden, die das »Kriegsvolk . . . so zugerichtet, daß bald nit ein Stück bei dem anderen geblieben«[32]:

»1623 Dienstag den 5. Junii. Der Gemeind zu Soden soll man uf ihr übergebene Supplication zu Reparierung ihrer Kirche mit 100 Dielen und etlich Bauhölzern nach Gelegenheit willfahren.«

1625 wurde von den Spaniern ein katholischer Keller oder Rentmeister in Neuenhain eingesetzt, der die Abgaben eintreiben mußte.

Um die Frage der Konfessionszugehörigkeit und die damit verbundene Besetzung der Pfarrstelle Soden/Sulzbach kam es zu heftigen Kontroversen (siehe Band: Leben aus den Quellen, Kapitel: Kirchengemeinden) zwischen Frankfurt und Kurpfalz. Mehrere Male wechselten die Pfarrer, je nachdem welche Partei die Oberhand hatte. So wurde z.B. am 30. April 1626 in Soden katholischer Gottesdienst gehalten. Frankfurt befahl den Sodenern unter Androhung von Strafen, nicht an diesem Gottesdienst teilzunehmen. Nachdem die Kirchenschlüssel an Frankfurt ausgehändigt worden waren, brachen spanische Soldaten die Kirchentür auf. Wer nun nicht zum Gottesdienst kam, wurde bestraft. An die 1000 Taler sollen damals beigetrieben worden sein.

1625 hatten Soldaten die beiden Kirchen der Orte geplündert. Im Frankfurter Ratsprotokoll heißt es 1625 unter dem Datum von Dienstag den 12. Juli[33]: »Demnach in beyden

Kirchen zu Sultzbach und Soden jüngsthin von den Soldaten die Kirchen-Geräthe und Kelch geraubt worden:;: Sollen die Landherrn andere verschaffen«.

Erst das Eingreifen der Schweden unter Gustav Adolf verhalf dem evangelischen Lager wieder zur Oberhand. Am 17.11.1631 zog der Schwedenkönig mit seinem Heer in Frankfurt ein, abends kapitulierte Höchst, die Festung Königstein wurde eingeschlossen.

Nach der Schlacht bei Nördlingen am 27.8.1634 wurde die Frankfurter Gegend durch Kriegsnöte, Hunger und Pest erneut heimgesucht. Viele Dorfbewohner verließen ihre Heimstatt und suchten in den Mauern der Stadt Schutz und Unterkunft, bis der Rat die Landbewohner vertreiben ließ.

Im Frankfurter Ratsprotokoll heißt es dann unter dem Datum 1647[34]: »Als die Gemeinde zu Sulzbach zu erkennen gegeben, welcher gestalt in letzterer Übergab des Stättlein Höchst an die Franzosen ihnen ihre Glocken abgenommen worden, demnach gebeten, E. E. Rath ihnen von denjenigen 17. Centner Glocken-Speiß, welcher An. 1622 von dar ins Zeughaus allhier gebracht worden seyn sollen, jezo uf Abschlag mit einer Glocken behülflich seyn wolle:;: Soll man dieser Bitt, wann die Lieferung der Glocken-Speiß beschienen wird, statt geben.«

4. Der Bergsträsser Recess von 1650 und der Neben-Recess von 1656

Durch die zeitweise, durch den Kriegsverlauf bedingte Schwäche von Kurpfalz konnte Frankfurt seine Position gegenüber den beiden Ortschaften wieder festigen. Diese sahen sich letztendlich gezwungen, einen Prozeß beim Reichskammergericht in Speyer und später beim Reichshofrat anzustrengen, um ihre privilegierte Stellung zu verteidigen. Dabei ist aber auch festzuhalten, daß sie in manchen ihrer Unternehmungen über ihre ihnen zustehenden Rechte hinausgingen, so z.B. in dem mit dem Salinenbesitzer David Malapert 1653 geschlossenen Vertrag über Teile des Grund und Bodens, auf dem das Neuwerk der Saline erbaut war. Sie taten so, als habe Kaiser Sigismund ihnen und nicht der Stadt Frankfurt 1437 und 1483 die Nutzung der Salzquellen übertragen. Deshalb war es nicht verwunderlich, daß sowohl Frankfurt wie auch Kurmainz den Vertrag nicht genehmigten und erst 1656 ein neuer Wortlaut zustande kam. Am 31.12.1658 wurde der neue Vertrag in Frankfurt auch durch den gemeinsamen herrschaftlichen Oberschultheißen Johann Philipp Kämmerling unterschrieben (siehe auch V, 7)[35].

Am 3. Oktober 1645 erging ein Mandatum von Kaiser Ferdinand III. an die Stadt Frankfurt, in dem die Freiheiten der Dörfer bestätigt wurden und der Rat aufgefordert wurde, die Gemeinden in Zukunft nicht mehr zu behelligen.[36], sie nicht zu anderen Mühlen zu zwingen, zu Frondiensten und dergleichen mehr, was in den letzten Jahren von Frankfurt den beiden Dörfern auferlegt worden war. Was der Frankfurter Rat von der kaiserlichen Autorität hielt, führte er dem kaiserlichen Kammerboten sogleich vor Augen. Er ließ die mit dem Boten erschienenen Abgesandten der Dörfer ins Gefängnis werfen.

Auch ein zweites Mandat, in dem sich der Kaiser über die Vorgänge beschwerte, zeitigte keinerlei Wirkung bei den Frankfurtern. In dem Schreiben hieß es[37]: »So sey aber doch de facto wahr, daß dessen alles hintangesetzt, ihr mehrbesagte Beklagte zu mehrer Verschimpfung unseres kaiserlichen Gebotsbriefes . . . kein Abschew getragen, gleich angesichts des geschworenen insinuierenden kaiserlichen Kammerbotens, als er berührtes

Mandatum kaum insinuiert gehabt, klagender Gemeinden einen zeithero zu unserm höchsten Gericht mitabgeordneten Heinrich Christian . . . auffangen und in schwere Verhaftung gefänglich einwerfen lassen . . . alles zu dem hochstrafbaren Ziel und Ende klagender Gemeinden Mitnachbaren in perpetuierten Exilio verderben und versterben zu lassen, auch klagende Gemeinden dergestalt auszumergeln, abzumatten und alle Mittel und Weg abzuschneiden, damit sie den rechtschwebenden Prozeß nicht mehr nachsetzen weniger dessen starken Lauf wie rechtens abwarten können.«

In dieser Lage wenden sich die beiden Dörfer an den Erzbischof von Mainz und bitten um Schutz. Dieser sichert ihnen seinen Schutz unter den nachstehend aufgeführten Bedingungen zu:[38]

1. Die Maßnahmen von Kurmainz sollen der Stadt Frankfurt nicht zum Schaden gereichen.
2. Der Erzbischof verpflichtet sich zum Schutz der beiden Gemeinden, außer gegen den Kaiser.
3. Die Privilegien und Rechte der Einwohner sollen unangetastet bleiben.
4. Freie Religionsausübung wird zugesagt.
5. Kurmainz nimmt die Angelegenheiten der Dörfer beim Reich wahr und erhebt die Reichssteuern
6. Den Bauern werden keine Frondienste abverlangt. Sie sind von Bede und Schatzung frei.
7. Jährlich ist ein Schutzgeld von 200 fl zu zahlen; die Zahlung wird in den ersten fünf Jahren ausgesetzt.

Nunmehr lenkt der Frankfurter Magistrat in richtiger Einschätzung der Lage gegenüber den beiden Dörfern ein. Man wartet ab und gibt keinen Anlaß zum Eingreifen. Nachdem nach dem Friedensschluß von 1648 Kurpfalz wieder ungehindert seine Gebiete verwalten kann, tauscht es 1650 die Vogtei Sulzbach (mit Soden und Sulzbach) gegen das seinem Territorium nahe gelegene kurmainzische Amt Schauenburg mit den Orten Handschuhsheim und Dossenheim an der Bergstraße. Von daher erhielt der Vertrag die Bezeichnung »Bergsträßer Recess«.

Nun war Kurmainz katholische Partei, Frankfurt evangelisch. In Soden und Sulzbach bildeten sich ebenfalls nun zwei Lager heraus. Da die evangelischen Einwohner einen verstärkten Druck des katholischen Kurfürsten fürchteten, suchten sie verstärkt Anschluß an Frankfurt. Wortführer der gegen Kurmainz agierenden Gruppe waren Johann Petermann und Johann Christmann.

Die stärkere Pro-Mainz-Partei entzog nun Petermann den Gebrauch der Allmende. Es wurde das Gerücht ausgestreut, Mainz wolle die Bauern wieder in Frondienste zwingen. Vom 16. August 1652 datiert das folgende Kurmainzer Schreiben[39]: »Demnach dem Hochwürdigsten Fürsten und Herrn, Herrn Johann Philippsen Ertz-Bischouen zu Maintz, deß Heiligen Römischen Reichs durch Germanien, Ertzkantzler . . . glaublich vorkommen, waß Gestalt Johann Petermann von Sultzbach sich freventlich gelüsten laßen, undter Bürgern undt Innwohnern beeder Fleckhen Sultzbach und Soden auszusprengen, ob solten Ihre Chur-Fürstliche Gnaden Vorhabens sein, Sie Bürger undt Innwohner in »einige« Leibaigenschaft zu ziehen, Undt aber Ihrer Chur-Fürstlichen Gnaden nicht allein dergleichen memahlen inn Sinn kommen, sondern vielmehr, alß dero Vogtey Herr bey Ihrem Rechten zue schützen gemeinet, dahero deroselben solches vermeßentliches unwahrhafftes Außgeben, zu sonders ungnädigem Mißfallen gereichet, undt es gegen diesen Muthwillen Uffwickler gebührlich zu andern unvergeßen seyn werden, Alß hat man es aus gnädigstem Befelch Höchsternandter Ihrer Churfürstlichen Gnaden Schultheißen unde den Gerichten zu gedachtem Sultzbach undt Soden zur Nachricht nicht verhalten wollen . . .

Maintzische Churfürstliche Cantzley u.«

Danach war es für die Anführer der Gegenpartei problematisch, sich weiter in den beiden Dörfern aufzuhalten. Petermann erwirkte nun beim Kammergericht ein Mandat, das den Dörfern untersagte, diesen vom Gebrauch der Allmende auszuschließen, was zur Folge hatte, daß die zu Mainz tendierenden Einwohner »dem salvo conductui und Schirmbrief schnurstracks zuwider die beyde noch härter als vormals gesetzet«.

Von Speyer kam 1653 ein zweites Mandat (Mandatum cassatorium etc. Petermann et Cons. contra die Gerichte daselbst), in dem es hieß[40]: »Unsere und des Reichs liebe getreue Johann Petermann und Hans Christmann« beklagten sich, daß man ihnen den »Gebrauch der Element und Alimenten als Wasser, Weyd und dergleichen, wodurch Menschen und Viehe das Leben notwendig erhalten und ohne dasselbe nicht bestehen können, versagen verbieten kränken und versperren« würde . . . Es wurde hier also jedermann das Recht auf die lebenserhaltenden Elemente zugesprochen, auch dem Gegner.

Vom 23. Januar 1655 datiert ein umfangreiches Schreiben der pro Frankfurt eingestellten Gruppe von Einwohnern, das deren Haltung und Ansichten wiedergibt[41]. Es beginnt mit der Anrede: »Ehrsame und achtbare liebe Freunde und Mitnachbarn! Es ist, leider, Gott erbarms! Welt- stadt- und landkundig, in was für unversöhnlichem Streit, Mißtrauen und Differenzen unsere lieben Voreltern mit . . . Frankfurt . . . vor undenklichen Zeiten« gewesen. Dann wird begründet, warum man sich an das Reichskammergericht in Speyer gewandt hat: um »unbillige Gewalt« abzuwenden. Gleichzeitig wird die harte Gangart Frankfurts im Jahre 1450 bei der Pfandverschreibung verteidigt, den Voreltern dafür keine Schuld beigemessen, daß sie sich und ihre Nachkommen der Freiheiten begeben haben, da es ja nur für einen begrenzten Zeitraum gewesen sei. In solcher Not würde man ebenso handeln. Arg sei es, daß man nicht auf die Herausgabe der Pfandverschreibung gedrungen habe. Auch könne man nicht wissen (!), was Frankfurt für Motive gehabt habe, diese einzubehalten. »Unterdessen,« so heißt es weiter, »sind wir, Gott erbarm's, genugsam inne geworden und ist keiner unter uns, der nicht erfahren hat, was für Ungemach solche Pfandverschreibung . . . mit sich« bringt.

Solchen Drangsalen zu steuern habe man 1647 beim Reichskammergericht einen Prozeß angestrengt. Wie hoch die Kosten gewesen seien und welche Streitigkeiten zwischen Frankfurt und Soden/Sulzbach sich entwickelt hätten, wüßte man. Man sei gezwungen gewesen, sich eines Schutzherrn zu versichern. Privilegien wie die ihren seien bei allen Potentaten des Reichs verpönt. Frankfurt aber habe nun zugesichert, den Brandschatzungsbrief wieder herauszugeben. Deshalb habe man auf einen Prozeß verzichtet. Man werde aber jederzeit einen solchen anstrengen, wenn »wir unsere bis dahin mit so vielen Kosten und Schaden verteidigte und bewahrte Freiheit und die wohlhergebrachten Gerechtigkeiten in eine bestialische und knechtliche Dienstbarkeit« zu verwandeln suchen würde. »Wir haben, Gott erbarm's, bei den vorangegangenen, Land und Leute verderbenden Kriegsläufen allesamt erfahren und empfunden, was Dienstbarkeit sei.«

»Gleichwohl«, so fährt das Schreiben fort, »müssen wir mit Bestürzung und Schmerzen vernehmen, daß ein . . . anderer in diese Tollkühnheit geraten . . . Sollte dies das Ende von dem Lied sein, weswegen wir bisher uns so heftig umgetrieben und entzweit haben? Hat ein und der andere unter uns deshalb so viel Ungemach erleiden müssen, weil man zu solcher knechtigen Dienstbarkeit sich nicht hat leiten lassen wollen? Ist darum mir, Johann Petermann und mir, Hans Christmann, Wasser, Weide und alle übrige Gemeindeallmende . . . von Euch versagt worden«. Sie wollten die Knechtschaft (unter dem katholischen Kurmainz) nicht wählen, sondern die Freiheit.

Die Gegner sollten sich an ihnen ein Beispiel nehmen und sich nicht in »babylonische Dienstbarkeit« zwingen lassen und sich »servilischem Vornehmen« nicht »entblöden«. Würden nicht die Voreltern sie beim Jüngsten Gericht zur Rechenschaft ziehen und sie ewig »vermaledeien«?

Sie hätten sich gezwungenermaßen außerhalb ihrer Orte begeben, was aber ihrer hergebrachten »Immunität, Freiheit und Gerechtigkeit« nichts wegnehmen würde. Kein Potentat würde sich erkühnen, die althergebrachten Privilegien anzutasten. Auch hätten sie gesehen, daß das kaiserliche Gericht zu Speyer ihnen ein Mandat geschickt habe. Danach fragen sie: »Wer hat Euch den Rat und Einschlag gegeben, uns geschehenermaßen zu kränken, zu bekümmern, ja Wasser und Weide zu versagen . . .? . . . Wann ein Reich unter sich selbst uneins ist, wie will das bestehen? Friede ernährt, Unfriede verzehrt? . . . Was gibt es endlich? Wahrlich nichts anderes als arme Leute, welche . . . ausgesogen und erschöpft sind«, die »die Kräfte nicht mehr haben, noch vermögen« sich zu verteidigen. »Wir haben leider! genugsam erfahren, was der Prozeß uns gekostet, und ist des Geldgebens noch kein Ende . . .« Sie stellen dann die Frage, was ihre Gegner nun noch veranlasse, sie aus ihrer Gemeinde auszuschließen, da sie doch das Mandat jederzeit vorzeigen könnten. Woher sie das Recht dazu nähmen. Das Gerichtssiegel sei so vermögend nicht, daß es das kaiserliche Siegel suspendieren könne. »Seht euch vor, Ihr lieben Nachbarn«, so fährt der Text fort, »daß es euch nicht gehe, wie den Fröschen in den Fabeln Aesops, was erlangten die Ältesten in Israel, als sie einen König, der sie wie andere Heiden richten sollte, von Samuel begehrten; war nicht Gott um solches frevelmütige Begehrens willen höchlich ergrimmt und verhängte . . . daß sie einen König und Richter bekamen, welcher sie und ihre Weiber und Kinder zu dienstbaren Knechten und Mägden gemacht . . . also daß auch keine Erlösung aus solcher Dienstbarkeit . . . zu hoffen war . .« Warnung vor dem Untergang predigt der Verfasser danach. Man solle sich nicht noch mehr Prozesse gegen Frankfurt auf den Hals laden. Man solle den Vorschlag ergreifen, den Frankfurt gemacht habe. Für den Fall von Gefahr von Frankfurter Seite wolle man »selbst nach wie vor bei und mit euch gleich einem Mann stehen, halten und bleiben, leben und sterben . . .« Man wolle ja weiter nichts, als einen Interims-Schutz. Sollten sie aber aus Unverstand oder Unwissenheit etwas gegen die Privilegien getan haben, vor allem bei dem beim kaiserlichen Kammergericht schwebenden Prozeß, so wollten sie »keines eigenen Weges« sein. Sollte man aber fortfahren zu klagen und einer gültlichen Einigung nicht zustimmen und die Gemeinden aus der Freiheit in schwere Dienstbarkeit bringen, »sonderlich . . . unsere Religion unter solchen Drangsalen«, so fordere man das strenge Gericht Gottes heraus. Man solle also die »von einem wohl edlen und hochweisen Magistrat der h. Reichsstadt Frankfurt . . . auf gutmeinde Interposition christliebender redlicher Leute so oft und so vielmals mündlich und schriftlich angebotene gütliche Tractate . . . ohne ferner unnötiges Nachdenken acceptiren« und sie selbst mit Ausschließung verschonen, da sie sonst gezwungen seien, beim Reichskammergericht in Speyer auf die Durchführung des jüngst ergangenen Mandatums zu dringen. Das Schreiben schließt: »Gott wolle Eure Herzen zum Guten lenken und Euch mit gutem Geist regieren . . . und Euch selbst vor Eurem vor Augen schwebenden Untergang« bewahren. »Folget Ihr, wohl gut, so sind wir ein Mann, ein Mund, ein Herz. So mögen wir das unsrige getan haben, und seid Ihr selbst an Euerm Verderben schuld, und wir werden solche Unschuld . . . bei einem Jüngsten Gericht bei dem allgewaltigsten Richter Himmels und der Erden gegen Euch bezeugen, in dessen Schutz und Schirm wir Euch und uns alle treulich empfehlen.«

Die Kurmainzische Partei behielt letztlich die Oberhand. Ein völliger Ausgleich kam nicht zustande. Die Konfessionsverschiedenheit war der Hauptgrund dafür.

Noch 1660 waren die Anführer der gegen Mainz agierenden Partei aus den Orten verwiesen. Petermann schrieb dazu[42]: »Wie eyffrige ich, Johann Petermann, jederzeit in wehrendem Sulzbacher Handel bey dieser des H. R. der Stadt Frankfurt, als welcher ich einen teuren Ayd geschworen, gehalten . . . in wehrend solcher Angelegenheit zu verschiedenen Male nach Speyer gelaufen, mir manchen rauhen Wind um die Augen schlagen lassen, dabey zwar von Ew. Wohlgeboren . . . in Spezialschutz und Schirm auf Mund angenommen worden, hingegen aber endlich das Meine gar einbüßen und bis dato in exilio herumb ziehen müssen«,

Schließlich verwendet sich Frankfurt für Petermann bei Kurmainz, so daß dieser wieder nach Hause zurückkehren darf[43]. Mit Petermann hatten das Schreiben über die Kurmainzischen Absichten betreffs der beiden Dörfer unterschrieben und gehörten demnach zu der gegen Kurmainz agierenden Gruppe: Johann Christmann, Jörg Völbel, Jörg Dinges, Jörg Ewaldt, Georg Rauscher, Philipps Grohe, Caspar Fisser, Jacob Hört, Velten Linger, Martin Linden, Johann Kuhl, Jörg Conradt, Johann Schmidt, Hannß Ertel, Peter von Hayn, Johann Jung, Volbert Diehl.

1656 hatten sich Kurmainz und Frankfurt in einem »Neben-Recess« über die beiderseitigen Rechte in Soden und Sulzbach geeinigt. Der Text des Vertrages lautet[44]:

»Wir Johann Philipp von Gottes Gnaden des heil. Stuhls zu Mayntz Ertz-Bischof . . . und wir Burgermeister und Rath des heil. Römischen Reichs Stadt Franckfurth am Mayn Urkunden und bekennen, für uns und unsere Nachkommen hiemit und Krafft dieses Briefs, oder Neben-Recessus; Nachdem zwischen uns und der beeden Flecken Sultzbach und Soden halben ein gütlicher Vergleich . . . zur Erhalt- und Fortpflantzung guter Nachbarschafft, den 1/11ten October dieses noch lauffenden 1656ten Jahres getroffen . . . wir unß ferner, wie folgt verglichen haben.

Erstlich der von uns dem Ertz Bischoffen und Chur Fürsten denen Gemein(d)en, auf ihr unterthänigst beschehenes Anhalten . . . ertheilte Schutz . . . hinterbleiben ab- und gefallen seyn.

Nechst diesen und vors andere dieweil der zwischen uns getroffene Vergleich so lang und viel in Cräfften verbleiben, als lang der mit uns dem Ertz Bischoffen und Chur Fürsten und des Herrn Pfaltz Grafen Lbd. gethane und zu Eingang des Vergleichs angezogene Tausch wehren wird; Alß soll in Ansehung dieses die ganze wehrende Zeit, des tausches allebeederseits schwebende processus, so hiebevor an dem Hochlöbl. am Kayserlichen Cammer-Gericht, zwischen denen damaligen Herrn Grafen zu Königstein und Franckfurt, wie auch die zu Marpurg am Fürstl. Heßis. Hofgericht angefangene Compromißliche Handlungen allerdings ruhend und erliegend verbleiben . . . daß auf den Fall die

Churfürstl. Lini auf welche berührter Tausch geschrencket abgehen thäte, . . . alsdann auch die Process und Compromisliche Handlung gäntzlich gefallen, tod u. abseyn sollen. Immaßen dann . . . wir Beederseits . . . verziehen haben wollen, und auch verzeihen thun, . . . wiedrigenfalls gegenwärtiger Vergleich zu einiger nachtheiliger Consequenz nicht angezogen . . . keinem benommen seyn solle, alsdann bedeute processus in Statu quo zu reassumieren und fortzusetzen.

Drittens dieweil es auch mit denen Gemein(d)en, noch zur Zeit das Ansehen hat, als ob sie schwerlich in güte herbey tretten werden, und dahero man in sorglichen Gedancken stehet, daß sie gegen ein oder andere Herrschafften sich ferner auflehnen, ihre straffbare Wiedersetzlichkeit continuiren . . . unß Bürgermeister und Rath Fiscalische Process an Hals zuhencken suchen möchten, . . . umb diesem letztern vorzukommen, gleichwie man der Tractaten alles auf der Römis. Kayserl. Maj. Allergnädigsten confirmation gestellet hat, also auch hiermit nochmahls drauf stellen, und deswegen beederseits effectum istius transactionis, biß dahin suspendiren thuet, in ansehung man gantz nicht gemeindt ist, deswegen zum zierlichsten protestirend Ihro Kayserl. May. so wohl als dem Reich, durch den getroffenen Vergleich in einige Weg praejudiziren.

Dahero und vors Vierdte sollen und wollen beede transigirende Theil, . . . der Ertzbischoff und Churfürst dahin . . . trachten . . . damit . . . Kayserl. Confirmation fürdersamst gesucht und erhalten werde.

Vors Fünffte uff den Fall die Gemeinde uff vorhergehende Milde Remonstration, Information und gebührende Zusprechung sich demnach nicht gebührlich anstellen werden, so soll alsdann durch gesamtes Zuthun, denenselben wie auch allen andern so diesen Vergleich anfechten wolten, communi nomine opera, impensis & periculo mit recht so lang begegnet werden, bis man allerseits in Ruhe gesetzet und die Gemeinden zu ordentlichen Wesen gebracht seyn.

. . . ist . . . ferner verabredt, daß uff den berührten Fall, den . . . Vergleich nicht gutwillig acceptiren, sonder . . . Process ausbringen, . . . Alßdann Unß . . . frey und Bevorstehen, den besagten Gemeinden beschehenen Nachlaß der pactizirten Schutzgelder zu revocieren . . . wie auch . . . Franckfurth uff solchen Fall an die verglichene moderation der Friedensgelder nicht gebunden seyn . . . wie dann in gleichen, die denen Gemeinden an statt schuldiger Beedt und Schatzung jährl. angesetzte zweyhundert und funffzig Gulden, und zwar von dato des Vergleiches anzurechnen . . . auf den Verweigerungsfall, mit gesamten Zuthun gegen dieselbe executive verfahren werden . . .

Wann auch vor das Sechste beede Gemeinde Sultzbach und Soden, den zwischen unß getroffenen Vergleich per majora annehmen . . . einer oder der andere . . . solchen Vergleich wiedersetze . . . so solls gegen den oder dieselbe Wiederspenstige wie bey nechst voehergehenden §o wegen der ganzen Gemeind disponiret, also und dergestallt verfahren werden . . . vermittelst würckl. Execution . . . Schließlichen ist abgeredt und verglichen, daß beeden Dorfschafften Sultzbach und Soden nicht verstattet und zugelassen werden solle, in ihro Gemeinden einige Fremde, so dem Ertz-Stifft oder der Stadt Franckfurth an Gewerb- und Handlung schädlich oder einer oder der anderen Herrschafft unanständig, einzulaßen und anzunehmen . . .

. . . zu dessen Uhrkundt Unßer beederseits Innsiegel an diesen Neben Recess thun hangen.

Und wir Johann von Heppenheimb genannt, von Saal Dechant v. Capitul des Dohmb-Stiffts zu Mayntz thun kund und bekennen auch offentlich mit diesem Brief für uns und unsere Nachkommenm, daß dieser Neben Recess mit unsern Wißen Consens und Verhängnuß geschehen ist, und bewilligen hierinn Krafft dieses Briefs, und haben zu Bekanntnuß deßen, unsers Capituls Innsiegel ebenmaßig hier anhängen laßen; so geschehen zu Franckfurth den 2/12ten Octobris anno Sechszehnhundert u. Sechs und Funffzig.«

Dieser Vertrag bildet so etwas wie die Verfassung der beiden Dörfer bis zum Ende des Hl. Röm. Reiches 1806. Warum es immer wieder zum Streit um die Privilegien kommt und warum immer wieder Exekutionen in die Dörfer gelegt werden, ist aus dem Text leicht verstehbar. Ebenso wichtig ist die Bestätigung durch Kaiser Ferdinand III., enthält sie doch ausführliche Angaben z.B. auch über das Gericht der beiden Dörfer[45].

Confirmation dd. 30. Jan. 1657

Wir Ferdinandt der dritte von Gottes Gnaden erwählter Römischer Kayser . . . Bekennen offentlich mit diesem Brieff, und thun kundt . . . wie daß Unß der Hochwürdige Johann Philipp Ertz-Bischoff zu Mayntz des H. Römischen Reichs durch Germanien Ertz-Cantzlar . . . sodann die Ehrsame Unsere und des Reichs liebe Getreue N. Burgermeistere und Rath der Stadt Franckfurt . . . zuvernehmen gegeben, was massen sie sich wegen deren in beyden Gemeinden Sultzbach und Soden gehabten Irrungen und Differentien miteinander gänzlich vertragen und verglichen . . . also lautet:

Wir Johann Philipp von Gottes Gnaden des Heyl. Stuhls zu mayntz Ertz Bischoffe . . . und wir Burgermeistere und Rath des Heyligen Reichs Stadt Franckfurth am Mayn, Urkunden und bekennen für Unß und Unser Nachkommen . . . Nachdeme Wir der Ertz-Bischoff und Churfürst zu Mayntz nach unlängst dem 14/14 8bris (Oktober) im Jahr 1648 zu Münster und Oßnaubrück beschloßenen allgemeinen teutschen Reichs-Frieden, in Krafft deßelben . . . mit dem Durchlauchtl. und Hochgebohrnen Fürsten und Herrn Carl Ludwig, Pfaltz Graff bey Rhein des heyligen Römischen Reichs Ertz Schatz-Meistern und Churfürsten . . . wegen Wieder Ablößung und Behaltung Unseres Landts der Bergstraßen unter andern auch dahin verglichen, daß Uns und Unserem Erz Stifft, nach besag des darüber den 16ten 7bris (September) Ao 1650 aufgerichteten Recess wegen des Ambts Schauenburg, und darzu gehörigen Flecken Handschnechßheimb und Daßenheimb, auch Seckenheimb, . . . Erb und Eigenthümlich verbleiben solle, daß Ambt Neuenheimb und Sch(n)eidsheimb, ohnfern Unserer Festung Königstein gelegen sambt darzu gehörigen Fauthey Sultzbach mit allen Ihren Häußern, Früchten, Gefällen, Zehenden, Waßern, Wießen, Weyden, Mühlen, Wäldern, Fischereyen, Leuthen, Güthern, allen Rechten, Herrlichkeiten, Gewaltsamen, An- und Zugehörungen . . . nichts davon außgenommen, wie das die Pfaltz-Graffen bey Rhein und deren Vorfordere vor Zeiten noch . . . genutzt und genoßen haben, und sich dann zwischen Unß beyderseits wegen ohnermeldten Dörfern Sultzbach und Soden . . . Gerechtsamkeiten seithero allerhand Nachbarliche Miß-Verständ-Streit-Irrungen erhoben, daß Wir Unß zu Erhalt und Fortpflanzung guter Nachbarschafft in der Güthe miteinander vereinbahret und verglichen haben, Nehmlich und zum Ersten

Puncten

Welche zwischen Ihrer Churfürstlichen Gnaden zu Mayntz, und des Heiligen Reichs-Stadt Franckfurth wegen beeder Flecken Sultzbach und Soden den 1/11 8br. Ao 1656 verglichen, und von der Römisch-Kayserlichen Mayestät Ferdinandt dem dritten den 30ten Jan. 1657 allergnädigst confirmiret worden.

1.) Zum ersten solle beede Gerichte und Gemeinde zu Sultzbach und Soden bey Ihren von dem Heyligen Reich, und weyland denen Römischen Königen und Kayßern rechtmäßig hergebrachten Privilegien, Gerichten, Rechten und guten Gewohnheiten in- und auff den Almenten und Waldungen bleiben und deren nicht beeinträchtigt, sondern von beeden Herrschafften dabey geschüzet und gehandhabet, auch Ihre darüber besagende und bißhero zu Franckfurth gestandene Verbrieffungen, neben Heraus-Gebung des Original-Pfandt-Brieffs de Ao 1450. Ihnen zu Ihrer Verwahrung zugestellt werden, Sodann und vors

2.) Andere dasjenige was die Zeithero . . . wiedriges und unziemliches vorgangen, geredt und gethan sein mögte, daß alles solle hiermit . . . aufgehoben, todt und abseyn . . gegen diejenige, die sich zu und an die Stadt Franckfurth gehalten in Specie aber auch und Nahmentlich Johann Petermann und Johann Christmann . . . wieder die welche sich in den Churfürstlich Mayntzischen Schutz begeben und sonsten Wiedersezlichkeiten begangen haben mögten, insonderheit aber und in Secie gegen Hartmann Fritzen, in einige Weeg nimmer nit geeiffet noch geredet werden, sondern in ewige Vergeß gestellet seyn und bleiben.

3.) Ferner und zum Dritten solle das Exercitium der ungeänderten Augspurgischen Confession in gegenwärtigen Stadt, sambt Prediger, Kirchen und Schulen gelaßen, und wieder den zu Münster und Ossnabrück Ao 1648 getroffenen allgemeinen Reichs-Friedenschluß nichts abgehandelt noch jemand dargegen beschweret werden, auch diejenige Prediger, welche hinfüro beybegebender Vocatur von Unß dem Chur-Fürsten zu Mayntz dahin bestellt und angenommen werden Ihrer Lehr, guten Nahmens, und Leumuths halben von einem oder anderm Ministerio oder Collegio zu Franckfurth oder anderstwo, so obgedachter ungeänderter Confession zugethan gebührend Attestation forderst erlangen, und vorbringen, denen auch Wir der Erz-Bischoff nothwendige Behaußung neben der gewöhnlicher von Alters Herkommen Competenz verschaffen, wie dann ebenmäßig daßjenige so Ihnen Pfarrherren von denen Geminds-Leuthen oder sonsten zu reichen gebühret auf die bestimte Zeit ohne Weigerung oder Auffenthalt bezahlen werden.

4.) Nachdeme dann zum Vierten mehrgedachte beede Dorffschafften Sultzbach und Soden, von weyland den Römischen Königen und Kayßern mit der Weiß und Folge zu Uns der Stadt Franckfurt gewießen, so haben wir auff zusprechen der Churfürstlichen Deputirten, und aus guter Nachbarlicher Bezeigung gegen ihro Churfürstlichen Gnaden Ihr sonsten obliegende Quotam dahin und dergestalt moderired, daß sie nun und hinführo an so offt und dick ein Reichs Steuer angesezet wird, zu ihrer Beylag und Quotam ein mehrers nit, als von einem jeden Römer Monath (= Monatssold für das nach der Wormser Reichsmatrikel von 1521 aufzustellende Reichsheer, das dem Kg. zur Erlangung der Kaiserkrone verhelfen sollte) zwöllff Gulden . . . abtragen durch die Gemeind-Schultheißen auch die Seinige darzu würcklich angehalten werden.

5.) und sollen vors fünffte . . . an statt der Schwedischen Satisfaktion Gelder . . . dem Unßerigen Beytragen, und erlegen müßen, Sechshundert Gulden innerhalb Sechs Jahren . . .

6.) Sechstens so verbleibet Unß dem Ertz-Bischoff und Churfürsten Unßer Freyer Frohnhof und das Höffische Gericht zu Sultzbach mit allen seinen Rechten und Gerechtigkeiten . . . wie . . . nach Außweisung des Weißtumes von Jahr 1400 Vogtey-Buchs . . . außgeschrieben.

7.) Ingleichen und zum Siebenten verbleiben Unß der Stadt Franckfurth Unßere von denen von Reiffenberg biß auf gegenwärtige Zeit in . . . Besitz habende Güther . . . sambt den Hoffleuthen, allerdings frey und einiger Beschwerung nit unterworffen . . . die in Ao 1656 von denen von Staffel erkaufften Fünff und eine halbe Hube Lands, bleibt es bey deren deswegen auffgerichte Erbleye, wie dann wegen der andern von eben demselben und dero Kellern in Ao 1649 erkaufften drey Huben Wir der Rath zu Franckfurth . . . Unß endlich dahin behandlen laßen, daß dieselbige um einen billigen Pacht außgeliehen . . . (und) daß von Unß der Stadt Franckfurth in Sultzbach Neu erbaute Hauß, Scheuer, Stallung, Garten und Zugehörungen . . . Ihrer Churfürstlichen Gnaden zu Mayntz . . . umb fünfhundert Rthl. (Reichstaler): käufflich überlaßen, soll zu des Gemein(d)en Schultheißen Behaußung angewendet werden und derselbe darinne seine Wohnung haben; Auch solle

8.) zum Achten derjenigen Güther . . ., welche die Franckfurtherische Bürger von langen Jahren besessen, . . . in den Stande gelaßen werden, wie sie hiebevor . . ., was aber von Bauern-Güthern seithero 1624 an Unßere Franckfurther Bürger kommen seyn mag, das solle künfftig in der Summa . . . der Gemein(d)e Schultheiß sowohl als auch die Gerichte schuldig seyn . . .

9.) So viel dann ferner und zum Neundten die von Unß der Stadt Franckfurth von denen von Cronberg, Reiffenberg und Staffel anerkauffte Schäfferey betreffen thut, da soll es bey den vorigen, jezigen und künfftigen Vergleichen zwischen Uns dem Rath und den Gemeinden . . . des dreysigsten Lambs halber in der Schaaff-Scheuer und wegen des Zehenden Lambs . . . Unß dem Churfürsten und unßerem BeAmbten daselbst zu lieffern, bey dem alten Herkommen sein Verbleiben haben, wie ingleichen was die Gemeinde zu Soden gegen Entrichtung der Herrschaftlichen Gebühr Ihrer Schäfferey halben von Alters hergebracht.

10.) die Jurisdictionalia (Gerichtsbarkeit) aber zum Zehenden belangend, solle in beyden Dörffern Sultzbach und Soden die hohe Obrigkeit . . . alle und jede Criminal und Civil Sachen . . . dem Erzbischoff . . . zu Mayntz, wie auch Unß Bürgermeistern und Rath der Stadt Franckfurth in den Gebahnten Zäunen, der beeden dörffer Sultzbach und Soden in Gemein, außer denselben aber in hohen Malefiz-Sachen, welche die Straff vom Leben zum Todt . . . nach sich führen, Unß dem Chur Fürsten allein zustehen, in Civilibus aber, und übrigen Criminal-Sachen, welche obgesetzte Leibstraffe nicht nach sich ziehen, durch die Sultzbacher und Soder Gemarckung ohne Unterschied der Güther, die seyen . . . Chur Mayntzisch-Hofisch oder Franckfurthisch durchauß gemein seyn . . .

11.) zum Eilfften die Hetzen, Jagens und Fischens Gerechtigkeit in gedachter Sultzbacher und Soder Terminey . . Unß beeden Mit Herrschafft (–) jedoch mit Bescheidenheit (Einschränkung) (–) gemein verbleiben, daß bey . . . solch Fischen und Jagen niemand anderst alß Unser der Stadt Raths Mit Glieder, wann sie sich der Orth selbsten befinden, und etwan drey oder vier Personen, welche derentwegen von Bürgermeister und Rath einen beglaubten Schein vorzulegen haben . . . doch das Fischen in gedachten Terminey den Gemeinden ohnbenommen seyn solle: Auch über das und

12.) zum zwölfften . . . wir der Chur Fürst zu Mayntz, und wir die Stadt Franckfurth dem freyen Gericht zu Sultzbach wie auch dem unter Gericht zu Soden einen Schultheißen Gemeindl. doch dergestalt (daß der Nomination halben . . . zwischen Unß beyden Mit Herrschaften alterniret(,) vor dießmal aber von Unß dem Chur Fürsten zu Mayntz angefangen werden) annehmen, praesentiren und setzen, (–) wie auch wann aus dem

Gericht ein Gerichtsmann abgegangen, aus zween Nachbahren von den Gemeinden (uff vorgehende Benahmsung und Vorstellung der Gerichten) einen . . . wählen, mit dem gewöhnlichen Schöffen-Eyd belegen . . . daß Unß beeden Mit-Herrschaften . . . künfftig unbenommen . . . zu dem Schultheißen Dienst auch jemand von den Gerichten zu Kießen.

13.) Jezt ermelte Gerichte vors dreyzende sollen im Nahmen der Römisch Kayserlichen Majestät und beeder Herrschafften . . . dem jezigen Gerichts-Insiegel ein Rath (Rad) beygesezet, und solches hinführo mit dem halben Adler(,) Rath und dem Buchstaben F (die Stadt Franckfurth bedeutend) von Gerichtswegen gebrauchet werden und

14.) zum Vierzehenden in allen und jeden Civil- und Bürgerlichen Sachen, welche nit Peinlich geklaget werden . . . inn- und außerhalb der Bahnzaunen (Bannzäune), das Gericht zu erkennen zu decretiren zu urtheilen auch auf den Almenten, doch die Saltz-Soden . . . in allweg außgenommen . . ., im übrigen aber biß auf Fünff Gulden zu straffen . . . die übrigen Straffen aber, so auff höhere Summen . . . zu setzen beeden Herrschaften verbleiben, doch . . . einem jeden, so sich beschwehrt zu seyn düncken will, die Provocation oder Appellation vorbehalten.

15.) dann sollen vors Funffzehende Schultheiß, Gericht und alle Nachbauern beden Herrschafften, wie von Alters und auff den Inhalt dießer Vergleichung daraußen in Loco gebührende Huldigung leisten (müssen), was nechst dießen

16.) zum Sechzehenden vor malefiz-Sachen . . .sollen die Blut-Schöffen von beeden Mit Herrschafften auß beeden Flecken Sultzbach und Soden niedergesezt, und durch selbige die von beeden Herrschafften gefaßte Urtheil ausgesprochen, nach demselben auch die Execution, wann der Maleficant zum Todt verdambt wird, an den Gericht zu tieffen Wegen . . . in gemeinen Nahmen befreyet (gerichtet), die übrige Delicta und Mißthaten aber, so . . . mit dem Pranger, Gefängniß oder sonst zu straffen in dem Flecken Sultzbach executirt und gerechtfertigt worden, doch solle hiebey

17.) zum Siebenzehenden der Carcer oder Gefängnuß, so die Gemeinde vor kurtzem gebauet, wiederumb abgeschaffet, auch die im Reiffenberger Hoff nit mehr gebraucht werden, hingegen ein ander Gefängnuß an einem gemeinen Ort von beeden Herrschafften aufgericht und Gemeiniglich die Straffältige darein gesezet werden, die Landscheider oder Meßer Büttel und dergleichen.

18.) Zum Achzehenden wie auch zum

19.) Neunzehenden die Vormündere und Curatoren sollen von dem Gericht vorgeschlagen von beeden Herrschafften aber . . . confirmiret und beeydiget (werden), und von den Vormündern die Rechnung . . . vorm Schultheißen und Gericht abgelegt und hernacher von beeden Herrschafften confirmiret und recessiret werden.

20.) Und zum zwanzigsten mit denen Bürgermeister Rechnungen auff gleiche Weiß gehalten, doch daß solche fordertst der Gemeind vorgelesen worden seyen, nach welchen sie denen Herrschafften in duplo übergeben, und nach deren Uebersehung . . . zurück gegeben werden.

21.) zum Ein und zwanzigsten sollen die Provocationes, Appellationes, Supplicationes, Revisiones welche in oben gemeldet und andern Fällen von des Gerichts Sprüchen oder Urtheil den Partheyen (dergestalt daß Sie in prima instantia von den Unter-Gericht zu Soden an das Ober Gericht zu Sultzbach appellieren mögen) in allerley Weg vorbehalten bleiben an beede Herrschafften zugleich gehen, . . . von . . . Chur-Mayntzischer Seiten, Ein zeitlicher Ambtmann zu Neuenhain(,) von Stadt Franckfurth Seiten aber auß denen zum Land-Ambt oder sonst hierzu absonderlich Deputirte zusammen kommen, und nach

Anleitung der Privilegien guter Gewohnheit und Herkommen, wie auch der Gemein(d)en Rechten dieselbe dijudiciren und entscheiden, gestalten

22.) Vors zwey und zwanzigste zu solchem End und Expedition aller solcher Actum concurrentium oder Simultaneorum Jährlich der 16/6 May und 9bris gleichen Calenders hiermit bestimbt seyn, oder so offt es beede Herrschafften vor gut befinden . . .

23.) Zum drey und zwanzigsten sollen mehrgedachte beede Gemeinde zu Sultzbach und Soden, an statt der Beett (Bede) und Schatzung, welche hiebevor von Ihnen . . . bezahlt worden, jedes Jahr auf Martini von dem Sechzehenhundert Fünff und zwanzigsten an zu rechnen beeden Herrschafften zweyhundert Fünffzig Gulden, alß Unß dem Churfürsten oder Unßerem Ambtmann zu Neuenhain Hundert Fünnf und zwanzig Gulden, und Unß der Stadt Franckfurt hunder Fünff und zwanzig Gulden zu Handen deren hierzu Deputierten lieffern, und da sie daran säumig mit der Execution gegen Sie ohne einigen Vorschub verfahren werden, und ȿollen dieselben

24.) Zum Vier und zwanzigsten der Leibeigenschafft und Frohndiensten auch alle übrige Gifften wie die Nahmen haben mögen, außgeschieden Zehenden und auff den Güther hafftenden Zinßen frey und loß bleiben, und mit einiger Aufflaage hinführo in keine Weis beschweret werden.

25.) Zum Fünff und zwanzigsten soll es wegen der Saltz-Sode bey dem den 16ten Julii 1617 zwischen Chur Pfalz und der Stadt Franckfurth gemachten Interims Vergleich verbleiben, und dieselbe so lang perpetuirt werden, als lang der mit des Herrn Pfaltz-Graffen Chur Fürsten L. und Durchl. getroffenen Tausch, und Cession dauren wird, also das Saltzwerk mit all seinen Quellen, Brunnen, Stollen, Weyern, Schauffel, Rädern, Waßerleuthungen, Lockwerckern, Suth und Wohnhauß, Schmid, Scheuern und andern Bauen und Pläzen, wie solche in ihren Bezirckungen jezo begrieffen, und alles ander, was darzu inner- und außerhalb der Dörffer Sultzbach und Soden gehörig, ohne Aenderung oder Abbruch gelaßen, der jezige Innhaber Davidt Malaparte deßen Erben und Nachkommen dabey von beeden Herrschafften geschüzet, gehandhabet und in einige Weege von keinem Theil an seinen Gewercken gehindert, der davon fallende Saltz-Zehnd insgemein zu gleichen Theilen getheilet, die Beeydigung der Gewerck Bedienten, wie auch die Jurisdiction und Obrigkeit auff den Saltz-Sode conjunctim durch beder Herrschafften Deputirte in loco auf der Saltz-Sode zusammen exercirt wertden, außerhalb malefiz-Fälle, wie oben bey dem Zehenden Articul gemeldet, jedoch dergestalt daß gegen die so der Stadt Franckfurth mit der Bürgerschafft mit verwandt seynd, Ihro Chur Fürstliche Gnaden zu Mayntz die Criminal-Jurisdiction . . . allein zustehen, gegen Franckfurther Bürger, Bürgerinnen und Bürgers-Kinder aber, so auf der Saltz-Sode delinquiret hätten . . . die Jurisdiction Criminalis gleichwie in denen Dörffern Sultzbach und Soden beeden Herrschafften allerdings gemein seyen und von denselben Communiter exercirt werden sollen.

Daß vorgesezte Fünff und zwanzig Puncten auß der Original Kayßerlichen Confirmation und derselben inserirten Vergleich geschrieben, collationiret (verglichen), und solchen von Wort zu Wort allerdings gleichlautend befunden worden, wirdt mit beeder Herrschafften . . . zu End dießes vorgedruckten Insiegeln bezeuget . . . So gegeben den 28. May (7. Juni) im Jahr Christi Ein Tausend Sechshundert funffzig Sieben. (L.M.S.) (L.F.S.)

26.) Solte sich aber zum Sechs und zwanzigsten hiernechst zutragen, daß diese Churfürstliche Linie uff welcher gedachter Tausch und darüber aufgerichteter Recess beschrencket, abgehen, und die Nachbare dieße Vergleichung nit genehm halten wolten,

. . . sollen Unß der Stadt Franckfurth sowohl, als Cur-Pfalz bey dießen wie auch in allen andern Puncten beederseits . . . verbleiben und keinem Theil zu einigem Praejudiz oder nachtheiligen Consequenz mit angezogen werde; Gleichwie nun schließlich bey dießem allem, wie hieroben beschrieben abgeredet und verglichen, Unßere . . . Intention und Meinung niemals gewesen . . . der Römisch-Kayserlichen Majestät Unseren allergnädigsten Herren . . . in einige Weiß oder Weege im geringsten zu praejudiciren, also behalten Wir Uns auch deroselben allergnädigste Ratification und Confirmation hierüber sowohl für Unß, als mehrgemeldte beede Gemeinde Sultzbach und Soden, . . bevor. Wir gereden und versprechen auch auff allenfall . . ., alles dasjenige, was hierinnen von Puncten zu Puncten enthalten und begriffen stehet vest und unverbrüchlich zu halten, darwider nimmermehr zu thun, . . . sondern einen andern bey allen dießen vergleichs Articulen und Inhalt von nun an . . . Hand zu haben . ., auch gegen Männiglich so dießen Vergleich . . . anzufechten unterstehen wollten, gesambter Hand und vor einen Mann zu helfen zu verantworten und zu vertheidigen . . .; Und haben dem allem zu wahrer Urkund . . . Unßerer beederseits Insiegel, an dießen Brieff thun hangen, und wir Johann von Heppenheim genant von Saal der Handt und Capitul des Domstiffts zu Mayntz thun kund und bekennen . . ., daß dießer Vergleich mit Unserm Wißen . . . geschehen ist und bewilligen hierinn Krafft dießes Brieffs und haben zu Bekanntnuß deßen Unßers Capituls Insiegel . . . hieran hencken laßen. So geschehen Franckfurth den 1/11 8bris 1656. (L. Ihrer Chur Fürstl. Durchl. zu Mayntz S.) (L. Dom Cap. zu Mayntz S.) (L. Stadt Franckfurth S.)

Und Unß darauf vorgedachtes Churfürsten zu Mayntz L. und Bürgermeistere und Rath zu Franckfurth unterthänigst angesucht und gebetten, daß Wir vor inserirten Vergleich . . . auß Kayserlicher Macht, Vollkommenheit zu confirmiren . . ., und darum . . . obeinverleibten Vergleich und Vertrag gnädiglich . . . confirmiren, ratificiren, approbiren und bestetigen, . . . daß berührter Vergleich in allen seinen Puncten, Articulen . . . vest und unverbrüchlich gehalten und vollzogen werden, . . . jedoch Unß und dem heyligen Reich . . . an seinen Rechten, unschädlich und unvergrieffen.

Und gebiethen allen und jeden . . . daß sie . . . obinserirtem Vergleich nicht hindern noch irren . . . darwieder nicht thun . . . noch das jemand andern zu thun gestatten . . . als lieb einem jedem seye Unsere schwehre Ungnad und Straff und darzu ein Poen nehlichen funffzig Marck löthiges Gold zu vermeiden . . .

Mit Urkund dieß Brieffs besiegelt mit Unßerm Kayserlichen anhangenden Insiegel der geben ist, in Unßerer Stadt Wien, den dreißigsten Tag Januarii nach Christ Unßeres lieben Herrn und Seeligmachers Gnadenreichen Geburth im Sechzehenhundert Sieben und funffzigsten Unßere Reiche des Römischen . . . Jahre.

Ferdinandt M	(L. Caes. S.)	Ad Mandatum Sacrae Caes.
v. t.	Mtt	Majestatis proprium
Ferdinandt Graff Kurtz		Wilhelm Schröder mppr.

Die Copie wurde bestätigt: 9ten Martii 1741

(L.S.) Ego Johann Bernhard Dorn, Not. Caes. Publ. Juratus & Approbatus mppr.«

In der Folge wurde von Kurmainz und Frankfurt eine Verpflichtung der »Reichsdörfer auf den vorhergehenden Recess« vorgenommen[46]:

»Dießemnach nun, als die Gemeinde beeder dörffer Sultzbach und Soden, zusammen gefordert und in den hinter gedachten gemeinen Hauß gelegenen großen Garten bescheiden worden, auch von Sultzbach die hernach benante Persohnen sich eingestellt mit Nahmen:

Peter Petermann, Bartholomaeus Mappus, Georg Göller, Hartmann Fritz, Philipß Münster, Johann Weyhel, Hermann zur Linde, Georg Meedt, Hannß Hedler und Jörg Ewalt der Junge aber ausgeblieben. Hanß Petermann; Jörg Rausch, Capar Fischer, welche beede zwar Anfangs zu gegen geweßen, aber vor Vollendung des Actus wieder davon gangen.

Jacob Hardt, Peter Rebebstöcker, Philipß Lind, Lorentz Bach, Georg Conradt, Johann Kohl, Hannß Groe, Mathäus Butzisch, Velten Lininger, Georg Filbel, Peter von Hain, Martin bey der Linden, Johannes Petermann, Georg Ewalt der alte, Hannß Oertell, Georg Thönges und Peter Christian.

Von Soden aber gegenwärtig gewesen:

Hanns Jung, Hanß Semmler, Peter Sachß, Conradt Borckenhaimer, Georg Bender, Leonhardt Antes, Hannß Christmann, Philips Jung, Jacob Filbell, Hannß Urich, Claus Ringel, Johannes Hartmann, Johann Jung der Alt, Johann Jung der Jung, Andreas Rath, Christian Diehl, Henrich Christian, Johannes Brandenstein, Vollpert Döll, Merten Göbel, Georg Hagel, Peter Breittert und Hannß Bommersheim;

auch der hernach benanter abwender halber die offentliche Erklährung geschehen, das sie mit den erschienen gleiche Meynung seyen, als nemlich Johannes Petermann, Johann Jung so baufällig, Wörner Bender, Philips Groe, Velten Stiehler und Georg Horn,

Hat . . . Herr Canzlar Meel, nachdem er sambt Hr. Wintern, wie auch die gesambte Hrn. Franckfurthische Deputirte sich an einem Tische so im Garten gestanden, niedergesetzt, denenselben . . . zu verstehen gegeben sie wüßten sich . . . zu erinnern, was für Irrungen wegen Sultzbach und Soden, bißhero entstanden, wie sie im Hochlöblichen Kayserlichen Cammer-Gericht zu Speyer, gegen die Stadt Franckfurth Proceß auß gebracht, und bey seinem gnädigsten Churfürsten und Herrn zu Mayntz Schutz gesucht, und erhalten . . .

Weil man aber in acht genommen, das die Sach nur weitläuffiger werde, . . . darum hätten Ihro Churfürstlichen Gnaden und E. R. Rath der Stadt Franckfurth für nöthig erachtet, die Nachbarliche Mißhell nach Billigkeit, jedoch unverletzt, ihrer Gemeinden Privilegien beyzulegen, und zu solcher Gütlicher Handlung seyn auch die beede Gemeinden eingeladen Citiret und der mehre Theils erschienen . . . und alles was ist mißhellig gewesen . . . verglichen, in einen Recess gebracht . . . und um . . . Kayserlichen Confirmation gebetten, dieselbe auch im Januario Jüngsthin erhalten, wie solche anjezo . . . zu Ihrer genugsamer Wießenschafft verständlich für geleßen werden sollte, maßen auch durch Herrn Adam Schiele, Stadtschreiber zu . . . Franckfurth beschehen, . . . dann weiter . . . Eine mit Churfürstlich Maynzischen und Franckfurthischen Insiegell bedruckte Copia, wie auch die biß dato zu Franckfurth in Verwahrung gestandene Original-Brieffe und insonderheit so hoch verlangte Pfandt-Verschreibung, wie solche alle vor ihren Augen auf den Tisch lagen und vermög hierunden Copeylich befindlicher Specification an der Zahl fünfzehn waren, auf den Fall alsobald auß zu Händigen anerbotten worden, sofern sich die übrige noch abwesende Gemeinds-Leuthe auch einstellen und neben ihnen mit huldigen würden . . .«

Die fünfzehn genannten Dokumente waren laut der angefügten Spezification[46]: »Brieff und Documenten, so Freytags den 29. May den Gemeinden Sultzbach und Soden eingehändiget worden.

1.) Transumpt (Abschrift) der Urtel am Stadt-Gericht allhier ergangen, daß Sultzbach und Soden in gemeinen Heerzug Ihre Leuth nach Anzahl ihres Vermögens schicken sollen. 1582.

2.) Original Brieff Herrn Johannßen Abten des Stiffts zu Limburg, daß die Gemeinde zu Sultzbach und Soden, den Waldt der Forst genannt, so des Stiffts eigen, biß uff 100. Morgen Raden mögen. de Ao1314.

3.) Ein Rechnungs-Brief zwischen Sultzbach und Soden an einem, und den von Neuenhain andern Theil, wegen des Reißens und Dienst, so sie der Stadt Franckfurth zu thun schuldig de Ao 1321.

4.) Ein Original Rechnungs-Brieff zwischen Sultzbach und Soden von wegen der Almende Bach, und das die beede Dörffer einen gemeinen Hirten und Niemands kein eigen halten soll. 1323.

5.) Original-Vertrag etlicher Puncten zwischen denen von Sultzbach und Soden 1433. Feria S. ante valentini.

6.) Original-Vertrag zwischen denen von Sulzbach des Gerichts halber 1433. 6. Feria ante diem S. valentini ufgericht.

7.) Original-Confirmation der Privilegien der zweyen Dörffer Sultzbach und Soden, Kayser Sigismundi 1434.

8.) Revers das E. E. Rath die Gemeindt zu Sultzbach und Soden auch derselben güther weiter als herkommen, nit beschweren wollen 1434.

9.) Ein Instrument das der Walt in der Höhe abwendig Born gelegen, den man nenet den Hinterstauff jeder Zeit Sultzbacher Marck geheißen, und die von Sultzbach Edel und unEdel sich deßen geruhiglich gebraucht haben. 1435.

10.) Ein Instrument daß die von Sultzbach, die von Soden, die von Neuenhain, die von Schneidheim und Dietzelsheim, die Walte mit Nahmen, die Kaltebach die Wohlholden, den Hinterstauf den Stauf und die Mark mit all ihrer Zuhörung biß auf den Pfal-Graben, jederzeit in geruhiglichem possess gehabt, und die herbracht, und zu ihnen und solcher Marck gehöret haben, und gehöret. 1436

11.) Ein Vidimus und Transumpt Keyser Friedrichs Commission, Schencken Conrade Herrn zu Erbach daß Er die Irrungen, so der von Epstein, Herr zu Königstein, und die von Sultzbach und Soden, der Marck und Märckte halben gegeneinander haben zu schlichten und zu richten. 1442.

12.) Transumpt König Friedrichs Befehls Brieffs an Graffen Eberhardten zu Königstein daß er die von Sultzbach und Soden, in ihrer Marck des Holtzens wegen unmolestriret lassen soll. 1443.

13.) Transumpt Keyser Friedrichs Confirmation privilegiorum der Dörffer Sultzbach und Soden. 1444.

14.) Das Original Pfandt-Brieffs 1450.

15.) Original-Vertrag zwischen dem von Sultzbach und Soden vor E. E. Rath ufgericht, wie es unter denselben der Unkosten, so de Walte halben, zu gelten geweßen, wie auch ins künfftig, es wäre von Herren wegen oder anderer Noth wegen, etwas zu geben, gehalten werden solle, daß jedes Dorff die Helfft daran erlegen soll. 1478.

Da bei der ersten einberufenen Zusammenkunft nicht alle Sodener und Sulzbacher anwesend waren, kam man überein, die in der Truhe befindlichen Urkunden noch nicht an die Gemeinden zu übergeben, sondern nur einen der drei zur Truhe gehörenden Schlüssel, diese selbst aber bei Pfarrer Klein in einem Schrank in der oberen Stube des

Pfarrhauses einzustellen, bis alle zur Huldigung Unwilligen sich eingefunden hätten. Bis zum kommenden Montag um 12 Uhr hatte man ihnen eine Frist gesetzt. Am Montag den Achtzehnten Juni (neuen Kalenders, achten Juni alten Kalenders) um 10 Uhr versammelte man sich wieder in der oberen Stube, Notare und Zeugen. Es erschienen von Soden noch drei Männer, die sich bisher geweigert hatten zu huldigen: Johannes Petermann, Werner Bruder und Velten Stühler. Erscheinen konnte nicht Johannes Jung der Jüngere »so Schwachheit halben«. Philipp Reiff, Nicolaus Reiff und Jacob Hild, alle drei noch ledig, wurde der Eid erlassen.

Der Eid lautete[48]: »Ein jeder der sich zu Sultzbach und Soden niedergelaßen hatt, und anjezo daselbst wohnet, oder hernach allda nieder thun und wohnen will der soll, in gutem treuem angeloben, und ein leiblichen Eydt zu Gott dem Allmächtigen schwören, dem Hochwürdigsten Fürsten und Herrn Herrn Johann Philippßen Erz-Bischoffen zu Mayntz u. (tit) und Herrn Burgermeistern und Rath der Stadt Franckfurth getreu und Holt und ohne Wiederrede, gehorsam gewärtig und beständig zu seyn, Ihren Schaden zu warnen, bestens zu werben, auch wieder der Sie nicht zu thun, in keine Weiß, nechstdeme Einen Ober-Schultheißen den Höchst und wohlgedachten Herrschafften dazu gesetzt haben oder zu Zeiten setzen würde wegen, gehorsam und demjenigen so er in deren Nahmen, ihnen anbefehlen wirdt, würklich und getreulich zu geleben, und sonderlich deme von mehr höchst und wohlgedachten Herrschafften den ¹¹/₁ 8bris 1656 getroffen und von dem seeligst verstorbenen Kayserlichen Majestät Ferdinandto 3. den 30. Januarii dießes 1657. Jahres allergnädigst confirmirten Vergleich, so viel ihn betrifft gehorsamlich nachzukommen, und deme sich gemäß zu bezeugen sonder Gefährde.«

Der Eid wurde wie folgt vor dem Kurmainzer Kanzlar Meel und Hr. Lizenziat Bender geleistet: »Sie alle und jede besonders in Hand Gelübdt genommen, sodann zween Finger der Rechten Hand ufheben heißen, und der Herr Canzlar den Eyd mit treulichen Worten fürgehalten, sie auch denselben verständlich und laut nachgesprochen geschworen und gehuldigt.«

Im Juni 1657 wurde auch das Sodener Untergericht mit zwei neuen Schöffen besetzt, da zwei fehlten. Es wurden gewählt »Hannß Christiman« und »Hanß Semler«, die sogleich vereidigt wurden[49]:

Schöffen Eydt

»Alle die zu dem Schöffen-Ambt zu Sultzbach und Soden gekorn und ufgenommen werden, die sollen in gutem und treuen angeloben und zu Gott dem Allmächtigen schweren dem Hochwürdigsten Fürsten und Herrn, Herrn Johann Philippßen Ertz-Bischoff zu Mayntz u. Und Herrn Burgermeister und Rath der Stadt Franckfurth, als Krafft eines den ¹¹/1 8bris 1656 getroffenen und den 30. Januarii 1657 von dero seeligst verstorbenen Kayserlichen Majestät Ferdinando III. allergnädigst confirmirten Vergleichs, als nunmehr gesambte Herrschafften, getreu, Holdt, verbunden, gehorsam, und gewärtig zu sein, nit wieder sie oder die Ihrige, noch derselben Gnaden und Freyheiten, zu thun, in keine Weise, Höchst und wohlgedachte gesambte Herrschafften und das Gericht bey angeregtem Vergleich Ihren Rechten und Herkommen zu Handt haben, und zu halten, auch rechte Urtheil zu sprechen umb Sachen die vor sie kommen und gehören nach ihrem besten Verstandt desgleichen nach des Gerichts-Recht und Herkommen, und weßen sie sich nicht verstehen, an mehr Höchst- und wohlgedachten Herrschafften zugleich zu erlernen, des Gerichts Heimlichkeit zu verschweigen, ausgenommen gegen offt höchst und wohlermelten gesambte Herrschaften, und das nicht zu laßen, umb Lieb Miet, gab Gunst, Forcht,

Haß, Neidt, noch umb keinerley ander Sachen Willen, wie die jemandt erdencken mögte, ohn alle Gefährde.«

Nach dieser Eidesleistung der neuen Schöffen »ist auch die Lade geöffnet und ihnen die darin befindliche fünffzehn Documenta und Brieffe wie selbe hieroben specificirt, herausgethan, und Ihnen zu Handen gelieffert, ihnen auch die Specification und darunter gesetzte Quittung besiegelt und den Franckfurthischen Herrn Deputierten zugestellt worden«[50].

Mit diesen Vorgängen waren neue und eindeutige Rechtsverhältnisse geschaffen worden. Von der Reichsfreiheit, in der sich die Dörfer immer noch wähnten, war nicht viel übrig geblieben. Sie waren keine Partner von Kurmainz und Frankfurt mehr, sondern standen unter der »Treuhandschaft«.

Gegen diejenigen, die den Eid verweigert hatten, wurde mit einer militärischen Exekution vorgegangen. Am Laurentiustag, dem 10. August fielen 129 kurmainzische Reiter und Frankfurter Fußvolk in Soden und Sulzbach ein und traktierten die Einwohner, um sie von der »untergehenden Reichs-Freiheit« zu überzeugen[51]. Einige wurden gefangengesetzt, andere verjagt und flüchteten in die nächstgelegene Herrschaft Eppstein. Die Soldaten schickanierten der Verjagten Frauen und Kinder. Von den Gefangenen sind namentlich genannt Georg Filbell, Philiphs Leidt und der Schmied von Sulzbach sowie Hannß Fritz Christmann und Georg Zendtner. Da es den Orten verboten war, Flüchtige aufzunehmen, hausten diese, nach Aussge eines Oberliederbacher Gerichtsmannes, »fast stets im Feldt in Höhlen und Büschen«[52].

V. Die Sodener Saline

1. Die Anfänge

Von der Sodener Saline zeugen heute keine Überreste mehr. Anfang des 19. Jahrhunderts hatte sie ihren Betrieb eingestellt, und die Gebäude waren nach und nach zerfallen, abgebrochen und in anderen Bauwerken verbaut worden, so z.B. in der Sodener Mühle an der unteren Königsteiner Straße (später ›Deutscher Hof‹) und dem Neuenhainer ›Batzenhaus‹. Reste von Balken und Rohren wurden beim Bau des Parkhauses am Bahnhof zutage gefördert.

Einzig die Bezeichnung ›Salinenstraße‹ für die hinter den Bahnanlagen verlaufende Straße erinnert noch an das einstige ›Salzwerk‹, daß von 1605 bis 1815 in Betrieb war.

Inwieweit die Quellen in früheren Jahrhunderten genutzt worden sind, ist umstritten. Auch die verschiedenen Erwähnungen von Quellen aus der Zeit um das Jahr 800 n. Chr. lassen bei dem Reichtum des Vordertaunuslandes an Mineralquellen keine Festlegung auf Soden zu, so bleiben alle Angaben darüber in der älteren, Soden bezogenen Literatur nur Vermutungen. Die für das Jahr 773 erwähnten Salzquellen, die an ›Fuld‹ geschenkt wurden und die Quelle, die Kaiser Ludwig 817 von ›Fuld‹ tauschte und die zur Pfalz in Frankfurt kam, sind wohl nicht, wie Vogel[1] meint, in Soden zu suchen.[2]

Gesamtansicht von Soden von Rosmäsler jun. bei Mosch (Kupferstich um 1820)

Holzrohr für die Wasserführung, Länge heute 2,60 cm, Bohrung am dicksten Teil 16 cm, am dünnsten Teil 8 cm; gefunden bei Bauarbeiten in der Straße Zum Quellenpark, Mai bis August 1981 in einer Tiefe von 0,70 m, geborgen von Jakob Müller

Daß es in Soden schon in frühester Zeit Salzquellen gegeben haben muß, läßt sich anhand bestimmter Formen der Flora und Fauna des Sodener Ortsgebietes belegen. Heinrich Schweinsberg hat in seinem Buch »Die Heilquellen zu Soden im Herzogthum Nassau« im Jahre 1831 darauf verwiesen, daß in Soden eine Reihe von Pflanzen anzutreffen sind, die normalerweise nur auf den Salzböden der Nord- und Ostsee gedeihen. Er nennt das Salzmilchkraut (Glaux maritima), von dem er anmerkt, daß es hier nicht zum Blühen kam, das bei der Quelle VI (Wilhelms- und Schwefelbrunnen) und bei den Bohrlöchern im Gebiet des heutigen Badehauses zu finden war. Weiterhin nennt er das Sandkraut (Arenaria marina) und das Rispengras Poa Salina, ferner das Echte Löffelkraut (Cochlearia officinalis). Am alten Salzmagazin wuchs der Salzlattich (Lactuca saligua) in der Rohrwiese die Strandaster (Aster tripolium). Von der Rutenmelde (Atriplex patula) fand sich die Variation A. salina. Auch die unserem Sellerie verwandte, wild auf salzigem Grund heimische Pflanze Apium graveolens war hier anzutreffen. Noch 1938 wurde in der Nähe der Quelle VI die Strand-Sandmelde (Suaeda mariotima) und der Queller (Salicornia europaea) festgestellt (Dr. Kemmerzell, Senckenberg).

Die betreffenden Gewächse können nicht gepflanzt worden sein. Sie müssen auf die Zeit zurückgehen, da das Gebiet vom Kurpark bis zur Limesspange und vom Burgberg bis zu den Rohrwiesen von einem Meer bedeckt und später ein mehr oder weniger sumpfiger Landstrich war, in dem der Sulzbach auf seinem Weg durch das Quellengebiet des Kurparks deren austretendes Salzwasser aufgenommen und mitgeführt hat, somit den Nachschub an salzhaltigem Wasser gewährleistete. Auch die von Dr. Dahmer, Bad Soden, 1950 in Bodenproben aus dem Gebiet des Sulzbachlaufes nach Südosten zu entnommenen Bodenproben weisen in diese Richtung. Allein 20 Weichtierarten (Molluska), 18 Arten Gastropoda und 1 Art Lamellibranchiata, bestimmt von Dr. A. Zilch, sowie 8 Muschelkrebsarten setzen salziges Wasser voraus. Die beiden Arten Cyprinotus salinus und Cyprideis torosa bezeichnet dieser als typische Brackwasserformen der Küste.

Die erste sichere Erwähnung der Sodener Salzquelle geht auf das Jahr 1433 zurück. Am 20. Januar 1433, dem Tag der Heiligen Fabian und Sebastian, vergab der Mainzer Erzbischof Konrad das Recht, den Salzbrunnen zu Soden zu nutzen auf die Dauer von 31 Jahren an Fritz Keyser von Steinheim und Peter Becker von Sulzbach und ihre Erben mit dem Recht, Salz zu sieden. Als Pacht sollten sie jedes 10. Malter Salz, das sie gewinnen würden, als Abgabe entrichten. Nach Ablauf der Pachtzeit konnte der Erzbischof die Rechte neu vergeben. Falls die bisherigen Inhaber nicht das gleiche bieten würden wie neue Bewerber, an diese. Der Text der Verleihungsurkunde lautet[3]:

»Wir Conrad von Gots Gnaden des heiligen Stuhls zu Menze Erzbischof, des heiligen Romischen Richs in dutschen Landen Kanzler, bekennen und tun kunt offentlich mit diesem Briefe, für uns, unser Nachkommen und Stifte allen, die ihn sehen oder horen lesen: Als sich *in unserm Dorfe Soden,* über Solzbach gelegen, *eine Sode und Salzburn erhoben hat,* solichen Bronnen nu fürter offen zu bringen und *eine Salzsode daruß zu machen,* sin wir mit Fritze Keyser von Steinheim und Peter Becker von Solzbach uberkommen und eins geworden und haben denselben Fritzen und Peter und ihren Erben soliche Sode und Bronnen diese nechste einunddreißig Jare nach Datum dieses Briefs nechst folgende geluhen und leihen genwertiglich in Kraft dieses Briefs also, daß sie und ihre Erben dieselben Sode und Bronnen bauen, uffrucken und dazu schicken sollen, Salz da zu sieden und zu machen. Und sie, ihre Erben und was Salzsieder mehr dahin ziehen und sich der Salzsode gebruchen wurden, uns, unsern Nachkommen und Stifte je das zehende Malter, soviel sie des da sieden und machen werden, handreichen und geben sollen uff ihre Kost, Arbeit und ohne allen unsern Schaden, ohne Geverde (Arglist, Bosheit).

Und so das were, daß wir, unser Nachkommen und Stifte nach Ußgange der obengenannten einunddreißig Jare soliche Salzsode ersteigen wollten, das auch zu unserm, unserer Nachkommen und Stifte Willen nach Ußgang derselben Zeit stehn soll, und were dann jemand, der uns mehr dann je das zehende Malter davon geben wollte, es were wenig oder viel darüber, – wollten dann die obgenannten Fritze und Peter oder ihre Erben uns also viel mehr, als uns von solichen geboten wurde, über das zehende Malter geben, sollten und wollten wir ihnen und ihren Erben das vor anderen für ein solichs gonnen und lassen. Wollten sie aber uns nit so viel als andere darum geben, so mochten wir das fürter andern verleihen und verthun. Und sollten auch wir, unser Nachkommen und Stift ihnen oder ihren Erben alsdann ihre Phannen und Geschirre, das daran gehörte und sie da gevüget hetten, wieder geben ohne alle Geverde. Were es auch, daß die obgenannten Fritze und Peter, ihre Erben oder andre einiche Güter zu solicher Salzsode oder anders zu haben und zu gebruchen zu sich ziehen oder understehn würden, davon sollen sie schaffen und thun als sonst unser Land da herum. Und soll auch dasselbe unser Land soliche Güter nicht hoher besweren oder daruf setzen anders, dann sie bisher besweret und gewonlich gegeben hant ohne alle Geverde.

Und des zu Orkunde so han wir unser Ingesiegel an diesen Brief tun hencken, der gegeben ist zu Steinheim an Sant Fabians und Sebastians Tage nach Christs Geburte vierzehenhundert und dreiunddreißig Jare.«

Bei der Urkunde handelte es sich um ein sogenanntes Reversale, eine Empfangsbescheinigung der Belehnten, die den gesamten Wortlaut der Belehnungsurkunde enthält. Der Hausmarschall des Erzbischofs, Junker Hans von Erlebach, hat die Pergamenturkunde für die beiden Belehnten gesiegelt.

Das Recht, die Quelle zu verleihen und von »unserm Dorf Soden« zu sprechen, leitete sich aus der Verleihung der Dörfer Soden und Sulzbach durch Kaiser Sigismund an den Mainzer Erzbischof im Jahre 1423 her. Soden und Sulzbach waren ›Reichsgut‹. Kurmainz sollte verhindern, daß die Dörfer dem Reich entzogen würden, etwa durch die Eppsteiner, die durch das Kloster Limburg Rechte an der Vogtei und an Höfen sowie an Grund und Boden in den Dörfern besaßen.

Was die Salzquelle selbst betrifft, innerhalb des Ortes gelegen (wohl die heutige Quelle XVIII oder die Quelle IV), so ist aus der Urkunde zu ersehen, daß diese sich allem Anschein nach erst kürzlich »erhoben« hat, also noch nicht lange entdeckt war. Natürlich bedurfte der Quellenaustritt der Erweiterung und Fassung, den einzelnen Adern dieser Quelle mußte nachgegangen werden, um einen »bronnen zu bauen, uffzurücken« und zum Salzsieden einzurichten. Vielleicht waren Keyser und Becker damit überfordert und haben ihre Rechte sehr bald weiterverkauft. 1436 boten die Dörfer dem Frankfurter Rat an, da für sie aus finanziellen Gründen eine Salzgewinnung nicht in Frage kam, ihm die »Salzsud und Anderes (zu) geben und gönnen (zu) wollen«[4].

Nur wenige Tage nach der Verleihung an Keyser und Becker hatte die Stadt Frankfurt am 13. Februar 1433 (Feria sexta ante Valentini) den Grenz- und Nutzungsstreit der beiden Dörfer Soden und Sulzbach geschlichtet und Landscheider eingesetzt, die Grenzen der verschiedenen Lehnsherrn, Geistlichen, Edlen und die Almende abzusteinen.

Neben Schultheiß und Schöffen nahmen 12 Sulzbacher und 6 Sodener Personen an dieser Begehung teil. Über die ›Salzsode‹ gab es Streit. Die Frage war, ob sie gemeinsamer Besitz der beiden Dörfer sei. Um welche Quelle es sich dabei handelte, ist nicht eindeutig zu klären. Da aber von der Viehweide und der Almende die Rede ist, muß es sich nicht um die Quelle im Ort, sondern um die Quelle VII, Major, gehandelt haben, die außerhalb des Ortes bei der Viehweide in der Nähe des Weges nach Sulzbach gelegen ist. Der Frankfurter Rat entschied, daß sie zwar nicht zur Viehweide gehöre, doch zur Almende und sie somit von beiden Dörfern genutzt werden könnte[5]. Besiegelt hatten diese Urkunden die Junker Georg und Reichwein von Sulzbach, sowie Gottfried von Delkenheim. Zehn Jahre zuvor war bei einer ähnlichen Streitschlichtung nicht von der Salzquelle die Rede, lediglich von dem Bach Sulzbach, damals »die Sode« genannt[6].

Ob und inwieweit Keyser und Becker die Salzquelle genutzt haben, ist unbekannt. Allem Anschein nach hatte der Frankfurter Rat durch die Vorgänge der Schlichtung des Streites zwischen den Dörfern genaueren Einblick in die mit einer Quelle verbundenen Möglichkeiten erhalten. Der Rat rief den Kaiser an und bat ihn, »ihnen solche Ursprung gnädiglich zu verleihen und zu bestätigen«. Vier Jahre später schon hatte der Rat erreicht, daß Kaiser Sigismund in Eger eine Urkunde ausfertigen ließ, durch die die Nutzung der Sodener Quelle der Stadt Frankfurt übertragen wurde. Da ist zu lesen, daß der Frankfurter Rat berichtet hatte, »...daß in dem Dorfe zu Soden, das ... von langen Gezeiten zu derselben Stadt Frankfurt gehöret hat, und mit ihr herkommen ist, *eine Quelle und Sprünge einer warmen Ader und Flosses springend und quellend sei,* und daß sie besorgen, daß ihnen von dem genannten Dorfe und anderen, die solches vielleicht unterständen, an sich zu ziehen und zu nehmen, Eintrag und Hindernis daran geschehen möchte«.

Der Kaiser willfahrte der Frankfurter Bitte. Lersner notiert[7]: »Und weilen zu Soden eine warme Quelle, so ein gesunder Brunnen, als hat Kayser Sigismundus der Stadt Frankfurt dessentwegen ein besonderes Privilegium gegeben, so datiert zu Eger 1437 am nechsten Samstag vor Maria Magdalena Tag (Priv. Civit. pag. 300) (20. Juli).« Diese warme Quelle war der ›Milchbrunnen‹, Quelle I, nicht der Salzbrunnen oder die später ›Major‹ genannte Quelle VII. In der Urkunde heißt es: »So han wir ihnen das vorgeschriebene warme Orsprung und wie sich das erheben und zunehmen mag, mit allen seinen Begriff und Zugehörungen ... gnädiglich gegeben und verliehen, geben, leihen und confirmiren ihnen und ihren Nachkommen das also, daß sie das mit seiner Zunehmung und ob sie das bessern und bauen würden, innehaben, besitzen, genießen und gebrauchen sollen zu ihrem Willen, Nutzen und Gutdünken, vor aller männiglich ungehindert, doch unschädlich uns und dem Reich und sonst jedermann an seinen Rechten.«

Aus all diesen Zusammenhängen läßt sich ersehen, daß 1437 der Erzbischof von Mainz in den beiden Dörfern nicht mehr Träger des Reichslehens war. An seine Stelle trat Frankfurt.

Die Saline von Soden betreffen die nachgenannten Akten und Urkunden des Hessischen Hauptstaatsarchivs Wiesbaden, Abteilung 4:

Nr. 280:	Die Salzsode, die hohe Oberherrlichkeit und Gerechtigkeit beider Dörfer Sulzbach und Soden betr. Differenzen zwischen Frankfurt und Kurpfalz 1403–1616
Nr. 281/282:	Vogtei Sulzbach-Soden, die Saline und die Irrungen zwischen Kurpfalz und der Reichsstadt Frankfurt 1433–1617
Nr. 307:	Salzsode zu Soden. Erbverleih und Admodierung des von dem Erbverleih abfallenden Zehnten 1605–1748
Nr. 309/311:	Bericht und Handlungen wegen des Salzwerks zu Soden 1605–1677
Nr. 312:	Streitigkeiten zwischen der Stadt Frankfurt und Kurpfalz wegen des Salzwerks zu Soden 1617–1623
Nr. 313:	Frankfurt contra Graf von Schönburg betr. das Salzwerk zu Soden 1628/29
Nr. 314:	Salzsode zu Soden. Jurisdiktion, Gebot und Verbot daselbst 1651–1654
Nr. 318/319:	Der von der von Malapertischen Saline zu Soden jährlich abzuliefernde Zehnte 1655–1801
Nr. 328:	Das Salzwerk zu Soden 1683–1768
Nr. 329/330:	Das von dem Handelsmann David Malapert zu Anfang des 17. Jahrh. bei Soden auf eigene Kosten errichtete und erblich verliehene Salzwerk 1690–1752

Nr. 331/332:	Frankfurter Rat contra Kurmainz wegen des zu Soden ausgegrabenen neuen Salzbrunnen 1691
Nr. 347:	Gesuch des Residenten von Spina um Nachlaß am Salzzehnten von seinem zu Soden gelegenen Salzwerk 1725–1752
Nr. 354:	Die verbotene Salzniederlage und Anweisung an die Sodener Saline, die gewalttätige Widersetzung der Untertanen gegen Hinwegnehmung des fremden Salzes 1774/75
Nr. 355:	Erlassene Salzverordnung und Verbrauch des Salzes von der Saline zu Soden 1774
Nr. 368:	Die von Herrn von Malapert nachgesuchte Erlaubnis, das Wasser aus dem hinteren Soderberg-Weiher zu den Gradiergebäuden leiten zu dürfen 1793–1795
Nr. 540:	Wasserleitung zu Soden, Widerspenstigkeit der Untertanen dagegen und Klage beim Reichskammergericht 1752
Nr. 545:	Major von Malapert contra Gemeinden Sulzbach und Soden 1753–1755
Nr. 583:	Die neue Wasserleitung auf das Salzwerk zu Soden und die deshalb gegen die dortige Gemeinde verhängte Exekution 1752

2. Die Frankfurter Salzregie

Belege für eine Salzgewinnung in Soden sind für die Zeit um 1450 vorhanden. Aus dem Jahre 1450 ist eine Antwort des Frankfurter Rates an die Sodener Gemeinde bekannt, mit der dieser auf einen uns nicht bekannten Antrag oder Vorschlag der Sodener Gemeinde antwortete: »Die Männer von Soden sollen es eine Zeitlang mit dem Salzsieden lassen anstehen«.

Ferner kennen wir eine Urkunde vom 13. Juli 1456, die besagt, daß der Priester Heinrich Zinggrebe, der 1459 Vikar in Mainz war, Besitzer von zwei Achtel Anteilen »an der Pfanne in Soden« ist. Für 170 fl verkaufte er 1456 ein Achtel Anteil an die Eheleute Heinrich Hannemann[8] und 1459 für 170 fl das andere Achtel an den Sulzbacher Konrad Tharey[9]. Nach diesen Angaben ist also sicher, daß verschiedene Geldgeber an der Saline Anteile erworben hatten, die auch wie Aktien gehandelt wurden.

Frankfurt konnte erst an eine Salzgewinnung denken, als Kaiser Friedrich III. am 3. März 1483 in Wien die Privilegien von 1437 bestätigte und um die Erlaubnis der Salzgewinnung erweiterte[10], wobei der Rat das Recht erhielt, neben der warmen Quelle (Quelle I) noch andere zum Dorf Soden gehörende warme und kalte, gesalzene und ungesalzene Wasser zu suchen, zu sieden, zu bauen und eine oder mehrere Salzpfannen aufzustellen und zu unterhalten. Die Urkunde hat folgenden Wortlaut:[11]

»Wir Friderich von Gottes Gnaden Römischer Kaiser, zu allen Zeiten Mehrer des Reichs, zu Ungarn, Dalmatien, Croation etc. König, Herzog von Österreich, zu Steyer, zu Kärnten und zu Crain, Herr auf der Windischen Mark und zu Portenau, Graf zu Habsburg, zu Tyrol, zu Pfyrt und zu Kyburg, Markgraf zu Burggau und Landgraf im Elsaß etc., bekennen öffentlich mit diesem Brief und tun kund allermänniglich, daß uns die ehrsamen, unsere und des Reichs liebe getreue Bürgermeister und Rat der Stadt Frankfurt haben vorbringen lassen, wie ihnen weiland Kaiser Sigmund, unser Vorfahre am Reich löblichen Gedächtnisses, in dem Dorf Soden, das vor langen Jahren und viel vergangenen Zeiten zu derselben Stadt Frankfurt gehöret hat und mit ihnen herkommen ist, die Quell und Ader eines warmen Wassers, so in dem gemelten Dorf Soden und seiner Zugehörung entspringet, gegeben, verliehen und ihnen die zu bauen und zu erhalten, und mit allen ihren Rechten, Nutzungen und Zugehörungen inzuhaben, nutzen, nießen und zu gebrauchen gnädiglich gegönnet erlaubt und das also confirmiert und bestätigt hätte, nach laut desselben Kaiser Sigmunds unseres Vorfahren Brief. Deshalben ausgegangen und uns darauf demütiglich anrufen und bitten lassen, daß wir ihnen denselben unseres Vorfahren Brief in allen und jeden seinen Worten, Clauseln, Puncten, Articuln, Inhaltungen, Meinungen und Begriffungen als Römischer Kaiser zu erklären, zu erneuern, confirmieren und zu bestätigen gnädiglich geruhten.

Des haben wir angesehen solch ihre demütig ziemlich Bitte, auch die anderen getreuen und nützlichen Dienste, so sie uns und dem Reich mit Darstreckung ihrer Lieb und Güter oft und dienstwillig gezeigt und bewiesen haben und hinfürder in künftiger Zeit wohl tun mögen und sollen. Und haben darum mit wohlbedachtem Mut, gutem Rat und rechtem Wissen denselben von Frankfurt, den vorbestimmten, unseres Vorfahren Kaiser Sigismund Brief in allen und jeglichen seinen Worten, Clauseln, Puncten, Articuln, Inhaltungen, Meinungen und Begriffungen, jeglicher Weise, als ob der in diesem unserem Kaiserlichen Brief von Worten zu Worten standen geschrieben, als Römischer Kaiser gnädiglich erklärt, erneuert, confirmiert und bestätigt, auch ihnen von sonderen unseren kaiserlichen Gnaden gegönnet, erlaubt und von neuem verliehen und gegeben, also daß sie in dem gemelten Dorf Soden und den obbestimmten und anderen Quellen und Adern, zu demselben Dorf Soden gehörende warm und kalt, auch gesalzene und ungesalzene Wasser suchen, das nach ihren Notdürften, Willen und Gefallen Sieden, Bauen, daselbst Salzpfannen, eine oder mehr, haben, aufrichten und halten, und alle und jegliche Gnad, Freiheit, Privilegia, Recht und Gewohnheit haben, sich der freuen, gebrauchen und genießen sollen und mögen, als an anderen Salzsieden und Enden des Heiligen Reichs Recht, Herkommen und Gewohnheit ist. Erklären, erneuern, confirmieren und bestätigen, auch gönnen, erlauben, verleihen und geben ihnen das alles von römischer kaiserlicher Machtvollkommenheit, wissentlich in Kraft dieses Briefs und meinen Segen.

Und wollen von derselben unserer kaiserlichen Machtvollkommenheit, daß nun fürbaßhin der gemelte, Kaisers Sigmunds unseres Vorfahren Brief in allen und jeden Worten, Clauseln, Puncten, Articuln, Inhaltungen, Meinungen und Begriffungen, zu gleicherweise, als ob er von Worten zu Worten hierinnen geschrieben wäre, ganz kräftig und mächtig sei, stets bleibe gehalten und sich des die genannten von Frankfurt mitsamt der vor- und nachbestimmten unserer kaiserlichen Erklärung in seinem Inhalt und dazu in demselben Dorf Soden und den Quellen und anderen dazu gehörenden warm und kalt, auch gesalzen und ungesalzen Wasser suchen, Bauen, daselbst Salzpfannen, eine oder mehr aufrichten, haben, halten und sich das alles als vorgeschrieben stehet, gebrauchen, genießen sollen und mögen, von allermänniglich unverhindert, doch uns und dem Reich, unser kaiserlich Obrigkeit und männiglichs Gerechtigkeit hierinnen vorbehalten. Und gebieten darauf allen und jeglichen unsern und des Heiligen Reichs Churfürsten, Fürsten, geistlichen und weltlichen Prälaten, Grafen, Freiherrn, Rittern, Knechten, Hauptleuten, Viztumen, Vögten, Pflegern, Verwesern, Amtleuten, Schultheißen, Bürgermeistern, Richtern, Räten, Bürgern und Gemeinden und sonsten allen anderen unsern Reichsuntertanen und Getreuen, in was Würden, Standes oder Wesens die seien und obberührter röm. kaiserl. Machtvollkommenheit, ernstlich festiglich mit diesem Brief, daß die genannten von Frankfurt und ihre Nachkommen an dieser unserer kaiserl. Erklärung, Erneuerung, Confirmation und Bestätigung nicht hindern noch irren, sondern sie der obgeschriebenen Maßen geruhiglich gebrauchen, genießen und gänzlich dabei bleiben lassen und dawider nichts tun, noch jemanden zu tun gestatten in keiner Weise, als lieb einem jeglichen seie, unser und des Reichs schwere Ungnad und Verlierung einer Pöne (Strafe), nämlich 40 Mark lötigen Goldes, zu vermeiden, die ein jeder, so oft er freventlich dawider täte, einhalb in unsere und des Reichs Kammer und den anderen halben Teil den oft genannten von Frankfurt unablöslich zu bezahlen verfallen sein soll.

Mit Urkund dieses Briefs besiegelt mit unserem kaiserlich-majestätischen Insiegel. Geben in Wien am dritten Tag des Monats Marty nach Christi Geburt vierzehnhundert und im dreiundachtzigsten, unseres Reichs des Römischen im dreiundvierzigsten, des Kaisertums im einunddreißigsten und des Ungarischen im vierundzwanzigsten Jahre.«

Nach Lersner ist 1486 die »Saltzsode zu Soden aufgericht worden, und hat man die Adern in dem Born aufgesucht«[12]. Wie aus den Mennigbüchern des Frankfurter Rates hervorgeht, waren 1482 schon die Ratsfreunde (Mitglieder des Rates) Georg Breidenstein und Wicker der Junge beauftragt worden, die Sode zu besehen. Ein Salzamt wurde eingerichtet. Ein Hans Falk bewarb sich auf Empfehlung des Kronberger Ritters Jakob d. Alten um eine Angestelltenposition. Der Münzmeister Nachtrabe erhielt nun den Auftrag, den Salzgehalt der Sodener Quellen festzustellen und Vorschläge zum Aufbau der Salzsode auszuarbeiten.

1486 errichtete er die erste Salzhütte zur Lagerung des gewonnenen Salzes[13]. Damals schon produzierte man in Soden nach der neuerfundenen »Strohkunst«. Dies war eine Gradiermethode, mit deren Hilfe man das im ganzen doch schwach salzhaltige Wasser (Quelle VII Major: in 1 kg Wasser 11249 mg feste Bestandteile) vor dem Sieden mit Schaufeln gegen eine Wand aus Strohgebunden schaufelte, die an Pfählen in langen hölzernen Kastenbauten standen, und so durch das Ablaufen und Abtropfen des Wassers vom Stroh durch Verdunstung eine höhere Salzkonzentration erzielte.

In der ersten Hälfte des 18. Jahrhunderts wurden die Strohgebunde durch Reisigwände aus Schwarzdorn ersetzt, die haltbarer waren[14]. Das Problem aber war die Beschaffung von Holz zum Beheizen der Siedepfannen. Man kaufte »in der Höhe«, in den Tauns-wäldern.

Um nach den besten und neuesten Methoden der Salzgewinnung arbeiten zu können, wandte sich der Frankfurter Rat an die Stadt Halle, um von dort einen Fachmann zum Aufbau einer rentablen Salzsode zuzuziehen. 1488 schickte der Frankfurter Rat sein Mitglied Jorgen von Breitenbach mit einem »Credenz«, einem Ehrengeschenk in die Saalestadt. Er brachte einen Salzmeister und einen Salzsieder mit nach Soden, zwei neue Salzpfannen zu installieren. Nachdem diese Arbeiten nach 14 Tagen abgeschlossen waren, erhielt der Salzmeister ein Geschenk von 12 Gulden, dem Rat von Halle sandte man ein Dankschreiben[15]. Der Sieder blieb bis 1489. Bei seinem Abschied erhielt er 25 Gulden »Verehrung«. Auch von einem Salzmesser ist die Rede. Dennoch scheint die Salzgewinnung schwierig gewesen zu sein, die Unkosten überstiegen die Einnahmen. 1490 bemühte sich ein Privatmann um die Belehnung mit dem Salzwerk. Am 31. Mai 1491 kam zwischen dem Rat und Johann Monkeler, genannt Bingerhenne, aus Östrich sowie seiner Frau Käthe und seinen beiden Kindern ein Vertrag auf 30 Jahre zustande. Ein Zehntel des gewonnenen Salzes sollte als Pachtsumme über den Sodener Schultheißen an Frankfurt abgeführt werden. Überlassen wurde Bingerhenne ein Wohnhaus, eine Salzhütte und das Siedhaus.

Bingerhenne wollte die verschiedenen Adern der Quelle in einem Brunnen fassen, um die Salzwasser vom Zufluß von Süßwasser zu trennen. Zwar wollte der Frankfurter Rat die laufenden Kosten nicht tragen, zahlte aber als Anlaufbeihilfe 100 fl, dazu stellte er 100 Bort Holz und neue Bleche für die Herrichtung der Salzpfannen frei Salzsode, ebenso 600 Backsteine. Bingerhenne schaffte auf eigene Kosten eine neue kupferne Salzpfanne an[16]. Alle Angestellten des Salzwerkes mußten dem Frankfurter Rat Treue und Gehorsam schwören. Die Aufnahme von Teilhabern am Werk bedurfte der Genehmigung des Rates. Sollte Bingerhenne den Betrieb vor Ablauf der 30 Jahre aufgeben, mußte er alle Verbesserungen außer der kupfernen Pfanne zurücklassen. Daß die Salzsode arbeitete, geht daraus hervor, daß der Frankfurter Rat Hartmann von Sulzbach dazu bestimmte, den Salzzehnten für die Stadt in Empfang zu nehmen.

Größtes Problem wurde der Holzmangel. Verhandlungen des Rates mit dem kurmainzischen Amtmann zu Höchst, mit der Markgenossenschaft der Oberliederbacher Mark, mit den Obermärkern, den Herrn von Eppstein und Königstein, brachten nur unzureichende Ergebnisse. Aber auch Anfeindungen und Behinderungen des Werkes durch Sodener und Sulzbacher Einwohner erschwerten die Arbeit. 1492 bat Bingerhenne den Rat um die Erlaubnis, einen Schirmherrn annehmen zu dürfen. 1493 erlaubte der Rat, einen Graben und einen hölzernen Staketenzaun um das Salzwerk zu ziehen, und zwar mit Hilfe der Einwohner, die seit 1450 Frankfurt zu Dienst verpflichtet waren. Diese erhielten nur eine geringe Verpflegungsentschädigung[17].

In der Folge erlaubten die Marken keine Holzlieferungen mehr an die Salzsode. Durch den Ankauf von Waldstücken, z.B. bei Soden und Königstein, versuchte man, größere Holzmengen aus eigenem Besitz zu erlangen. Dies schlug fehl, obwohl der Rat Bingerhenne zum Kauf 100 fl leihen wollte. Das Salzwerk geriet in Gefahr, seine Produktion einschränken zu müssen, als die »Königsteinischen« eine Salzsiedepfanne mit Gewalt als Pfand wegnahmen[18]. Möglicherweise mußte Bingerhenne damals die Salzgewinnung einstellen. 1497 heißt es, daß einer von Soden Geschirr aus dem Salzwerk an sich genommen habe, was darauf hinweist, daß wohl kein Betrieb und keine rechte Aufsicht mehr am Ort war. Im Jahre 1503 erging eine Anordnung des Frankfurter Rates, die Salzsode vor dem Ruin zu bewahren, »daß sie nit vergänglich werde«[19].

Nachdem Johann Bingerhenne gescheitert war, bot am 31. Oktober 1549 der Königsteiner Graf Ludwig von Stolberg dem Frankfurter Rat an, die Sodener Salzquelle »wieder zu Nutzen zu bringen«. In einem Schreiben wandte er sich an Dr. Hieronymus von Glauburg zu Frankfurt und ließ durch diesen beim Rat ansuchen »umb die Salzsode in dem Dorfe zu Soden«. Des Grafen Sachverständiger, Dr. Burghardt Krenche, hatte die Anlage in Soden besichtigt und war der Meinung, daß ein Ertrag, wenn auch kein sonderlich großer, erzielt werden könnte. Der Graf schlug dem Rat vor, sich die Unkosten zu teilen. Dem Sachverständigen Krenche sollte jede Partei ein Viertel von ihrer Hälfte als Gewinnbeteiligung abtreten, da dieser viele solcher Werke kenne und zu einem guten Ertrag verhelfen könnte.

Dr. Fichard und die Rechneiherrn hatten im Auftrag des Rates »die warm und die kalt Quell« in Soden besichtigt und berichteten nun dem Rat. Aber dieser konnte sich nicht zum Handeln entschließen. Zu groß schienen ihm die Schwierigkeiten, zu hoch die Bedingungen, da der Rat auch die Hälfte des Brennholzes stellen sollte[20]. Auch das weitergehende Angebot des Grafen von Stolberg, auf alleinige Kosten zu produzieren und den Zehnten an Frankfurt abzuführen, schlug der Rat aus, angeblich mit Rücksicht auf die Nachbardörfer, die den Sodener Brunnen täglich gebrauchen und die sich beschweren würden, wenn ihr Gewohnheitsrecht gemindert würde. Die Frage stellt sich, wozu die Einwohner die Quellen gebrauchten, nur zum Waschen, zum Salzen, zum Reinigen oder auch zum Baden? In Wirklichkeit fürchtete man, daß der Graf sich in den Besitz der Quellen bringen könnte.

Als Caspar Seeler 1567 um die Überlassung der Salzsode in Soden zur Salzgewinnung beim Frankfurter Rat nachsucht, meint der Rat, er solle »sich an dem Brunnen versuchen, wie er sich anlassen wolle«[21]. Danach erst wollte der Rat weiter verhandeln. Seeler, um sich abzusichern, bat um eine vertragliche Vereinbarung, die auch seine Verpflichtungen nennen sollte. Ohne eine solche Abmachung wollte er nicht anfangen. Der Rat antwortete, er sollte berichten, wie es andernorts gehandhabt werde. Allem Anschein nach kannte sich der Rat in diesen Dingen nicht aus. Am 4. März 1567 fand eine Ortsbesichtigung durch den Frankfurter Rechen- und Baumeister statt. Sie hatte zum Ergebnis, daß nunmehr außer dem warmen Brunnen, dem Milchbrunnen (Quelle I), noch vier Salzbrunnen vorgefunden worden waren, einer davon im Ort, wohl der Solbrunnen (Quelle IV), und drei außerhalb des Ortes gelegen, der Wilhelmsbrunnen (Quelle VIa), die Quelle Major (Quelle VII) und die Quelle IX, »Pfefferkornquelle«[22]. Was die warme Quelle betraf, so hielt man damals dafür, daß, wenn sie zugerichtet würde, sie »ein warm Bad geben« würde, also zum Baden zu gebrauchen wäre.

Zwar gab der Rat die Anweisung, die Verschreibungs-Rotul zu entwerfen und zur Verlesung im Rat vorzubereiten, aber wider alles Erwarten beschloß der Rat dann doch, Caspar Seelers Antrag abzulehnen. Dabei blieb man auch, nachdem Seeler noch einmal am 11. März und nochmals am 27. Mai 1567 erneute Gesuche eingereicht hatte. Im Mai 1577 lehnte der Frankfurter Rat auch das Gesuch des Michael Kagmann von Straßburg ab, der um die Verleihung der Sode nachgesucht hatte. Am 24. August 1581 hatte dann Michael Lang von Hersfeld (Hirschfeld) durch den Neustadter Bürger Jost Teichmann die Salzwasser auf ihren Salzgehalt hin untersuchen lassen, mit dem Ergebnis: »Und befindet sich aus solcher Prob, daß der Zentner Wasser ein und ein halbes Pfund Salz brachte«. Lang wurde daraufhin vom Rat aufgefordert, anzugeben, wie man den Brunnen nutzbar machen könnte. Weitere Nachrichten fehlen[23]. Am 16. April des Jahres 1582 bat Hans Gebhardt von Eisleben den Herzog und Pfalzgrafen Johann Casimir zu Neustadt (Pfalz) um die Erlaubnis, die von ihm bei Soden gefundene Salzquelle ausnutzen zu dürfen, da »es jammerschade ist, daß das gute Gut also vergeblich soll verfließen«[24] Weitere Nachrichten darüber fehlen. Fünfzehn Jahre nach seinem ersten Gesuch an den Frankfurter Rat, trat am 13. September 1582 Caspar Seeler erneut an den Rat heran mit der Bitte, einen Pachtvertrag über die Sodener Salzsode abzuschließen, was auch geschah, da Seeler allein auf eigene Kosten arbeiten wollte[25]. Ob die Arbeiten aufgenommen wurden, ist nicht feststellbar.

Im Oktober 1590 erhielt der Frankfurter Rat gleich zwei Gesuche wegen der Nutzung der Sodener Salzquelle. Hans Georg, Pfalzgraf bei Rhein, mit dem Kurfürsten von der

Pfalz verwandt, wollte, nachdem er den Salzbrunnen zu Soden besichtigt hatte, 400 fl in dessen Nutzung investieren, wenn der Frankfurter Rat die gleiche Summe aufbringen würde.

Der Antrag des »Salzkünstlers« Simon Wendrumb vom 13.10.1590 wurde ebenfalls abschlägig beschieden; ebenso wenig Glück hatte 1603 Lorenz Renger aus Allendorf[26], wie vor ihm im August 1597 auch Philipp Heinrich von Aschhausen bei der kurpfälzischen Regierung und Matthäus Olevianus im Oktober 1601, der zwei Quellen in Soden untersucht hatte und zu dem Ergebnis gekommen war, daß die Quelle in Soden 8 Pfund Salz bringen würde und die in der Nähe außerhalb des Dorfes 7 ½ Pfund Salz je Zentner Wasser. Er behauptete, Mittel zu kennen, »um ein gut Teil ungesalzen Wasser abzutreiben«, also eine bestimmte Gradierungsmethode[27].

Die verschiedenen Versuche der Salzgewinnung aus der Sodener Salzquelle scheiterten hauptsächlich daran, daß der Holzverbrauch beim Sieden so groß war, daß er aus den umliegenden Waldungen trotz ihres großen Holzreichtums nicht gedeckt werden konnte. Es mußten neue Methoden des Salzsiedens gefunden werden, um rentabel arbeiten zu können.

3. Aufbau der Sodener Saline durch die Gebrüder Geiss (1605–1617)

Waren bisher alle Versuche der Nutzung der Sodener Salzquellen gescheitert, so konnte eine Weiterführung der Salzgewinnung nur Erfolg haben, wenn die Methode der Gradierung verbessert wurde, denn der Salzgehalt des Wassers der Salzquelle war zu niedrig und dementsprechend der Holzverbrauch für die Siedepfannen hoch.

Im Frühsommer 1605 begannen Verhandlungen der Gebrüder Christoph, Hans und Kaspar Geiss[28] mit dem Frankfurter Rat wegen der Belehnung mit den Sodener Quellen. Christoph war Handelsmann, seit dem 19.7.1589 Frankfurter Bürger. Am 7.7.1589 hatte er dort Katharina Gneist, die Witwe des Gastwirts ›Zum Hirsch‹ Georg Wentz geheiratet. Sein Bruder Kaspar heiratete am 27.5.1611 in Frankfurt die Tochter des verstorbenen Notars Dr. Johann Burckhardt und seiner Ehefrau Margreth von Bleichen. Hans Geiss scheint ledig geblieben zu sein. Einer der Brüder hatte in der Fremde »sonderliche Kunststücke und Heimlichkeit des Salzes« erlernt, was zur Einsparung am Holzbedarf beitragen konnte.

Am 15. August 1605 wurde das Belehnungsgesuch im Frankfurter Rat verlesen. Dabei wurde erwähnt, daß die Brüder Hans und Kaspar Geiss über eine langjährige Erfahrung mit der Salzgewinnung verfügten, besonders mit der »Invention und Kunst, dieselbe mit weniger Feuerung zu betreiben und ein merkliches an Brand einzusparen«. Sie hatten auch erwähnt, daß sie von der »Römischen Kaiserlichen Majestät . . . insonderheit privilegiert worden« waren.

Der Rat gestattete ihnen, an Ort und Stelle Untersuchungen anzustellen, vor allem auch, wie man die »wilden Wasser« dieser Quellen ausscheiden könnte. Auf den »rudera«, den Trümmern des alten Werkes, die auswiesen, »daß vor vielen Jahren ein Salzwerk allda gewesen« war, wollten sie »uf unser (ihr) Eventeur und Gefahr daselbst etwas wagen und mit Gottes Hülf ein geringes Werk wiederumb« erbauen und aufrichten. Am 22. August waren die Gebrüder in Soden an Ort und Stelle. Als besonders für ihre Absichten geeignet betrachteten sie »die äußere Quelle vor dem Dorf, nächst dem Weinberg an der alten Burg gelegen«, also die heutige Quelle VII (Major). Die Vertreter der Gemeinde Soden wollten die von ihnen für das Projekt geforderten 1½ Morgen Grund und Boden zur Verfügung stellen.

Am 29. August 1605 faßte dann der Frankfurter Rat den entscheidenden Beschluß der Erbverleihung an die Gebrüder Geiss. Der Lehenbrief wurde am 10. September 1605 ausgestellt:

»Wir, Bürgermeister und Rath der Stadt Frankfurt bekennen hiermit für uns und unsere Nachkommen, daß wir die ehrenhaften Christoph Geis, unseren Bürger, desgleichen Hans und Casper Geisen allen Gebrüdern, von Cassel in Hessen gebürtig, unseren Salzbrunnen, auswendig unserem Dorfe Soden gelegen, für sie, ihren Erben und Erbenerben, ein Salzwerk darauf zu errichten, erblich verliehen und eingehändigt haben, dergestalt nämliche erstgemeldete 3 Gebrüder Geisen berührten Salzbrunnen auf ihre selbsteigenen Unkosten, Schaden und Gefahr, ohne unser eigenes Zutun und Vorlag, zu einem Salzwerk errichten und fürder dasselbe zu gebrauchen sollen, zu dem Ende dann, und damit sie ein solches, auch so viel besser und bequemer tun mögen, wir ihnen mit allem ein besonderer Platz, ungefährlich dritthalb Morgen Landes haltend, bei und an dem berühmten Brunnen gelegen, darauf sie nothwendige und zu solchem Handel dienliche Bäue setzen und aufrichten mögen, zu ihrem Gebrauch gleichfalls einräumen lassen, sondern auch hiermit zugesagt, niemanden anderen künftig in dieser Soder Terminey oder Distrikt eine andere Salzquell zu suchen, zu gebrauchen oder ein Salzwerk zu ihrem Beständer Nachtheil und Abbruch zu bauen, zu gestatten. Dabei dann ausdrücklich abgeredet und bewilligt, daß die Beständer oder ihre Erben solchen Salzbrunnen und Platz, wie obengemeldet, selbst gebrauchen oder, da sie denselben um besseren Nutzens willen anderen verleihen wollen, ein solches mit unserem Verwissen und Verwilligung einem unserer angehörigen Bürger und Unterthanen, zumal aber keinem Fremden, der uns mit keinen Pflichten zugethan sei, veräußern, verkaufen noch verleihen, sondern im Fall sie denselben gänzlich verlassen und davon abtreten würden, uns denselben ohne einige Besserung eigenthlich wieder einräumen, wir auch auf ermeldeten Falls denselben wiederum zu unseren Händen zu nehmen neuerlangten Rechtes Gut und Fug und Macht haben sollen. Hiergegen haben obgenannte Beständer für sich, ihre Erben und Erbenerben zugesagt und versprochen, von allem und jedem Salz so die thun des Ortes machen werden, uns dem Rath obgenannt, anstatt eines Zinses, nach Bergwerks Gewohnheit, den Zehnten getreulich zu liefern und darin keinen Vorteil oder Gefahr zu gebrauchen, wie in nicht weniger auch ihren gemachten Vorrath an Salz uns oder den unsrigen um einen billigen Preiß vor anderen zukommen zu lassen. Zu Urkund haben wir, Bürgermeister und Rath, unserer Stadt Insigill hieran thun henken. So geschehen Dienstag des zehnten Monatstages Septembris im Sechszehnhundertfünften Jahr.«

Die Verleihung bezog sich eben auf jene Salzquelle außerhalb des Dorfes Soden und 2 ½ Morgen Land bei dem Brunnen. Außerdem sagte der Rat zu, niemand anderem künftig die Erlaubnis für »die Söder Terminei und Distrikt« zu geben, andere Salzquellen zu suchen und ein Salzwerk zu errichten. Wenn aber die Gebrüder Geiss ihr Salzwerk aufgeben wollten, mußten sie es an die Stadt Frankfurt zurückgeben. Ein Verkauf konnte demnach nur über den Frankfurter Rat zustande kommen. Von dem gewonnenen Salz mußte anstatt eines Zinses ein Zehntel an die Stadt Frankfurt abgeliefert werden. Für den Salzverkauf beanspruchte die Stadt ein Vorkaufsrecht »zu billigem Preis«. Die Beleihung war erblich.

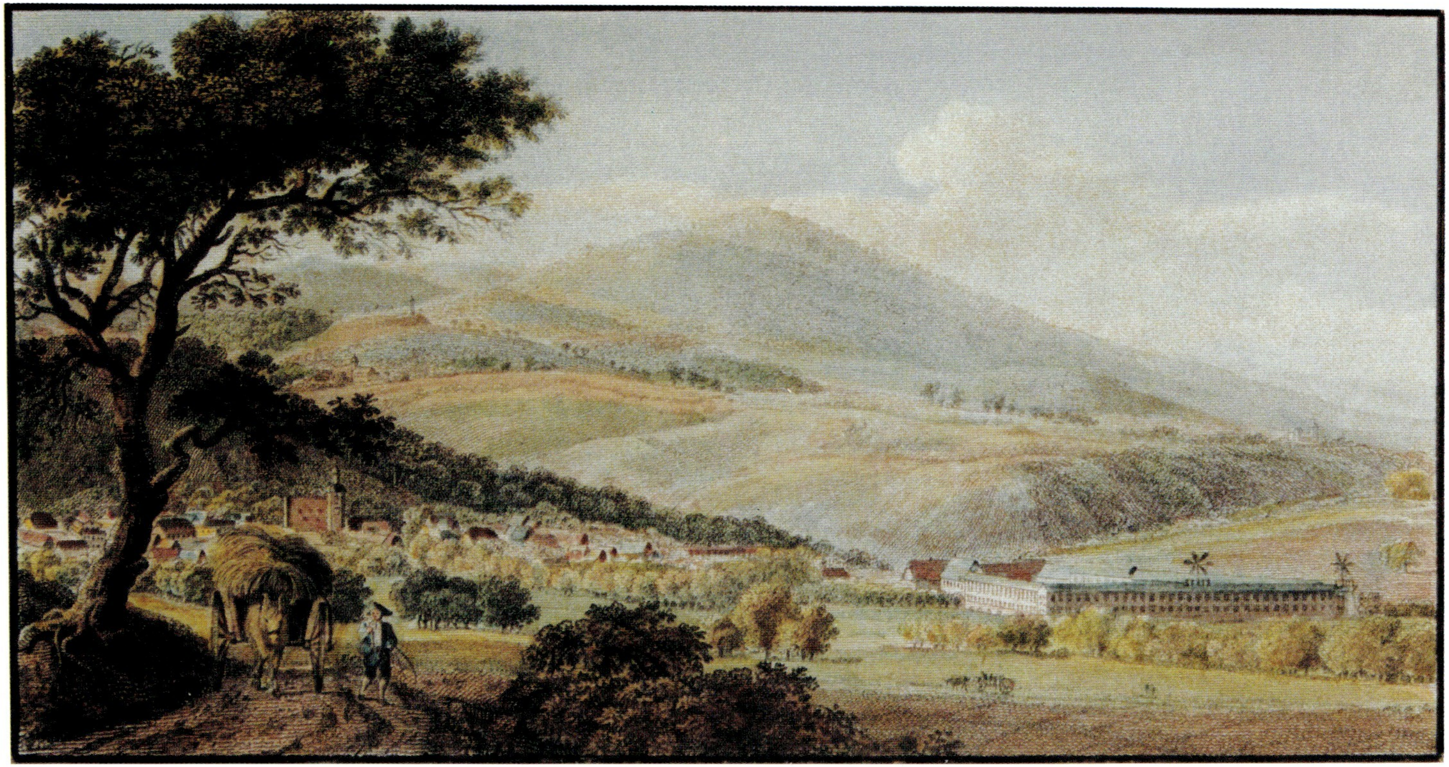

Tafel I.: Bad Soden um 1800. Kupferstich von Grape bei Meder, nach einer Vorlage von Anton Radl (koloriert)

Tafel II.: Ölskizze nach der Zeichnung von Marie Freifräulein von Malapert-Neufville aus dem Jahre 1803 (siehe Tafel IX) 1988

Tafel III.: Soden im Jahre 1807 – Zeichnung von Georg Schütz (Museum Wiesbaden)

Tafel IV.: Axt aus Kieselschiefer (Lydit), Schneide beschädigt, 10,6 cm Durchmesser, konische Bohrung 2,6–2,8 cm, Soden, Kaiserstraße/Kronberger Straße 1917

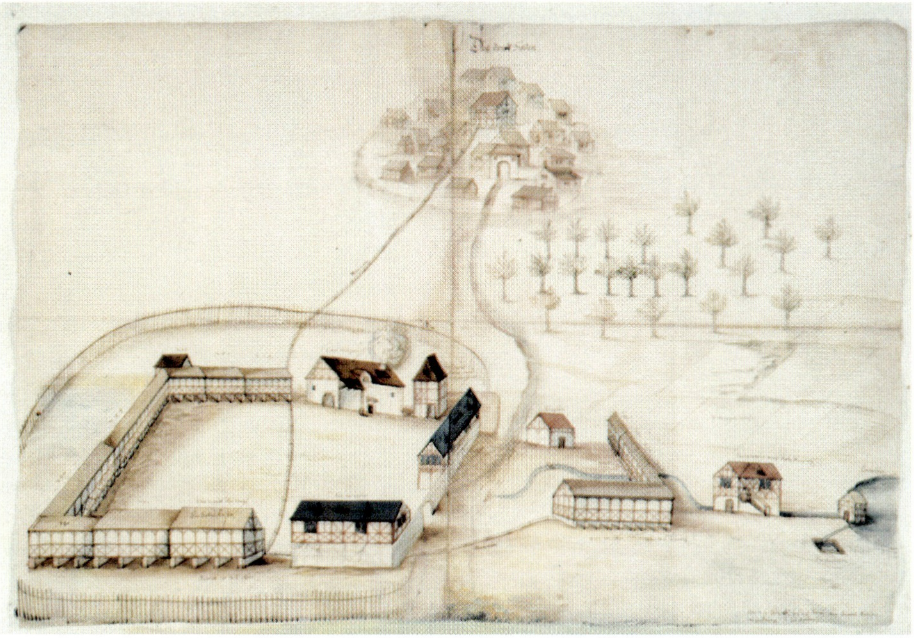

Tafel V.: Die Saline zu Soden, farbige Zeichnung 1615 (HHStAW Abt. 3011, 1131)

Erklärung der Salinenzeichnung von 1615 (zu Tafel V)

Am oberen Bildrand »Das Dorf Soden« mit einer Röhrenleitung für die Sole aus dem im Dorf gelegenen »Salzbronnen«; vorn beim Weg das »Oberthor«.

Rechter Bildteil:
Bei den Bäumen »3 Morgen Wiesen«, am Weg des »Södthaus« (Siedhaus); rechts daneben das rechtwinklig gebaute »Altwerk« mit den Maßen (von oben) »150, 130, 200, 230 Werkschuh« lang; rechts daneben ein »Wohnhaus« und ein »Salzbronnen«, daneben rechts »ein Weiher«; vor dem »Salzbronnen« ein »Heldter« (Behälter).

Linker Bildteil:
Von dem Altwerk geht eine Soleleitung zur rechten vorderen Ecke des »Neuwerks«; das Gebäude an dessen rechter vorderer Ecke ist ein »Wohnhaus«. Links davon ist die eigentliche Salinenanlage mit den Salzkastenbauten: von rechts »260 Werkschuh lang, breit 26 Schuh, 250 Werkschuh«; von der linken Bildecke an schräg aufwärts »240 Werkschuh, 258 Werkschuh«; Eckgebäude links oben »210 Werkschuh«; oberer Querbau »220 Werkschuh, 229 Werkschuh«; rechts daneben »Das Södthaus« (Siedhaus), daneben »ein Fruchthaus, darin auch eine Schmiede«; rechts daneben schräg nach unten verlaufend »Ein Wohnhaus«.

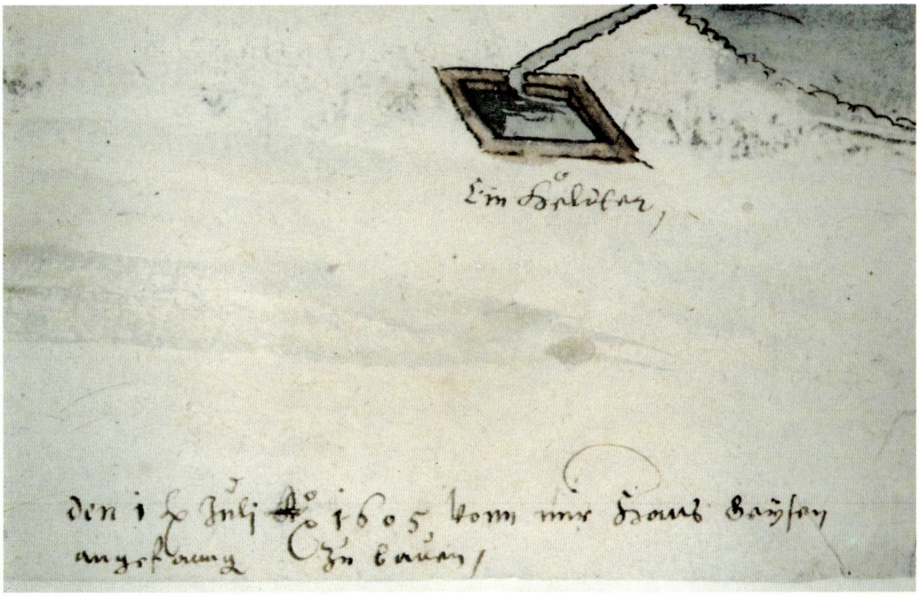

Tafel Va.: Ausschnitt aus Abbildung V.

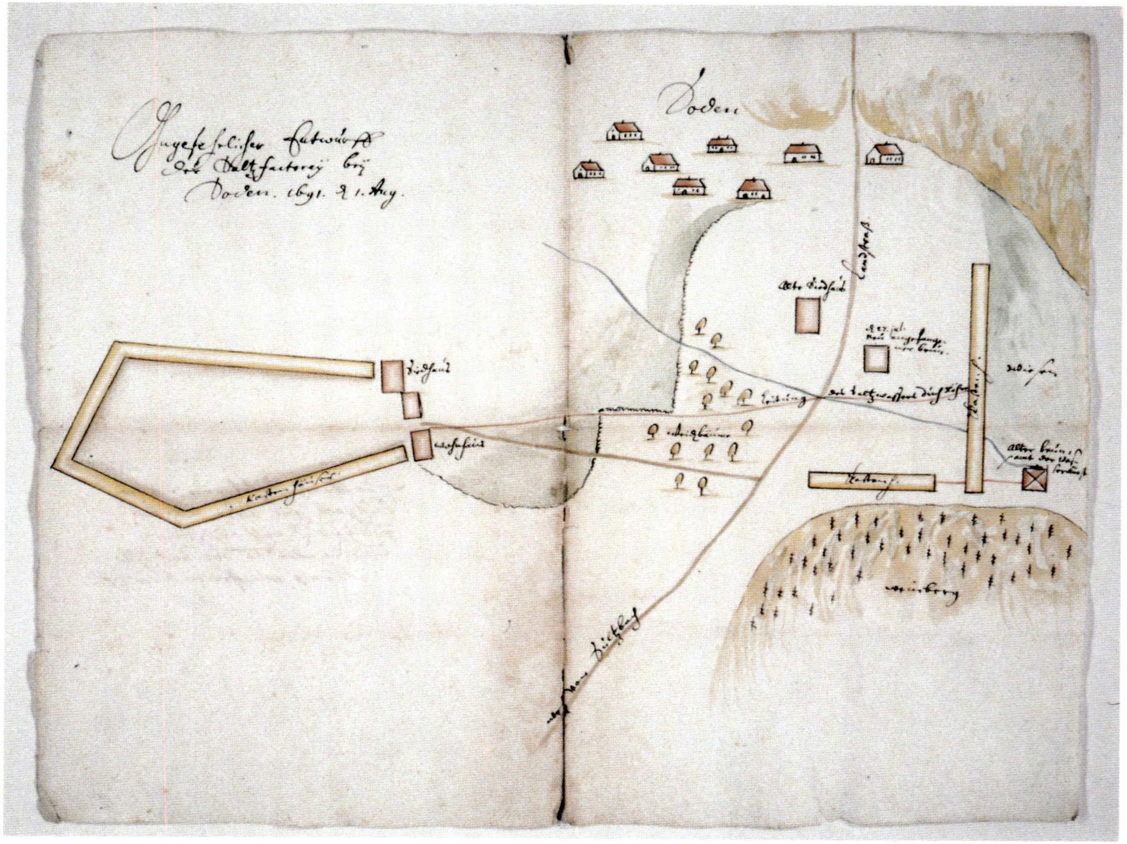

Tafel VI.: »Ohngefehrlicher Entwurff der Saltzfactorey bey Soden« 1. August 1691 (HHStAW Abt. 4, 332). Zeichnung des Salzwerks zu der Beschwerde der Stadt Frankfurt a.M. an den Kurfürsten von Mainz wegen des ausgegrabenen neuen Salzbrunnens vom 8.8.1691

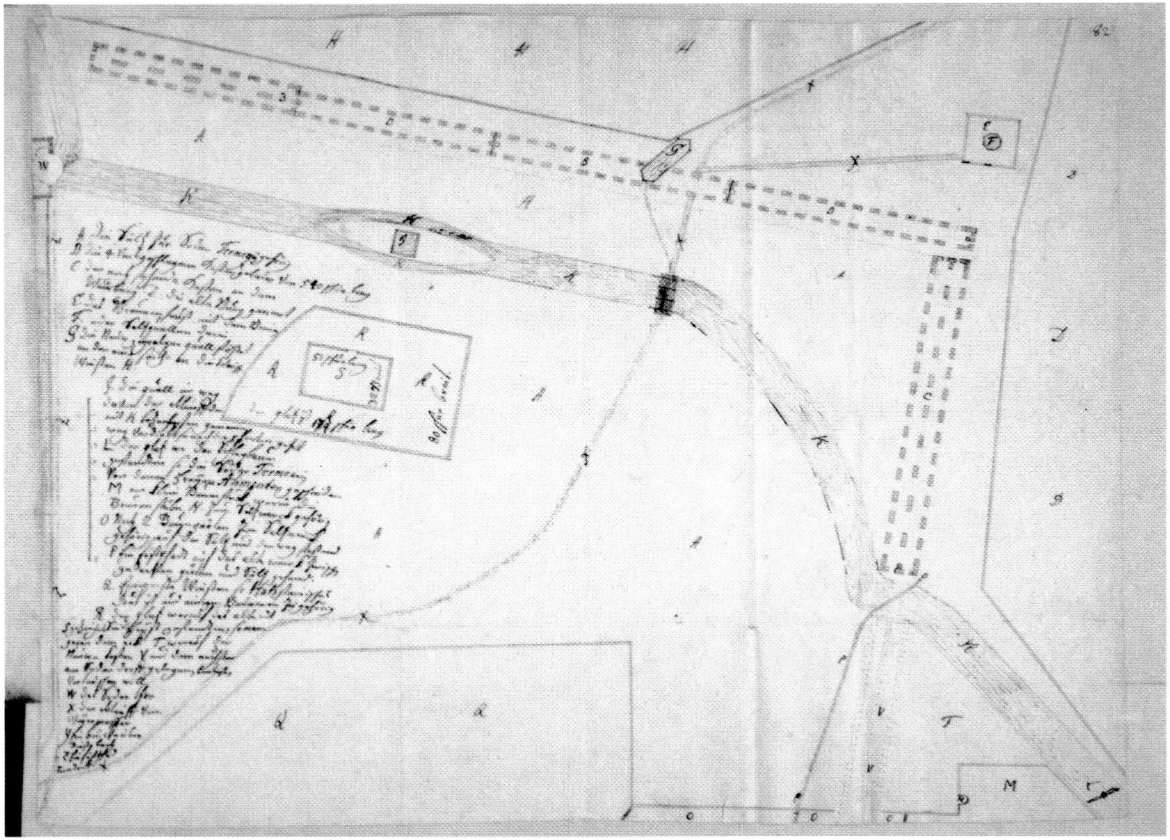

Tafel VII.: Zeichnung des alten Werks der Saline vom 31.8.1714 (HHStAW Abt. 4, 307 Bl. 82 – dazu Bericht des Frankfurter Landamts Akte 7)

Tafel VIII.: Saline im Jahre 1802 – Kupferstich von Johann Friedrich Morgenstern (Museum Wiesbaden)

Tafel IX.: Soden im Jahre 1803 – Sepiazeichnung
von Marie Freifräulein von Malapert-Neufville (Heimatmuseum Bad Soden a.Ts.)

Alte Saline zu Bad Soden (zu Tafel X)

In einem Privilegium des Kaisers Friedrich für die Stadt Frankfurt vom 3. März 1483 geschieht des Salzwerk zu Soden schon Erwähnung. In dem Vertrage zwischen Mainz und Frankfurt vom 30. Jr. (= Januar) 1657 wird David Malapert als dessen Eigenthümer genannt. Durch dessen Tochter Marie von Malapert, Ehefrau des Peter IV von Spina + 1715 kam die Familie von Spina und nach ihr deren Testamentserbe Friedrich Wilhelm von Malapert, ferner nach dessen 1773 erfolgten Ableben sein Enkel Friedrich Wilhelm von Malapert-Neufville, Preußischer Kammerherr als Testamentserbe in dessen Besitz. Derselbe starb 1818, dessen Ehefrau 1831. Der Verfall des Salzwerkes begann 1806, wo das Dorf Soden unter Nassauische und Frankfurt unter fürstlich Prima'ische Landeshoheit kam, wodurch fast aller Absatz des Salzes in das Herzogthum Nahsau, und nach Frankfurt wegfiel, da in beiden Staaten landesherrliche Salz-Regie-Verwaltungen eingeführt worden waren. Der Verfall vollendete sich theils durch die Kriegsereignisse 1813–1814 theils durch sonstige traurige Familienereignisse. Im Jahre 1832 verkiefen die Malapert'schen Erben alles Besitzthum an die Bauern zu Soden, welche alle Gebäude ablegten, und die Grundstücke so vertheilten, daß jetzt 1835 auch keine Spur dieser Saline vorhanden ist, als diese historische Familien-Denkwürdigkeit. Gezeichnet aus der Erinnerung von Wi. Gu. Adolf von Malepert-Neufville 1835.
Copirt von Geometer Balzar 1880.

		aa	eisernes Tor
a	Wohnhaus	bb	Schmiedebau
b	vordere Pritsche	cc	Schweinestall
c	hintere Pritsche	dd	Pferdeschwämme
d	Mirabellendörre	ee	Ökonomiehof
e	Hundehäuser	ff	Gittertor
f	Eisernes Tor	gg	alter Bau
g	Pumpenbrunnen	hh	Blumengarten
h	erstes Gradierhaus	ii	Röhrbrunnen
i	zweites Gradierhaus	kk	Gewächshaus
k	große Windmühle	ll	Remisen und Ställe
l	drittes Gradierhaus	mm	große Laube
m	kleine Windmühle	nn	Hausgarten
n	Wassermühle am scharfen Eck	oo	Fischbassin
o	Wassermühle am Siedehaus	pp	Chaussee
p	viertes Gradierhaus	qq	Röhrbrunnen
q	fünftes Gradierhaus	rr	Tor
r	Obstgarten	ss	Brücke
s	Feld	tt	Holzhof
t	Soden Reservoir	tz	Gräben
u	Siedehaus		
v	neuer Bau		
w	Bach		
x	steinerne Brücke		
y	Mirabellen Allee		
z	großer Garten		

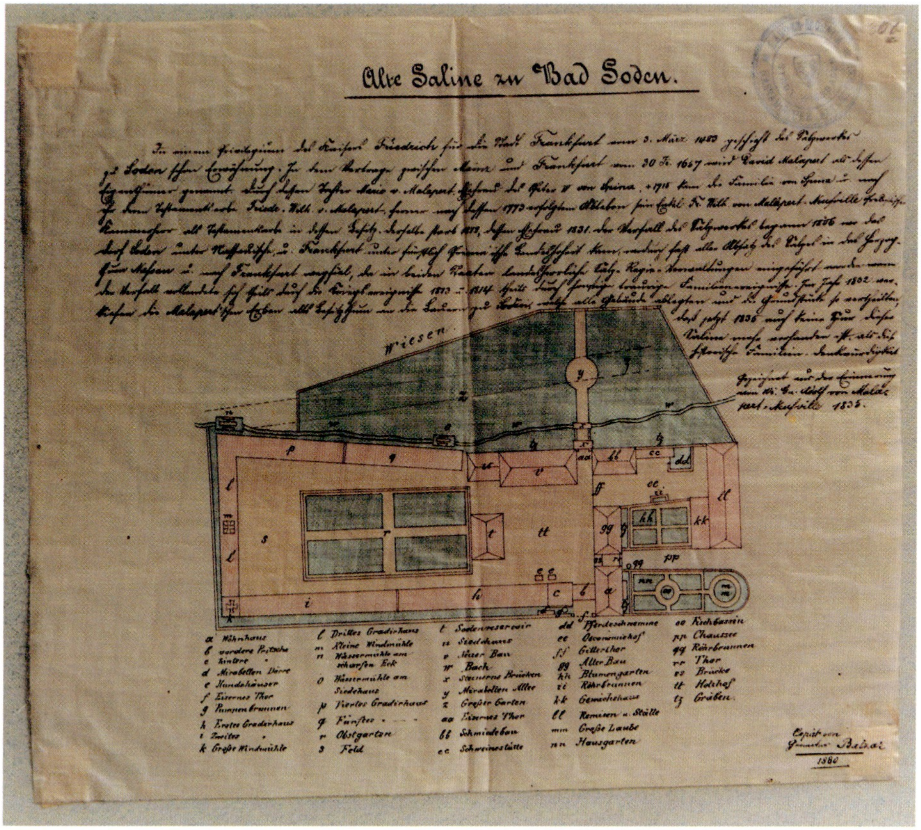

Tafel X.: Alte Saline zu Soden aus der Erinnerung gezeichnet von W.G.A. von Malapert-Neufville 1835 (siehe Kap. V. 14)

Tafel XI.: Grabmonument des Peter de Spina in der Weißfrauenkirche Frankfurt a. M.

Tafel XII.: Zeichnung der Sodener Kirche aus dem Sulzbacher Ackerbuch von 1721

Tafel XIII.: Diligence – Eilpostwagen

Die Folge dieser Erbbeleihung war ein langjähriger Streit zwischen der Stadt Frankfurt und der kurpfälzischen Regierung in Heidelberg. Vertreten wurde diese durch ihren Vogtei-Schultheißen Eberhard Maywaldt, ab 1610 durch ihren Amtmann in Neuenhain, Julius von Damm. Kurpfalz bestand darauf, daß das Gelände außerhalb des Dorfes Soden Vogteigebiet sei, wo ihr allein grundherrliche Rechte und damit auch der Zehnte zustehe.

Schon am 25. Juli 1605 hatte sich Christoph Geiss an den Vogteischultheißen Maywaldt mit der Bitte um Bewilligung der Salzkonzession auch durch Kurpfalz gewandt. Am 28. Dezember 1605 berichtete Maywaldt seiner Regierung ausführlich über die durch Frankfurt erfolgte Belehnung der Gebrüder Geiss und den für das nächste Frühjahr geplanten Bau der Anlage am Fuße des Burgbergs. Bei dem zu erwartenden laufenden Absatz von Brennholz aus den Sulzbacher Markwaldungen verspricht er sich großen Gewinn. Eine neue Einnahmequelle wäre auch aus dem Salzzehnten zu erschließen, wenn man mit Frankfurt darüber verhandeln würde. Im übrigen wollte er den Bau nicht vor Abschluß solcher Verhandlungen begonnen sehen, ja er drohte, die Anlage wieder einreißen zu lassen. Frankfurt berief sich auf seine kaiserlichen Privilegien von 1437 und 1483, für die Gebrüder Geiss und ihre Pläne ein großer Rückhalt. Am 30. Juni 1606 berichtete Maywaldt nach Heidelberg, daß mit der Salzsiedung begonnen worden sei. Von dem ersten Sud wollte er den Zehnten nehmen und ihn nach Neuenhain in die kurpfälzische Kellerei bringen lassen, da alle Zehnten von Frucht, Wein und Salz dem Kurfürsten gehörten. Dennoch hatte die kurpfälzische Regierung wegen der kaiserlichen Privilegien der Frankfurter Bedenken. Man ließ das Salzwerk in Ruhe weiterarbeiten. Im Falle der Zustimmung von Kurmainz wollte man sogar den Holzverkauf aus dem umstrittenen Wald Hinterstaufen, dem heutigen Glaskopf, betreiben. Der Streit um den Zehnten erledigte sich zunächst dadurch, daß Frankfurt den neuen Salzherrn eine zehnjährige Zehntfreiheit ab dem 24. Juni 1606, dem ersten Sieden, zugestanden hatte.

Das Salzwerk arbeitete so gut, daß die Gebrüder Geiss sofort daran dachten, es zu vergrößern. Dazu reichte aber ihr Kapital nicht. Sie mußten sich nach Geldgebern umsehen. Das neuerbaute Salzwerk wurde später das »Altwerk« genannt, da eine neue, größere Anlage entstand. Das Altwerk lag außerhalb des Ortes und seines Haingrabens. Das Gelände hatten Soden und Sulzbach von ihrer »ortsfreyen Allmend« zur Verfügung gestellt[29]. Die Anlage erstreckte sich vom Obertor, heute zwischen Haus Dr. Reiss und Haus Ecke Zum Quellenpark/Am kleinen Hetzel bis zum Schlagbaum (im Kurpark nahe dem Parkeingang), der das Gebiet Sodens von der Almende trennte. Nahe dem Obertor, rechts des Fahrweges, stand das Siedhaus, 15 m lang und 9,50 m breit, mit den Salzpfannen. An der linken Wegseite bis in die Solm'schen Wiesen (heute nördliche Seite der Straße Zum Quellenpark zum Kurpark hin) waren fünf »Kastenbäue«, die Gradierbauten, die im rechten Winkel zueinander aufgestellt waren, einem westlich verlaufenden Flügel von 710 Werkschuh (= 197 m nach Frankfurter Maß), der bis zur heutigen Nordwest-Ecke des Badehauses reichte und einem sich dort in südöstlicher Richtung im rechten Winkel anschließenden Teil von 250 Werkschuh Länge (= 71,3 m), der etwa bis zum Gebäude des alten Postamtes an der Kronberger Straße reichte. Die Kastenbauten waren offene Fachwerkhallen, deren Breite 26 Werkschuh (= 7,5 m) betrug. Im Winkel der beiden Kastenbauanlagen befanden sich die Salzquelle (Nr. VII Major) und das Brunnenhaus, zugleich Wohnhaus und ein viereckiger Wasserbehälter. Nördlich der Bauten lag ein kleiner Weiher, an dem ein kleines Wohnhaus stand.[30]

Kapital zum weiteren Ausbau der Saline erhielten die Gebrüder Geiss Anfang Febr. 1607 vom Frankfurter Rat, 2000 Gulden auf fünf Jahre zu 5%. Demnach muß das Unternehmen erfolgreich gewesen sein. Mit dem Geld kaufte man preiswerte Eichenstämme aus Windbruch am Hinterstaufen. 200 bis 300 Gulden mußte man für die Trennung der Salzwasserader von einer Süßwasserader, die über der Salzwasserader lag, aufwenden. Zu diesem Zweck wollte der Brunnenmeister Kaspar Reinhardt einen Stollen bis zur Salzquelle vortreiben, diese fassen und das Süßwasser ableiten. Über dem Brunnen aber wollte er als Schutz gegen Regen und Oberflächenwasser ein steinfundamentiertes Gebäude errichten.

Als weiterer Geldgeber trat im Mai 1607 der Frankfurter Tuchhändler Johann du Fay in Erscheinung. Er lieh den Gebrüdern Geiss am 7. Oktober 1607 4000 Gulden zinsfrei für die Dauer von fünf Jahren. Dafür wurde er mit einem Fünftel am Ertrag des Werkes beteiligt und als Mitgewerke an Stelle des am 18. Juli 1607 verstorbenen ältesten Bruders Christoph aufgenommen. Da die Summe aber nicht zur Fertigstellung der neuen Anlage ausreichte, stellte du Fay am 7. Juni 1608 gegen ein weiteres Fünftel des Ertrags und am 9. März 1609 für ein drittes Fünftel weitere Geldmittel zur Verfügung. Damit war er, was die Anteile betraf, Mehrheitsinhaber und eigentlich Besitzer des Salzwerks. Sein Einfluß auf die Verwaltung und die Einstellung von Personal zeigt ihn als den nunmehr maßgebenden Mann.

Das 1607 bis 1609 erbaute »neue Werk« der Saline lag südöstlich des »alten Werks«, östlich der Königsteiner Straße, zwischen heutiger Kronberger Straße und der Einmündung der Alleestraße. Es bestand aus zwei Wohnhäusern, einer Schmiede mit einem Fruchtspeicher, einem großen Siedhaus und acht in Hufeisenform aufgestellten Gradierbauten mit einer Gesamtlänge von 1847 Werkschuh (= 525 m), dabei waren die beiden nach Südosten verlaufenden Seiten länger als die südöstliche Querseite. Eine Mauer mit Tor und ein Lattenzaun umgaben die Anlage. Außer der Sole der Quelle VII (und IX?) wurden auch die Quellwasser der im Ort befindlichen Quelle IV (Solbrunnen) über einen hölzernen »Kendel« zum Neuwerk geleitet (»Kendelweg« = heutige Brunnenstraße). Durch ein Pumpwerk, das mit dem Wasser aus den oberhalb der Saline gelegenen Weihern betrieben wurde, wurden sie weitergeführt[31].

Wie aus einem Bericht des Neuenhainer Schultheißen an den Kurfürsten Friedrich IV. von der Pfalz hervorgeht, war die Saline nunmehr ein leistungsfähiges und gewinnbringendes Unternehmen. Dort heißt es: »In Soden werden in Kurzem wohl 2000 Malter (= Achtel) Salz pro Jahr gesiedet, zur Zeit fallen alle Woche 40–50 Malter nur mit zwei Pfannen« an. Am 26. Februar 1612 schrieben Hans und Kaspar Geiss: »Dieses Jahr hat sichs, ohne Ruhm zu melden, auf etlich Tausend Gulden gebessert«.

Eine etwa 1610 geschriebene Rentabilitätsberechnung macht für das Werk folgende Angaben: Die Saline hat zwei unterschiedliche Salzbrunnen, die mit Wasserkunst und Pumpen so gehandhabt werden, daß jederzeit genügend Salzwasser zur Verfügung steht. Sie besitzt vier Wohnhäuser, drei mit Fischen besetzte Stauweiher, etliche Wiesen und Gärten. Altes und Neues Werk haben 13 Gradierbauten. Durch Pumpen wird das Salzwasser auf die Anlagen gehoben und dort von den Salzarbeitern, den »Gießern«, mit breiten Leckschaufeln gegen die »hangenden Ströhe« geschüttet. Das »süße Wasser« verdunstet so und die Sole wird verstärkt. Das Alte Werk faßte 361 ⅓ Fuder (= je 960 Liter); es brachte 1609 den Ertrag von 650 Malter Salz. Das Neue Werk faßte 1279 ⅔ Fuder, mußte demnach 2302 Malter Salz erbringen. Zusammen gab dies einen Ertrag von 2952 Malter Salz; das Malter zu 3 Gulden gerechnet, bedeutete dies eine Einnahme von 8856 Gulden. Diesen Einnahmen standen Unkosten in Höhe von 2542 Gulden gegenüber, so daß der Reingewinn 6314 Gulden betrug.

Aus der Unkostenaufstellung ist ersichtlich, daß auf der Saline mit zwei Pfannen zu 4 und 3 ¼ Fuder Inhalt gearbeitet wurde. Von Mai bis November, also 32 Wochen lang, siedete man in beiden Pfannen dreimal wöchentlich. In dieser Zeit wurden 960 Knüppel Holz für 650 Gulden verbraucht.

In der Saline waren 8 Gießer, 2 Siedemeister, 1 Werkmeister, 2 Verwalter und 1 geschworener Salzmesser beschäftigt. Sie bekamen als Lohn zusammen etwa 1300 Gulden. Das Gradierstroh kostete jährlich 80 Gulden, das Leder für die Pumpen 10 Gulden. Für das gepachtete Gelände erhielten die beiden Gemeinden 43 Gulden. An Stelle der Holzheizung konnte man auch Torf verfeuern, den Kurmainz und Hessen aus der Gegend von Seligenstadt und Gerau anboten. Nach dem Beschluß des Frankfurter Rates von 1610 mußten alle auf der Saline Beschäftigten folgenden Eid ablegen:

»Ihr sollet mir in guten Treuen angeloben und an Eidesstatt versprechen, daß Ihr Herrn Bürgermeister und Rat der Stadt Frankfurt und allen dessen Angehörigen getreu und hold sein, ihren Nutzen befördern und Schaden vorkommen und in keiner Weise wider dieselben tun, noch durch andere getan zu werden verschaffen. Und da Ihr zur Zeit allhier dienet mit jemand in- oder außerhalb etwas zu tun bekommen würdet, dasselbig bei der Stadt Frankfurt/Main, derselben Schultheißen zu Sulzbach oder wer deswegen Befehl haben werde und sonsten an keinem anderen ersuchen, klagen, anhängig machen oder austragen wollen, bei Strafe des Meineids alles treulich und sonder Gefahr.«[32]

4. Feindseligkeiten gegen die Saline

Der Aufbau und der Betrieb der Saline hatten für die Gemeinde Nachteile mit sich gebracht. Man hatte 1605 wohl Gelände vor der »alten Burg« bereit gestellt, nun aber weiteten sich die Anlagen immer mehr aus. Die Einwohner fühlten sich in ihrem Recht und Herkommen beeinträchtigt.

1610/11 kam es zu allerlei Klagen über die Verwendung des Bachwassers für die Saline. Johann du Fay wollte das Wasser aus dem von den Sodener Bauern mit großen Mühen und hohen Kosten angelegten ›Hasselsgraben‹ allein für die Saline verwenden und eine Bewässerung der Wiesen nicht mehr dulden. Die Bauern aber hielten dagegen, daß das Wasser für die Wiesen unentbehrlich sei, andernfalls sie eine große Ertragseinbuße hinnehmen müßten, was du Fay bestritt. Er beschwerte sich seinerseits über das Verhalten der Sodener, die ihm etliche ›Kendel‹ der Salzwasserleitung der Saline umgeworfen hätten. 1613 beklagten sich die Sodener, daß die neben dem Fahrweg oberirdisch herlaufende Röhrenleitung, die von der Quelle IV im Dorf zum Neuwerk führte, sie behindere, da sie nicht mehr beliebig das Gelände befahren und überqueren könnten, was vor allem das Gelände am Obertor betraf. Es wurden Zweifel laut, ob es den Frankfurtern überhaupt zustehe, über die Sodener Quellen zu verfügen. Die Privilegien von 1437 und 1483 faßte man so auf, daß sie Frankfurt erteilt wurden zugunsten seiner Schutzbefohlenen. Der Rat selbst habe ja 1433 entschieden, daß die Quellen gemeinsames Gut von Soden und Sulzbach seien. Außerdem gehöre ein Großteil des Salinengeländes zur gemeinsamen Almende, für die man früher dem Kloster Limburg, jetzt dem Kurfürst von der Pfalz, 22 Malter Holzhaber (= Holzhaber: Abgabe von Hafer für gewisse Rechte in einem gemeindlichen oder herrschaftlichen Walde, <Grimm 10, 1773>) zahle. Mittlerweile hätten die Pächter das Doppelte des 1605 mit 2 ½ Morgen vereinbarten Geländes in Anspruch genommen. Die Sodener Einwohner fühlten sich übervorteilt und berieten, ob sie nicht mit Gewalt die Saline in ihren Besitz bringen sollten. Der Neuenhainer Amtmann erhielt davon Kenntnis und berichtete dem Frankfurter Rat. Dieser ließ am Christabend 1612 dreißig Stadtsoldaten zum Schutz der Saline dort einrücken. Die Sodener fürchteten Verhaftungen. Man fragte bei den Soldaten nach, was die Ursache für diese Maßnahme sei und äußerte Bedenken, ob Kurpfalz Frankfurter Militär im Salzwerk dulden würde, da dieses auf Vogteiboden stehe. Der Offizier bedeutete ihnen, daß sie den Grund wohl wüßten, denn sie hätten ja vorgehabt, am Christtag die Saline zu besetzen. Man gab sich ahnungslos. Amtmann Julius von Damm, seit 1610 in Neuenhain im Amt, empfahl der Regierung von Kurpfalz, die Gelegenheit zu nutzen und unter dem Vorwand einer geplanten Rebellion der Sodener Bauern mit 100 Mann Militär das Salzwerk zu besetzen. Durch die Rückzahlung des Darlehens von 1450 an Frankfurt könnten die beiden Dörfer von dem Untertanenverhältnis frei und die Stadt aus dem Gebiet der Vogtei verdrängt werden. Kurpfalz war das Risiko zu groß. Zudem hatte man in Neuenhain ein »festes Haus«. Im übrigen lag dieses zu weit entfernt vom kurpfälzischen Stammgebiet. Von den Dörflern war keine Waffenhilfe zu erwarten, waren sie doch weder bewaffnet noch im Gebrauch von Waffen geübt. Nach dem Christfest zogen die Frankfurter Soldaten wieder ab.

Auch die Neuenhainer waren mit den Verhältnissen um die Saline in Soden nicht einverstanden. Nach altem Herkommen durften sie alle Jahre einmal, und zwar zu Pfingsten, ihr Vieh nach Soden durch das Dorf an den Salzbrunnen treiben, damit es sich am Salzwasser satttrinken konnte. Auch war es ihnen erlaubt, zum Brotbacken Salzwasser zu holen. Auch das sollte ihnen verboten werden.

Der Salzpreis war seit dem Salinenbau von 4 ½ Albus, den man bei den »Salzkärchern« von Nauheim hatte zahlen müssen, seit dem Salinenbetrieb auf 7 ½ Albus gestiegen. Außerdem beschwerte man sich über die großen Brennholzmengen, die zum Beheizen der Siedepfannen in den Markwaldungen geschlagen wurden. Die Wege wurden von den Fuhrleuten der Saline achtlos ausgefahren, angrenzende Äcker verdorben. Auch kaufte das Salzwerk das Stroh aus der kurpfälzischen Zehntscheuer in Neuenhain gegen höhere Preise, die die Bauern nicht zahlen konnten. Man brauchte aber das billigere Stroh, um Äcker und Weinberge genügend düngen zu können, da sonst der Ertrag zurückging, die Abgaben an die Herrschaft nicht mehr aufgebracht werden konnten.

Im Jahre 1614 kam es dann zu Tätlichkeiten gegen die Salineneinrichtungen. In einem Beschwerdeschreiben von du Fay und den Gebrüdern Geiss teilen diese dem Frankfurter Rat die Geschehnisse mit. In einer Versammlung hatten die Sodener Drohungen ausgestoßen, am nächsten Dienstag mit Gewalt ins Salzwerk einzudringen. Die Salzherrn baten um sofortiges Dekret an die Gemeinden, das sie vor Angriffen schützen sollte. Frankfurt schickte ein solches Dekret mit einem Beauftragten. Aber kaum war dieser wieder abgereist, waren die Sodener »mit großem Ungestüm und toller Kühnheit zugefahren, haben die Röhren zu den Salzbrunnen aus der Erde gerissen, die Kändel zu den Wasserrädern abgeworfen, den Zaun um die Gebäude darniedergehauen und alles so jämmerlich devastieret und verwüstet, daß wir einen so großen Schaden und Verhinderung haben, daß die Bauern ihn gar nicht wiedererstatten können«.

Die Vorgänge wurden dem Frankfurter Rat am 18. Mai berichtet. Er beschloß, den Sodener Schultheiß Philipp Dietz und die Beteiligten zu verhören. Der Neunenhainer Amtmann handelte schneller. Er verhängte für die Zerstörungen eine Strafe von 50 Reichstalern mit der Auflage, die zerstörten Rohrleitungen wieder herzustellen. Die Sodener Bauern weigerten sich, die Strafe zu zahlen und den Schaden zu reparieren. Der Frankfurter Rat mußte untätig bleiben, da durch den Fettmilchaufstand seine Handlungsfähigkeit beschränkt war. In Vertretung des Kaisers hatten Kurmainz und Kurpfalz die Ordnung wiederherzustellen. Kurfürst Friedrich V., gerade zur Regierung gekommen, ließ sich Mitte September 1614 in seinem Herrschaftsbereich huldigen. In dem Gebiet der Vogtei Sulzbach nahm an seiner Statt der Rat Schöner am 20. September in Sulzbach die Huldigung entgegen. Am Fronhof, der zuvor dem Kloster Limburg gehörte, ließ er das kurpfälzische Wappen anschlagen, ebenso am gleichen Tage in Soden an den zwei Salzbrunnen und den beiden Salzwerken vor dem Dorf zum Zeichen dafür, daß Kurpfalz die Obrigkeit über die Saline beanspruchte, ebenso nach Ablauf der zehntfreien Jahre den Salzzehnten. Dem Akt wohnten auch Johann du Fay, »Faktor und Salzgewerker«, Hans Geiss, »Inventor und Direktor des Werks« und die Salzsieder sowie alle andern Werksangehörigen bei. Du Fays Verwalter hatte Bedenken, ob mit diesem Akt nicht die Rechte anderer – also Frankfurter Rechte – verletzt würden. Noch am 30. September baten Hans und Kaspar Geiss den Pfälzer Kurfürsten, sie seinerseits mit der Salzsode zu belehnen. Sie wollten sich unter seinen Schutz stellen und versprachen den Salzzehnten an Kurpfalz abzuliefern[33].

Im Herbst 1614 wurde die Strafsumme, die Heidelberg verhängt hatte, von 50 auf 100 Taler erhöht. Im Falle der Nichtbeibringung sollte die gesamte Weinernte beschlagnahmt werden, was auch am 21. Oktober geschah. Gegen die Beschlagnahme protestierte Frankfurt. Der neue Bürgermeister Dr. Beyer schickte den Landbereiter zum Amtmann nach Neuenhain, wo nach hartem Wortwechsel der Amtmann von Damm dem Bereiter mit Verhaftung und Turmstrafe drohte. Am folgenden Tag erschien ein Frankfurter Notar zu feierlichem Protest in Neuenhain. Jeder einzelne Bauer sollte nun dorthin kommen und sich nach Abzug des Zehnten und seines Strafanteils den Rest seiner Ernte abholen. Die Strafe war auf 200 Taler erhöht worden. Die Bauern reagieren mit den Worten, »daß sie mit allen kurpfälzischen Erlassen und Befehlen an sie, salva reverentia (d.h. mit Verlaub zu sagen), sich ihren Hintern wischen« wollten. Alle Proteste Frankfurts halfen nichts, auch die Anrufung des Reichskammergerichts in Speyer brachte keinen Erfolg. Lediglich die Höhe der Strafe wurde wieder auf 50 Taler reduziert, ansonsten mußten die Bauern den bitteren Gang nach Neuenhain antreten.

5. Der Streit zwischen den Brüdern Geiss und du Fay, Frankfurt und Kurpfalz

Die Meinungsverschiedenheiten der Brüder Geiss und du Fay wurden erstmals am 16. Februar 1614 bekannt. Man konnte sich über den Nachfolger des jüngst verstorbenen Salzverwalters Haignet nicht einigen. Du Fay wollte seinen Schwager Arnold Blecourt in dieses Amt einführen. So kam es, daß die Brüder Geiss neben diesem noch einen eigenen Verwalter einsetzten, Henrich Schultheiß von Wolffhagen. Sie beschwerten sich zudem bei Frankfurt, daß Blecourt nichts gegen die Nachlässigkeit und Trägheit der Gießer unternehme, vielmehr sorge er für Wein und Bier nach ihrem Gefallen. Die Folge sei, daß der Ertrag 1614 um 500 Malter gegenüber dem Vorjahr zurückgegangen sei. Anfang März versuchte Frankfurt zu vermitteln. Der Versuch scheiterte. Nun wandten sich die Brüder an die Heidelberger Regierung mit der Bitte, einen unparteiischen vereidigten Verwalter einzusetzen und Blecourt zu entlassen, der die Arbeiter nur gegen Kurpfalz aufhetze, so daß sie sich weigerten, das Treuegelöbnis zu leisten. 500 Gulden Kaution sollte der neue Mann hinterlegen, 200 Gulden Gehalt beziehen und 100 Gulden Zusatzeinkünfte haben. Ende Oktober 1614 versuchen die Brüder Geiss mit einem notariellen Protest der Schwierigkeiten Herr zu werden. Bemängelt wird auch der zu umfangreiche Holzeinkauf, Vorrat für zwei, drei Jahre, und daß der Verwalter einen Wagen mit zwei Pferden für sich beanspruche, Werkarbeiter zu privaten Arbeiten verwende und durch Spiel und Trunk ein böses Beispiel gebe. Gießer und Arbeiter würden nicht pünktlich entlohnt. Ihre Lebensmittel müßten sie zu überhöhten Preisen bei Blecourt einkaufen. Auch an der nötigen Aufsicht lasse es der Verwalter fehlen, so sei er zwei Jahre lang nicht im Altwerk gewesen. Seine Absicht sei es wohl, die Rückzahlung der von du Fay geliehenen Gelder zur festgesetzten Frist zu verhindern und so die Brüder Geiss um ihre Anteile zu bringen.

Der Protest wurde im Hause des Notars Andreas Noll in Kronberg am 29. Oktober 1614 ausgefertigt. Du Fay erhob Gegenprotest und ließ die im Werk Tätigen vom Notar verhören. Der Versuch der kurpfälzischen Regierung, den Streit beizulegen, scheiterte. Der Frankfurter Rat hatte den Brüdern eine Teilnahme an der Verhandlung in Heidelberg verboten. Die Brüder Geiss ließen dies die kurpfälzische Regierung wissen und baten um Entschuldigung. Am 6. Dezember 1614 kam dann doch eine Vereinbarung zwischen den Parteien zustande. In 18 Punkten wurden Aufsicht und Verwaltungsaufgaben der beiden jeweils von den Parteien angestellten Verwaltern festgelegt, ihr Dienst geregelt. Das Guthaben du Fays betrug damals 35.453 Gulden. Jedes Jahr sollten nun 3.500 Gulden abgetragen werden. Der verbleibende Gewinn sollte geteilt werden.

Der Streit zwischen Frankfurt und Kurpfalz, der sich auch auf dem Hintergrund der Frevelstrafe gegen die beiden Dörfer entwickelt hatte, schwelte fort. Der kurpfälzische Rat Dr. Schöner beschuldigte den Frankfurter Rat im Zusammenhang mit der Beschlagnahme der Weinernte und des Mandates des Reichskammergerichtes in Speyer an Kurpfalz, dieses lückenhaft und falsch unterrichtet zu haben. Durch die Vorladung nach Speyer erhoffte man sich eine Möglichkeit, die Behauptungen Frankfurts richtigzustellen. Die Entscheidung zog sich hin.

Indessen ging der Kleinkrieg vor Ort weiter. 1615 berichtete der Amtmann Julius von Damm, daß die Brüder Geiss ihre 2/5 Anteile der Heidelberger Regierung zum Kauf angeboten hatten. Unter dem Datum vom 1. November 1615 reichten sie eine Zeichnung des Gesamtwerks der Saline ein, die ein übersichtliches Bild von Altwerk und Neuwerk samt den Röhrenleitungen und Brunnen gab (Farbtafel V/Va).

Das Kaufangebot war zuvor schon einmal dem Frankfurter Rat gemacht worden, der aber abgelehnt hatte. Die Frage stellte sich nun Heidelberg, ob man das Geiss'sche Angebot annehmen dürfe. Aus Anlaß der Frankfurter Herbstmesse besichtigten Kurpfälzische Beauftragte die Saline. Ihr Urteil: »Dasselbe ist sehr wohl und also angeordnet, daß nicht zu zweifeln ist, – falls nur die Gewerke unter sich einig sind und das Werk fördern, –

daß ein großer Nutzen daraus gezogen werden kann. Der Brunnen ist beständig, Salzwasser überflüssig genug vorhanden. 5.000 Gulden Reingewinn können erzielt werden. Auch an Holz ist kein Mangel. Das von Hans Geiss angebotene Fünftel ist für 8.000 Gulden zu haben, die aus dem Ertrag mit jährlich 400 Gulden abgetragen werden können.« Aber der Wortlaut des Geiss'schen Belehnungsvertrages schafft große Hindernisse für einen Verkauf. Wenn Geiss gegen den Willen des Frankfurter Rates verkaufen würde, büßte er seine gesamten Rechte am Salzwerk ein. Auch hatte der Heidelberger Jurist Dr. Erasmus Burckhardt große Bedenken, daß Kurpfalz Anteile an der Saline käuflich erwerbe. Für ihn war dic Saline laut kaiserlichem Privileg Frankfurter Eigentum wie alle Quellen. Die Entscheidung wurde vertagt. Im März 1616 war noch immer keine Klarheit geschaffen, so daß Hans Geiss zwischen dem Frankfurter Rat, dem Amtmann von Neuenhain und seinem Partner du Fay »in Gefahr stecke«.

Im Herbst 1615 hatten die Brüder Geiss den Plan gefaßt, aus dem ihnen aus ihrem Anteil auszubezahlenden Kapital im Beidenauer Grund an der Stelle des Beidenauer Hofes eine Mühle anzulegen. Dieser Platz war am 17. September 1615 zur gleichen Zeit mit der Saline besichtigt worden. Die Mühle wurde Ende Oktober 1618 gebaut.

Die im Jahre 1606 vereinbarten 10 zehntfreien Jahre waren mit der Siedeperiode im Jahre 1616 abgelaufen. Nun verlangte sowohl Frankfurt, das sich auf den Belehnungsvertrag von 1605 berief, als auch Kurpfalz, das alle Zehnten im Gebiet der Vogtei Sulzbach für sich beanspruchte, die Zehntabgabe.

Ende April 1616 hatte der Amtmann von Damm Hans Geiss verhaften lassen und ihn in Neuenhain festgesetzt. Er sollte einen Revers über die Ablieferung des Zehnten nach Neuenhain unterschreiben. Kaspar Geiss und der Schwiegersohn des Johann du Fay, Abraham Malapert, traten beim Amtmann für Hans Geiss ein. Der forderte aber die Reversunterschrift und 10 Gulden Zehrgeld sowie 9 Gulden für 2 Wächter. Geiss weigerte sich beharrlich. Der Amtmann sperrte ihn in den Turm, trotzdem man ihm eine Kaution angeboten hatte. Auch den Salzverwalter Wilhelm Korn hatte der Amtmann schon einmal verhaften und in den Turm sperren, sowie sein Privateigentum beschlagnahmen lassen. Frankfurt war erbost. Am 4. November 1616, vormittags 10 Uhr, ließ die Stadt durch den Notar Konrad Bender einen feierlichen Protest im Auftrag des älteren Bürgermeisters Phil. Ludwig Fleischbein in der Saline durch den Notar und den Stadtschreiber Jodocus Anthes, sowie dem Schlossermeister Georg Schmidt und zwei Zeugen überreichen, auch gegen die erfolgte Anbringung des Kurpfälzischen Wappens an der Saline. Beschrieben ist der Vorgang wie folgt: »... und als wir bei dem Brunnenhaus im Dorfe Soden ankamen, allwo das kurpfälzische Wappen oben am Eck angeschlagen gewesen, hat der Stadtschreiber die Protestation wiederholt und das Wappen durch Meister Schmidt mit gebührender Reverenz und entblößtem Haupt unversehrt abnehmen lassen. Von da sind wir bei das Neue Werk auf der Weid gegangen, haben allda das Wappen an dem großen Tor gleichfalls angeschlagen gefunden, die Protestation wiederholt, worauf Meister Schmidt, der Schlosser mit untertänigster Reverenz und abgetaner Hauben das Wappen abgenommen.« Von Damm erstattete am 5. November Bericht nach Heidelberg. Er erwähnt noch ein drittes, papiernernes Wappen, das, längst verwittert, »an dem kleinen Salzbrunnen, da die Geißen drauf wohnen« angeschlagen gewesen war. Eine halbe Stunde vor der Frankfurter Protestation hatte der Amtmann 2 Malter Salz von der »Dörre« weg nach Neuenhain bringen lassen.

Am 9. November schickte die Regierung von Kurpfalz dem Amtmann in Neuenhain zwei neue, auf Blech gemalte Wappen zu mit dem Befehl, sie an der Saline anzubringen und den Salzzehnten zu erheben. Gleichzeitig benachrichtigte man Frankfurt und schlug Verhandlungen vor. Anfang Januar 1617 lud Kurpfalz den Rat ein, am 27. Januar Abgeordnete nach Heidelberg zu schicken. Der Termin wurde dann auf den 18. Februar verschoben, wo dann eine mehrtägige Aussprache begann, die bis zum 21. Februar dauerte. Nichts Endgültiges wurde erreicht. Vom 28. bis 22. März wurden die Verhandlungen fortgesetzt, bis man doch einen Kompromiß gefunden hatte, der folgende Hauptpunkte umfaßte: 1.) Kurpfalz und Frankfurt erhalten je die Hälfte des Salzzehnten. 2.) Inhaber, Angestellte und Arbeiter werden zur Treue gegenüber Kurpfalz und Frankfurt verpflichtet. Die Jurisdiktion ist beiden gemeinsam und wird durch Abgeordnete beider Herrschaften ausgeübt. 3.) Dem fürstlich hessischen Hofgericht in Marburg wird die Durchführung von Rechtsstreitigkeiten über alte und neue Streitpunkte übertragen. Aufgrund dieses Vertrages versucht man auch die Differenzen zwischen den Anteileignern und Gewerken beizulegen.

Am 5. August 1617, an dem Tag, an dem die 12 Angestellten der Saline zur Treue verpflichtet wurden, kam ein Vertrag zwischen den Brüdern Geiss und Johann du Fay zustande. Du Fay übernahm gegen einen Betrag von 6.500 Gulden die Anteile der Brüder und zahlte sofort bei Aushändigung des Erbleihbriefes 3.250 Gulden, die andere Hälfte auf Pauli Bekehrung (25. Juni) 1618, aber ohne Zinsen. Die Stadt Frankfurt bestätigte diesen Vertrag am 14. August 1617. Verpflichtet worden waren am 5. August außer den Anteilsinhabern die 12 Angestellten, die Salzsieder Georg Villart und Hans Grüning, der Zimmermann und Werkmeister Lorentz Wolfahrt, die Gießer Hans Ummer, Hans Müller, Adam Weigandt und Thomas Ritter, alle aus Orb; ein Conrad Schweipert, Hans und Thomas Gerß von Obermeißfeldt und Hans Reippert von Ulrichstein.

Johann du Fay starb schon bald nach Abschluß des Vertrages im Herbst 1617. Seine Tochter Maria und ihr Gatte Abraham Malapert erbten das Salzwerk. Die Brüder Geiss aber errichteten mit dem an sie ausgezahlten Kapital ab Oktober 1618 eine Mahlmühle im Beidenauer Grund im Liederbachtal zwischen Schneidhain und Hornau[34].

6. Die Saline im Besitz von Abraham Malapert – die Saline im Dreißigjährigen Krieg

Johann du Fay konnte sich des Besitzes der Saline in Soden nicht lange erfreuen. Er starb am 29. August 1617. Die Saline erbte seine Tochter Maria, die mit dem reichen Frankfurter Seidenhändler Abraham Malapert verheiratet war und seit einiger Zeit Salinenverwalter im Dienste seines Schwiegervaters. Die Familie Malapert war ursprünglich in Mons in Flandern zu Hause, von dort aber wegen ihres reformierten Glaubens ausgewandert und 1584 von London nach Frankfurt übergesiedelt[35].

Trotz des Ausbruchs des Dreißigjährigen Krieges 1618 konnte die Saline die Salzproduktion während der Kriegszeit mit Ausnahme des Pestjahres 1635 fast ungehindert fortsetzen. Der Zehnte wurde, nachdem der Kurfürst Friedrich V. von der Pfalz im November 1620 in der Schlacht am Weißen Berge geschlagen worden war und als »böhmischer

Winterkönig« nach Holland hatte fliehen müssen, an die von dem spanischen General Spinola eingesetzte kaiserliche Regierung in Kreuznach abgeliefert. Frankfurt versuchte in den Jahren 1620–1622 den gesamten Zehnten an sich zu ziehen, was Kreuznach nicht duldete. Der 1621 eingesetzte kaiserliche Amtskeller in Neuenhain, Wendel Klees (Wendelinus Clessius) erhielt den Befehl, den Salzzehnten in Soden abzuholen. Ende 1623 beschwerte sich Abraham Malapert beim Frankfurter Rat, daß er doppelte Zehntlieferung zu leisten habe. Klees wollte sogar den in den zurückliegenden Jahren fälligen Zehnten für Kurpfalz nachgeliefert haben. Frankfurt wiederum beklagte sich im August 1623 bei dem Oberamtmann in Königstein, Karl von Schönburg, wegen der Übergriffe des Kellers in Neuenhain. Anfang September 1623 führte Frankfurt Klage darüber, daß Wendel Klees das Schloß der Salzkammer in der Saline hatte aufbrechen lassen, um, entgegen dem Vergleich von 1617, 23 Achtel Salz wegzuführen. In einem Schreiben vom 22. September 1623 an den Marquis Ambrosius Spinola behauptete der Frankfurter Rat, das Salzwerk sei von alten Zeiten her alleiniges Eigentum der Stadt.

Im Mai 1623 hatte Malapert dem Frankfurter Rat über die schlimme Lage des Salzwerks berichtet, da die Ausgaben die Einnahmen bei weitem überstiegen. Wegen der Kriegsgefahr 1622 (Kämpfe bei Höchst, Brandschatzung) und 1623 war nur wenig Salz gesotten worden. Großen Schaden hatte auch die Wegnahme der Salinenpferde und der Geschirre verursacht. Zur Sicherung der Anlage waren große Auslagen für die Soldaten und Offiziere entstanden. Etliche 100 Reichstaler hatte Malapert zusetzen müssen. Er bat um Zehnterlaß. Außerdem, so argumentierte er, habe man ihm, da das Salzwerk jetzt unter dem Schutz spanischer Truppen stehe, verboten, den Zehnten an Frankfurt abzuführen. Im übrigen hielten die spanischen Obristen »fleißig die Hand darauf, daß keine mutwillige Zerstörung am Werk erfolgt von den ihrigen oder anderen Soldaten«. Dieser Schutz gehe ihm verloren, wenn er den Wünschen Frankfurts nachkomme. Statt der Salzlieferung möchte er eine tragbare Geldzahlung leisten.

Im Juni 1624 geht der Rat teilweise auf die Wünsche Malaperts ein. Zwar will er den Salzzehnten vollständig haben, aber eine Zahlung in Geld will er unter der Bedingung akzeptieren, daß für 1 Malter Salz 3 Taler verrechnet werden. In den letzten Jahren waren abgeliefert worden: 1619 66 Malter, 1620 59 ½ Malter, 1621 137 ½ Malter, 1622 53 Malter.

Zur Deckung der von braunschweigischen Truppen im Juni 1622 auferlegten Brandschatzung nahmen Soden und Sulzbach bei Abraham Malapert und seiner Frau Marie, geb. du Fay, am Martinstag 1625 465 Gulden auf, die jährlich 23 Gulden 4 Albus und 4 Pfennige Zinsen kosteten. Die Gemeinde Soden lieh für sich allein noch einmal 480 Gulden, die Rückzahlung wurde später auch zur Hälfte von Sulzbach mitgetragen. Die Gesamtzinsen betrugen danach jährlich 47 Gulden 15 Kreuzer und wurden je zur Hälfte von Soden und Sulzbach aufgebracht.

1627 schenkte Kaiser Ferdinand II. Johann Karl von Schönburg das Amt Neuenhain, da er sich als kaiserlicher Gesandter Verdienste erworben hatte. Der Amtskeller ließ, ähnlich wie sein Vorgänger Wendel Klees, von 1628 bis 1631 insgesamt 425 Achtel Zehntsalz durch die Bauern nach Neuenhain schaffen. So hatte er z.B. am 10. Juli 1628 früh um 4 Uhr 42 Achtel Salz aus der Salzkammer holen lassen, dabei wurde das Schloß zum Siedhaus aufgebrochen und mitgenommen. Fortan sollte jede 10. Pfanne sogleich zum Abholen bereitgestellt werden und nicht erst in die Salzkammer gebracht werden.

Vom 10. Mai bis 6. August 1628 wurden in Soden 901 ½ Achtel Salz gesotten. Davon holte der Neuenhainer Amtskeller Kleinschmidt nochmals 111 Achtel unter dem Einrücken von 30 Soldaten aus der Reichsburg Friedberg. Neuenhainer, Altenhainer und Schneidhainer Bauern mußten Spanndienste leisten. Kleinschmidt behauptete, dies sei als Abschlag auf die Rückstände aus den letzten fünf Jahren gedacht.

In Frankfurt überlegte man, ob man nicht mit bewaffneter Macht das Salz wieder aus Neuenhain wegholen sollte. Als dann die Stadt kurz vor der Messe ihren Anteil am Zehntsalz abholte, beschwerte sich Malapert, daß er 1628 schon über 200 Achtel habe liefern müssen, mehr als das Zehntel des gesottenen Salzes. Er bat um Erstattung des Überschusses in Geld und um Schutz vor Gewalt.

Im Juni 1630 hatte der Keller 20 Achtel abfahren lassen. Der Salzschreiber, der in Neuenhain wohnte, somit es mit der dortigen Herrschaft hielt, berichtete dem Keller jeweils, wann und ob Salz in der Kammer lagerte. Im September 1630 ließ der Keller sogar Fuhren mit für Frankfurt bestimmtem Zehntsalz anhalten, auf seine Wagen umladen und nach Neuenhain bringen. Daraufhin bat der Salinenverwalter die Frankfurter, das nächste Mal das Zehntsalz durch Soldaten abholen zu lassen. Als besonders verwerflich angesehen wurde die Wegnahme und Wegführung von 10 Achtel Salz am 3. Oktober 1630 am Sonntag, während des Gottesdienstes. Unter Drohungen gegen den in der Sodener Kirche sich befindenden Verwalter ließ der angetrunkene Keller nicht nur das äußere Tor, sondern auch die Tür zwischen den beiden Pfannen gewaltsam öffnen und das Schloß zerbrechen.

Als Ende 1631 die Schweden unter Gustav Adolf die hiesige Gegend besetzten und das Amt Neuenhain an Kurpfalz zurückgaben, ließ Peter Wilhelm Agathäus als Amtskeller in den Jahren 1632 bis 1634 145 Achtel Salz in der Saline wegnehmen, um den Zehntanspruch seines Fürsten zu befriedigen. Nach der Schlacht bei Nördlingen mußten die Schweden das Rhein-Main-Gebiet wieder räumen. Nun war es wieder der Beauftragte des Grafen von Schönburg, der den halben Salzzehnten forderte. Es half also den Frankfurtern nichts, daß sie nach Ausschaltung von Kurpfalz den Frankfurter Adler am Salinentor anbringen ließen, zu bestimmten Zeiten 10 bis 20 Soldaten auf die Saline beorderten, die sogar einmal auf Bauern feuerten, die im Auftrag des Kellers Salz abholen sollten. Da halfen alle Beschwerden nichts, die Frankfurt immer wieder an die verschiedensten Stellen richtete, nach Königstein, Kreuznach oder gar nach Brüssel.

Um dem Grafen von Schönburg den Salzzehnten zu entziehen, legte Frankfurt einen Gefreiten und zwei Musketiere in die Saline. Die konnten aber gegen die Neuenhainer Amtsuntertanen mit ihrem »Befehlshaber« Peter Geiß nichts ausrichten. Auf neun Fahrten holten diese insgesamt 29 Achtel Salz, obwohl »die Herren Soldaten, welches ihnen nicht gebührt, uns bisweilen vertrieben, auch ihrer sechs uns einmal verfolget bis auf das Neuenhainer Feld, auch Feuer auf uns gegeben« so ein Bericht.

Im Jahre 1632 war Abraham Malapert gestorben, die Saline ging in den Besitz von Maria Malapert, der Ehefrau des Verstorbenen, über. Frau Malapert wollte sich aus diesem Streit heraushalten und bat im Mai 1637 den Rat um Abstellung der Gewalttätigkeiten, ansonsten würde sie die Saline stillegen.

Im Juli 1637 kam es zu einem Überfall auf einen Frankfurter Salztransport durch den Neuenhainer Keller Johannes Winter mit 30 Bauern in den Waldhecken bei Sulzbach. Man spannte die Pferde aus und ritt davon. Die Salzwagen blieben stehen. Fünf Frankfurter Soldaten, die als Begleitschutz dem Transport beigegeben waren, feuerten auf die Angreifer. Der Salzwagen wurde mit einem anderen Pferd zur Saline zurückgebracht.

Kurze Zeit danach fielen Neuenhainer mit etlichen Soldaten und Königsteinern, etwa 40 Mann insgesamt, in das Salzwerk ein, nahmen den Salzkarren weg und brachten ihn nach Neuenhain, angeblich auf Befehl des kurmainzischen Amtmanns und des Oberstleutnants in Königstein. Die Frankfurter Beschwerde beim Oberamtmann Johann Dietrich von Rodenbach in Königstein blieb erfolglos.

Trotz all der Gewalttaten, auch der Diebereien der zum Schutz der Saline einquartierten Soldaten im Sommer 1637, kam der Betrieb des Salzwerks nicht zum Erliegen. 1642 allerdings mußte Frau von Malapert den Frankfurter Rat um Erlaß des Salzzehnten bitten, denn im Januar hatte ein »ungewöhnlicher Sturmwind draußen uff den Gewerken nicht allein alle Dächer verderbet, sondern auch einen Hauptbau von 200 Schuhen (ca. 56 m) gänzlich zu Boden geleget, ruiniert und dergestalt vernichtet, daß ich einen ganz neuen Bau aufrichten lassen mußte, dazu ein Kapital anlegen und solche große Spesen tun mußte, daß der Schaden erst in Jahren wieder ausgeglichen werden kann« . . . Ihr lieber Vater Johann du Fay selig und sie selbst hätten nach und nach viel Kapital hineingesteckt, dazu seien außerordentlich hohe Kosten in diesem Krieg um die Erhaltung des Werks entstanden. Um die Reineinnahmen stehe es schon lange schlecht.

Zur Verpflichtung der Salzarbeiter, die seit 1627 nicht mehr erfolgt war, reisten am 15. November 1642 die Frankfurter Herrn des Landamtes Johann Maximilian Kellner, Dr. Erasmus Seiffart und Conrad Windecker mit dem Stadtschreiber nach Sulzbach und bestellten die Salinenarbeiter dorthin. Der Verwalter Peter Geiß wollte dies erst verhindern, da er ohne Befehl der Salinenbesitzerin, der »Malapertischen Wittib«, niemanden wegschicken dürfe und »weilen die Leut so streng am Holzführen seien, sehr abgeschafft und nur ... ¼ Stunde abkommen können«. Nachdem ein erneuter Befehl ergangen war, gehorchten die Arbeiter. Allein Peter Geiß erschien nicht, er habe schon 1627 geschworen. Sieben Personen wurden verpflichtet: Der Salzschreiber Hans Conrad Leben aus Frankenthal, der außerdem einen besonderen Eid ablegen mußte, die beiden Sieder Bartel Pauli von Orb und Lorenz Leißer von Krasselheim (?) im Stift Würzburg, Claß Ringel von Bolchen in Lothringen, Christoph Kesseler von Alzey und Johannes Semler von Soden.

Im Mai 1644 besetzten schwedische und hessische Truppen Höchst. Bei der Rückeroberung durch den bayrischen Obersten Asmus von Mandesloh im Oktober entstanden auch in der Umgebung von Höchst große Wirren und Unsicherheit. Maria Malapert erbat sich von dem Obristen einen Schutzbrief und einen »Paßzettel« für ihre Leute und Pferde des Salzwerks. Der Oberst gab ihr einen Soldaten mit, um die nach Kronberg geflüchteten Salinenarbeiter zurückzuholen. Hierfür verlangte der Oberst Salz und forderte, daß der Soldat in der Saline einquartiert bleiben sollte, was Frau Malapert aber ablehnte. Die Bitte an den Frankfurter Rat um Vermittlung wurde abschlägig beschieden: sie solle ihm doch etwas Salz »verehren«.

1646 zahlte Frau Malapert den halben Anteil am Grundzins für das Stück Land, auf dem das Salzwerk stand, 21 Gulden 15 Albus vom insgesamt 43 Gulden Zins, wie die erste erhaltene Sodener Gemeinderechnung ausweist[36].

Laut Bergsträsser Recess wurde im Februar 1651 das kurpfälzische Amt Neuenhain an den Mainzer Kurfürsten übergeben, der dann in der Zukunft neben Frankfurt den Salzzehnten beanspruchte. Am 31. Mai 1651 nahm der kurmainzische Amtmann Winter von Güldenbronn die Salzwerkbediensteten in die Pflicht, 13 Personen: Der Verwalter Peter Geiß aus Neuenhain, der Gegenschreiber Balthasar Wißner von Neuß aus Schlesien, die

Salzsieder Samuel Grünewaldt und Joachim Lübach, beide aus Allendorf, sowie die neun Gießer oder Wasserbereiter Martin Göbel aus Soden, Michael Linden von Salzburg, Hans Göttinger von Belheim in der Pfalz, Georg Geßler von Egra, Hans Jakob Klenck, Georg Bernhardt, Georg Christian Kell, alle aus Allendorf, Nikolaus Feikl von Pfullendorf und Peter Eichhorn von Oberliederbach.

Nach zwanzigjährigem Salinenbesitz starb Maria Malapert, geb. du Fay, im Jahre 1652 in ihrem Haus »Zum Weißenfels« in Frankfurt. Ihr Vermögen betrug zu der Zeit 180 000 Gulden[37].

7. Die Saline unter David Malapert (1652–1689)

Schon in den letzten Lebensjahren von Frau Maria Malapert hatte ihr Sohn David Malapert die Saline geleitet. So verwundert es nicht, daß sie ihn in ihrem Testament vom 16.6.1651 zum Alleinerben der Saline samt den dazu gehörenden Gütern in Soden, Sulzbach, Neuenhain, Münster, Hofheim, Hanau und Kassel mit einem Wert von 6000 Gulden einsetzte[38]. David Malapert, tüchtig und gebildet, Seidenhändler, brachte die Saline zu neuer Blüte. Strittige Grundstücksfragen wurden von ihm geregelt. 1653 schloß er mit Sulzbach und Soden einen Vergleich, darin festgeschrieben wurde: ». . . hat Herr Malapert der Gemeinde Sulzbach vergünstigt, daß sie oder ihr Gesinde auf dem untersten Brunnenkasten auf der Sode Backwasser holen, sofern die Röhren nit laufen oder dere vorderste Kasten unsauber sein sollte, dürfen sie bis auf den zweiten Kasten schöpfen. Die anderen Kasten aber sollen sie meiden und unmolestirt (unbelästigt) lassen«[39] (siehe IV,4). Der vollständige Text des Vertrages zwischen David Malapert und den Gemeinden Soden und Sulzbach lautet:

Kund und zu wissen seye hiermit allermänniglichen: Demnach vor ohngefehr 50 Jahren beede dem Heyligen Römischen Reich ohne Mittel zugetane Dorffschafften und Gemeinden Sultzbach und Soden denen damahligen Bestendern der Salzgewerken zu Soden einen gewissen Platz, umb ihre Bäu darauff eines gewissen Zinses erblich zu gebrauchen übergeben, auch also bißhero von demselben ruhiglich sonder menniglichen Intrag genutzt und genossen worden, aber nunmehr von Seiten der Gemeinden davor gehalten werden wollen als ob über die den Salzwerken anfänglich bewilligte Wiesen-Morgenzahl des Platzes bei Verfertigung der Gräben und Zäune ein Mehrerer aus der Gemeinen freyen Alimenten-Waid begezogen worden wäre.

Ob nun zwar der jetzige Inhaber Herr David Malapert solchem widersprochen, auch sich hierüber beederseits keine gewisse schriftliche Abhandlung, so hibevor hierüber getroffen sein möge, befunden, so hat doch Herr David Malapert, der jetzige Besitzer und Inhaber der Salzgewerke, mit beiden Gerichten und Gemeinden sich umb nachbarlicher Verträglichkeit willen zue Verhütung aller schädlichen Tifferentien und Mißhelligkeiten solches übergebenen Platzes und darvon bewillgten jährlichen Zinse halben dahin vereingt und verglichen:

daß nemlichen und *ZUM ERSTEN* wir unmittelbare Dorffschaft und Gemeinde vor sich und dero Nachkommende ihme, Herrn David Malaperten, seinen Erben u. Nachkommen nachmahlen von ihrer frey Almenten-Waiden obangeführter maßen eingeräumet 14 und ein Viertel Morgen und 14 und ein Viertel Ruthen Lands, worauff die Saltzkasten, Neu-

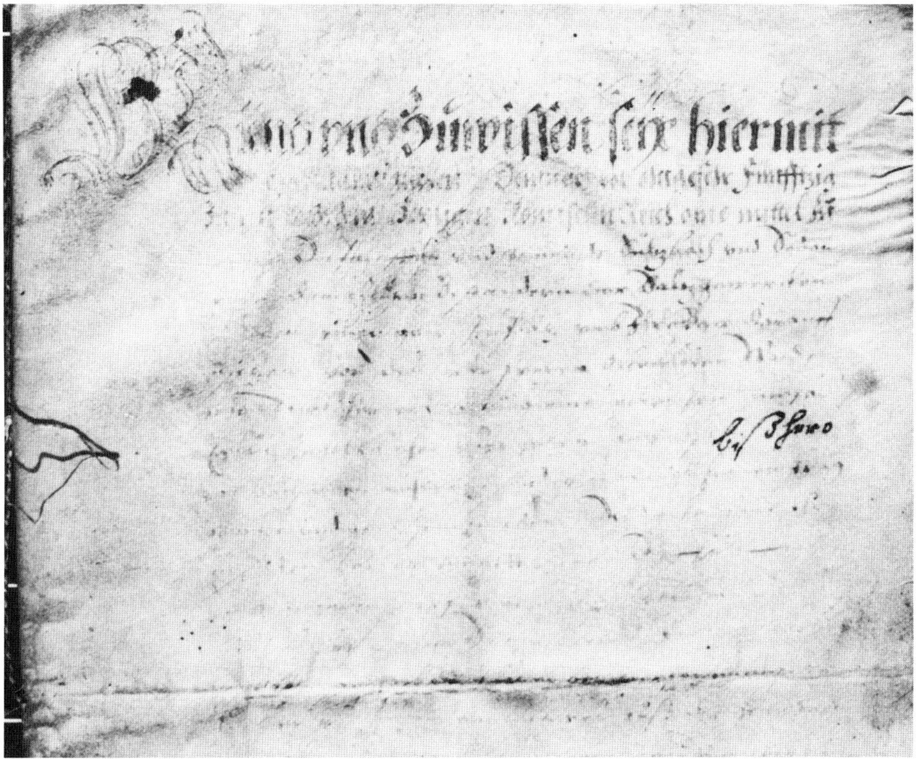

Anfang des »Salinenvertrages« von 1653 (Heimatmuseum Bad Soden a. Ts.)

werk genannt, Siedhaus, Schmid und Scheun, wie dieselben jetzunder in Hähgen und Gräben stehen, sampt dem Vorhof und vorlängst mit Steinen ausgeführten und erbauten Fuhrweg, wieder am Graben bis ungefehr am alten Schlagbaum des Dorffs Soden zwischen denen Alten Burg und Krautwaiden zeugt, wie die Bestender solches jeder Zeit bißhero ingehabt und respective zu dero und des Werks Notturfft mit der Inn– und Ausfahrt und Lattgraben gebraucht und genossen und jetzo noch an einem Pläcklein oder Eck von besagter freyen Almentenwaid, am Vorhof und Haus gelegen von beiden Gemeinden freywilliglich ihme, Herrn Malaperten, etwas dazu gegeben worden. Mit welchen 14 und ein Viertel Morgen Lands und 14 und ein Viertel Ruthen auch beede Dorffschaft oder Gemeinden ihne, Herrn Malaperten oder seine successores (Nachfolger) in der Zeit gewehren sollen und wollen.

Dargegen so verspricht *ZUM ANDERN* Herr David Malapert für sich und seine Nachkomme beede unmittelbaren Dorffschaften oder deren successoren und Nachkommenden für solchen bestanden und eingeräumbten Platz jährlicher und eines jeden Jahr besonders uff Martini Tag zu einem beständigen und ewigen Zins ansatt der vorhin gegebenen drey und vierzig Gülden hinfüro zu geben und zu reichen fünffzig Gulden Frankfurter Wehrung, jeden Gülden zu seczig Kreutzer gerechnet.

Dessen haben beede Gerichte und Gemeinden ihme, Herrn Malaperten auch nochmals bewilliget und benebenst ihnen Gemeinen zu ewigen Mitgebrauch übergeben den oberwehnten Fuhrweg, welcher in obiger Morgenzahl nicht begriffen, und Herr Malapert und seine successores ohne Zins und einige Behinder- und Sperrung der Gemeinde jederzeit sapt lichen frey genießen, gebrauchen und darob Latt zu graben Macht haben und behalten sollen. Doch behalten wir, Dorffschaft und Gericht oder Gemeinde, gleichwie an allem Uebrigen, also auch auf diesem in ihrem territorio (Gebiet) gelegenen und ihrer von dem Heilgen Römischen Reich her tragenden Bottmässigkeit untergebenen Saltzwerk und dero (daran?) gerechtermaßen eingeräumbten Grund und Boden ihre Hohe Obrigkeit, die sie in Crafft bey Handen und noch neulich von Kaiser Ferdinando dem dritten allergnädigst confirmirten (bestätigten) Privilegien, von uraltershero wohlhergebracht, zu exerciren (auszuüben), sonderlich zwar die etwan dero Orten eraygnete Frevler und Mißhändler zu bestraffen ausrücklich vor. Worauff Herr Malapert für sich seine Erben und Nachkömbling sich erklärte, dass (er) beeden Dorffschaften und Gemeinden an ihrer der orten habenden Orbig- und Bottmäßigkeit hierin keineswegs verhinderlich sein könne.

Darbey dann auch *DRITTENS* verabschiedet und abgeredet worden, daß Herr Malapert und seine Nachkommende kein Gebäume auf solchen Fuhrweg, ohne der Gemeinde oder deren Nachkommende Bewilligung und Consens zu ewigen Tagen nicht setzten oder pflanzen solle oder wolle,

und demnach *VIERTENS* beede unmittelbare Dorffschaften und Gemeinde Herrn David Malaperten an betagten Pensionen (Zinsen) von einigen durch Herrn Malaperts Frau Mutter seelig ihnen vorgeliehenen, ihme nunmehr erblich heimgefallenen Capitalien, über die jährlich abgezogene 43 Gulden Zinß noch 119 Gulden restieren, Als hat Herr Malapert ihnen solche nicht alles nachzulassen, sondern noch überdas ihnen, sobald dieser Vergleich mit Hand und gerichtlichem von dem Heyligen Römischen Reich hero tragenden Siegel bekräftiget sein wird, 51 Gulden bar zu erlegen bewilliget und versprochen.

Dargegen dann auch *zum FÜNFFTEN* ein Erbar Gericht und die Gemeinde obbenahmter beeder Dörfer Sulzbach und Soden nicht allein alle ihre Praetension u. Forderungen, so sie wegen der Uebermaß des Platzes über die 43 Gulden von den verflossenen Jahren hero und sonsten anderer Ursachen wegen zu suchen befugt, sinken und fallen lassen, sondern auch für sich u. ihre Nachkommende ermeltem Herrn David Malapert, seinen Erben und Nachkommen das Gäßgen, so ungefähr 1 Ruthen breit und neben seinem von Juncker Harpffen erkauften Gut, nemblichen an dem Zaun der Kelterwiesen genannt gelegen, gleichermaßen nebenst beeden Gemeinden ewig zu gebrauchen und zu genießen inn Crafft dieses wollen inn soweit eingeraumbt und übergeben haben.

Ferners und demnach *ZUM SECHSTEN* gleichwie das Salzwerk also auch der Saltzbrunnen uff und inn respective beeder Dorffschaft u. Gemeinden territorio (Gebiet) u. Bottmessigkeit gelegen, entsprungen und situiret, so haben beede Dorffschaft oder Gemeinden Sulzbach und Soden ihnen dieses austrücklich reservieret und ist dabei beederseits abgeredet worden, daß nicht nur die Gemeinde *zu Soden* ihr Salzwasser, soviel sie dessen bedürftig oder nöthig, aus den offenbaren Salzwasserstollen in ihrem Dorf zu ewigen Tagen zu schöpfen und zu gebrauchen solle frey gelassen sein und bleiben sondern auch *die zu Sulzbach* aus dem vordersten Brunnenkasten oder sonsten uff der Sode des Salzwassers ihrer Notturfft und Belieben nach, zu dem Backen und Haushaltung sich nun und allezeit zu bedienen und solches jedermänniglichen ungehindert abholen mögen, auch im Fall die Röhren an einem Kasten nicht liefen oder das Wasser unsauber were, Ihnen sampt und sonders aus dem anderen Kasten zu schöpffen in alle weg befrey stehen und unverwehret sein solle.

ZUM SIEBENDEN solle er, Herr Malapert, seine Erben und Nachkommen als Erbbestendere nicht Macht haben, solche ihme oder ihnen erblich verliehene Salzberechtsame und pertinentien (Zubehor) ohne der Gemeinde zu Sulzbach und Soden Vorwissen, Vergünstigung und Willen in fremde Hände zu veräußern, zu vertauschen, von einander zu theilen, zum Theil oder gänzlich zu verändern, zu verpfänden oder zu verkaufen, auch, da solches beschehen, solches alles nichtig und kraftlos sein, sondern falls er, Herr Malapert und die seinige successores, an welche solch Saltzwerck und erblich bestandene Güter vererbet, seine oder ihre Verbbesserung zu verkaufen gemüßiget würden, dieselbig nach Anlaß der Rehten und wie es sonsten bei dergleichen Erbleyh und Erbbestendnussen bräuchlich und herkommens, beeden Gemeinden zu Sulzbach und Soden zuvorderst angeboten, auch da sie solche anderwertlich zu verkaufen eingewilligt heten, Ihnen berührten Eigenthumsherren als beeden Gemeinden zu Sulzbach und Soden das Laudeemium (Abgabe an den Grundherrn) oder der 50. Pfennig von dem erlösten Kaufgeld, nach Ordnung der Kaiserlichen Rechten von dem Käuffer abgetragen, entrichtet und abgestattet werden solle und wolle.

Da auch *ZUM ACHTEN* sein, Herrn Malaperts seel. Erben und Nachkommen Gelegenheit nicht were, solche Erbbestandnus länger zu halten und inn den vererbten Gütern und obgedachtem bestandenen Saltzwerk länger zu bleiben, wiederumbt uffzukünden, jedoch, daß darbey keine gefährde gebraucht, auch die Auffkündigung nebens Erstattung der ausstehenden Zinsen und sonsten ohne einigen Abgang und Nachtheil beeden Gemeinden als Eigentumbsherren beschehen solle.

Und solle sonsten *ZUM NEUNTEN* wegen unverhoffter nachlässiger Entrichtung der jährlichen Zinßen es hierinnen gehalten werden, wie in solche und dergleichen Erbleyhe und Erbbeständnus nach Ordnung allgemein beschriebenen Kaiserlichen Rechten sich aignet, geziemet und gebühret, und derentwegen Vorsehung getan, auch dero Orten an und vor sich selbsten von Kaisern und Königen nach und nach von etlich hundert Jahren hiero bis uff diese gegenwertige Stund vermittelst vieler Kaiserlicher beyhandenen verbriefft und bestätigt und confirmirten Herkommens. *LETZTLICHEN* haben beede Theil, solang der benahmte Zinß der 50 Gulden uff bestimpte Zeit entrichtet wird, bey diesem Vergleich beständig zu bleiben und denselben in allen Puncten und Clausuln unverbrüchlich zu halten und darwider nimmermehr zu thun oder zu handeln, einander für sichh und ihre Nachkommende, jedoch dem Heyligen Römischen Reich und beede immediat Dorffschaften ohne einigen Abbruch, Nachtheil und praejuditz (rechtlich wichtige Vorentscheidung) mit Hand und Mund versprochen und zugesagt, alles trewlich und sonder gefährde.

Dessen zu wahrer Urkundt, stehter genehm- und Festhaltung seind hierüber zween gleichlautende Brieff uffgerichtet, mit beeder Erbare Gerichten und Communen wohlhergebrachten gewöhnlichen Insiegeln bekräfftiget und von denen jetzo wesenden beeder Gemeinden Gerichtspersonen, wie auch Hern David Malaperten unterzeichnet und jedem Theil einer zugestellet worden.

So geben und geschehen in Soden den neunzehenden Tag des Monats Februarij im Jahr Eintausend Sechshundert fünffzig und drey.

Original-Pergamenturkunde, zwei Doppelblätter, genäht mit schwarzweißer Schnur, aber ohne Unterschriften und Siegel.

Der Wortlaut des Vertrages fand nicht die Zustimmung der beiden Treuhandmächte Kurmainz und Frankfurt, was verständlich ist, denn in der vorliegenden Fassung legten sich die beiden »Immediat-Gemeinden«, die ihre »Reichsunmittelbarkeit« betonten und auf ihren Privilegien beharrten, Rechte zu, die sie nach Meinung der Kondominalmächte nicht besaßen. Nicht ihnen hatte der Kaiser 1437 und 1483 die Rechte der Nutzung der Salzquellen verliehen. Auch hatte der Frankfurter Rat 1605 nicht ihnen, sondern den Gebrüdern Geiß die Nutzungsrechte übertragen und in Erbleihe gegeben. Hier aber verpflichteten die Gemeinden den Inhaber des Salzwerks, David Malapert, Soden und Sulzbach als Eigentumsherrn anzuerkennen und im Falle der Abtretung ihnen das Laudemialgeld zu zahlen. So kam am 19. Februar 1656 ein neuer Vertrag zustande, der bestätigt und somit rechtskräftig wurde.

Dieser Vergleich lautete:

»Vor ca. 50 Jahren haben die Gemeinden Sulzbach und Soden den damaligen Interessenten und Possessoren (Besitzer) der Salzwerke zu Soden einen gewissen Platz, um ihre Bäume zu setzen, von der gemeindefreien Almende und Weide gegen jährlichen Zins erblich zu gebrauchen übergeben, der auch bisher in ruhigem Besitz des Salzwerks blieb, genutzt und genossen wurde. Nunmehr sind die Gemeinden zur Überzeugung gekommen, daß über die dem Salzwerk seiner Zeit bewilligte Wiesen-Morgenzahl bei Verfertigung der Gräben und Zäune weit hinausgegangen wurde und weitere Teile der Gemeindealmende-Weide in Besitz genommen worden sind. Der jetzige Inhaber, Herr David Malapert, hat dem zwar widersprochen. Es ist auch keine schriftliche Abhandlung darüber mehr aufgefunden worden. Um nachbarlicher Verträglichkeit und zur Verhütung aller schädlichen Differentien und Mißhelligkeiten hat man folgenden Vergleich getroffen:

1) Die Gemeinden übergeben an Malapert und seine Erben nochmals von ihrer gemeindefreien Almenden-Weide 14¼ Morgen und 14 ¼ Ruten Land, worauf die Salzkasten, Neuwerk genannt, Siedhaus, Schmiede und Scheuer, wie dieselben jetzt in Hegen und Gräben stehen, samt dem Vorhof und dem vorlängst ausgeführten und erbauten Fuhrweg, wie er am Graben bis ungefähr an den alten Schlagbaum des Dorfes zwischen der Alten Burg und der Krautweide zieht, wie die Possessores solches jederzeit bisher innegehabt und zur Notdurft des Werks mit Ein- und Ausfahrt und Latt (Letten = Lehm) graben gebraucht und genossen haben, und jetzt noch an einem Pläcklein oder Eck von besagter Weide ein Vorhof und Haus gelegen, unter Zugabe eines gewissen Stückes.

2) Malapert verspricht dagegen als einen beständigen und ewigen Zins statt bisher 43 Gulden nunmehr 50 Gulden Frankfurter Währung, je 60 Kreuzer, zu zahlen. Der genannte Fuhrweg ist in der Morgenzahl einbegriffen. Die Gemeinde darf ihn nie sperren und kein Hindernis errichten. Malapert verpflichtet sich, auf dem Weg niemals Bäume zu pflanzen. Er darf den Weg frei gebrauchen und genießen und behält Macht, darob Latt zu graben vermög herrschaftlichen Akkords.

3) Beide Gemeinden schulden für das von Malaperts Mutter selig ihnen geliehene Kapital noch 119 Gulden Zinsen. Malapert als Erbe hat den Gemeinden diesen Betrag erlassen und noch 51 Gulden ihnen ausbezahlt (also zusammen 170 Gulden) nach erfolgtem Vergleich. Dafür geben Sulzbach und Soden alle Ansprüche wegen »Übermaß des Platzes« auf, auch von den verflossenen Jahren her, und treten das rutenbreite Gäßchen an dem

Zaun bei der Kelterwiese neben dem ehemaligen Junker Harpff'schen Grundstück erb- und eigentümlich an Malapert ab.

4) Die Sulzbacher Schöpfvergünstigung betr. Salzwasser zu Back- und Haushaltszwecken entspricht dem Recht der Sodener, ihr Salzwasser, soviel sie dessen bedürfen, aus dem offen stehenden Salzwasserstollen in ihrem Dorf zu schöpfen und zu holen.

5) Zwei gleichlautende Briefe wurden angefertigt und mit des ehrbaren Freien Obergerichts zu Sulzbach Siegel befestigt und von den Gerichtspersonen der zwei Gemeinden und Herrn David Malapert unterzeichnet. Deputierte der beiden Herrschaften sollen beim nächsten Verhörtag Einsicht nehmen und die Genehmigung aussprechen. Soden, 19. Februar 1656. – Der Vertrag wurde am 31. Dezember 1658 in Frankfurt unterschrieben, auch durch den Herrschaftlichen Oberschultheiß Johann Philipp Kämmerling.«[40]

Der neuvereinbarte Grundzins betrug nach der Sodener Gemeinderechnung von 1658, wo er erstmals vermerkt ist, 23 Gulden 18 Albus und 6 Pfennige – wohl für ½ Jahr. [41]

Im Kondominatsvertrag vom 11. Oktober 1656, der die Rechte zwischen den beiden Herrschaften Kurmainz und Frankfurt in Soden und Sulzbach regelte, enthält der § 25 Bestimmungen über die Saline. Dabei fällt auf, daß die Saline nicht der Gerichtsbarkeit des gemeinschaftlichen Oberschultheißen in Sulzbach untersteht, sondern der gemeinsamen Rechtssprechung des Landamts in Frankfurt und des kurmainzischen Amtmanns in Neuenhain:

»Es soll wegen der Salzsode bei dem den 16. Juli 1617 zwischen Kurpfalz und der Stadt Frankfurt gemachten Interimsvergleich verbleiben und derselbe solange perpetuirt werden (fortdauern), solang der Tauschrezeß zwischen Kurpfalz und Kurmainz dauern wird, also daß das Salzwerk mit allen seinen Quellen, Brunnen, Stollen, Weihern, Schaufel, Rädern, Wasserleitungen, Leckwerken, Sud- und Wohnhaus, Schmiede, Scheuern und anderen Bäuen und Plätzen, wie solche in ihren Bezirken jetzt begriffen, und alles Andere, was dazu inn- und außerhalb der Dörfer Soden und Sulzbach gehörig, ohne Änderung, Neuerung oder Abbruch gelassen, der jetzige Inhaber Davidt Malaparte, dessen Erben und Nachkommen dabei von beiden Herrschaften geschützet, gehandhabet und in einige Wege von keinem Teil an seinen Gewerken gehindert, der davon fallende Salzzehnt insgemein zu gleichen Teilen geteilet, die Beeidigung der Gewerkbedienten, wie auch die Jurisdiction und Obrigkeit auf der Salzsode conjunctim (insgesamt) durch beide Herrschaften Deputirte in loco auf der Salzsode zusammen exercirt (ausgeübt) werden, außer Malefizfälle, wie bei § 10 gemeldet, jedoch dergestalt, daß gegen die so der Stadt Frankfurt mit der Bürgerschaft nicht verwandt sind, Ihro Churfürstliche Gnaden zu Mainz die Criminal-Jurisdiction obgedachter Maßen allein zustehe, gegen Frankfurter Bürger, Bürgerinnen und Bürgerskinder aber, so auf der Salzsode delinquiret (Verbrechen begangen) hätten und gegen welche criminaliter procediret werden müsse, die Jurisdictio Criminalis (peinliche oder Halsgerichtsbarkeit) gleichwie in den Dörfern Sulzbach und Soden beiden Herrschaften allerdings gemeinsam sei und von denselben communiter exercirt (gemeinsam ausgeübt) werden solle.«[42]

Nach Abschluß des Vertrages von 1656 erfolgte die jährliche Eidesleistung der Salzwerkbediensteten nach der folgenden Formel: »Ihr solt geloben und schweren zu Gott und seinem H. Evangelio, daß ihr dem hochwürdigsten Fürsten und Herrn, Herrn N. N. Ertzbischoffen zu Mayntz, des H. R. R. durch Germanien Ertzkantzler und Churfürsten, auch dem wohledlen, vest und wohlweisen Rath des H.R.R. auch kayserlichen

Wahlstadt Franckfurt unsern respectiven, gnädigsten und großgünstigen Herren, deren Ober und Beampten, treu, gehorsam und gewärtig zu seyn, deren Schaden warnen und Nutzen suchen, den gehörigen Saltzzehenden und was sonst beyden Herrschaften zukomt, richtig und ohngeschmälert lieffern, wie nicht weniger dem vesten und vorachtbaren Herrn David Malebarten, hiesigen Saltzwercks jetzigen Besitzer, den seinigen oder wen er euch jederzeit vorsetzen wird, allen Gehorsam leisten, dessen Schaden soviel möglich, nicht allein vorkommen und warnen, sondern auch seinen Nutzen und Frommen werben, auch euch sonsten denen Articulen allerdings gemäß verhalten und solches nicht unterlassen oder dargegen sowohl durch euch als eure Weiber oder andere handelen wollet, weder um Gunst, Gab, Geschenck, Furchten, Geld, Geldeswert oder sonsten wie des Menschen Sinn erdencken mag, alles getreulich und sonder Gefährde.«[43]

Genaue Angaben über die Salzerträge und die Dauer der Siedeperioden in den Jahren 1650–1663 können wir einer Zusammenstellung entnehmen, die David Malapert am 16. Juli 1664 auf Anforderung nach Mainz sandte. In Soden wurde an Salz gesotten:

1650, 24.5.– 6.12.:	1500 ½	Achtel	1657, 4.5.– 6.11.:	1682	Achtel
1651, 31.5.– 9.12.:	1375	"	1658, 8.5.–19.11.:	1774 ¼	"
1652, 1.5.– 6.11.:	1505 ½	"	1659, 10.5.–31.10.:	1909 ½	"
1653, 8.5.–10.12.:	1814 ½	"	1660	2085 ½	"
1654, 19.5.–27.11.:	1541 ½	"	1661	1650	"
1655, 12.5.–29.10.:	1581	"	1662	1583 ½	"
1656	1971	"	1663, 6.5.–30.10.:	1453	"

Im Zeitraum von 14 Jahren lieferte demnach die Saline 23.426 ¾ Achtel Salz.
Bedeutsam war für Malapert die Neuentdeckung einer Salzquelle am Gemeindefahrweg vor Soden nahe dem Obertor zwischen dem alten Siedhaus und den Gradierbauten des Altwerks (Quelle Nr. VIc oder d[44]) im Sommer 1675. Schon seit längerem hatte sich dort immer wieder eine Pfütze gebildet. Ein Salinenarbeiter machte Malapert darauf aufmerksam. Er ließ dort nachgraben und stieß auf eine Salzquelle, deren Wasser den beiden am Weinberg der Alten Burg und im Dorf Soden gelegenen Salzbrunnen in nichts nachstand. Malapert bat den Frankfurter Rat, ihm behilflich zu sein, daß »eine gleichsam miraculose (auf wunderbare Art) von Gott aufgedeckte und zugeteilte accessorische (zusätzliche) merkliche Gabe cultiviert und zu nützlichem Gebrauch gebracht werden kann«.
Der Neuenhainer Keller Jakob Bonn meldete die Entdeckung sofort seinem Kurfürsten Damian Hartard von Mainz mit dem Bemerken, daß das Zehntsalz bei Ausnutzung dieser Quelle vermehrt werden könnte. Wenn der Kurfürst es billige, wäre Malapert darauf bedacht, die Quelle noch vor dem Winter fassen zu lassen. Im November erging mit der Zustimmung die Anordnung, Bonn solle die Quelle untersuchen lassen und über deren Salzgehalt berichten. Das Ergebnis der Prüfung kennen wir nicht. 1677 war man jedenfalls mit der Erschließung der Quelle nicht weitergekommen. Am 18. Februar wurde in einem kurmainzischen Bericht noch einmal daran erinnert, daß »die im Fahrweg allernächst bei dem Salzgebau entstandene neue Salzquelle–welche weit besser und stärker von Salz als die alte–zu besichtigen und dabei zu beobachten, wie dieselbe etwa zu des Kurfürsten Besten und Nutzen aufgeführt und in Gang gebracht werden möge«.

Malaperts Interesse an der neuen Quelle, wie auch das von Kurmainz, erlahmte gar bald angesichts der hohen Kosten. Außerdem mußte er umfangreiche Ausbesserungsarbeiten an der Saline vornehmen lassen. Ein Sturm hatte im Februar 1678 zwei Gradierbauten umgeworfen, ebenso ging es im August mit einem großen Kastenbau, zusammen 440 Werkschuh (etwa 130 m) lang. Der Wiederaufbau verursachte hohe Kosten. Erst nach 15 Monaten konnten die Bauten wieder in Betrieb genommen werden. Auch eine baufällige Scheune wurde gleichzeitig erneuert. Auch an den übrigen Salinengebäuden waren Reparaturen erforderlich. Anstatt um einen Zehnterlaß einzukommen, erbat sich Malapert 60 bis 70 Eichenstämme aus dem kurmainzischen Wald am Hinterstaufen (Glaskopf). 70 Eichenstämme wurden ihm 1680 zur Beseitigung der Sturmschäden an der Saline gewährt.

David Malapert starb im Jahre 1689. In seinem Testament vom 28. Juni 1689 sind sämtliche Gebäude und Einrichtungen der Saline aufgeführt : zwei Brunnenhäuser, ein neues und ein altes Wohnhaus, Scheunen, Stallungen, zwei Siedhäuser und die Gradierbauten. Der Wert des Salzwerks betrug damals 26.000 Reichstaler. Zu seinem Besitz gehörte auch das 1654 gekaufte Haus »Zum Pelikan« am Kleinen Hirschgraben in Frankfurt a. M. Ein Salzvorrat im Wert von ca. 2.334 Reichstalern war in einem Gewölbe des nahegelegenen Weißfrauenklosters gelagert, von wo aus auch der Verkauf betrieben wurde. Nach Abzug aller Schulden hinterließ David Malapert ein Reinvermögen von 27.350 Gulden.[45]

8. Maria de Spina, Besitzerin der Saline von 1689–1715 — Dr. Petrus de Spina

Nach dem Testament David Malaperts war seine Tochter Maria de Spina, geb. Harvilly genannt Malapert, Witwe des Dr. med. Petrus de Spina, Erbin der Saline, hatte aber noch die Erbteile der Miterben abzutragen. Zum Administrator hatte David Malapert seinen Enkel Dr. med. Petrus de Spina, gleichen Namens wie sein Vater, bestimmt. Die auf der Saline lastenden Schulden von 24.000 Gulden zugunsten der anderen Erben konnte er trotz der Wirren des Pfälzischen Erbfolgekrieges innerhalb von zehn Jahren abtragen. Am 7. April 1700 ging des Salzwerk in den alleinigen Besitz von Maria de Spina über.[46]

In den Jahren 1690/91 galt es, einen Angriff auf das Privileg des Salzwerkes abzuwehren. Der Kammerrat Christian Friedrich Reichhelm hatte von der 1675 entdeckten Quelle erfahren. Er plante diese zu nutzen und wußte die kurmainzischen Räte für seine Vorstellungen zu begeistern. 600 Gulden jährliche Pacht stellte er diesen in Aussicht. Ende Mai 1691 besichtigte er das Objekt seines Industrieplanes. In Höchst wollte er zwei oder drei hohe Öfen zur Eisenerzerzeugung bauen lassen. Weil nun diese Öfen »in continuirlicher Flamme brennen müssen, die nicht vergeblich in die Luft gehen soll« will er die Wasser der neuen Quelle in Soden und auch noch anderer dort befindlicher Quellen, die er aufgraben lassen will, in Röhren nach Höchst leiten und durch diese Feuer Salz sieden lassen. In das Unternehmen will Reichhelm selbst 20.000 Reichstaler investieren. Kurmainz genehmigte den Plan. Reichhelm begann mit dem Ausbau der Quelle VIc/d. Erst jetzt protestierte Frankfurt mit dem Hinweis, daß es allein Sache des Salzwerkbesitzers sei, in Soden neue Quellen zu suchen und zu nutzen. Man wies auch auf den zu geringen Salzgehalt der Quelle hin. Anfang Oktober 1691 entschied sich dann Kurmainz gegen Reichhelms Plan, da die Juristen nach eingehender Prüfung der Rechtslage der Regierung abgeraten hatten, den Plan weiter zu verfolgen. Die Unkosten für den begonnenen Ausbau zahlte Ende 1692 die Mainzer Staatskasse, 499 Gulden (Farbtafel VI).

Interessant ist der Vorgang auch, weil der Beschwerde der Stadt Frankfurt vom 8. August 1691 eine farbige Zeichnung beigefügt war mit dem Titel »Ohngefehrlicher Entwurf der Saltzfactorey bey Soden. 1691, 1. August«. Diese zeigt vereinfacht die Gebäude und Einrichtungen des Neuen und Alten Werkes zwischen Soden und dem Weinberg ›Alte Burg‹ (Burgberg). Die neue Quelle ist zwischen den nördlichen Gradierbauten des Alten Werks und dem alten Siedhaus, links der »Landstraß«, die von Soden nach Sulzbach und Kronberg führt, eingezeichnet.[47]

Ärger hatte Petrus de Spina auch mit dem Salzgegenschreiber, dem Sodener Schultheißen Johann Niklas Rudolff, der entgegen der zwanzigjährigen Praxis im April 1690 von Kurmainz eingesetzt worden war. Er sollte im Auftrag der Regierung die Zehntrechnung und Zehntablieferung kontrollieren. Seine Bezahlung aber mußte die Saline übernehmen, 100 Gulden in bar und freie Wohnung. De Spina als »des sämtlichen David Malapertischen Sterbehauses verordneter Administrator«, protestierte gegen diese Maßnahmen. Es seien schon vier oder fünf Bediente da, die das herrschaftliche Interesse vertreten würden. Das Werk vertrage nicht zu viele »salarirte Bediente«. In dem Erbleihbrief von 1605 finde sich nichts über diesen Posten vermerkt. Durch die neuen Kosten für den Gegenschreiber seien die Rentabilität und auch die Schuldentilgung gefährdet.

Die Proteste de Spinas verschoben zwar den Amtsantritt des Gegenschreibers Rudolff, konnten ihn aber nicht verhindern. Am 27. September 1690 betätigte er sich erstmals bei einer Salzlieferung. Im Frühjahr 1691 beschwerte sich de Spina über den Gegenschreiber. Er nennt Rudolff einen boshaften, passionierten Mann, der das Werk schädige, schmähe, verleumde, die Bedienten beschimpfe und sie an ihrer Ehre kränke, seiner Mutter böse zusetze. Er lege Einquartierung ins Werk, obwohl dasselbe davon befreit sei und einen Schutzbrief besitze. Nur mit Mühe konnte de Spina Freveltaten der Soldaten verhindern, so z. B. daß sie beim Fischestehlen nicht den Stauweiher abgruben, dessen Wasser das Druckwerk der Pumpen treibt. Rudolff hatte diese Tatsache den Soldaten verschwiegen und gesagt, das Gewässer sei ein Fischweiher der Gemeinde. Der mit der Überprüfung der Beschwerden de Spinas beauftragte Zollschreiber von Höchst, Peter Bonn, hielt sie für begründet. Der Schultheiß Rudolff sei ein leidenschaftlicher Hasser des Salzwerksbesitzers. Er riet, Rudolff zu ersetzen, was wohl auch geschehn ist.

Der Streit war wohl auch der Anlaß für eine Vereinfachung der Zehntablieferung. De Spina wollte statt der Meß- und Lieferumstände einen festen Satz abgeben. Der Zehntertrag schwankte von 1683–1692 zwischen 46 und 78 Malter, im Durchschnitt also 63 Malter. Die Kurmainzer Hofkammer schlug eine Jahreslieferung von 65 Malter Salz zu 4 Simmern nach Frankfurter Maß vor. Im April und Mai 1694 schloß de Spina mit Kurmainz und Frankfurt Pachtverträge auf sieben Jahre ab. 1701 wurden die Verträge auf weitere sieben Jahre verlängert, die Salzmenge aber auf 66 Malter erhöht. Auf Antrag konnte diese Menge in Fällen höherer Gewalt und Mangel an Wasser und Brennholz herabgesetzt werden. Diese Vereinbarung wurde noch mehrmals verlängert.

Im Werkbuch des Zimmermanns und Baumeisters Johann Henrich Reiff von Soden ist ausführlich der Auftrag verzeichnet, den dieser wohl von Petrus de Spina im Jahre 1705 erhalten hatte, einen Brunnen für Solewasser neu zu fassen und herzurichten. Auch die

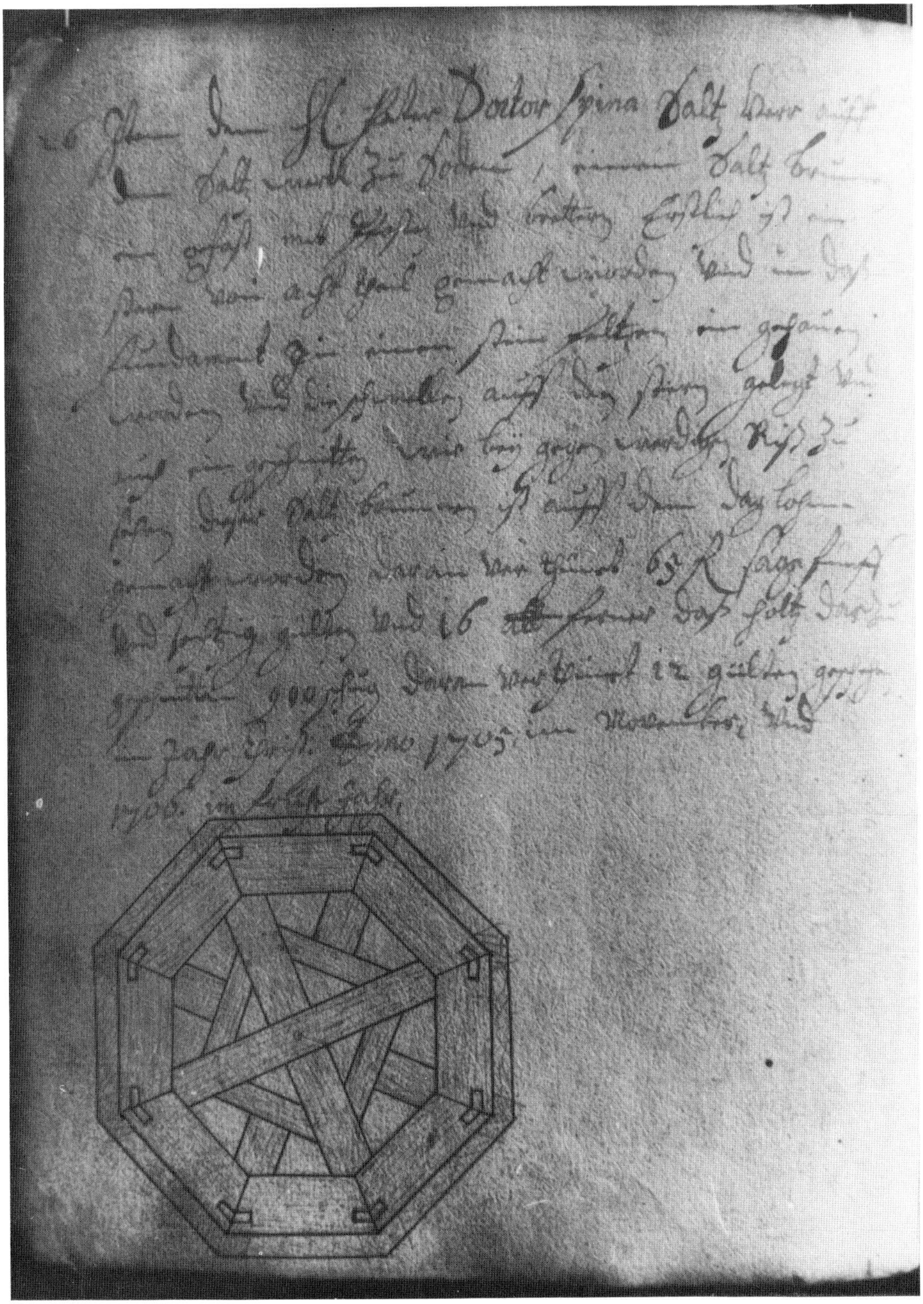

Seite 26 aus dem Werkbuch des Zimmermanns Johann Henrich Reiff mit der Beschreibung des Auftrags für »Dr. Spina Saltz Herr auff dem Saltz werck zu Soden«, einen Salzbrunnen zu fassen, aus dem Jahre 1705 mit dem Riß des Brunnens

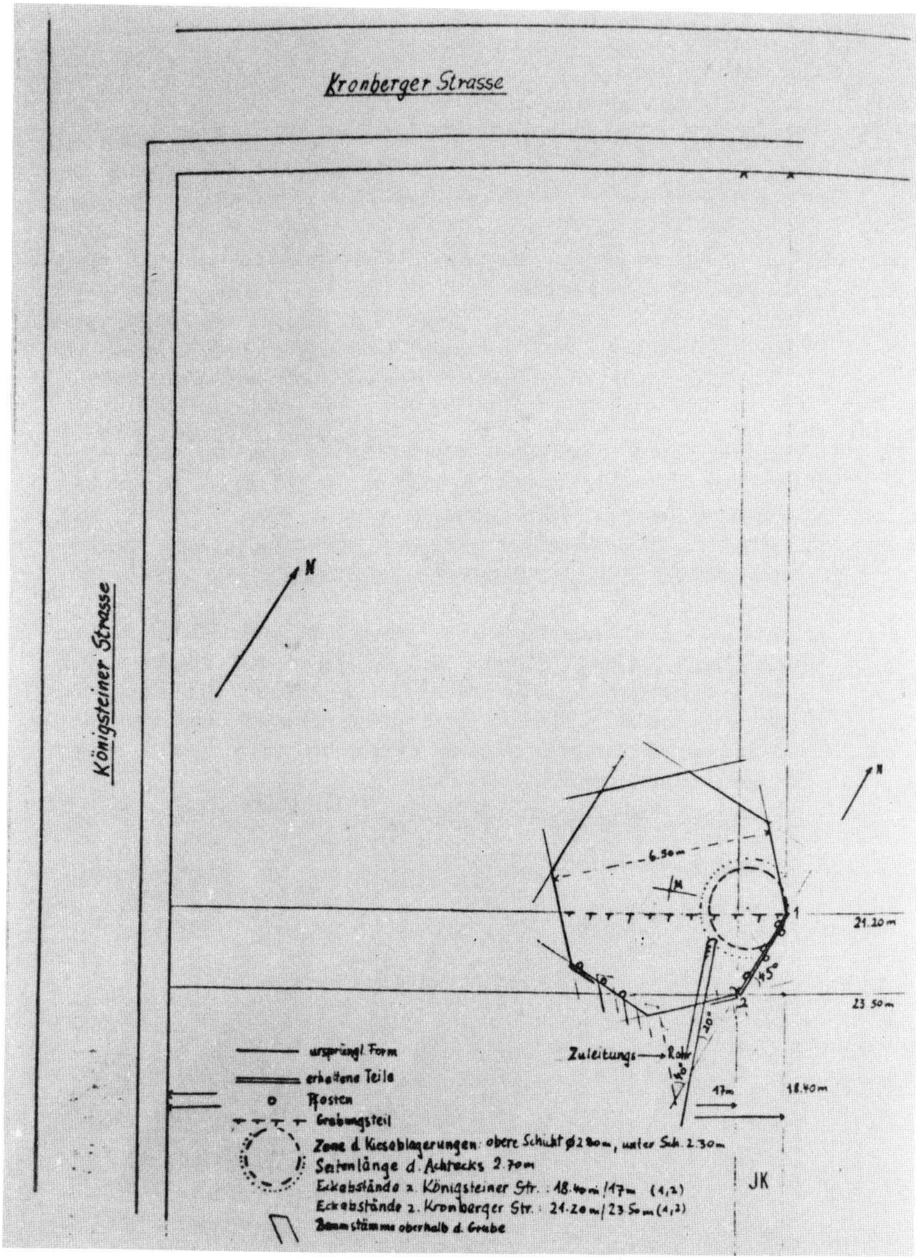

Situationsplan der Grabungsstelle an den Cityarkaden mit der Brunnenanlage von 1705 und der Anlage aus römischer Zeit (Kreis)

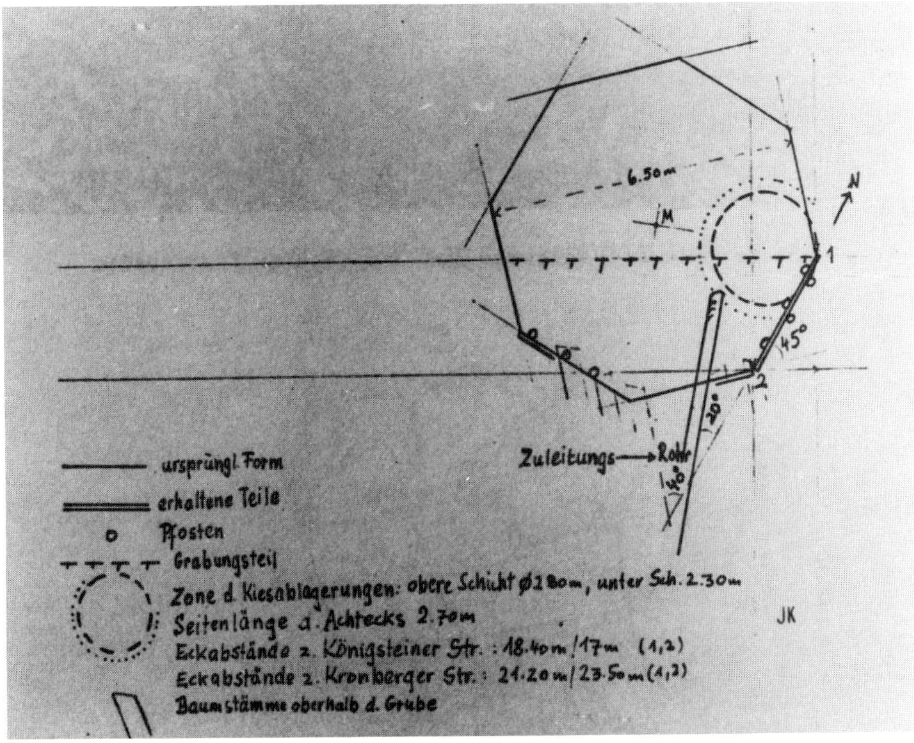

Situationsplan der Grabungsstelle an den Cityarkaden
Ausschnitt: Brunnenanlage von 1705 und Anlage aus römischer Zeit (Kreis)

Konstruktionszeichnung ist in dem 1703 angefangenen Werkbuch wiedergegeben. Der Text, Nr. 26 des Werkbuchs, lautet in heuiger Schreibweise:

»Item dem Herrn Peter Doctor Peter Spina Salzherr auf dem Salzwerk zu Soden, einen Salzbrunnen eingefaßt mit Pfosten und Brettern. Erstlich ist ein Stern von acht Teilen gemacht worden und in das Fundament zu einem Steinfelsen eingehauen worden und die Schwellen auf den Stern gelegt und auch eingeschnitten, wie bei gegenwärtigen Riß zu sehen. Dieser Salzbrunnen ist auf den Taglohn gemacht worden, daran verdienet 65 Gulden, sage fünfundsechzig Gulden und 16 Albus, ferner 900 Schuh (1 Quadratschuh = ca. 809 cm^2) Holz dazu geschnitten, daran verdienet 12 Gulden. Geschehen im Jahr Christi Anno 1705 im November, und 1706 im Frühjahr.[48]

Diese Brunnenanlage ist mit großer Wahrscheinlichkeit mit jener Anlage identisch, die bei der Grabung des Arbeitskreises für Bad Sodener Geschichte im Mai 1986 in der Baugrube des Gebäudes der City-Arkaden aufgefunden wurde. Die dort in achteckiger Anordnung angetroffenen Bohlenbretter mit einer Seitenlänge von 2,70 m hatten dieselben Maße wie sie in der Zeichnung festgelegt waren. Auch die dendrochronologische Untersuchung eines Pfostenstückes der Bohlenwand bestätigte, daß diese Anlage kurz nach dem Jahre 1700 gefertigt worden sein muß.[49]

In der Nacht vom 26. zum 27. Februar 1714 verursachten ein Sturm und ein Erdbeben schwere Schäden an der Saline. Besonders in Mitleidenschaft gezogen wurde das Altwerk. Vier der fünf Kastenbauten mit einer Länge von 520 Werkschuh (= 148,5 m) wurden aus den Fundamenten gerissen und umgestürzt, die übrigen, nach dem Sturm von 1678 neu erbauten, so schwer beschädigt, daß sie neu verankert werden mußten.

Maria de Spina erbat vom Frankfurter Rat für die Wiedererstellung der Leitungsröhren »eine gute Anzahl Tannen- oder Förlenstämme unentgeltlich aus dero Tannenwald«. Der Neubau der Kastenbauten sollte auf einem breiteren Fundament erfolgen, da die einzelnen Bauten für ihre Höhe viel zu schmal waren. So sollten die Fundamente auch 7–8 Schuh weiter zum Gemeindeweg hin gerückt werden. Hierfür mußte die Salinenbesitzerin die Genehmigung einholen. Von Kurmainz erbat sich Frau de Spina 80–100 Eichenstämme, »deren einige Tausend in Euer Kurfürstlichen Gnaden nächstgelegenen Waldungen als Windfall liegen«. Das Salzwerk umfaßte damals Kastenbauten von einer Gesamtlänge von 2.380 Schuh (= 680 m), davon waren 856 Schuh (= 245 m) vom Sturm eingerissen oder beschädigt worden.

Gemeinsam mit dem Frankfurter Landamt besichtigte der kurmainzische Hofkammerrat Ittner am 12. Juni 1714 die umgestürzten Salzkasten und stellte fest, daß das Herausrücken der Kastenbauten zum Gemeindeweg hin ohne weiteres erlaubt werden konnte, da auch dann der Platz noch nicht völlig bebaut werden würde. Auf einem den Gemeinden Soden und Sulzbach gehörenden Geländestück am Rande der Saline, das »bisher nur eine retirade für Bettler und Landstreicher gewesen«, wollte Frau de Spina einen weiteren Salzkasten errichten. Im Tausch für diesen Platz wollte sie ein Stück Land geben, wo früher das alte Siedhaus gestanden hat. Dieser Platz nahe dem Sodener Tor war zum Weiden viel bequemer zu erreichen. Die Kommission beschloß, die Gemeinden anzuhalten, in diesen Tausch zur »Beförderung der herrschaftlichen Interessen und des gemeinen Besten« einzuwilligen.

Dem Bericht des Frankfurtetr Landamtes vom 31. Juli 1714 wurde eine Grundrißzeichnung des Altwerks mit Maßstab beigefügt. In der Legende dieser Zeichnung finden wir eine Reihe von Angaben, die wichtige Hinweise über das Altwerk enthalten (Farbtafel VII):

A Die Sültz zur Soder Terminey gehörig
B Die 4 umbgeschlagenen Kastengebauen von 540 Schuh laeng
C Der noch stehende Kasten an dem Weinberg
D Die alte Burg genannt
E Das Brunnenhaus mit dem Brunnen
F Der Solsquellen darin
G Die Neue gegrabene Quelle stößet an der einen Seite an die Solmische Wießen H
J Die Quell im Weg davon der ablaufende mit K bezeichneten gemeinen Weg verdiebt so nach der Pforten gehet
L Der Plat(z) wo der Schlagbaum gestanden so die Soder Terminey von denen freyen Alimenten geschieden
M ein klein Baumstück worin die Brunnenstube
N zum Saltzwerk gehörig
O Noch 2 Baumgärten zum Saltzwerk gehörig auf die Sülz und den Weg stehend
P Ein Fußpfad auf das alte Werk zwischen gedachten Gärten und Sülz gehend
Q Eine große Wießen so Hatzsteinisches Gut ist und einigen Baueren zugehörig

Grabplatte der Frau Maria de Spina († 1715) in der evangelischen Kirche Bad Soden, 1958 bei der Renovierung der Kirche aufgefunden

R Den Platz worend das alte mit S gezeichnete Sudhaus gestanden, so mann gegen dem eck T worauf der neuwn Kasten
V und dem nächsten am Soder Dorf gelegenen Baukasten(?) verknüpfen will
W Das Soder Tor
X Der Ablauf vom Weyerwasser
Y ein Brücke über diesen Bach
Z Ein Fußpfad
Maße bei R und S: 51 Schuh lang;
der Platz ist 174 Schuh lang und 30 Schuh breit

Anfang August 1714 ersuchte Frau de Spina noch einmal um Zehntnachlaß. Sie wies auf die große Hitze und den großen Salz- und Süßwassermangel hin, da ohne den Bach das Salzwasser nicht aus den Brunnen heraufzubringen war. Deshalb mußte sie schon zweimal das Salzsieden acht Tage einstellen.

Erst 1719 war der Wiederaufbau der Gradierbauten im Altwerk bis auf einen Kasten bewerkstelligt. Die Fertigstellung erlebte Frau de Spina nicht mehr. Sie war bereits 1715 gestorben. Sie wurde in der evangelischen Kirche von Soden begraben. Ihre Grabplatte aus Sandstein, 2,40 m x 1,20 m groß und 0,15 m stark, wurde bei Instandsetzungsarbeiten in der Kirche 1958 gefunden. Sie lag unter den Steinplatten des Altarraumes und deckte das vor dem Altar liegende Grab. Sie wurde an der südlichen Ostwand des Kirchenschiffes aufgestellt. Die Inschrift der Platte lautet:

HIER/LIEGT BEGRABEN/DIE/HOCHEDELGEBOHRENE FRAU/MARIA VON HARVILLY GENAND MALAPERT/GEBOHREN ZU FRANCKFURT AM MAYN/ MDCXXXVI DEN XXIII MAY (= 23. Mai 1636)/PETRI DE SPINA HERR VON GROSENHAIBACH/UND MENGWEHR/WITTIB/IST IN DEM HERRN SEELIG VERSCHIEDEN/AUF IHREM SALSWERK/ALHIER ZU SODEN/MDCCXV DEN XXII SEPT (= 22. September 1715).

Sechs Wappen zieren die Platte, in der Mitte das Allianzwappen der Eheleute de Spina – Malapert, in den Ecken die Wappen der Ahnen von Harvilly (Malapert), du Fay, de Huybert und von von Hecy.

9. Die Saline zur Zeit der Geschwister de Spina

Maria de Spina hatte die Saline ihrem Sohn Dr. med Petrus de Spina, der wie sein Vater den Posten eines niederländischen Ministerresidenten in Frankfurt bekleidete und bereits seit 1689 die Salinengeschäfte führte, und ihrer Tochter Maria Magdalena vererbt. Der zweite Sohn erhielt ein Kapital, das auf der Saline stand und mit 4 % verzinst wurde. Maria Magdalena de Spina wohnte in Frankfurt im Haus »Zum Pelikan« und überwachte dort den Salzverkauf[50], der ab 1724 rückläufig war. Kurmainz förderte damals vor allem die Orber Salzproduktion und hatte außerdem den Vertrieb in seinem Territorium dem Frankfurter Handelsmann Moses Löw Isaak verpachtet. Dessen Salzfaktorei in Königstein übernahm zugleich die in die Neuenhainer Kellerei eingelieferte Zehnthälfte von Kurmainz und verkaufte das Salz weiter an die Bevölkerung, was dem direkten Salzverkauf der Saline großen Abbruch tat.

Immer noch bereitete die Beschaffung von Brennholz Schwierigkeiten. Durch Mißwirtschaft in den Marken waren viele Wälder im Taunus ruiniert worden. Um den mittlerweile zur Gewohnheit gewordenen Raubbau zu unterbinden, wurde der Holzeinschlag und -verkauf durch herrschaftliche Verbote eingechränkt. Das mußte sich auch auf den Salinenbetrieb auswirken. 1723 z.B. konnte die Saline erst einen Monat später mit der Salzproduktion beginnen und mußte auch schon einen Monat früher aufhören. Auch während des Betriebes mußte das Werk zeitweise die Arbeiten unterbrechen. Petrus de Spina erhielt trotz seiner Bitten keine Unterstützung von Kurmainzer Seite. Man wies nur auf die Verträge von 1617 und 1656 hin, die keinerlei Verpflichtung für Kurmainz zur Holzlieferung enthielten. Nur kurze Zeit ermäßigte es den Zehnten »um ein gewährt« und ab 1725 wurde der Zehnte wieder, wie vor 1695 üblich, nach dem tatsächlichen Ertrag bemessen. Frankfurt lehnte 1724 jegliche Hilfe ab. 1732 beklagte sich de Spina darüber, daß er in Höchst Wasser- und Landzoll bezahlen sollte, obwohl ihm Frankfurt für das Material zum Bau eines neuen Siedhauses Zollfreiheit gewährt hatte. Auch eine Salzzehntkammer wollte er neu errichten und bat deshalb um die kostenfreie Genehmigung zum Fällen von sechs oder sieben Eichenstämmen.

Auch 1739 kam es zu Behinderungen Sodener Salzfuhren nach Frankfurt durch kurmainzische Zöllner. Johann de Spina, Reichsfreiherr von Großenhagen, Obrist und Kommandant des Dillenburger Schlosses, beschwerte sich im Namen aller de Spina'schen Erben über die Zollforderungen der Zöllner in Sossenheim und Schwalbach. Auch hatte man einen Salzwagen »zu größter Beschimpfung durch einen Schweinehirten« im Feld angehalten und dem Fuhrmann mit Beschlagnahmung des Wagens und der Pferde gedroht.

David de Spina, 1662 geboren, einer der Salinenherrn, starb 1740 in Soden. Seine Gedenktafel, die gleichzeitig an seine Mutter Maria de Spina erinnern sollte, hängt über der südlichen Außentür im Chor der evangelischen Kirche von Soden. Das Familienwappen mit dem Wappenspruch »DECUS ET TUTAMEN« – »ZIERDE UND SCHUTZ« ist auf der ovalen Holztafel zu sehen, dazu die lateinische Inschrift: »GENEROSISSIMI VICI DAVIDIS LIBERI BARONIS DE SPINA AB HAGA MAJORE AD LATUS MATRIS CINERES MORS IUNXIT ET OSSA ILLA TEGIT * TUMULUS FAMA FIDESQUE MANENT * OBIIT IN SALINIS AETAT. LXXVIII ANNO MDCCXL.«

Zu deutsch heißt dies:»Der Tod hat die Aschen des hochedlen Freiherrn des Dorfes David de Spina von Großenhagen an der Seite der Mutter vereint und deckt jene Gebeine. * Das Grab und der treue Nachruhm bleiben * Gestorben auf der Saline im Alter von 78 Jahren im Jahre 1740.«

Bereits im folgenden Jahr am 14. November 1741[51] starb sein älterer Bruder Petrus de Spina im Alter von achtzig Jahren. Fünf Jahrzehnte hatte er die Salinengeschäfte geleitet, ab 1689 im Namen seiner Mutter, ab 1715 für seine Geschwister. Das Epitaph des Verstorbenen befindet sich an der Außenwand der neuerbauten Weißfrauenkirche in Frankfurt a. M. Es war aus der im Krieg zerstörten alten Weißfrauenkirche geborgen worden.

Die Grabinschrift lautet:

M.S. (Memoriae sacrum)	Dem Andenken geweiht
PETRI DE SPINA	des Peter de Spina
LIBERTI BARONIS	Freiherr
HAGA MAIORIS	von Großenhagen
OS(SA) RVBRO SAXO	Die Gebeine und die Asche

*Gedenktafel für den Freiherrn David de Spina († 1740)
in der evangelischen Kirche Bad Soden*

CIN(ERES) QUE SEPVLTA	werden von dem roten Stein bedeckt
LAVS PIETAS VIRTUS	Lob, Frömmigkeit, Tugend
FAMA FIDESQUE MANENT	und treuer Nachruhm bleiben
	(Farbtafel XI)

Am 30. November 1741 wurde zum Zwecke der Erbschaftsregelung eine Aufstellung aller Sodener Grundstücke der de Spinas, die zum Gutshof auf dem Salzwerk gehörten, gefertigt: 65 ½ Morgen Ackerland, 20 ½ Morgen Wiesen, 11 ¾ Morgen Weingärten auf der Alte Burg und dem Soderberg sowie 8 ¾ Morgen Gärten beim Salzwerk (Mangoldsgärten, Kleegarten, Krautgarten), drei Weiher und das Brunnenhaus im Dorf. Insgesamt umfaßte der Grundbesitz 106 ½ Morgen in einem Wert von 864 Gulden. Davon waren jährlich 7 fl 14 xer 4 Heller Schatzungsabgabe zu leisten, da das Salzwerk und der Gutshof nicht freiadelig waren, sondern »land- und oberamtsfähig« und damit den Gemeinden Soden und Sulzbach steuerpflichtig.[52]

Maria Magdalena de Spina führte das Werk bis zu ihrem Tod am 6. Januar 1745.

10. Die Saline unter der Leitung des Majors Friedrich Wilhelm von Malapert (1745 bis 1773)

Als letzte der drei Geschwister starb am 6.1.1745 Maria Magdalena de Spina, wie ihre Brüder unvermählt; David war 1740 gestorben, Petrus am 14.11.1741. Der Zweig de Spina war damit erloschen. Alleinerbe wurde der Neffe Major Friedrich Wilhelm von Malapert laut Testament von 1738. Er war ein Nachkomme von David Malapert, ehemals in hessen-kassel'schen und schwedischen Diensten, 1735 aus dem Dienst ausgeschieden.

Major von Malapert ließ 1746 das ererbte Haus »Zum Pelikan« in Frankfurt abreißen. Anstelle des spätgotischen Baues errichtete er ein Barockpalais. Der Volksmund bezeichnete das Gebäude als »Salzhaus«.[53] In der Saline wollte von Malapert einiges verbessern, um den Betrieb zu verbilligen und somit rentabler zu machen. Allein seine Pläne stießen auf den Widerstand der Gemeinden. Zuerst geriet er 1746 in Streit mit den Sodenern wegen der Beteiligung an den Einquartierungs- und Kriegskosten. Sie wollten ihn mit einer Klage dazu zwingen. Nach langen Verhandlungen kam 1759 ein Vergleich zustande, der die Sodener Forderungen auf die Hälfte reduzierte.

Viel schwieriger war der Streit um das Wasser des aus dem Altenhainer Tal kommenden Baches. Mit dem Bau des Neuwerks waren vor 1610 drei Stauweiher im Verlauf des von Neuenhain herkommenden Niedersdorfbaches angelegt worden. Der obere Weiher, auch Fisch- oder Rabenweiher genannt — ein Mann namens Rab war dort von seinem Bruder ertränkt worden — lag im Wiesengrund an der Neuenhainer Gemarkungsgrenze, ein herrschaftlicher Weiher, für dessen Nutzung 6 oder 7 xer zu zahlen waren, der mittlere unterhalb der Einmündung der Parkstraße in die Königsteiner Straße und der dritte Weiher, der Untere- oder Froschweiher genannt, lag nahe dem heutigen Parkausgang an der

Parkstraße. Das Wasser dieser Weiher trieb zwei Wasserräder an, die bei den Salzbrunnen Nr. VI a und Nr. VII standen und die Sole aus den Quellen pumpten und aus den Wasserkästen auf die Gradierbauten hoben.[54]

Nun kam es in trockenen Sommern häufig vor, daß trotz der drei Weiher nicht genügend Wasser zur Verfügung stand, die Wasserräder und Pumpen zu betreiben. Dann mußte der Salinenbetrieb stillgelegt werden. So hatten die vorangegangenen Salinenbesitzer den im Altenhainer Tal fließenden Bach zum Treiben eines Schöpfrades im Ort bei der Quelle IV genutzt, um so die Sole zur Saline führen zu können. Major von Malapert faßte den Entschluß, den Ablauf seines im Altenhainer Tal gelegenen Weihers durch ein Wehr fassen zu lassen und es in einem Kanal unter der Dorfstraße zum Obertor und weiter in einem Graben zum Altwerk zu leiten. So könnte der Wassermangel in trockenen Sommern behoben werden. Auf Grund des alten Wasserrechtes glaubte er, daß für diese Anlage keine Genehmigung erforderlich sei. Im November 1751 begannen die Arbeiten zum Bau des Stauwehrs. Niemand beklagte sich darüber, im Gegenteil, die Sodener arbeiteten mit und verdienten sich so Geld, das sie nötig brauchten.

11. Die Sodener Rebellion

Es war im Jahre 1752, als Ludwig Karl Hartwig »Gemeinschaftlicher herrschaftlicher Schultheiß« in Soden war, Johann Paul Gabler Oberschultheiß in Sulzbach. Anläßlich der Rügegerichtsversammlung am 26.1.1752 unter dem Vorsitz des Schultheiß Hartwig erhoben einige Sodener Widerspruch gegen die neuen Wehranlagen des Majors von Malapert. Johann Nikolaus Müller machte Hartwig schwere Vorwürfe, er gebe das Wasserrecht des Dorfes preis, ohne dafür eine Entschädigung zu verlangen. Johann Heinrich Jung gab außerdem an, es sei bei den Arbeiten am Wehr ein Grenzstein ausgeworfen worden, der nun spurlos verschwunden sei, zum Schaden der Gemeinde. Die Herrschaften in Mainz und Frankfurt hätten nicht über das Wasser zu verfügen. Dafür sei die Gemeinde zuständig.

Die beiden Wortführer der Versammlung hatten schon vorher Anhänger für ihren Protest gewonnen und eine Abordnung zum Oberschultheiß nach Sulzbach geschickt, sich über Schultheiß Hartwig zu beschweren. Der Oberschultheiß kam selbst nach Soden und machte Hartwig in der Gerichtsversammlung den Vorwurf der Pflichtvergessenheit. Hartwig hätte das Bauvorhaben von Malaperts melden müssen. Er drohte ihm mit Anzeige und Bestrafung. Außerdem veranlaßte er, daß der Einspruch ins Protokoll eingetragen wurde. Nach dem Weggang des Oberschultheißen verlangten die Anhänger Müllers, einen einmütigen Beschluß zu fassen, das neue Stauwehr einzureißen. Alles Zureden des Schultheißen und der Schöffen fruchteten nichts. Man schimpfte auf den Schultheiß, das Gericht und die herrschaftlichen Regierungen, die Mahnenden wurden niedergeschrieen. Besonders ausfällige Reden führten Johann Nickel Müller und Johannes Müller, Johannes Diehl, der »Scheppe« genannt, Johann Georg Reiff und Caspar Christian. Man faßte den gewünschten Beschluß mit Mehrheit. Alsdann zogen die aufgehetzten und erregten Männer, zu denen sich unterwegs auch Frauen und Jugendliche gesellten, zu dem Wehr und zerstörten in kurzer Zeit die Anlage. Zuerst zugegriffen hatten Nikolaus Müller, Jakob Bauer und sein gleichnamiger Sohn und Johann Nickel Sachs. Es war ein großer Tumult.

Major von Malapert beschwerte sich über diesen Ubergriff beim Oberamtmann von Bettendorf in Königstein in einem Schreiben, mündlich beim Amtmann Veit Gottfried Straub in Neuenhain. Beide wurden ihrerseits in Mainz vorstellig und beantragten eine scharfe militärische Exekution mit Einquartierung, um »den Urhebern der Empörung baldigst auf den Leib zu greifen und auch sonst mit exemplarischer Strafe zu verfahren«. Schultheiß Hartwig erhielt den Befehl, das Wehr wiederherzustellen, wogegen vor allem Niklas Müller sich stark machte, als er in des Schultheißen Wohnung sagte: »Und wenn der Kurfürst selber käme, so soll diese Wasserleitung nicht zustande kommen«.

Am 8. Februar 1752 las der Schultheiß den Befehl zur Wiederherstellung des Wehrs und zur Wiedergutmachung des Schadens in der Gemeindeversammlung vor und erregte damit den Unwillen der Gegner so sehr, daß Niklas Müller ihn einen Spitzbuben nannte, den man als Schultheiß nicht anerkennen könne. Wer zu ihm gehe, eine Klage anzubringen, dem solle der Teufel den Hals brechen. Keiner solle sich finden, das Wehr wiederherzustellen. Alle, auch der Schultheiß und die Gerichtsschöffen sollten ihre Antwort unterschreiben: »Wir wollen sehen, wer uns über unsere Bach etwas zu befehlen hat.« Müller erhielt großen Beifall. Johannes Christian schloß sich seiner Rede an: »Wer nicht mit uns halten will, dem wollen wir seinen Weg weisen. Wir müssen sein wie ein Gebund Stecken. Wenn hieraus einer gezogen wird, der soll gewiß damit getroffen werden. Schultheiß und Gericht sollen sich jetzt erklären, ob sie ihren Namen schreiben wollen oder nicht. Wer aber hier nit schreiben will, soll sein Unglück nit absehen.« Dem Schultheißen hielt er dabei die Faust unter die Nase und fuhr dann fort: »Schultheiß, euch befehlen wir, daß ihr euern Namen zuerst schreiben sollt, hier auf den Bogen Papier, daß ihr in dieser Sache nicht anders reden wollt, sondern bei uns halten!« Schultheiß Hartwig blieb bei all den Drohungen der Versammelten nichts weiter übrig, als letztlich zu unterschreiben, ebenso den Gerichtsmännern.

Am nächsten Tag berichtete der Schultheiß dem Oberamtmann, daß die Gemeindeversammlung die Wiederherstellung des Wehrs verweigert habe und daß er wie auch die Schöffen gezwungen worden seien, diesen Beschluß zu unterschreiben. Man hätte sie auf dem Rathaus fast ermordet.

Major von Malapert seinerseits berichtete über den Schaden, der ihm täglich durch das zerstörte Wehr entstehe: »Wegen des ruinierten Wassergangs muß ich täglich vier Mann anstellen und lohnen, die das Wasser, das vom Rad sonst in die Höhe geführt wird, hinaufarbeiten müssen. Sonst arbeitete das Rad auch nachts, jetzt liegt nachts alles still. Das bringt mir einen empfindlichen Schaden, zumal die Monate Februar und März zum Gradieren besonders günstig sind.«

Über die ihm durch die Rebellion der Sodener entstandenen Schäden fügte von Malapert eine Liste bei, die 16 Punkte umfaßte. Auch dies beeindruckte die Sodener nicht. Selbst als er auf eigene Kosten das Wehr und die Leitungen wiederherstellen lassen wollte, was die beiden Herrschaften ausdrücklich genehmigt hatten und er den Zimmermann Artzfeld und den Maurer Ludwig Schichtel mit den Arbeiten beauftragt hatte, vertrieben die Sodener mit Karst und Schippen die beiden Meister und ihre Gehilfen vom Arbeitsplatz, drohten, sie in den Bach zu werfen und zerstörten die angefangenen Arbeiten am 2. Mai 1752. Kurmainz und Frankfurt hatten am 25. April eine Untersuchungskommission nach Soden geschickt, die aus 8 Personen bestand, die von der Gemeinde Soden bezahlt werden mußte, was aber auf die Sodener keinen Eindruck gemacht hatte. Die «Rebellen« blieben unzugänglich und unbelehrbar, so daß am 25. Mai 1752 ein Kommando Soldaten unter dem Leutnant Firnhaber nach Soden geschickt wurde, das die Wiederherstellungsarbeiten am Wehr und den Leitungen schützte. Zehn Rädelsführer wurden verhaftet, unter ihnen Johann Christmann, Johann Georg Reiff, Johann Volpert Bockenheimer, Johann Henrich Christian, Johann Nikolaus Sachs und der Schneider Johannes Diehl, genannt der »Scheppe«, sowie Jakob Bauer sen. und jun. und Johann Henrich Jung. Johann Niklas Müller konnte sich zunächst der Verhaftung entziehen. Je zur Hälfte wurden die Gefangenen nach Frankfurt und Mainz gebracht. Eine Anzahl Bauern, die fürchteten, auch verhaftet zu werden, flohen über die Grenze ins hessische Oberliederbach. Johann Niklas Müller hatte sogar Mitte Mai eine Klageschrift an das Reichskammergericht in Wetzlar durch einen Juristen eingereicht. Er und ein Johannes Müller wurden als Zeugen über die Sodener Vorgänge dort verhört. Am 20. Juni 1752 aber wurde auch er aufgegriffen und in Haft genommen.

Jeder Tag, an dem das Kommando Soldaten in Soden bleiben mußte, kostete die Einwohner Geld und Lebensmittel. Schon am 6. Juni 1752 richtete die Gemeinde Soden ein Schreiben an den Frankfurter Rat, in dem ihre Klagen vorgebracht wurden: »Äußerster Notstand, Kummer, Jammer, bitteres Elend und drückende Armut nötigen uns zu dieser Bitte. Zwei unserer Gemeinsmänner, in Mainz gefangen, sind aus Mangel an Lebensmitteln, auch wegen täglicher Schanzarbeit in Krankheit verfallen, und wenn sie nicht schleunigst relaxiert werden sollten, so werden sie ihren Kirchhof drunten finden, wenn es ihnen noch gegönnt wird, da sie Lutheraner sind. Unsere Weiber und Kinder schreien zu dem allsehenden Gott, denn die Feldarbeit liegt darnieder, in manchen Häusern sind 4–5 Soldaten, denen der arme Landmann Verplegung schaffen soll, da er für sich und die Seinen selbst ein Stück trockenes Brot nit hat. Wir können die harte Execution nicht weiter ausstehen. Wenn wir das Leben verwirkt haben, würde uns besser durch unsere Hinrichtung geholfen sein, als diese schrecklichen Pressuren mit Weib und Kind auszustehen. Wir haben schon auf allen umliegenden Dörfern Geld geborgt und wissen weiter keins aufzutreiben. Oder sollen wir mit Weib und Kindern an den Bettelstab gebracht werden? Will man uns nötigen, daß wir unsere gerechte Sache bei kaiserlichen und Reichsgerichten nicht weiter betreiben sollen, da doch dies einem jeden erlaubt ist, so erwarten wir einen Befehl. So werden wir blutarmen Leute uns alles gefallen lassen müssen. Denn wenn wir der Execution nicht ohne Verzug entledigt werden, so müssen wir Weib und Kinder sitzen lassen, die weite Welt suchen und es dem lieben Gotte befehlen.«

Nach längerem Hin und Her boten die Sodener am 7. Juli ihre Unterwerfung an. Sie erklärten sich bereit, alle entstandenen Kosten zu tragen, nur um die Soldaten los zu werden. Die Kosten setzten sich wie folgt zuammen: Die Kommission war vom 23.4 bis zum 18.5.1752, also 26 Tage in Soden und zum Abschluß des Streitfalles noch einmal 1–2 Tage. Je zwei Mainzer und Frankfurter Kommissare erhielten täglich 6 Gulden, je ein Beamter 4 Gulden, je ein Sekretär 3 Gulden Diäten. Die Gebühren für die veröffentlichten Beschlüsse und Dekrete, für Quartier und Vorspann und andere Nebenkosten kamen hinzu. Nach den Akten kamen 1.070 Gulden zusammen. Dazu kamen dann noch die Ernährungs- und Löhnungskosten für die Soldaten. Jeder Soldat erhielt täglich 2 Batzen bar, der Leutnant 1 Gulden. Am 2. August 1752 konnte die verlangte Zahlung gegeben werden, dann erst rückten die Soldaten ab. Über die Entlassung der Verhafteten ist nichts weiter bekannt. Alle Familien mußten Geld leihen, um ihren »Kommissionskostenanteil« bezahlen zu können. So betrug der Anteil des Johann Nikolaus Müller 1756 noch 92 Gulden.

Ob das Wehr und die Leitungen wieder aufgebaut wurden, ist nicht ausdrücklich vermerkt. Nach Aussage der Kommission unterstanden nach altem Recht alle Wasserläufe der Landesherrschaft, was die Sodener bestritten. Wie der Klageschrift von Malapert zu entnehmen ist, hatte er des öfteren Zerstörungen und mutwilligen Schaden an den Leitungen zugefügt bekommen. Unter den genannten 16 Klagepunkten ist aufgeführt, daß die Sodener öfters das Zapfengestell und die Rechen an den Weihern beschädigt oder zerstört hatten, sie hochzogen, damit die Weiher leerliefen. Sie taten dies manchmal auch, um ihre Wiesen zu wässern. Jugendliche verstopften die Wasserleitungsröhren mit Pfählen und Reisern oder schlugen Löcher in die Röhren. Im Altwerk wurden mehr als 20 Dielen mit einer Länge von 20 Schuh, die je einen Gulden kosteten, nach und nach entwendet. Im Januar 1747 hatte man Johann Friedrich Kern von Soden ertappt, wie er eine Diele in das Haus des solms'schen Gerichtsmannes Volpert Bockenheimer getragen und dafür ein Schafreff erhalten hatte. Zwei große Ilbenbäume in dem Wiesengrund hatte man einmal abgebrannt und das Stammholz weggeschleppt, jeder über 5 Gulden wert. Junge Obstbäume, Ilben- und Weidenstämme auf Salinengelände wurden häufig ausgerissen oder abgeschlagen. Ein altes Kastanienstück zerstörte man durch Abhauen der Äste, die man als Brennholz verwendete. Gartenzäune und Spalierlatten wurden umgerissen, Früchte und Gras gestohlen oder letzteres abgeweidet. Einen abgesägten Kirschbaum fand von Malapert in einem Brunnen aufgestellt. Im Brunnenhaus wurden alljährlich Fensterscheiben eingeworfen. Die Bauern stellten, um Malaperts Hühner von der Weide fernzuhalten, oftmals Wachen auf.

All diese Vorgänge zeigen, daß die Bauern nicht nur ihr Recht hatten suchen wollen, sondern auch Bosheit und Neid oft im Spiele waren.[55]

Major von Malapert führte in diesem Zusammenhang noch andere Beispiele an, um die Mentalität einiger Sodener zu kennzeichnen. Um die Gefahr aufzuzeigen, die für ihn und die Seinen gegeben war, nannte er den Fall, bei dem bei einem Streit zweier Sodener der eine mit gutem Bedacht in sein Haus gegangen sei, seine geladene Flinte geholt und den anderen damit auf der Straße erschossen habe. Er erwähnte auch den Fall, daß ein »ersäufter« Mann im Weiher gefunden worden sei, zum anderen, daß ein Stummer von Fischbach und ein Mann von Bornheim des Abends bei einem erregten Auflauf der Gemeinde totgeschlagen worden seien; des weiteren, daß Johann Nickel Müller dem Amtskeller aus bloßer Verbitterung unter respektvergessenen Schimpfworten mit der Hacke gedroht habe, ihn auf der Stelle totzuschlagen, was er, Malapert, verhindern konnte.

Wenn man auch den Unwillen von Malaperts über die Zerstörung seines Wehrs und seiner Leitungen in Betracht zieht, so muß man feststellen, daß bei manchen in der Sodener Gemeinde wohl die Besonnenheit und Selbstbeherrschung fehlte und sie sich zu Schimpfreden und übereilten, gar Untaten hinreißen ließen, nicht nur, wenn sie meinten, ihr altes Recht verteidigen zu müssen, sondern auch im alltäglichen Umgang miteinander. Die Folgen hatten oft alle Gemeindeangehörigen zu tragen, vor allem entstanden dadurch immer wieder übermäßige finanzielle Belastungen. Um die Kommissionskosten zahlen zu können, mußte die Gemeinde z. B. 1.360 Gulden leihen: 75 fl bei Johann Georg Heißen, 10 fl bei Johann Niklas Müller, 1.000 fl bei Baumeister Lipphard in Frankfurt, 125 fl sogar bei ihrem Gegner, Major von Malapert; 100 fl bei Johann Gerhard Herd, einem Frankfurter Kutscher und 50 fl bei der Kirche zu Sulzbach.[56]

An den Auswirkungen der »Rebellion« hatten die Sodener noch jahrelang zu tragen. Hinzu kam in diesen Jahren noch der Kampf gegen eine neue verordnete Gerichtsordnung. Zur Tilgung der »aufgeschwollenen Gemeinde-Interessen« wurde von jedem »Nachbar« eine Umlage erhoben, 1754 von jedem der »101 starken Nachbarschaft« 1 Gulden 30 Kreuzer, 1755 je 3 Gulden, in den Jahren 1754 bis 1756 insgesamt 862 Gulden.[57]

Auch Major von Malapert hatte höhere Abgaben zu leisten. Schon 1753 verlangte man von ihm je vier Malter Zehntsalz mehr, weil er durch die neue Wasserleitung, die also wohl fertiggestellt sein mußte, sechs Gießer einsparen konnte. Die Gradierwände waren in diesen Jahren nicht mehr mit Stroh aufgebaut, sondern mit Schwarzdornreisig, was auch eine längere Haltbarkeit mit sich brachte. Von Malaperts Hinweis auf die gestiegenen Holzpreise ließ man nicht gelten.

Im September 1764 ging es wiederum um den Bau einer Wasserleitung vom Altenhainer Tal zum ersten Leckwerk des Altwerks, da die erste Leitung im Durchmesser zu gering ausgefallen war. Wiederum soll die Leitung am gepflasterten Dorfweg entlanggeführt werden. Eventuelle Schäden will von Malapert ersetzen.

Der Kurmainzer Amtskeller Straub stimmte dem Projekt zu und wies die Gemeinde Soden an, den Bau nicht zu behindern. Wieder opponierten die Sodener und verweigerten die Teilnahme an einer Ortsbesichtigung durch eine gemeinsame Kommission, da der frühere Einspruch noch nicht entschieden sei. Die Beamten aus Mainz und Frankfurt aber sahen den Bau der Leitung nicht als »novum«, sondern als »continuum«, also nur als eine Fortführung des alten Kanals. Der Plan sollte, da kein größerer Schaden zu erwarten sei, genehmigt werden. Die Genehmigung wurde vom Oberamt am 6.10.1765 erteilt. Das Frankfurter Landamt hingegen unterstützte nunmehr die Sodener und meldete im November 1765 Vorbehalte an. Begründet wurden diese mit der Schadloserklärung von Malaperts gegenüber der Gemeinde Soden. Weitere Nachrichten fehlen.

1773 starb Major von Malapert. Erbe und Nachfolger wurde Friedrich Wilhelm Freiherr von Malapert genannt Neufville. Er nahm den alten Plan von 1764 noch einmal auf, denn die große Hitze und Trockenheit im Sommer 1793 machte die Wasserversorgung aus dem Altenhainer Tal noch dringlicher. Auch diesmal scheiterte der Plan am Sodener Einspruch und an der hohen Forderung eines Grundzinses von 50 fl jährlich für das zu übernehmende »Dauer-Servitut«. Die Sache blieb liegen. Die »Sodener Rebellion« und ihre Folgen haben die Gemeinden Soden und Sulzbach noch jahrelang beschäftigt. 1748 hatte Major von Malapert gegen die Gemeinden geklagt, da sie die Schuld von 1624 noch nicht bezahlt hatten, 465 und 480 Gulden, nach der 1624 üblichen Frankfurter Währung, nach der 1 Taler gleich 1 fl 30 xer war, nicht nach der zur Zeit gültigen Währung, nach der 1 Taler gleich 2 fl 24 xer gerechnet wurde. In einem Urteil des Oberamtes Königstein und des Landamtes in Frankfurt vom November 1751 waren beide Gemeinden zur Zahlung der höheren Summe aufgefordert worden. Am 31. Mai 1755 erhielten die beiden Orte, da die Schuld noch immer nicht bezahlt war, wieder eine militärische Exekution von Kurmainzer und Frankfurter Soldaten. Dagegen legten die beiden Gemeinden durch den hessischen Legationsrat Carl von Moser Beschwerde beim Reichskammergericht ein mit der Maßgabe, das Geld so lange deponieren zu wollen, bis man sich über den Kurs geeinigt habe.

Das Reichskammergericht befahl die Zurückziehung der Exekution. Dem wurde Folge geleistet, aber der Oberamtmann in Königstein ließ des öfteren Holzfuhren, Pferde, Ochsen, Geschirr und Wagen der beiden Gemeinden pfänden und zur Deckung der rückständigen Exekutionskosten verkaufen. Nach einer erneuten Exekution gaben die Gemeinden nach und akzeptierten den höheren Talerkurs, wodurch die Schuld auf 1.771 Gulden 50 Kreuzer anstieg. Am 3. September 1756 wurde die Summe von 933 Gulden 20 Kreuzer von Sulzbach an Herrn von Malapert ausbezahlt, 826 Gulden 20 Kreuzer von der Gemeinde Soden.[58]

Der kurmainzische Salzzehntanteil, der bisher in das Salzmagazin in Königstein gebracht worden war, mußte ab 1. Januar 1765 dem Salzmodiator (= Salzerheber) der Erzstift'schen Salzwerke, dem kurfürstlichen Rat Johann Martin abgegeben werde. Ausgenommen davon waren 6 Achtel 3 Simmern 2 Sechter Besoldungssalz für die Kellerei in Neuenhain. Damals erhielten der katholische Pfarrer Habe 2 Simmern, der Keller 2 Achtel, der katholische Schulmeister 1 Simmer, der Oberamtmann in Königstein 2 Achtel, die Königsteiner Kapuziner 1 Achtel, der Hofbeständer zu Sulzbach 1 Achtel und die Bäcker für das Neuenhainer Brot 2 Sechter Salz.

1 Malter Salz hatte nach einem Gutachten der neuen Orber und Wisselsheimer (bei Bad Nauheim) Salinen-Admodiations Societät vom Januar 1768 zwischen 129 und 134 Pfund.

1772 und 1774 beschwerte sich der Direktor dieser Gesellschaft über das schlechte Messen und die Minderwertigkeit des meist schwarzgrauen Zehntsalzes in Soden. Er wollte die Qualität des Salzes einige Tage vor der Ablieferung vergleichen. Zu diesem Zwecke sollte der Keller von Kronberg zwei Gescheid Salz kaufen lassen. Keller Großmann berichtete am 23. November 1774 über diesen Vorgang. Unter drei Salzmagazinen konnte der Beauftragte des Direktors sein Salz auswählen. Die Salzablieferung wurde durch Fronfuhren der Neuenhainer vorgenommen, jedoch nur wegen einem »grassierenden Viehhinfall« bis zur Neuenhainer Grenze nach Königstein zu. Von dort mußten die umliegenden Müller das Salz in das Magazin der Königsteiner Faktorei fahren.

1775 reklamierte der Direktor noch einmal die Salzlieferungen. Er gab ein Minus von 1.000 Pfund an. Darüber hinaus erbat er zwei Salzmesser. Auf keinen Fall sollten die Salinenangestellten beim Salzmessen mithelfen.

12. Der Sodener Salzstreit

Seit 1773, dem Tode des Majors von Malapert, war Friedrich Wilhelm von Neufville, Freiherr, des Heiligen Römischen Reiches Ritter, Königlich Preußischer wirklicher Kammerherr, Kapitular zu Minden, Leiter der Saline zu Soden. Major von Malapert hatte keine Söhne. Sein Erbe von 132.500 Gulden war je zur Hälfte an seine Tochter Maria Magdalena und ihre Kinder aus der Ehe mit Peter Friedrich von Neufville gegangen, zur anderen Hälfte an seine Tochter Marianne von Bienenthal. Bedingung für den Salinenbesitz für Friedrich Wilhelm von Neufville war, daß er Wappen und Namen der Familie Malapert, die in Frankfurt keine Nachkommen hatte, »zu ewigen Tagen« führen mußte. Seit damals nannten er und seine Nachkommen sich »von Malapert genannt von Neufville«.[59] Für ihn war es keine leichte Aufgabe, die hohen Abfindungssummen für seine Schwester und die Familie von Bienenthal innerhalb der gesetzten Frist von zehn Jahren abzutragen.

Im Jahr der Übernahme der Saline hatte er sich und seine Schwester Margareta Wilhelmina von Anton Wilhelm Tischbein malen lassen.

In die ersten Jahre des neuen Salzherrn fiel auch der sogenannte »Sodener Salzstreit« (1774–1776).[60] Sein Verlauf ist hier in der von Rektor Frischholz geschilderten Form wiedergegeben.[61]

Nach dem Brauch der Zeit hatte der Besitzer der Saline den Zehnten zu entrichten. Da beide Herrn an diesem beteiligt waren, fiel die Hälfte an Frankfurt, die andere Hälfte an Kurmainz. Je mehr Salz produziert und abgesetzt wurde, um so mehr fiel zum Nutzen der Verwaltung an die Kassen der beiden Staaten. Die Salzproduktion und der Vertrieb waren monopolisiert, und eine scharfe Aufsicht wachte über den rechten Gebrauch. Dazu kam, daß der Salzpreis vorgeschrieben war. An der Spitze der Salzwerke stand das Mainzer Salinen-Direktorium.

Die Salzpreise waren verhältnismäßig hoch und konnten nicht mit denen im benachbarten Bad Nauheim in Konkurrenz treten. Dem Salzschmuggel war damit Tür und Tor geöffnet. Im Winter 1773/74 waren sowohl in Soden als auch in Sulzbach Niederlagen Nauheimer Salzes geschaffen worden. Der durch die Hausschlachtungen hohe Salzbedarf der Bauern wurde aus diesen Niederlagen gedeckt, da sie viel billiger lieferten als die Salinen-Direktion Mainz, trotzdem die Fracht von Nauheim her und der Unternehmergewinn darauf lasteten. Dadurch wurde das Sodener Unternehmen geschwächt und Mainz geschädigt. Aber auch die Nachbarorte bezogen ihr Salz aus diesen Niederlagen — die Sulzbacher und Sodener Bauern betrieben einen namhaften und gewinnbringenden Handel. Diese Einrichtung war selbstverständlich verboten, und so wickelte sich der ganze Verkehr in der Nachtzeit ab. Es galt jetzt, diesen Handel zu unterbinden.

Die Niederlage in Soden befand sich im Hause des Christoph Jeany, und in Sulzbach war Johann Volpert Christian das Haupt des illegalen Handels. Die Verwaltung in Mainz wollte in der Nacht die Händler überraschen und die Vorräte konfiszieren. Doch die Sache hatte einen Haken. Zunächst wurde, entsprechend dem umständlichen Rechtsverfahren der Zeit, genau untersucht, ob nicht doch altes Recht den Sodenern und Sulzbachern den Gebrauch fremden Salzes gestattete. Nach der Ansicht des Sachbearbeiters in Mainz, des Hofrates Graeker, könne Soden und Sulzbach gezwungen werden, ihr Salz aus den Sodener Salinen zu entnehmen, denn es ruhe ein Verbot auf der Einfuhr fremden Salzes. Ob Soden auf sein Salz »gebannt« sei, sei fraglich. Der Referent schlug vor, den Königsteinschen Amtmann mit den Erhebungen über die Rechtslage zu betrauen, ihm aber sogleich die Ermächtigung zu geben, im Einvernehmen mit den Frankfurter Beamten die Niederlagen des fremden Salzes zu beschlagnahmen. Wenn aber Frankfurt Abstand nähme, ›wodurch der Vogel abhanden ginge‹, solle man allein vorgehen, also — selbst einen Bruch des Vertrages von 1656 nicht scheuen.

Diese Anordnung erging am 18. Januar 1774. Auf eine Anfrage berichtete der Oberschultheiß Feldmann zu Sulzbach, daß weder ein Bann auf dem Salz liege noch die Einfuhr fremden Salzes verboten sei. Wohl hätten vor 80 oder 90 Jahren Frankfurt und Mainz einen Zwang aufzuerlegen versucht, ›aber einen solchen Sturm gegen sich gehabt, daß sie es unterlassen hätten‹. Diesem Bericht fügte der Amtmann hinzu, es sei zu vermuten, daß sich die Gemeinden ›einem Gebot in Güte und ohne äußerste Strenge‹ fügen würden. Als man die Verfügung anordnete, stellte sich heraus, daß nicht Frankfurt und Mainz eine solche erlassen, sondern daß Malapert den Erlaß in einem Gesuch gefordert hatte. Der mit den Untersuchungen von Frankfurter Seite beauftrage Herr von Steitz in

Unterliederbach hatte Bedenken, eine Zwangsordnung einzuführen, ›inmaßen er gegründeten Anstand nehme, sich mit den übel gearteten Bauern dieser zwei Orte andurch obzuwerfen‹.

Im März 1774 teilte Mainz der Stadt Frankfurt mit, daß es endlich Soden und Sulzbach an das Sodener Salz bannen wolle, wie es auch in Orb und Wisselsheim geschehen sei; nur dann wolle es sich von diesem Schritt abhalten lassen, wenn die beiden Orte versprächen, in Zukunft nur Sodener Salz zu konsumieren. Frankfurt nahm sich Zeit zur Antwort. Da erließ Mainz schon am 10. März 1774 eine Verordnung an den Amtmann von Königstein, Husaren zur Beobachtung des Salzverkaufs einzusetzen.

Dieses Vorgehen verstimmte Frankfurt, und als am 10. April die Antwort auf das Schreiben aus dem März einging, sagte Frankfurt, ›wir sind mit dem Vorgehen der Bauern nicht einverstanden, aber wir sind pflichthalber nicht vermögend, unseren beiderseitigen Untertanen etwas aufdringen zu lassen, wozu unser Einverständnis nach reiflicher Überlegung nicht gegeben werden kann‹. Dieses Schreiben gab Mainz allerlei zu bedenken, und einlenkend erklärte es bald, daß der Protest der Stadt irrig sei, denn es wolle selbst nicht ohne gegenseitiges Verständis einen Bann auflegen.

Freilich bewies die Tat das Gegenteil. Bald aber kam doch eine Einigung zustande. Am 30. Mai wurde ein gemeinsames Dekret erlassen, in dem die Einfuhr von Salz bei 20 Reichstaler Strafe bzw. bei Leibesstrafe verboten wurde. Für einige Monate gab es Ruhe. Der Sommer mit seiner Arbeit ließ die Bauern nicht zum Salzhandel kommen. Als der Herbst begann, setzte auch die Salzeinfuhr von Nauheim wieder ein und brachte die Fortsetzung des Kampfes. Am 23. November 1774 teilte Mainz dem Rate zu Frankfurt mit, daß fünf Einwohner von Soden und Sulzbach je 3 Fuhren Nauheimer Salz geholt hätten und es in der Umgebung vertrieben. Der Amtmann von Königstein erhielt den Auftrag, in Gemeinschaft mit den Frankfurter Beamten bei den Bauern Haussuchung zu halten und über den Befund ein Protokoll aufzunehmen.

Die Verfügung vom Mai wie auch die strenge Untersuchung verliefen ergebnislos. Im Januar 1775 griffen die Regierungen zum letzten und schärfsten Mittel: der Schultheiß von Sulzbach erhielt ein Kommando Soldaten (Husaren) und sollte mit aller Strenge und ohne jede Rücksicht gegen die Salzeinfuhr vorgehen. Bald wurden am Eingang von Soden in der Nacht zwei Karren mit Salz beschlagnahmt. Die Kunde lief wie ein Blitz durch das Dorf. Alsbald rotteten sich dreißig Männer zusammen, und der Oberschultheiß mußte mit den Husaren flüchten; den einen Wagen, der noch bespannt war, nahm das Kommando mit nach Sulzbach. Der Kampf scheint ernst gewesen zu sein, jedenfalls lassen die Berichte darüber den Schluß zu. ›Sie wurden mit Prügeln und Stickeln in höchster Furie und unter den Ausdrücken: nach, nach!, nehmt den Karren hinweg, schlagt die Racker, daß sie die Kränk und Schwerenot kriegen‹, Fuß für Fuß bis zum Amtshaus in Sulzbach verfolgt.

Der Rentmeister Scheppeler in Köngistein leitete nun die Untersuchung ein. Er schlug vor, die erkannten Sodener Missetäter Georg Klippel, Michael Cronberger, Johann Dinges, Jakob Sachs, Johann Christian und Johann Nikolaus Müller zu Zuchthausstrafen oder Schanzarbeit in Mainz und Frankfurt zu verurteilen, sie auch durch die Strafe zur Bekanntgabe der im Schutz der Nacht unerkannten Mithelfer ›biegsam zu machen‹. Dazu sollten die Gemeinden die Unkosten des Husarenkommandos tragen. Scheppeler nahm an, daß der Rat von Frankfurt gern auf diesen Vorschlag eingehen würde.

Die genannten Bauern reichten ein Bittgesuch um Begnadigung ein. Unterdessen nahm die Verhandlung im Amtshause zu Sulzbach ihren Anfang. Von Mainz aus wurde dem Rate zu Frankfurt ein Strafvorschlag unterbreitet, der als Kulturdokument einige Beachtung verdient.

Georg Kippel war zum Verhör nicht erschienen. Er soll durch Husaren vorgeführt werden und 6 Wochen Zuchthaus mit ›Willkomm‹, d. h. Prügelstrafe, erhalten. Für Michael Cronberger werden 8 Tage Zuchthaus nebst ›Willkomm‹ und in dem Falle des Leugnens weitere 6 Tage ohne ›Willkomm‹ angesetzt. Für Johann Christian werden 3 Wochen mit ›Willkomm‹, für Chr. Jeany, Nikolaus Dinges, Johann Jung 6 Tage Turmstrafe bei Wasser und Brot und je 4 fl. Strafe, für die übrigen je 1–3 Tage Turm in Vorschlag gebracht. Die Bürgermeister von Sulzbach und Soden sollen mit zwei Fünftel der Kosten und dazu mit je 20 fl. Strafe belegt werden.

Als dieser Strafvorschlag zur Einverständniserklärung dem Rate in Frankfurt vorgelegt wurde, lehnte er sein Zugeständis mit den Worten ab, daß ›dero in Vorschlag gebrachte Bestrafungsarten sowohl für die Uebertreter nach Verhältnis des Fehlers viel zu scharf, als auch für deren Nachkommenschaft viel zu schimpflich wäre‹. Die von Mainz vorgeschlagene Prügelstrafe lag nicht mehr im Rechtsempfinden des Rates der Freistadt Frankfurt.

Aus dieser Meinungsverschiedenheit entwickelte sich eine grundsätzliche Ansicht, der die Mainzer Beamten in den Worten Ausdruck verliehen: »Wer Schläge verdient hat, soll sie auch bekommen«. Man war dort über die Stellungnahme des Rates zu Frankfurt stark entrüstet und warf ihm vor, daß er durch seine Ablehnung schuld sei, daß der Salzfrevel schon wieder beginne. »Es ist nicht anders möglich, diesen mutigen und tollen Bauern zu Leibe zu gehen, um ihnen die Ueberbleibsel von den Ideen des Freiheitsprozesses vollends aus dem Kopf zu bringen und sie dadurch von dem gänzlichen Verderb und Zerrüttung abzuhalten«.

Am 16. Juni fand nach vorheriger Einigung der Gerichtstermin in Sulzbach statt. Die Prügelstrafe war gefallen, und es wurden über vier der Bauern Zuchthausstrafen von 8 Tagen bis zu 3 Wochen verhängt; die übrigen kamen mit Gefängnis davon. Auch zwei Frauen wurden abgeurteilt. Dazu kamen Geldstrafen für die Bürgermeister von 5 fl.

Durch Denunziation war eine Reihe von anderen Leuten mitangeklagt. Diese Denunzianten erhielten von den Strafgeldern 4 fl. Belohnung und ebenso bekamen die Husaren 4 fl. Belohnung.

Die Salzvorräte wurden konfisziert. Die Vorräte des Dinges fielen je zur Hälfte an Mainz und Frankfurt; Mainz überwies seinen Anteil dem Hospital zu Oberursel, das kurmainzisch war. Die beschlagnahmten Geschirre wurden den Eigentümern zurückgegeben.

Aus den Verhandlungen am 31. Juli 1775 mögen folgende Proben aus dem Protokoll einen Einblick in die Gerichtsverhandlungen der Zeit geben. Sulzbach befand sich in großer Erregung. Die Bürger läuteten die Sturmglocken und nahmen in drohender Weise für die Angeklagten Partei.

Anwesend für Mainz: Rentmeister und Hofkammerrat Scheppeler und Amtsschreiber Streue, *für Frankfurt:* Landamtmann Luther. *Erster Angeklagter:* Georg Klippel, 35 Jahre alt.

Frage 1. Ob er sich des Vorgangs erinnere?
Ja, es seien damals viel Leute auf der Gass zusammen geloffen, und da sei er auch dazu gegangen

2. Ob er damals nicht etwas berauscht gewesen sei?
Ja!

3. Ob er damals nicht auch in das Amtshaus eingedrungen sei?
Er wisse es nicht, ob er drinnen gewesen sei.

4. Ob er nicht auf den Absatz geschlagen (Zeichen der Verachtung), gegen die Husaren geschimpft und sich sehr schwärmend und boshaft benommen habe?
Er wisse es nicht mehr eigentlich, was er damals im Rausch begangen habe.

5. Ob er nicht einen alten Mann, Peter Millius, welcher ihn zur Bescheidenheit angewiesen, im Hofe des Amtshauses in Schnee und über den Haufen gestoßen?

Mahnung: Er wisse nicht, wie er in den Hof gekommen, noch weniger, was er drinnen begonnen habe. Sein Rausch sei nicht so gewesen, daß er ihm alle Vernunft und Besinnung genommen habe, vielmehr habe der Rausch ihm nur mehr Feuer und Mut gegeben, seine damals ganz tollkühne Handlung zu treiben.

Darauf: Wenn er jetzt einen Eid schwören solle, so wisse er nicht, was er gegen den Herrn Oberschultheiß und die Husaren gesprochen und begangen habe.

Mahnung: Diese Ausflucht gegen eine Tathandlung, welche unter den Augen so vieler Menschen begangen sei, sei ganz unstatthaft, also solle er vielmehr seinen ohnleugbaren Fehler bekennen und bereuen, als durch einen verstockten Hinterhalt sich die Strafe vergrößern.

Darauf: Es könne alles geschehen sein, gleichwohl wisse er nicht, was er eigentlich selbigesmal begangen habe.

6. Warum er auf zweimalige Vorladung nicht erschienen sei!
Seine Geschäfte hätten es nicht erlaubt. – U.s.w.

Das Urteil war ergangen, aber eine Anzahl der Verurteilten fügte sich dem Spruch nicht. Da wurde auf den 31. August ein neuer Termin angesetzt. Den beiden Bürgermeistern in Soden (jede Gemeinde hatte zwei Bürgermeister als Vertreter der Gemeinde und einen Schultheiß, der herrschaftlicher Beamter war) hatte man Soldaten ins Haus gelegt, die sie verpflegen und täglich mit 30 Kreuzer Sold bezahlen mußten. Aber sie hatten ihre Strafe nicht bezahlt, und das Kommando mußte unverrichteter Sach abziehen. Danach ließen sie Sturm läuten und forderten auch die Gemeinde auf, keine Strafe zu zahlen. Auch in Sulzbach läuteten die Glocken Sturm. Darauf gingen die beiden Abgesandten Barthel Anthes und Johann Schaar mit den beiden Bürgermeistern zum Oberschultheiß und erklärten ihm, die neue Salzordnung nicht anzunehmen und auch die Strafen nicht bezahlen zu wollen.

»Wegen der bedrohlichen Haltung der Gemeinde wurde keine Pfändung vorgenommen«. »Es ist nicht möglich, die Zügellosigkeit und Dreistigkeit der Gemeinden zu bändigen, als durch einige Kompanien Soldaten«. Erst gegen das Frühjahr 1776 wurden durch Militäraufgebot Mappes, Göller, Sachs, Sinai, Gg. Klippel, Barthel Mappes und Schaar dem ›Gewaltsamt‹ eingeliefert. Die Bürgermeister Jakob Hardt und Jörg Schall waren erkrankt und der Strafvollzug wurde ausgesetzt. Johann Klippel und Michael Cronberger hatten den Ort verlassen. Ihre Rückkehr sollte abgewartet werden. Jedenfalls hatten sie sich in das hessische gastfreie Oberliederbach begeben, das in den Jahren früherer

Bedrängnis schon so manchen Sodener und Sulzbacher Bauern Unterkunft gewährt hatte. Die Akten sagen nichts über den Ausgang des Sodener Salzstreites; es ist somit anzunehmen, daß sich die Bauern endlich der Gewalt fügten und die Salzordnung anerkannten.«[62]

13. Das Ende der Saline

Die Vorgänge, die zum Sodener Salzstreit führten, waren weitaus vielfältiger und in ihren Verknüpfungen mit überörtlichen Ereignissen zwingender als es den Anschein hat. Zunächst hatte der Salzabsatz stagniert, mit eine Folge, daß durch den Reichsdeputationshauptschluß 1803 das kurmainzische Gebiet des Amtes Höchst und des Amtes Königstein an Nassau-Usingen, 1806 an das neu gegründete Herzogtum Nassau fielen. Neue Grenzen und neue Staaten veränderten auch die wirtschaftlichen Gegebenheiten.

Nassau, entstanden durch Napoleon, mußte 1807 die Salzregie einführen, damit das überschüssige französische Salz im Lande abgesetzt werden konnte. Zur gleichen Zeit stieg der Preis für das Malter einheimischen Salzes von 7 Gulden auf 10 ½ Gulden. Die Teuerung zwang die Einwohner, sich nach billigeren Bezugsquellen umzusehen. Das Sodener Salz, schon bei der Gewinnung durch den geringen Salzgehalt des Wassers gegenüber dem Nauheimer Salz z.B. benachteiligt, mußte sich gegen die vielfältige Konkurrenz behaupten.

Einquartierungen während der drei Koalitionskriege brachten neue Kosten, neue Entbehrungen für die Einwohner. Höhere Steuern wurden auferlegt. Was das Salzwerk selbst betraf, so brachten steigende Holzpreise, erschwerte und notwendige verstärkte Pumpenarbeit trotz der Verwendung von Windkraft neue Verluste. Dann sank der Salzpreis durch die Ausbeutung großer Steinsalzlager. Hinzu kam, daß Frankfurt, seit 1810 Großherzogtum, die Salzeinfuhr zugunsten der Bad Orber Saline verbot. Selbst die Übergabe des Zehntsalzes war problematisch. 1807 hatte Justizrat Brückner in einem Bericht an die herzogliche Hofkammer die Abgabe des Sodener Salzes an die Salzmodiation des Bankhauses Schmalz & Sohn in Mannheim, die seit dem 26.2.1807 den Salzverkauf im Großherzogtum zugesprochen bekommen hatte, nicht befürwortet: »Das Sodener Salz ist bekanntlich von der schlechtesten Qualität. Würde dasselbe auf den Faktoreien ausgestochen, so entstünden darüber unausbleibliche Beschwerden. Das Bankhaus würde 1807 für die 135 ⅛ Malter Zehntsalz 729 fl. 35 xer zu zahlen haben, das wären für 82 ¾ Sack mit je 212 Pfund pro Sack 8 fl. 49 xer. Das Malter kann im Durchschnitt nicht höher als 130 Pfund gerechnet werden.«

Herzog Friedrich setzte sich über die Bedenken seines Justizrates hinweg und entschied am 15.12.1807 in Biebrich: Es soll das Sodener Salz an die Admodiation abgegeben werden.[63]

Friedrich Wilhelm von Malapert arbeitete in diesen Jahren in der Saline mit Verlust und geriet so, da er seine Rücklagen angreifen mußte, zunehmend in Schwierigkeiten. Er konnte den langsamen Verfall der Saline nicht aufhalten. Bei den gegebenen schlechten Aussichten für den Absatz des Sodener Salzes war es für ihn nicht ratsam, immer wieder Eigenkapital einzusetzen. So schien es ihm sinnvoll zu versuchen, die Saline an den nassauischen Staat zu verkaufen. Am 15.1.1811 ging beim nassauischen Staatsministerium in Wiesbaden ein Schreiben von Freiherr von Malapert-Neufville ein, in dem dieser um

Wiederaufnahme der vor einiger Zeit abgebrochenen Kaufverhandlungen bat, gleichzeitig aber auch einen Tausch gegen Domänengüter ansprach. Sein Kaufangebot wurde am 19.1.1811 von dem zuständigen Beamten aufgrund eines bekanntgewordenen Gutachtens, das der Kameralist Langsdorf aus Salzhausen über die Saline von Soden und ihren Wert erstellt hatte, abgelehnt. In dem Gutachten hieß es: »Der Ankauf des Werkes kann im jetzigen Augenblick auf keiner Weise empfohlen werden. Dasselbe ist im schlechtesten Zustand. Die notdürftigste Reparatur würde über 20.000 Gulden kosten, eine bessere Einrichtung des Betriebes vielleicht über 60.000 bis 70.000 Gulden. Daneben könnte man das gleichwohl geringere Salz nicht so wohlfeil produzieren, als wie jetzt besseres anzukaufen. Die Produktion im Jahre 1810 ist bis auf 669 Achtel gesunken. In wenigen Jahren wird voraussichtlich das Werk ganz stillstehen, und dann die Brunnen viel wohlfeiler gekauft werden, als jetzt mit den ruinösen Gebäuden. Nur die Brunnen sind eigentlich des Kaufens wert. Um indessen dem Herrn Malapert in seinem Besitz der Saline nicht zu beeinträchtigen, könnte man ihm seine ganze Produktion abnehmen.«[64]

Dieser Vorschlag wurde am 22. Januar 1811 von Malapert übermittelt. Man wollte ihm die gesamte Produktion der Saline, etwa 500–600 Sack, zu dem Preis der Nauheimer Saline, 8 Gulden pro Sack à 208 Pfund, 2 $^{4}/_{13}$ Kreuzer pro Pfund also, abnehmen.

Am 1. Dezember 1812 berichtete der Kronberger Hofrentmeister Stein, daß von Malapert gewillt sei, die Saline ab 1813 zu verpachten. Das nassauische Staatsministerium aber war weder an Kauf- noch an Pachtverhandlungen interessiert und wies dementsprechend seinen Hofrentmeister an. Somit war die Übernahme des einzigen Salzwerkes in Nassau durch den Staat gescheitert. Auch zu einer Verpachtung der Saline kam es nicht mehr. Von Malapert stellte mit dem Jahre 1812 den Betrieb des Salzwerkes ein. Nur den umfangreichen Gutsbesitz in Soden bewirtschaftete er weiter.

1817, als mit dem Bau der Straße von Höchst nach Königstein begonnen wurde, verkaufte von Malapert die Gradierbauten für 4.000 Gulden, da die Straßenführung längs der Bauten verlief und das Altwerk durchschnitt.[65]

Anton Kirchner, Pfarrer und Historiker aus Frankfurt (1779–1835), beschrieb 1818 den Zustand der Saline so: »Das Salzwerk mit seinen Gradierhäusern, welches noch vor wenigen Jahren dem Orte Betriebsamkeit und Leben gab, zerfällt in Trümmer«.[66]

Friedrich Wilhelm Freiherr von Malapert genannt Neufville starb am 2. Januar 1818 in seinem »Salzhaus« am Kleinen Hirschgraben in Frankfurt a. M.. Den Gutsbetrieb beim Sodener Salzwerk führte seine Ehefrau Elisabeth Susanne geborene Edle von Schneider (1756–1831) weiter. Sie war Alleinerbin. Als sie am 26. April 1831 starb, ging ihr Vermögen von 227.300 Gulden, der Sodener Besitz wurde auf 32.500 Gulden geschätzt, an ihre Kinder und Enkel.[67] Im Zuge der Erbteilung wurde der Sodener Besitz öffentlich versteigert. Äcker, Wiesen, Gärten und ein Waldstück brachten 22.906 Gulden. Das Wohnhaus, zugleich Herrenhaus, das im Oberstock einen Saal mit gewölbter Decke besaß, in dem die Familienbilder hingen, die Wirtschaftsgebäude, das Siedhaus, 26 Morgen Land und die vier Quellen Nr. IV (Solbrunnen), Nr. VI a (Wilhelmsbrunnen), Nr. VII (Quelle Major) und Nr. XVIII (Wiesenbrunnen) verkauften die Erben für 7 110 Gulden an die Gemeinde Soden.[68, 69]

Die Gradierhäuser waren schon zuvor abgerissen worden.[70, 71] Ihr Holz, vom Salzwasser gehärtet und konserviert, wurde zum Bau der Sodener Mühle (späterer Deutscher Hof in der unteren Köngisteiner Straße) und anderen Gebäuden verwendet. Von den drei Weihern wurde als letzter der Froschweiher im Kurhausbereich 1866 trockengelegt. Reste des Neuwerks kamen 1982 beim Bau des Parkhauses am Bahnhof und beim Ausheben eines Kanals zwischen Parkhaus und Kronberger Straße zum Vorschein.[72]

Mit dem Ende des Salinenbetriebes und dem Abbruch der Saline, sowie dem Kauf der Quellen und des Geländes konnten in Soden Pläne verwirklicht werden, dem Kurbetrieb einen Auftrieb zu geben. Schon 1822 wandelte man das sumpfige Gelände des Altwerks östlich der Königsteiner Straße in den ersten kleinen Kurpark um, der 1832 wesentlich erweitert wurde.[73]

14. Die Salinenbauten – Salinenabbildungen

Im Brandkataster der Gemeinde Soden von 1816 sind alle in der Brandversicherung versicherten Gebäude der Saline unter den Nummern 29 und 92–94 aufgeführt. Ihre Größe (in Schuh – 1 Schuh nach Frankfurter Maß – zur Zeit der Errichtung der Gebäude galt das Frankfurter Maß — 28,54 cm/Nassauischer Schuh 30 cm), die Anzahl der Stockwerke und deren Höhe sowie die Höhe des Daches ist aus den Eintragungen ablesbar. Auch die Beschaffenheit der Bauten, ihr baulicher Zustand, ob sie in Stein oder Holz ausgeführt sind, und die Art der Dachbedeckung ist angegeben. Eingetragen und taxiert sind die Gebäude ab dem 8. November 1816, beginnend mit dem Gebäude am Brunnen Nr. IV (Solbrunnen) im Ort: »Ein Wohn- und Brunnenhaus, 52 Schuh lang, 40 Schuh tief, 2 Stock 20 Schuh, das Dach 20 Schuh (15,60 m, 12 m, 6 m, 6 m); aus Holz erbaut, mit Ziegeln gedeckt, schlechter Zustand. Versichertes Capital: 900 Gulden«.

Die Gebäude im Alt- und Neuwerk, am nächsten Tag aufgenommen: »A) Wohnhaus, 76 Schuh lang, 28 Schuh tief, 2 Stock 20 Schuh, das Dach 20 Schuh (22,80 m, 8,40 m, 6 m, 6 m); von Holz erbaut, mit Ziegeln gedeckt, guter Zustand. Capital: 4.300 fl. B) Verwalterwohnung, 40 Schuh lang, 29 Schuh tief, 2 Stock 20 Schuh, das Dach 18 Schuh (12 m, 8,70 m, 6 m, 5.40 m); von Holz erbaut, mit Ziegeln gedeckt, mittlerer Zustand. Capital 1.500 fl. C) Der große Stall, 114 Schuh lang, 46 Schuh tief, 2 Stock 20 Schuh, das Dach 20 Schuh (34,24 m, 13,81 m, 6 m, 6 m); von Holz erbaut, der untere Stock von Stein erbaut, mit Zieglen gedeckt, mittlerer Zustand. Capital 1.700 fl. D) Schmittbau, 50 Schuh lang, 29 Schuh tief, 2 Stock 20 Schuh, das Dach 18 Schuh (15,02 m, 8,70 m, 6 m, 5,41 m); von Holz erbaut, der untere Stock von Stein, mit Ziegeln gedeckt, mittlerer Zustand. Capital 850 fl. E) Scheuer, 140 Schuh lang, 40 Schuh tief, 15 Schuh hoch, 20 Schuh das Dach (42,04 m, 12 m, 4,51 m, 6 m); von Stein erbaut, mittlerer Zustand. Capital 2.100 fl. F) Ein Schoppen, 40 Schuh lang, 21 Schuh tief, 2 Stock 20 Schuh, das Dach 12 Schuh (12 m, 6,31 m, 6 m 3,60 m); von Holz erbaut, mit Ziegeln gedeckt, mittlerer Zustand. Capital 150 fl. G) Die Siederey (westl. Gradierhäuser), 600 Schuh lang, 22 Schuh tief, 21 Schuh hoch, das Dach 12 Schuh (180,2 m, 6,61 m, 6,31 m, 3,6 m); von Holz erbaut, mit Ziegeln gedeckt, mittlerer Zustand. Capital 6.000 fl. H) Die Zwerchreihe (Querreihe, südl. Gradierhaus), 450 Schuh lang, 22 Schuh tief, 21 Schuh hoch, das Dach 12 Schuh hoch (135 m, 6,61 m, 6,31 m, 3,6 m); von Holz erbaut, mit Ziegeln gedeckt, mittlerer Zustand. Capital 6.800 fl. J) Die Bornreihe (J und K = östl. Gradierhäuser), 400 Schuh lang, 22 Schuh tief, 21 Schuh hoch, Dach 12 Schuh hoch (120,12 m, 6,61 m, 6,31 m, 3.6 m); von Holz erbaut, mit Ziegeln gedeckt, mittlerer Zustand. Capital 7.000 fl. K) Die Bornreihe, 250 Schuh lang, 25 Schuh tief, 24 Schuh hoch, Dach 12 Schuh (75,08 m, 7,51 m, 7,21m, 3,6 m); von Holz erbaut,

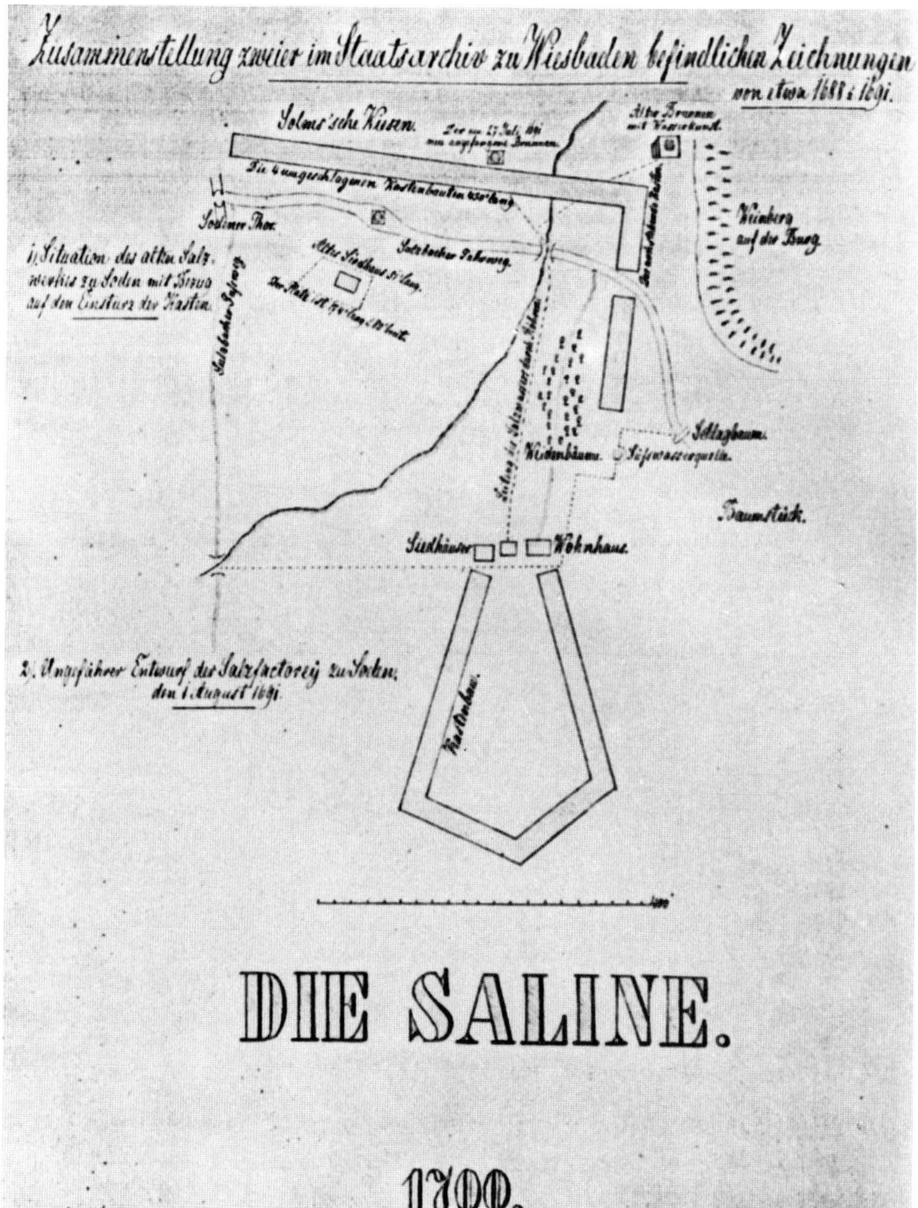

Die Saline von Soden um 1700 –
Zusammenzeichnung zweier Zeichnungen des HHStAW von 1688 und 1691

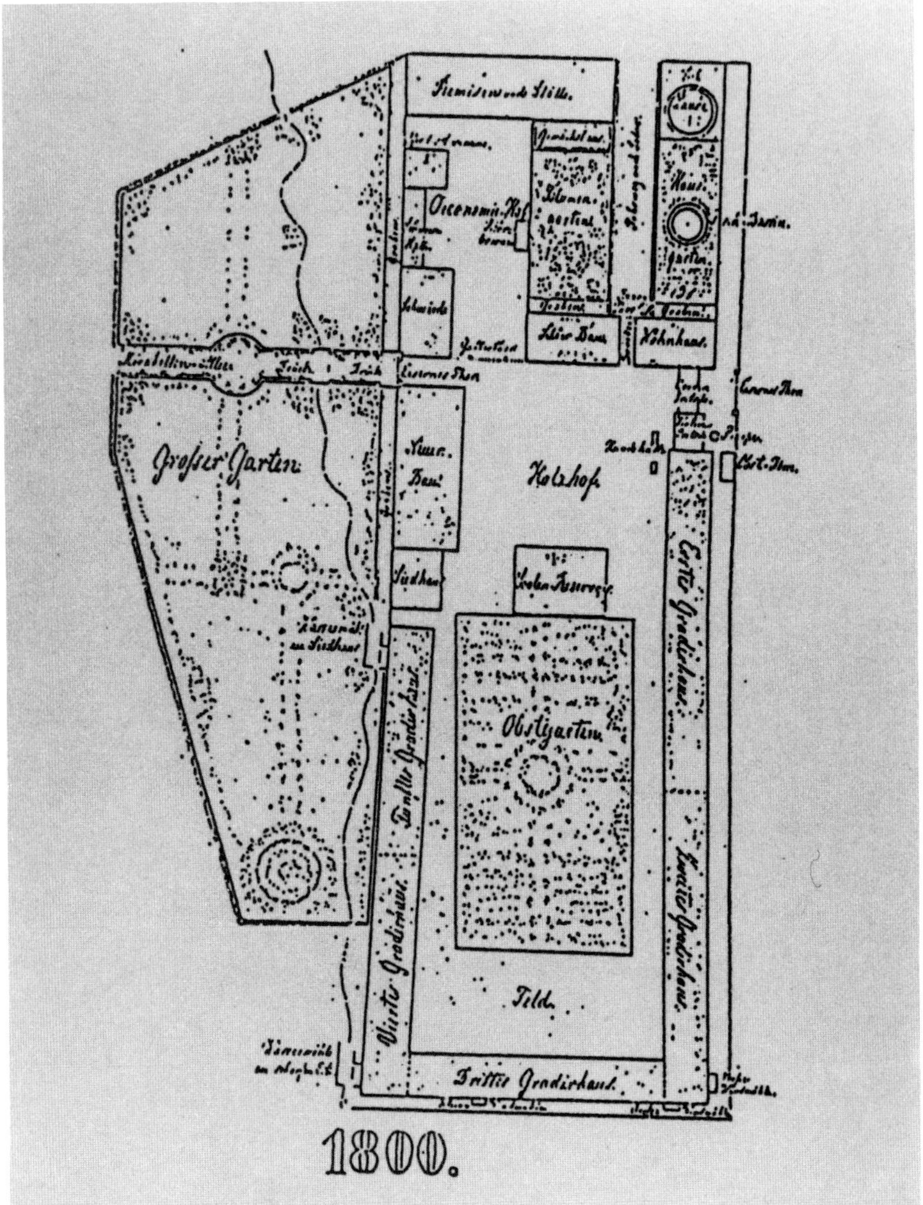

Plan des Freiherrn von Malapert-Neufville, Major a.D. in Wiesbaden, eines Nachkommen des früheren Salinenbesitzers, welchen er in seiner Jugend nach Angaben seines Vaters entworfen hat. Beigefügt ist folgender Text: Die von dem früheren Plane abweichende Form der Kastenbauten hat wohl darin ihren Grund, daß dieselben nach dem Einsturz im Jahre 1714 in anderer Art aufgebaut wurden. Das Altwerk war damals wahrscheinlich schon im Verfall und es handelt sich hier nur noch um das Neuwerk

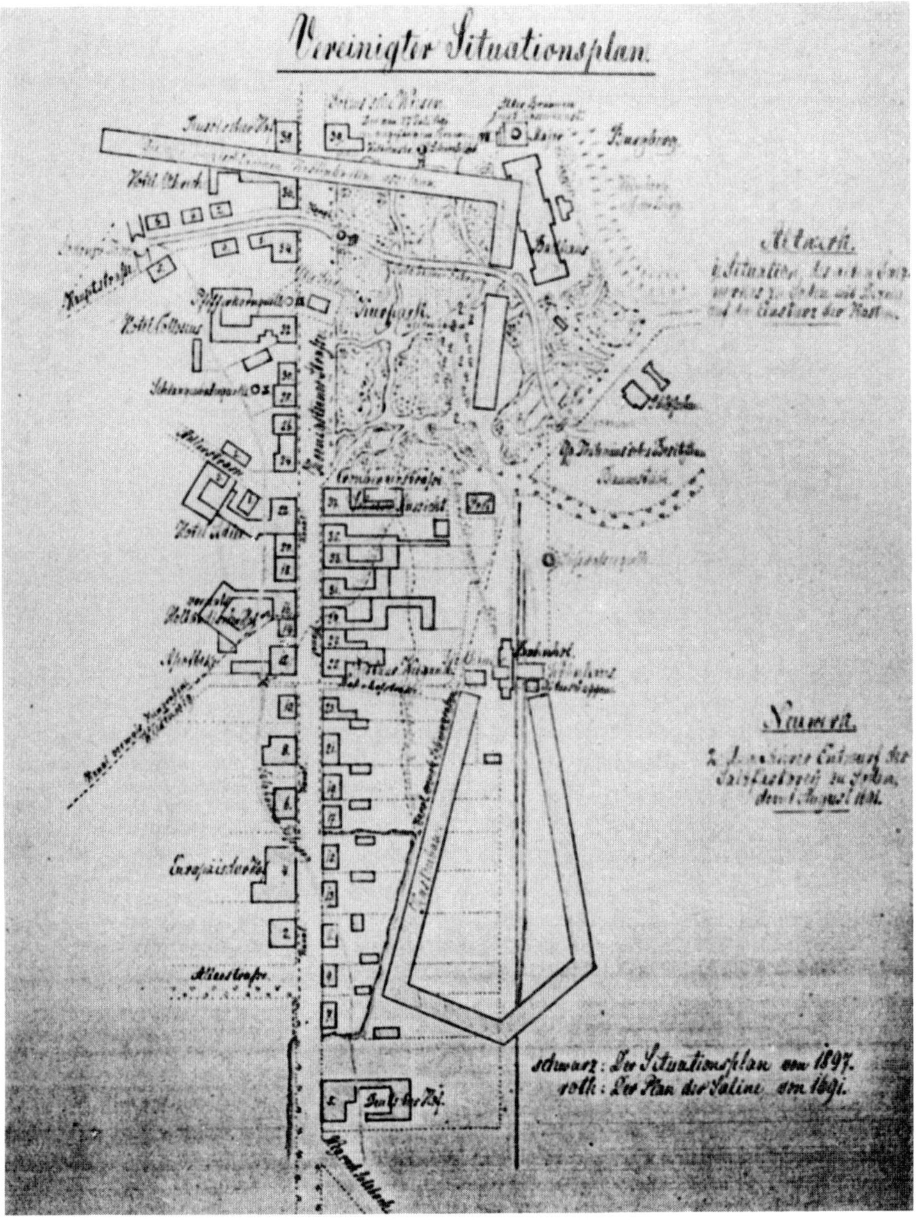

Vereinigter Situationsplan der Saline von den Plänen von 1691 und 1897

mit Ziegeln gedeckt, guter Zustand. Capital 4.800 fl. L) Das Brunnenhaus am alten Werk, 24 Schuh lang, 22 Schuh tief, 2 Stock 18 Schuh, das Dach 17 Schuh (7,21 m, 6,61 m, 5,41 m, 5,15 m); von Holz erbaut, mit Ziegeln gedeckt, schlechter Zustand. Capital 230 fl. M) Die Roßmühle, 24 Schuh lang, 24 Schuh tief, 1 Stock 12 Schuh, Dach 12 Schuh (7,21 m,7,21 m, 3,6 m, 3,6 m); von Holz erbaut, mit Ziegeln gedeckt, schlechter Zustand. Capital 70 fl.«

Nicht im Brandkataster aufgeführt und deshalb wohl auch nicht versichert waren das alte Siedhaus im Neuwerk und die schon in Verfall befindlichen Gradierbauten im Altwerk. Der Versicherungsbetrag für die gesamte Anlage betrug 36.400 Gulden. Die übrigen Sodener Gebäude waren mit 119.480 Gulden versichert, was aufzeigt, daß der Besitz der Saline über 30% aller Gebäude in Soden ausmachte.

Über das Aussehen all dieser Gebäude unterrichten uns Pläne, Zeichnungen und Stiche des 19. Jahrhunderts. 1835 zeichnete Wilhelm Gustav Adolph Freiherr von Malapert genannt Neufville (1787–1862) aus der Erinnerung einen Plan der Sodener Saline[74] (Farbtafel X). Den Aufbau der Anlagen stellte er nach seiner Erinnerung so dar, wie er um 1800 gewesen war, als er mit seinen Eltern und seinen vier Geschwistern im Sommer im Herrenhaus der Saline lebte.

Gegliedert war das Gebäudeareal in zwei Bereiche, den Gutshof mit den dazugehörigen Wirtschaftsgebäuden und die eigentliche Saline mit Siedhaus, Gradieranlagen und dem Solereservoir. Auffallend ist, daß der gesamte Bereich der Gebäude durch die vielfältigen Gartenanlagen — Obstgarten, Blumengarten, Hausgarten und großer Garten mit einer Mirabellenallee — so aufgegliedert war, daß der Eindruck einer Industrieanlage weitgehend gemildert wurde und für die Bewohner des Gutsbezirks keine Beeinträchtigung ihres alltäglichen Lebens in ländlich sommerlicher Umgebung erfolgte. Oppermann hat diesen Malapert'schen Plan in seiner handgeschriebenen »Kronik« aus dem Jahre 1897 umgezeichnet und diese Zeichnung mit Erläuterungen versehen.[75] Nach dieser Umzeichnung lagen das Herrenhaus und die Wirtschaftsgebäude im Bereich es heutigen Bahnhofs, was einer Korrektur bedarf.[76] Sie lagen näher zur Kronberger Straße hin, wie die »Karte vom Sodener Gemeindewald und der Weide« (1824) und die Grabungen auf dem Gelände der City-Arkaden 1985/86 deutlich machen.[77]

Einen authentischen Blick auf die Gesamtanlage der Saline gibt uns der Maler und Kupferstecher Johann Friedrich Morgenstern mit dem in dem Büchlein »Malerische Wanderungen auf den Altkönig und einen Theil der umliegenden Gegend im Sommer 1802«, erschienen in Frankfurt a. M. 1803, wiedergegebenen Kupferstich der Saline (Farbtafel VIII).

Der Standort des Malers läßt sich auf der Höhe des Burgbergs lokalisieren. Auffallend ist der unterschiedliche Verlauf der Gradierbauten. Der südliche Teil scheint, was auch die Pläne bestätigen, nicht im rechten Winkel zum Querbau zu verlaufen, was wohl auf die Untergrundbeschaffenheit des Geländes südwestlich der Saline zurückzuführen war. Der Stich vermittelt auch, daß die Saline abseits von der eigentlichen, weiter westlich — außerhalb des rechten Bildrandes — gelegenen Ortschaft gebaut worden war.

Der bei den Grabungen an den City-Arkaden gefundene Brunnenbehälter lag nach dem Kupferstich links von dem vor dem rechten ersten Haus sichtbaren Wasserrad. Das Haus selbst stand demnach am Rand des heutigen Kurparks an der Kronberger Straße.

Eine Sepiazeichnung, die Maria Freifräulein von Malapert-Neufville (1785–1871), zweites Kind des Salinenbesitzers, im Jahre 1803 angefertigt hat (Original im Heimatmu-

Skizze der Grabungsstelle bei den Cityarkaden 1985/86

seum Bad Soden a. Ts.), zeigt die Saline vom Dachberg aus gesehen. In dieser Zeichnung ist auch der Ort Soden zu sehen; im Vordergrund die 1715 erbaute evangelische Kirche. Wohl ist dieses Blatt nicht in allen Details von künstlerischen Freiheiten frei, dennoch vermittelt es wie kein anderes die Lage und auch die Atmosphäre des Ortes wie der Saline am Fuße der Taunusberge. Weit geht der Blick über Sulzbach und Frankfurt hin bis zu den Höhen des Odenwaldes (Farbtafel II/Farbtafel IX).

Der Aquantintastich »Soden« in Johann Isaak Gernings Buch von 1814 »Die Heilquellen am Taunus«, für den der Frankfurter Maler Christian Georg Schütz »der Vetter« (1758–1823) die Zeichnung angefertigt hatte, gibt Soden von Südosten her gesehen wieder, die Taunusberge im Hintergrund. Auf dem Blatt ist auch noch das Altwerk der Saline zu sehen (Farbtafel III).

Dies ist ebenso bei dem nach einer Vorlage von Anton Radl etwa um 1807 entstandenen Kupferstich der Fall, der in seiner Anlage das zeichnerische Element stärker betont und durch das Einbeziehen eines Gespanns mit einem Fuhrmann am linken Bildrand mehr Raum und damit Lebendigkeit in die Landschaft bringt (Farbtafel I). Im Vorwort zu seinem Buch »Ansichten von Frankfurt a. M. und seine Umgebung« aus dem Jahre 1818 betont Anton Kirchner, daß »sämtliche zu diesem Werk gehörigen Zeichnungen von unserm Radl nach der Natur aufgenommen und von geschätzten vaterländischen Künstlern gestochen« worden sind.

Radls Darstellung wurde auch von H. Grape in seinen Kupferstich übernommen, nur daß er das Maultiergespann mit dem Fuhrmann durch einen am Wegrand Rastenden ersetzte, der sein Gepäck auf dem Weg abgestellt hat.

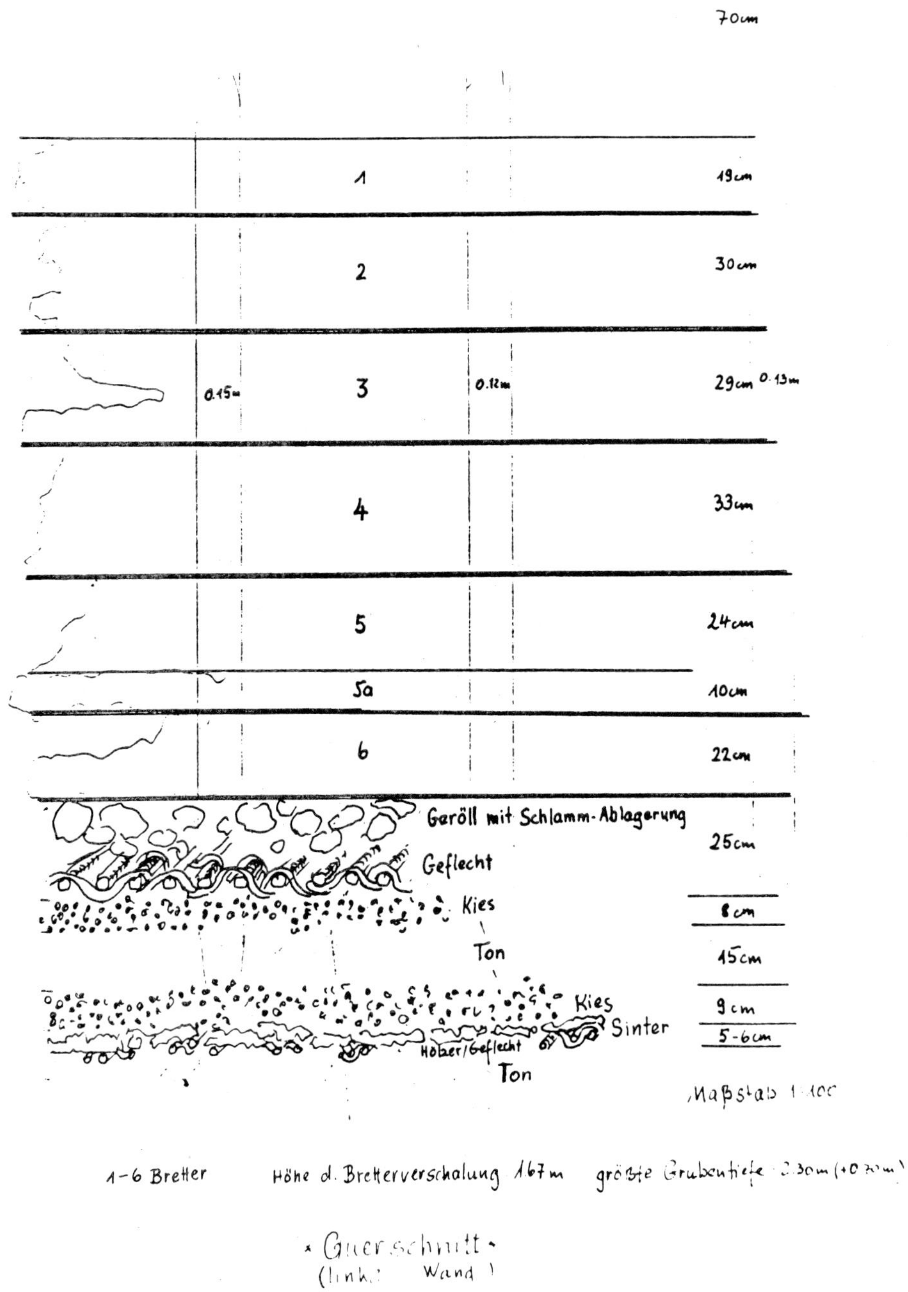

Querschnitt der Grabungsstelle bei den Cityarkaden
– linke Bretterwand des Brunnens und tiefere Schichten

VI. Die Zeit der Frankfurter und Kurmainzer Kondominalherrschaft von 1656 bis 1803

1. Die neue Lage – Der Streit mit dem Reichshofrat von Hünefeld

Mit dem Vertrag von 1656 war zwar nach außen hin die Rechtslage der beiden Dörfer Soden und Sulzbach festgeschrieben, Rechte und Pflichten auf beiden Seiten sowohl bei den die Herrschaft ausübenden Kondominalgewalten Frankfurt und Kurmainz als auch für die Einwohner der beiden Gemeinden, ihre Privilegien in Absatz 1 und 13 des Vertrages anerkannt, dennoch lief in der Praxis alles auf eine Machtteilung unter den beiden ›Landesherrn‹ hinaus, auch wenn man sich vorsichtigerweise nur als ›hohe Obrigkeit‹ bezeichnete. Der Kaiser war zwar noch Landesherr, es regierten aber die beiden Kondominalherrschaften. Das bestätigte sich auch mit der in den Punkten 10, 14, 16 und 17 des Vertrages festgeschriebenen Gerichtsordnung, mit der der Punkt 1 des Vertrages praktisch aufgehoben wurde. So glaubten die Einwohner berechtigterweise die geforderte Huldigung auf diesen Vertrag verweigern zu müssen.

Sahen sie den Frankfurter Schiedsspruch von 1433 immer noch als Grundlage der Rechtsverhältnisse in den beiden Dörfern an, so waren die realen Machtverhältnisse andere. Frankfurt und Kurmainz wollten über das Gerichtswesen diese in ihrem Sinne stabilisieren und so ihre Ordnung und ihren Einfluß in der Verwaltung wie im Alltag der Dörfer sichern. Nach außen hin waren den Einwohnern zwar Privilegien bestätigt worden, die Bestimmungen über das Gerichtswesen aber hoben diese in wesentlichen Teilen, wo es die Selbstverwaltung der Dörfer betraf, wieder auf. Nur unter Gewaltandrohung konnten die Einwohner dazu gebracht werden, den Untertaneneid zu leisten, was die Dörfer kaum befriedete[1]. So rückten, der genaue Anlaß ist uns unbekannt, im August 1659 130 Mann Mainzer und Frankfurter Soldaten in die beiden Dörfer ein. Bei Moser[2] heißt es dazu:

»... in was großer Bedrängnus die Sulzbach und Sodener Gemeinsleite sogar nun ein Zeithero lebten, daß sie den 10. August dises Jahr und zwart auf S. Laurentzij Tag morgens sehr frühe mit Churfürstlich-Mainzischen und der Statt Franckforth Soldaten zu Roß und zue Fuß in beden Törffern überfallen, belegt, verjagt, gefangen und gantz Erbärmlich tractirt worden, als zu dem Endte, sie, dem Heyligen Römischen Reich ohnmittelbahre und freye Leidt, dahin endtlich zu zwingen, in daßjenige zu gehellen, worüber Höchstgedachte Churfürstliche Gnaden zu Meintz und Statt Franckforth Ao 1656. bißhero Alt hergebrachten und mit villen Kayserlichen hochrespectirlichen und noch endtlich von jeztregierenden Römischen Kayserlichen Mayestät Allergnedigst erneurten Privilegus verglichen ...« Dann wurden sechs Oberliederbacher als glaubwürdige Zeugen über die Vorgänge zitiert:

1.) Wahr (ist) daß den 10. Augusti Churfürstlicher Maintzischer und Franckforther Välckher zu Pferst und Fuß morgends fru in Solzbach und Soden eingefallen.

2.) Wahr (ist, daß) die Leidt theils gefangen genommen und verjagt,

3.) Sie mit Degen in Stroh gesucht, geschlagen und sie Rebeller gescholten.

4.) Wahr daß sich die verjagten hin und wieder in der Nechsten gelegen Herrschaft Epstein und sonsten enthalten.

5.) Wahr daß die obige Hauffen Reuter biß vor wenig Tagen noch in den Dorffen gelegen.

6.) Wahr, daß von diesen 129. noch 3. zu Pferdt und 3. zue Fueß in jedem Flecken liegen, welche der verjagten Arme Weib und Kinder Innerforth logirn und tractirn müßen.

7.) Wahr daß davon zu Franckforth, Meintz in der Herrschaft Epstein und andern umbligenden Graf- und Herrschafften das alles mit mehren Notorium ein gemeine Sag und kundt sey.« Zu den einzelnen aufgeführten Artikeln sagten die Einzelnen aus.

Christoph Pfeiffer aus Oberliederbach, 50 Jahre alt, bestätigte, daß Georg Filbill, »Philiphs Leidt« und der Schmied von Sulzbach, sowie Hannß Fritz Christmann gefangen worden seien. Mehrere der Gesuchten hielten sich teils in Nieder Liederbach, bei Tag in den Höhlen im Feld und bei Nacht im Dorf auf. Er habe sie gesehen und mit ihnen geredet.

Cloß Dilgart, 46 Jahre alt, sagte, daß vier Mann schon in der sechsten Woche im Gefängnis seien, Philip Liedt, Hannß und Feiten Christian und der Schmied. Herman Zorn, an die 50 Jahre alt, bestätigte gesehen zu haben, daß die Reiter die Fliehenden in den Feldern verfolgt hätten. Bisweilen komme einer zu den Versteckten und bringe ihnen etwas zum Trinken. Johann Fleisch und Hannß Horen, 50 und 40 Jahre alt, bestätigten die Angaben. Philipp, 55 oder 56 Jahre alt, berichtete, die Verjagten seien in sein Haus gekommen und hätten »mit weinenden Augen« erzählt. Georg Fibell sei jämmerlich geschlagen und ins Gefängnis geworfen worden, wo er erst nach 4 Wochen wieder herausgekommen sei, weil er »tödtlich schwach« geworden sei.

All diese Angaben sind von Joh. Rhundbelig, Not. Caes. publ. und Statt-Schreiber zu Darmbstatt in dem Notariats-Instrument vom 5. Oktober 1659 enthalten. Mit den Einquartierungen und den damit für die Bewohner verbundenen Kosten, den Übergriffen der Soldaten, wurden die Bauern nach einem Monat zum Nachgeben gezwungen.

1668 befand es Kurmainz für gut, die Nutzungsrechte an der Kellerei in Neuenhain samt der herrschaftlichen Rechte in Soden und Sulzbach an den sich in Frankfurt befindenden Titular-Reichshofrat von Hünefeld zu versetzen. Dieser zwang die Gemeinden entgegen ihren Privilegien zu Frondiensten, was die Einwohner aufbrachte. Als die Widersetzlichkeiten zunahmen, verlas »Christian Albert Mensch am nechst vergangenen Sonntag nach gehaltener Predigt vor der Kirchen denen gemeinschaftlichen Untertanen beyder Torfschaften Sulzbach und Soden, hiesiger Herrschaft zum höchsten Nachteil und nicht geringer Beschimpfung einen einseitigen Frankfurter Befehl . . .« Daraufhin mußte er 50 Rthlr. Strafe an Hünefeld innerhalb von acht Tagen zahlen. Ebenso erging es beiden Bürgermeistern, »da sie auf mehrmaliges Erfordern und Begehren allhier nicht erscheinen wollen, sondern vorsätzlicher Weise ungehorsamlich ausgeblieben und hernach vorgegeben, es wäre ihnen solches von E. Ew. Rat der Stadt Frankfurt befohlen und resptektive verboten worden«. Die 50 Rthlr. Strafe sollten sie innerhalb von zehn Tagen erlegen.[3]

Kurmainz wies am 3.10.1668 den Hofrat an, sich an den Vertrag von 1656 zu halten, was er nicht tat. Die Einwohner wurden aggressiv, behinderten Hünefeld'sche Holzabfuhren. Frankfurt schlug eine Schlichtungskonferenz vor. Die teilnehmenden Gemeinden wurden von Kurmainz mit einer Geldstrafe von 100 fl, den Kommissions- und Exekutionskosten belegt. Kurmainz erkannte zwar die Rechte und Privilegien der Gemeinden

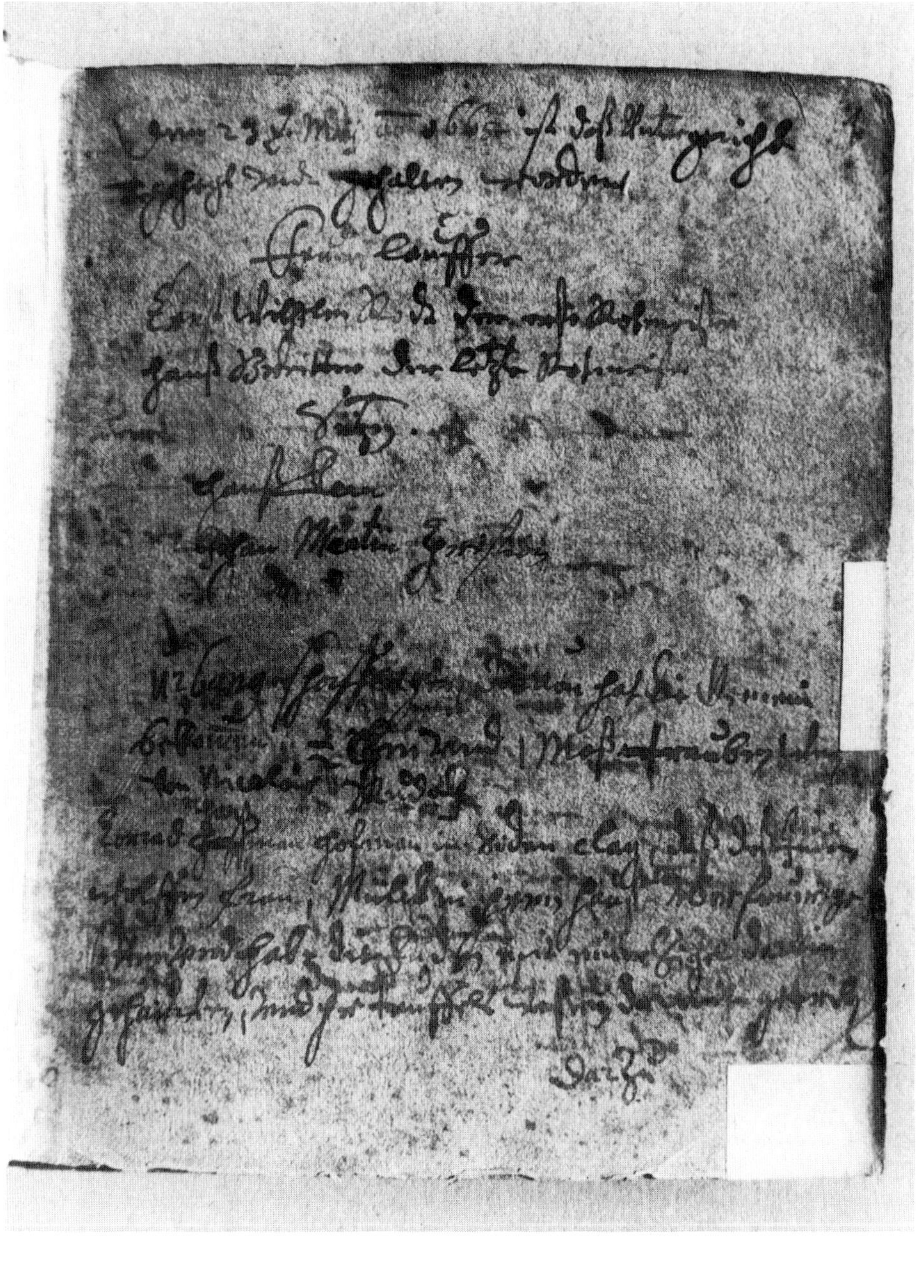

Erste Seite des Sodener Gerichtsbuches 1665–1726 – ». . . den 23ten May 1665 ist daß Untergericht angesagt und gehalten worden . . .«

an, duldete aber keine Selbsthilfe. Frankfurt aber war damals nicht in der Lage, Kurmainz entgegenzuhalten.

Die Auseinandersetzungen dauerten an. Fünfzehn Einwohner, die sich gegen Hünefelds Anordnungen und Forderungen aufgelehnt hatten, hatten inzwischen Haus und Hof verlassen müssen und sich auswärts in Sicherheit gebracht. Gefängnis- und Geldstrafen häuften sich. Die Einwohner beschwerten sich beim Reichshofrat. Peter Petermann, Philipp Krah, Wilhelm Schar und Johann Philipp Schmink (muß wohl Schmunk heißen) hatten die Klageschrift unterzeichnet. Der Text des Reichshofratsbeschlusses lautete:

Reichs-Hof-Raths-Conclusum in Sachen Sulzbach und Soden contra von Hünefeld. Lunae 14. Julii 1670.[4]

Sulzbach und Soden, . . . beeder Dörffer Gemeinds-Leuthen Peter Petermann, Philipp Krag, Wilhelm Schar und Johann Philipp Schminck . . . huius conqueruntur ad longum, welcher gestalten Sie von dem Reichs Hofrath von Hünefeld wider ihre habende Privilegia und Herkommen, auch wider den von Ihro Chur Fürstlichen Gnaden zu Maynz und der Stadt Franckfurt getroffenen Vergleich in vil Weeg mit Frohn und Diensten beschwehrt, auch die Gemeinds-Leute in die Gefängniß ohnverschulder Dingen geworffen, und Sie nach eigenem Willen mit Bußen belegt, und also gehalten wurden, das bereits 14. oder 15. Burger auß gemeldten Dörffern verlauffen, und all das ihrige verlaßen müßen, mir allerunterthänigster Bitt, Sie in Kayserliche Protection und Schutz zu nehmen, Ihnen alßdann ein Poenalisirtes Kayserliches Protectorium (Schutzbrief) contra omnem vim facti mit zutheilen, alle biß dato widerrechtlich von dem Hünefeld alß Pfandherren geübte Pressuren und Zumuthungen null und nichtig zu erklären . . . alles Ernsts auffzuerlegen, daß er die Gemeinde der obbemelten beeden Dörffern wider altes Herkommen, Freyheit und Privilegien weiter nit beschweren, Sie unterschriebene und sonsten entloffene Gemeins Leuthe wider recht, darumen das Sie nit frohnen wollen, und Ihre Kayserliche Majestat um Protection angetretten, mit schon angedroheter Straff und Gefängnuß nit Belegen, sondern die ganze Gemeind bey ihren Rechten und Gerechtigkeiten ruhig, und ihnen dasjenige was denenselben, vermög ihrer alten Gewohnheiten und Privilegien zuständig genießen laßen solle . . . Die Supplicanten werden für Ihre Cur-Fürstliche Gnaden zu Maynz als Pfandherrn verwießen. Frantz Martin Menßhengen.

An die Verwaltung in Mainz ging am 7. August 1670 ein Schreiben, in dem die Beschwerden genannt sind, mit der Bitte, die Einwohner ihr Schreiben nicht »entgelten laßen«:

Copia Rescripti Caesarei Salvi Conductus an Chur-Maynz in Sachen Sulzbach und Soden contra von Hünefeld, Supplicanten ihres zu Ihrer Kayserl. Majest. genommenen Recursus congrui nicht entgelten zu lassen d. d. Wien den 7. Aug. 1670.[5]

Leopold u.

Wir mögen Ew. Lbden nit bergen, als uns beeder Dörfer Sultzbach und Soden Gemeinds Leuth, Peter Petermann, Philipp Krahe, Wilhelm Schar und Johann Philipp Schmunck, in Unterthänigkeit klagend zu vernehmen geben, welcher Gestalt sie von Unserm Reichs-Hoffrath Niclas von Hünefeld, alß erstgedachter Dörffer Bestands Innhabern wider ihre habende Privilegia und Herkommen, auch wieder den von Ew. Lbd. und unserer und der kayserlichen Reichs Stadt Franckfurt getroffenen Vergleich, in vile Weeg mit Frohn und Diensten anderen beschwehrt, auch die Gemeinds Leuth in die Gefängnuß, unverschulder Dingen geworffen, und sie nach eigenem Willen mit Bueßen belegt, und also gehalten wurden, daß bereits 14. oder 15. Burger aus gemelten Dörffern verlauffe und alle daß ihrige hätten verlaßen müßen, mit gehorsamster Bitt, wir derowegen ihnen hierunter wieder obgedachten unsern Reichs-Hofrath unser nothdürfftige Kayserliche Hülff Rechtens mit zu theilen gnädigst geruheten.

Wir Supplicanten den 14. Julii nechsthin mit Ihren Klagten von Uns ab- und an Ew. Lbd. als Pfandhabern verwisen haben. Uns nun aber anjezo obgedachte Gemeins-Leuth ferner unterthänigst angelangt und gebetten, wir Ihnen unser Salvum Conductum dahin mit zu theilen, gnädigst geruheten, damit sie an gehörigen Orthen wieder Recht und Billigkeit nicht beschwerd, sondern Ihre Sach per viam Juris außführen, und die nothwendige probationes in facto in mehrgedachten Dörffern Sultzbach und Soden authentisch verfaßen laßen mogten, und dann solches Ihnen von Rechtswegen nicht zu verwehren. Als ersuchen Wir Ew. Lbd. hiemit freund- und gnädiglich, wollen Supplicanten um willen sie ihren Recurs an uns genommen, deßen nicht entgelten laßen und wir verbleiben Ew. Ldb. mit u.

Wien den 7. Augusti 1670.

Es änderte sich nichts. Aus einem Beschluß des Reichs-Hofrats vom 7. Januar 1671 geht hervor, daß sich Petermann und Krah wiederum wegen der andauernden Pressionen des Rats Hünefeld erneut beschwert haben. Von dort erging am 19. Januar 1671 nochmals eine dringende Mahnung an den Rat. Es werden ihm bestimmte Verhaltensmaßnahmen vorgeschrieben, um weitere Beschwerden in Wien zu vermeiden:

Reichs-Hof-Raths-Conclusum in Sachen Sulzbach und Soden contra von Hünefeld* Mercurii 7. Januarii 1671.[6]

. . . Sulzbach und Soden . . . beschwert sich weiter über die allzugrose Pressuren, und unerträglich onera (Belastungen) mit welchen sie von gedachtem Reichs-Hof-Rath von Hünefeld wider altes Herkommen, Freyheit, und den zwischen Ihrer Chur-Fürstlich Gnaden zu Maynz und der Stadt Franckfurt getroffenen Vergleich unverschuldter Dingen belegt würden, und nachfolglich, um . . . Rettung und Beschüzung . . ., auch Abschaffung der beeden Dörffern Einquartierung, und nit allein feind-sondern fast unchristlicher Weiß verfahrender Soldaten angeruffen, daß sie, doch biß dato ganz nichts hätten erhalten können, sondern verspüren müßen, daß sie nur ärger gehalten und dergestalt tractirt wurden, daß fals Ihre Kays. Maj. sie nit erretten wurden, anders nichts als Ihren gänzlichen Untergang, Ruin und Verderben zu gewartten hätten, und weiln sie dann keine Gerechtigkeit erhalten könnten, . . . alß Bitten sie Ihre Kays. Maj. sie unter dero Kayserlichen Schuz und Protection zu nehmen ihnen ein poenalisirtes Protectorium contra omnem vim facti (Schutzbrief) mit zu theilen alle biß dato von Mehrgedachtem Reichs-Hofrath von Hünefeld geübten Pressuren und Zumutungen null und nichtig zu erkären, zu cassiren und uf zu heben, ihn auch zu Resarcirung zugefügter Schaden anzuhalten, und sodann . . . alles Ernstes aufzulegen, daß Er sie Supplicanten wider altes Herkommen Freyheit und Privilegien weiters nicht beschweren, die unterschriebene umsonst entlauffene Gemeinds Leuthe wider Recht, darumen daß Sie nit fronen wollen, nicht bestraffen, sondern sie bey Ihrem wohlhergebrachten Recht und Gerechtigkeit ruhig verbleiben, und Ihnen dasjenige, was denenselben vermög Ihrer alten Gewohnheiten Rechten und Privilegien zuständig obangeregten Vergleich gemäß genießen laßen solle . . .

In eadem Peter Petermann und Philipp Krahe . . . an Chur-Maynz, daß sie nicht gestatten oder zulassen, daß sie ferners wieder Recht und Billigkeit beschwert und von offtgedachten Reich-Hofrath von Hünefeld aller zugefugter Schad ersezt, sie auch als freye Leuthe gehalten und in kein Leibeigenschaft gezogen, sondern bey Ihren Freyheiten, privilegien und immunitaeten gelaßen werden möchten.

Bleibt beym vorigen Concluso.

Franz Martin Menßheng.

Copia Rescripti Caesari . . . an Chur-Maynz in Sachen Sulzbach und Soden contra Hünefeld dd. Wien den 19. Jan. 1671.[7]

Leopold u.

Ew. Lbden erinnern sich gutermaßen, waßgestallten Wir beede Dörffer Sulzbach und Soden Gemeinds Leuth, mit ihren bey uns, wieder unserm Hoffrath, Chrsitoph Niclas von Hünefeld, alß erstgedachter Dörffern Bestands-Innhabern, wegen übermäßigen Frohnen und Diensten angebrachten Klagten an dieselbe alß Pfandt-Herrn, den 14. Julii nechstverwichenen 1670. Jahrs verwiesen, danebens aber, daß sie die an unsern Kayserlichen Hoff abgeschickte, um Willen sie ihren Recurs, an uns genommen haben, deßen nit entgelten lassen wollen. Nun mögen Ew. Lbd. nit verhalten, das zwar seither bey uns Georg Rauscher, und Philipp Krahe, abermahl nit allein, über die allzugroße Pressuren und unerträgliche onera . . . sich beklagt; wir haben es aber, deßen ungeachtet, nochmahlen bey unser vorigen Verordnung bewenden laßen, und dieselbe den 7. dieses an Euer Lbd. wiederum verwiesen. Wann nun aber seither deßen obgedachter Rauscher und Krahe, nachmals eingekommen und unterthänigst gebetten, wir ggst. geruhten, unser in dieser Sachen für ihre damals an unserm Kayserlichen Hoff abgeschickte Gemeinds Leuth den 7. Augusti nechstverwichenen Jahrs ergangenes Kayserliches Rescript, gleichfalls uf sie umfertigen zu laßen, Und wir dann, in solch Ihr gehorsamstes Begehren in Gnaden gewilliget; Alß ersuchen Wir Euer Lbd. hiemit Freund- und gnädig, daß sie supplicirende Gemeinds-Leuthe ebenmäsig, als die vorige dieses an unß zum andernmahl genommenen Recurs wegen nit entgelten laßen, und Wir seynd Ihro mit u.

Wien den 19. Jan. 1671.

1675 beschwerten sich die Gemeinden abermals über den Reichshofrat. Am 17. September dieses Jahres erging ein kurmainzisches Regierungsreskript an den Oberamtmann in Königstein, Georg Philipp Freiherr von Greiffenklau, »über die denen Kayserlichen Privilegis der Gemein(d)en Sultzbach und Soden zuwider verhängte Beschwerden gutachtlich zu berichten«:

Chur-Maynzisches Regierungs-Rescript an das Oberamt Königstein, über die denen Kayserlichen Privilegiis der Gemeinen Sulzbach und Soden zuwider verhängte Beschwerden gutachtlich zu berichten, dd. 17. Sept. 1675.[8] Churfürstlich-Mayntzische Hofraths-Praesident, Groß-Hofmeister, Canzlar, Geheime-Hof- und Regierungs Räthe. Unßern Gruß . . . zuvor, Wohlgebohrender Freyherr, besonders lieber und guter Freund. Auß hierbey kommenden Abschriften sub Nro. 1.2. & 3. habt ihr zu vernehmen, waß die sämtliche Unterthanen zu Sultzbach und Soden für ein vor Alters erhaltenes Kayserliches und nunmehro wiederum confirmirtes Privilegium, neben einigen dagegen ihnen, sichrem Angeben nach, bißhero erlittenen Beschwerden allhier unterthänig übergeben und deßwegen zu verfügen gebetten. Worauff unßer Befehl ist, Ihr hättet Euch in dieser Sach, wie weit die angezogene Beschwerden dem angezogenen Privilegio zu wieder gehen, wohl zu informiren, und darauff Euern Bericht nebst Eurem Gutachten einzuschicken, und hinzwischen die Klagende Unterthanen bey sothanen Privilegio, so weit daßelbe in Observanz kommen, zu manutenieren (handhaben), denen Ihr nachzukommen wißen werdet und wir verbleiben Euch damit zu Freundschafft, auch allem guten wohl beygethan.

Datum Maynz den 17. Septembris 1675.

Johann Jacob Franck, Secret:

Dem Wohlgebohrnen Georg Philipps Freyherrn von Greiffen-Klau zu Vollraths Churfürstl. Maynzischen Rath und Ober Ambtmann der Herrschafft Königstein und Neuenhain, Unserm besonders Lieben und guten Freund.

Vom 6. August 1677 datiert ein Reskript des Kurfürsten Damian Hartard zu Mainz an das Oberamt in Königstein und die Kellerei zu Neuenhain, »die Gemein(d)en Sultzbach und Soden den Kayserlichen Privilegiis, Rechten und Vergleich de A. 1656 zuwider nicht zu beschweren«[9].

Damian Hartard von Gottes Gnaden Ertz-Bischoff zu Mayntz und Chur Fürst, Bischoff zu Worms u.

Wohlgebohrne Liebe Getreue, in dem abschrifftlichen Beyschluß erscheinet, welcher Gestalt sich die Gemeinden Sultzbach und Soden eines und andern ihren herbrachten Rechten und Privilegien zuwieder vorgehenden Gesuchs halber unterthänigst beschwehret. Gleichwie Wir aber anders nicht wollen, alß der mit der Stadt Franckfurth hiebevor aufgerichtete Vertrag, worinn §. 4. dieser Supplicanten Meldung geschicht, dießfalls observiret und angesehen werde; Alß habt Ihr dieselbe auch dargegen nicht beschwehren zu laßen, gleichwohlen aber ernstlich einzubinden, daß sie hierunter kein Mißbrauch und Unterschleiff verüben sollen.

Kiderich den 6ten Aug. 1677.

Damian Hartard E. A. M.

Friederich Anthony. Secret.

An Vorbenambt Ober Amth zu Königstein und Kellern zu Neuenhain.

Einerseits will also Kurmainz die vertraglichen Vereinbarungen gewahrt wissen, andererseits aber sollen die beiden Dörfer ernstlich in die Herrschaftsordnung eingebunden werden. Die Privilegien sollen kein Anlaß zum »Mißbrauch und Unterschleif« sein.

Über das weitere Verhalten des Reichshofrates von Hünefeld in bezug auf die beiden Dörfer liegen keine weiteren Nachrichten vor. Allzu lange wird demnach seine Herrschaft nicht mehr gedauert haben.

Das Jahr 1713 brachte neue Unruhe in die beiden Gemeinden. Frankfurt forderte von ihnen Beteiligung an den Schanzarbeiten gegen den »allgemeinen Reichsfeind«; der 3. Türkenkrieg drohte. Die »Renterey« Königstein sollte 800 Mann aufbringen, die »Renterey« Eppstein 240 Mann, die »Renterey« Neuenhain 60 Mann und Soden und Sulzbach 50 Mann[10].

Zwar leisteten die Einwohner beider Orte zunächst einige Arbeit bei den Schanzen, als man sie aber fortdauernd zu solchen Frondiensten zwingen wollte, wandten sie sich in einem Schreiben an Kurmainz[11], »zu deroselben unsere untertänigst notdringlichste Zuflucht zu nehmen wir jetzo umsomehr veranlaßt werden, da nicht allein zur Auferbauung einer über den Rhein gelegenen Schanz gegen den Reichsfeind mit Hand- und Frondiensten gleich denen Leibeigenen zu konkurrieren uns aufgebürdet werden wollen, sondern auch als man aus allen untertänigsten Respect gegen S. Kl. Majestät sowohl als aus Liebe für die Wohlfahrt und Sicherheit des Vaterlandes, keineswegs aber uns dadurch an unserer Freyheit ichtwas präjudizieren oder derselben uns für das Zukünftige zu begeben, vor das erste Mal sich dabey eingefunden und daneben auch aus aufrichtiger Intention 300 Bund Stroh ins kaiserliche Lager geliefert, hat dieses sofort von den Beamten zu Königstein in Konsequenz gezogen und des Ends unterm 22. Juli uns ganz unvermutet von dar aus befohlen worden, daß wir von neuem eine Zahl von 40 Mann und alle Woche 12 Mann auf Frankfurter Seit hergeben und selbige unter das Amt Königstein stoßen sollen«.

Abgesehen von den Arbeiten und dem Arbeitsausfall auf eigenem Land, mußte die Gemeinde noch Unterhaltsgelder für die Schanzer zahlen. So vermerkt die Gemeinderechnung von 1691 z.B. 40 fl 3 xr, erhoben zur Bezahlung der Schanzer nach Mainz. Zudem vermerken die Gemeinderechnungen der letzten Jahrzehnte des 17. Jahrhunderts und die der ersten Hälfte des 18. Jahrhunderts immer wieder Ausgaben für Kriegskosten und durchziehende Soldaten sowie Quartierkosten. Die wesentlichsten seien hier angeführt.

Aus der Zeit der Reunionspolitik Ludwigs XIV., Besetzung Lothrigens 1670, Annexion Straßburgs 1681, Verwüstung der Pfalz 1689 wie auch des 2. und des 3. Türkenkrieges 1663 – 1699 und 1716–1718, sind folgende Angaben zu finden:

1664: 15 fl. Hans Bender für sein Pferd bezahlt, so ihm die lothringischen Reiter mitgenommen als sie nach Erfurt gingen.

8 alb. zahlt, als ein Leutnant von Mainz mit 14 Soldaten über Nacht hier gelegen, so nach Eichsfeld gegangen.

12 alb. zahlt, wie die Churkölnischen Offiziere, welche aus Ungarn kommen, vor unserem Flecken verzehrt.

Für 3 Maß Wein 12 alb., armen lahmen Soldaten, welche aus Ungarn kommen.

1665: Lothringische Reiter liegen in Soden.

1673: 10 alb. 4 Pfennige wie die Reiter sind in Conrad Bockenheimers Haus gefallen . . .

6 alb. für 4 Pfund Fleisch den Reitern.

9 alb. ferner für 6 Pfund Fleisch den Reitern.

4 alb. item für 2 Laib Brot.

10 alb. den Reitern an Geld geben müssen.

1674: Sächsische, Braunschweigische und Frankfurter Reiter logieren in Soden.

22 alb. 4 Pfennige drei kaiserl. Reiter beim Wirt verzehrt . . . 2 alb. für Käse bezahlt . . .

1676: Fürstlich Neubergische Reiter übernachten in der Wirtschaft des Hans Bender.

1677: Drei Soldaten von Königstein und drei von Frankfurt liegen etliche Tage in Soden.

1676: 32 fl. 24 alb. von einigen Nachbarn aufgehoben, zur Abzahlung Georg Rauschers Anforderung, die Wienerische Reise betr., samt Executionsunkosten, laut Hebzettel.

12 alb Oberschultheiß, Bürgermeister und etliche aus der Gemeind, als sie auf gnd. Befelch, wegen des Rauschers Sache und Klage, nach Königstein kommen müssen, verzehrt.

21 fl. 4 alb. Georg Rauscher wegen seiner wienerischen Reiseforderung zahlen müssen.

12 fl. an ufgangenen Executionskosten derselben Sache wegen zahlt.

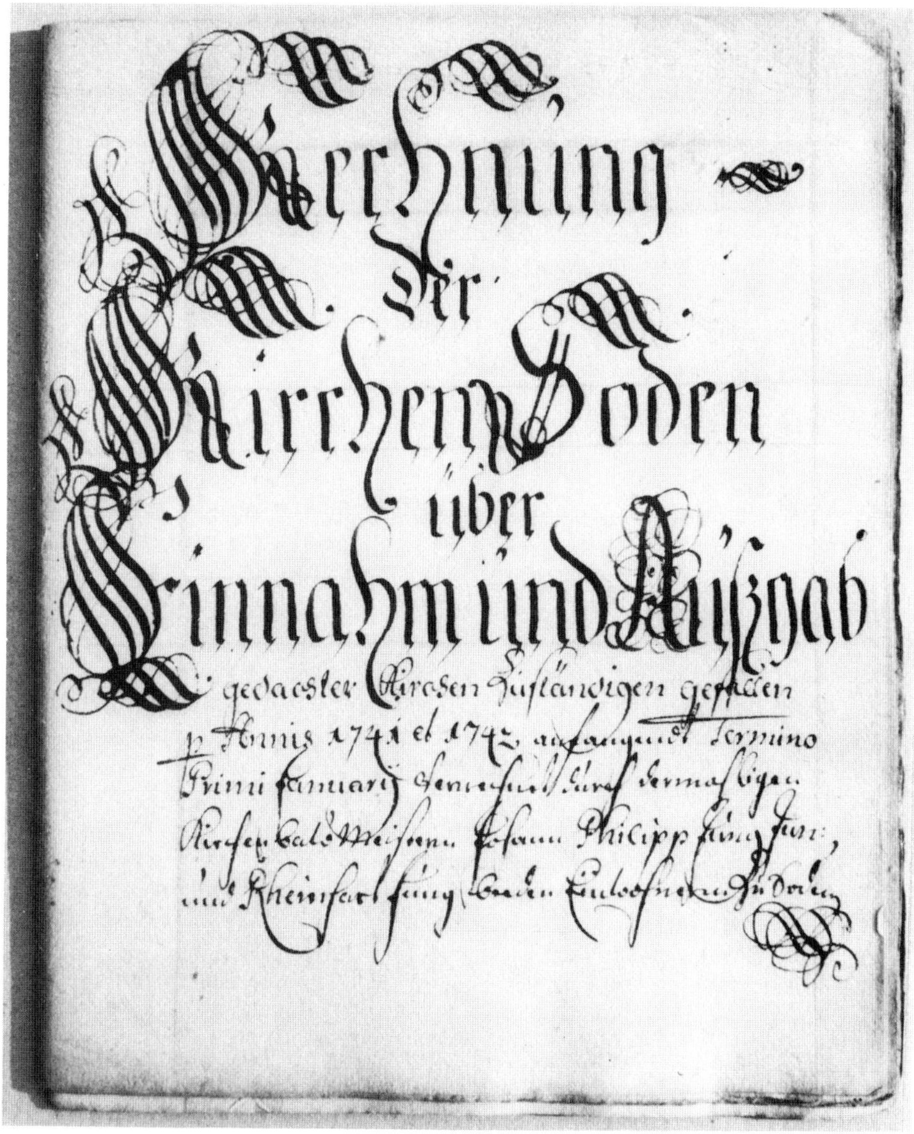

Rechnung der Kirchen Soden über Einnahm und Außgab
gedachter Kirchen zuständigen gefällen
p. Annis 1741 et 1742 anfangend termino

Kirchenrechnung der Sodener Kirchengemeinde des Jahres 1741/42 – Titelblatt

1677: Dragoner liegen in Soden. In einer Bittschrift an den Oberamtmann wird um »Linderung der Tragoner gebetten«.

Ein Trommelschläger so bei uns gelegen, aus der Gemeinde bezahlt: 2 fl.

1678: Die »Münsterisch Völcker« liegen in Soden.

1682: 15 alb. als 3 Soldaten von Mainz nach dem Eichsfeld passiert . . . 2 fl. einem mainzischen Fourir, so mit etlicher Mannschaft nach Erfurt passiert, geben müssen.

1688: 20 fl. 24 alb. 6 Pfennige laut Hebzettel zum Beitrag der einquartierten Völker zu Königstein.

6 fl. 16 alb. zur Bezahlung wegen der Abfindung bei dem Obristwachtmeister Maltz . . . zu Königstein.

12 alb. verzehrt worden, als man wegen der hessischen Völker zu Königstein gewesen.

3 fl. 10 alb. ist durch hessische und lüneburgische Völker verzehrt worden . . .

40 fl. nach Frankfurt bezahlt an Beitragsgeld wegen derselben belagerten Dorfschaften; dgl. 20 fl. nach dem Oberamt Königstein.

Weitere Ausgaben: 69 fl. 20 alb.

1689: 462 fl. 8 alb. (Gesamtausgaben der Gemeinde in diesem Jahr 702 fl 22 alb. 6 Pfennige).

1690: 238 fl. 2 alb. 4 Pfennige.

1691: 40 fl. 3 xr erhoben zur Bezahlung der Schantzer nach Mainz;

Gesamtkosten: 163 fl. 15 xr 2 Pfennige.

1692: 311 fl. 10 xr aus Gemeindeumlagen zu Kriegskosten erhoben; sie betrugen insgesamt 314 fl 44 xr 2 Pfennige bei einem Gesamthaushalt von 521 fl 19 xr 2 Pfennigen.

1693: 586 fl. 29 alb.

1694: 229 fl. 25 xr und 41 fl 32 xr erhoben; Kriegs- und Quartierkosten 240 fl 45 xr.

1695: 182 fl 29 xr 2 Pfennige.

1697: Ausgaben wegen der Husaren: 193 fl. 19 alb. 6 Pfennige; weitere Kriegskosten: 36 fl. 15 alb.

1699: 64 fl. 25 alb. 6 Pfennige zur Bezahlung von Kriegskosten laut Hebzettel.

139 fl. 9 alb. 4 Pfennige für französische Brandschatzungsgelder.

13 fl. und 2 fl. 24 alb. zur Bezahlung des Schantzerlohns.

63 fl. 27 alb. Proviantierung nach Mainz.

129 fl an Kriegsgelder erhoben laut Hebzettel.

1704: 16 alb. einem Brandenburger Offizier um gute Ordre zu halten, ein Lamb verehrt.

1 fl. einem Brandenburger Leutnant, daß er gute Ordere soll halten, einen Schinken verehrt.

24 fl. 19 alb. als der General Schulenburg bei und gelegen, ist verzehrt worden.

3 fl. 10 alb Hr. General verehrt worden, an Salz 2 Simmer . . .

10 fl. 18 alb. als der Campement auf der Weydt gestanden, an Verehrung und Kosten an Hr. General Schülichen wie auch für Brot, Käs, Bier und Brandtewein für die gestandenen Wachten an der Weydt.

18 fl. Hr. Kellern zu Neuenhain verehrt, welcher bei uns zu Sulzbach und Soden verbleiben, als das Lager auf der Weydt gestanden.[12]

Abgesehen von den Ereignissen um die Einsetzung des Adjunkten Wirwatz (Bd. I IV, 4) folgte eine Zeit verhältnismäßiger Ruhe. Bei gegebenen Streitigkeiten beschränkten sich die Einwohner auf formelle Proteste. Eine Auseinandersetzung mit den Kondominalherrn konnte man sich nicht leisten, dazu waren auch die materiellen Möglichkeiten zu sehr erschöpft.

So versuchte man, auf Verletzungen der verbrieften Rechte durch Eingaben beim Kurfürsten aufmerksam zu machen, wann immer dies angebracht erschien. Ein Beispiel aus

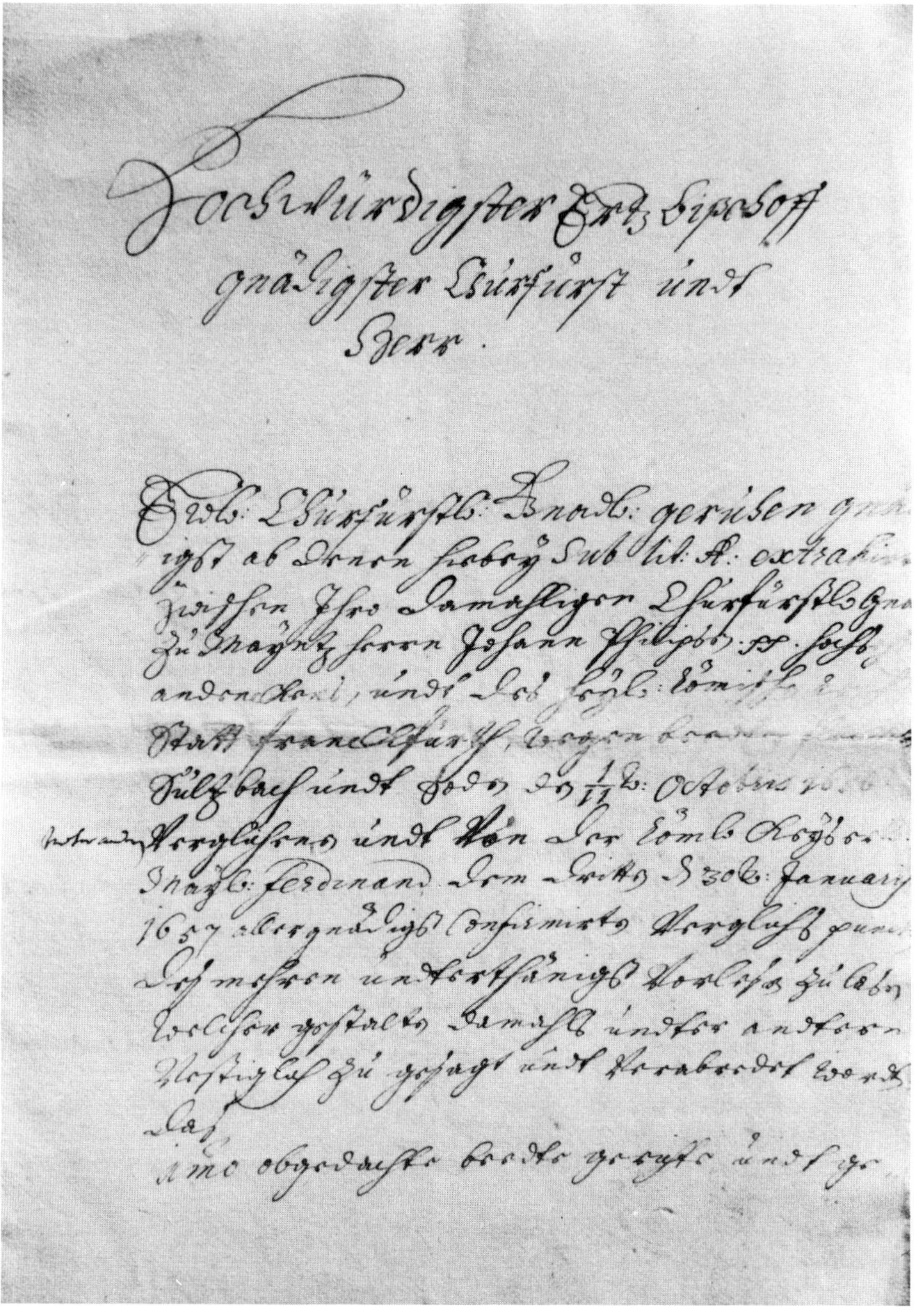
Hochwürdigster Ertz Bischoff
gnädigster Churfürst undt
Herr.

Titelblatt eines Beschwerdebriefes der Gemeinden Soden und Sulzbach an den Kurfürsten von Mainz wegen einer Verletzung ihrer Rechte und Privilegien aus dem Jahre 1715 dem Jahre 1715 sei hier wiedergegeben.[13] Dabei ging es um ein nach Meinung der beiden Dörfer rechtswidriges Vorgehen des damaligen Oberschultheißen Erstenberger. Der Text der Eingabe lautet:

Hochwürdigster Ertzbischoff, gnädigster Churfürst undt Herr

Euer Churfürstl. Gnaden geruhen gnädigst ob deren hiebey sub. lit. A extrahirte zwischen Ihro damahligen Churfürstl. Gnaden zu Mayntz Herrn Johann Philipps pp. hochsehligen andenckens, undt des heyl. römischen reichs Statt franckfurth, wegen beider flecken Sultzbach und Soden den 1/11 ten Octobers 1656 notwendigen Vergleichens undt von der römischen cheyserlichen Mayestät Ferdinand dem dritten den 30 ten Januarij 1657 allergnädigst confirmirten Vergleichs puncti deß mehrere undterthänigs Vorlesen zu lasen welcher gestalt damahls undter andtern Vestiglich zu gesagt undt verabredet wordten das primo obgedachte beidte gerichte undt gemeindte zu Sultzbach und Sodten bey ihren von dem heyligen Reich undt weyland denen römischen Chönig und Cheysern rechtmäßig hergebrachten Privilegien, gerichten, rechten undt guthsgewohnheiten, in undt auf der almenten undt waltungen bleiben, undt darinn nit beeinträchtiget sondern von beidten herrschaften dabey geschützt undt gehandthabet werden sollen, zum zweiten (?) aber gedachte gerichte in allen undt jeden Civilodter bürgerlichen Sachen, welche nit peinlich gechlagt werdten, sie seyen gleich voluntario odter Contensiosa Jurisdictionis (Streitgerichtsbarkeit) In undt außerhalb der bahn zeunen, daß gericht zu erkennen, zu decretiren, zu urtheilen, auch auff den almenten, Jedoch die Saltz Soden, davon in alle wege ausgenommen, ohne unterschiedt, im übrigen aber bis auf 5 fl. zu strafen, undt die Straf zu des gerichts undt gemeindt nutzen anzu wenden macht haben, die übrige straffen aber, so auff höhere Summe nach gestalt der Verwürckung zu setzen, beeden Herrschaften Verbleiben, wie auch zum

dritten (?): der oberwehnten beedten flecken undterthanen der leibeigenschaft undt frohn diensten, auch aller übrigen gifften wie die nahmen haben mögen/: ausgenommen zehnten, undt uff denen güthern haftenten Zinsen:/frey undt loos bleiben undt mitt einiger anderen ufflag hinführo in cheiner weis beschwehret werden sollen.

All dieweilen aber gnädigster Churfürst u: Herr der von seithen Eurer Churfürstlichen Gnaden undt Einem löblichen Magistrat zu Franckfurth dermahlen bestellte gemeinschaftliche Oberschultheiß Herr Erstenberger diesem obangeregten allerseiths cräftig Verglichenen punctis schnur stracks zu widter denen beedten gerichten undt gemeindten zu Sultzbach undt Soden die in dem Verwichenen Jahr 1714 ad 5 fl. undt darunter Verfallenes undt auf ein nit geringes quantum/: nach auf weis beylag B.:/Sich beläufige Strafgeldere dem alten privilegirten Herkommen gemees nit allein gäntzlich zu entziehen, sondern so gar dergleichen Straffen nit mehr bey gericht, sondern bey beederseiths gemeinschaftlichem O'ambt zu unserm argen praejudiz anzühet, undt zu dictiren, mithin uns umb diese unsere gerechtigcheit gantzlich zu bringen; gleich dann auch derselbe secundo sich vor ohngefehr 3 Jahren undterfangen in unserer gemeinschaftlichen vacante gütherr einzugreiffen, mithin ein sehrers Stück felds/: unseres dargegen eingewendeten protestirens ohngeachtet:/via facti herumb zu zackern, einfolglich mitt Chohl Saamen zu bestellen, undt das wercch dahin zu dirrigiren, das ob wir sich schon hiergegen bey hochlöbl. Ambt gebührent geclagt gehabt, dannoch hierauf chein bescheidt erfolget, sondern wir walen (?) zu abwendung alles chünftigen zu besorgenten projudiz den ex ad'vo (adverso) zur ungebühr auf unserem fundum aufgestellten Chohl sahmen rings Erndet, innerhalb oberwehnter beylag B: sub § 3'tion diesertwegen ad 10 fl. Straff Condemniret, undt zu deren so wohl als auch anderer uns zu chommenter auff 5 fl. undt darunter sich erstrechender straff geldern durch scharfe undt sehr chostbahre executiones angehalten, über dieses alles auch 3tio von mehrbesagten unsern Oberschultheisen widter den ausdrüccilichen buchstaben desin beylag A befindliche 3ten (?) Vergleichs puncte betrohet wordten, uns eine neuerliche accis auff wein, bier, fleisch undt dergleichen auf zu bürdten, da wir doch Vermög besagten 3ten (?) Vergleichs puncti aller übrigen gifften, wie die nahmen haben mögen/: andrer des Zehentens undt auff die güttern haftente Zinsen:/frey undt loos bleiben undt mitt einige andtere pflichten hinführo in cheiner weis beschweret werden sollen.

Gelanget dannenhero ahn Euer Churfürstl. Gnaden unser unterthänigstes rechtliches bitten, derselbe gnädigst geruhe uns nit allein bey dem zwischen Euer Churfürstlichen Gnaden hohe Herrn anteceßore (Amtsvorgänger) weylandt Ihro Churfürstl. Gnaden Johann Philipsen hoch seeligster gedächtniß, undt der freyen reichs Statt Franckfurth in anno 1656 getroffennen, undt von verschiedentlichen römischen König, undt Chaysern höchst seeligster gedächtnis so wohl als auch von Jetzo glorwürdigst regierenter Chayserl. undt Catholischen Mayestät Carolo sexto confirmirten Vergleich zu folg der undter ob allegirten (angeführte Schriftstelle) Vergleichs puncten ad finem annectirte clausel cräftigst zu schützen undt manuteniren (handhaben), mithin dero hohe nachtrückliche Verordnung dahin ergehen zu laßen, damitt zu folg des 3. (?) Vergleichs punctes das gericht zu Sultzbach undt Soden jedzeit berechtiget undt befähiget seyn möge in allen undt jeden Civil odter bürgerlichen sachen zu erchennen, zu Decretiren, zu urtheilen, auch bis auff 5 fl. und darunter zu straffen undt sothane straffe zu des gerichts undt gemeindt nutzen anzuwendten, sondern auch secundo die jenighe 10 fl. Straff welche der gemeindt wegen des grundherrlichen Oberschultheißen zur ungebühr undternommenen eingriffs in unsere gemeine vacante güther mediante executione (mittels der Execution) zahlen müßen, hinwiderumb restituiret; übrigenß aber tertio wier von dem uns von seithen unseres hochlöbl. Schultheißen zu getroheten accis von wein, bier, fleisch, undt anderes dergleichen sachen allerdings befreyet Seyn undt bleiben mögen die wir in undterthänigster getröstung einer gnädigsten erhörung Verharren

Euer Churfürstlichen Gnaden Untherthänigst gehorsambste Gerichte undt gemeindten der beyden flecken Sultzbach undt Soden.

Ohne Datum, nach dem Inhalt im Jahre 1715

2. Die neue Gerichtsordnung von 1753

Am 21. März 1753 publizierten Kurmainz und Frankfurt eine neue Gerichtsordnung mit der Begründung, daß sich in den gemeinschaftlichen Dörfern Soden und Sulzbach verschiedene Fälle ereignet hätten, welche in den 1656 geschlossenen Vereinbarungen nicht genügend erläutert wären. Deshalb sei es von »beyden Landesherrschaften gemeinschaftliche beliebet worden«, solche Erklärungen zusammenzustellen. Hatten sich bisher die beiden Kondominalherrn als Herrschaften und Obrigkeit ausgegeben, so legten sie sich hier erstmals den Titel »Landesherrschaften« zu, wogegen die Dörfer Einspruch erhoben.

Die neue Gerichtsordnung umfaßte 12 Punkte. Zuständigkeiten der Gerichte und Appellationsvorgänge wurden geregelt, ebenso die Höhe des Wertes der Streitsachen in bezug auf die Gerichtszuständigkeit und Appellationsmöglichkeit. Auch Grundsätzliches über Zeugenverhöre und Zeugenvereidigung wurde neu festgelegt.

In den einzelnen Abschnitten wurden folgende Regelungen getroffen:

1. Appelliert werden kann nach dem Urteil des Untergerichts Soden an das Sulzbacher Obergericht, an den Oberamtmann in Königstein, den Amtskeller in Neuenhain und das Landamt Frankfurt.

2. Liegt der Streitwert über 100 fl, sind die Regierung von Kurmainz und der Frankfurter Rat zuständig.

3. In allen Instanzen soll die 10-Tage-Frist beachtet werden.

4. Will jemand appellieren, so soll er dies zu Protokoll geben. Appellationen an die beiden Ämter oder die Regierungen sollen schriftlich angezeigt werden. Appellationen, die innerhalb der 10-Tage-Frist von dem ergangenen und publizierten Bescheid ergriffen werden, sollen binnen vier Wochen eingeführt werden.

5. An die beiden Ämter soll nicht appelliert werden, wenn der Streitwert nicht mindestens 15 fl. beträgt.

6. Zeugen sollen mit dem gewöhnlichen Zeugeneid belegt werden.

7. Wenn der Streitwert nicht über 15 fl. geht, sollen die Zeugen summarisch abgehört werden. Auf ihrer Aussage soll das Urteil fußen. Bei einer Appellation sollen die Protokolle des Sodener Untergerichts an das Obergericht weitergereicht werden.

8. Bei einem Streitwert über 15 fl. sind die Parteien zu befragen, ob sie es auf eine summarische eidliche Zeugenaussage ankommen lassen oder ob sie auf einer förmlichen Befragung bestehen wollen. Die Erklärung muß der Oberschultheiß zu Protokoll nehmen. Verlangte Bedenkzeit sollte gewährt werden. Wo sich der Streitwert über 50 fl beläuft, soll die Zeugenbefragung nicht summarisch vom Oberschultheiß, sondern von den Ämtern vorgenommen werden.

9. Sollte nun mit der Zustimmung beider Parteien, die vorher diejenigen Punkte, zu denen die Zeugen befragt wurden, schriftlich zu Protokoll gegeben haben, die Vernehmung beim Oberschultheiß und dem Gericht vorgenommen worden sein, so hat der Oberschultheiß, nachdem von jeder Partei die gerichtliche Einrede gegen die Personen und die Zeugenaussagen vorgebracht wurden, den Bescheid abzufassen.

10. Wenn die Parteien oder eine davon bei einem Streitwert von 50 fl. oder auch bei einer geringeren Streitsache ein »solennes« Zeugenverhör verlangen und »förmliche Beweis-Articul und respective Fragstücke« übergeben wollen und nach Publikation der Zeugenaussagen schriftliche »Handlungen« einbringen wollen, so sind diese sogleich, ohne daß vorher die Zeugen »summariter«, im abgekürzten Verfahren, vernommen werden, vom Oberschultheiß und dem Gericht dahingehend anzuweisen, daß sie ihre Beweisunterlagen bei den beiden Ämtern übergeben, wo alsdann die Zeugen durch beiderseitige Beamte verhört und demnächst von den Ämtern entschieden wird.

11. Die Ämter werden darauf sehen, daß wenn die Unerheblichkeit einer Beschwerde deutlich wird, diese sogleich als unstatthaft verworfen wird. Deshalb sollte der Oberschultheiß die Protokolle »in gebührlicher rechtlicher Ordnung und Deutlichkeit« führen, damit deretwegen die Fälle nicht erneut untersucht werden müßten und die Parteien nicht »in größeren Schaden und Kosten gesezet« würden, anderenfalls dies auf seine Kosten geschehen sollte, damit 12. eine bessere Ordnung geschaffen werde. Deshalb sollten alle bei den herrschaftlichen Ämtern übergebenen Schriftstücke die folgende beschriebene Form haben:

An
Ein Churfürstlich Maynzisches hochlöbliches Amt Neuenhayn
wie auch
Wohllöbliches Land-Amt zu Franckfurt,
innwendig aber die Titulatur gebraucht werden;
Hochwohlgebohrner Freyherr, Gnädiger Herr Ober-Amtmann
und
Hoch Edelgestrenger Herr Amts-Keller
wie auch
Wohl- und Hoch Edelgebohrne Herrn Deputati des Löblichen
Land-Amts zu Frankfurt
in Contextu
Euer Hochfreyherrlich Gnaden und Hoch Edelgestreng,
desgleichen Wohl und Hoch Edelgebohrne.

Zu dieser Gerichtsordnung waren Instruktionen für den Oberschultheiß von Sulzbach und Soden gegeben worden, die in Punkt 4 ebenfalls Kurmainz und Frankfurt als »Landesherrschaften« der Orte Soden und Sulzbach bezeichneten. In ihrem ersten Abschnitt ging es ebenfalls um die Anerkennung von Kurmainz und Frankfurt als »Landesherrschaften« der Orte Soden und Sulzbach. Dem Oberschultheiß wurde aufgetragen (Abschnitt 2), darauf zu achten, daß nicht gegen die im Vergleich von 1656 festgelegten Bestimmungen gehandelt und die neue Gerichtsordnung vom 21. März 1753 eingehalten würde. Drittens wurde ihm aufgetragen, die Anordnungen der »Landesherrschaften« und ihrer Ämter »ins Werk zu setzen« und darüber zu berichten. Laut 4. Abschnitt sollte er die »Rug-Gerichte« zur gewöhnlichen Zeit halten und im »Namen der Römischen Kayserlichen Majestät und beyder Landes-Herrschaften« hegen, Ordnung, Gebräuche und gute Gewohnheiten der Dörfer bewahren und schützen, keine Neuerungen einreißen lassen und Tätlichkeiten verhindern.

5. Der Oberschultheiß sollte alle 14 Tage, dienstags, zu Sulzbach einen Gerichtstag mit zwei Gerichtsleuten, die jeweils wechseln sollten, unentgeltlich abhalten, dort Klagen anhören und nach der »Solmßischen Gerichts- und Land-Ordnung« erörtern und entscheiden, darüber Protokoll führen, dieses am Ende verlesen und von den beiden Gerichtsleuten unterschreiben lassen.

6. Es konnten alle civil- und bürgerlichen Sachen nach Inhalt des Recesses von 1656, § 14, die nicht »peinlich geklaget werden« vorgebracht werden, »in- oder ausserhalb der Bannzeichen, auch auf denen Allmenten (doch die Saltz-Sode ausgenommen) ohne Unterschied«.

7. Verhängte Strafen bis 5 fl. konnte das Obergericht festsetzen und zu »des Gerichts und Gemeinen Nutzen« verwenden.

8. Bei Schlägereien, Fällen von Unzucht, Ehebruch, Diebstählen und Fehden, die eine Leib- oder Geldstrafe nach sich ziehen könnten – Feldrügen ausgenommen –, auch wenn über ein von ihm ausgefertigtes Dokument gestritten wird, hatte ein Oberschultheiß sich aller gerichtlichen Untersuchung zu enthalten, sondern einen Bericht an die Ämter einzuschicken, die den Fall gemeinschaftlich behandeln. Bei deren Sitzung mußte der Oberschultheiß das Protokoll führen und die Akten in Ordnung halten. Dafür erhielt er täglich 1 fl. und die Kost.

9. Bei Fluchtgefahr und zur Beweissicherung hatte der Oberschultheiß die Möglichkeit »personal-Arrest« zu verhängen, mußte aber den Ämtern darüber berichten. Auch wegen Ungehorsams, Feldfrevel konnte er für kurze Zeit festnehmen.

10. Das sogenannte Redemptions- oder Loskaufgeld sollte abgeschafft werden. Der Büttel oder der Pedell sollte für Einsperr-, Schließ- und Loslassungsgeld 6 xr von dem Verhafteten oder Losgelassenen erhalten.

11. Vom Untergericht in Soden konnte an das Sulzbacher Obergericht appelliert werden. Der Sodener Schultheiß hatte alle Befehle des Oberschultheißen auszuführen. Bei Sterbefällen, bei denen nicht mehrere minderjährige Erben vorhanden, stand es den Erben frei, ob sie den Oberschultheiß zuziehen wollten, ebenso in dem Fall, wenn mehrere Minderjährige vorhanden, die Nachlassenschaft des Verstorbenen aber keine 100 fl. beträgt.

12. Wenn ein Sodener ein Testament errichten wollte, so stand es ihm frei, den Oberschultheiß als Gerichtsschreiber zuzuziehen, wenn die Hinterlassenschaft unter 100 Rthlr. lag.

13. Bei Klaghändeln, die einen ordentlichen Prozeß erforderten, bei Regelung von Schulden unter den Gläubigern nach Maßgabe ihrer Forderungen, Testamentsanfechtungen und dergleichen hatte der Sodener Schultheiß solche sofort an das Sulzbacher Obergericht zu verweisen, dieser die Angelegenheit beiderseitigen Ämtern der Kondominalherrn zur Entscheidung vorzulegen.

14. Der Oberschultheiß sollte keine Vorladungen ausfertigen, sondern dies sollte unter dem Namen beiderseitiger Ämter geschehen und zur Bekräftigung durch die Herrschaften diesen übermittelt werden.

15. Über Vorgänge, die in § 10 genannt wurden, sollte der Schultheiß zu Soden keine Untersuchung anstellen, sondern diese den beiderseitigen Ämtern und dem Oberschultheiß zu Sulzbach melden.

16. Eine Appellation an das Obergericht soll innerhalb von 10 Tagen nach dem Urteilsspruch erfolgen. Der Oberschultheiß hat dann das Gericht mit zuzuziehen, ebenso sollen bei Errichtung von Testamenten nicht nur zwei Schöffen zugezogen, sondern es soll auch damit gehalten werden, wie es die Solms'sche Ordnung Tit. XXIII vorschrieb. Bei Veräußerung von Mobilien und Immobilien, bei Vollstreckungsangelegenheiten, so die Schuld über 100 Rthlr. lag, bei Feldstreitigkeiten oder Dingen, die die ganze Gemeinde betrafen, sollten drei Schöffen zugezogen werden. Auch die Appellation an die beiden Ämter sollte innerhalb von 10 Tagen nach dem Urteilsspruch erfolgen. Der Oberschultheiß hatte dazu Bericht zu erstatten. Insgesamt war für die Einbringung der Deductionis gravaminum eine Frist von vier Wochen gesetzt.

17. Für Kurmainz waren der Oberamtmann in Königstein und der Amtskeller in Neuenhain zuständig, für Frankfurt das Landamt. Ein von diesen Ämtern unterschriebenes Decret hatte der Oberschultheiß zu berücksichtigen und auszuführen.

18. Wenn von beiden Ämtern ein Gemeinschaftlicher Ober-Amts-Tag gehalten werden sollte, so hatte der Oberschultheiß dafür zu sorgen, daß neue Nachbarn von Soden und Sulzbach die »gewöhnliche Huldigung« leisteten.

19. Nach den §§ 18 & 19 des Recesses lag es dem Oberschultheiß bzw. dem Schultheiß ob, die Vormünder vorzuschlagen und von den beiden Herrschaften bestätigen zu lassen, sie zu vereidigen und jährlich deren Rechnung zusammen mit dem Gericht zu kontrollie-

ren und den beiden Amtern zur Bestätigung vorzulegen. Nach § 20 sollte dies auch mit den Bürgermeisterrechnungen geschehen.

20. Konnte ein Schuldner seinen Verpflichtungen nicht nachkommen, so sollte der Oberschultheiß nach gutbefundenem Bericht an die Ämter so viel Mobilar pfänden lassen, und zwar diejenigen zuerst, die der Schuldner am leichtesten entbehren kann, als zur Bezahlung der Schuld und der Executionsgebühren – 20 xr täglich – notwendig sind. Wurde die Schuld danach innerhalb von acht Tagen nicht beglichen, wurde das Gut an den Meistbietenden versteigert. Über das erlöste Geld hatte der Oberschultheiß Rechnung zu führen, etwaige Überreste dem Schuldner auszuhändigen. Sollten aber keine pfändbaren Güter vorhanden gewesen sein, so hatte der Oberschultheiß den Ämtern darüber zu berichten und Befehl abzuwarten. Bei Schulden unter 25 fl. sollte keine militärische Exekution gebraucht werden, sondern der Oberschultheiß sowohl wie der Schultheiß sollten befugt sein, »durch Abpfändung einiger am leichtest zu entbehren seyender Mobilar-Stücke« die Begleichung der Schuld zu bewirken.

21. Die Versteigerung der Mobilien von einem Wert unter 100 fl. konnte der Sodener Schultheiß vornehmen, bei höherem Wert war der Oberschultheiß zuzuziehen.

22. Hypotheken oder gerichtliche Verlegung sollten nicht mehr außergerichtlich unter bloßer Unterschrift des Oberschultheißen gemacht werden, sondern gerichtlich; vom Sodener Gericht zwar ausgestellt, doch sollte das Sulzbacher Obergericht sein Siegel gegen Erlegung von 24 xr. darauf drücken und der Oberschultheiß von jeder Hypothek 30 xr. erhalten. Kauf-, Tausch- und Geburtsbriefe sollten in Soden ausgefertigt werden.

Der Abschnitt 23 führt die Gebührenordnung für den Oberschultheißen und Schultheißen von Soden sowie für die Gerichtsleute an, so bei der »Errichtung der Inventarien, Erbtheilungen und Güter-Vertheilungen täglich für Kost und Diaeten, z.B. 30 xr. dem Schutheißen von Soden, wenn dergleichen in Soden vorgenommen wird, täglich für Kost und Diaeten 30 xr., für jeden Gerichtsmann, der dabei nötig ist 20 xr.; bei Erbschaften unter 100 fl. dem Schultheißen von Soden 1 fl., den Gerichtsleuten je 40 xr.« Bei der Ausfertigung eines Kaufbriefes erhielt der Oberschultheiß 20 xr., der Sodener Schultheiß 12 xr, die beiden Gerichtsleute je 8 xr.; für eine förmlich eingerichtete Hypothek einschließlich der Abschrift 30 xr., dem Gericht pro Taxation 2 fl., dem Sodener Schultheiß 20 xr. Für Kopien als Gerichtsschreiber erhielt der Oberschultheiß ansonsten für jeden Bogen 8 xr, für die Anhörung eines Zeugen »inclusive der Session« 30 xr.

24. Für seinen Dienst hatte der Oberschultheiß nach der Vereinbarung vom 20. August 1657 sich mit folgender Besoldung zu begnügen: Nebst freier Wohnung und der dazu gehörigen Hof-Küchen-Länderei und Garten von Kurmainz 30 fl. an Geld, 10 Achtel Hafer und 10 Achtel Korn statt der zuvor gehabten 2 Huben Land und 3 Morgen Wiesen im Beidenauer Grund. Von Frankfurter Seite standen ihm zu 30 fl. an Geld, 10 Achtel Hafer und 10 Achtel Korn statt der zuvor gehabten 2 Huben Land und 3 Morgen Wiesen im See. Von allen Bußgeldern zwischen 5 und 12 fl der 6. Teil, jedoch nur von Sulzbach. Bei Strafen über 12 fl. sollen ihm nicht mehr als 2 fl. zugestanden sein. Sollte er weitere Forderungen eintreiben, stellen oder eintreiben wollen, würde er seinen Dienst verlieren.

Die neue Gerichtsordnung wurde, wiewohl sie einige für die Bewohner der beiden Orte vorteilhafte Neuerungen enthielt, so z.B. die Festlegung der Gerichtsgebühren und der Einkommen des Oberschultheißen[14], vor allem deshalb abgelehnt, weil sie von Kurmainz und Frankfurt als zuständigen Landesherrschaften sprach, was letztlich die Einwohner zu Untertanen zweier neuer Landesherrn machte und somit zu Diener dreier Herrn, wenn man den Kaiser aufgrund der »Reichsfreiheit« hinzurechnete. Außerdem erschien es unannehmbar, daß nunmehr nach Abschnitt 8 alle Strafsachen, von Feldrügen abgesehen, vor herrschaftlichen Gerichten abgeurteilt werden sollten, was den §§ 10 und 14 des Recesses zuwiderlief, wo nur Urteil und Körperstrafen, Strafen über 5 fl. in die unmittelbare Zuständigkeit der herrschaftlichen Gerichte fielen.

Was das Solms'sche Gericht in Soden betrifft, so kämpften gerade um diese Zeit die Grafen von Solms vergeblich gegen Kurmainz, ihre Rechte zu behaupten. Seine Kompetenzen waren weitgehend geschwunden, ursprünglich erstreckten sie sich nach den Aussagen von Amtmann Güldenborn auf die Hälfte von Soden und 4 Hofraiten jenseits des Sulzbaches, außerdem noch auf Äcker und Wiesen in den Gemarkungen Soden und Sulzbach. Das alte »Vilbelgericht« war Limburger Lehen. 1581 (1585) kam es an die Grafen von Solms, die noch ein anderes Niedergericht in Soden besaßen. Beide Gerichte verschmolzen miteinander[15]. Das Solms'sche Gericht hatte eine umfassende Ordnung. Vorsitzender war ein Schultheiß, der Zahl der Freihöfe entsprechend hatte er 4 Schöffen an seiner Seite. 1605 waren es durch die Zusammenlegung mit dem Vilbelgericht 7. Seine Ordnung fußte auf einem eigenen Weistum[16].

Schon 1518 hatte Frankfurt versucht, die Kompetenz dieses Gerichtes zu beschneiden[17]. 1662/63 und 1751 gelang es Kurmainz dann, die Solms'sche Gerichtsbarkeit fast gänzlich bis auf Feldfrevel und Steinsetzungen zu beseitigen. 1805 war sie so gut wie aufgehoben, lediglich die Aussteinung der Felder und die Beilegung »von einigen Irrungen« über »Plus und Minus« stand ihm noch zu. Oberschultheiß Katta spottete über es als einem »Zaun- und Pfahlgericht«[18].

Wenn aber die Solms'sche Gerichts- und Landordnung für die neue Gerichtsordnung von 1753 noch Bedeutung haben sollte, dann muß sie wohl besonders brauchbar gewesen sein.

Urteile in peinlichen Sachen, die Leibesstrafen nach sich zogen, wurden auf dem Blutgericht zu Diefenwegen vollstreckt. Dieses lag südöstlich von Sulzbach in der Nähe der heutigen Autobahn Frankfurt Wiesbaden.

Die Besitzverhältnisse dieser Richtstätte wechselten im Laufe der Zeit. Nach 1450 lag für Soden und Sulzbach die Hochgerichtsbarkeit bei Frankfurt, für die übrige Vogtei bei Eppstein. Erst Kurpfalz machte 1603 Diefenwegen wieder zur Richtstätte für alle fünf Vogteidörfer.

Hinweise über Urteilsvollstreckungen auf dem Blutgericht von Diefenwegen liegen vor. So berichtet Lersner in seiner Frankfurter Chronik, daß im Jahre 1525 dem Mathes Ziegler von Sulzbach, der dort Feldschütz gewesen, der Korn gestohlen hatte und auch sonst gegen seine Pflichten und seinen Eid verstoßen hatte, am Montag nach Matthäi die Augen ausgestochen worden seien. Am 29. Mai 1577 ließ Graf Christoph von Königstein Hans Krämer, allgemein Grün Hans genannt, wegen Diebstahl zum Tode verurteilen und hängen. Im Februar des Jahres 1604 richtete Kurpfalz einen neuen Galgen bei Diefenwegen auf. Henrich Wickert von Altenhain wurde mit seinem Vater zu Tode gebracht, ebenso Hans Preusch von Nostrick, »unterm Faßberg in Franken gebürtig«, mit dem Strang hingerichtet. »Peter Jungen Weib« zu Soden, welches sich aus Verzweiflung selbst ertränkt hatte, ließ man durch den Schinder auf dem Richtplatz begraben[19].

Eine ausführliche Beschreibung der Hinrichtung einer Frau aus Soden, der Kindsmörderin Anna Katharina Duß, am 25. Februar 1754 gibt Karl Roßbach in seiner »Geschichte

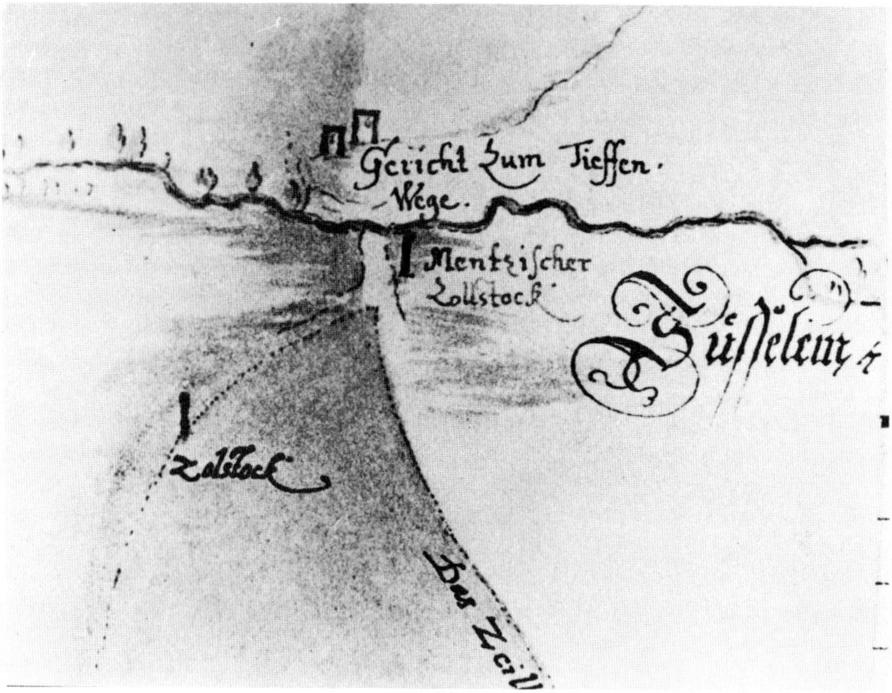

Beim »Gericht zum Tieffen Wege« in der Nähe der heutigen Autobahn A 66 stand der Galgen

der Freien Reichsdörfer Sulzbach und Soden«[20]. Sie hatte ihren Dienst in Frankfurt verlassen und wohnte bei Verwandten in Soden. Als im Juli 1753 der Leichnam eines neugeborenen Kindes in einem Kornfeld gefunden wurde, geriet sie durch widersprüchliche Aussagen in Verdacht und wurde festgenommen. Mainzer und Frankfurter Untersuchungsrichter verhörten die Gefangene, von dort wurde auch die Bewachungsmannschaft, entgegen dem Brauch, gestellt. Auch die Neuenhainer und Frankfurter Beamten lehnten eine Bewachung durch die Bürger ab, drohten diesen sogar mit einer Geldstrafe von 5 fl. Anna Katharina Duß gestand, widerrief aber, um dem Schwerte zu entgehen, wurde im ersten Grad gefoltert und gestand daraufhin. Im Januar 1754 wurde von Mainzer und Frankfurter Richtern das Urteil gefällt: Tod durch das Schwert.

Die Beschreibung der Hinrichtung zeichnet ein umfassendes Bild der Denkweise jener Tage. Zugleich wird deutlich, daß die alten Rechte der Blutschöffen, die aus den Orten genommen wurden und bestimmte Verrichtungen zu erfüllen hatten, längst geschmälert waren. Ihnen stand ehedem die Verkündung des Urteils, das Brechen des Stabes zu. Nunmehr tat dies der Amtsschreiber Ließmann von Frankfurt, wogegen die Blutschöffen der beiden Dörfer protestierten. Zu ihnen gehörten von Soden Johann Heinrich Jung, Johann Christian Diehl, Johann Georg Dinges und Johann Friedrich Bauer; von Sulzbach Georg Straßheimer, Georg Köller, Johann Georg Petermann und Johann Friedrich

Anthes. Die Hinrichtung wurde wie folgt vollzogen. In der oberen Gerichtsstube in Sulzbach wurde um 7 Uhr der vorgeführten Delinquentin in Anwesenheit der Blutschöffen das Urteil verkündet, der Stab gebrochen. Der Amtsschreiber ermahnte den Scharfrichter, Michael Nordt von Oberursel, »gelind mit der Delinquentin zu verfahren«. Vor dem Haus bildete die Sodener und Sulzbacher Bürgerschaft, die in Sonntagskleidung schon in der Frühe ausgezogen war, einen Kreis. Auch die gesamte Schuljugend mit Lehrer Anspach war zugegen. Vier Geistliche begleiteten die Verurteilte zur Gerichtsstätte. Militär mußte unterwegs die Ordnung unter der Menschenschlange aufrechterhalten. Nach der Hinrichtung sangen die Schüler unter der Leitung von Lehrer Johannes Anspach ein Lied aus dem Gesangbuch, einen »grausam schönen Gesang«, wie Johannes Löschhorn in seinem Tagebuch vermerkte. Der Leichnam der Gerichteten wurde an Ort und Stelle eingescharrt, ihr Kind am nächsten Tag auf dem Friedhof begraben.

Gegen das Verhalten von Frankfurt und Kurmainz bei der Hinrichtung klagten die Sodener und Sulzbacher beim Reichskammergericht. Friedrich Hardt, Johann Ludwig Hardt, Hartmann Schaar, Johann Heinrich Jung, Johann Friedrich Bauer und Nikolaus Dinges gaben am 5. März 1754 dem kaiserlichen Notar Flick von Homburg ihren Protest zu Protkoll.

G. M. S. 8. NR. 13 II C Nr. 9

Im Namen Gottes

Amen!

Kund und zu wißen seye hiermit jedermänniglich durch dießes ofen Instrument, daß im Jahr Christi unseres lieben Herrn und Heylandes gnadenreichen Geburth Ein taußend siebenhundert fünftzig und Vier . . . unter glorwürdigster Herrschaft und Regierung, des aller-Durchlauchtigsten und unüberwindlichsten Fürsten und Herrn Francisci III. erwählter und gecrönten Römischen Kaysers . . . Seiner Kayserl. und Königl. Mayestät Regierung und Reich im neunten Jahr, Dienstag den 5. Martij die Gemeindee Sultzbach und Soden mittelst eines Requisitions-Schreibens under heutigem dato mich zu Endes gemelten Kayserl. geschworenen Notarium allhiero in Homburg vor der Höhe requiriret, die dabey mit anhero geschickte personen aus dasigem Gericht und Gemeinde, wie es in Schöpfung des Urtheils und deßen Befreyung oder Vollzug, der am verwichenen Montag 8 tage am 25. Vorigen Monaths wegen begangenem Kindsmords justificirten Annen Catharinen Dußin gehalten und sonsten dabey verfahren worden, in Beeisein zweyer subrequirirten Zeugen zu vernehmen, deren Außage zu protokollieren und darüber ein oder mehrere beglaubigte Documente und Instrumenta zu verfertigen, und umb die Gebühr mitzutheilen, welches angesagte Requisitions-Schreiben von Wort zu Wort also lautet: »Hochedler, Hochgelährter . . . Herr Notarie . .« (es folgt das Schreiben mit ähnlichem Inhalt wie zuvor).

Unterschrieben: Sultzbach und Soden den 5. Martij 1754 descriptio an den Herrn Notarium Flick in Homburg vor der Höhe;

des Herrn Notarij dienstwillige Friedrich Gnad des Gerichts,

Johann Ludhard des Gerichts,

Hartmann Schaar,

Johann Henrich Jung, des Gerichts

Johann Friedrich Baaso, des Gerichts

Johann Nicolaus Dinges.

Welchem zufolge in Gegenwart meiner beyden subrequirirten Instruments Zeugen Herrn Johannes Hintzer lateinischer Schulhalter und Meister Peter Königsfeld Bürger und Strumpfweber allhier zu Homburg vor der Höhe, nachdem Ich obbemelte Zeugen, alles wohl anzumerken und eingedenk zu seyn, fleißig erinnert, und ad hunc actum specialiter subrequiriret, denen erschienenen Personen von Sultzbach und Soden, das erhaltene Requisitions-Schreiben vorgeleßen, so fort dieselben erinnert von allem diesem, was ihnen bekandt, und so viel Sie Wißenschaft hätten, alles dessen Wahrheitsgemäß, und niemand zu lieb noch zu leid anzuzeigen und auszusagen, wir Sie solches allenfals auf erfordern jeder Zeit mit gutem Gewißen eydlich erhärten könten, welches Sie auch getreulich zu thun versprechen, demnacht ein jeder besonders über den Inhalt vernommen und also befragt.

Test.: Johann Georg Petermann, Gerichts-Schöffe zu Sultzbach.

Ob Ihnen bekannt, wie es in Schätzung des Urtheils und deßen Befreyung oder Vollzug der am verwichenen Montag 8 Tag, als am 25. vorigen Monaths wegen Begangenen Kinder Mords justificirten Annen Catharinen Dußin gehalten oder dabey Verfahren worden?

Resp. Es wäre in dem 16. octobr. des in anno 1657 zwischen Ihro Churfürstlichen Gnaden und dem hohen Ertzstift Mayntz einerseits dem hochedlen Magistrat zu Frankforth anderseits geschloßenen, die Grundverfaßung der beyden Gemeinden Sultzbach und Soden enthaltenden Vergleich zwar geordnet, daß was vor malefiß Sachem in denen gebahnten Zäunen zu justifiziren, daß dazu die Blutschöffen von beyden mit Herrschaften, aus beyden Flecken Sultzbach und Soden niedergesetzt, und durch selbige die von beyden Herrschaften abgefaßte Urtheil ausgesprochen, nachdem selben auch die Execution, wann ein Maleficant zum Tod verdammt würde, an dem Gericht zu tiefen wegen in gemeinen nahmen befreyet werden solle. Es wäre aber dermalen von beyderseits gemeinschaftlichen Herrn Beamten denen Gerichten und beyden Gemeinden Sultzbach und Soden bekannt gemacht, und per decretum vom 21. Februar kundgegeben worden, den zu künftigen Monntag als des 25. dieses jetzt besagten Monaths bey Execution des abgefällten Todes-Urtheils an der wegen Begangenem Kinder-Mords in Verhaft sitzenden Annen Catharinen Dußin Morgends früh vor dem gemeinschaftlichen Herrschaftlichen Amtshauß sich einzufinden, und dergestalt parat zu halten, damit nach anweißung derer gemeinschaftlichen Herrschaftlichen Beamten zu folge des von Churfürstl. höchstgerichtlicher Regierung zu Mayntz und einem Hochedlen Magistrat zu Frankforth ergangenen Befehls der innere Creyß auf der Gerichtsstätte zu tiefen wegen geschloßen werden könne, und solle bey publicirung des Todes-Urtheils dieses observirt werden, daß das von denen beyden höchst und hohen Herrschaften gefällte Todes-Urtheil, durch beyde gemeinschaftliche Herrschaftliche Beamte in die Executionis in Gegenwarth des in acht Mann von Sultzbach und Soden welche insgesamt in schwartzen Mänteln zu erscheinen hätten, zu bestellen seyenden Blutgerichts in der großen oberen Amtsstube publiciret, von dem gemeinschaftlichen Oberschultheiß Triebert zu Sultzbach aber der Stab gebrochen werden solle, und obgleich die Gerichten und Gemeinden zu Sultzbach und Soden bey beyderseits höchsten und hohen Herrschaften hierauf deßfalß unterthänigst und unterthänige Vorstellung gethan hätten, wie Sie der zuversichtlichen Hoffnung lebten, bey höchst und hohen Herrschaften, nicht gemeinet syn würden, das von denen selben selbst anerkannt und von Kayserl. Mayestät feyerlich bestätigten Rechts der Gemeinde in Schaffung (?) des Urtheils und deßen ? Befreiung oder Vollzug so schlechterdings zu entkräften oder wie es nach angeführtem Decreto fast erscheinen wollte, gar zu vernichten, ungebeten, mehr erwähntes Decretum in Confirmiret des obbemelten klaren Recesses abzuändern, und also die Gemeinde, in ihrem festgegründeten wohlerworbenen und selbst feyerlich anerkannten Freyheiten und gerechtsamen ungekränkt zu laßen, so wäre zwar Franckforther seits Ihnen zur antwort gegeben worden, daß es nach dem Recht gehalten werden würde, es wäre aber gleichwohl also in der Sache folgendes damit fortgefahren worden, indeme Sonntag Nachmittags als den 24. Februar bey ? gemeinschaftlich Herrschaftlicher Beamte in dem Franckforter Hof zu Sultzbach zusammen kamen, und hätten durch den Söder Schultheißen die Gerichte zu Sultzbach vor sich berufen laßen, und Ihnen bekannt gemacht, daß morgenden Monntags früh 7 Uhr vier Mann von dem Gericht zu Sultzbach und vier Mann von dem Gericht zu Soden in schwartzen Mänteln in dem Herrschaftlichen gemeinschaftlichen Hauß erscheinen, und der Urtheils-publication beywohnen sollen, und als Sie dagegen abermals vorgestellet, daß die von beyden Höchst und hohen Herrschaften erfolgten Urtheile durch die Blutschöffen aus beyden Flecken Sultzbach und Soden ausgesprochen, und nach demselben auch die Execution befreyet werden solle; Es wäre Ihnen darauf bedeutet worden, es solle durch den Franckforthischen Landamtsschreiber Lißmann das Urtheil abgelesen werden und nicht weitere Vorstellung, daß die Blutschöffen das Urtheil auszusprechen und deßen publication und Vollstreckung zu besorgen hätten, habe endlich der Herrschaftl. Amtskeller zu Neuenheyn, sie angefahren und gesprochen, Er wüßte nicht, was Sie haben wollten, ob sie denn auch der Deliquentin wollten den Kopf abhauen. Als nun hiernach Montags früh zur bestimmten Zeit die Gerichtsleute in dem gemeinschaftlichen Herrschaftlichen Hauß zusammen kommen, und nach genommenem Sitz die arme Sünderin vorgeführt worden, so fort auf Befehl des Herrschaftl. Amtskellers zu Neuenheyn durch den Landamsschreiber Lißmann zu Franckforth die Urtheil abgelesen werden sollen, Sie sämtliche Gerichts-Leuthe aufgestanden, und hätten dagegen protestiret, als auch in gleichem daß man noch verwichenen Donnerstag der Delinquentin ohne Ihre Zuziehung die Todes Urtheil angekündigt worden, da doch bey den vorigen peinlichen Gerichtssessionen jedesmal zwey Gerichtsschöffen mit bey geseßen hätten, und Ihre habende Gerechtsame zum feyerlichsten reserviret, so wäre aber ob sie gleich sothane protestation und reservation zu mehrmalen wiederhohlet und zu Protocoll zu nehmen gebeten, nichts do weniger durch denselben die Urtheils publication verrichtet, und auch Ihre protestation nicht reflectiret worden. Testis 2 dus Johann Friedrich Anthes, Gerichtsschöffe zu Sultzbach.

Resp. Confirmiret sich in totum mit dem Inhalt der vorigen Aussage.

Testis 3 tius Johann Christian Diehl, Gerichtsschöffe zu Soden.

Resp. Confirmiret sich mit obiger Beyden Außage ebenfalls, außer was den Sonntag in den Frankfurther Hof vorgegangen, davon könne er nichts sagen, weil er nicht dabey gewesen. Testis 4 tus Johann Georg Dönges, Gerichtsschöffe zu Soden.

Resp. Confirmirte sich gleichfalls mit denen drey vorigen, nur daß Er auch wie Johann Christian Diehl nicht mit in dem Franckfurther Hof und im gemein Herrschaftl. Hauß den Sonntag gewesen.

Testis 5 tus Johann Adam Petermann, Nachbar aus Sultzbach.

Resp. Was wegen des Urtheils Aussprechung und publication mit denen Gerichten verhandelt worden, wäre er nicht daby gewesen, was aber die Vollstreckung und Execution der Urtheil belange, so wäre die arme Sünderin vor das Hausthor des gemeinschaftl. Herrschaftlichen Haußes, denen beyden Gemeinden Sultzbach und Soden welche mit ihren Flinden und ? Gewehr in dem Hof sich versammelt gehabt zur Schließung des inneren Creyßes ausgeliefert,

der vorhin gethanen protestation aber ohnangesehen jedoch mit einem Commando Hochfürstl. Mayntz. Miliz und Franckfurthischen Soldaten forn und hinten und nach beyden seiten umschloßen worden, unter dem angeben, daß solche Ihnen zum Schutz (?) dienen sollten, da sie doch solche nicht verlanget, auch nicht bedörft, vielmehr Ihnen behinderlich geweßen, daß die Schüler, in dem Vorgang mit dem Gesang vor der armen Sünderin zu weilen gestöhret, und weit von derselben von dem vorgehenden Mayntzer Commando durch deren Zwischen trettung zum öfteren abgesondert seyn müßen, auch in der Militz um . . . (fehlt) in den äußeren Creiß an dieser ringeloßen, noch nit . . . (angefügt) weil solcher gestalt das Lärmen und unordnung zu groß geweßen, daß wegen enge des Raumes der Scharfrichter kaum stehen können, und . . .

Testis 6 tus Hanß Georg Jung von Soden.

Resp. deponirte ein gleiches, und wäre dießes allen denen so aus beyden Gemeinden die arme Sünderin hinaus föhren folgten bekannt.

endigten damit und wurden hierauf alle wieder dimittirt . . . Es folgt die notarielle Beglaubigung durch Johannes Henricus Fliccius, als Zeugen: Johannes Heintzer und Johann Peter Königsfeld.

3. Um die Rechte der Reichsfreiheit

Die Schmälerung der Rechte der Dörfer, die zu dem Protest der Sodener und Sulzbacher führten, bewirkte auch, daß der 1753 an Stelle des kurmainzischen katholischen Oberschultheißen Streit von Frankfurt benannte Johann Gabler mit den Dörflern sympathisierte. Auch wollte er sich durch die neuen Instruktionen nicht in seinen Rechten beschränken lassen und verweigerte deren Annahme. Deshalb wurde er schon in seinem ersten Dienstjahr wieder entlassen. Sein Nachfolger, Johannes Triebert, befolgte die Anordnungen der beiden Kondominalmächte bereitwillig. Eingeführt wurde er durch den Neuenhainer Rentmeister und Amtskeller Straub sowie den Frankfurter Landamtmann Buchleitner[21], die ihn auf die neue Gerichtsordnung verpflichteten. Sein Einkommen belief sich auf 60 fl jährlich. Außerdem erhielt er 20 Achtel Hafer und 30 Achtel Korn, hatte freie Wohnung, einen Garten und Wiesen, zudem die gesetzmäßigen Gebühren aus seiner Amtstätigkeit. Als nun die Sodener und Sulzbacher ihren Protest gegen die neue Ordnung der Kondominalmächte beim Amtskeller Straub in Neuenhain einbringen wollten, verweigerte dieser die Annahme und setzte den kaiserlichen Notar Flick gefangen. Ähnlich hatte er sich verhalten, als zuvor bei den dauernden Truppenbewegungen des Österreichischen Erbfolgekrieges und der Schlesischen Kriege Soden und Sulzbach mit ihren Kontributionszahlungen im Rückstand waren. Straub ließ damals sieben Sodener und Sulzbacher Bürger vorladen und, als sie erschienen, in die Festung Königstein bringen, bis die geforderten 300 fl. bezahlt waren. Auch die Belastungen durch Einquartierungen zogen sich über Jahre hin. Durchziehende Reichstruppen und Franzosen verlangten Zahlungen.

Was den Rentmeister Veit Gottfried Straub betrifft, so sind die Vorgänge um den Kirchenbau in Neuenhain im Jahre 1762–1767 bezeichnend. Straub, der damals bereits 40 Jahre im Neuenhainer Amt tätig war, nahm es als Bauaufsicht mit der Verwaltung des

Baumaterials und der Gelder nicht so genau. Als die fürstliche Hofkammer aufgrund eines Berichtes des Ingenieur-Hauptmanns Sebastian Class und des Baumeisters Schrantz vom 11.2.1769 eine Kommission zur Prüfung der Rechnung des Amtskellers beauftragte, fand diese so gewichtige Verfehlungen des Amtskellers, daß er auf die Festung Königstein gebracht wurde und daselbst ein Jahr und sechs Wochen auf seine Kosten bleiben mußte. 2 742 fl. veruntreuter Gelder mußte er zurückzahlen, zusätzlich 100 Dukaten Strafe. Am 6.4.1769 verzichtete Veit Gottfried Straub zugunsten seines Sohnes Georg Ernst Straub auf sein Amt[22]. Aber auch der Sohn führte sein Amt nicht ordnungsgemäß. Das Neuenhainer Amt wurde alsbald aufgelöst und dem Amt Kronberg zugeteilt.

Die beiden Gemeinden beschlossen, ihre Rechte gegen die beiden Kondominalmächte zu verteidigen und beauftragten den Legationsrat Carl von Moser von Frankfurt, der bei den Zwistigkeiten zwischen Darmstadt und Homburg der Landgräfin von Homburg mit Erfolg zur Seite gestanden hat und den Gemeinden schon in den Prozessen gegen Major von Malapert geholfen hatte, die vorhandenen, ihre Privilegien belegenden Urkunden zusammenzustellen und nachzuweisen.

Carl von Moser verfaßte nun eine umfangreiche Schrift, die ohne Angabe des Verfassers unter dem Titel erschien:

Die
Reichs-Freyheit
der
Gerichte und Gemeinden
Sulzbach und Soden
gegen die neuerliche
Chur-Mayntz- und Franckfurtische
Vogtey- und Schutz-Herrliche
Eingriffe
erwiesen und verteidigt.
1753

Der Schrift setzte Moser die Zeilen voran:

»Sey billig und gerecht, erhalt auf gleicher Wage, Des Grössern drohend Recht und eines Armen Klage.«
von Haller.

Außerdem zitierte er den Abschnitt eines Briefes Senecas an Kaiser Nero, aus »de Clementia« (Von der Milde) Buch I Kapitel 1. Der Text lautet übersetzt: »So gereichen ihre Fähigkeiten großen Männern zur Zierde und zum Ruhm, wenn jene eine Heilkraft in sich haben. Denn unheilbringend ist solche Gewalt, wenn man nur stark ist, um zu schaden! Desjenigen Größe ist schließlich fest und begründet, von dem sie täglich erfahren, daß seine Sorge wacht über dem Heil der einzelnen und der Gesamtheit; wenn der erscheint, stieben sie nicht auseinander, als ob ein böses und schädliches Tier aus seinem Lager hervorspränge, sondern um die Wette eilen sie zu ihm hin wie zu einem glänzenden Gestirn.«

Die Schrift ist in vier Kapitel aufgeteilt mit einem Anhang »Urkunden und Beweißthümer«.

Das erste Kapitel gibt in 33 Paragraphen eine Zusammenfassung der »Beurkundete(n) Geschichte der Reichs-freyen Gerichte und Gemeinen Sulzbach und Soden«. Das zweite Kapitel trägt die Überschrift »Der Reichs-freyen Gemeinen alte und neue innere Verfas-

Titelblatt des Protokollbuches des Lorentz Kern »Gemein Herrschaftlichen Schultheiß dahier in Soden. Anno Domini 1769, den 22t. Juny« begonnen

sung, Freyheiten, Rechte und Herkommen«. Im dritten Kapitel wird versucht, den »Beweiß«, zu führen, »daß Chur-Mayntz und die Reichs-Statt Franckfurt nicht in dem Besitz der Landes-Hoheit über die Reichs-freye Gemeinen seyen«, wogegen im vierten Kapitel der »Beweiß« erbracht werden soll, »daß die Gerichte und Gemeinen Sulzbach und Soden in wahrem und rechtmäßigen Besitz der Reichs-Freyheit und Unmittelbarkeit seyen«.

Zur Geschichte Sodens und Sulzbachs sind im Kapitel 1 die folgenden Urkunden aufgeführt:

§ 1–3: Die alten Reichs-Erb-Güter Sulzbach und Soden, deren Lage und Gemarkung;
§ 4: Die Schenkung Kaiser Konrads II. an das Kloster Limburg;
§ 5: Der Vertrag von 1282 mit Frankfurt;
§ 6: Der Vergleich mit Neuenhain wegen der Concurrenz zu den Reichs-Heerzügen von 1321;
§ 7: Der Vergleich mit dem von »Deckilnheim« von 1371;
§ 8: Die Streitigkeiten mit von Wolfskehl 1401;
§ 9: Die Streitigkeiten mit Georg von Sulzbach 1424;
§ 10: Der Schiedsspruch von 1433;
§ 11: Kaiser Sigismunds Privileg von 1434;
§ 12: Versicherung Frankfurts an die Gemeinden von 1434;
§ 13: Die Streitigkeiten mit Eppstein 1444;
§ 14: Bestätigung der Reichsfreiheit 1444;
§ 15: Die Pfandverschreibung von 1450;
§ 16: Akten von 1478 zwischen Limburg, Frankfurt und den beiden Gemeinden;
§ 17: Belehnung Graf Stollbergs mit der Vogtei 1539;
§ 18: Die Vogtei kommt an Kurpfalz;
§ 19: Kaiser Rudolf II. bestätigt 1582 die Privilegien;
§ 20: Vergleich zwischen Kurmainz und Stollberg 1590;
§ 21: Die Gemeinden werden 1613 durch Kurmainz und Hessen-Darmstadt als kaiserliche Kommissarien wieder in ihrer Reichsfreiheit hergestellt;
§ 22: Klage der Gemeinden beim Reichskammergericht gegen Frankfurt;
§ 23: 1648, Frankfurt spottet der reichsgerichtlichen Mandate;
§ 24: Die Gemeinden wenden sich an Kurmainz und werden von dort unterstützt;
§ 25: Kurmainz erlangt durch Vergleich mit Kurpfalz die Vogtei 1650;
§ 26: Merkwürdige Korrespondenz zwischen Mainz und Frankfurt 1652;
§ 27: Frankfurt bemüht sich um die Gemeinden, die uneins sind;
§ 28: Kurmainz und Frankfurt vergleichen sich 1656 und verpflichten 1657 die Gemeinden auf diesen Vergleich;
§ 29: Die mit militärischer Gewalt erzwungene Annahme des Vergleichs;
§ 30: Die Hünefeld'schen Händel 1670 und 1671;
§ 31: Die Kurmainzische Deklaration von 1675 und 1677;
§ 32: Kurmainzische harte Maßnahmen im Jahre 1726
§ 33: Akten von 1753.

Im 2. Kapitel verweist Moser auf die ursprüngliche Gerichtsordnung, die 1433 von Frankfurt bestätigt worden war, und nennt die Widersprüche, die sich aus der neuen Gerichtsordnung von 1753 zu ihr ergaben.

Zunächst weist er darauf hin, daß in Soden ein Untergericht besteht, das über Frevel, Scheltworte und sonstige kleinere Sachen zu befinden hat, in Sulzbach das Obergericht, das über Totschlag, Leib und Leben zu entscheiden hatte und an das von Soden aus appelliert werden konnte. Laut § 10 des Vergleichs von 1656, so Moser, haben Kurmainz und Frankfurt »alle und jede criminal und civil-Sachen« sowie Vergehen, die eine Leibesstrafe und die Todesstrafe zur Folge haben, an sich gezogen. In §14 aber war gesagt, daß »in allen civil und bürgerlichen Sachen, welche nit peinlich geklagt werden«, das Gericht Macht habe. Das Obergericht habe von »uralten Zeiten her geheget im Namen Ihro Kayserlichen Majestät, des Heil. Römischen Reichs, der beyden Vogtey- und Schutz-Herrschaften, des Ober Schultheissen und der Gerichte beyder Gemeinen«, sogar in der Zeit des Interregnums. Der Vergleich von 1656 erkenne aber selbst in §1 an, daß beide Gerichte und Gemeinden bei ihren kaiserlichen Privilegien, Rechten und Gewohnheiten bleiben sollten. In der Instruktion für den Oberschultheißen von 1753 war ebenfalls festgeschrieben, daß beide Gerichte im Namen der Römisch-Kaiserlichen Majestät richten sollten, allerdings wurden hier auch die beiden Kondominalmächte als »Landesherrschaften« mit aufgeführt, nicht nur als Herrschaften.

Moser erläutert dann an Beispielen die alte und neue Gerichtsordnung und zieht Gerichtsprotokolle als Beweise hinzu. In §12 erwähnt er auch neben dem freien Obergericht das besondere Höfische Gericht zu Sulzbach und erklärt dessen Tätigkeit anhand eines Berichtes von Peter Franckensesser, »Limburgischen Schaffners zu Dörkheimb« an die Verwaltung zu Heidelberg.

»Von dem Schultheissen und dessen Bestellung« spricht er in §14. Ursprünglich waren die Gemeinden befugt, einen Oberschultheißen aus ihrer Mitte zu wählen. 1447 »fienge der Magistrat an, erstmals die Hand mit einzuschlagen«. Bei der Pfandverschreibung von 1450 verschrieb sich der Schultheiß mit. Frankfurt bestellte die Schultheißen (siehe Lersner'sche Chronik Teil II S. 623), wiewohl seit dem Vergleich von 1656 Kurmainz wechselweise mit Frankfurt die Schultheißen beim freien Gericht zu Sulzbach und dem Untergericht von Soden bestellte.

Die Gemeinderechnungen sollten laut Recess von 1656 alljährlich der Gemeinde vorgelesen und den Herrschaften zur Prüfung übergeben werden. Die Bürger Sodens und Sulzbachs sollten nach den ersten mit Frankfurt getroffenen Abmachungen die gleichen Rechte wie die Frankfurter Bürger haben. In den §§18 und 24 sind die Gerechtsame der Gemeinden in Kirchensachen aufgeführt. Im §25 weist Moser darauf hin, daß ursprünglich die Gemeinden das Recht hatten, Nachbarn aufzunehmen welche sie wollten. Neuerdings aber maßten sich die Schutzherrschaften ebenso wie die Vogteiherrschaften das Recht an, einseitig Bürger und Beisassen aufzunehmen und das Receptions- und Beisassengeld zur Hälfte sich anzueignen. Schon im Nebenrecess von 1656 war den Gemeinden verboten worden, für Kurmainz und Frankfurt »an Gewerb und Handlung schädlich(e)« oder einen, der »unanständig« einzulassen.

Die Einkünfte der Gemeinden bestehen nach Moser (§27) in:

»dem Pacht vor die gemeine Wirthschafft,
dem Accis von Bier und Wein,
verkaufftem Obst auf den Alimenten,
verkaufftem Holtz,
dem Einzug-Geld,

Abtrag beym gemeinen Diener-Amt,
Beysassen-Geld,
Zinsen von Häusern,
Ruge- und Straf-Geldern«.

Ruge- und Strafgelder wurden zwischen den Gemeinden laut Entscheid des Magistrats von Frankfurt aus dem Jahre 1478 geteilt.

Die Gemeinden hatten das Recht, von dem in den Dorfschaften verzapften Wein und Bier den Accis zu erheben und das Recht, einen Schild zu führen, an den Meistbietenden zu verleihen (§ 28). Damit verbunden war die Aufsicht über die Richtigkeit des Maßes (§ 29).

In dem Vergleich von 1656 hieß es, daß beide Gemeinden bei ihren Waldungen bleiben, sie »handhaben« und darin nicht beeinträchtigt werden sollten, wie dies in den dreißiger Jahren des 15. Jahrhunderts der Herr zu Eppstein und der von Königstein taten. Beide Dorfschaften bestellten und besoldeten auch eigene Förster und Feldschützen (§ 32). Das Amt des Feldschützen hatte seinen Ursprung aus der Entscheidung des Frankfurter Magistrats aus dem Jahre 1478. An Kurmainz und Frankfurt war nach dem Vergleich von 1656 jährlich ein Schutzgeld zu entrichten (§ 33), außer den zu den Reichssteuern beitragenden sogenannten »Römer-Monathen«. Aus dem Vertrag zwischen Kurmainz und Frankfurt aus dem Jahre 1656 geht hervor, daß die Quote bei angesetzter Reichs-Steuer nicht mehr denn zwölf Gulden von je einem Römer-Monat[23] betragen sollte. Als 1706 die Frankfurter Quote von 800 auf 500 Gulden herabgesetzt wurde, bewirkte Kurfürst Lothar Franz von Mainz auch eine Herabsetzung der Quoten der Gemeinden von 12 auf 7½ Gulden je Römer-Monat (15. Juli 1717) (Kap. II § 34 bei Moser.)

Im dritten Kapitel sucht Moser den Beweis zu erbringen, »daß Chur-Mayntz und die Reichs-Statt Franckfurt nicht in dem Besitz der Landeshoheit über die Reichs-freye Gemeinen seyen.«

Im § 1 geht es um die geistlichen Regalien. Kernfrage ist, ob Kurmainz als Kondominium das »Jus Patronatus in seinem gantzen Umfang . . . überlassen werden könne« oder alles, was über die bloße Präsentation hinausgehe, dem andern evangelischen Kondominium Frankfurt zugehöre. Am allerwenigsten aber könne das bloße Jus Patronatus Begründung für eine Landes-Hoheit sein.

Was die weltlichen Regalien betrifft, so stellt Moser im § 3 klar, daß die reichsfreien Gemeinden niemals einen Untertaneneid abgelegt hätten. Was die Verschreibung von 1450 betreffe und die damit verbundenen Vorgänge, so seien 1613 durch die kaiserliche Kommission wieder »befreyten Unterthanen« dem Reich, der Stadt Frankfurt als Schutzherrn und ihrem freien Obergericht eidlich verpflichtet worden. 1614 hätten die Sulzbacher dem vorgenommenen Vogteiumgang nur ohne Eidesleistung beiwohnen wollen und sich nur dazu bereit erklärt, nachdem ihnen versichert worden war, daß »dadurch nichts benommen würde«.

Gleichwohl bestimmte § 15 des Vergleichs von 1656, daß alle Nachbarn beiden Herrschaften wie von alters auf den Inhalt des Vergleichs die »gebührende Huldigung« leisten sollten. Die sogenannte Huldigung wurde am 8. Juni 1657 vollzogen. Moser betrachtet diese als Schutz- und Vogteihuldigung, welche der Reichsfreiheit keinen Eintrag tue. Als Beweis dafür führt er den Regierungsantritt des Kurfürsten Philipp Carl aus dem Hause Elz an, bei dem die Sulzbacher und Sodener nur als »Schutz-Verwandte« zuletzt aufgerufen und mit bloßer Handtreue verpflichtet worden seien.

Kennzeichen einer Landeshoheiheit sei das Recht, Gesetze zu erlassen. Nun gäbe es aber bis 1742 keinen Fall, wo eine kurpfälzische, kurmainzische oder Frankfurter Landesverordnung in beiden Dörfern publiziert worden wäre. In der Oberschultheißeninstruktion von 1753 sei als Norm in Judical-Sachen die Solmsische Landes-Ordnung genannt, nicht die Kurmainzer Lands-Ordnung oder die Frankfurter Stadt-Reformation.

Moser führt dann noch weitere Beispiele an, die die Sonderstellung der Sodener und Sulzbacher, 1282 von Frankfurt Concives (Mitbürger) genannt, deutlich machen sollten.

Im vierten Kapitel seiner Verteidigungsschrift sucht Moser den Beweis zu führen, »daß die Gerichte und Gemeinen Sulzbach und Soden in wahrem und rechtmäßigen Besitz der Reichsfreyheit und Unmittelbarkeit seyen«.

Im § 1 will er einen Einblick in den »inneren Zustand« der Gemeinden geben, wobei er betont, daß diese sich »jederzeit damit begnügen, diejenigen Rechte auszuüben, welche zur Erhaltung ihrer Freyheit, guter Zucht und Ordnung, und Bestreitung gemeiner Ausgaben, . . . zu Schutz gegen Anstösser nöthig und hinreichend waren. Mehr haben sie auch nicht bedurft.«

Zum Beweis der Privilegien und Freiheiten führt er im § 2 hauptsächlich den Bestätigungsbrief Kaiser Friedrichs III. aus dem Jahre 1444 an. Diese seien nicht erschlichen oder heimlich erbettelt, »sondern . . . wie Gold durchs Feuer bewähret worden«. Entscheidend ist Moser der Satz: ». . . daß die vorgenannten Dörfer Solzbach und Soden und die Lute darinnen je zu Zeitten wohnendt mit allen und jeglichen Iren rechten und Zugehörungen forter ›ewiglich‹ zu dem heiligen Reiche, als sie dann jetzundt seyn, ›gehören, dabey blieben‹ u.«

In der Folge zählt er die Bedrohungen und Schmälerungen der Freiheit durch die verschiedenen Schutzherrschaften auf, geht aber auch mit denen, die 1450 den Pfandvertrag geschlossen hatten, hart ins Gericht: ». . . daß eben die Männer, welche An. 1444 die Reichs-Freyheit der Gemeinen im Angesicht des ganzen Reichs so stattlich vertheidigt haben, sechs Jahre hernach um ihrer wucherlichen Zinsen willen sich nicht entblödet haben, ihnen dises Kleinod selbst zu entziehen und sie zu frohnd-dienstbaren Knechten zu machen.«

In der »Confirmation« Kaiser Maximilians II. von 1566 findet sich dann die, so Moser, »fatale Clausel«: ». . . so viel sie (nehmlich Freyheit, Gewohnheit und Herkommen) bißher in Proßeß und innhabendt gewesen und noch seyn«, der in den folgenden Konfirmationen der Kaiser dann beibehalten wurde.

Wichtig ist ihm auch, daß Freiheit nicht eine »blosse Befreyung und Sicherstellung von Leibeigenschafft« und »anderen Unterthanen Diensten« bedeutet. Hierin sieht er sich durch den Text der Urkunde Friedrichs III. bestätigt.

In den Paragraphen, die sich auf das Verhältnis zu Frankfurt beziehen, weist er darauf hin, daß selbst Frankfurt schon in dem Vergleich von 1321, in dem festgelegt wurde, daß nicht Sulzbach, sondern Frankfurt direkt, Neuenhain zur Heeresfolge aufbieten soll, Neuenhain also als gleichrangig mit Sulzbach angesehen wird, daß Frankfurt nicht schreibt: ». . . unsere Dörfer«, sondern eine neutrale Ausdrucksweise anwendet: ». . . daß die Gemeinde von Sulzbach und Soden«.

In der Urkunde des schiedsrichterlichen Spruchs des Frankfurter Rates aus dem Jahre 1433 findet Moser besondere Merkwürdigkeiten. Er weist darauf hin, daß der Spruch in zwei Exemplaren ausgefertigt ist, bei denen zwar der Inhalt der Urkunde bei beiden Ausfertigungen gleichlautend ist, die Eingangsformel aber verschieden. Für Moser ist schon die Formel merkwürdig, in der es heißt: ». . . und han uns gebeten, sie darum mit Rechte oder Freundschafft zu setzen und zu entscheiden, darum um ihre fleiße bethe willen = = han wir = = sie mit ihrer beyderseits Wissen und Willen freundlich vereinigt und entschieden«.

Wesentlicher aber ist der unterschiedliche Einleitungstext beider Urkunden, wo es einmal heißt: ». . . unsere Dörfer und Gerichte«, und ». . . unser beyde vorgenannte Gerichte», weiter: ». . . So setzen und entscheiden wir sie . . .«. In der zweiten Ausfertigung fehlt das Wort »*UNSER*«, das Moser für so gefährlich hält. Hier heißt es am Anfang: ». . . die Erbaren Luden = = Schultheissen und Schöffen und Nachgebuwren zu Sulzbach, die von Soden, die Nachgeburen von Soden, von der Gerichte wegen derselben zweyen Dörfer, das Gerichte zu Sulzbach«. Dieses Gericht nennt der Magistrat Frankfurts hier sogar »Ihr« Ober-Gerichte. Statt dem Worte »sezen« (ordinare) heißt es mehrere Male »Ist beredt und betheidingt«. Moser meint, die Änderungen seien von den beiden Dörfern gefordert worden.

Moser führt in der Folge noch weitere Zeugnisse für die Reichsunmittelbarkeit an, auch für die Schutzherrschaft der verschiedenen Obrigkeiten, weist aber dann darauf hin, daß die beiden Kondominalmächte in dem Vergleich von 1656 Landeshoheit sich anmaßten. Im § 8 des Kapitels nennt er sodann Bestätigungen des Reichsgerichtes für die Sodener und Sulzbacher Privilegien. So befahl dieses im Jahre 1647 nachdrücklich dem Frankfurter Rat, alles zu »cassiren«, was die kaiserlichen Privilegien verletze.

Wie bei den Auseinandersetzungen mit dem Reichshofrat von Hünefeldt suchte das Gericht einen Mittelweg, indem es bei seinem Urteil auf der einen Seite die kaiserlichen Privilegien berücksichtigte, auf der anderen die Interessen des Kurfürsten von Mainz als Pfandherrn, an den die Klagenden verwiesen wurden. Das Gericht nennt letzteren den Pfandherrn, nicht aber den Landes- und Pfandherrn. Auch sprechen die kaiserlichen Rescripte nicht von Unterthanen, sondern lediglich von »beeder Dörfer Sulzbach und Soden Gemeinsleut«.

Als einen Beweis für die Reichsfreiheit der beiden Dörfer sieht Moser auch in den ihnen zustehenden Hoheitsrechten (§ 9). Zu diesen zählt er das Recht, Bürger und Beisassen auf- und anzunehmen, das Recht der Wein- und Bier-Accise, die Ausübung der wichtigsten Teile der höheren und »nur der Landes-Hoheit afficierte(n) Polizei(gewalt)«, und der Besitz des Juris collectandi.

Kurmainz und Frankfurt sind nicht im Besitz der Regalien (königl. Rechte), die zum Nachweis der Landeshoheit erforderlich sind. Dies sieht Moser zugleich als Beweis der Reichsfreiheit und Unmittelbarkeit der beiden Gemeinden an. Er anerkennt zudem den redlichen Beistand, den Frankfurt als Schutzherrschaft gegeben, und die Hilfe, die der kurmainzische Kanzlar Meels den Dörfern bei der Wiedererlangung der Urkunden von Frankfurt geleistet hat. Selbst beim Nebenrecess von 1656 fürchetete der Magistrat von Frankfurt, daß »wegen der durch den Vergleich begangenen Attentaten auf die Freyheiten diser beyden Reichs-Dörfer ihnen ein fiscalischer Proceß zu theil werden möchte«. Auch habe die Regierung zu Mainz an das Oberamt in Königstein einen eigenen Befehl ergehen lassen, die Privilegien zu respektieren. Als Stütze seiner Beweise führt Moser zuletzt noch die Geschicke der beiden anderen freien Reichsdörfer Gochsheim und Sennfeld an.

Zum Abschluß des Kapitels faßt er noch einmal zusammen: Soden und Sulzbach hatten sich der Stadt Frankfurt verbunden, weil die Römischen Kaiser der Stadt ausdrücklich den Schutz über die beiden Gemeinden aufgetragen hatten, »damit sie desto baß beym

Reich erhalten würden«. Frankfurt aber habe diesen Schutz dazu mißbraucht, um der 800 fl. willen, die sie geliehen hatten, die beiden Dörfer in die Leibeigenschaft zu ziehen. So mußten diese sich anderweitig um Schutz bemühen. Der von Kurmainz ihnen gewährte Schutz war nur ein Interims-Schutz, dessen sich das Kurfürstentum durch den Nebenrecess von 1657 selbst wieder begeben. Der Kurfürst Carl Ludwig von der Pfalz hat durch den Vertrag von 1650 mit Kurmainz diesem nicht mehr als die Vogtei über Sulzbach abgetreten. Kurmainz hatte schon fünf Jahre die Vogtei und nur den Schutz über Soden und Sulzbach gegenüber Frankfurt. Der Vergleich von 1656 war mit Mängeln behaftet und die kaiserliche Bestätigung erschlichen worden.

Aus all diesen Gründen hält Moser die Gemeinden für befugt, ihr Recht zu suchen und den Stand von vor 1656 wiederzuerlangen und sich jede neue Landeshoheit zu verbitten. Zum Schluß gibt er seiner Hoffnung Ausdruck, daß »das Gerechtigkeit liebende Hertz unsers allertheuersten und allergnädigsten Kaysers« es »dahin lenken werde, dises alte Reichs-Eigenthum gegen ungegründete Anmassungen allerkräfftigst zu erhalten und, gleichwie die Gemeinen sich niemahlen so weit verlassen gesehen, daß nicht ein- und anders Höchstes Haus ihren Zustand mitleidig behertziget, so werden auch alle um die Erhaltung des gegenwärtigen Reichs-Systematis . . . patriotisch besorgte Höchst- und Hohe Stände nicht zugeben, daß durch Unterdrückung diser mit Darsetzung ihres Guts und Bluts in den gefährlichsten Zeitläufften bey dem Reich sich erhaltenen Gemeinen ein bedencklicher Eingang auf andere minder mächtige Reichs-Glider gemacht werde«.

Mosers Schrift ging an den Reichshofrat in Wien, ebenso an die in ihr angesprochenen Obrigkeiten. Der Versuch einer Entgegnung ist nie bekannt geworden. Große Wirkung hat sie also nicht erzielt.

Vor allem die Beschränkung der Gerichtsbarkeit verunsicherte die Einwohner der beiden Orte und ließ ihr Mißtrauen, aber auch ihre Starrköpfigkeit wachsen. 1753 schon teilte Schultheiß Hartwig der Kurmainzer Regierung mit, daß die Sodener Gerichtsleute nach der neuen Ordnung nicht Gericht halten wollten[24].

1757 überlegte man bei den Kondominalherrn, wie man vorhandene Mißstände der neuen Ordnung beseitigen könnte. So war der Sulzbacher Oberschultheiß zugleich Gerichtsschreiber des Sodener Gerichts und obendrein ja auch Richter in der 1. und 2. Instanz. Aber der Vorschlag, in Soden einen Gerichtsschreiber einzustellen, stieß auf Widerstand. 1765 verweigerten die Einwohner dem neuernannten Schultheißen Feldmann das Handgelöbnis. Als Grund gaben sie an, zuerst die Entscheidung des Prozesses beim Reichshofrat abwarten zu wollen.

Im gleichen Jahr wurden die Dörfer mit einer Exekution belegt, weil sie die von Frankfurt für die Kaiserkrönung benötigten Pferde und 187 fl. nicht bereitstellen wollten. Die Frankfurter beriefen sich auf das »jus sequelae«. Kurmainz unterstützte damals die beiden Gemeinden, weil Frankfurt diese Forderung einseitig erhoben hatte.

1767 wurde dann die Gerichtsordnung, was die Kompetenz in Zivilsachen betraf, revidiert und auf den Stand von 1656 zurückgeführt. In Soden wurde ein Gerichtsschreiber eingestellt. 1768 rief man die Einwohner für den 9. Juni zusammen, um die revidierte Ordnung in Kraft zu setzen. Sie erschienen aber erst, nachdem man ihnen eine Strafe angedroht hatte, am nächsten Tag. Man überreichte ihnen eine Abschrift der neuen Verfügungen. Ihr Verhalten wird wie folgt beschrieben[25]: »So gaben dieselben zu vernehmen, wie ihnen sämtlich einen kleinen Abtritt zu nehmen erlaubt sein werden möchte, um sich deshalb miteinander zu bereden. Worauf sie ihre gefaßte Resolution mit diesen

Worten zurücksagen lassen: Daß, weilen der neu anzustellende Gerichtsschreiber und Auswerfung des Salarii zur Neuigkeit von ihnen angesehen würde, auch diese Sache bei dem Reichshofrat in Wien anhängig sei, so wäre ihre Deklaration, daß sie den rechtlichen Anspruch von ihm aus abwarten wollten, mithin sich zu nichts verstehen könnten«. Daraufhin ließen sie sich zusätzlich ein »Instrumentum notariale protestationis« ausstellen, das dem Amtskeller Straub überreicht werden sollte. Dieser jedoch lehnte dessen Annahme ab und ließ den Überbringer für zwei Stunden in Gewahrsam nehmen.

Man versuchte nun weiterhin, die Gemeinden mit Geldstrafen mürbe zu machen. 1778 mußten sie 1 459 fl. Strafe zahlen. Die Bauern nahmen Geld auf und hielten ihren Widerstand aufrecht. 32 Jahre, von 1754–1786 dauerte der Rechtsstreit. 1784 erließen die Kondominalmächte neue Verordnungen, um den Gemeinden das Prozessieren zu erschweren. Auch ihre Selbstverwaltung wurde erheblich eingeschränkt. Die wichtigsten Punkte der Verfügungen waren[26]:

Das Bürgermeisteramt sollte nicht mehr jährlich wechseln. Es sollte ein ständiger ernannt werden, der ein festes Gehalt und den doppelten Nutzen aus der Allmende beziehen sollte.

Von sich aus konnte der Bürgermeister nur Ausgaben bis zu 1 fl. machen, bis zu 5 fl. bedurfte es der Genehmigung durch den Oberschultheiß, bei einer höheren Summe der Ämter von Kurmainz und Frankfurt.

Holz wurde nunmehr nur noch mit Wissen des Schultheißen geschlagen.

Die beiden Gemeinden durften ohne Genehmigung kein Geld mehr aufnehmen, Prozeßkosten nicht mehr aus der Gemeindekasse begleichen, wenn dies die Kondominalherrschaften nicht genehmigt hatten. Bei einem Prozeß gegen die Herrschaften mußten die Kläger persönlich die Kosten bestreiten.

Unterstützung für bei einem solchen Prozeß Verhaftete oder zur Schanzarbeit Verurteilte aus der Gemeindekasse zu zahlen, war verboten.

Diese Verfügungen zu realisieren, gelang nicht. Am gleichen Tag des Jahres 1784, als die neuen Verfügungen bekanntgemacht wurden, traf auch das Urteil des 1753 beim Reichshofrat angestrengten Prozesses ein. Frankfurt und Kurmainz hatten sich bereit erklärt, den meisten Beschwerdepunkten der Gemeinden Rechnung zu tragen. Was die wichtigste Frage betraf, ob die beiden Herrschaften sich »Landesherrschaften« nennen durften, entschied das Gericht, daß es bei der alten Regelung bleiben sollte, so sie der Recess von 1756 festgelegt hatte. Doch verbot man den Gemeinden, sich als *UNMITTELBARE REICHSFREIE DÖRFER* zu bezeichnen (HHStAW Abt. 4 Nr. 555).

Die Kondominalmächte setzten sich über das Urteil hinweg. Auch die Spannung in den Dörfern blieb. Man wartete auf das Urteil des erneut angestrengten Prozesses. 1787 wurde die Klage der beiden Gemeinden zurückgewiesen. Auch ihrer Bitte um Entsendung einer Untersuchungskommission wurde nicht stattgegeben. Der diesbezügliche Entscheid des Reichshofrates enthält die folgenden wichtigen Punkte[27]:

Dem unschicklichen und ordnungswidrigen Begehren der beiden Gemeinden wird nicht stattgegeben.

Die in Wien sich befindenden Deputierten der Gemeinden müssen innerhalb von 14 Tagen Wien verlassen, andernfalls Maßnahmen zu ihrer Entfernung getroffen werden.

Die Gemeinden werden angewiesen, die kaiserliche Majestät in dieser Angelegenheit nicht weiter zu behelligen. Im Falle der Nichtbefolgung der Anordnung würden sie empfindlich gestraft. Die beiden Gemeinden gaben nicht nach. Sie wandten sich an die evangelischen Stände um Beistand.

In Frankfurt langte ein Schreiben des »Corpus Evangelicorum« an, wo dieser um Auskunft über die Sodener und Sulzbacher Beschwerden nachsuchte. Johann Anthes und einige andere seien in Regensburg erschienen und hätten um Schutz und Hilfe nachgesucht. Sie seien aus der Gefangenschaft entwichen. »Auf Befragung[28], was sie dann vor Bedrückung erlitten und wer sie arretieren lassen, auch was ihre eigentlichen Beschwerdeen seyen, hätten sie nichts anders zu antworten gewußt, als daß sie Religionsfreyheit und Freyheit verlangten.«

Anthes hatte von den Gemeinden Vollmacht, für sie zu sprechen: »Wir Bürgermeister, Gericht, Deputirte und sämtlich geseßene Leute des Kaiserlichen freien Reichs Dorfes Sooden urkunden und bekennen hiermit für uns und unsere Nachkommen: Demnach verschiedene uns betreffende Proceß-Sachen entgegen Kur Maintz und den Magistrat zu Franckfurt an dem höchstpreislich Kaiserlichen Reichshofrath zu Wien pendent sind, worunter die gegen die Gemeinde Sultzbach hauptsächlich mit begriffen ist, und dann erforderlich seyn will, daß wir zu Betreibung dieser Rechts Angelegenheiten einen Syndicum constituiren; Als ertheilen wir zu solchem Ende dem Herrn Johannes Anthes hiermit General Vollmacht und Gewalt und bestellen ihn zu unserm Syndico also und dergestalt, daß derselbe in obbenannten bei höchstpreislich Kaiserlichem Reichshofrath Litis pendent seyenden Rechts-Sachen erscheinen, Advocaten und Agenten bestellen und annehmen, die Proceße auf das fleißigste hollicitiren und zum Allerhöchstrichterlichen Ausspruch zu bringen eifrigst bemüht seyn möge.

Was nun unser angeordneter Syndicus solchergestalten handlen, thun und verrichten wird/; ideß cum Clausula con- et substituendi:/ das halten wir in allen Stücken für genehm und sehen es eben so an, als ob wir es in Selbstperson gethan und verrichtet hätten, entheben ihn auch desfalls aller Gefahr und Schadens bei Verpfändung unserer eigenen und gemeinen Gütern; und falls unser Syndicus eines weiteren Gewalts, dann hierinnen begriffen bedürftig wäre, solchen wollen wir ihme einer vor alle und alle vor einen hiermit plenarie ertheilet haben; Alles getreulich und ohne Gefährde.

Deßen zu wahrer Urkund haben wir dieses Syndicat und General-Vollmacht eigenhändig unterschrieben und in Ermangelung des Gerichts-Siegels mit Privat-Pettschaften bezeichnet.

So geschehen Sooden den 22ten September 1777.

L. Kern, Schultheiß; Ludwig Jung, Gerichts-Bürgermeister; Johann Ludwig Kuhl, Gemeinde-Bürgermeister; Johann Konrad Petry, des Gerichts; Johann Sachs, des Gerichts; Johann Peter Müller, des Gerichts; Johann Kaspar Rudolph, des Gerichts; Johann Nikolaus Schmunck, des Gerichts; Karl Ludwig Müller, des Gerichts. Johann Müller, Johann Adam Dinges, Johannes Diehl, Georg Keller, Georg Müller, Johann Friedrich Christian, Johann Wilhelm Christmann, Johann Nicolaus Dinges, Konrad Müller, Johannes Dinges, sämtliche Deputirte. Johann Kaspar Christian . . . «; es folgen weitere 48 Unterschriften:

Johannes Caspar Christian.	Johann Friedrich Bauer.
Johann Reinhard Sachs.	Johannes Jung.
Johann Henrich Christian.	Johann Ludwig Kern.
Johannes Bommersheim.	Johann Georg Müller.

Johann Martin Kern.
Johann Philippus Sachß.
+++ Johann Carl Rudohlf.
Johann Caspar Diehl.
Johann Friedrich Christmann.
Burckhardt Hooß.
Johannes Müller.
Johannes Becker.
Johann Georg Jung.
Johannes Christmann.
Johann Henrich Petry.
Johann Henrich Diehl.
Johann Peter Schwarz
Johann Nicklas Petry.
Johann Georg Schall.
Johann Friedrich Kern.
Johannes Christian.
Johann Nicklaus Dinges.
Johannes Müller.
Johann Phil. Bomersheim

Johann Georg Jung.
Johann Henrich Bender.
Johannes Tempelmann.
Johann Diehl.
Johann Georg Reiff.
Johann Georg Diederich.
Andreas Christmann.
Elias Sauer.
Johannes Spöth.
Georg Schleuning.
Andreas Diehl.
Johann Nicolaus Bauer.
Johann Henrich Jung.
Johann Reinhard Jung.
Johann Philipp Kohl.
Johann Christoffel Keller.
Johann Georg Jung.
Johann Henrich Göbel.
Johannes Diehl.
Reinhard Bomersheim.

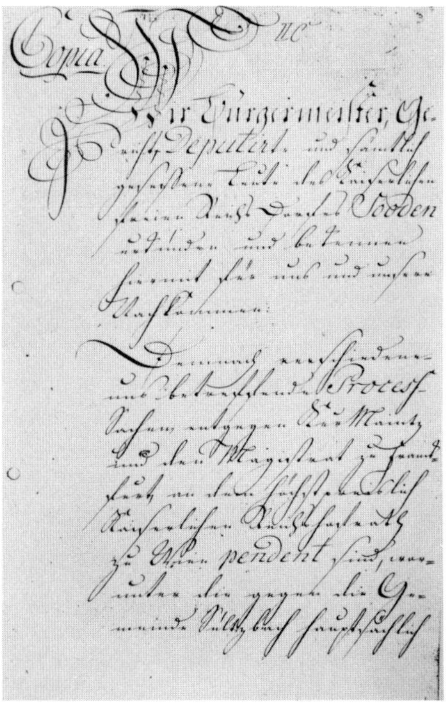

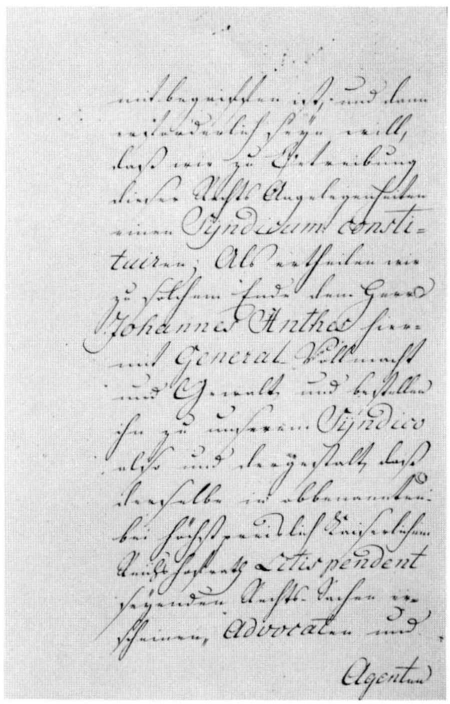

Unterschrieben hatten alle in Gegenwart des Notars beim Reichskammergericht Johann Wilhelm Feyerlein am 22. September 1777.

Die Deputierten der Gemeinden in Wien waren nach dem Urteilsspruch des Reichshofrats dessen Aufforderung, sich binnen 14 Tagen aus Wien zu entfernen, nicht nachgekommen. Sie waren daraufhin »ihres beharrlichen Unfugs halber auf Verordnung des kaiserlichen Hofrats . . . mit Gefängnisstrafe bey Wasser und Brot belegt und sodann ausgeschafft worden«[29].

Die Gemeinden aber gaben nicht nach. »Da ohnlängst die Gemeinsleute von Soden sich wiederumb hier eingefunden und den Schutz Corporis Evangelicorum durch abermalige Zudringlichkeiten gleichermaßen erzwingen wollten, so sind dieselben von dem Chursächsischen Directorio mit dem Bedeuten, sich von hier zu entfernen, gänzlich abgewiesen worden, und haben sich nunmehro, wie aus dem Extract Münchener Wochenblatt No. XIX vom 12. huius zu entnehmen, an das höchstpreisliche Reichsvicariatsgericht gewendet«[30]. Johannes Anthes war der Wortführer. Vom 7.–24. April 1790 waren wieder Exekutionstruppen in die beiden Orte gelegt worden. 1 434 fl Exekutionskosten mußten gezahlt werden. Die »Rädelsführer« hatten sich dem Zugriff entzogen. Die Geldsumme wurde von 20 Personen aufgebracht (18 je 75 fl, 1 55fl und 1 29fl).[31] Wo Bargeld fehlte, wurde das Vieh aus den Ställen weggetrieben und versteigert. Dennoch gaben die beiden Dörfer nicht auf, wiewohl man sich untereinander nicht mehr so einig war, die Sache um jeden Preis durchzufechten. Die Unnachgiebigen behielten die Oberhand. Es gelang ihnen, die für die Einleitung eines weiteren Prozesses erforderliche

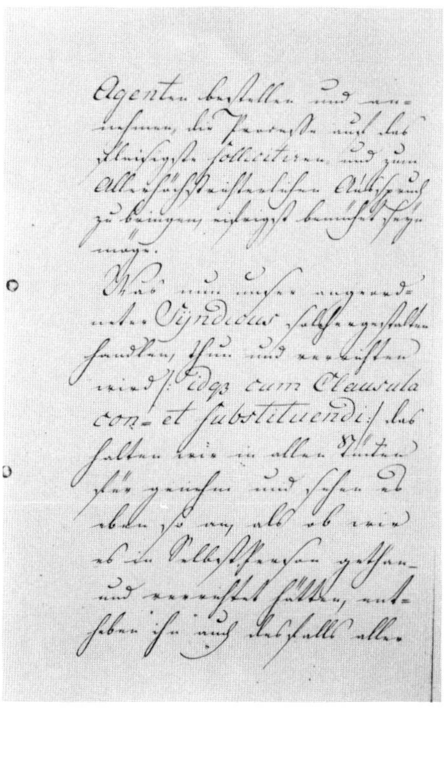

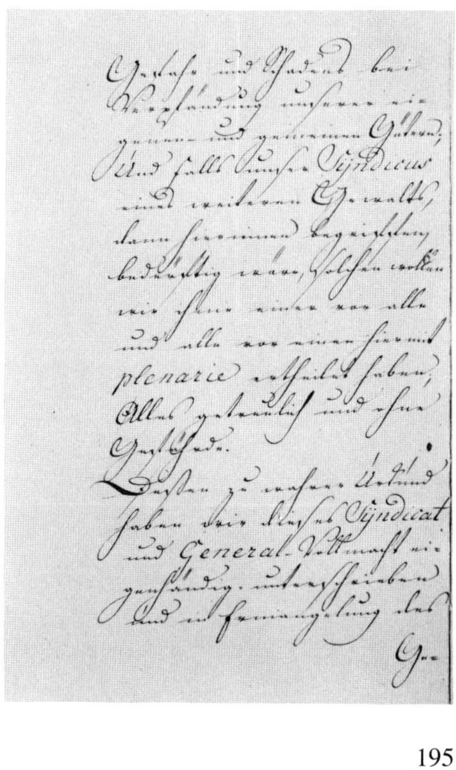

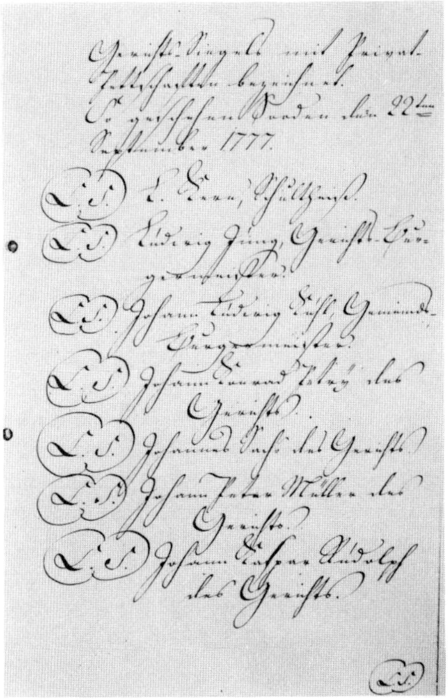

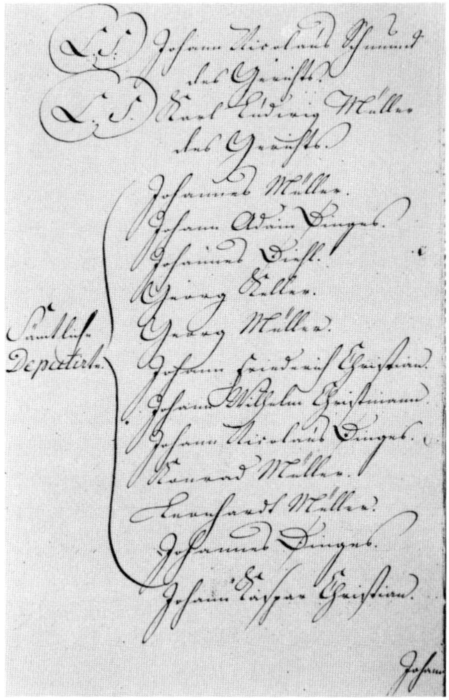

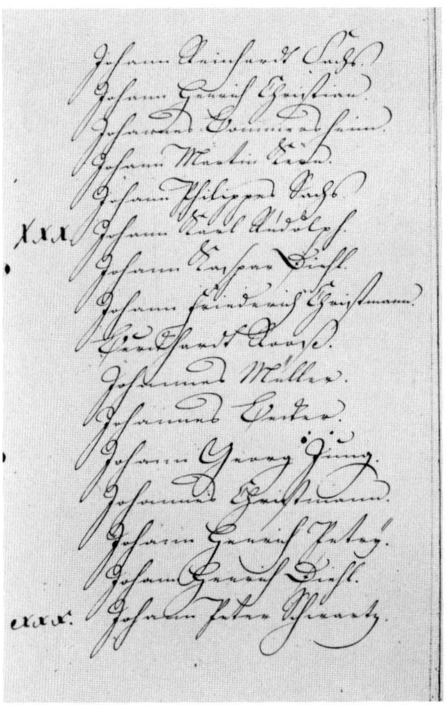

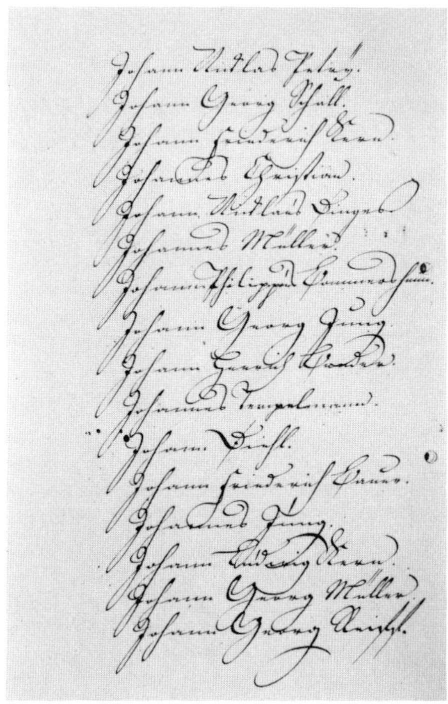

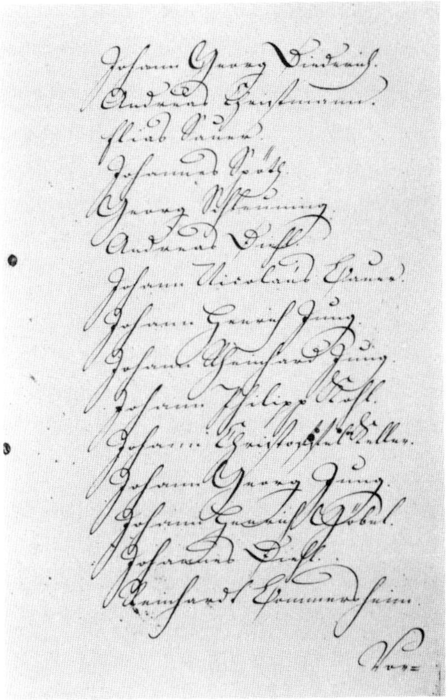

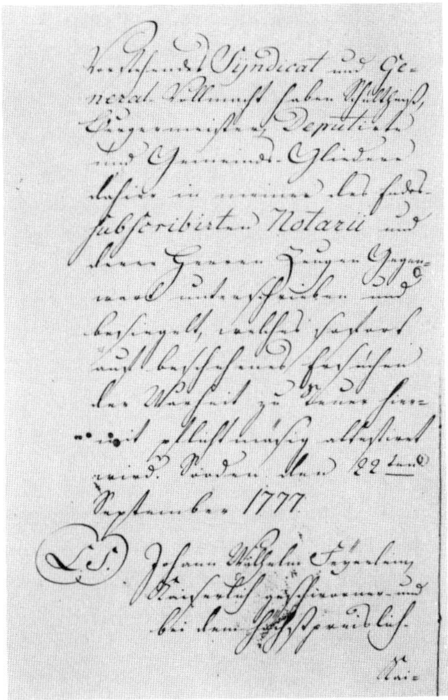

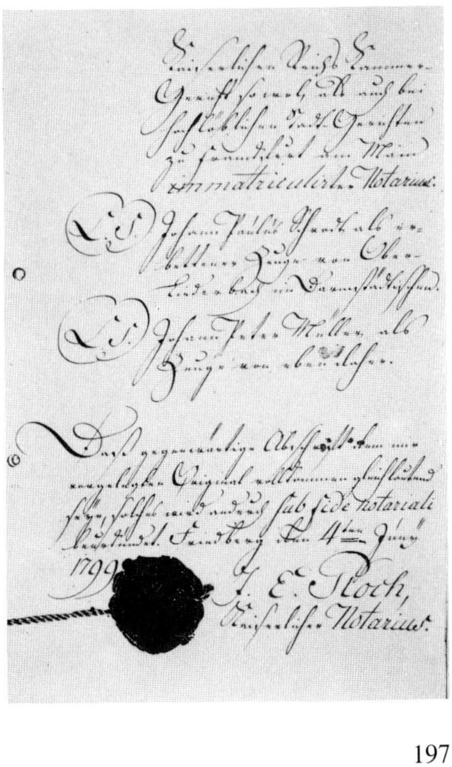

Vollmacht der »Bürgermeister, Gerichte, Deputirte und sämtlich geseßene Leute des Kaiserlichen freien Reichs Dorfes Sooden« für Johann Anthes aus dem Jahre 1777

⅔-Mehrheit zusammenzubekommen. In der zweiten Hälfte des Jahres 1790 brachten die Dörfler dem Oberschultheiß Feldmann zwei neue Protestschreiben in die Ratsstube, die sie ihm wortlos auf den Tisch legten. Sie lauteten[32]:

»Protestation.

Nachdeme der reichsfreien salischen Gemeine ihre geist- und weltliche Beschwerde bereits an kaiserliche Majestät und Reich gelange, so protestiert solche hierdurch gegen den heutigen actum (Gerichtssitzung) und hält sich alle in dem Fundamentalgesetzen des Reichs enthaltene Rechtszuständigkeiten im Geist- und Weltlichen ewig bevor und aus.

Evangelische Salische Gemeinde in Salzsoden«.

»Protestation.

Nachdeme der reichsfreien salischen Gemeine schon acht verflossene Jahren keine Rechnung gestellt, sondern alle Einkünfte sowohl genere als specie verräterisch veruntreut werden, auch ihre Beschwerden in geist- und weltlichen Sachen bereits an kaiserliche Majestät und Reich gelangt, da protestieren solche hierdurch in bester Form rechtens sowohl gegen den Feldmann als unterhabendes Räuberband unter dem Titel: Schultheiß und Gericht Heg und Haltung, auch solchem actum und hält sich alle in den pragmatica imperii sanctio und constitutiones fundamentales als des Reichs enthaltenen Rechtszuständigkeiten in Geist- und Weltlichem ewig bevor und aus.

Syndicus, Deputierte und sämtliche Evangelische Salische Gemeinde in Salzsode«[33].

Die Einbußen, die Johannes Anthes durch seine Mission gehabt hatte, führte er in zwei Rechnungen auf.

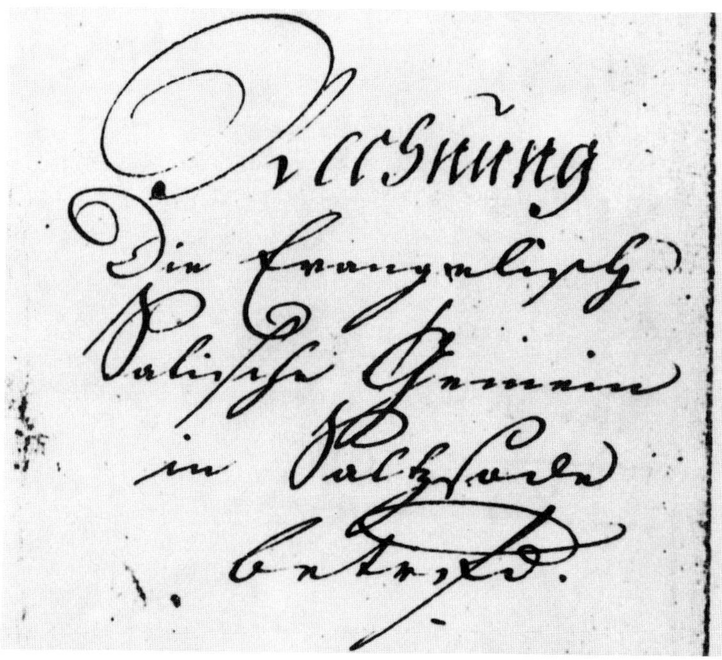

Titelblatt der Rechnung von Johannes Anthes aus dem Jahre 1789

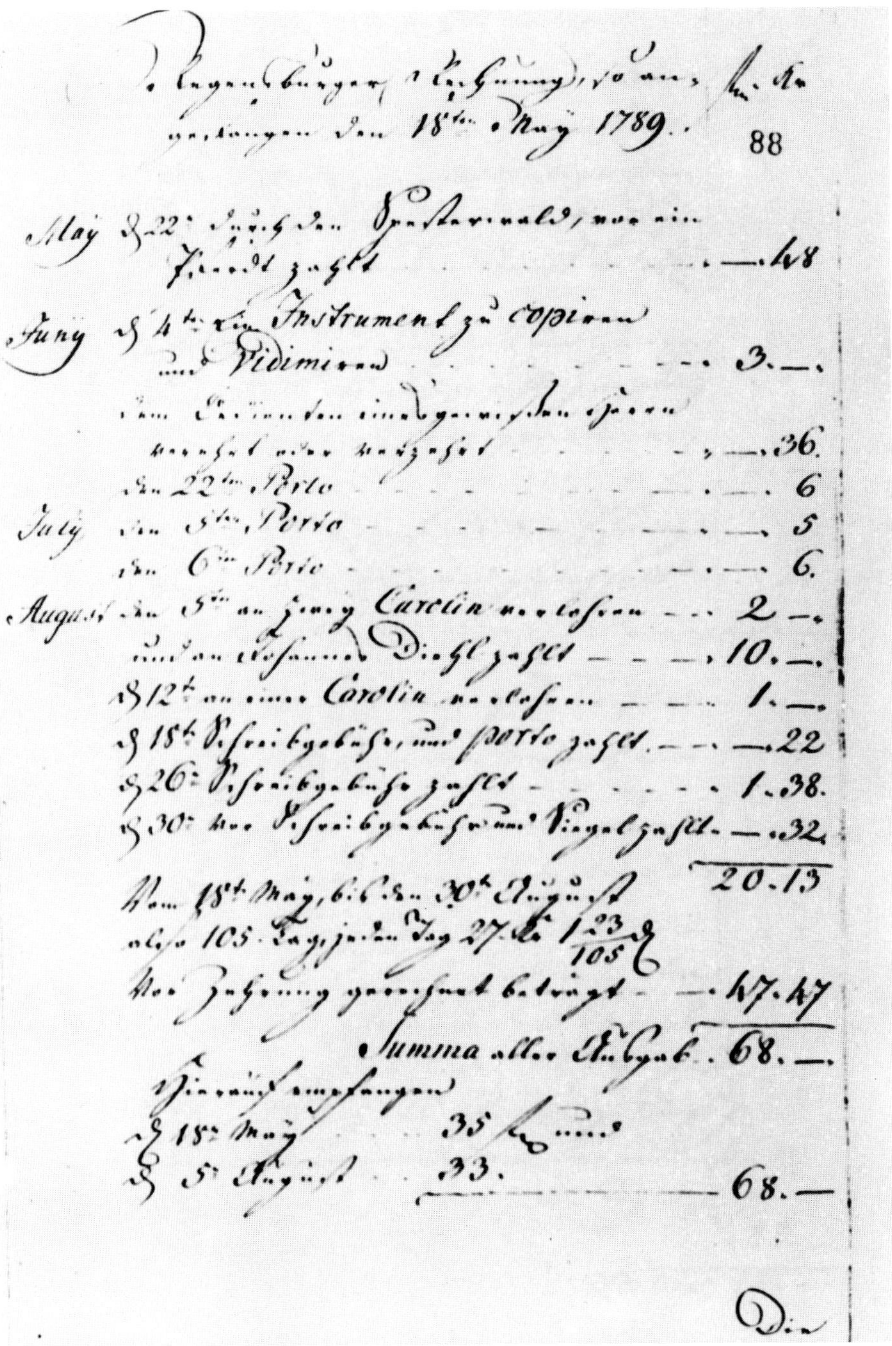
Regensburger Rechnung, so angefangen den 18ten May 1789. 88

May d. 22t. ... zahlt ... 48
Juny d. 4ten ein Instrument zu copiren und Vidimiren ... 3.—
... 36.
den 22ten Porto ... 6
July den 5ten Porto ... 5
den 6ten Porto ... 6.
August den 5ten an ... Carolin verlohren ... 2.—
und an ... Diehl zahlt ... 10.—
d. 12t. an einer Carolin verlohren ... 1.—
d. 18t. Schreibgebühr und Porto zahlt ... 22
d. 26t. Schreibgebühr zahlt ... 1.38
d. 30t. ... Schreibgebühr und Siegel zahlt ... 32
20.13
Vom 18t. May bis den 30t. August
also 105 Tag jeden Tag 27 kr. 1 23/105
Meine Zehrung gerechnet beträgt ... 47.47
Summa aller Ausgab . 68.—
Hierauf empfangen
d. 18t. May ... 35 fl.
d. 5t. August ... 33. ... 68.—

Diehl

Rechnung des Johannes Anthes vom 18. Mai 1789

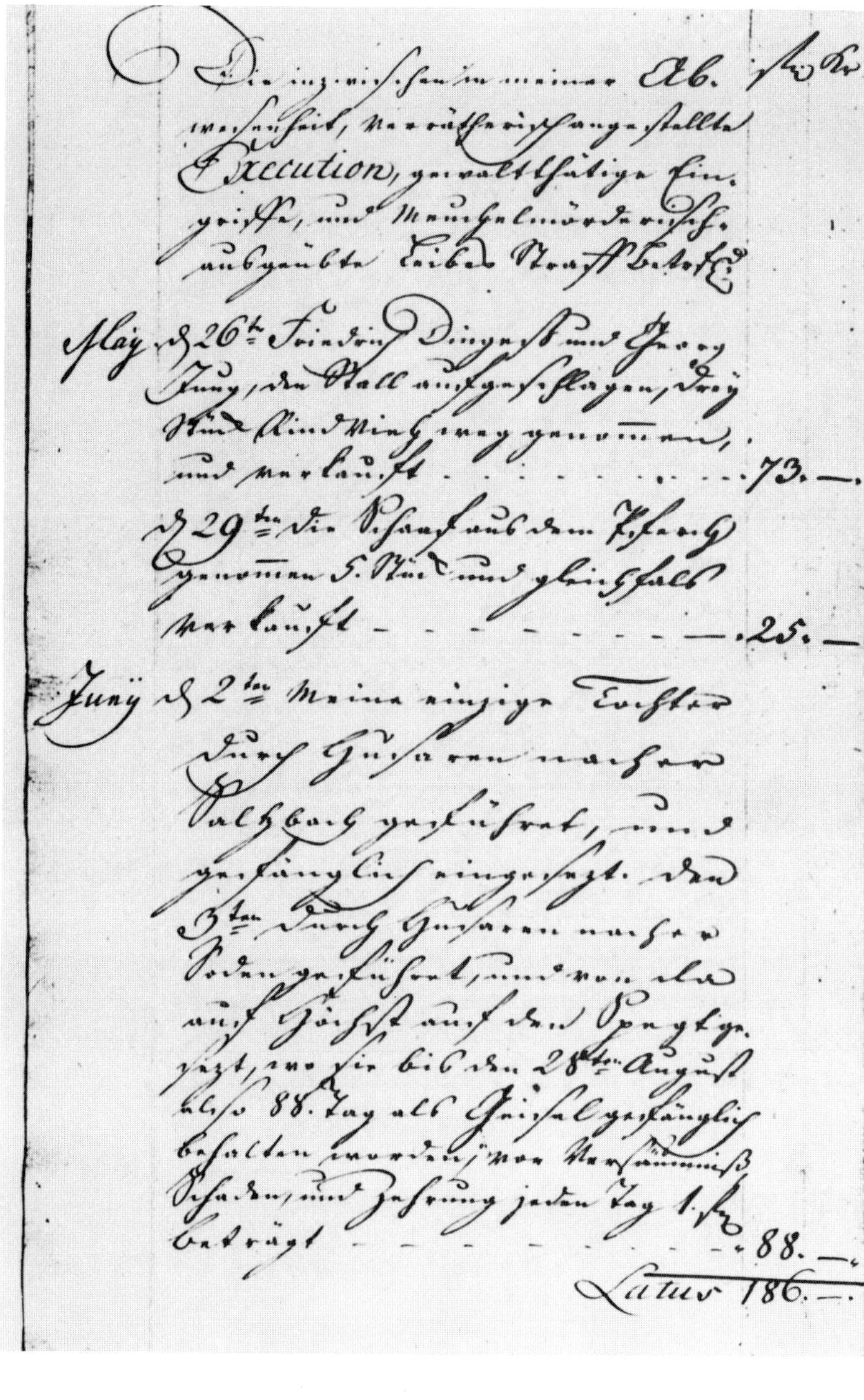

Die inzwischen in meiner Abwesenheit, verrätherischangestellte Execution, gewaltthätige Eingriffe, und Meuchelmörderisch ausgeübte Leibes Strafft betreffend | fl. kr

May d 26ten Friedrich Dingert und Georg Jung, den Stall aufgeschlagen, drey Stück Rindvieh weggenommen, und verkauft . . . . 73. —

d 29ten die Schaaf aus dem Pferch genommen 5. Stück und gleichfalls verkauft - - - - - - - - - 25. —

Juny d 2ten Meine einzige Tochter durch Husaren nacher Dalsberg geführet, und gefänglich eingesezt. den 3ten durch Husaren nacher Baden geführet, und von da auf Höchst auf den [illegible] gesezt, wo sie bis den 28ten August also 88. tag als Geisel gefänglich behalten worden; was Versäumniß Schaden, und Zehrung jeden Tag 1. fl. beträgt - - - - - - - 88. —

Latus 186. —

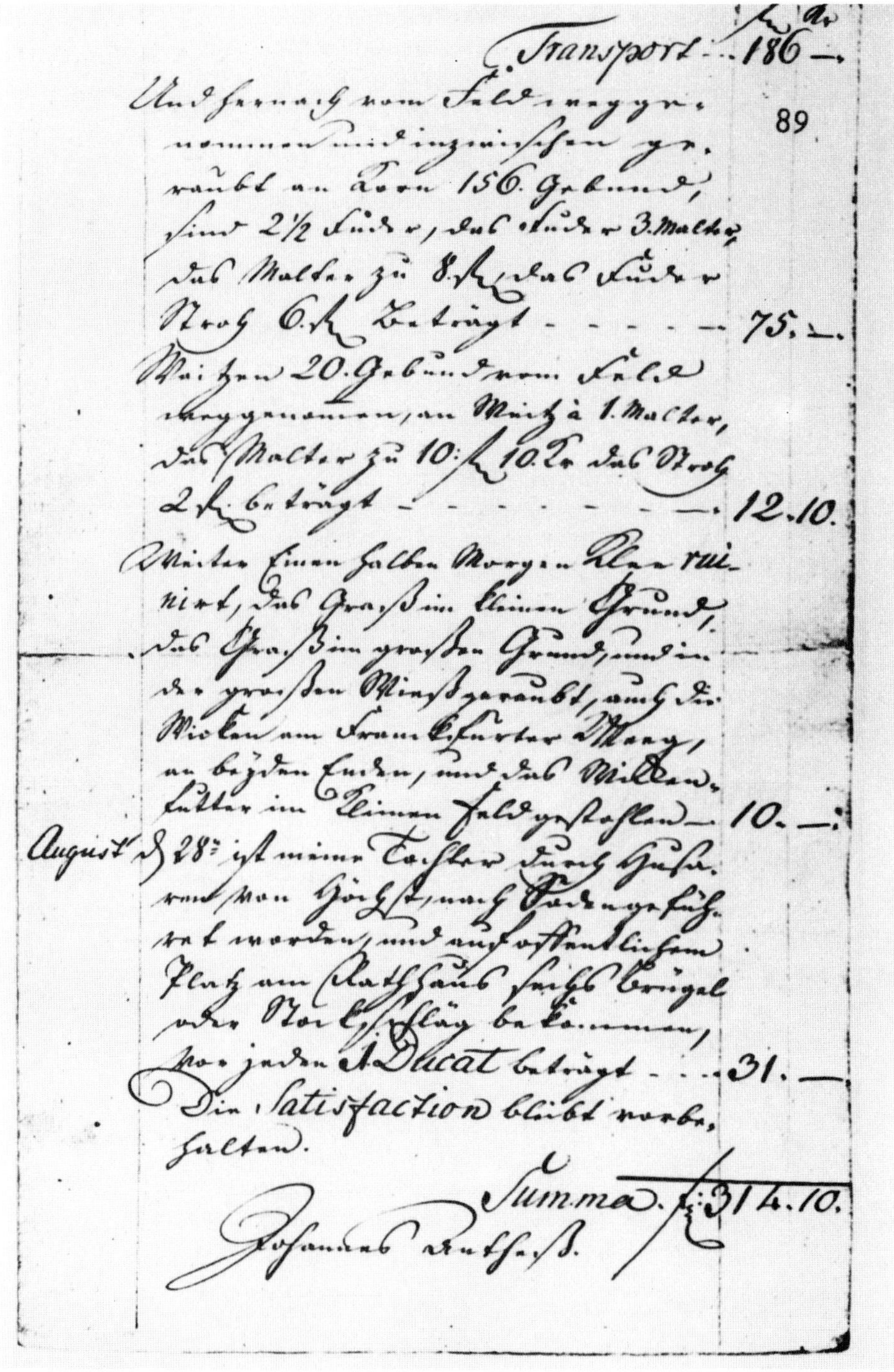
fl. xr

Transport ... 186 —

Und hernach vom Felde weggenommen und inzwischen geraubt an Korn 156. Gebund, sind 2½ Fuder, das Fuder 3. Malter, das Malter zu 8. fl. das Fuder Stroh 6. fl. beträgt - - - - - 75. —

89

Weizen 20. Gebund vom Feld weggenommen, an Frucht à 1. Malter, das Malter zu 10. fl. 10. xr das Stroh 2 fl. beträgt - - - - - - - 12. 10.

Weiter einen halben Morgen Klee ruiniert, das Graß im kleinen Grund, das Graß im grossen Grund, und in der grossen Wiese geraubt, auch die Wicken am Frankfurter Weeg, an beyden Enden, und das Milchfutter im kleinen Feld gestohlen — 10. —

August d. 28ten ist meiner Tochter durch Husaren von Hörsten nach Bodungen geführet worden, und auf offentlichem Platz am Rathhaus sechs Prügel oder Stockschläg bekommen, vor jeden 1 Ducat beträgt ... 31. —

Die Satisfaction bleibt vorbehalten.

Summa fl. 314. 10.

Johannes Rothfuß.

Rechnung
Die Evangelische Salische Gemein
in Saltzsode betreffend
Regensburger Rechnung, so angefangen den 18ten May 1789

			fl	Kr
May	den 22ten	Durch den Spesterwald, vor ein Pferdt zahlt	–.	48
Juny	den 4ten	Ein Instrument zu copiren und vidimiren	3.	–
		Dem Bedienten eines gewissen Herrn verehrt oder verzehrt	–.	36
	den 22ten	Porto	–.	6
July	den 5ten	Porto	–.	5
	den 6ten	Porto	–.	6
August	den 5ten	an zwey Carolin verlohren	2.	–
		und an Johannes Diehl zahlt	10.	–
	den 12ten	an einer Carolin verlohren	1.	–
	den 18ten	Schreibgebühr und Porto zahlt	–.	22
	den 26ten	Schreibgebühr zahlt	1.	38
	den 30ten	vor Schreibgebühr und Siegel zahlt	–.	32
			20.	13
		Vom 18ten May, bis den 30ten August also 105 Tag, jeden Tag 27 Kr 1 23/105 Pfennige vor Zehrung gerechnet beträgt	47.	47
		Summa aller Ausgaben	68.	–
Hierauf empfangen				
	den 18ten May	35 fl und		
	den 5ten August	33 fl		
			68.	–

Die inzwischen in meiner Abwesenheit, verrätherisch angestellte Execution, gewaltthätige Eingriffe, und meuchelmörderische ausgeübte Leibes Straff Betreffend

May	den 26ten	Friedrich Dinges und Georg Jung, den Stall aufgeschlagen, drey Stück Rindvieh weg genommen und verkauft	73.	–
	den 29ten	die Schaaf aus dem Pferch genommen 5 Stück und gleichfalls verkauft	25.	–
Juny	den 2ten	Meine einzige Tochter durch Husaren nacher Saltzbach geführet, und gefänglich eingesetzt. Den 3ten durch Husaren nacher Soden geführet, und von da auf Höchst auf den Spegt gesezt, wo sie bis den 28ten August also 88 Tag als Geisel gefänglich behalten worden; von Versäumniß, Schaden, und Zehrung jeden Tag 1 fl beträgt	88.	–
		Latus	186,	–

		Transport	186.	–
		Und hernach vom Feld weggenommen und inzwischen geraubt an Korn 156 Gebund, sind 2 ½ Fuder, das Fuder 3 Malter, das Malter zu 8 fl, das Fuder Stroh 6 fl. Beträgt	75.	–
		Waitzen 20 Gebund vom Feld weggenommen, an Weitz à 1 Malter, das Malter zu 10 fl 10 Kr das Stroh 2 fl. Beträgt	12.	10
		Weiter Einen halben Morgen Klee ruinirt, das Graß im kleinen Grund, das Graß im großen Grund, und in der großen Wieß geraubt, auch die Wicken am Franckfurter Weg, an beyden Enden, und das Wickenfutter im kleinen Feld gestohlen	10.	–
August	den 28ten	ist meine Tochter durch Husaren von Höchst nach Soden geführet worden, und auf öffentlichem Platz am Rathhaus sechs Brügel oder Stockschläge bekommen, vor jeden 1 Ducat beträgt	31.	–
		Die Satisfaction bleibt vorbehalten		
		Summa fl	314.	10

Johannes Antheß.

1790				
Monat April		Specification		
		Was mir das letzte Cur-Maintzische Commando meiner Abwesenheit verzehret. Und auf anstiften des Schultheißen noch weiter geraubt haben.		
Erstlich		15 ½ Pfund dörres Schweinfleisch das Pfund a 15 xr fl	3.	52
		2 ½ Maas Brandwein a 40 xr pro Maas	1.	40
		1 Ohm Apfelwein	7.	–
		an Butter, Ayer, Öhl, Käß und Brod	6.	–
		Tausend welsch-Nüße und ander Obst	1.	–
		vor Heu, Stroh und Holtz	1.	–
		ein tragtbar 3jährig Fett Rind	29.	–
		zwei Ochsen Ketten	1.	30
		ein Malter Sack 24 xr, ein Eisernen Hammer 20 xr	–.	44
		eine Beißzang 14 xr ein Pfriemen 2 xr	–.	16
		1 Schuhberste 8 xr zwey anhäng Schlößer 40 xr	–.	48
		ein Feder Meßer	–.	10
		den Keller bey der Nacht aufgebrochen Thüre ruinirt	–.	30
		die Stallthür aufgebrochen u. ruinirt	–.	30

	die Boden Thür aufgebrochen und ruinirt	–.	30
	die Scheuer Thür aufgebrochen und ruinirt	–.	30
	einen Bett-Teppich verschnitten	–.	12
	ein Wasch-Seil verschnitten	–.	30
	eine Rechen-Tafel verschnitten	–.	15
September	vom 20ten 12 Tag zu Höchst im Arrest, vor versäumnis Schaden und Zehrung a pro den Tag fl 1. –	12.	–
	den beyden Jägern das Bett zu lößen	1.	30
	dem Bittel zu Höchst zahlt, weiß nicht wofür	2	12
	Transportire fl	71.	39

N° 8:
Rechnung
von
Johannes Anthes
8t. April
1790

Titelblatt der Rechnung des Johannes Anthes vom 8. April 1790

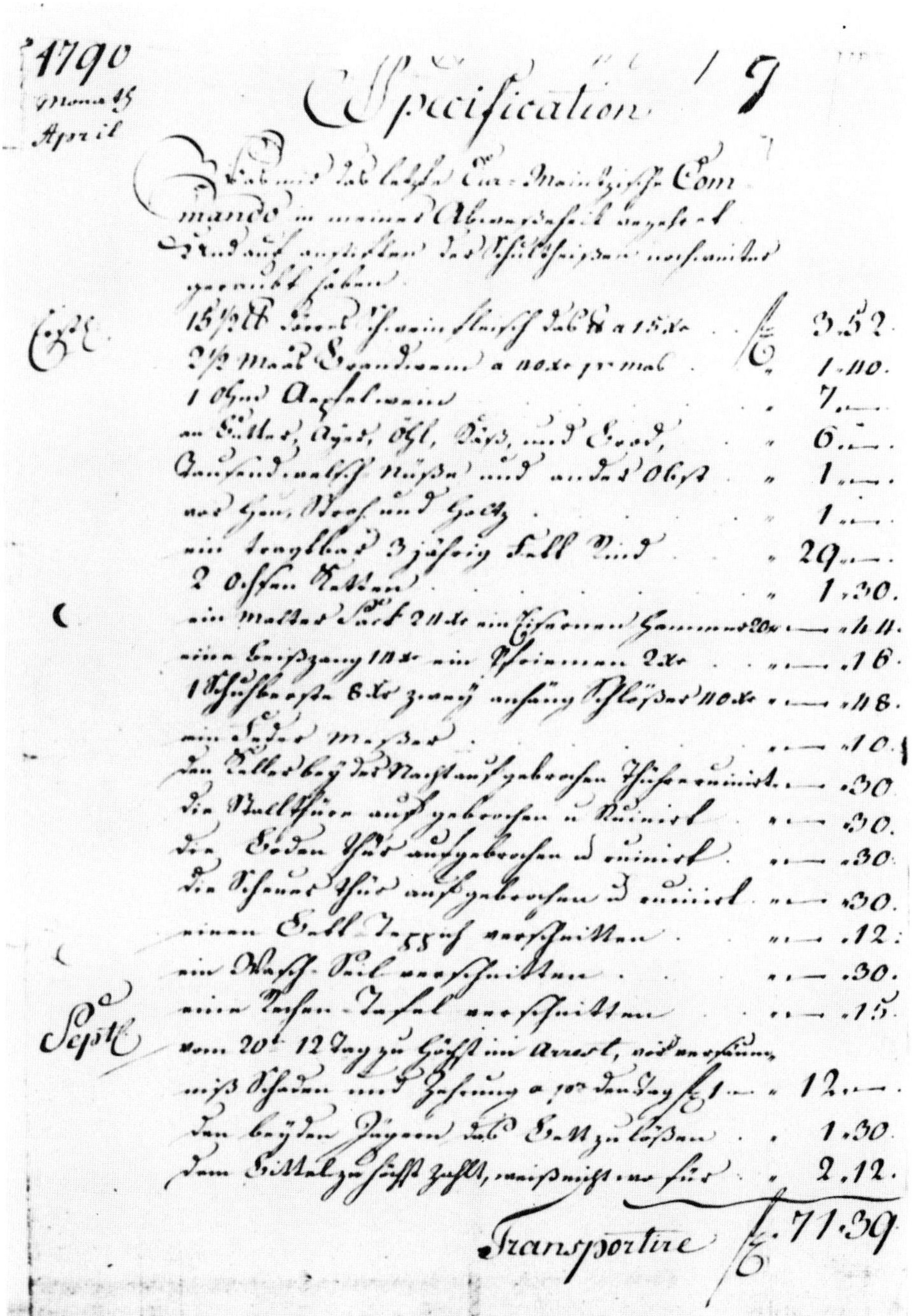

Rechnung des Johannes Anthes vom 8. April 1790

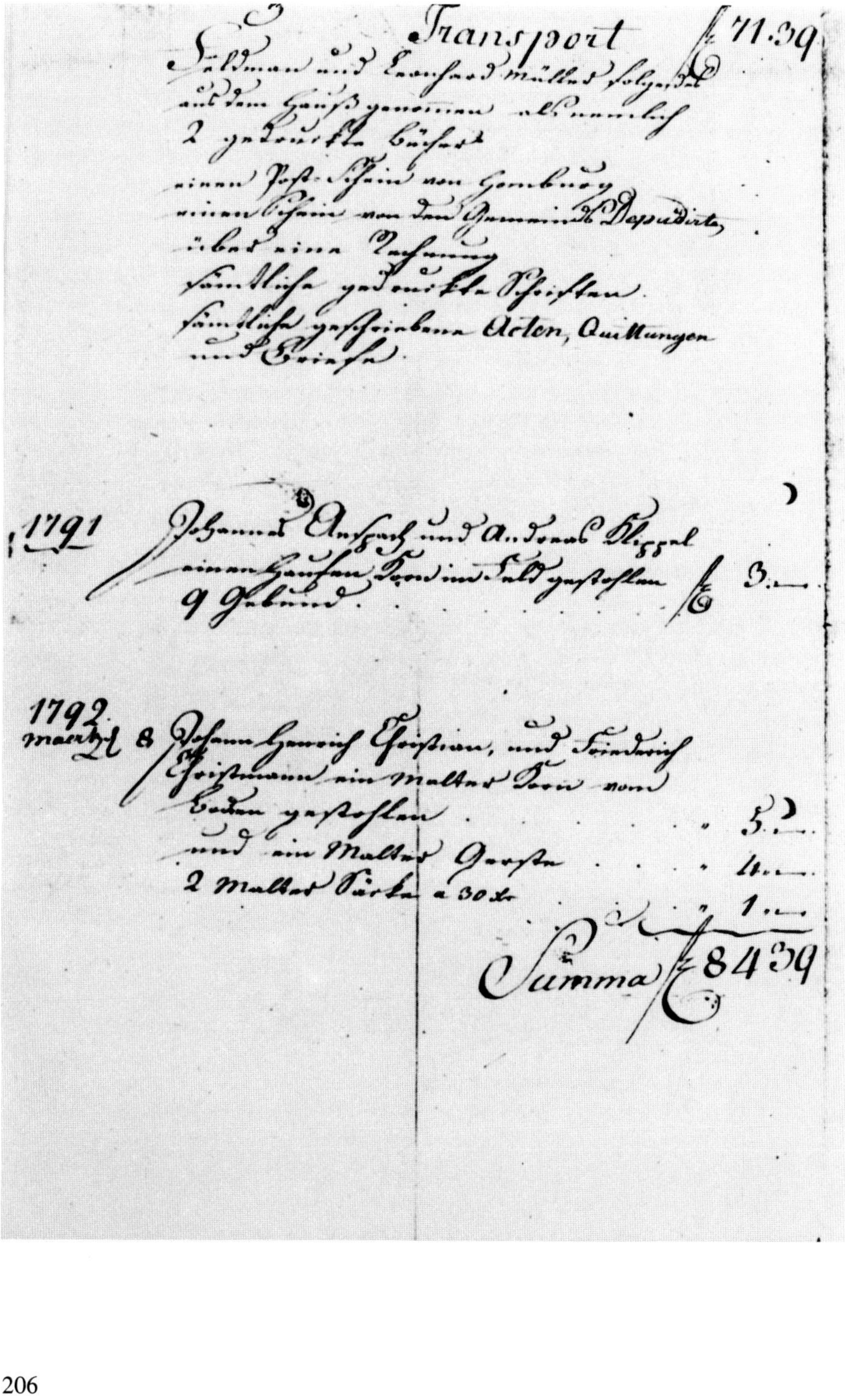

Transport fl 71.39

…eldmann und Eberhard Müller folgendes
aus dem Hauß genommen als nemlich
2 gedruckte Bücher
einen Post-Schein von Homburg
einen Schein von dem Gemeinde Deputirten
über eine Zahlung
sämtliche gedruckte Schriften
sämtliche geschriebene Acten, Quittungen
und Briefe

1791 Johannes Aufsatz und Andreas Kegel
einen Haufen Korn und Holz gestohlen
9 Gebund . . . . . . fl 3.—

1792 Martii 8 Johann Henrich Christian, und Friedrich
Christmann ein Malter Korn vom
Boden gestohlen . . . 5.—
und ein Malter Gerste . . . 4.—
2 Malter Kartoffeln à 30 xr . . . 1.—

Summa fl 84.39

		Transport fl	71. 39
		Feldmann und Leonhard Müller folgendes aus dem Hauß genommen als nemlich	
		2 gedruckte Bücher	
		einen Post-Schein von Homburg	
		einen Schein von den Gemeinds Deputirten über eine Rechnung	
		sämtliche gedruckte Schriften	
		sämtliche geschriebene Acten, Quittungen und Briefe	
1791		Johannes Anspach und Andreas Klippel einen Haufen Korn im Feld gestohlen	
		9 Gebund	3. –
1792	maertzz 8	Johann Henrich Christian, und Friedrich Christmann ein Malter Korn vom Boden gestohlen	5. –
		und ein Malter Gerste	4. –
		2 Malter Säcke a 30 xr	1. –

		Summa fl	84. 39

Über die Lage des Ortes schrieb Schultheiß Feldmann[34]: »Durch diese in Soden weit ausgedehnte Zerrüttung nähert sich der Ort seinem gänzlichen Untergang«. Nur im Einschreiten der Herrschaften sah er die Möglichkeit, dies zu verhindern. Inwieweit die Vorgänge der Französischen Revolution von 1789 die Verhaltensweisen und die Ereignisse in den beiden Dörfern beeinflußt haben, ist nicht auszumachen.

Zwei im Jahre 1784 erschienene Flugblätter rühmten in jeweils 20 Strophen die alten Rechte und Freiheiten Sodens, wobei Soden in Konkurrenz zu Sulzbach als der Hauptort des reichsunmittelbaren Gebietes genannt wurde. Der Titel der ersten Schrift lautete: »Unmittelbare Kaiserliche und des heiligen Römischen Reiches freie Burg und Dorf Salii«. Im Text heißt es:

Allemanen, freie Franken
Salis Rechte niemals wanken
Weil Alt-Limburg noch florirt,
Und Diploma, Brief und Siegel,
Die Salzquellen, Berg und Hügel
Mit dem Adler sind geziert . . .

Sode mußt' in Minderjahren
Seiner Nachbar'n Neid erfahren
Durch die Pfandschaft allermeist,
Und die so die Quell' besaßen,
Die Regalen überlassen
Einem Hof, der Salzbach heißt . . .

Wie der Adler hoch gesessen
Und das Land hat ausgemessen,
Hat die Reichsburg noch florirt;
Kein Gericht und keine Siegel,
Halben Adler ohne Flügel
Nur von Salzbach ward geführt.

(Strophen 1, 7, 18)

Die zweite Flugschrift trug den Titel »Pagus immediatus« (Unmittelbarer Gau). Im Text heißt es u.a.:

Salii ist der freie Name,
Wornach sich der Adel nennt,
Dieser kam von dem Kanale,
Welcher von der Quelle kömmt,
Sode, Sulz und Salii weisen,
Was der Fluß auf Deutsch tut heißen . . .

Salz ein Kleinod ist zu nennen
Samt dem ganzen Zugehör,
Quell' und Fluß kann Niemand trennen,
Sulzbach kommt von Soden her.
Was dem Stammhaus war gemein,
Kann jetzt Niemand eigen sein . . .

Frankfurt ließ das Schloß zerstören,
Durch Sulzbach die Steine führen
In der Pfandschaft frohnenweis,
Die Salzquellen einzufassen
Und durch Röhren leiten lassen
Von dem Dorf, das Sode heißt . . .

Großer Kaiser, Reiches Krone,
Aller Römer Wonn' und Fried',
All' in einem vor dessen Throne
Niederfallen auf die Knie,
Ganz gelassen, gleichsam stumm,
Blut und Herze schreit darum:
Unser Privilegium!

(Strophen 9, 11, 17, 20)

Am 15. Februar 1791 machte sich Hartmann Hedler als Abgesandter auf den Weg nach Wien zum Reichshofrat, die erneute Bestätigung der Privilegien durch den Kaiser zu erlangen. 69 Tage war er zu Fuß unterwegs, mit Ausnahme weniger Tage, an denen er ein Fuhrwerk benutzte, da er erkrankt war. Am 23. April 1791 war er wieder zuhause. 87 fl. 24 xr, 1 fl. 16 xr pro Tag, erhielt er als Reisegeld, wie er sich ausbedungen hatte[35].

1790 hatten Frankfurt und Kurmainz über einen Tausch der beiden Dörfer gegen Mainzer Gebiet im Umkreis von Frankfurt verhandelt. 1793 erhielten die beiden Orte noch einmal die Bestätigung ihrer Reichsfreiheit durch Kaiser Franz II. Eine Verbindung zu den Prozessen ist dabei nicht gegeben gewesen. Als »unsere und des Reichs liebe und getreue . . .« hatten sie ihren Standpunkt verteidigt. Die Kaiser Joseph I., Karl VI., Joseph II., Leopold II. und Franz II. hatten ihre Rechte nach dem Text der Urkunde Kaiser Sigismunds bestätigt. Für diese Idee waren Summen ausgegeben worden, die jeweils ein Vielfaches z.B. der zu zahlenden Steuern ausgemacht haben. Allein Mosers Deduktion kostete sie 500 fl. Wohl mehr als zehnmal hatten sie die Exekution mit allen Folgen hingenommen. Ihre Haltung zu brechen, hatte niemand vermocht.

VII. Soden in Nassauer Zeit

1. 1803–1806

Der Reichsdeputationshauptschluß vom 25. Februar 1803 änderte die Situation der beiden Dörfer grundlegend.[1] Dieser letzte Beschluß der seit 1801 tagenden Reichsfriedensdeputation regelte die Besitzverhältnisse für die durch Abtretung des linken Rheinufers an Frankreich in ihren Besitztümern geschmälerten Reichsfürsten und verfügte die Umwandlung (Säkularisation) der geistlichen Fürstentümer in weltliche mit Ausnahme u.a. von Mainz in seinen rechtsrheinischen Gebieten. Soden und Sulzbach kamen zu Nassau-Usingen, das der walramischen Linie angehörte und 1806 im neu gegründeten Herzogtum Nassau aufging. Die Inbesitznahme der beiden Dörfer durch eine Kommission Nassaus war schon nach einem Bericht des Oberschultheißen Katta an das Frankfurter Landamt vom 16. Oktober 1802 an eben diesem Tage vollzogen worden. Katta schrieb:

»Die provisorische Besitznahme der beiden hiesigen Dörfer ist heute nachmittag um 5 Uhr durch den bereits nahmhaft gemachten Herrn Regierungsrath Huth noie serenissimi sui in Gegenwart der besonders zu dem act aus beiden Orten anher vorbeschiedenen Amts-Gerichtsvorstanden in diesem gemeinschaftlichen Amthause dahier wirklich erfolgt. Gleich bei der Ankunft des vorbenannten H. Kommissarius und nachdem er mir die Ursache seiner Sendung eröffnet hatte, bat ich denselben, sich anher zu erklären, in welchem Maaße von nassauischer seits die Besitznahme dahier geschehen soll – ich könnte hiebei keiner anderen Meinung seyn, als daß demgegenüber die Absicht nur dahingehen dürfte, den Kur Mainzischen Antheil einstweilen in provisorischen Besitz zu nehmen – worauf gedachter H. Kommissarius äußerte – er sei von seinem Fürsten beauftragt, nicht nur von dem Kur Mainzischen sondern auch dem Stadt Frankfurter Antheil, folglich vom Ganzen den Besitz zu ergreifen mit dem Bemerken: sowohl in dem ersten als mit gewissen Abänderungen und Modifikationen erst kürzlich von den vermittelnden Mächten anderweit herausgegebenen Theilungs Plan seien die beyde Dörfer Sulzbach und Soden absque ulla restrictione seu reservatione dem fürstl. Haus Nassau Usingen ganz zur Entschädigung angewiesen worden, dagegen aber wurde die Stadt Frankfurt soviel er wisse, für diesen Verlust durch die in Frankfurt befindlichen Stifter und geistlichen Corporationen im Übermaß wieder entschädiget – ich erwiederte hernächst: Von einer solchen Entschädigung, die der Stadt Frankfurt nicht in gegebenem Amt zutheil werden sollte, hätte ich noch nichts vernommen. Vielmehr hätte ich Ursache an solcher Entschädigung noch zur Zeit zweifeln, da ich vielmehr im Gegentheil von mitherrschaftl. Stadt Frankfurter Seite angewiesen sei, die hohe Condominal Gerechtsamen der Stadt Frankfurt in Ansehung der beiden hiesigen Dörfer gegen die aufs ganze sich etwa erstrecken dürfende Besitznahme zu verwahren und qua vis juris Competentia ausdrücklich zu referieren.

Mit dem weiteren Anfügen daß eine von Stadt Frankfurter Seite aus Besorgnis dieses allenfalls möglich seyn könnenden Falls mit der fürstl. nassauischen Regierung schon vor mehreren Tagen in vorläufiger schriftl. Communication getreten, von da aber noch keine Äußerung erfolgt sei. Benannter Herr Commissar ließ sich diesen gemachten Vorbehalt gefallen, erwiderte daß er solches dem Protokoll einverleiben wollte, erklärte jedoch, daß er zufolg höchsten Auftrags diesem ungeachtet den Stadt Frankfurter Antheil zugleich provisorisch in Besitz nehmen müßte, worauf derselbe eine kleine Anrede an das erschienene Gerichts- und Amtsvorstands Personale hielte, die Absicht seiner commissarischen Sendung ihnen erörterte, das gedruckte fürstl. Patent durch den Sekretär ihnen verlesen ließ und zwei Exemplarien davon zum anheften ans Rathaus in jedem Ort den Bürgermeistern zustellen ließ.

Catta — Sulzbach den 16ten 8ber 1802.«

Hatten bisher die Privilegien und Freiheiten der beiden Dörfer der allgemeinen Gesetzgebung gewisse Schranken gezogen, so strebte die neue Regierung eine einheitliche Verwaltung und Ordnung in ihrem Gebiet an. Damit verbunden war aber zugleich eine Unterordnung der bisher reichsfreien Gemeinden unter die Anordnungen des neuen Landesherrn. Zwar waren durch den § 60 des Reichsdeputationshauptschlusses die neuen Landesherrn gehalten, die Privilegien der neuen Untertanen zu respektieren, was sie auch zusagten, dennoch war dies mit dem neuen Selbstverständnis der Landesherrschaft kaum vereinbar. Die beiden Gemeinden aber leisteten im Vertrauen auf diese Zusage den Huldigungseid.

Was nun die Ereignisse der Folgezeit betrifft, so war bei der unterschiedlichen Interessenlage der Beteiligten abzusehen, daß der alte Konflikt zwischen vermeintlichen Privilegien auf der einen Seite und landesherrschaftlicher Befehlsgewalt neu aufbrechen würde. Dies geschah aus zwei Anlässen, einmal wurden die Gemeinden durch das Oberamt am 7. Juli 1803 aufgefordert, alles beim Bau der Königsteiner Straße verwendbare Zugvieh zu registrieren, zum andern verordnete das Amt Höchst am 23. Juli 1803, daß die Gemeinden neue Bürger und Beisassen nur noch mit Zustimmung der Regierung aufnehmen dürften. Glaubten die Gemeinden, sich im ersten Fall mit dem Hinweis auf die Freiheit von Fron und Diensten der Forderung widersetzen zu können, worin ihnen Oberschultheiß Catta beipflichtete, so hatten sie nicht mit der Geschicklichkeit der Regierung gerechnet, die ihnen am 4. November 1803 klarmachte, daß die geforderten Hilfsdienste zum Nutzen der Allgemeinheit und letztlich zum eigenen Vorteil und nicht als Frondienste anzusehen seien. Dennoch beriefen sich die Gemeinden auf die vor der geforderten Huldigung gemachten Zusagen in bezug auf § 60. Wie Oberschultheiß Catta am 9. Januar 1804 der Regierung meldete, wurde auch die von der Regierung gesetzte Frist von einer Woche zur Übersendung der geforderten Aufstellung nicht beachtet. Auch eine Verlängerung bis zum 4. Februar 1804 blieb erfolglos, so daß die Regierung 20 Mann Soldaten zur Bestandsaufnahme des Zugviehs in die Dörfer legte. Erst am 25. Februar 1804 waren die Listen dann abgegeben.

Dennoch beugte man sich dem Zwang nicht. Ein Prozeß beim Reichshofrat wurde trotz der schlechten Erfahrungen, die man dort gemacht hatte, angestrebt. Neben dem Reichskammergericht, das Kaiser Maximilian I. 1495 eingesetzt hatte (zuerst in Frankfurt, 1527–1693 in Speyer, seit 1693 in Wetzlar), war der Reichshofrat das oberste Gericht des Reiches in Rechtssachen, die dem Kaiser vorbehalten waren, z.B. in lehensrechtlichen, reichsunmittelbaren Fragen und in bezug auf kaiserliche Privilegien. Vertreten wurden die Gemeinden wiederum von Johannes Anthes, der bei Catta als »einer der unruhigsten Prozeßköpfe und Aufwiegler« galt.

Eine weitere Eskalation der Gegensätze brachte die Forderung der Regierung, daß die Dörfer Soldaten stellen sollten, waren diese doch der Meinung, daß sie mit der Zahlung

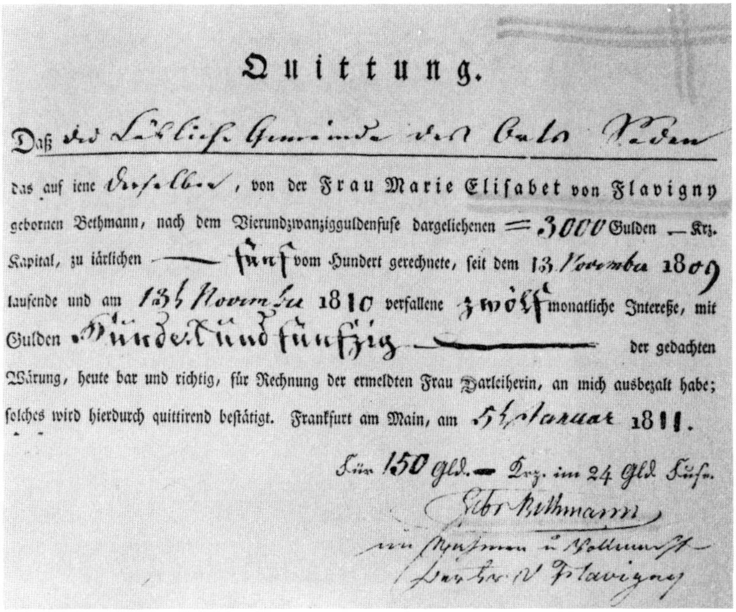
Quittung.

Daß die löbliche Gemeinde des Orts Soden

das auf iene dieselben, von der Frau Marie Elisabet von Flavigny gebornen Bethmann, nach dem Vierundzwanzigguldenfuse dargeliehenen = 3000 Gulden — Krz. Kapital, zu iärlichen — fünf vom Hundert gerechnete, seit dem 13. November 1809 laufende und am 13. November 1810 verfallene zwölf monatliche Intereße, mit Gulden Hundert und fünfzig — der gedachten Wärung, heute bar und richtig, für Rechnung der ermeldten Frau Darleiherin, an mich ausbezalt habe; solches wird hierdurch quittirend bestätigt. Frankfurt am Main, am 5. Januar 1811.

Für 150 Gld. — Krz. im 24 Gld Fuß.

Gebr. Bethmann

Quittung über ein Darlehen von Frau Marie Elisabet von Flavigny an die Gemeinde Soden über 3000 Gulden vom Jahre 1809

des Schutzgeldes von 250 fl aller Dienstpflicht ledig seien. Die Regierung machte mit ihrer Forderung Ernst und ließ bei Nacht die Dörfer umstellen und die jungen diensttauglichen Männer aus den Betten holen. Aus beiden Orten mußten aber letztendlich nur sieben Mann einrücken.

Auch der Aufforderung, ihren Grundbesitz, ihren Viehbestand, ja die Zahl ihrer Familienmitglieder auflisten zu lassen, widersetzten sich die Bauern, weil sie befürchteten, daß ihre Steuern erhöht werden sollten. Als auch eine Anfang Juni 1804 angeordnete Exekution, die vor allem die Hilfe beim Straßenbau durchsetzen sollte, keinen Erfolg zeitigte, obwohl die Dörfer täglich 35 fl zum Unterhalt der Soldaten entrichten mußten, schickte die Regierung eine Kommission nach Sulzbach, um die Lage abzuklären und zu verhandeln. Als nach längeren Debatten kein Fortschritt erzielt wurde, ließ der Verhandlungsführer, Assessor Ibell, den Hauptsprecher der Dörfer einfach festnehmen, was bei den Dörflern Wirkung zeigte. Seinen Eindruck von ihnen faßte er in dem Satz zusammen: »Sie würden eher den letzten Ziegel vom Dach verkaufen, als sich zu den Chausseefahrten verstehen«[2].

Die Verschuldung der beiden Gemeinden war zu dieser Zeit durch die Kriegsfolgekosten um die Jahrhundertwende über die Maßen gestiegen. Im Jahre 1797 waren von der Gemeinde Soden allein 10 884 fl und 13 xr an Kriegsausgaben aufgebracht worden. Für das Jahr 1804 z.B. ist zu den noch nicht getilgten Schulden eine Neuaufnahme von 2000 fl zu 5 % Zinsen belegt[3]. 1811 mußte die Gemeinde 3000 fl bei Elisabeth v. Flavigny leihen.

Abgesehen von diesen finanziellen Belastungen, die noch jahrelang die Dörfler drückten, kamen noch die Forderungen und Belastungen durch Einquartierungen durchziehender kaiserlicher oder französischer Truppen hinzu. In den Jahresrechnungen tauchen immer wieder »douceur«-Gelder, also Bestechungsgelder, für die Kommandierenden der einquartierten Truppen auf. Oft geriet man mit den Kontributionszahlungen in Rückstand. Rentmeister Straub war diesbezüglich unerbittlich, setzte »Nachbarn« solange gefangen, bis die Zahlung geleistet war. Auch Mißhandlungen durch durchziehende Truppen mußte man hinnehmen. Am 21. April 1797 rückten so z.B. unvermutet französische Truppen ein und forderten innerhalb von 2 Minuten 125 Karolin (Goldmünze zu 3 Goldgulden) Brandschatzung. Sie mißhandelten den Bürgermeister Georg Jung solange, bis die geforderte Summe ihnen übergeben war.

Soden hatte viel zu leiden, weil die beiden Badehäuser, der spätere Frankfurter Hof und der Nassauer Hof, oft mit Generälen und französischen Stabsoffizieren wie auch mit gemeiner Reiterei belegt waren, die dort Bäder nahmen. Auch eine vom Frankfurter Magistrat bei dem französischen Direktorium in Paris erwirkte Neutralitätserklärung für die beiden Dorfschaften half da nicht viel. Soden hatte damals etwa 447 Einwohner, 108 Männer, etwa ebensoviele Frauen, ca. 218 Kinder und 15 Witwen. Diese hatten die Kontributionen aufzubringen und die Beschwernisse der Einquartierungen zu tragen. Die »Soder Kriegs-Rechnung« von 1797 spezifiziert folgende Aufwendungen:

Lebensmittel, Verpflegung	5 473 fl 57 xr
Kleidung, Trommelfelle . . .	1 324 fl 46 xr
Dienstleistungen, Botengänge	820 fl 39 xr
Handwerkerarbeiten . . .	65 fl 14 xr
Gerste, Stroh, Heu . . .	2 869 fl 23 xr
Geldleistungen, z.B. Bestechungen . . .	253 fl 55 xr
Sonstiges	36 fl 19 xr

Trotz all diesen Ausgaben nahmen die Dörfler sich für den angestrengten Prozeß beim Reichshofrat zwei Frankfurter Anwälte. Einer von ihnen war Hofrat Nonne, »der doch nichts weiter im Sinn hat, als den Bauern das Geld auf die dienstfertigste Art aus dem Sack abzuluchsen«, wie Oberschultheiß Catta bemerkte[4]. »Er ist renomiert, das er die Kunst, einem den Geldbeutel zu fegen, restlos verstehet.« Im Juni 1804 fordert der Reichshofrat nunmehr eine Stellungnahme Nassaus zu den Beschwerden der beiden Dörfer. Nassau schickte eine zweite Kommission nach Sulzbach. Diese sollte die Zustände in den beiden Dörfern feststellen und Verbesserungsvorschläge machen. Der Kommissionsbericht vom 14. Juli 1805 zeichnet ein postitives Bild von den Gemeinden. Man hat es den Kommissionsmitgliedern nicht leicht gemacht, Einblick in die Eigenart »dieses kleinen Staates«, wie am Anfang des Berichtes vermerkt wird, zu gewinnen.

Weiter heißt es[5]: »Beinahe von dem ersten Aufkeimen dieses Staates bis hierher bestand immer die größte Spannung zwischen ihren Herrschaften und den Untertanen, und gleiches Verhältnis trat zwischen den Bewohnern der beiden Dörfer ein.« Die Kommission schlägt vor, bis zum Abschluß des Prozesses nichts weiter zu unternehmen, damit es nicht »das Ansehen in den Augen dieser mißtrauischen und zum Teil prozeßsüchtigen Menschen gewönne, als wolle man sich damit beschäftigen, das Interesse gnädigster Herrschaft zu erhöhen. Nicht nur, daß hierdurch die vorzüglich wohlgemeinte und väterliche Absicht der hohen Landesregierung, lediglich das Wohl der Untertanen zu befördern und diese verirrten Leute zu ihrer und ihrer Kinder Besten in eine glücklichere Lage zu versetzen zu wollen, gänzlich verfehlt würde, erhielten dieselben neuen Stoff, Klagen auf Klagen zu häufen«.

Die Dörfler aber hatten Catta, als er sie zum Stillehalten mahnte und auf die Aussichtslosigkeit ihrer Klage hingewiesen hatte, geantwortet, »sie seien es dem Andenken ihrer Väter schuldig, wenigstens alles mögliche versucht zu haben. Wenn die alte Freiheit untergehe, so sollten doch ihre Nachkommen wissen, daß sie diese bis zum letzten verteidigt hätten«[6].

Die Kommission aber war der Meinung, daß die Regierung »die bisher leider nicht bestandene Harmonie zwischen Obrigkeit und Untertanen herbeizuführen« habe; »die schönen und ergiebigen Gemeindsrevenüen«, wären »statt die Beutel der Einzelnen zu bereichern oder die zum immerdauernden Durst gewöhnten Gurgeln zu füllen, zur Tilgung der starken Schuldenlast zu verwenden, bessere Polizei einzuführen und eben hierdurch die gesunkene Moralität auf eine höhere Stufe zu leiten, kurz, die mehr verirrten als verstockten, aber die durch die traurige Lage der Umstände höchst mißtrauisch gemachten Leute praktisch zu überzeugen, daß die Landesherrschaft nicht eigenes Interesse erhöhen, vielmehr die bedauerliche Verfassung in eine für diese Menschen glücklichere umformen will«.

Oberschultheiß Catta sah die Situation in den beiden Dörfern anders und machte aus seiner Meinung auch vor der Kommission keinen Hehl daraus: »Nach Versicherung des Schultheißen Catta sind die Einwohner von Soden und Sulzbach im höchsten Grad dem Trunk und Spiel ergeben, und als solche sind sie in der ganzen Umgegend bekannt. Daß aus diesen beiden Grundübeln alle anderen Arten von Unfertigkeiten, Beschimpfungen, Zänkereien, Schlägereien, Ehezwiste, schlechte Erziehung, kurz Immoralität und bösartige und halsstarrige Untertanen entstehen, bedarf keiner Belege und bestätigt sich zur größten Evidenz dadurch, daß der Oberschultheiß Catta als alltägliche Dinge Feldfrevel, Abschneidung und Vertilgung junger Bäume, Zerstümmelung der Felderzeugnisse selbst von den reichsten Leuten aus Schabernack, Diebereien in den Dörfern, nächtliche Saufereien und Spielen bis in den hellen Tag angibt.«

Pfarrer Kretzschmar klagte über die gesunkene Moral und gab als wesentlichsten Grund dafür an, daß die beiden Gemeinden sich viel zu sehr selbst überlassen seien, die Untaten viel zu wenig untersucht würden oder ungestraft blieben, die Leute lieber in die Wirtshäuser gingen und spielten als an der Katechismuslehre teilzunehmen. Ermahnungen würden nichts bewirken.

Sicher sind beide Beschreibungen aus Ressentiment überzeichnet. Wesentlich war wohl, daß durch die ständigen Kriegswirren und Auseinandersetzungen um die Privilegien die Alltagsabläufe immer wieder gestört wurden und die ständige Bedrohung durch diese Vorgänge die Bewohner zu einer fatalistischen Einstellung verleiteten. Mancher sah in den freiheitlichen Privilegien oft nur noch die Berechtigung zu eigenem Ungebundensein.

Als am 26. Juli 1805 alle 5 Fuß 2 Zoll großen Männer zwischen 18 und 24 Jahren aufgefordert wurden, zur Musterung nach Kastel zu kommen, weigerte man sich wiederum, der Anordnung Folge zu leisten. Am 5. August 1805 rückte Hauptmann Röder mit 1 Offizier, 4 Unteroffizieren, 2 »Halbmondbläsern« und 40 Jägern in die Dörfer ein. Pfarrer Kretzschmar bewegte die versteckt gehaltenen oder in Nachbarorten verborgenen jungen Männer dazu, wieder zurückzukehren und sich zu stellen. Aus ihren Reihen wurden 47 Mann ausgewählt, die nach Kastel zur Musterung mußten. 2 Sodener und 6 Sulzbacher wurden für die leichten Jäger ausgemustert. Die anderen konnten nach Hause zurückkehren.

Am 6. August des Jahres 1806 legte Kaiser Franz II., der schon 1804 seine Erblande aus dem Reich herausgelöst hatte, die Kaiserkrone des Heiligen Römischen Reiches Deutscher Nation nieder. Nassau wurde Mitglied des Rheinbundes. Friedrich August konnte den Titel eines souveränen Herzogs annehmen. Nassauische Truppen kämpften gegen Preußen und Spanien. Nassau war ein napoleonischer Vasall. Seine Bewohner dienten somit als Soldaten den fremden Interessen. Wenn den Einwohnern der beiden Orte der Verlust ihrer Freiheiten begreiflich wurde, dann durch den erzwungenen Dienst ihrer jungen Leute für eine fremde Macht. Ihre fast fatalistisch anmutende Haltung in diesen Zeiten ist nur zu verständlich. Weder das neue Landesregiment noch die bestehenden überlieferten alten Strukturen boten hier eine Hilfe. Nur noch im innerörtlichen Bereich, in Schule und Kirche z.B. glaubte man seine Rechte wahrnehmen zu können. So hatten Pfarrer und Lehrer ihren Kampf mit den widerspenstigen Dörflern. Daher auch deren Aversionen, die sich in ihren Aussagen über das Verhalten der Bürger niederschlugen.

2. Sodens Entwicklung zum Badeort

Es ist müßig zu fragen, inwieweit der fortdauernde Widerstand der beiden Dörfer jeweils berechtigt und sinnvoll war oder dem Fortschritt und der Anpassung an die sich verändernden sozialen und wirtschaftlichen Gegebenheiten im Wege stand, Lasten und Kosten hätten vermieden werden können. Sicher kann gesagt werden, daß mit der Zuordnung Sodens und Sulzbachs zu Nassau der Widerstand bei vielen Einwohnern erlahmte und die Einsicht über die Vergeblichkeit ihrer Beharrung auf alten Privilegien wuchs. Mit dazu beigetragen hat wohl auch die ständige Bedrohung und Belastung der Bevölkerung durch die napoleonische Herrschaft, der man keine Privilegien entgegenhalten konnte. Die Zielrichtung des Widerstandes veränderte sich und somit auch auf Dauer sein Sinn und Zweck. Verlor sich dieser mit der Niederlage Napoleons 1813, so entstand in der Folgezeit mit den verschiedenen Neuerungen in Nassau letztlich auch in Soden eine neue Situation. Die Erfahrung, daß Veränderungen auch nützlich sein konnten, altes Recht der Grundlage verlustig gegangen war, bewirkte alsbald eine Neuorientierung im gegebenen Umfeld. Dies zeigte sich schon bei der Gestaltung der Siegesfeier nach der Völkerschlacht von Leipzig 1813. In der 1815 von Karl Hoffmann zu Rödelheim gesammelten und herausgegebenen Schrift »Des Teutschen Volkes feuriger Dank- und Ehrentempel« (Offenbach, gedruckt mit Brede'schen Schriften) sind Vorbereitung und Ablauf der Feier in Soden wie folgt beschrieben[8]:

»Dieser für Teuschland so denkwürdige Tag, wo die hohen Verbündeten mit ihren muthvollen Heeren den hochmüthigen Korsen mit seinen Helfern auf den Gefilden bei Leipzig völlig in die Flucht schlugen, wurde von den Einwohnern von Soden, im Herzoglich Nassauischen Amt Oberursel auf folgende Art gefeiert: Der dasige Schullehrer Erb ging Tags vorher in das Haus eines jeden Ortsbewohners, und stellte ihnen die Wichtigkeit dieses Tages vor; wo sich dann ein jeder – arm und reich – nach seinem Vermögen, zu einer Anzahl Brennmaterialien unterzeichnete. (Hier verdienen aber der hiesige Freiherrliche von Malapertsche Salinenverwalter Herr Langhans und der herzogliche Schultheiß Uhrich besonders bemerkt zu werden, indem diese den Schullehrer treulich unterstützt haben.) Diese Brennmaterialien wurden nach einem vorhergegebenen Zeichen mit der Glocke auf einen freien Platz zusammengeliefert, und mit Wagen auf den sogenannten Holzweg, einem eine Viertelstunde von Soden entfernten freien Berge, gefahren; wo man die schönste Aussicht auf den Altkönig, Feldberg, die Bergstraße und der ganzen Gegend von Frankfurt hat. Hier wurden nun diese Brennmaterialien von einigen erfahrenen Ortsnachbarn in Gestalt eines dreistöckigen Hauses auferbaut.

Abends gegen sechs Uhr versammelte sich unter dem Geläute der Glocken die sämtliche Schuljugend vor dem Hause ihres Lehrers, von da ging unter dessen Anführung der Zug paarweise vor die Wohnung des Herzoglichen Schultheißen, welcher aus seinem Privatvermögen einem jeden Schulkinde ein Glas Wein einschenkte. Hier befand sich nun der sämmtliche Ortsvorstand in festlicher Kleidung, nebst der Schützen-Reservisten-Kompanie und dem Landsturm, diese machten Spalier, durch welche die Schuljugend, unter Absingung einiger Volkslieder, zog. Endlich kam der ganze Zug bei dem oben erwähnten Bau von Brennmaterialien an, welcher, als er in voller Flamme stand, die ganze Gegend umher erleuchtete. Hier wurde nun von den Anwesenden und von der Schuljugend, welche letztere knieend einen Kreis um ihren Lehrer schloß, das Lied: ›Nun danket alle Gott!‹ nebst einem in Musik gesetzten Liede: ›Wie groß ist des Allmächt'gen Güte!‹ abgesungen. Nun wurde von dem Herzoglichen Schultheißen unter alle Anwesenden Wein herumgegeben, und dem geliebten Herzog, den hohen Verbündeten und den tapferen Heeren, unter Abfeuerung des anwesenden Militärs ein dreimaliges Vivat ausgerufen. So wurde in beständiger Freude und Absingung von Volksliedern, die Nacht bis gegen zwölf Uhr zugebracht; alsdann ging der Zug zurück nach Soden, und ein Jeder, in dessen Adern teutsches Blut floß, dankte Gott für die wunderbare Fügung und Befreiung von dem französischen Joche, und für die erfreuliche Hoffnung besserer Zeiten.«

Bessere Bedingungen erhofften sich die Sodener auch von der Abtrennung des Ortes von Sulzbach. Seit der Zeit des Baus der ersten Sodener Kirche im Jahre 1483/84 gingen schon die Bemühungen um Selbständigkeit. Nur der gemeinsame Kampf um die Privilegien und Rechte hatte die beiden Orte zusammengehalten, wiewohl es manchen Streit miteinander gegeben hatte, etwa die Auseinandersetzungen von 1726 um die Einsetzung des Adjunkten Wirwatz. Doch ging hier die Meinungsverschiedenheit auch durch die jeweiligen Gemeinden.

Erst nach dem 15. April 1806, das genaue Datum ist nicht bekannt, von diesem Datum stammt nach Oppermann[9] die letzte von Oberschultheiß Catta mit »gemeinschaftlicher Oberschultheiß« unterzeichnete Urkunde, kann die vollständige Trennung erfolgt sein. Auf einer Urkunde von 1818 befindet sich erstmals die Unterschrift des Sodener Schultheißen Christian Langhans, dem ersten Nassauischen Schultheißen in Soden. Langhans war vorher Verwalter der Saline. Mit dem Reichsdeputationshauptschuß kam auch die Sodener Saline zu Nassau. Als am 1.3.1807 die französische Salzregie in Nassau eingeführt wurde, um den Überschuß der französischen Salzproduktion in den Rheinbundländern abzusetzen – Nassau hatte sich lange dagegen gewehrt – durfte in Nassau kein Sodener Salz mehr verkauft werden. Die einzige Absatzmöglichkeit war im Hessischen und das nur unter erschwerten Bedingungen.

1808 mußte man mit der französischen Admodiation in Biebrich einen Vertrag schließen, die dann das Salz zu 7 fl das Malter (=210 Pfund) übernahm, was jeweils eine Mindereinnahme von 3 ½ fl bedeutete. Nassau ließ diesen Zustand auf die Dauer nicht bestehen, zumal das französische Vorgehen auch bei der Bevölkerung Unmut ausgelöst hatte, hatte diese doch den Salzverbrauch auf 10 Pfund pro Kopf im Jahr festgelegt. Vom 1. August 1811 an führte das Herzogtum die herzogliche Salzregie ein. Im Sodener Salzwerk wurde einer der Magazindistrikte eingerichtet. 1 Zentner Salz brachte nach Abzug des Zehnten knapp 3 fl gegenüber 4 ½ fl Jahre zuvor. Der Verlust bei 100 Zentnern machte also 150 fl aus.

So war es nicht verwunderlich, daß das Salzwerk Nassau zum Kauf angeboten wurde, den wohl ein Gutachten (v. Langsdorf) verhinderte (vergl. Kap. V, 13).

1813 wurde dann zunächst das Altwerk beim Bau der Königsteiner Straße für 4 000 fl verkauft. Schwerpunkt der Arbeiten im Neuwerk war hinfort nicht mehr die Salzgewinnung sondern der Gutsbetrieb. 1831 ließen die Kinder der letzten Besitzerin das Neuwerk samt den Feldern versteigern. Die Äcker brachten 22 906 fl., die Liegenschaften in Neuenhain und Altenhain 2 052 fl. 26 Morgen Land, das Wohnhaus, die Wirtschaftsgebäude, das Siedhaus und die Quellen VI, VII, IV und XVIII kaufte die Gemeinde für 7 100 fl. Zusammen erbrachte die Versteigerung also 32 058 fl.

Hatte Gerning 1814 in seinen vier Gesängen Quellen und Natur des Ortes überschwenglich besungen, so beschrieb Anton Kirchner 1818 in seinen »Ansichten von Frankfurt am Main, der umliegenden Gegend und den benachbarten Heilquellen« Sodens Lage und Umgebung zwar als »vortrefflich«, meinte aber, was den Zustand des Ortes selbst anging: »Das Tempe der Badelust selbst . . . ist ein schmutziges Dorf, wo es an Allem fehlt, was die Zeit verkürzen und zur Bequemlichkeit beitragen kann. Es sind überhaupt nur zween Wirte hier, unter deren Dache die Kurgäste (deren Zahl selten über dreissig steigt) auf guten oder schlechten Betten ruhen und guten oder schlechten Wein trinken, je nachdem sie gute oder schlechte Betten, reinen oder geschwefelten Wein – mitgebracht haben«. Kirchners Beurteilung mag treffend gewesen sein, wenn man den Maßstab anderer bedeutender Badeorte anlegt. Keineswegs aber kann man sie als deckungsgleich mit den Aussagen des Oberschultheißen von Catta ansehen, die aus einer gänzlich anderen Situation heraus gemacht worden waren (vergl. Kap. VII, 1).

Nach der Besitzergreifung durch Nassau war die Erkenntnis der Vergeblichkeit aller Opfer und aller Standfestigkeit so niederdrückend, daß erst die mit der Neuordnung des nassauischen Staatswesens aufkommende Neuorientierung auch im örtlichen Bereich Wirkung zeigte. 1822 ordnete der Herzoglich Nassauische Amtmann Hendel vom Amt Höchst die Trockenlegung der sumpfigen Wiesen der ehemaligen Schafweide und deren Umwandlung in eine Parkanlage unter der Leitung des Solms-Rödelheimischen Hofgärtners an. 1831 wurde das Neuwerk niedergerissen. Mit dieser Neuanlage im Gebiet des Obertores und des alten Schlagbaums erfuhr die ganze Struktur Sodens eine völlige Veränderung. Lag ehedem der Schwerpunkt des Ortes im Bereich der alten Hauptstraße an der evangelischen Kirche, den Quellen I, III, IV, V und XVIII – die ersten Kur- und Gasthäuser, der alte Frankfurter Hof, der Nassauer Hof und das Britannia-House standen in diesem Bereich – so trat nunmehr mit dem Abriß der Saline, dem Bau der Königsteiner Straße und der neuen Parkanlage das Gebiet östlich der neuen Straße immer mehr in den Vordergrund. Nicht nur, daß zunehmend Frankfurter Bürger den Ort für ihren Sommeraufenthalt entdeckten und den Bau neuer Kurgasthäuser unterstützen, sie bauten auch eigene Sommervillen. Die steigende Zahl der Neuerscheinungen der Quellenliteratur tat ein übriges, Soden bekannt zu machen. Den Anfang machte 1820 Dr. F. Küster, der als Arzt in Kronberg praktizierte und in Sommer die Sodener Kurgäste betreute, solange in Soden noch kein Arzt sich niedergelassen hatte[10]. 1831 folgte die Schrift von Heinrich Schweinsberg.[11] 1839 ließ die Nassauische Regierung die Quelle VI unter der Leitung des Oberbergrates Schapper fassen, zugleich sieben Quellen durch Justus von Liebig analysieren.

Was die Einwohner des Ortes betrifft, so waren sie um diese Zeit keineswegs aller Sorgen und Nöte frei. 1813/14 brach in Soden ein Nervenfieber aus. Von 67 Toten in 12 Monaten waren 46 an dieser Krankheit gestorben. 1817 stieg durch eine Mißernte der Preis für 4 Pfund Roggenbrot von 16 xr auf 25 xr, ähnlich 1847 auf 24 xr. Auch die Armenliste für den Januar 1819 spiegelt die noch immer schwierige Lage der Einwohner, die von sich aus kaum in der Lage gewesen waren, neue Projekte zu finanzieren. So war die Hilfe der neuen nassauischen Regierung willkommen.

Die Entwicklung des Herzogtums Nassau[12] nach seiner Konsolidierung 1816 und mit dem Edikt über die Errichtung der Landstände vom 1.9.1814, durch das Nassau der erste deutsche Staat war, der sich eine moderne Verfassung gegeben hatte, sowie der Einführung der Simultanschule durch Edikt vom 29. März 1817, ging zügig voran. 1816 waren 28 Amtsbezirke gebildet worden, die Amtsverwaltung wurde reorganisiert, im Juni 1816 ein neues Gemeindegesetz erlassen, das die Bürger an der örtlichen Gemeindeverwaltung beteiligte, die Armenpflege regelte und ein Gesetz über die Verwaltung der Medizinalpflege in Kraft setzte, durch das die Krankenhilfe und Gesundheitsfürsorge auf eine neue Grundlage gestellt wurden. Auch die Bildung der »Nassauischen Union«, die Lutheraner und Reformierte zu einer Landeskirche zusammenführte, sowie die Bildung des katholischen Bistums Limburg (23.11.1827) entspannten kontroverse Haltungen und wiesen neue Wege des Zusammenlebens, wenn es auch noch lange Zeit dauerte, bis dies sich im örtlichen Bereich auswirkte.

Wie die Forderung nach Aufhebung des Staatskirchentums nach dem Tode des katholischen Bischofs Bausch 1840 zu einem kleinen »Kulturkampf« führte, so entwickelten sich auf der örtlichen Ebene an bestimmten Fragen wie z.B. der Einrichtung eines katholischen Gottesdienstes, Probleme, bei denen die Führungsansprüche der evangelischen Konfession als Landesreligion in Gemeindeangelegenheiten eine wesentliche Rolle spielten.

Der 1851 ausbrechende und 10 Jahre andauernde »Nassauische Kirchenkonflikt«[13], in dessen Verlauf es sogar zur Exkommunikation von katholischen Beamten kam, die an der Beschlagnahmung von Pfarrgütern mitgewirkt hatten, hatte aber auf die Sodener Verhältnisse keine direkten Auswirkungen, da die Anzahl der Katholiken in Soden so minimal war, daß sie von daher kaum eine Rolle in Gemeindegremien spielten. Erst die von Frankfurter Bürgern angeregte und vorangetriebene Einrichtung eines katholischen Gottesdienstes und 1864 der Bau einer katholischen Kapelle ließen die Grundeinstellungen der in den Ortsgremien bestimmenden Sodener deutlich werden. Ohne die Anstrengungen und das Gewicht der Frankfurter Bürger wäre manche Entwicklung des Badeortes anders verlaufen. Im Juli 1828 schilderte die Frankfurter Zeitung »Didaskalia« das Kur- und Ausflugsleben der Städter in Soden und nannte Soden mit seinen Heilquellen einen Lieblingsaufenthalt vieler schöner Frankfurterinnen. »Von Anfang Juni bis Ende August ist das ländliche Soden belebt und bewandert. Die gute Frankfurterin . . . ermangelt der Bekanntinnen nicht . . .«, heißt es in dem Artikel. Im Juni 1838 bedauert die Zeitung den unzureichenden Bekanntheitsgrad Sodens, »diesem für die Zukunft so vielversprechenden Bade«. Am 17. Juni 1844 schrieb dieselbe Zeitung: »Unser von Natur so reich gesegnetes

Bad hat sich in diesem Sommer einer sehr starken Frequenz zu erfreuen. Nach der heute herausgegebenen neunten Kurliste haben wir über 200 Nummern mehr als im vorigen Jahr um diese Zeit. Alle Stände, viele Nationen sind hier repräsentiert, während uns die liebe Nachbarstadt Frankfurt immer noch die meisten Gäste sendet«.

1844 starb am 16. Juli im alten Frankfurter Hof der Kriminalrichter und Dichter Wilhelm Genth aus Wiesbaden an einem Herzschlag. Er hatte in Soden einen Mordfall zu untersuchen. In einem zeitgenössischen Bericht heißt es darüber: »Im Jahre 1844 diente in Soden ein Mädchen gebürtig zu . . . bei dem Gastwirth Juden Chan. Diese hatte einen Liebhaber Jakob Reul Schmidt von da. Dienstag den 25ten Juni abends war sie entschwunden. – Dienstag den 6ten August wurde sie wiedergefunden, herausgegraben und Donnerstag den 8ten August begraben. – Dieser Jakob Reul ihr Liebhaber wurde sofort festgenommen und ans Criminal geführt. Aus der Criminaluntersuchung ergab sich nun, daß er sie an demselben Abend an den Kirchhof geholt hat, darauf umgebracht, und mit Beihülfe seines Vaters und Bruders in die Behausung/: Holzschuppen/: seines Bruders gegraben hat. – ein Wilddieb von Sulzbach, welcher ledig und gerade in Soden bei seinem Weibsbild schlief hörte das Vergraben, schlich sich an die Scheune und sah alles, entdeckte um den anderen Tag dieses dem Schultheis. – anfangs leugneten sie alle alles dann bekannte einer auf den anderen. – beim Herausgraben und beerdigen waren aus der ganzen Umgegend tausende von Menschen zugegen. Auch soll vor einigen Jahren ein Schmidtgesell in demselben Haus umgebracht worden sein. –«

Am 9. August wurde der 22jährige mit einer Eskorte von zwei Mann über Höchst und Hofheim in das Kriminalgefängnis nach Wiesbaden gebracht. Am 27. Mai 1845 wurde er wegen Totschlags zu 20 Jahren Zuchthausstrafe verurteilt, die er bis auf neun Monate abbüßen mußte. Im Jahre 1864 wurde er begnadigt. Noch 1896 lebte er in Soden.

Wilhelm Genth aber, der Freund des Dichters August Graf von Platen, wurde auf dem Sodener Friedhof begraben. Damals trauerte ein großer Freundeskreis um ihm, heute ist er vergessen. Am 9. Juli hatte er das folgende Gedicht geschrieben:

Beim Wirth zum grünen Kranze
Kehrt ich am Abend ein:
Da klang's so hell zum Tanze
Da perlte goldner Wein:
Da glühten schwarze Augen,
Da pochte Brust an Brust:
Da galt's, sich festzusaugen
In heißer Liebeslust.

Beim Wirth zum grünen Kranze
Zog ich des Morgens aus;
Da klang's nicht mehr zum Tanze,
Still war's im ganzen Haus.
Das Auge war gebrochen,
Schloß sich auf ewig zu.
Herz, mit dem wilden Pochen,
Warum verstummst auch Du?

Nun mit dem grünen Kranze
Steh' oft am Grab ich stumm.
Die Welt im Morgenglanze
Liegt leuchtend um und um.
Doch seit das Aug' gebrochen,
Schloß sich die Welt mir zu:
Mein Herz mit deinem Pochen,
Wann, wann verstummst auch Du?

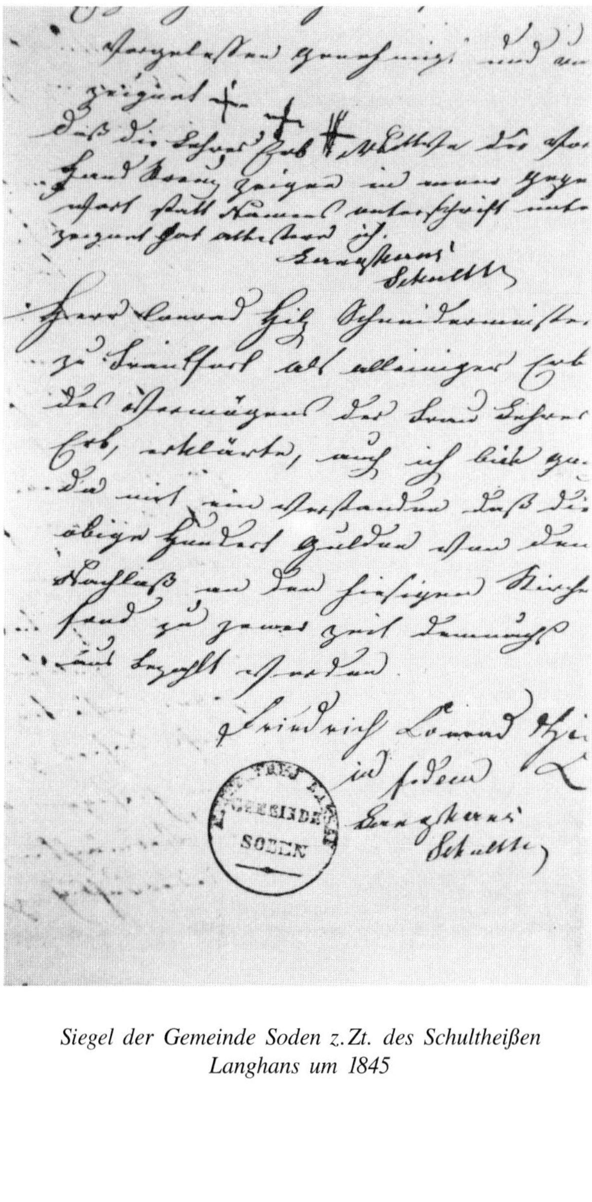

Siegel der Gemeinde Soden z.Zt. des Schultheißen Langhans um 1845

Die politischen Ereignisse des Jahres 1848 betrafen auch das Herzogtum Nassau. In den Märztagen dieses Jahres mußte Herzog Adolph neun Forderungen der 30.000 vor dem Wiesbadener Schloß versammelten Bürger zustimmen. Zunächst wurden auch eine Anzahl entsprechender Gesetze erlassen, die den Bürgern Mitwirkungsrechte gewährten. Auch die Zensur wurde aufgehoben. Herzog Adolph bekannte sich zu der von der Frankfurter Nationalversammlung erarbeiteten Reichsverfassung und befürwortete die Annahme der Kaiserkrone durch den preußischen König Friedrich Wilhelm IV. Doch ab 1852 wurden die Reformgesetze zum größten Teil wieder zurückgenommen. Die Wirkung der Paulskirchenereignisse und der revolutionären Vorgänge von 1848 auf die Einwohner von Soden war unterschiedlich.

Kaplan Ferdinand Christian Wilhelmi beschrieb die Ereignisse so[14]: »Die Stürme, welche am 24. Febr. in Frankreich angefacht worden waren, und sich reißend schnell über ganz Europa verbreiteten, trieben bald auch in stillsten Kreisen die Wogen der Aufregung empor. Es zeigte sich das auch an der hiesigen Gemeinde. Nachdem am 4. März zu Wiesbaden die »Forderungen des nassauischen Volkes« um neue, freie Organisation des Staats genehmigt worden waren, begannen auch hier bald die Wahlen neuer Gemeindebeamter durch sämtliche Bürger. In diesen Wahlen, und dem ganzen Benehmen der Gemeinde in jener höchst aufgeregten Zeit, zeigte sich indeß der besonnene u. ordnungsliebende Sinn der bei weitem größten Mehrzahl ihrer Glieder aufs Unverkennbarste. Nachdem der schwererkrankte Schultheiß Langhans sein 12 Jahre lang geführtes Amt selbst niedergelegt hatte, wurde der bisherige Kirchenrechner Friedrich Dinges zum Schultheißen erwählt. Ebenso wurde das Feldgericht und der Ortsvorstand erneut . . . Am 21. Mai, dem Sonntag Cantate, wurde die angeordnete kirchl. Feier der Eröffnung des deutschen Parlaments zu Frankfurt a./M. hier vorgenommen; welcher auch ihre Königl. Hoheit die Frau Herzogin zu Nassau, die sich hier in der Kur befand, beiwohnte . . . Ihre Königl. Hoheit die Frau Herzogin beschenkte am 14. September vor Ihrer Abreise von hier die hiesigen Armen mit 100 fl, . . . Der am 18. September in Frankfurt versuchte Aufstand brachte, wie in die ganze Umgegend, so auch hierher einige Unruhe. Es wurde in der Nacht die damals organisierte Bürgerwehr alarmiert, und zog am 18ten größtenteils, doch unbewaffnet, nach Frankfurt. Manche wurden durch Drohungen dazu veranlaßt. Bald nach dem Ausbruch des Kampfes kamen die Meisten wieder zurück«.

Kaplan Johann Carl Wilhelm Usener beurteilte die Einstellung der Sodener nach einer Eintragung in die Kirchenchronik so: »Die Gesinnung der hiesigen Einwohner ist wesentlich konservativ, da ihr Wohlstand jede Neuerung fürchtet, im Grund ist ihnen jede Verfassung recht und die wohlfeilste die beste, wenn nur der Pelz ohne naß zu werden gewaschen werden könnte«.

Dennoch konnte dies nicht auf alle Sodener zutreffen, wurde doch z.B. Nikolaus Petermann von Soden der Teilnahme an dem Frankfurter Aufruhr angeklagt, aber freigesprochen. Christian Esselen, einer der Anführer bei den Unruhen, der von Frankfurt ausgewiesen worden war, verbrachte die Nächte meist in Soden. »Ein alter Mann aus Soden« wurde nach den Angaben von Carl Vogt als einer der ersten am 18. September am Boden liegend durch einen Bajonettstich eines preußischen Soldaten in den Rücken schwer verwundet[15].

Die Ereignisse des Jahres 1848 gingen also auch im Ort nicht ohne Unruhe vorüber. Im einzelnen verliefen die Vorgänge vor allem um die Veränderungen an der Gemeindespitze dennoch ohne Gewalt. Eine Gemeindeversammlung forderte die Ablösung von

Bürgermeister Langhans. Der Grund dafür geht aus einem Schreiben des Bürgermeisters vom 15. März 1848 an die Landesregierung in Wiesbaden hervor. Durch einen »übermäßigen Schuldenstand« verloren einige Bürger ihren Besitz, andere veräußerten ihn »freiwillig«. Schuld an ihrer Misere gaben sie der durch die Krankheit des Bürgermeisters daniederliegenden Verwaltung. Wie auch immer dies sich ausgewirkt haben mag, man brauchte einen Sündenbock. Bürgermeister Langhans bat deshalb die Regierung um Entlassung aus seinem Amt, da er keine Möglichkeit sah, sich gegen »einen solchen Überfall zu verteidigen« (HHStAW Abt. 228, 102 Bl. 105). Für den 16.3.1848, vormittags 11 Uhr, wurden die Feldgerichtsmitglieder, der Ortsvorstand und die Mitglieder des neugebildeten »Sicherheitscomités« zusammengerufen, um die Entlassung des Bürgermeisters zu beraten (Bl. 106). Mitglieder des Feldgerichts waren: Adam Dinges und Friedrich Reuß. Dem Ortsvorstand gehörten an: Martin Dinges, Phil. Müller und Georg Dinges. Das Sicherheitskomitee setzte sich aus folgenden Personen zusammen: Wilhelm Himmelreich, Nicolaus Schneider, Adam Dinges, Friedrich Jung und Friedrich Dinges. Einer der Feldgerichtsschöffen sollte provisorisch die Dienstgeschäfte des Bürgermeisters übernehmen. Adam Dinges wurde beauftragt, die Gemeindebürger dennoch zur Wahl eines provisorischen Schultheißen-Verwalters für Sonntag, den 18. März 1848, zum Gemeindehaus einzuladen. Jeder Bürger hatte die Möglichkeit, 3 seiner Mitbürger zu benennen. 118 Bürger beteiligten sich an der Wahl. Friedrich Dinges II erhielt 77 Stimmen, Nicolaus Schneider 71 Stimmen und Georg Mey 33 (34) Stimmen (Bl. 99–101). Dinges war bereit, das Amt zu übernehmen. Am 20.3.1848 wurde die Gemeindeinventarliste in der Wohnung des ehemaligen Bürgermeisters Langhans übergeben (Bl. 115/116). Die Wahl der 6 Gemeinderäte erfolgte am 22.12.1848 (Bl. 120). Von 138 Bürgern waren beim 1. Wahlgang 102 Bürger anwesend, beim 2. und 3. Wahlgang je 94 Bürger (Bl. 119/120). Gewählt wurden Wilhelm Elsenheimer, Nicolaus Schneider, Adam Dinges II (60 Stimmen), Georg Schmunk (56 Stimmen), Johann Diehl (55 Stimmen) und Friedrich Jung (51 Stimmen). Die endgültige Bürgermeisterwahl fand dann am 28.12.1848 (Bl. 122/125) statt. Von 118 Bürgern (bzw. 114), die namentlich in einer Liste erfaßt sind (Bl. 108) und die sich an der Wahl beteiligten, gaben 91 ihre Stimme Friedrich Dinges; 1 Wahlzettel war ungültig (Bl. 126/127/132/136/137). Friedrich Dinges wurde auch bei der Wahl des Bürgermeisters am 10. Oktober 1854 mit 19 von 24 Stimmen wiedergewählt. Die 5 Gegenstimmen kamen von den »Häuptern der roten Partei« (Bl. 141/142/145/146).

Wenn Kaplan Usener den Wohlstand der Sodener als Grund für ihre Zurückhaltung 1848 angibt, so kann dies letztlich als Beweis dafür angesehen werden, daß mit den steigenden Kurgastzahlen eine Anzahl der Einwohner innerhalb von 25 Jahren zu einem zufriedenstellenden Auskommen gelangt waren und dies nicht aufs Spiel setzen wollten. Andererseits war ein Großteil der Einwohner nicht an dem Kurgeschehen beteiligt und lebte in ärmlichen Verhältnissen.

Hatte Soden 1820 500 Einwohner, so stieg die Zahl bis 1854 auf 1054 Seelen, wovon 242 Bürger waren, bis 1857 auf 1225 Einwohner, davon waren 1123 evangelisch; 1858 lebten 48 Juden in Soden. Die Zahl der Badegäste betrug 1839 360, 1855 3000. Am 24.8.1852 wurde die evangelische Gemeinde Soden eine selbständige Pfarrei.

Die Jahre 1853–1860 brachten erneut Probleme für die Bewohner des Ortes. 1853/54 setzte infolge des Kornbrandes (Mutterkornpilz) eine Teuerung ein. 4 Pfund Roggenbrot kosteten 20 xr, 1855 21 xr.

1857 brach erneut Nervenfieber aus. Befallen von dieser Krankheit waren vor allem junge Menschen und die, die in der Ortsmitte wohnten. Die Teuerung ließ nach. Im Herbst dieses Jahres kostete das 4-Pfund-Brot nur noch 12 xr. 1858 mußte wegen der großen Hitze und der damit verbundenen Trockenheit der Viehbestand reduziert werden, während die Weinernte dieses Herbstes vorzüglich war.

Für die Landwirtschaft war die Zehntablösung ein bedeutender Fortschritt. Seit dem Mittelalter waren die landwirtschaftlich genutzten Flächen mit Abgaben belastet. Der Bauer konnte nicht frei über seinen Grund und Boden verfügen. Der freie Grundstücksverkehr war behindert. Die Hälfte des Herzogtums war von diesen Zehntabgaben betroffen. Diese waren eine wesentliche Einnahmequelle für die herzoglichen Domänen. Die Landversteigerungspreise beliefen sich 1836 auf 250 Gulden für 1 Morgen Ackerland, auf 400 Gulden für 1 Morgen Wiesen und auf 120 Gulden für ¼ Morgen Gartenland.

Die Steuereinnahmen in Soden betrugen:

Feldgrundsteuer	186 Gulden	7 Kreuzer	2 Pfennige
Waldgrundsteuer	7 Gulden	33 Kreuzer	1 Pfennig
Gebäudesteuer	45 Gulden	53 Kreuzer	1 Pfennig
Gewerbesteuer	101 Gulden	10 Kreuzer	1 Pfennig
insgesamt	340 Gulden	44 Kreuzer	1 Pfennig

(1 Gulden = 60 Kreuzer; 1 Kreuzer = 4 Pfennige).

Der Viehbestand in Soden war 1836 folgender:

52 Pferde – 2 Fohlen – 3 Esel – 2 Faselochsen (Zuchtbullen) – 36 Rinder und Kälber – 12 Zugochsen – 4 ein- und zweijährige Stiere – 58 Zugkühe – 153 Stallkühe – 3 Widder – 343 Mutterschafe – 40 Hämmel – 49 Lämmer – 381 Schweine – 53 Ziegen – 61 Bienenvölker.

Soden besaß 1836 183 ¾ Morgen Wald. 1 Klafter (etwa 2 Raummeter) Buchenscheitholz kostete mit Fuhrlohn 24–26 Gulden. Der jährliche Waldertrag belief sich auf 11 Klafter Eichenholz – 6 Klafter Kiefernholz – 1 Klafter Stockholz – 60 Wellen Eichenholz – 8 Wellen Kiefernholz – 30 Karren Leseholz. Was die Zehntablösung betrifft, so sollte diese durch freiwillige Vereinbarung der Betroffenen zustande kommen.

Durch das Edikt vom 29. Januar 1840 wurde eine Zehntablösungskommission eingesetzt. Außerdem gründete die Landesregierung durch Edikt vom 22. Januar 1840 die Landes-Credit-Kasse, die mit einem Betriebskapital von 3,5 Millionen Gulden ausgestattet wurde. In den Jahren 1840/41 konnten bereits über 400 Zehntablösungsverträge abgeschlossen werden. Nach dem Aufnahme-Protokoll der zehntpflichtigen Liegenschaften in der Gemarkung Soden war das Ackerland in vier Klassen eingeteilt. Die ganze damalige Gemarkung umfaßte in der 1. Klasse 28 Morgen 29 Ruthen, in der 2. Klasse 651 Morgen 5 Ruthen, in der 3. Klasse 366 Morgen 133 Ruthen und in der 4. Klasse 449 Morgen 58 Ruthen.

Zehntfrei waren in der 1. Klasse 16 Morgen 45 Ruthen, in der 2. Klasse 101 Morgen 137 Ruthen, in der 3. Klasse 83 Morgen 60 Ruthen und in der 4. Klasse 18 Morgen 30 Ruthen.

Demnach war der Zehnte zu zahlen in der 1. Klasse für 11 Morgen 144 Ruthen, in der 2. Klasse für 549 Morgen 28 Ruthen, in der 3. Klasse für 283 Morgen 73 Ruthen und in der 4. Klasse für 431 Morgen 28 Ruthen.

Der große Zehnte wurde von allen Halm- und Schotenfrüchten entrichtet, und es geschah die Auszehntung distriktweise. Außerdem besaß die Herzogliche Domäne den Weinzehnten »in den neu angelegten und neu angelegt werdenden« Weinbergen sowie den Winterkohlzehnten und den Kartoffelzehnten in den Flurfeldern.

Laut der Beschreibung des Ertrages des Zehnten in der Gemarkung Soden ergaben sich für die Jahre 1828–1839 folgende Erträge:

Jahr	Weizen		Korn		Gerste		Hafer		Geld	
	M	S	M	S	M	S	M	S	fl	xr
1828	87	—	50	—	25	—	32	—	30	17
1829	22	—	23	—	98	—	78	—	22	21
1830	36	—	20	—	30	—	34	—	11	50
1831	70	—	35	—	40	—	50	—	22	5
1832	25	2	20	—	78	—	62	—	14	27
1833	30	—	23	—	32	—	24	—	13	22
1834	70	—	35	—	42	2	41	15/16	69	27
1835	24	—	18	—	90	—	70	—	27	24
1836	36	—	32	—	25	—	20	—	15	52
1837	80	—	45	—	25	—	30	—	47	15
1838	36	—	18	—	95	—	85	—	20	55
1839	45	—	32	—	29	—	27	—	25	20

* (M = Malter, S = Sichling)

Zehntfrei waren bei Ackerland in der 2. Klasse:
die Gemeinde Soden mit 54 Morgen 68 Ruthen,
Friedrich Anthes jun. mit 1 Morgen 80 Ruthen und 91 Ruthen,
Adam Christian 3. mit 1 Morgen 100 Ruthen,
Elisabeth Christian mit 1 Morgen 124 Ruthen,
Georg Christian jun. mit 1 Morgen 102 Ruthen,
Johann Löschhorn mit 133 Ruthen, 1 Morgen 56 Ruthen, 91 Ruthen und 1 Morgen 56 Ruthen,
Wilhelm Pfeiffer mit 1 Morgen 56 Ruthen,
Friedrich Rudolph mit 1 Morgen 141 Ruthen, 149 Ruthen, 119 Ruthen, 76 Ruthen und 85 Ruthen,
evangelische Pfarrei mit 30 Morgen 47 Ruthen;
insgesamt: 101 Morgen 137 Ruthen.

In der 3. Klasse waren 52 Morgen 101½ Ruthen und 22 Morgen 58 Ruthen der Gemeinde Soden zehntfrei, ebenso Georg Christian mit 100 Ruthen und die evangelische Pfarrei mit 7 Morgen 120 Ruthen; insgesamt also 83 Morgen 60 Ruthen.

In der 4. Klasse waren 5 Morgen 110 Ruthen und 12 Morgen der Landesherrlichen Domäne zehntfrei, ebenso die Pfarrgüter und sämtliche Wiesen.

Angaben über die 1. Klasse fehlen, bis auf die Angaben über das zehntfreie Ackerland der evangelischen Pfarrei mit 16 Morgen 4 Ruthen.

Das Ablösungskapital für insgesamt 1.211 Morgen 17 Ruthen und 91 5/6 Schuh wurde 1851 auf 21.773 fl 30 xr festgesetzt, wobei die jährliche Ablösungssumme 1.088 fl 40 xr 2 Heller betrug. Am 15.12.1851 war diese Regelung in Soden bekannt gemacht worden. 6 Besitzer in Soden wollten die Ablösung en bloc entrichten. Die Liste vom 19.12.1851 nennt:

Philipp Colloseus mit 30 xr,
Medizinalrath Dr. Thilenius mit 4 fl 45 xr,
das Hospital zum hl. Geist in Frankfurt mit 133 fl 25 xr,
Flörsheim, modo Enoch Reiß 12 fl 10 xr,
Commerzienrath Enoch Reiß 60 fl 30 xr und
Michel Noll sen. zu Neuenhain 2 fl 30 xr.

In Nassau hatte 1 Morgen 160 Ruthen; dies entsprach 3200–3700 m^2 (1 Ruthe hatte 20–23 m^2).

Bis zum 1. September 1853 hatte der Malter 109,06 Liter; nach der Einführung des metrischen Maßsystems zu diesem Datum 100 Liter. Das Fuder Wein faßte 480 Maß, was 960 Litern entsprach. 1 Maß = 4 Schoppen hatte vor dem 1.9.1853 1,6947 Liter, danach 2 Liter.

Was die Längenmaße in Nassau betrifft, so hatte 1 Elle = 20 Zoll = 60 cm. 1 Zoll entsprach 2,8–3 cm. 10 Zoll waren 1 Fuß oder Schuh = 28–30 cm. Am 12. Dezember 1881 wurde das Metermaß eingeführt.

Der Wert nassauischer Münzen war nach dem mit einer Übereinkunft zwischen Österreich, Bayern und anderen Staaten Süd- und Südwestdeutschlands vereinbarten Konventionsfuß daraufhin abgestellt, daß aus 233,856 g Silber 24 Gulden geprägt wurden.

In der Kronentaler-Periode 1816/17 waren es 24 ½ Gulden. Nach dem Dresdener Münzvertrag vom 30. Juli 1838, der zwischen allen Mitgliedsstaaten des Deutschen Zollvereins geschlossen worden war, galt ein einheitliches Gewicht von 233,855 g Silber für 24 ½ Gulden.

Mit der Übereinkunft der Zollvereinstaaten und dem Kaiserreich Österreich sowie dem Fürstentum Liechtenstein vom 24. Januar 1857 ging man auf das Münzgewicht von 500 g Silber über, woraus 52 ½ Gulden geprägt wurden.

Was nun die weitere Entwicklung des Ortes Soden betraf, so bewirkte der von Jahr zu Jahr wachsende Besuch der hiesigen Heilquellen den vermehrten Bau von Privathäusern, die den Kurgästen Unterkunft bieten konnten. Auch im Ort selbst wurden Verbesserungen und Verschönerungen an Straßen, Vorgärten und Anlagen vorgenommen. 1863 wurde die erste Straßenbeleuchtung mit Petroleumlampen installiert. 1857 wurde an der Ortssüdseite eine neue Straße angelegt, die »Alleestraße«. Auch der Bau der Eisenbahn Höchst-Soden und die Eröffnung ihres Betriebes am 22. Mai 1847 trug zur Belebung des Fremdenbesuchs bei, wenn auch der Verkehr zwischen 1859 und 1863 ruhte. Hatte die Taunusbahn Frankfurt–Wiesbaden die Strecke vormals verwaltet, so übernahm sie nunmehr den Betrieb ebenso wie die Aktiengesellschaft.

Eben diese Aktiengesellschaft hatte auch das Kurhaus 1849 erbauen lassen. Auch die Landesregierung unterstützte die Entwicklung des Badeortes. 1857 ließ sie Bohrungen nach einem heißen Mineralbrunnen anstellen, die 1858 mit der Erfassung des Sprudels beendet wurden.

Schon im Jahre 1844 weilten wiederum bekannte Persönlichkeiten in Soden zur Kur: Mendelssohn-Bartholdy, Hoffmann von Fallersleben, Gutzkow, Ferdiand Freiligrath, 1846 die Herzogin von Kent. 1852 verlebte der Herzog von Nassau mit seiner Frau und dem am 22. April dieses Jahres geborenen Erbprinzen einige Tage in Soden[16]. Am 7. Juli wurde er mit einer »Fackelmusik« begrüßt. Im gleichen Jahr weilten auch die Herzogin von Oldenburg und Prinz Peter mit ihren Angehörigen einige Wochen hier in Soden, 1861 Prinz Friedrich von Holland mit seiner Frau und seiner Tochter, ebenso

Kurgäste in Soden um 1875 an dem Wilhelms- und dem Schwefelbrunnen (Quelle VIa und Quelle VIb), Holzstich um 1875

König Wilhlem von Preußen, der König von Schweden mit seiner Tochter, 1864 die Prinzessinnen von Weimar und wiederum Prinz Friedrich von Holland[17]. Die Zahl der ausländischen Gäste stieg, vor allem die der Russen.

Reichlich bedachten die Gäste die Armen des Ortes. Aber auch Truppeneinquartierungen kamen vor[18]. So lag 1851 eine Abteilung des Gardereserveregiments in Soden. Die Truppen waren infolge der kurhessischen Verwicklungen von dort ins Nassauische übergewechselt und lagen ein Vierteljahr im Ort. Sie wurden dann durch andere preußische Truppen ersetzt, die den Rest des Jahres über hier blieben. Auch indirekt wirkten sich kriegerische Ereignisse auf den Badebetrieb aus, so 1859 wegen des im Frühjahr ausgebrochenen Krieges Österreich–Frankreich in Oberitalien, weswegen der Badebesuch in diesem Jahr rückläufig war.

Über die Auswirkungen der in den Jahren 1851–1854 in Nassau vollzogenen Zurücknahme der 1848 zugestandenen Revolutionsforderungen in Soden liegen keine Hinweise vor, ebensowenig über die Zeit des Verfassungskonflikts der herzoglichen Regierung mit der liberalen Opposition. Auch die Einführung der allgmeinen Gewerbefreiheit am 9.6.1860 brachte wohl keine Veränderungen im örtlichen Bereich.

Selbst die Ereignisse des Jahre 1866 scheinen keine einschneidenden Veränderungen zur Folge gehabt zu haben, außer daß in diesem Jahr die Zahl der Badegäste rückläufig war. Nach den Eintragungen in der Sodener Schulchronik begann der Krieg Mitte Juni und endete am 2. August mit einem Waffenstillstand. Über die Ereignisse berichtete Pfarrer Wilhelmi in der Chronik der evangelischen Gemeinde[19]:

»... Schlimmer noch wirkten dahier die Kriegsläufte ein. Mitte Mai wurden allerorts Truppen zusammengezogen und im Juni brach der Krieg zwischen Österreich und Preußen los. Dadurch wurden die Kurgäste aus Soden verscheucht. Die Familie des hier befindlichen Fürsten von Waldeck mußte, nachdem er selbst abgerufen war, rasch abreisen, weil die Wege und Eisenbahnen nach Norden nicht wohl mehr zu gastiren waren. Am 26. Juni rückte ein Bataillon Nassauer von Wiesbaden her hier ein, zog aber schon am 3ten Tage wieder dahin ab (das 1te Bat. des 1. Regim.). Am 2ten Juli zogen die sämtlichen Naßauischen Truppen, nebst 2 Regimentern und 1 Jägercorps Österreichern hier durch, um nach der Wetterau zu marschieren. Die Truppen waren durch Märsche, Nachtruhe und Regenwetter sehr ermattet und wurden von den Bürgern erquickt. Doch blieben über hundert Mann Marodeurs, namentlich vom nassauischen Jägerbataillon, noch einige Tage hier zurück. Da inzwischen mehrere Schlachten in Böhmen, namentlich die große bei Königsgrätz vorgefallen waren, so wurde auch hier für die Verwundeten gesammelt. Es gingen mehrere Kisten Verbandzeug und Leinwand an das Hauptcommite nach Frankfurt, und Geld an die nassauische Brigade von hier ab. Am 19. Juli kamen die ersten Preußen nebst ihren Verbündeten, den Waldeckern hier durch und letztere lagerten eine Nacht über hier, um sich dann vor Mainz zu begeben. Später folgten noch mehrere Truppendurchzüge, wobei 2 Batterien Artillerie je 14 Tage hier im Quartier blieben.«

Die Schulchronik vermerkt folgende Einquartierungen:

»1) den 27. u. 28. Juni 900–1000 Nassauer,

2) Montag, den 2. Juli: einen Durchmarsch von Morgens 8 bis Nachmittags 4 ½ Uhr von circa 15.000 Mann Bundestruppen nämlich Darmstädter Husaren, sämtliche Nassauer und ... (unleserlich) Österreicher mit vollständiger Kriegsausrüstung und die Schule mußte an diesem Tag ausgesetzt werden;

3) den 11. Juli 800–900 Preußen und

4) vom 31. August bis 21. September eine Preußische Batterie Nr. 6 mit 6 Kanonen, 6 Pulverwagen und 3 Gepäckwagen, jede Kanone sechsspännig. Außerdem hatte Soden starke Lieferung an Brot, Fleisch, Wein pp. nach Höchst«.

Inzwischen war die Regierung des Landes vom Königl. Preuß. Civilcommißär, Landrat von Diest, übernommen worden; der mehrere höhere Beamte entsetzte, die übrigen Behörden aber fortbestehen ließ. Der Herzog war aus dem Lande gegangen zu den in Günzburg an der Donau lagernden Truppen. Die Herzogin blieb anfangs in Biebrich, dann in Königstein wohnen. Am 9. Oktober wurde die Annexion des Herzogtums Nassau durch das Königreich Preußen proklamiert, und die preußischen Fahnen auf dem Schulgebäude und Gemeindehause aufgesteckt. Das Gesetz vom 20. September 1866 hatte folgenden Wortlaut:

»Wir Wilhelm von Gottes Gnaden König von Preußen pp. verordnen mit Zustimmung beider Häuser des Landtags was folgt:

§ 1. Das Königreich Hannover, das Kurfürstenthum Hessen, das Herzogthum Nassau und die freie Stadt Frankfurt werden in Gemäßheit des Art. 2 der Verfassungsurkunde für den preußischen Staat mit der preußischen Monarchie für immer vereinigt.

§ 2. Die preußische Verfassung tritt in diesen Landestheilen am 1. October 1867 in Kraft. Die zu diesem Behufe nothwendigen Änderungs-, Zusatz- und Ausführungsbestimmungen werden durch besondere Gesetze festgestellt.

Das Staatsministerium wird mit der Ausführung des gegenwärtigen Gesetzes beauftragt.

Urkundlich unter Unserer höchsteigenhängigen Unterschrift und beigedrückten Königlichen Insiegel.

Gegeben Berlin, den 20. September 1866.

/L. S.) Wilhelm.

Graf von Bismarck-Schönhausen, Frhr. von der Heydt, von Roon, Graf von Itzenplitz, von Mühlen, Graf zur Lippe von Selchow, Graf zu Eulenberg«.

Die Behörden mußten nunmehr statt des Titels »Herzoglich« die Bezeichnung »Königlich« führen und waren preußische Behörden und Beamte. Am 8. August 1866 mußten sämtliche Bürgermeister und Lehrer des Amtes Höchst dort einen Revers für die Königlich-Preußische Regierung unterschreiben.

Die öffentlichen Siegel führten fortan den Preußischen Adler. »Durch Schreiben des evangelischen Landesbischofs«, so die Pfarrchronik, »wurde mit dem 11. October das Kirchengebet für den Herzog eingestellt; durch ein gleiches Schreiben vom 15. October (wurde), auf Anordnung des Königs von Preußen, das Kirchengebet für denselben und sein Haus in vorgeschriebener Formel eingeführt. Am 11. November wurde für die Monarchie ein Dankfest wegen Wiederherstellung des Friedens angeordnet, welches in Nassau mit dem vorgeschriebenen Predigttext Ps. 68, 21 begangen wurde. So auch hier, die Schulkinder führten dabei einen Chorgesang aus: 'Nun danket all . . .' und die Gemeinde betheiligte sich zahlreich . . . Nachdem der Herzog von Nassau die Beamten und Geistlichen des ihm geleisteten Diensteides entbunden hatte, wurde der Huldigungseid für den König Wilhelm I. von Preußen angeordnet und von Geistlichen und Lehrern des Amts Höchst am 24. Mai (1867) abgeleistet.«

Die ehemals nassauischen Truppen wurden von der preußischen Armee als Infanterie-Regimenter 87 und 88 und als Feldartillerie-Regiment Nr. 27 übernommen. In Nassau hatte die Dienstzeit vom 20. bis zum 26. Lebensjahr gedauert. Der Dienstpflicht wegen müssen auch junge Sodener im Laufe der Jahre Militärdienst geleistet haben. Über Gefallene oder Verwundete ist nichts überliefert. Nur der Abschiedszettel des Sodeners Franz Schmidt (Schmitt) aus dem Militärdienst vom 5. April 1860 befindet sich im Bad Sodener Heimatmuseum. Erhalten ist ebenfalls ein Schreiben des Herzoglichen Amtes Höchst an Kaplan Christfreund in Soden aus dem Jahre 1847 mit der Aufforderung, die Conscriptionslisten des Jahrgangs 1826 aufzustellen und einzureichen. Das Schreiben hat folgenden Wortlaut:

»Unter Beschluß des erforderlichen Formularpapiers ersuche ich Sie für die Conscription pro 1847 die Listen aller im Jahre 1826 in ihrer Pfarrgemeinde geborenen Personen männlichen Geschlechts aufzustellen, bei denen, die inzwischen gestorben sind, dieß gehörigen Orts zu bemerken und die gefertigten Extracte demnächst dem hießigen Schultheißen zur Einsicht und Beifügung der ihm zweckmäßig erscheinenden Bemerkungen, sowie zu Abgabe hierher zuzustellen.

Bei dieser Gelegenheit mache ich Sie darauf aufmerksam, daß nach Verfügung Herzogl. Landesregierung in den Listen die Vornamen mit deutschen und die Familien-Namen mit lateinischen Buchstaben geschrieben werden sollen.

Um sehr baldgefällige Erledigung bittend empfehle ich mich hochachtungsvoll.
Höchst 14. Aug. 1846 Westenberg.«

VIII. Soden unter preußischer Regierung 1870–1918

1. Die Zeit bis zum Ersten Weltkrieg

1814 hatte W. v. Gerning gedichtet:

Viel geplagt und viel geschunden
Als des Reiches freie Dörfer,
Das nun längst dahingeschwunden,
Habt ihr unter Nassau's Fahnen
Heil für eure harten Wunden,
Und für einen leeren Namen
Wohlbewährtes Glück gefunden!

Die Nassauer Zeit war in der Tat bis dahin Sodens beste Zeit, obgleich sie mit dem Verlust aller alten Privilegien und Rechte begonnen hatte. Die Entwicklung des Ortes zum vielbesuchten Badeort wäre ohne die von der nassauischen Regierung veranlaßten Entwicklungsmaßnahmen nicht denkbar. Das letzte »Geschenk« Nassaus vor dem Aufgehen des Herzogtums in Preußen war 1865/66 die Fassung des alten Sprudels, die Trockenlegung der Weiher nördlich des Kurhauses bei der katholischen Kapelle und die Umgestaltung dieses Teils des Kurparks. Erst in den folgenden Jahren war die Gemeinde in der Lage, selbständige Baumaßnahmen und Entwicklungen im Kur- wie im Ortsbereich durchzuführen. 1870/71 wurde das Badehaus errichtet. Den Sprudel pachtete die Gemeinde auf 18 Jahre vom preußischen Domänenfiskus. Der gesamte Kurpark wurde unter der Leitung des Frankfurter Stadtgärtners Weber umgestaltet. Verbunden damit war die Schenkung einer Anzahl seltener Bäume und Ziersträucher durch den Großherzog von Baden als Dank für die in Soden wiedererlangte Gesundheit. 1870 gab es eine private Gasfabrik in Soden. Die Straßenbeleuchtung wurde umgestellt; schon 1892 hatte man elektrisches Licht im Ort.

Um 1873 hatte Soden 1 400 Einwohner in 223 Häusern. 1000 Betten standen für Kurgäste zur Verfügung, 3 500 kamen in diesem Jahr. Drei Jahre zuvor aber hatte der deutsch-französische Krieg von 1870/71 auch auf Soden seine Auswirkungen gehabt. Pfarrer Wilhelmi berichtete darüber in der Chronik der evangelischen Kirchengemeinde (S. 62–65):

»Am 15. Juli (1870) wurden die ersten Nachrichten über den bevorstehenden Krieg bekannt, am 19ten begannen die Kriegsvorbereitungen, am 27ten waren dieselben beendet und folgten die Militärzüge der Eisenbahnen. In Folge deßen wurde die hiesige Bahn eine Zeit lang außer Betrieb gesetzt, die Taunusbahn dem Privatverkehr entzogen. Die Kurgäste, welche sich ziemlich reichlich eingefunden hatten, reisten unter diesen Unruhen meist ab, so daß der Kurbetrieb ein sehr geringer war und vielen Hausvermiethern schwere Verluste dadurch zugefügt wurden. Aus Soden selbst wurden 29 junge Leute zur Linie und Landwehr eingezogen. Die meisten davon dienten im 87. und 88. Infanterie-Regiment und dem 11. Artillerie Regiment; Einzelne bei anderen Corps. So weit bis zu Ende des Jahres bekannt war, ist nur einer davon, Georg Dinges, beim Gardecorps dienend, in Folge der vor Sedan erhaltenen Wunden gestorben, vom 2ten fehlten die Nachrichten,

2 waren verwundet worden. Am 27. Juli wurde der zum Beginn des Krieges allgemein angeordnete Bettag auch hier unter lebhafter Theilnahme der Gemeinde begangen.

Text der Predigt war 1 Petr. 5, 5–7. Von da ab fanden erst wöchentlich, dann allen 14 Tag donnerstags Abends von 6–7 Uhr Betgottesdienste statt für die Erfolge der deutschen Waffen, den Schutz der Kämpfer und die Herstellung des Friedens . . . Am 22. September trafen die ersten Verwundeten hier ein, welche die hiesigen Einwohner sich zur Aufnahme in die Häuser erbeten hatten; anfangs 20, dann 40–50, welche Aufnahme fanden, und zum Theil auf Kosten eines hier gebildeten patriotischen Frauenvereins gespeist und mit dem Nöthigen an Verband- und Ausrüstungsgegenständen versehen wurden. Anderes wurde aus Sammlungen bei den hiesigen Einwohnern für die Verwundeten bestritten, welche ca. 700 fl ertragen hatten. Eine fast gleiche Summe von Collecten wurde zur Unterstützung der im Felde stehenden hiesigen Soldaten verwendet, sowie zur Beihülfe für die zurückgelassenen Frauen der Soldaten . . . Wie anderwärts, ist auch hier viel durch freie Liebesthätigkeit zur Milderung der Kriegsnothstände geschehen, obgleich auch die Gemeinde selbst darunter schwer litt.

Die Haupterfolge der Deutschen bei Sedan, Metz und Paris wurden auch hier festlich begangen. Die hier untergebrachten Verwundeten blieben bis Ende 1870 . . .«

Für das Jahr 1871 ist vermerkt: »Der Krieg, der in Frankreich noch fortgeführt wurde, führte auch in diesem Jahre eine Anzahl Verwundeter und kranker Soldaten hierher . . . Die Kriegsbetstunden wurden donnerstags Abends 6 Uhr all 14 Tage abgehalten, fleißig besucht . . . Die Hauptereignisse des Krieges kamen dabei zur Sprache. Die Siege bei Belfort – wo auch hiesige mitkämpften, – bei Orleans, Le Mans und Paris wurden gefeiert, ebenso die am 18ten Januar erfolgte Krönung des Königs zum Deutschen Kaiser in Versailles. Am 2. März drang dann die erste Nachricht von dem erlangten Frieden nach Deutschland, am 4. März wurde die sichere Kunde davon hier durch einen Festzug durch die erleuchteten und geschmückten Straßen des Städtchens mit Fackel- und Musikbegleitung gefeiert. Vor dem erleuchteten Platze an der evangelischen Kirche stellte sich der Zug auf, der evangelische Geistliche hielt eine Festrede, mehrere andere Ansprachen folgten, dann wurde von allen Versammelten unter Glockengeläute und Böllerschüssen das Lied abgesungen: ›Nun danket alle Gott‹. Noch lange wogte dann die freudig erregte Menge durch die illuminierten, mit Fahnen geschmückten Straßen, ohne daß die Freude durch irgend eine Ausschreitung getrübt wurde.

Am Tage vor seinem Geburtstag war der siegreiche Kaiser aus Frankreich heimkehrend, durch Frankfurt gereist und dort sehr festlich und freudig empfangen worden. Der Geburtstag selbst wurde hier, wie gewöhnlich, mit Gottesdienst, Schulfeier im Rathsaale, Schmuck der Straßen, Geläute und Salven, sowie einem Festeßen der Bürgerschaft begangen.

Die kirchliche Friedensfeier war überall auf den 18. Juni angeordnet und wurde an diesem Tage auch hier sehr festlich begangen. Ein Festzug begab sich mit Musikbegleitung zur Kirche: sämtliche mit den vaterländischen Farben geschmückten Schulkinder nebst ihren Lehrern; Jünglinge trugen das Kirchenkreuz mit der daran befestigten Inschrift: ›Danket dem Herrn, denn er ist freundlich und seine Güte währet ewig‹ voran und stellten es dann in dem mit Fahnen und Kränzen geschmückten Chor der Kirche auf. Jungfrauen in Weiß gekleidet mit den deutschen Farben geziert; trugen Blumenkränze vor der Geistlichkeit – dem evangelischen Ortsgeistlichen hatten sich nämlich die zur Kur hier befindlichen Geistlichen in Amtstracht angeschlossen: Herr Divisionspfarrer

(Preis 1 kr. für Nicht-Abonnenten.)

Extra-Beilage der Frankfurter Zeitung.

Montag, 22. August 1870.

(Ausgegeben Abends 8 Uhr.)

Telegraphische Depeschen.

Wagner's Correspondenz-Bureau.

Berlin, 22. August, Nachm. Brief Se. Maj. des Königs an Ihre Maj. die Königin. Rezonville, 19. August. Das war ein neuer Siegestag gestern, dessen Folgen noch nicht zu ermessen sind. Gestern früh gingen das zwölfte Corps, die Garde und das neunte Corps gegen die nördliche Straße von Metz nach Verdun bis St. Marcel und Doncourt, gefolgt vom dritten und zehnten Corps, während das siebente und achte, sodann auch das zweite bei Rezonville gegen Metz stehen blieb. Als jene Corps rechts schwenkten in sehr waldigem Terrain gegen Berneville und St. Privat, begannen diese Corps den Angriff gegen Gravelotte nicht heftig. Um die große Umgehung gegen die starke Position bei Amanvilliers und Chatel bis zur Metzer Chaussee abzuwarten. Diese weite Umgehung trat erst um 4 Uhr ins Gefecht; mit dem Pivotcorps, dem neunten, um 12 Uhr. Der Feind setzte in den Wäldern heftigen Widerstand entgegen, so daß nur langsam Terrain gewonnen wurde. St. Privat wurde vom Gardecorps, Berneville vom neunten Corps genommen. Das zwölfte und die Artillerie des dritten griffen nun in das Gefecht ein. Gravelotte wurde von Truppen des siebenten und achten Corps und die Wälder von beiden Seiten genommen und behauptet mit großem Verluste. Um die durch die Umgehung zurückgedrängten feindlichen Truppen nochmals anzugreifen, wurde ein Vorstoß über Gravelotte bei einbrechender Dunkelheit unternommen, der auf ein so enormes Feuer hinter den Schützengräben en étage und Geschützfeuer stieß, daß das eben eintreffende zweite Corps den Feind mit dem Bayonette angreifen mußte und die feste Position vollständig nahm und behauptete. Es war 8½ Uhr, als das Feuer auf allen Punkten nach und nach schwieg. Bei jenem letzten Vorstoß fehlten die historischen Granaten von Königsgrätz nicht, aus denen mich diesmal Minister v. Roon entfernte. Alle Truppen, die ich sah, begrüßten mich mit enthusiastischen Hurrah's. Sie thaten Wunder der Tapferkeit gegen einen gleich braven Feind, der jeden Schritt vertheidigte und oft Offensivstöße unternahm, die jedesmal zurückgeschlagen wurden. Was nun das Schicksal des Feindes sein wird, der in dem verschanzten, sehr festen Lager der Festung Metz zusammengedrängt steht, ist noch nicht zu berechnen. Ich scheue mich nach den Verlusten zu fragen und Namen zu nennen, da nur zu viele Bekannte genannt werden, oft unverbürgt. Dein Regiment soll sich brillant geschlagen haben, Waldersee ist verwundet, ernst, aber nicht tödtlich, wie man sagt. Ich wollte hier bivouakiren, fand aber nach einigen Stunden eine Stube, wo ich auf einem mitgeführten königlichen Krankenwagen ruhte und da ich nicht ein Stück meiner Equipage von Pont à Mousson bei mir habe, völlig angezogen seit dreißig Stunden bin. Ich danke Gott, daß er uns den Sieg verliehen.

Wilhelm.

Verantwortlicher Redacteur: Peter Fried. — Druck und Verlag der Frankfurter Societäts-Druckerei (Eigenthümer L. Sonnemann).

Extra-Beilage der Frankfurter Zeitung vom 22. August 1870 mit dem Abdruck eines Briefes des Königs Wilhelm von Preußen an seine Frau

Rosius aus Irkuz in Sibirien und Herr Pfarrer Schreier aus Thüringen. Es folgte der Kirchenvorstand, die Ortsbehörden und die Bürgerschaft. Die Kirche war außen und innen mit Fahnen, Wappen und Kränzen geschmückt und von einer außerordentlichen zahlreichen Menge hiesiger und Kurfremden besucht. Zuerst sang die ganze Versammlung mit Posaunenbegleitung: ›Ein feste Burg ist unser Gott‹, dann, nach dem Altargebet ein gemischter Chor mit Begleitung von Streichinstrumenten: ›Allein Gott in der Höh' sei Ehr‹. Hierauf Verlesung von Chron. 30 V. 9–14 und 18, Gemeindegesang: ›Nun danket alle Gott‹. Predigt über Ps. 126,3. ›Der Herr hat Großes gethan, des sind wir fröhlich‹. Zum Schluß des Gottesdienstes wurde am Altar noch der 3 Gefallenen von Soden ehrend gedacht und den Angehörigen die Geschenke der Brit. Bibelgesellschaft, in Neuen Testamenten mit Widmung übergeben. Nachmittags war ein Gottesdienst für die Schulkinder, denen die Bedeutung des Tages dargelegt wurde.

Dieser Feier schloß sich im Herbste noch eine ähnliche an, die Feier der Heimkehr aller hiesigen Krieger. Sonntag den 24. September waren sie sämtlich hierher eingeladen. Nach dem darauf bezüglichen Vormittagsgottesdienst sammelte sich gegen 1 Uhr ein Festzug am Schulhause und durchzog mit Musikbegleitung die Stadt, die Krieger in seiner Mitte. Das eingetretene üble Wetter machte eine weitere Feier im Freien, wie sie beabsichtigt war, unmöglich, man begab sich daher in die evangelische Kirche, wo nach Absingung eines Liedes die Festrede, Begrüßung der Heimgekehrten, Beschenkung derselben erfolgten. Am Abend wurden dieselben von der Gemeinde festlich bewirtet, und folgten weitere Festlichkeiten.«

Liest man diese Schilderungen, so stellt man zu dem Verhalten der Einwohner einhundert Jahre zuvor eine veränderte Mentalität fest. Nicht nur, daß von Privilegien, Rechten und Reichsfreiheit nicht mehr die Rede ist, vielmehr hat die nassauische Zeit schon nach 1815 die Einstellung der Menschen zu den örtlichen wie überörtlichen Geschehnissen gewandelt. Wenn Gerning in seinem Gedicht »wohlbewährtes Glück« preist und von »Heil für einen leeren Namen« sprach, so machte er damit deutlich, daß dem neuen Wohlstand, der in den Folgejahren nach den Zeiten des Streitens und der Entbehrung erworben wurde, zentrale Bedeutung im Leben der Bewohner des Ortes zukam. Die Worte und Werte, für die man ehedem glaubte streiten zu müssen, waren der heranwachsenden Generation wirklich »leere Namen«.

Nachdem man preußisch geworden war und nunmehr auf der Seite der »Gewinner«, zählte das »Vaterländische«, das »Patriotische«, wie es ja z.B. in dem Titel »Patriotischer Frauenverein« – später »Vaterländischer Frauenverein« – zum Ausdruck kam. Zur Nassauer Zeit war ihnen der Militärdienst eine unvermeidbare Last, der man sich, wenn es eben ging, zu entziehen suchte, jetzt zur preußischen Zeit war es eine »patriotische Pflicht«. Man betete für den Erfolg der DEUTSCHEN Waffen, besprach in den Betstunden die »Hauptereignisse des Krieges«, beging Siege festlich mit Geläute und Böllerschüssen. Friedensfeiern wurden angeordnet. Der siegreiche Kaiser wurde gefeiert, sein Geburtstag ein Fest. Jungfrauen in Weiß gekleidet, wurden mit den deutschen Farben »geziert«. Den Hinterbliebenen, die ihre Männer und Söhne für das Vaterland »geopfert« hatten, blieb ein Neues Testament der Britischen Bibelgesellschaft.

Die auf den Krieg 1870/71 folgenden Jahrzehnte brachten eine Weiterentwicklung sowohl des Bade- und Kurbetriebes als auch der Gemeinde selbst. Hatte aber schon letztere für die 1867 begonnene »Güterconsolidation“ über 110 000 Mark aufbringen müssen, so waren weitere Geldaufnahmen notwendig. Im Jahre 1900 beliefen sich die Gemeindeschulden auf rd. 600 000 Mark. Dem in den siebziger Jahren beginnenden allgemeinen Trend vom Badeort zum Luftkurort suchte man u.a. mit der Einrichtung von Inhalationsmöglichkeiten, so der Umwandlung des alten Krughauses 1884 in ein Inhalatorium, zu entsprechen (siehe Kapitel Kurgeschichte im Band »Leben aus den Quellen«). Unter Ausscheidung der Tuberkulosebehandlung betonte man die Indikationen für Katarrhe, Asthma und Herzleiden. Wesentlich für die neue Entwicklung waren die Bildung eines »Gesundheitsrates« im Jahre 1901, an dem sich Gemeindeverwaltung und Ärzteschaft beteiligten, sowie der Bau des neuen Inhalatoriums im Jahre 1912 durch die Privatinitiative Sodener Ärzte. Gleichzeitig ließ die Gemeinde das Badehaus entsprechend den neuzeitlichen Anforderungen um ein ganzes Stockwerk vergrößern und entsprechend den fortgeschrittenen Therapieanforderungen einrichten.

Auch der Brunnenwasserversand wurde gesteigert und mit der Herstellung von Sodener Pastillen in Privatregie gegeben. Die Firma Phil. Hermann Fay und Co. (Morgenstern) erwarb die Rechte an den Quellen (siehe Kapitel Kurgeschichte im Band »Leben aus den Quellen«). Die Pastillenfabrik lag hinter dem heutigen Quellenhofgebäude (erbaut von Peter Jung, in der Folge bewohnt von Dr. Kolb und Dr. Pagenstecher, 1878–86 Hotel-Restaurant Christian). Durch Ankauf verschiedener Hofreiten war der Fabrikkomplex entstanden.

Besonders erwähnenswert im Ablauf dieser Jahre war der 1880 auf die Initiative von Sanitätsrat Dr. Koehler durchgeführte Bau einer Trink- und Wandelhalle im Quellenpark vor dem Nassauer Hof. Wurde im Ort auch der Erfolg des Planes bezweifelt, so kam dennoch der erforderliche Betrag der Baukosten durch Verlosungen und Veranstaltungen zugunsten des Unternehmens zusammen, wenn auch von den ursprünglich geplanten zwei im rechten Winkel zueinander stehenden Hallen nur eine verwirklicht wurde (siehe Abbildung Farbtafel XXVI).

Eine Reihe der Sodener Vorgänge lassen sich heute aus den Zeitungen jener Zeit erheben. Als Beispiel seien hier Angaben aus der Taunus-Zeitung jener Jahre angeführt.

Ende Mai 1877 wurde eine Gewerbeausstellung eröffnet, die, gut gelungen, viele Besucher anlockte. Sie war bis einschließlich 10.6. geöffnet (TZ v. 27.5.1877).

Auch die Anwesenheit des Generalfeldmarschalls Helmuth Graf v. Moltke als Gast des Reichstagsabgeordneten Sanitätsrat Dr. Thilenius wurde am 1.10.1877 vermerkt (TZ v. 1.10.1877).

Die Sodener Gasfabrik, die L. Jooß Söhne zu Landau und F. Schallbauch zu Düsseldorf gehörte, wurde Anfang März 1880 für 50 000 Mark an Herrn Heidecke aus Remscheid verkauft (TZ v. 9.3.1880).

Laut Volkszählung vom 1.12.1880 hatte Soden in 308 Haushalten 1368 Einwohner, 30 weniger als 1875 (TZ v. 14.12.1880).

Am 30.12.1882 wurde Bürgermeister Butzer nach 6jähriger Amtszeit einstimmig wiedergewählt; im Dezember 1887 für weitere 12 Jahre (TZ v. 3.1.1882/v. 20.12.1887).

In der Taunus-Zeitung vom 16.5.1882 wurde berichtet, daß der Wirt des »Saalbau« in Frankfurt, Stern, den »Frankfurter Hof« in Soden gepachtet hatte und denselben im Sommer, den »Saalbau« in Frankfurt aber im Winter betreiben wollte (TZ v. 16.5.1882).

Am 27.11.1883 genehmigte der Bürgerausschuß den vom Gemeinderat vollzogenen Kauf des Kurhauses für 165 000 Mark mit 16 gegen 14 Stimmen und 3 Enthaltungen. 3 Mitglieder fehlten entschuldigt (TZ v. 1.12.1883).

1883 hatte der Sodener Vorschußverein 131 Mitglieder und einen Reingewinn von 1 087,33 Mark erzielt. 6 % Dividende wurden verteilt (TZ v. 23.4.1884). 1891 zählte der Verein nur noch 86 Mitglieder. Der Reingewinn betrug nur 93,96 Mark (TZ v. 24.3.1892).

Im Januar 1885 verkaufte der Gastwirt Ziegler sein Hotel »Holländischer Hof« an Hofpächter Brückmann von Oberliederbach für 25 100 Mark (TZ v. 12.1.1885).

Am 1. April 1885 berichtete die Taunus-Zeitung von der »Taufe« der »Bismarck-Eiche« in Soden. Apotheker Oppermann schrieb dazu in seiner »Kronik« (S. 194 ff): »Zum ersten April, dem 70. Geburtstag Bismarcks, wurde eine der schönsten Eichen unseres Waldes freigelegt, dieselbe mit einem eisernen Gitter umgeben und zu Ehren des Reichskanzlers »Bismarck-Eiche« genannt. Der Platz um dieselbe wurde mit Ahorn und Hainbuchen umpflanzt und vier Bänke dort aufgestellt.« E. Keller schrieb dazu ein Gedicht, das beginnt:

»Nun rage stolz empor, du Baum,
Dein Name ist »Bismarck-Eiche«;
Den Wipfel hoch! es ist kein Traum,
Du stehst im deutschen Reiche!«

Es endet:

»Im deutschen Reich, das Er uns schuf
Nach schweren, trüben Tagen,
Drum sollst Du seines Namens Ruf
Zu fernen Enkeln tragen.«

Bei Oppermann heißt es dann weiter: »In demselben Jahre wurde auch in unserem Walde zu Ehren Kaiser Wilhelm's I. der »Wilhelmsplatz« am Cronthaler Promenadenweg angelegt, wo ebenfalls vier Bänke aufgestellt wurden. Auf demselben wurden alljährlich die von dem hiesigen Taunusklub veranstalteten sehr beliebten und gelungenen Waldfeste abgehalten. Zum Andenken an Kaiser Friedrich wurde die stärkste Eiche unseres Waldes an der Mittelschneise nach Neuenhain hin freigestellt, »Friedrich's Eiche« genannt und unter derselben eine Bank angebracht.«

Schon im Mai 1885 lag in Soden eine Liste zur Einzeichnung zwecks Gründung eines Taunusklubs auf (TZ v. 17.5.1885). Das Kurhaus wurde zur gleichen Zeit von der Gemeinde in Selbstregie übernommen. Ein Direktor wurde eingestellt (TZ v. 17.5.1885).

Die Sodener Turngemeinde feierte im August 1885 ihr 10. Stiftungsfest mit einem Festzug, einem Volksfest und einem Turnerball (TZ v. 9.8.1885).

Am 17. August 1885 starb Sanitätsrat Dr. Georg Thilenius, langjähriger Reichs- und Landtagsabgeordneter, der anfangs zur Nationalliberalen Partei gehörte, wie Oppermann vermerkt (S. 196), dann Secessionist (Gruppe von 28 Parlamentariern, die sich 1880 von den Nationalliberalen trennte und die Liberale Vereinigung gründete) wurde und sich am 5. März 1884 mit der Fortschrittspartei zur »Deutschen Freisinnigen Partei« vereinigte. Die Grabrede hielt Landgerichtsrat Wißmann aus Wiesbaden. Sanitätsrat Thilenius war 30 Jahre lang in Soden tätig und hatte großen Anteil an dem Fortgang der Gemeinde (TZ v. 17.8.1885 u. 21.8.1885).

Im April 1888 kaufte Pastillenfabrikant Friedrich Christian das Hotel W. Colloseus für 173 000 Mark von dem bisherigen Besitzer W. Weiß (TZ v. 10.4.1888).

Zum 1. April 1889 legten Bürgermeister Butzer (seit 1876 im Amt) und Rechner Hennig (seit 1855 im Amt) ihre Ämter nieder (TZ v. 5.12.1889).

Im Jahre 1890 gaben Soden und Neuenhain ihre Einwilligung für die Benutzung der Ortsstraßen für eine von Ingenieur G. Kallenkamp in Frankfurt geplante Dampfstraßenbahn Frankfurt-Höchst-Soden-Königstein (TZ v. 23.1.1890).

Am 1.4.1890 übernahm der Kaufmann Ernst Keller die Stelle des Gemeinderechners mit 1 500 Mark Jahresgehalt (TZ v. 23.1.1890). 1908 wurde er auf Lebenszeit als Rechner gewählt (TZ v. 3.4.1908).

Der Gemeindehaushalt betrug 1890/91 je 120 000 Mark in Einnahmen und Ausgaben. Als Gemeindesteuer wurden 125 % der Staatssteuer erhoben (TZ v. 29.4.1890).

Am 25.4.1890 wurde E. L. Schilling, seither Volontär beim Polizeipräsidium in Frankfurt, zum neuen Bürgermeister gewählt (TZ v. 29.4.1890).

Verkauft wurde die Villa »Louisa« an B. Strauß in Kronberg für 7 500 Mark (TZ v. 29.4.1890).

Ab 1.4.1891 verkehrten zwischen Frankfurt und Soden je zwei Züge direkt. Die Fahrgäste brauchten also in Höchst nicht umzusteigen (TZ v. 26.3.1891).

1892 waren es fast 25 Jahre, daß Soden als eine der ersten Gemeinden in Nassau eine Gasbeleuchtung eingeführt hatte. Nunmehr wurde mit der Firma Siemens & Halske in

Das ehemalige Kriegerdenkmal für die Gefallenen in den Kriegen 1866 und 1870/71 im Kurpark; 1895 errichtet

Berlin ein Vertrag geschlossen, der die Einführung elektrischer Beleuchtung vorsah, die wesentlich billiger sein sollte als Gasbeleuchtung (TZ v. 22.3.1892). Seit dem 11.6.1892 war die Straßenbeleuchtung in Soden auf Elektrizität umgestellt. Soden war damit die erste Gemeinde in Nassau mit elektrischem Licht in den Straßen (TZ v. 23.6.1892).

Frau von Hadeln kaufte für 16 000 Mark die Villa »Rheingold«, Herr Schindler für 31 000 Mark das »Alleehaus« (TZ v. 23.4.1892).

1893 hatte Soden 1 573 Einwohner, von denen 2 schon 92 Jahre alt waren, 14 zwischen 80 und 90 und 39 zwischen 70 und 80 Jahre alt (TZ v. 18.11.1893).

Zum 1.4.1893 kündigte Bürgermeister Schilling, seit dem 5.5.1890 im Amt. Als Nachfolger wurde Bürgermeister Busz aus Puderbach, Kreis Neuwied, einstimmig gewählt (TZ v. 3.1.1893 u. 20.4.1893).

Am 4.1.1894 wurde das »Taunus-Elektrizitätswerk« durch den »Technischen Verein« aus Frankfurt besichtigt. Eine Beschreibung der Anlage gab die »Frankfurter Zeitung« (TZ v. 8.11.1894).

Das Kurhaus »Germania« an der Wiesenpromenade kaufte Oberamtmann Schubert vom Gronauer Hof im Kreis Hanau für 26 000 Mark (TZ v. 15.1.1895).

Am 7.5.1895 gab es einen Auffahrunfall der Sodener Bahn. Eine verspätet von Höchst eintreffende Lokomotive fuhr auf den Frühzug auf. Mehrere Personen wurden leicht verletzt. Es enstand Sachschaden (TZ v. 9.5.1895). Der Lokomotivführer Seib wurde am 28.6.1895 von der Wiesbadener Strafkammer zu vier Wochen Gefängnis verurteilt (TZ v. 2.7.1895).

Mit großen Feierlichkeiten fand am 11.8.1895 die Einweihung des Kriegerdenkmals im Kurpark an der Königsteiner Straße statt (TZ v. 13.8.1895).

Für ein neues Postgebäude wurden Haus und Garten des Ad. Sachs am Bahnhof für 16 000 Mark gekauft und das neue Gebäude bis zum Dezember unter Dach gebracht. Am 30.4.1897 wurde das neue Postgebäude bezogen (TZ v. 21.3.1896, 19.12.1896 u. 4.5.1897). Am 22.5.1897 bestand die Sodener Bahn 50 Jahre. 1901 wurde sie als gewinnbringende Eisenbahn ersten Ranges bezeichnet (TZ v. 25.5.1897 u. 10.1.1901).

Im November 1897 verkaufte der Gastwirt Ph. Ziegler aus Höchst seine Sodener Backsteinfabrik an den Bauunternehmer Schmelz von Unterliederbach für 34 000 Mark (TZ v. 27.11.1897).

Im Februar 1898 kaufte Herr Ludwig aus Höchst die Ziegelei Wilhelmshöhe mit 15 Morgen Land für 33 000 Mark (TZ v. 19.2.1898), Gastwirt Haas (Russischer Hof) diese im September 1898 für 28 000 Mark (TZ v. 20.9.1898).

.1898 wurde in Soden ein »Bürgerverein« gegründet (TZ v. 19.2.1898).

Im Dezember 1899 hat das Bürgermeisteramt das Gemeindehaus zum Abbruch ausgeschrieben, da dessen Abwässer die Brunnen gefährdeten. Termin 6.1.1900 (TZ v. 16.12.1899 u. 30.12.1899).

Im März 1900 wurde der Sodener Postsekretär Dinges, der schon fünf Jahre beim Postamt Konstantinopel beschäftigt war, zum Vorsteher des neuen deutschen Postamtes in Beirut ernannt (TZ v. 24.3.1900).

Im Juli 1900 gründete man neben dem aus Soldaten des Krieges 1870/71 bestehenden Kriegerverein »Germania« einen weiteren Militärverein (TZ v. 19.7.1900).

Am 23.8.1900 wurde das Gasthaus »Zum Deutschen Hof«, das der Besitzer vor 12 Jahren für 22 000 Mark gekauft hatte, für 45 000 Mark verkauft (TZ v. 25.8.1900); ebenso das Haus Ehrenfels für 23 000 Mark an Herrn John in Frankfurt und das Haus der Witwe H. Dinges für 53 000 Mark an Karl Noll (TZ v. 15.12.1900).

Die Volkszählung im Jahre 1900 ergab 1 768 Einwohner (1885 1 641), ferner wurden 14 456 Obstbäume in der Sodener Gemarkung gezählt (TZ v. 15.12.1900).

Die 1900 erbaute Burgwarte auf dem Burgberg kostete den Taunusklub 2 130 Mark. Es mußte ein Defizit von 290 Mark abgedeckt werden (TZ v. 28.3.1901).

Die Frankfurter Zeitung berichtete über eine in Soden stattgefundene Versammlung, die den Bau einer nassauischen Bäderbahn von Wiesbaden durch das »blaue Ländchen« nach Bad Weilbach, Hofheim, Eppstein plante und 28 km lang sein sollte, auch Soden zum Ziel hatte (TZ v. 4.1.1902).

Am 10. August 1902 enthüllte man feierlich am Jungschen Haus in der Hauptstraße 28 eine Gedenktafel an den Komponisten Richard Wagner, der 1860 hier gewohnt hatte (TZ v. 9.8.1902).

Am 15.10.1902 wurde, nach Ablauf des Gasvertrages, die Abgabe von Gas an die angeschlossenen Einwohner Sodens eingestellt (TZ v. 18.10.1902).

Den Verleger B. Herfurth der »Sodener Zeitung«, der in seinem Blatte das Vorgehen der Betriebsleiter des Taunuselektrizitätswerkes gegen ihre Abnehmer kritisiert hatte, verurteilte das Schöffengericht Höchst zu 20 Mark Geldstrafe und Publikation des Urteils in seiner Zeitung (TZ v. 3.3.1903).

Franz Mees verkaufte die Sodener Glas- und Präservenfabrik (Halbkonserven) mit Gelände für 90 000 Mark (TZ v. 20.6.1903). Fabrikant Friedrich Christian verlegte die

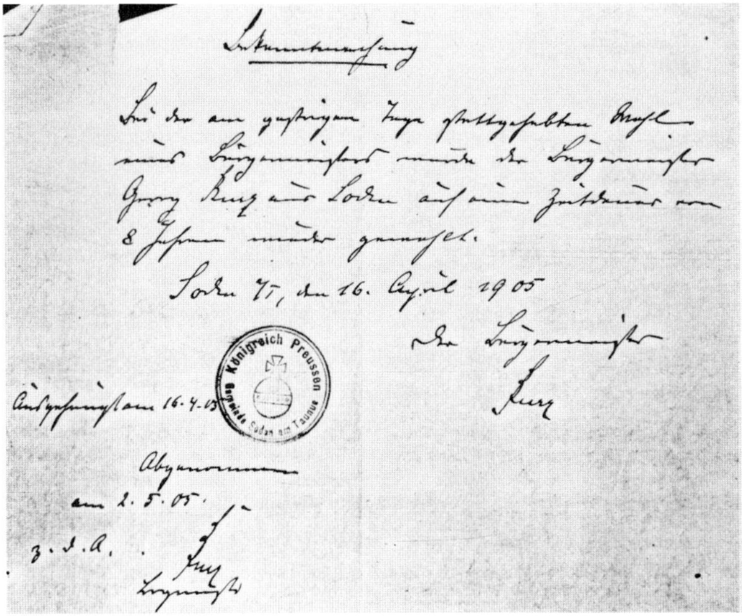

Siegel der Gemeinde Soden im Jahre 1905

neben der Pastillenfabrik betriebene Kartonagenfarbrikation nach Wächtersbach. Dadurch verloren 150 Sodener Arbeiter ihren Verdienst (TZ v. 20.6.1903).

Die Gemeinde erwarb im Sommer 1903 neue Quellen zur Wasserversorgung des Ortes (TZ v. 31.10.1903).

Die am Niederhofheimer Weg gelegene Backsteinfabrik ging im Dezember in den Besitz von Herrn Diehl und Herrn Küffner aus Höchst über (TZ v. 3.12.1903). Schon im Jahre 1900 hatten die Einwohner Sodens gegen die Erlaubnis des Ministers protestiert, in der früheren Zieglerschen Backsteinfabrik einen Ringofen anzulegen (TZ v. 3.4.1900).

Am 15.4.1905 wurde Bürgermeister Busz auf weitere 8 Jahre zum Bürgermeister gewählt (TZ v. 18.4.1905). Am 3.6.1906 feierte er sein 25jähriges Dienstjubiläum (TZ v. 7.6.1906).

Am 21.10.1906 starb Postmeister Henneberger, der seit 1882 hier im Dienst gewesen war (TZ v. 27.10.1906). Postmeister Spieß von Buxweiler im Elsaß, der früher schon einmal Postsekretär in Soden gewesen war, wurde mit Wirkung vom 1.2.1907 nach hier versetzt (TZ v. 24.11.1906).

Anfang Januar 1907 ersteigerte der Schreinermeister Karl Hollermann aus Frankfurt die frühere Glas- und Präservenfabrik mit 24 000 Mark zuzüglich 30 000 Mark Belastung (TZ v. 8.1.1907).

Nach langen Auseinandersetzungen schlossen die Gemeinde und das Taunus-Elektrizitätswerk einen neuen Vertrag, der ihr große Vorteile sicherte und bis zum 31.3.1933 lief (TZ v. 15.7.1908 u. 23.11.1908). Das Werk sollte bedeutend erweitert werden (TZ v. 16.12.1910).

Die Gemeinde kaufte im September 1908 das an der Kronberger Straße gelegene Anwesen Thilenius für 130 000 Mark (TZ v. 23.9.1908), ein Jahr später das dem Kurpark benachbarte »Paulinen-Schlößchen«. Das Areal gestaltete die Firma Siesmayer, Frankfurt, als Anlage (TZ v. 10.5.1909). Am 21.10.1909 wurden die Geschäftsräume der Bürgermeisterei in das »Paulinen-Schlößchen« verlegt (TZ v. 22.10.1909).

Zur Mäusevertilgung hatte die Gemeinde eine größere Summe bewilligt, mit der statt des Strychnin-Hafers, der sich nicht bewährt hatte, das Bekämpfungsmittel mit dem Löfflerschen Mäuse-Typhus-Bazillus gekauft werden sollte (TZ v. 5.10.1910).

Im Oktober 1910 wurde das Hotel »Europäischer Hof« mit der »Villa Colloseus« vereinigt und hieß fortan »Grand Hotel« (TZ v. 24.10.1910)

Im Juli 1911 erhielt Bürgermeister Busz den »Roten Adlerorden« 4. Klasse verliehen (TZ v. 7.7.1911). Am 1.1.1913 trat er von seinem Amt zurück (TZ v. 1.7.1912). Als Vertreter während des Urlaubs von Bürgermeister Busz amtierte Referendar Dietz von Bayer (TZ v. 19.7.1912). Unter 204 Kandidaten wurde im September Rechtsanwalt Dr. Höh von Gevelsberg zum neuen Bürgermeister von Soden gewählt (TZ v. 30.9.1912).

Am 26.1.1912 war erneut ein Bürgerverein gegründet worden, dem 45 Mitglieder beitraten (TZ v. 26.1.1912). Er strebte die Sperrung der Hauptstraße (heute Zum Quellenpark) für den Kraftwagenverkehr an (TZ v. 3.3.1913).

Der Sodener Gemeindeetat stieg 1913 auf 509 150 Mark; die Steuern betrugen 105 % der Staatssteuern. Für den Umbau des Kurhauses wurden 100 000 Mark, für den des Badehauses 130 000 Mark in den Haushalt eingestellt (TZ v. 22.3.1913).

Die Gemeindevertretung bewilligte zum Bau von Behältern zum Auffangen von überflüssigem Sprudel- und Solewasser 180 000 Mark (TZ v. 15.10.1913).

1912 mußte die Kanalisation vergrößert, der Hochbehälter auf 150 Kubikmeter erweitert werden, das Rohrnetz um 5000 Meter (TZ v. 10.10.1912). Die Gemeinde genehmigte dafür 224 000 Mark und eine Anleihe von 200 000 Mark (TZ v. 8.11.1912).

Die Versorgung Sodens mit Gas war 1913 wieder sichergestellt (TZ v. 29.1.1913).

Zu Kriegsfürsorgezwecke bewilligte die Gemeindevertretung die Aufnahme eines Darlehens von 16 000 Mark, für Notstandsarbeiten 10 000 Mark und für die Vollendung der Arbeiten an der Kanalisation und der Wasserleitung 27 000 Mark (TZ v. 21.11.1914).

Entgegen dem Urteil der Gemeindeverwaltung genehmigte das Oberverwaltungsgericht dem Kaufmann Christian die Anlage zur Gewinnung von Quellsalzen auf seinem Grundstück an der Königsteiner Straße (TZ v. 19.10.1915).

Weitere Auskünfte über die Entwicklung Sodens bis zum Ersten Weltkrieg gibt die Bautätigkeit in jenen Jahrzehnten. Es entstanden sowohl Kurheime wie auch Privatpensionen. Ein paar Beispiele sollen genannt werden.

1872–1875 entstand das Haus »Allemannia«, Wiesenweg 1, das 1877 an Christian Filzinger und seine Frau Ottilie verkauft, 1891 erweitert wurde. 1896 wohnte Clara Viebig vom 12. Juli an vier Wochen bei Familie Filzinger zur Kur. In dem Novellenband »Vor Tag und Tau« hat sie Susanne, die Hauptperson in der Erzählung »Wen die Götter lieben . . .«, in Soden Heilung suchen lassen. Susanne wohnte im Hotel l'Europe.

1882 wurde das Haus in der Kronberger Straße 7 erbaut, das 1891 Dr. Heinrich Rehn aus Frankfurt zu einem Kinderheim für erholungsbedürftige Kinder ohne Unterschied der Konfession ausbaute. 1906 übernahm es der Frankfurter Verein zur Bekämpfung der Schwindsuchtgefahr. Im Zweiten Weltkrieg wurde es durch Bomben zerstört.

1886 liegen die Anfänge der Kuranstalt für arme Israeliten, einer Stiftung Frankfurter Bürger. Erworben wurde das Haus »Philosophenruh«, das 1856 erbaut worden war, sowie das dahinter liegende Gelände, auf dem dann bis 1909 die wichtigsten Neubauten entstanden, die in den Folgejahren den jeweiligen Bedürfnissen und medizinischen Erkenntnissen angepaßt wurden. 30 Jahre lang war die am 8.8.1855 in Altona geborene Ida Beith bis zu ihrem Tod im Jahre 1918 Leiterin der Kuranstalt.

1896/97 modernisierte Friedrich Christian das alte Hotel Colloseus. 1903 wurde der Bau mit dem Gebäude der Konditorei Hahner in der Hauptstraße (heute Zum Quellenpark) verbunden. Im Innenhof entstand ein Gartenrestaurant.

Auch im Gebiet der Königsteiner Straße, der Parkstraße und der Kronberger Straße entstanden neue Pensionen. Zwei davon, in der Kronberger Straße gelegen, seien hier erwähnt, die 1900 von dem Architekten Jean Männche erbaute »Villa Valentine«, Kronberger Straße 12, ab 1905 Fremdenpension, und die Villa »Siesta«, Kronberger Straße 10, 1905 erbaut, in der lange Jahre der Sodener Maler Richard Schoenfeld mit seiner Frau Mena, einer norwegischen Bildhauerin, wohnte. (Farbtafel XXVII)

Ein für erholungsbedürftige Arbeiter erbautes Gebäude war das 1909 zuerst in der Nähe des Champagnerbrunnens an der ehemaligen Hauptstraße geplante Genesungsheim der Farbwerke vorm. Meister Lucius und Brüning Hoechst a. M., für das am 28.10.1909 ein erstes Baugesuch eingereicht worden war und das dann an der Kronberger Straße errichtet wurde. Der Bauschein datiert vom 8.4.1910 Nr. 30 (Königl. Landrat. I. = Nr. C 645) und wurde am 23.4.1910 ausgehändigt. 1917 diente das Gebäude als Lazarett, 1929 wurde es durch einen Brand zerstört, aber wieder aufgebaut (Bauschein Nr. 50 v. 29.6.1929).

Ein weiteres Kurheim entstand im Jahre 1911 zur Zeit der Neuanlage des »Kaiser-Wilhelm-Parks«, die »Villa Aspira« am Ausgang der Anlage zur heutigen Talstraße hin. Es war ein streng rituell geführtes jüdisches Kurheim. Dr. Adolf Kallner hatte es von dem Architekten Carl A. Diehl errichten lassen. Der Bauschein vom 26.5.1911 trägt die Nummer 47 (Landrat I. = Nr. C 923) (Farbtafel XXIII/Farbtafel XXIV).

Ein interessantes Bauwerk, das in demselben Jahr entstand, war der Wasserturm der Nelken-Spezialkulturen-Gärtnerei Arthur Moll (später Sinai) auf der Wilhelmshöhe zur Versorgung der Gärtnereianlage. Das Gesuch um Baugenehmigung datiert vom 20.4.1911. Der Bauschein vom 13.5.1911 trägt die Nummer 43 (I. = Nr. 2383) (Landrat I. = Nr. C. 813). Der Turm ist 20,20 m hoch und hat unten einen Durchmesser von 6,76 m. Im Innern befanden sich zwei Wasserbehälter. Der untere faßte 14,30 Kubikmeter, der obere 18 Kubikmeter (Farbtafel XXV). Mit dem Bauschein Nr. 30 (I. = Nr. 2052) (Landrat I. = Nr. C 275) vom 9.4.1912 wurde die Bauerlaubnis für ein fünfschiffiges Gewächshaus erteilt, mit dem Bauschein Nr. 33 v. 8.9.1922 (C 449) dann der Bau eines Heizraumes mit einer Warmwasserheizung genehmigt.

Die rege Bautätigkeit in diesen Jahrzehnten besagt aber keineswegs, daß die Sodener Bevölkerung insgesamt wohlhabend war. Die Mehrzahl der Einwohner waren kleine Landwirte, Arbeiter, Nebenerwerbsbauern, Handwerker und Dienstleute im Kurbereich. Viele Frauen und vor allem ungelernte Mädchen verdingten sich als Wäscherinnen, Büglerinnen und Näherinnen. Handwerker ohne Arbeit kommen in den Berichten über Armenunterstützung und milde Gaben immer wieder vor (siehe Band »Leben aus den Quellen, Kap. IV, 5). Das Gefälle innerhalb der Bevölkerung, was Besitz und Vermögen betraf, war groß. Viele hatten kein regelmäßiges oder nur geringes Einkommen. Im Jahre

1896 sah sich die Gemeinde veranlaßt, einen Armenarzt zu bestellen. Der diesbezügliche Vertrag mit Dr. Henry Hughes lautet:

»Zwischen dem Gemeinderat, Namens der Civilgemeinde Soden einerseits und dem Herrn Dr. med. H. Hughes zu Soden andererseits wurde heute nachstehender Vertrag geschlossen.

§ 1 Herr Dr. Henry Hughes übernimmt von heute ab die unentgeltliche ärztliche Behandlung der hiesigen Ortsarmen und der hier in Pflege befindlichen Waisenkinder, sowie der sich dahier aufhaltenden heimatlosen Inländer und hülfsbedürftigen Ausländer.

§ 2 Außerdem verpflichtet sich Herr Dr. Hughes zum Vollzuge der alljährlich vorzunehmenden Impfung und Wiederimpfung nach Maßgabe der für das Impfgeschäft bestehenden gesetzlichen Bestimmungen und unter Beobachtung der von dem Königlichen Landratsamte zu Höchst a/M weiter getroffenen und etwa noch zu treffenden Anordnungen.

§ 3 Sodann verpflichtet sich Herr Dr. Hughes zur ordnungsmäßigen Handhabung der in polizeilicher Hinsicht erforderlich werdenden ärztlichen Funktionen und Erstattung der vorgeschriebenen Berichte, sowie Ausstellung von Attesten, Bescheinigungen u.s.w.

§ 4 Beiden Teilen steht es frei, das Vertragsverhältnis nach voraufgegangener vierteljähriger Aufkündigung jeder Zeit zu lösen.

§ 5 Für alle in diesem Vertrage bestimmten Leistungen und Verpflichtungen erhält Herr Dr. Hughes jährlich 100 Mark, wörtlich: ›einhundert Mark‹ aus hiesiger Gemeindekasse ausgezahlt, und zwar 50 Mark am 1. Juli und 50 Mark am 2. Januar jeden Jahres.

§ 6 Die Genehmigung des Kreisausschusses zu Höchst bleibt vorbehalten.

Soden, den 15. Mai 1896 gez. Busz, Bürgermeister

Der Gemeinderath Friedrich Christian, Carl Colloseus, Robert Rübsamen, Dr. Thilenius, Georg Schmunk, Friedrich Müller, Philipp Brückmann.

Dr. med H. Hughes, praktischer Arzt.

Der vorstehende Vertrag wird hierdurch auf Grund Beschlusses vom 14. Juli 1896 genehmigt mit der Maßgabe daß zu den im § 3 gedachten Berichten auch die ¼jährlichen Sanitäts-Berichte und der Jahres Sanitätsbericht zu rechnen sind.

Höchst a/M., den 28. Juli 1896

Der Kreisausschuß des Kreises Höchst a/M.

I. V. gez. Thaler, Kreis. Deputierter.«–

Daß der Name »Soden« damals einen Ruf hatte, belegt auch z.B. die Tatsache, daß Soden während der Freiballonzielfahrten der Internationalen Luftfahrtausstellung (ILA), die im Jahre 1909 von Juli bis September in Frankfurt a. M. auf dem Gelände zwischen Festhalle und Rebstock stattfand, als Landeort ausersehen war. Soden selbst hatte dafür einen Preis ausgesetzt:

»1. Preis von Bad Soden am Taunus.

Derjenige Ballonführer eines Freiballons, welcher auf dem Gelände der ILA aufgestiegen und am nächsten dem bebauten Rande von Bad Soden am Taunus südöstlich der Bahnlinie Sulzbach-Soden nicht weiter als 1,5 km vom Bahnhofe Soden landet (also im Gebiet zwischen dem Sodener Wald und Bahnhof Soden) erhält Mk. 300,– bar für eine endgültige Landung Mk. 200,– bar, wenn die Fahrt wieder fortgesetzt wird.«

An vier Stellen auf dem Gebiet südlich der Königsteiner Straße landeten Teilnehmer der ILA, am 7.8.1909 nachmittags um 3 Uhr Herr Hansen auf dem Feld Ecke Niederhof-

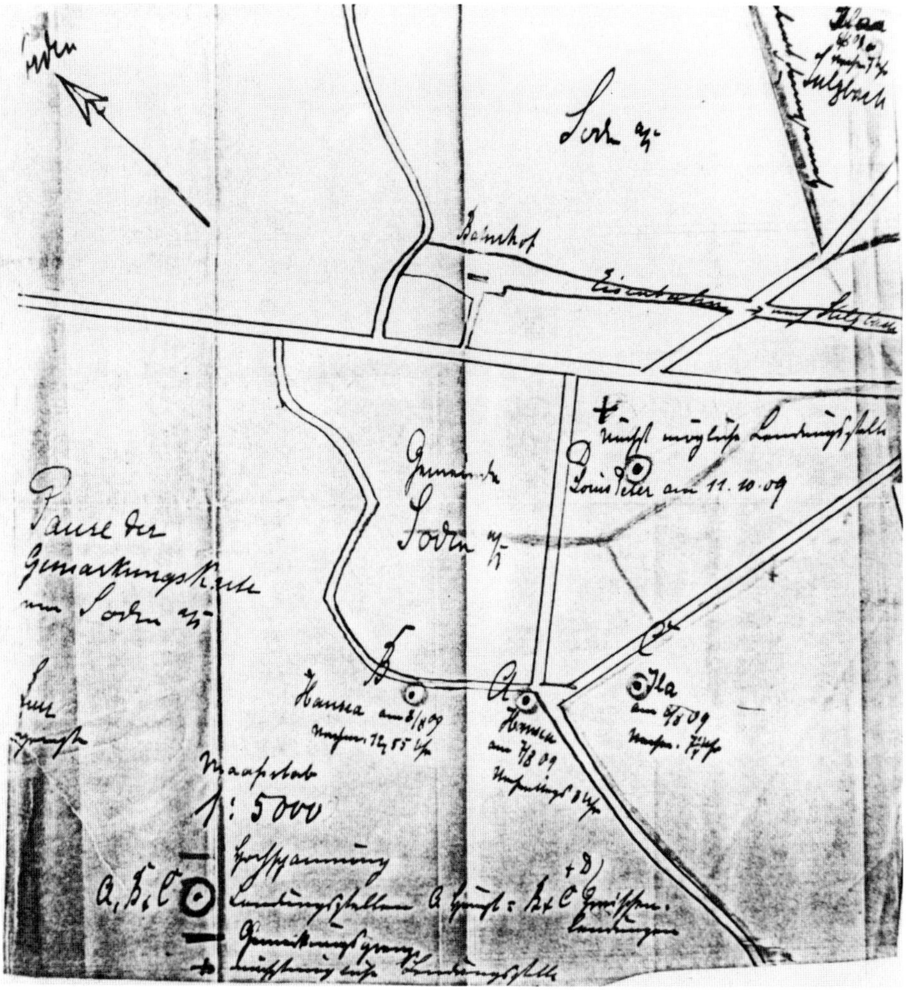

Karte der Landepunkte der Freiballonwettfahrt im Jahre 1909 in Soden

heimer/Kelkheimer Straße, der Ballon »Hansea« am 8.8.1909 mittags 12 Uhr 55 etwa in der Gegend des heutigen Martin-Luther-Weges, die »ILA« am 8.8.1909 um 19 Uhr 15 nördlich der Hasselstraße und Louis Peter am 11.10.1909 in der Gegend Richard-Wagner-/Königsteiner Straße. Die Originalkarte mit den eingezeichneten Landungsstellen ist erhalten (Stadtarchiv Abt. K OC), ebenso der Wettbewerbs- und Ausschreibungskatalog.

Erinnert werden soll an dieser Stelle auch an die kühne Ballonfahrerin und Fallschirmspringerin Käthchen Paulus, die mit Gustav Lattemann internationalen Ruhm mit Schauflügen und Falschirmabsprüngen erwarb. Auch sie landete in Soden (siehe BSZ v. 16.1.1969).

2. Die Zeit des Ersten Weltkriegs

»Es war ein heiterer Sommersonntag«, so beginnt der Bericht von Rektor Becht in dem zweiten Band der Bad Sodener Schulchronik[1], mit dem er den Beginn des Ersten Weltkriegs beschreibt. »Tausende von Ausflüglern und Kurgästen wogten durch die Straßen unseres lieblichen Badeortes. Ich kam um 6 Uhr aus dem Kurkonzert, da überraschte man mich mit der Nachricht, das österreichische Thronfolgerpaar sei von Serben ermordet worden. Tiefe Entrüstung, aber auch bange Sorgen erfüllten mein Herz. Ich konnte den Gedanken nicht los werden, diese Tat gibt den Anstoß zu einem fürchterlichen Krieg, und leider sind meine Ahnungen in Erfüllung gegangen. Am 1. August 1914 nachmittags 5 Uhr befahl unser friedliebender Kaiser die allgemeine Mobilmachung. Gerade im Sommer 1914 war die Kur vorzüglich, es waren soviele Kurgäste anwesend, wie nie zurvor, besonders zahlreich vertreten waren die Russen. Noch am Donnerstag, den 29. Juli d.J., waren eine große Anzahl russischer Ärzte hier, um unsere Kureinrichtungen zu studieren, und es wurde ihnen zu Ehren die russische Nationalhymne gespielt. Wie ein Donnerschlag schlug die Kriegserklärung in das fröhliche Kurleben ein, alles packte eilig seine Sachen und reiste ab, nur wenige blieben hier. Es waren meistens Russen, denen es nicht mehr geglückt war, fortzukommen. Heute noch weilen einige von ihnen in unseren Mauern. Der Krieg vernichtete vollständig unsere Kur, die Hotel und Logierhäuser waren gezwungen, zu schließen. Da, wo noch kurz zuvor fröhliches Leben herrschte, war nun alles still und leer.– Mit tiefem Ernst, aber auch mit freudiger Begeisterung zogen unsere jungen Männer in den Kampf, um zu streiten für Deutschlands Ruhm und Ehr.

Propagandapostkarte aus dem Jahre 1914

Ungeduldig lauschten die Daheimgebliebenen auf die ersten Kriegsnachrichten. Helle Begeisterung erfüllte alt und jung, wenn eine frohe Siegesbotschaft verkündet wurde, wie die Erstürmung Lüttichs, die Einnahme von Namur, von Maubeuge pp, die Glocken läuteten, die Fahnen flatterten im Winde und Böllerschießen vom Dachberg verkündete der ganzen Umgegend den Sieg.

Leider aber trafen auch bald traurige Nachrichten ein, die den Tod oder die Verwundung vieler unserer Mitbürger meldeten. Es starben bis zum 25. Sept. 1915 den Heldentod fürs Vaterland . . .«

Dann zählt er 23 Namen mit genauen Angabe über Art der Verwundung, Lazarettaufenthalt und Todesort der Gefallenen auf, davon 3 nach dem genannten Datum bis Ende Februar 1916. Besonders hart betroffen wurde die Familie Höhn, die bis dahin ihre drei Söhne verlor. Wilhelm Christmann war mit dem »Geschützten Kreuzer Leipzig« bei den Falklandinseln untergegangen. Sieben Sodener wurden vermißt, drei davon waren in russische Gefangenschaft geraten, wie man später erfuhr, vier weitere waren ebenfalls gefangen. 27 Sodener waren ausgezeichnet worden, einer, der Kurdirektor Röhrig, mit dem EK I und II, 24 mit dem EK II, Dr. Günzel hatte das Sächsische Ritterkreuz mit Eichenlaub und Schwertern erhalten, einer die Hessische Tapferkeitsmedaille und einer die Württembergische Tapferkeitsmedaille. Bis zum Ende des Krieges sind dann insgesamt 62 Gefallene und zwei Gefangene genannt. Auszeichnungen hatten weitere zehn Sodener erhalten.

Über den Kriegsbeginn gibt es einen zweiten Bericht, den Pfarrer Stahl in der Chronik der evangelischen Kirchengemeinde[2] niedergeschrieben hat. Der Tenor seines Berichtes ist anders. Er schreibt:

»Dies Jahr ist mit Blut und Tränen in die Blätter der Weltgeschichte eingeschrieben. Am 28. Juni vergang. Jahres war in Zarajewo das österreich. Kronprinzenpaar auf serbische Veranlassung hin ermordet worden. Am 24. Juli, einem Freitag, kam die erste kriegerische Alarm–Nachricht; Österreich hatte ein Ultimatum an Serbien gerichtet. Es folgte eine Woche bangen Wartens,...bald hieß es: es wird keinen Krieg geben, dann wieder: der Krieg ist unvermeidlich! Am 1. August kam die Entscheidung. Am Nachmittag um 6 Uhr stand an der Postdrehtür (?) ein Telegramm angeschlagen mit den inhaltsschweren Worten: »Mobilmachung befohlen; 2. August: erster Mobilmachungstag«.

Um ¾ 7 läuteten unsere Kirchenglocken den Krieg ein; wann werden sie den Frieden einläuten? Am Sonntag den 2. August dicht gedrängt volle Kirche. Text der Predigt: Ap. Geschichte 16, 25; brausend ertönte das Lied »Ein feste Burg ist unser Gott« durch die Kirche. Nach der Predigt hl. Abendmahl unter starker Beteiligung der Krieger und ihrer Angehörigen.

Am Mittwoch den 5. August Bettag Gottesdienst um 8 Uhr früh, Predigt über den vorgeschriebenen Text: 1 Petri 5, 6–7. Auch dieser Gottendienst war gut besucht, ebenso die in diesem Monat noch eingerichtete wöchentliche Kriegsbetstunde. Erschütternd war es, als an den ersten Mobilmachungstagen früh morgens die junge einberufene Mannschaft zum Bahnhof zog, geleitet von ihren Angehörigen – da gab es manchen schmerzlichen Abschied.–

Die Kriegsfürsorge zu Soden, soweit sie nicht von der Gemeindeverwaltung und den einzelnen Vereinen ausgeübt wurde, ruhte in den Händen des Vaterländischen Frauenvereins. Der seitherige Schriftführer und Schatzmeister dieses Vereins, Herr Oberst z.d.

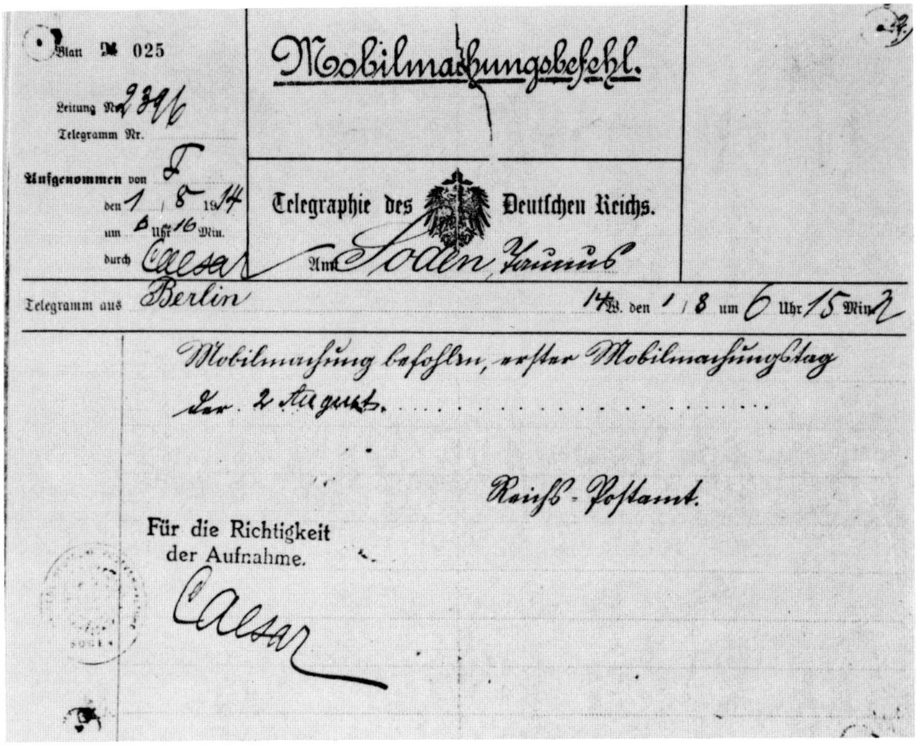
Blatt № 025
Leitung Nr. 2396
Telegramm Nr.
Aufgenommen von
den 1. 8. 1914
um 6 Uhr 16 Min.
durch Caesar
Mobilmachungsbefehl.
Telegraphie des Deutschen Reichs.
Amt Soden Taunus
Telegramm aus Berlin 14 W. den 1/8 um 6 Uhr 15 Min.
Mobilmachung befohlen, erster Mobilmachungstag der 2 August.
Reichs-Postamt.
Für die Richtigkeit der Aufnahme.
Caesar

Mobilmachungsbefehl vom 1.8.1914 in Soden

Fell, der gleich am 2. August eingerückt, an seine Stelle trat der Schreiber dieser Zeilen, Pfarrer Stahl. Der Vaterländische Frauenverein hatte bisher die Gemeinde Krankenpflege unterhalten und besaßen auch die bisherige Schwester–Station; mit Beginn des Krieges mußte der genannte Verein diesen Teil seiner Tätigkeit aufgeben und sich ganz seinem eigentlichen Zwecke, der Kriegsfürsorge widmen und . . . (?) (cf Seite 118).

Nunmehr übernahm die evangelische Kirchengemeinde die Schwester-Station und konnte dies umso mehr, als der inzwischen aus dem Diakonie-Verein gegründete Diakoniefonds der Kirche die Höhe von 10 500 M. erreicht hatte.

Von dem Vaterländischen Frauenverein wurde nun die Kriegsfürsorge der ganzen Gemeinde übernommen. Es wurde eine Kommission gewählt, der die Regelung der Kriegsfürsorge übertragen wurde. Über die Art und den Umfang dieser Kriegsfürsorge wird in besonderen Anlagen berichtet werden! Im Winter 14/15 wurde regelmäßig wöchentlich donnerstags abends Kriegsbetstunde gehalten, gut besucht, ausgewählte Stellen aus den Psalmen wurden behandelt.

Bald kamen Nachrichten von solchen, die verwundet oder gefallen waren; da galt es, die Angehörigen zu besuchen und aufzurichten. Schon im September 14 wurde in dem Genesungsheim der Farbwerke ein Lazarett eingerichtet, dem bald ein zweites in der israel. Kuranstalt folgte; die ev. Verwundeten wurden wöchentlich besucht, es wurden ihnen Vorträge gehalten und zu Weihnachten eine Feier veranstaltet.

Bezüglich der Gefallenen in der Gemeinde wird eine besondere Liste geführt – zu ihrem Gedächtnis wurde am Abend des Totensonntags dieses Jahres eine besondere Feier veranstaltet. Die Kirchenkollekten, soweit sie nicht zu besonderen Zwecken bestimmt waren, wurden zur Bildung eines Fonds verwendet zum Zweck der Kriegsfürsorge in der ev. Gemeinde. Dank der Unterstützung seitens des Staates und der Kirche konnte in diesem Jahr von einer eigentlichen Notlage nicht geredet werden.

Wenn der Krieg noch länger dauern sollte, wird das noch schwer werden!

1915

Die anfangs gehegte Hoffnung, daß der Krieg rasch zu Ende gehen würde, hat sich nicht erfüllt. Aus dem gewaltigen Vorwärtsstürmen im Westen wurde ein Stellungskampf; im Osten gelang es, die eingedrungenen russ. Heeresmassen zurückzuwerfen; aber eine Friedens–Aussicht tut sich nirgends auf. Am 24. Mai 15: Kriegserklärung Italiens an Österreich. »Aus dem Bundesgenossen ist ein Feind geworden«.

Mit einer Eintragung über das 25jährige Schwesternjubiläum der Diakonisse Anna Moll beendete Pfarrer Stahl seine Ausführungen. Über die folgenden Jahre bis 1926 schweigt sich die Kirchenchronik aus. Nicht so die Schulchronik. Dort heißt es (S. 112ff):

»Wie zu erwarten war, wird unser altberühmter Badeort von den erholungsbedürftigen Feldgrauen gerne aufgesucht. Das möchte ich hiermit ausdrücklich festnageln, daß aber auch unsere Feldgrauen von den Einwohnern freudig aufgenommen und liebevoll gepflegt worden sind und werden. Wir haben hier

Genesungsheim I im Genesungsheim der Farbwerke,
Genesungsheim II in der Israelitischen Kuranstalt,
Genesungsheim III im Sprudelhotel,
Genesungsheim IV in der Helvetia,
Genesungsheim V im Kaiserhof (bis jetzt in Aussicht genommen).

Seit dem 15. Juli ist eine Genesungskompanie einquartiert. In der Turnhalle der hiesigen Volksschule ist ein Gefangenenlager für 30 Irländer, die den hiesigen Landwirten bei der Arbeit helfen.–

Obwohl unsere teure Heimat von den Schrecknissen des Krieges durch Gottes Hilfe und die Tapferkeit unserer Lieben verschont geblieben ist, so machen sich doch die schweren Folgen desselben auch in unserer Gemeinde bemerkbar und es gilt, manche Not zu lindern. Hierin hat sich der hiesige Vaterländische Frauenverein unschätzbare Dienste erworben. Gleich zu Anfang des Krieges wurde ein Kindergarten eingerichtet, in welchem die Kinder der im Felde stehenden Väter verpflegt und unterrichtet wurden. Im Laufe des Jahres entstand eine Kriegsküche und eine Nähschule. Unsere Schuljugend hat sich auch eifrig bemüht, ihre Kräfte in den Dienst des Vaterlandes zu stellen.–

Es wurden unter Aufsicht eines Lehrers die Nägel auf der Landstraße aufgelesen. Besonders waren die Kinder behilflich bei den Feldarbeiten und der Obsternte. Sie beteiligten sich eifrig bei der Reichswollwoche, der Gummisammlung und besonders bei der Sammlung von Büchsen pp.

Die dritte Kriegsanleihe wurde am 22. d.M. geschlossen. Unsere Kinder haben in wenigen Tagen 3 755,50 M. gesammelt. Die vierte Kriegsanleihe erreichte in unserer Schule die Höhe 3 552,00 M.

Am 26. August 16 erklärte Italien Deutschland den Krieg und am 27. Rumänien Osterreich–Ungarn. Durch einen glänzenden Feldzug unter Führung des General–Feldmarschalls v. Mackensen wurden die Rumänen in kurzer Zeit geschlagen, ihr Land wurde zum größten Teil besetzt, die Regierung und das Königspaar flohen nach Rußland.

Die fünfte Kriegsanleihe fand im Herbst 1916 statt und erzielte einen Betrag von 5 716 M.–

Am 1. Februar 1917 erklärte unsere Regierung den uneingeschränkten Tauchbootkrieg, da von unseren Feinden das hochherzige Anerbieten unseres Kaisers, Frieden zu schließen, mit Hohn und Spott zurückgewiesen worden war. Infolgedessen brach Amerika sämtliche Beziehungen mit dem Deutschen Reich ab und befindet sich seit dieser Zeit mit uns im Kriegszustand. Auch China und Brasilien folgten dem Beispiel Amerikas. In Rußland brach eine Revolution aus, der Kaiser wurde gezwungen, dem Thron zu entsagen und befindet sich samt seiner Familie in Gefangenschaft.–

Die sechste Kriegsanleihe fand im März und April statt und hatte das glänzende Ergebnis von 13 Milliarden. Unsere Schule brachte 8 264 M zusammen.–

Seit Anfang April 1917 haben die Engländer und Franzosen die Offensive wieder ergriffen und zwar die Engländer bei Arras, die Franzosen an der Aisne und in der Champagne. Durch den Heldenmut unserer unvergleichlichen Truppen und die geniale Führung unseres Hindenburg sind sämtliche Angriffe mit ungeheuren Verlusten zurückgeschlagen worden.–

Der Krieg ist verloren!–

Über die Zeit von April 1917 bis zum Waffenstillstand berichtet die Geschichte, ich will es hier übergehen, obwohl mein Herz micht treibt, zu singen oder zu sagen von Heldentaten unserer Brüder, die nie verklingen werden, solange Geschichte geschrieben wird. Aber ich müßte auch berichten über so viele, viele Enttäuschungen, über Lug und Trug, über schamlosen Wucher, Geldgier, Vaterlandslosigkeit, Schmähung, über Abgründe der menschlichen Seele, daß mich davor ekelt. Ich möchte nur kurz meine Ansicht darlegen über die Ursachen, die den Krieg verloren gemacht haben. Ich berichtete, am 1. Februar 1917 erklärte Deutschland den uneingeschränkten Tauchbootkrieg. Das war ein großer, unverzeihlicher Fehler. Unsere U–Boothelden haben Herrliches, ja Übermenschliches geleistet, ich erinnere nur an Weddingen, Hering pp, aber die Zahl der Boote war zu klein. Wie konnten sie das große Meer beherrschen und den Transport von Amerika hindern! Das mußten unsere Admirale wissen! Unsere Heeresleitung mußte aber auch wissen, daß wir einer solchen Übermacht, die ungeheuer wurde, als Amerika hinzukam, nicht gewachsen waren. Hatten wir uns getäuscht in den Erwartungen des U–Bootkrieges, England hatte sich nicht getäuscht in den Folgen der Blockade. Die Entbehrungen im Lande wurden immer größer, die Nahrungsmittel wurden sehr knapp, Fett gab es gar nicht mehr, Kartoffeln fehlten, man nährte sich mit Kohlrüben, Wildgemüse, Pilzen pp. Fleisch gab es in sehr geringen Mengen, qualitativ sehr schlecht, Preise ungeheuer hoch, das Pfund zu 6–8 M und mehr. Butter stieg auf 20–25 M, das Ei kostete 1 M und mehr. Krankheit, Unterernährung erhöhten die Sterblichkeit in ungeheurem Maße, Hunderttausende raffte der Tod frühzeitig dahin! Da schwand die Begeisterung und Siegeszuversicht, die Revolution erhob drohend ihr Haupt. Die Revolutionäre hielten ihre Zeit für gekommen. Sie bereiteten den Umsturz im Geheimen vor, als das Volk und auch das Heer noch in Siegeszuversicht lebten. Als im Frühjahr 1918 unsere prächtigen Offensiven gelangen, war der Umsturz, wie mir von sozialistischer Seite spä-

Deutsche Truppen auf dem Rückzug 1918 bei einer Rast in Soden (Königsteiner Straße Ecke Straße Zum Quellenpark)

ter mitgeteilt wurde, schon fertig vorbereitet. Den letzten Anstoß gab der Abfall unserer Verbündeten, der Bulgaren, Österreicher und Türken. Als die Südfront einstürzte, kam auch die Westfront ins Wanken, es gab kein Halten mehr. Ein schrecklicher Waffenstillstand wurde geschlossen, dessen Folgen die Revolution am 9. Nov. 1918 zum Ausbruch brachten. In wenigen Tagen waren sämtliche Fürsten Deutschlands von der Bildfläche verschwunden. Der Kaiser war nach Holland geflohen, es entstand die deutsche Republik. Der Friede, der heute noch nicht (am 11.8.19) von unseren Feinden ratifiziert ist, ist der schmachvollste, den je ein Volk der Geschichte erlebt hat. Wir stehen auf einem Trümmerfeld, das unübersehbar ist. Dunkel und hoffnungslos liegt die Zukunft vor uns.– Wie sah und sieht es nun in unserem lieben Soden aus?

Der Waffenstillstand war geschlossen, da gab es hier ein aufgeregtes, unruhiges Leben. Tagtäglich kamen unsere herrlichen Truppen, kampfesmüde und tieftraurig in die Heimat zurück. Das Herz blutete einem, die Thränen traten in die Augen, wenn man die Truppen einrücken sah. Man konnte es nicht fassen, daß ein solches Heer eilends zurückkehren mußte, um nicht vom Feinde gefangen zu werden.

Ein Trost war es, daß sie nicht geschlagen waren, sie taten nur ihre Pflicht und fügten sich, wenn auch zähneknirschend, in das unvermeidliche Schicksal. Und dann das Schrecklichste! Von deutschen Männern wurden sie sang- und klanglos entwaffnet. Du armes stolzes Heer! – – – Und dann kamen die Franzosen! Ja, welche Wendung durch Gottes Fügung! Suchten in diesen langen Kriegsjahren unsere tapfren Brüder Ruhe und Erholung in unsrem lieblichen Badeort, nun machten sich die Feinde darin breit. Alle Hotels, das Kurhaus, die Schule und viele Privathäuser wurden mit Franzosen belegt.

Deutsche Truppen auf dem Rückzug 1918 bei einer Rast im Kurpark vor dem Badehaus

Die Einwohner durften Soden nicht verlassen, die durften sich ohne Paß nicht auf der Straße zeigen. Später wurde der Verkehr etwas erleichtert; aber heute noch sind wir von Deutschland abgesperrt. Ein gutes hat diese Absperrung doch gehabt; wir sind wenigstens vor den Greueln der Revolution, die im Innern des Vaterlandes tobten, verschont geblieben. Die Brückenköpfe von Mainz, Koblenz und Köln sind vom Feinde besetzt und sollen es 15 Jahre bleiben. Wenn es nicht bald anders wird, geht Soden seinem unvermeidlichen Ruin entgegen. Die Kur liegt vollständig danieder, Kurgäste durften nur in sehr seltenen Fällen hierherkommen. Herrschte in früheren Zeiten um diese Zeit ein munteres, fröhliches Leben, spielte die Kurmusik ihre fröhlichen Weisen, unterhielten Künstler das Badepublikum mit Vorträgen, jetzt ist es totenstill, nur ab und zu gibt die französische Kapelle Konzerte im Kurpark; aber es fehlt das Badepublikum u. vor allem, es fehlt die prächtige, deutsche Regimentsmusik! Ja, deutsches Lied, deutsche Musik, wo seid ihr! Das Herz sehnt sich so sehr danach.–«

Die vorstehenden Texte kennzeichnen die Mentalität der Menschen der damaligen Zeit treffend. Es ist nicht die Aufgabe dieser Chronik, diese anhand einzelner Aussagen und Redewendungen zu analysieren. Unsere Einstellung heute zu den damaligen Haltungen, Vorgängen und Folgen ist eine andere geworden. Einsichten haben sich entwickelt, die die Notwendigkeit der Neugestaltung des Zusammenlebens in Europa zur Selbstverständlichkeit haben werden lassen. Ein Heft mit Vaterlands- und Weiheliedern[3], wie es in der Zeit vor dem Ersten Weltkrieg in Soden im Umlauf war, in denen die Wacht am Rhein und die Flagge Schwarz–Weiß–Rot besungen, die Liebe zum Vaterland bis zum Grabe beschworen wurden, fände kein Verständnis.

IX. Die Zeit der Weimarer Republik

1. Die Kriegsfolgen

Wie ein Ausweis, der sich im Bad Sodener Stadtarchiv befindet[1], belegt, hatte sich nach den revolutionären Ereignissen vom November 1918 auch in Soden ein Arbeiter- und Soldatenrat gebildet.

Arbeitern, die nach auswärts zu ihrer Arbeitsstätte wollten, z.B. zu den Farbwerken nach Höchst, stellte er einen Erlaubnisschein aus, der sie zum Verlassen und Wiederbetreten Sodens berechtigte.

Im Dezember 1918 rückte dann die 10. französische Armee in den Mainzer Brückenkopf ein. Am 14.12.1918 erreichte sie Soden. Das Kurhaus und sämtliche großen Hotels, wie z.B. das Hotel Colloseus, das Offiziersheim wurde, wurden mit französischen Besatzungstruppen belegt, ebenso einige Gasthäuser und Pensionen.

Den Einwohnern war es verboten, den Ort oder abends nach 21 Uhr die Häuser zu verlassen. Ausgenommen von dieser Anordnung waren Ärzte, Hebammen und Geistliche, die aber einen entsprechenden Ausweis der Höchster Kommandantur (Administration Militaire Cercle de Höchst) besitzen mußten. Für Nachtbesuche benötigten Ärzte eine Spezialerlaubnis (Autorisation spéciale de circuler la nuit). Selbst zum Abhalten eines Gottesdienstes in einer Nachbargemeinde mußte der Pfarrer eine schriftliche

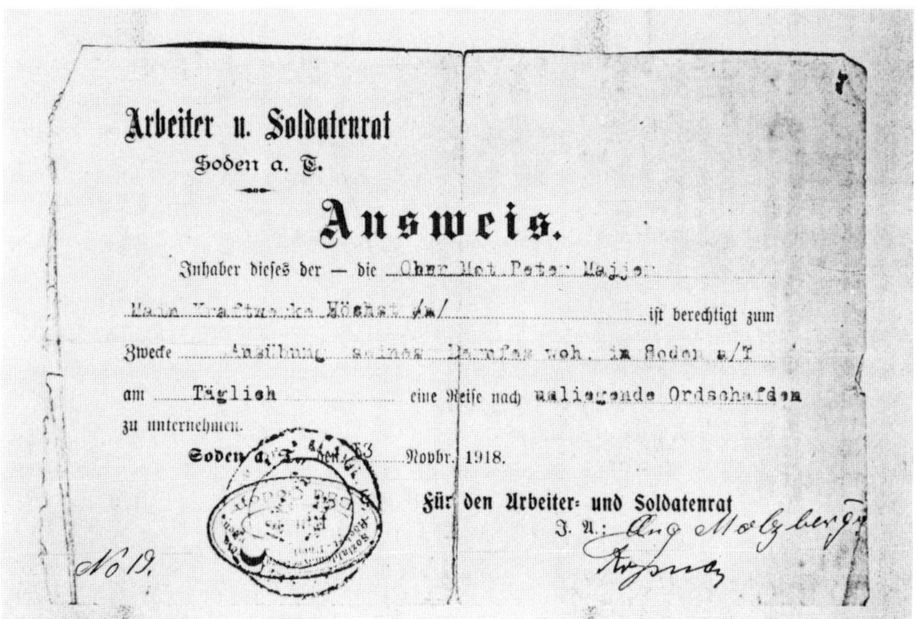

Arbeiter u. Soldatenrat
Soden a. T.

Ausweis.

Inhaber dieses der — die Ohr Mot Peter Majer
Main Kraftwerke Höchst a/M ist berechtigt zum
Zwecke Ausübung seines Berufes woh. in Soden a/T
am Täglich eine Reise nach umliegende Ordschafden
zu unternehmen.

Soden a. T., den 13. Novbr. 1918.

Für den Arbeiter- und Soldatenrat
I. A.:

No 19.

Ausweis des Sodener Arbeiter- und Soldatenrates vom 13. November 1918

Französische Besatzungstruppen 1919 vor dem Hotel Colloseus, Königsteiner Straße

Genehmigung der Militärbehörden einholen. Auch für den Aufenthalt in einem anderen Ort mußte eine Tagesmeldung ausgestellt werden. Alle über 16 Jahre alten Personen hatten einen Personalausweis ständig mit sich zu führen, den die örtliche Polizeibehörde ausgestellt und die französische Militärbehörde gegengezeichnet hatte (Farbtafel XXIX). Der Geschäftsverkehr der hiesigen Gewerbetreibenden mit Frankfurt wurde unterbrochen. Durch die Passvorschriften kam das gesamte Badewesen fast völlig zum Erliegen.

Sämtliche wehrpflichtigen Personen mußten sich regelmäßig sonntags vormittags melden. Alle entlassenen Soldaten wurden in einer besonderen Liste geführt und überwacht. Teilweise konnten sie nicht in ihre Heimatgemeinde zurückkehren, sondern mußten im unbesetzten Frankfurt bleiben. 45 Personen wurden im Laufe der Zeit aus dem Besatzungsgebiet ausgewiesen, vor allem zur Zeit des Ruhrkampfes. Ihre Wohnungen wurden beschlagnahmt und sog. Regieangestellten überlassen. Betroffen waren vor allem Bahnbedienstete. Es gab auch Personen, die von sich aus das besetzte Gebiet verließen, um nicht von den alliierten Behörden festgenommen zu werden.

Fünf Einwohner von Soden wurden als Geiseln bestimmt: Medizinalrat Dr. Thilenius, Dr. Epting, Generaldirektor der Höchster Farbwerke, Arthur Moll, Besitzer der Großgärtnerei auf der Wilhelmshöhe, der evangelische Pfarrer Stahl und der katholische Pfarrer Gruber.

Über die Stärke der in Soden stationierten Besatzungstruppen gibt ein Schreiben des Gemeindevorstands Bad Soden vom 2.5.1930 Auskunft. Danach waren z.B. für den Zeitraum vom 14.12.1918–15.9.1919 in Soden stationiert: 164 Offiziere, 167 Unteroffiziere, 595 Mannschaften, 325 Pferde und 75 Tanks. 1926 waren auch englische Truppen während eines Manövers in der Zeit vom 14.9.–17.9. einquartiert: 7 Offiziere, 6 Unteroffi-

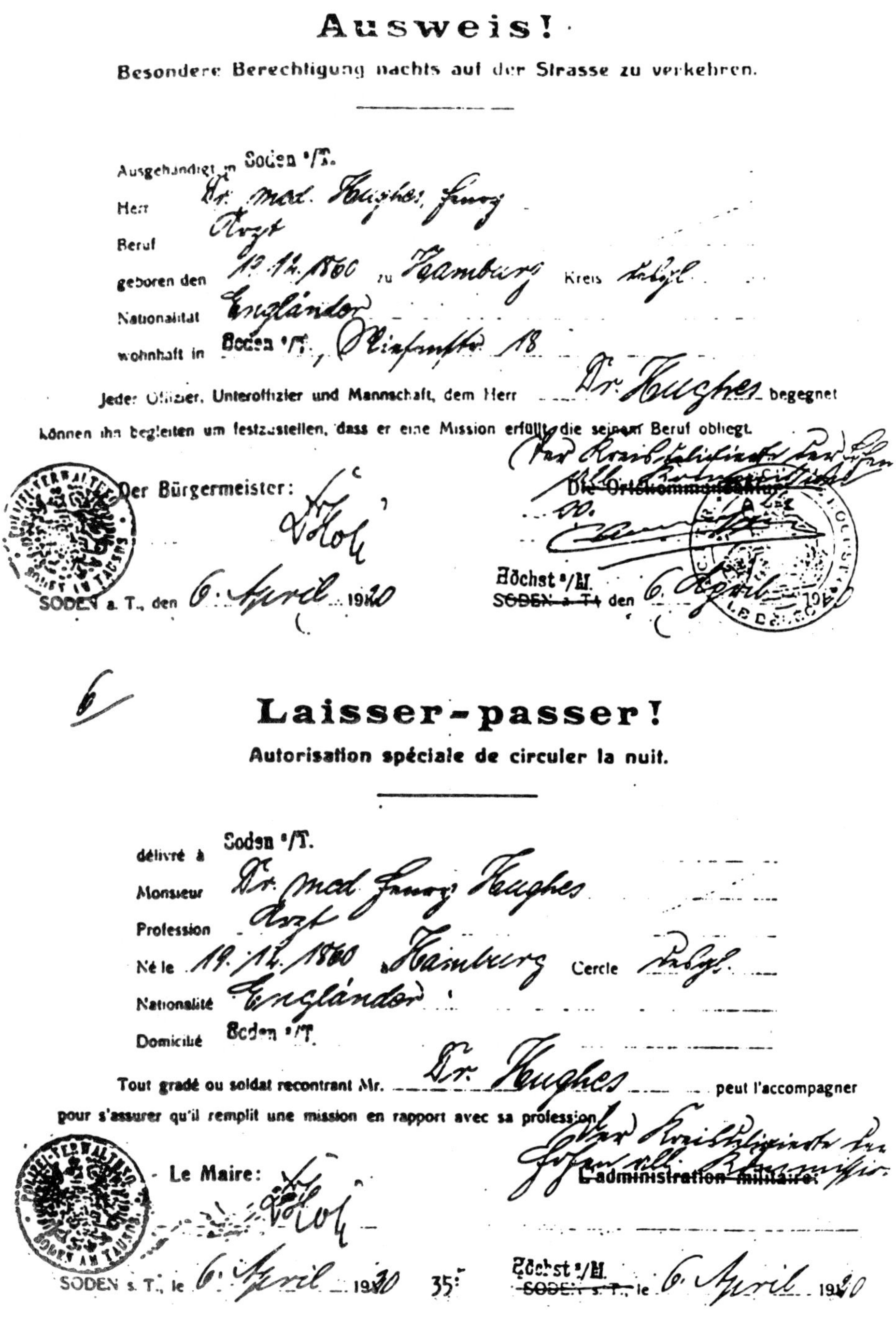

Ausweis!

Besondere Berechtigung nachts auf der Strasse zu verkehren.

Ausgehändigt in Soden a/T.

Herr Dr. med. Hughes, Henry

Beruf Arzt

geboren den 19.12.1860 zu Hamburg Kreis

Nationalität Engländer

wohnhaft in Soden a/T., Kurparkstr. 18

Jeder Offizier, Unteroffizier und Mannschaft, dem Herr Dr. Hughes begegnet können ihn begleiten um festzustellen, dass er eine Mission erfüllt, die seinem Beruf obliegt.

Der Bürgermeister:

Holz

SODEN a. T., den 6. April 1920

Die Ortskommandantur:

Höchst a/M.
~~SODEN a. T.~~, den 6. April 1920

Laisser-passer!

Autorisation spéciale de circuler la nuit.

délivré à Soden a/T.

Monsieur Dr. med. Henry Hughes

Profession Arzt

Né le 19.12.1860 à Hamburg Cercle

Nationalité Engländer

Domicilié Soden a/T.

Tout gradé ou soldat recontrant Mr. Dr. Hughes peut l'accompagner pour s'assurer qu'il remplit une mission en rapport avec sa profession.

Le Maire:

Holz

SODEN s. T., le 6. April 1920

L'administration militaire:

Höchst a/M.
~~SODEN s. T.~~, le 6. April 1920

Ausweis, ausgestellt von den französischen Besatzungsbehörden 1920 zur Berechtigung, nachts auf der Straße zu verkehren, für Dr. Henry Hughes

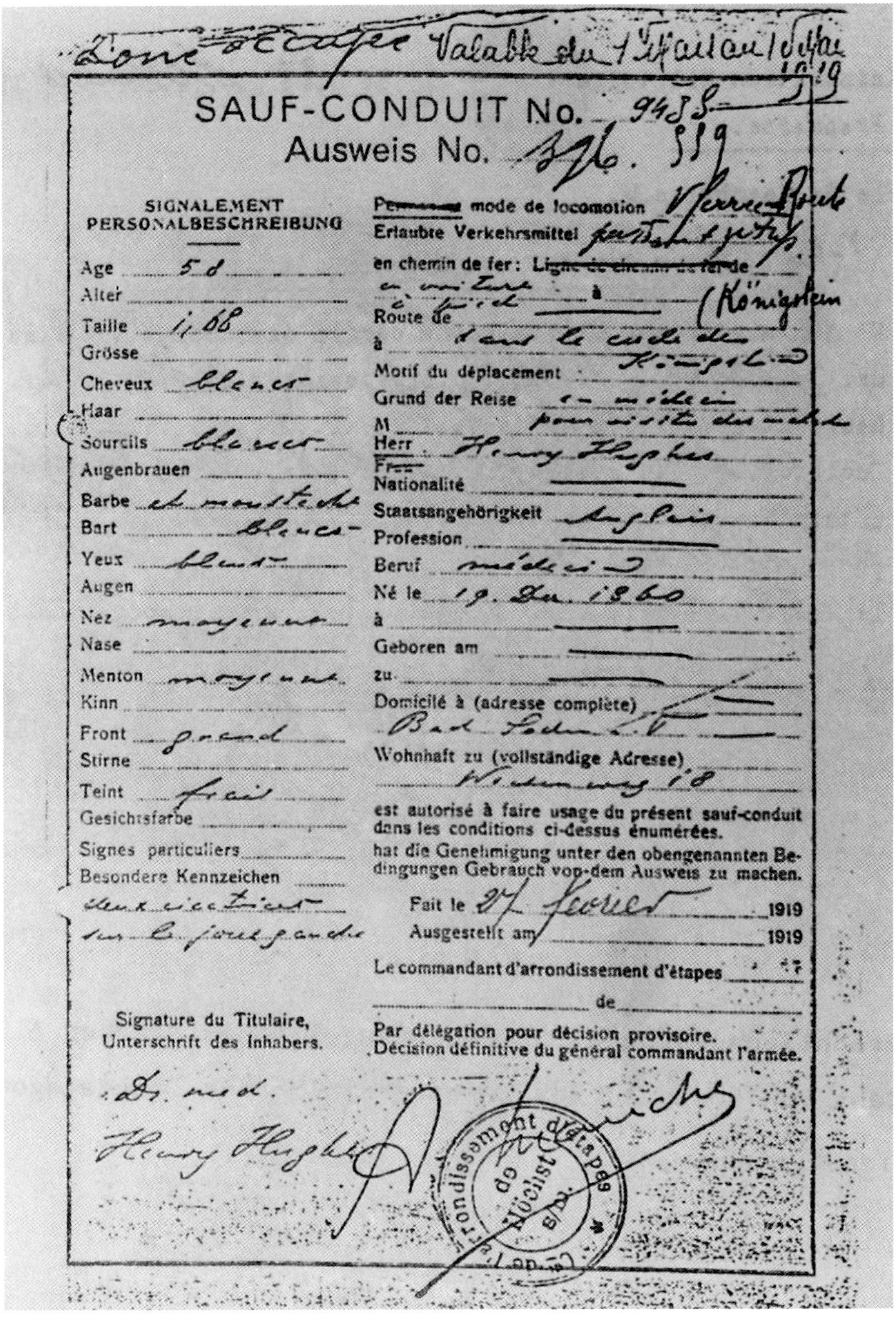
Zone d'étapes Valable du 1 février au 1 juillet 1919

SAUF-CONDUIT No. 9485

Ausweis No. 326. 519

SIGNALEMENT
PERSONALBESCHREIBUNG

Age 58
Alter
Taille 1,68
Grösse
Cheveux blancs
Haar
Sourcils blancs
Augenbrauen
Barbe et moustache
Bart blancs
Yeux bleus
Augen
Nez moyen
Nase
Menton moyen
Kinn
Front grand
Stirne
Teint frais
Gesichtsfarbe
Signes particuliers
Besondere Kennzeichen

~~Permis~~ mode de locomotion
Erlaubte Verkehrsmittel
en chemin de fer: ~~Ligne de chemin de fer~~ de
à (Königstein
Route de
à
Motif du déplacement
Grund der Reise
M
Herr Henry Hughes
Fr
Nationalité
Staatsangehörigkeit Anglais
Profession
Beruf médecin
Né le 19. ... 1860
à
Geboren am
zu
Domicilié à (adresse complète)
Bad Soden
Wohnhaft zu (vollständige Adresse)
... 18
est autorisé à faire usage du présent sauf-conduit dans les conditions ci-dessus énumérées.
hat die Genehmigung unter den obengenannten Bedingungen Gebrauch von dem Ausweis zu machen.

Fait le 27 février 1919
Ausgestellt am 1919

Le commandant d'arrondissement d'étapes
de

Signature du Titulaire,
Unterschrift des Inhabers.

Dr. med.
Henry Hughes

Par délégation pour décision provisoire.
Décision définitive du général commandant l'armée.

Arrondissement d'étapes de Höchst

Sauf-Conduit, Ausweis, ausgestellt vom Kommandanten des Arrondissements der Etappe zu Höchst, für Dr. Henry Hughes ziere, 104 Mannschaften und 10 Pferde. Außer der Unterkunft mußten für die französischen Truppen eine Offiziersmesse, eine Küche und 12 Bäder zur Verfügung gestellt werden.

Die seit Dezember 1918 in Soden stationierten Truppeneinheiten waren : das 1. Bataillon des 121. Infanterie–Regiments, das 19. Bataillon Chars Légers (leichte Panzerwagen), die 2. Escadron 3. und 20. Jäger, der 9. Trupp der 4. Division der Fremdenlegion, das Corps Haut Rhin des 98. Infanterie-Regiments, der 9. Trupp der 23. Infanterie-Division des 13. Armeekorps, die 5. Kompanie der 13. Escadron des Trains des Equipages (Troß) und der General der 25. Division. In der Gesamtrechnung für alle in der Zeit vom 14.12.1918 bis zum 31.3.1928 geltend gemachten Einquartierungs- und Folgekosten hat der Gemeindevorstand am 2. Mai 1930 in einem Schreiben an den Landrat des Main–Taunus–Kreises die folgenden Beträge aufgelistet:

Vom 14.12.1918–31. 3.1919	20 442,46 M.
vom 1. 4.1919–31. 3.1920	409 618,12 M.
vom 1. 4.1920–31. 3.1921	23 537,27 M.
vom 1. 4.1921–21. 3.1922	42 146,26 M.
vom 1. 4.1923–31. 3.1924	689 492,10 M.
vom 1. 4.1924–31. 3.1925	25 040 981 020,00 M.
vom 1. 4.1925–31. 3.1926	1 960,00 M.
vom 1. 4.1926–31. 3.1927	10,60 M.
vom 1. 4.1927–31. 3.1928	141,20 M.

Ein Zusammenzählen der einzelnen Summen ist nur bei den Zahlen möglich, die nicht in die beiden Inflationsjahre fallen. Von diesen beiden Werten abgesehen, ergibt sich eine Summe von 497 855,91 M. (zuzüglich der Summen der Inflationsjahre 689 492 M. und 25 040 981 020 M.). Zu dieser Summe kommen noch die zur Beseitigung von Schäden entstandenen Kosten. Zwar wurde den französischen Truppen in einem Schreiben der Gemeinde vom 20.3.1920 für den Zeitraum bis September 1919 ein »Zeugnis über Wohlverhalten« ausgestellt, angesichts der Pferde und der mitgeführten Tanks (leichte Panzerwagen) waren Schäden vor allem in den Parkanlagen und den Straßen kaum vermeidbar, Bäume wurden beschädigt, Einfriedungen, Geländer und Bordsteine zerstört, Rasenanlagen durch die Fahrzeuge umgepflügt. Für die Wiederherstellung der Straßen und Kuranlagen mußten 105 555,73 M. aufgewendet werden.

Die privaten Schadensmeldungen wurden meist von den mit Truppen belegten Hotels, Gasthäusern und Pensionen eingereicht. So betrug die Summe der Schäden im Deutschen Hof z.B. für die Zeit bis September 1919 4 522,55 M. Dort war eine Unteroffiziersküche eingerichtet worden. Der Schadensersatzanspruch des Arztes Dr. Rothschild belief sich auf 23 554,54 M., da eine Gesamtrenovierung des Hauses erforderlich war. Im Hause waren Patienten mit ansteckenden Krankheiten behandelt worden. So mußte das ganze Gebäude desinfiziert werden. Die Schadensaufstellung der Israelitischen Kuranstalt ergab mit baulichen Schäden eine Summe von 147 648, 50 M., wobei auch Vorräte der Kuranstalt im Werte von 42 708 M. verwendet worden waren. Eine Schätzungskommission, der auch Deutsche angehörten, gab nach der Befragung von Zeugen den von der Gesamtsumme »dem französischen Staate zur Last« fallenden Betrag mit 13 635 M. an.

Zu den Besatzungsschäden kamen noch die Requisitionen und Abgaben hinzu. Vom 16. August 1919 datiert eine Aufstellung über die des Zeitraums vom 14.2.–9.8.1919. Danach waren 129 Lieferungen an 29 Unterkünfte erfolgt, 13 Hotels und 16 private Pensionen und Häuser. Dabei handelte es sich um Holzstämme, Brennmaterial, Lebensmittel – vom 16.7.–16.8.1919 z.B. 403 Liter Milch.

Um die Forderungen der Besatzungstruppen nach 312 Zentnern Stroh im Oktober 1919 erfüllen zu können, hätten die Sodener Bauern zusätzliche Mengen im freien Handel kaufen müssen. Letztlich tätigten die französischen Stäbe den Kauf selbst. Bis zum Februar 1920 wurden dann 74 Zentner Heu gefordert. Die Kosten für Requisitionen und für die Schadensvergütung beliefen sich insgesamt auf 406 978,83 M. Die französischen Behörden bezahlten davon 41 631,44 M., 373 400 M. betrugen die Reichszuschüsse, so daß insgesamt 415 031,44 M. der Gemeinde zur Kostenregulierung zur Verfügung standen. Für nachträgliche Forderungen blieben 8 052,61 M. übrig.

Nimmt man alle Quartier-, Requisitions- und Schadenskosten zusammen, so ergibt dies eine Summe von mindestens 950 000 M. Da diese Summe aber nur zu 80% abgedeckt wurde, hatten die Einwohner und die Gemeinde rd. 190 000 M. aufzubringen. Bei 2738 Einwohnern im Jahre 1919 entsprach dies 69 M. pro Kopf der Bevölkerung.

Die bisher angeführten Kriegsfolgen waren materieller Art. Es gab aber auch Schädigungen, die die berufliche, selbst die Gesamtexistenz einzelner Personen und ganzer Familien betrafen. So wurden durch die Beschlagnahmung der Hotels und Pensionen durch die Besatzungstruppen eine ganze Reihe in der Dienstleistung des Kur- und Sanatoriumsbetriebes beschäftigter Einwohner arbeitslos. Besonders betroffen waren Personen, deren gesamte Existenz an eine solche Einrichtung gebunden war, wie etwa die der »verlassene(n) schwächliche(n) Waise«, Eva Cahen, die als Patientin in die Kuranstalt für arme Israeliten aufgenommen worden war und letztlich auf Dauer dort verblieb, nunmehr das Haus verlassen mußte, aber keinerlei Angehörige hatte, wohin sie sich hätte wenden können. Sie stand mittellos auf der Straße. Ähnlich der Heizer dieser Kuranstalt. Viele Sodener waren in den folgenden Jahren auf die Unterstützung der Gemeinde angewiesen. 1923 gab es in Soden 86 minderbemittelte Personen, bzw. Familien.

Was die aus Soden ausgewiesenen Personen betrifft, so handelte es sich einmal um jene, die nur vorübergehend im Ort wohnten und die im unbesetzten Gebiet geboren waren, zum anderen um zwölf Bedienstete der Bahn, an deren Loyalität zur Besatzungsmacht man zweifelte (Liste vom 14.3.1924, Tagebuch–Nr. 929) und politisch interessierte und engagierte Bürger in besonderer Stellung, wie die beiden Lehrer Joch und Wagenführ, die in den Sommerferien 1923 ausgewiesen worden waren und erst am 1.9.1925 zurückkehren durften sowie Bürgermeister Niederschulte, ehemaliger Weltkriegsoffizier, und den Schöffen Jakob Wenzel. Von den Bahnbediensteten waren betroffen: Bahnhofsvorsteher Inspektor Paul, Eisenbahnschaffner Darmstadt, Oberladeschaffner Eid, Eisenbahnobersekretär Reimann, Betriebsassistent Ottermann, Oberschaffner Brodesser, Bahnsteigschaffner Kampfmann, Bahnarbeiter Hamburger, Zugführer Voland, Zugführer Hederich, Bahnsteigschaffner Arnold und Obersekretär Hausknecht.

Die Rückkehr der Ausgewiesenen erwies sich überall dort als problematisch, wo deren Wohnungen samt Mobilar von den Besatzungsbehörden beschlagnahmt worden war, wie z.B. bei Inspektor Paul und Betriebsassistent Ottermann. Die Gemeinde mußte bei deren Rückkehr neuen Wohn- und Unterstellraum für sie und ihre Familien beschaffen, was nicht ohne Beschlagnahmungen möglich war, da Wohnraum sehr knapp war. So wurden in dem Anwesen des Justizrats Paul Reiss in der Hauptstraße/Lindenweg Räume belegt. Sein Einverständnis setzte man voraus.

Der Vergütungsantrag von Inspektor Paul vermittelt einen Einblick in einen bürgerlichen Haushalt der damaligen Zeit. In 189 Punkten listet er sein gesamtes Inventar auf. Nach den Kostenvoranschlägen stellte es einen Wert von 7 914,95 M. dar. Die Feststellungsbehörde (Bescheid v. 7.2.1925) lehnte den Vergütungsantrag ebenso ab wie der VII. Senat des Reichswirtschaftsgerichtes (6.5.1925). Begründet wurde die Ablehnung mit der am 1.5.1924 erfolgten Pensionierung des Inspektors. Die Notwendigkeit des Bezugs einer neuen Wohnung sei demnach nicht auf die Ausweisung zurückzuführen.

Was die Rechtsverhältnisse in der Besatzungszeit angeht, so achteten die Besatzungsbehörden streng darauf, daß ihre Gesetze und Bestimmungen eingehalten wurden. Die deutschen Behörden wie die Gemeindeverwaltung konnten die ergangenen Urteile lediglich registrieren. Beispiele verhängter Strafen aus jener Zeit finden sich bei den diesbezüglichen Akten des Stadtarchivs Bad Soden. So erhielt z.B. 1923 ein gewisser K. Sch. zehn Tage Gefängnis, weil er als Reichswehrangehöriger ohne Erlaubnis in das besetzte Gebiet eingereist war. Ebenso sechs Monate erhielt ein Bauer, weil er »angeblich einem im besetzten Gebiet verbotenen Verein angehörte«. 5 Millionen Mark Geldstrafe mußten wegen Einführung von unverzollten Waren in das besetzte Gebiet gezahlt werden; 4 Millionen Mark wegen Fahrens eines Motorrades ohne Genehmigung. In diesen vier Fällen wurden die Urteile vom Militärgericht in Wiesbaden gefällt. Mit den Verstößen von Besatzungssoldaten nahmen die Besatzungsbehörden es nicht so genau.

So blieb ein englischer Soldat, der betrunken nachts vor dem Haus der Witwe des Bürgermeisters Busz lärmend aufgefunden wurde, ohne Bestrafung. Er konnte sich weiterhin in Soden frei bewegen. In einer Vergewaltigungssache forderte man lediglich »eine vertrauliche Äußerung über den Ruf der beiden Personen in sittlicher Hinsicht und über ihre Glaubwürdigkeit« an. Ein Urteil ist, soweit die Akten dies ausweisen, nicht ergangen. – Was die Aktivitäten der politischen Parteien und der Vereine in Soden nach dem Ersten Weltkrieg betrifft, so war mit dem Einzug der Besatzungstruppen zunächst jede politische Betätigung unterbunden. Doch schon zu den Wahlen zur verfassunggebenden Nationalversammlung am 19.1.1919 hatten sich die Parteien, im wesentlichen die vier Parteien der Vorkriegszeit, die beiden Deutschnationalen, das Zentrum und die Sozialdemokraten, wieder organisiert. Bei der SPD gab es drei Gruppierungen, die Mehrheitssozialisten (MSPD), die unabhängigen Sozialisten (USPD) und die den Zusammenschluß der Lager anstrebenden Vereinigten Sozialisten (VSPD). Mitglieder des einen oder anderen Lagers wechselten zu einer anderen Gruppierung. Amtsniederlegungen infolge dieser Wechsel nahm die Gemeindevertretung nicht an.

Was die Vereine betrifft, so fanden sich zuerst wieder die großen alten Sport- und Gesangvereine zusammen sowie jene, die Sachinteressen vertraten, wie z.B. der Obst- und Gartenbauverein und der Bienenzuchtverein, die für ihre Mitglieder wichtige Materialbeschaffungen durchführten, u.a. Dünger für die Landwirtschaft und Zucker zur Bienenfütterung. All diese Aktivitäten aber waren der Kontrolle der Besatzungsbehörden unterworfen, selbst die Versammlungen mußten vorher bei der Ortspolizeibehörde angemeldet werden, die einen Antrag auch ablehnen oder an die Kreisbehörden der Interalliierten Rheinlandkommission weiterleiten konnte. Für die Anträge gab es Formulare, die in französischer Sprache abgefaßt waren. Der jeweilige Vorsitzende einer Partei oder eines Vereins bzw. dessen Stellvertreter mußten diese ausfüllen und unterschreiben. Angegeben werden mußten der Grund der Versammlung, das Thema der Veranstaltung und die erwartete Besucherzahl, ebenso der Versammlungsort. Die heute noch erhaltenen

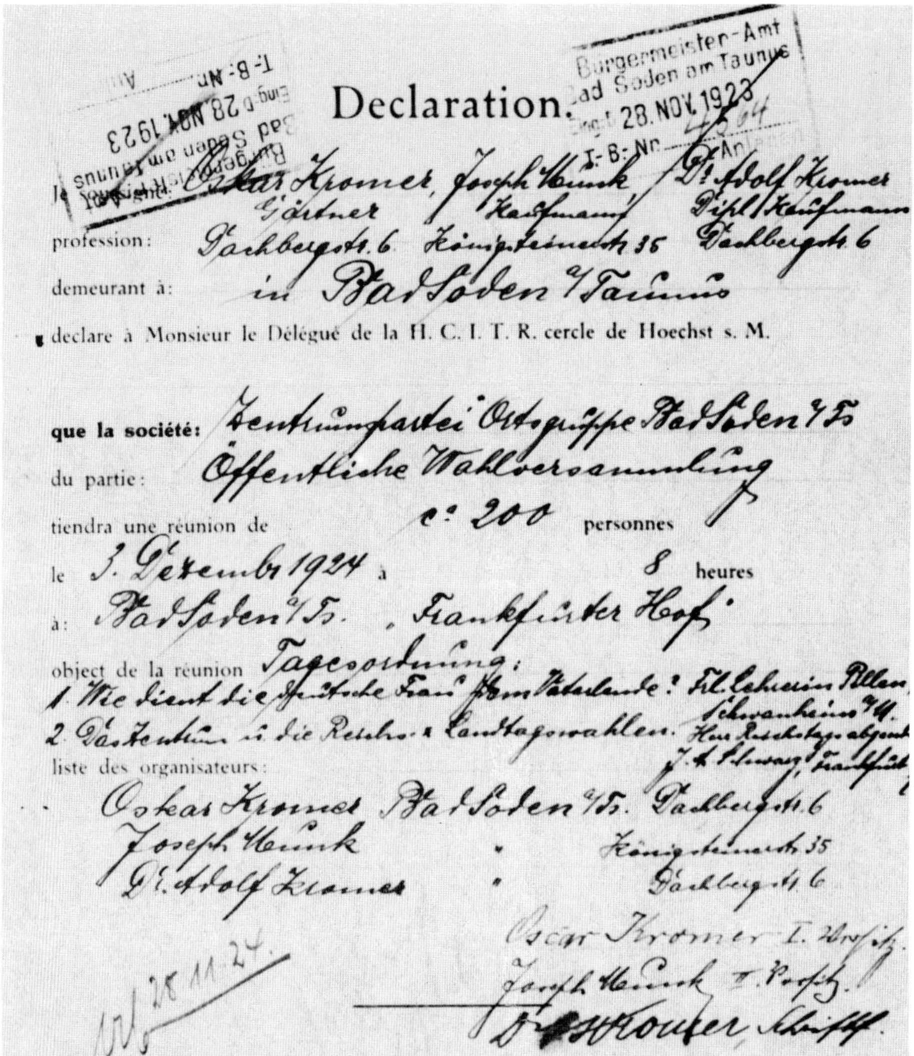

Bürgermeister-Amt Bad Soden am Taunus Eing. 28. NOV. 1923 T.-B.-Nr. 4564 Anlagen

Declaration.

Je soussigné: Oskar Kromer, Joseph Heinck / Dr. Adolf Kromer

profession: Gärtner / Kaufmann / Dipl. Kaufmann

Dachbergstr. 6 Königsteinerstr. 35 Dachbergstr. 6

demeurant à: in Bad Soden a/Taunus

declare à Monsieur le Délégué de la H. C. I. T. R. cercle de Hoechst s. M.

que la société: Zentrumspartei Ortsgruppe Bad Soden a/Ts.

du partie: Öffentliche Wahlversammlung

tiendra une réunion de c: 200 personnes

le 3. Dezember 1924 à 8 heures

à: Bad Soden a/Ts. „Frankfurter Hof"

object de la réunion Tagesordnung:

1. Wie dient die deutsche Frau dem Vaterlande? Frl. Lehrerin Pillen, Schwanheim a/M.

2. Das Zentrum u. die Reichs- u. Landtagswahlen. Herr Reichstagsabgeordneter J. A. Schwarz, Frankfurt

liste des organisateurs:

Oskar Kromer Bad Soden a/Ts. Dachbergstr. 6

Joseph Heinck " Königsteinerstr. 35

Dr. Adolf Kromer " Dachbergstr. 6

Oscar Kromer I. Vorsitz.

Joseph Heinck II. Vorsitz.

Dr. Kromer, Schriftf.

W 28.11.24.

Visa par le Délégué de la

H. C. I. T. R. Hoechst s. M., le 192

Declaration, Anmeldung einer Versammlung der Zentrumspartei für den 3. Dezember 1924

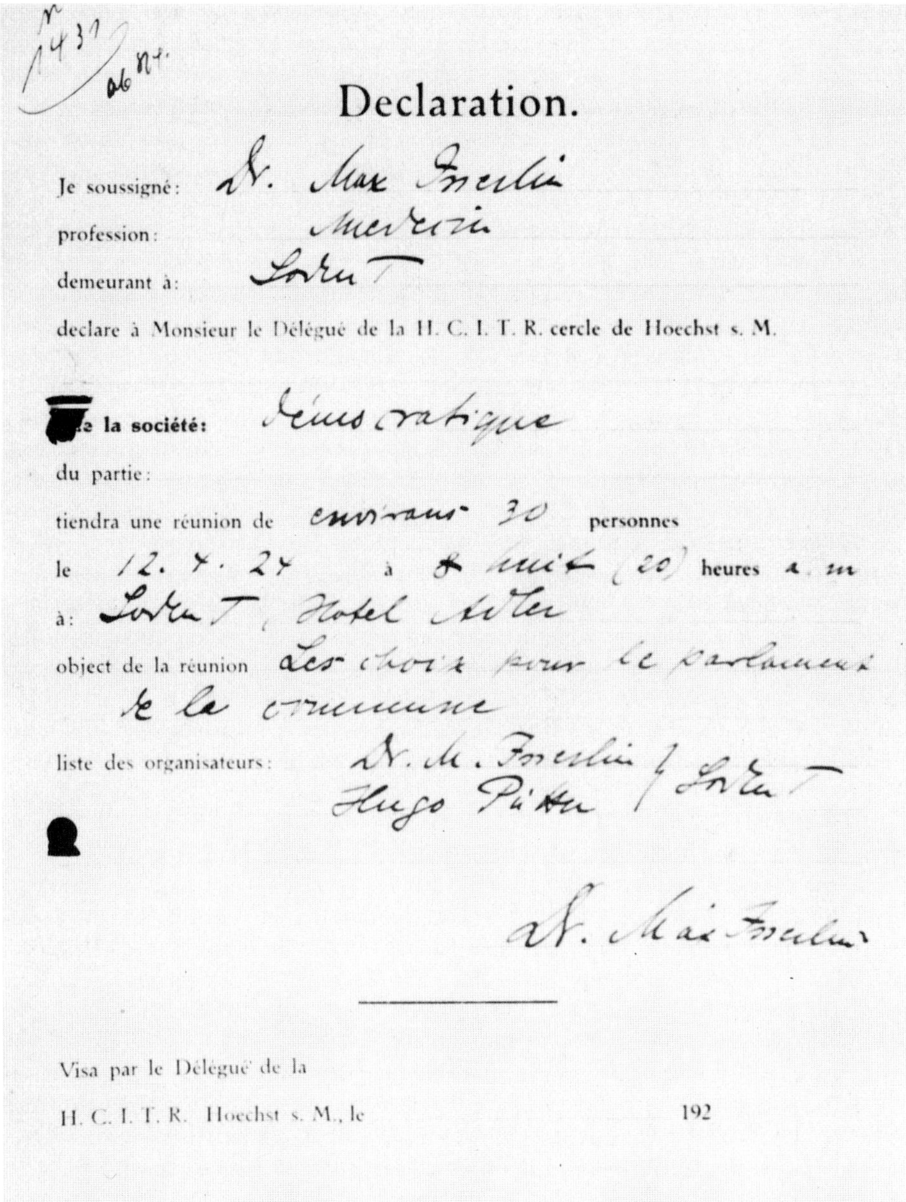

N 1431
ab 8/4

Declaration.

Je soussigné: Dr. Max Fröhlich

profession: Médecin

demeurant à: Soden T.

declare à Monsieur le Délégué de la H. C. I. T. R. cercle de Hoechst s. M.

de la société: démocratique

du partie:

tiendra une réunion de environ 30 personnes

le 12. 4. 24 à 8 huit (20) heures a. m

à: Soden T., Hotel Adler

object de la réunion Les choix pour le parlament de la commune

liste des organisateurs: Dr. M. Fröhlich / Soden T.
Hugo Pitter /

Dr. Max Fröhlich

Visa par le Délégué de la

H. C. I. T. R. Hoechst s. M., le 192

Declaration, Anmeldung einer Versammlung der Demokratischen Vereinigung für den 12. April 1924

Déclarations stammen aus den Jahren 1923–1925. Aus ihnen lassen sich Hinweise auf die im Ort tätigen Parteien, die politische Einstellung bestimmter gesellschaftlicher Gruppierungen und die Stärke der jeweiligen politischen Partei oder eines Vereins entnehmen.

Aufschlußreich sind dabei auch die angegebenen Vortragsthemen. So hielt der »Genosse« Walter bei der Generalversammlung der VSPD am 3.3.1923 einen Vortrag über Presseagitation. Vorsitzender dieser Partei war damals Johann Malinowski, Wilhelm Schüßler Schriftführer. 50–80 Teilnehmer wurden durchschnittlich an einem Abend erwartet, während das Zentrum, dessen Vorsitzender Oskar Kromer war, 2. Vorsitzender Joseph Munk, Schriftführer Wilhelm Dauer, mit 30–50 Teilnehmern bei den Versammlungen rechnete. Am 3. Dezember 1924 hielt die Schwanheimer Lehrerin Pillen ein Referat über das Thema »Wie dient die deutsche Frau dem Vaterlande«. Zu dieser Wahlveranstaltung für die Reichstags- und Landtagswahlen hoffte man auf 200 Besucher. Die Versammlungen der Deutschnationalen Volkspartei (DNVP) waren meist nicht öffentlich. 1923 wurde sie von Freiherr v. Gienanth, 1924 von Hans Faubel geführt, Schriftführer war Wilhelm Göbel. Zu einem Vortrag von Direktor Becker aus Frankfurt erwartete man 30–50 Mitglieder, ansonsten 10–15 Personen. Die Deutsche Volkspartei (DVP) veranstaltete Stammtische mit 10–30 Personen im Durchschnitt. Politische Tagesfragen wurden diskutiert. Organisiert wurden die Veranstaltungen von Bankdirektor Fritz Fuchs (April 1924) und Dr. Thilenius (17.1.1925). Eine öffentliche »Volksversammlung« fand am 20. November 1924 im Frankfurter Hof statt. Dr. Kalle von Biebrich sprach über die Reichstags- und Landtagswahlen. Besonders häufig waren die Versammlungen der Demokratischen Partei (DP) unter dem Vorsitz von Dr. Max (Markus) Isserlin und dem Kaufmann Hugo Pütter. Bei einer größeren Veranstaltung im Hotel Adler sprach am 4.12.1924 Herr Goldschmidt aus Frankfurt. 200 Personen wurden erwartet, ansonsten etwa 30 Teilnehmer. Für den 14.6.1925 kündigte man einen »discours des Mrs. Goll et Winkel« über »de la politique interesse« an. Die Versammlung, die nachmittags um 14 Uhr stattfand, war auch für Frauen gedacht. Mit 100 Teilnehmerinnen und Teilnehmern rechnete man. O. E. Stahl war in dieser Zeit Vorstandsmitglied. Der Wahlauschuß des Reichsblocks für Bad Soden a. Ts. lud für den 25.3.1925 zur »Beratung« der Werbetätigkeit für die Reichspräsidentenwahl ein. Federführend waren Friedrich Dinges V von der Deutschen Volkspartei (DVP) und Hans Faubel von der Deutschnationalen Volkspartei (DNVP), Kandidat der vereinigten Rechten war der frühere Reichsinnenminister Karl Jarres, der im ersten Wahlgang 39 % der Stimmen erhielt. Im zweiten Wahlgang wurde dann am 26.4.1925 Paul von Hindenburg gewählt.

Im April 1924 fand zu den Gemeindewahlen eine Versammlung von »Abgesandte(n) der Wirtschaftsgruppen und bürgerliche(n) Parteien« statt. Es ging um ein gemeinsames Auftreten gegenüber der SPD. Organisiert wurde das Treffen von Dr. Thilenius und Bankdirektor Fuchs. Bei den Kreistags- und Kommunalwahlen im November 1925 lud eine »Arbeitsgemeinschaft Stadt und Land für den Kreis Höchst« zu einer Mitgliederversammlung am 23.11.1925 ein. Rektor Frischholz von Unterliederbach sprach an diesem Abend.

Wie die Versammlungen der politischen Parteien mußten auch die der Interessenverbände angemeldet werden. Für den 12. Juli 1924 berief der Vorsitzende des Gewerbevereins Adam Zengler eine Besprechung anstehender kommunalpolitischer Probleme ein. Der Bienenzuchtverein wollte am 9.8.1924 auf Einladung seines Vorsitzenden, Schulrat K. Baumeister, die Einwinterung der Bienenvölker und die Königinnenerneuerung besprechen. Der Zimmerermeister Georg Artzfeld, Vorsitzender des Haus- und Grundbesitzervereins, lud für den 1.5.1924 zu einer Aussprache über Mietzinsbildung ins Sprudel-Hotel ein. 80 Personen wurden erwartet. Am 25. Juli 1925 wollte man eine »Stellungsnahme zur Lockerung der Zwangswirtschaft und über bevorstehende Mieterhöhung« besprechen. Für den Kurinteressen Verein ging es am 9.4.1924 um Wirtschafts- und Handelsfragen. Die Hoteliers Adolf Neis und Julius Colloseus hatten eingeladen. Mit 20 Teilnehmern rechnete man im Hotel Quellenhof.

Auch die Elternbeiratssitzungen der Volksschule mußten angemeldet werden, so ein Treffen am 29.4.1924, für das Heinrich Leichtfuß den Antrag unterschrieben hatte.

Fragen der Besatzung wurden in keiner der Anträge erwähnt, auch damit zusammenhängende Rechtsprobleme wurden nicht angesprochen.

2. Das Ende der Besatzungszeit
Die Befreiungsfeier

Nach der Zurückziehung der Interalliierten Militärkommission aus Deutschland am 31. Januar 1927 beschlossen die beteiligten Regierungen auf der Konferenz in Den Haag am 21.8.1929 die Räumung des Rheinlandes. Diese war am 30. Juni 1930 abgeschlossen.

11 ½ Jahre hatte man unter Besatzungsrecht gelebt, nun wollte man die »Befreiung« gebührend feiern. Am 9. April lud Bürgermeister Benninghoven Vertreter der örtlichen Institutionen und Vereine für den 16.4.1930 zu einer diesbezüglichen Besprechung in das

Ehrenmal für die Gefallenen des Ersten Weltkrieges im Kurpark vor dem Paulinen-Schlößchen

Hotel Adler ein. In dieser Versammlung trug der Bürgermeister, da niemand von den Anwesenden sich zu Wort meldete, seine Vorstellungen für den Ablauf einer Feier vor, die sich weitgehend mit denen des Gemeinderates deckten. In der Folge befaßte man sich mit der Ausrichtung und dem Programmablauf der Festfeier. Preisangebote wurden eingeholt, so für Wachs- oder Pechfakeln von der »Feuerwerk-, Vereinsartikel- und Cotillon-Sennelaub« in Frankfurt und der »Wachsindustrie Fulda Adam Gies« über 200 Stück, die man für den geplanten Fackelzug benötigte. Beim hiesigen Kaufhaus Munk wurden »200 Stück Tragstäbe, 65 cm lang, 8 mm stark«, für Lampions nebst Kerzen, die die Kurverwaltung zum Preis von 17 RM zur Verfügung stellte, geordert. Was die Musik betraf, so entschied man sich für die Kapelle des Orchestervereins Offenbach a.M., die sich aus Musikern der ehemaligen 168er und Berufsmusikern zusammensetzte, 16 Mann, die eine Vergütung von 165 RM zusätzlich 50 RM Fahrtkosten erhalten sollten, weitere 85 RM für das Musizieren bei der Nachfeier im Frankfurter Hof. Diese Kapelle war in Soden schon mehrmals bei Turnerfesten und Veranstaltungen der Freiwilligen Feuerwehr aufgetreten.

Über die Nachfeier gab es allerdings noch unterschiedliche Vorstellungen. Auf Vorschlag des Mitgliedes des Volkschores Liederquell bzw. des Arbeiter-, Turn- und Sportbundes, Holzapfel, ließ man ein Tanzvergnügen »mit Rücksicht auf den Ernst der Zeit in Wegfall kommen«. Einigen mußte man sich über die Beiträge der verschiedenen Gesangvereine. Vergessen hatte man auch, zu dem ersten Vorbereitungstreffen den örtlichen Reiterverein und den Schulvorstand mit Rektor Becht einzuladen, wofür sich das Rathaus förmlich entschuldigte. Nachdem auch der Pächter des Grundstückes auf dem Dachberg, Hörold, auf dem ein Freudenfeuer abgebrannt werden sollte, dazu seine Einwilligung am 26.6.1930 gegeben hatte – 30 RM sollten für den Ernteausfall bei der Pachtsumme verrechnet werden –, konnte das Programm mit den Einladungen an die Nachbargemeinden und den Kreisausschuß verschickt werden. Einer Lokalnotiz zufolge erklärte sich die Ortsbauernschaft bereit, zwei große Fuhren Holz, das auf eine öffentliche Aufforderung hin gestiftet worden war, kostenlos auf den Dachberg zu fahren. Am 27. bzw. 28. Juni wurde das Programm der Befreiungsfeier, in 300 Exemplaren von der Druckerei J. Pusch, Bad Soden, gedruckt, veröffentlicht und die Einwohnerschaft gebeten, sich recht zahlreich an der Festfeier zu beteiligen. Die Häuser sollten am 30. Juni nachmittags und auch am 1. Juli beflaggt und geschmückt werden. Der Ablauf der Befreiungsfeier in Bad Soden in der Nacht vom 30. Juni zum 1. Juli 1930 war wie folgt vorgesehen:

»20–23 Uhr: Befreiungs–Konzert der Kurkapelle. Beleuchtung des Kurparks. Eintritt frei.

Ab 23 Uhr: Antreten zum Fackelzug in der Hauptstraße (von Königsteiner Str. bis Adlerstr.) und Abmarsch über Hauptstraße, Alleestraße und Königsteinerstraße zum Dachberg.

Auf dem Dachberg:

1. Niederländisches Dankgebet. Gemeinschaftlich gesungen mit Musikbegleitung
2. Die Himmel rühmen des ewigen Ehre. Beethoven Orchesterverein Offenbach
3. Männerchor: Deutschland, du mein Vaterland,
Heinrichs Gesangverein Liedertafel
4. Ansprache
5. Deutschlandlied

Höchster Kreisblatt

Höchster Anzeiger

Main-Taunus-Zeitung

10. Nassauischer Bauern-Tag

Nummer 148 | Samstag, den 28. Juni 1930 | 82. Jahrgang

Der Freiheit zum Gruß!

Titelblatt des Höchster Kreisblattes zur Befreiungsfeier 1930

6. König Heinrichs Aufruf und Gebet aus »Lohengrin« Richard Wagner
   Orchesterverein Offenbach
7. Gemischter Chor: Morgenrot, Nobel
   Volkschor Liederquell
8. Prinz Eugen
   Orchesterverein Offenbach
9. Bleib deutsch, du herrlich Land am Rhein, Hansen
   Gesangverein Liederkranz
10. Abbrennen eines Freudenfeuers

Gegen 24 Uhr: Läuten der Kirchenglocken
Nach dem Abbrennen des Freudenfeuers geschlossener Abmarsch«.
Über den Ablauf der Feier gibt es keine Aufzeichnungen. Politisch neutral, wie es »noch in letzter Minute« ein Vertreter der politischen Rechten forderte, sollte sie durchgeführt werden. Er mutmaßte, daß das Reichsbanner Angehörige von auswärts im Fackelzug einschleusen wollte (Brief vom 29.6.1930). Konsequenzen drohte er an. Die Gesamttendenz der Feier in der hiesigen Gegend läßt sich aus einem vorliegenden Rundschreiben des »Deutschen Touren Automobil Club(s)« aus jenen Tagen ablesen, ist da doch vom Ende der »politischen Sklaverei« die Rede, und es sollten »alle Volksgenossen ohne Rücksicht auf Konfession und Parteizugehörigkeit« zu einer »einheitlichen vaterländischen Kundgebung« veranlaßt werden.

3. Aus der Arbeit der Gemeindegremien

Im Amtsblatt der Preußischen Regierung zu Wiesbaden Nr. 17 vom Samstag, den 29. April 1922 wurde unter der Nummer 325 eine Landespolizeiliche Anordnung bekannt gemacht, in der es heißt:

»Die im Kreise Höchst a. M. gelegene Landgemeinde Soden a.T. wird von jetzt ab ›Bad Soden am Taunus‹ genannt.

Wiesbaden, 21.4.22. Der Regierungspräsident.«

Erst von diesem Datum ab konnte die Gemeinde sich Bad Soden a.Ts. nennen, wiewohl schon in den achtziger Jahren des vorigen Jahrhunderts diese Bezeichnung gelegentlich Verwendung fand.

Die Arbeit der Gemeindegremien wurde seit dem 17.3.1920 durch eine Geschäftsordnung geregelt, die die 16 Gemeindevertreter an diesem Tag angenommen hatten.

Diese Geschäftsordnung befaßte sich in ihrem Abschnitt A mit der Leitung der Gemeindegeschäfte durch den Bürgermeister und dessen Vertretung durch die Schöffen (II. Ausf. Anwsg A. II Ziff. 3 und 4), in Abschnitt B war festgelegt, daß der Vorsitzende der Gemeindevertretung die Tagesordnung der Sitzungen festlegte, die Gemeindevertreter hierzu Anträge einbringen konnten. Dringende Anträge mußten von mindestens 4 Mitgliedern der Gemeindevertretung unterstützt werden. Drei Tage vor jeder Sitzung mußte die Tagesordnung den Gemeindevertretern bekannt sein.

Nach Abschnitt C der Geschäftsordnung fanden die Sitzungen regelmäßig jeden 1. und 3. Mittwoch eines jeden Monats im Rathaus (seit 1908 im Paulinenschlößchen) statt, im Winter um 18 Uhr, im Sommer um 20 Uhr (§ 79 d. L.G.O.) Sondersitzungen konnte der Vorsitzende gemäß § 68 der L.G.O. dann einberufen, wenn mindestens 5 Mitglieder der Gemeindevertretung dies beantragten. Die Sitzungen waren öffentlich. Nichtöffentliche Sitzungen waren auf Beschluß der Gemeindevertretung möglich. Beschlußfähig war diese, wenn mindestens die Hälfte der Gemeindevertreter anwesend war. Jeder von ihnen hatte laut Geschäftsordnung das Rederecht. Ordnungsrufe waren bei verletzenden Äußerungen und beim Abweichen vom Verhandlungsthema zu erteilen. Festgelegt war auch das Einbringen von Anträgen zur Tagesordnung, die Redefolge, der Antrag auf Schluß der Debatte und die Anhörung von Mitgliedern des Gemeinderates. Anfragen, Interpellationen und Abstimmungen sowie die Bildung von Ausschüssen und deren Arbeitsweise waren ebenfalls in den 45 Artikeln der Geschäftsordnung geregelt, ebenso waren Anwesenheits- und Entschuldigungspflicht vorgeschrieben. Auch über die Handhabung von Störungen einer Sitzung oder dauernder Unruhe und offener Streitigkeiten gab es Anweisungen.

Über einen solchen Vorgang gibt es einen Vermerk (abgeheftet unter dem Datum vom 5.4.1932), in dem es heißt: »Die letzte Gemeindevertretersitzung war dadurch gekennzeichnet, daß die Ordnung sehr schwer aufrecht zu erhalten war. Bevor die Sitzung geschlossen und das Protokoll unterschrieben werden konnte, entstand eine Auseinandersetzung zwischen zwei Mitgliedern der Gemeindevertretung, die nahezu zu Tätlichkeiten geführt hätte. Außerdem war der Zuschauerraum überfüllt...dass die Ordnung nur mit Mühe aufrecht gehalten werden konnte, zumal die Zuhörer sich nicht ruhig verhielten und es sogar zu Kundgebungen kam«.

Bei diesen Auseinandersetzungen ging es um die Wohnungsbaukommission. Die Vorwürfe des Gemeindevertreters Schutt an das Kommissionsmitglied Stahl bezogen sich auf angebliche Versäumnisse aus früheren Jahren. Dieser reagierte aufgebracht und wurde tätlich. Schutt wollte daraufhin sein Mandat zurückgeben.

Dieser Vorfall war Anlaß für eine Änderung der Geschäftsordnung. Höchstens 25 Personen durften zukünftig nur noch als Zuhörer im Sitzungssaal anwesend sein. Eintrittskarten für die Sitzungen sollten nach der Fraktionsstärke von diesen vergeben werden. Diese Regelung galt auch für Ausschußsitzungen, wie z.B. den Finanzausschuß, dessen Mitglieder Haub, Holzapfel, Kromer, Maurer und Milch die Karten vergeben sollten.

Wichtigster Punkt des Nachtrags zur Geschäftsordnung war der zu Artikel 19, dem der Absatz zugefügt wurde: » Verletzt ein Mitglied der Versammlung in grober Weise die Ordnung..., kann der Vorsitzende dieses Mitglied von der Sitzung ausschließen. Das ausgeschlossene Mitglied hat den Sitzungssaal sofort zu verlassen. Tut es dies trotz Aufforderung des Vorsitzenden nicht, so wird die Sitzung unterbrochen oder aufgehoben. In diesem Fall zieht sich das Mitglied ohne weiteres den Ausschluß für die folgenden drei Sitzungen der Gemeindevertretung zu. Das betreffende Mitgleid wird auch für 3 Sitzungen ausgeschlossen, wenn polizeiliche Hilfe zu seiner Entfernung in Anspruch genommen werden muß . . . Gegen den Ausschluß kann der Betroffene schriftlich bei der Gemeindevertretung Einspruch erheben. Der Einspruch...hat keine aufschiebende Wirkung . . .«.

Beschlüsse der Gemeindevertretung wurden im Sitzungsprotokoll festgehalten (§ 75 der L.G.O. und II. Ausf. Anwsg. A. I Ziff. 7).

Beispiel einer von Gemeindevertretern geforderten Einberufung einer Gemeindevertretersitzung war diejenige vom 1.4.1932. 5 Gemeindevertreter, vier SPD-Mitglieder und 1 NSDAP-Mitglied, beriefen sich dabei auf § 70 Abs. 4 der L.G.O. Auf der Tagesordnung sollte stehen: »Erforderliche Maßnahmen zur Abwendung der Obdachlosigkeit bei mittellosen Erwerbslosen«. Auf dem Antrag hieß es: »Die Vorgänge der letzten Zeit erfordern schnelle und bestimmte Maßnahmen der Gemeindeverwaltung zur Wohnungsbeschaffung für erwerbslose Mieter, die aus der bisherigen Wohnung hinausgeklagt sind«. Bürgermeister Benninghoven aber teilte mit, daß nach der Geschäftsordnung der Gemeindevertretung Abs. B lfd. Nr. 3 der Antrag erst nach 3 Monaten auf die Tagesordnung gesetzt werden könne. Die Sitzung führte dann zu der oben geschilderten Auseinandersetzung und dem Tumult der Zuhörer.

Im Herbst 1930 war es zu einem Streit um die Geheimhaltungspflicht von Gemeinderatsabstimmungen gekommen. Gegenstand war die Vermietung einer Wohnung in der Margarethenstraße 7, die einem lungenkranken Kriegsbeschädigten zugesprochen worden war. Mieter des Hauses erhoben dagegen Einspruch. Einer von ihnen hatte »sehr genaue« Kenntnis von dem Verlauf der diesbezüglichen Gemeinderatssitzung vom 21.10.1930. Der Bürgermeister beantragte deshalb am 11.11.1930 gegen sich und die Mitglieder des Gemeinderates ein Disziplinarverfahren, um zu klären, durch wen die Schweigepflicht verletzt worden war. Der Landrat verfügte zunächst eine nochmalige Überprüfung des Sachverhalts, weil er annahm, daß der Mieter aus ihm bekannten Tatsachen den Sachverhalt kombiniert haben könnte. Der Gemeinderat aber hielt dies für undenkbar, denn der Mieter konnte die Namen der Gemeinderatsmitglieder nennen, die für die Einweisung gestimmt hatten. Seinen Informanten wollte er aber nicht preisgeben. Erst bei der Vernehmung durch den Landrat gab er zu, »frei kombiniert zu haben«. Das Verfahren wurde somit »praktisch gegenstandslos«.

Auseinandersetzungen gab es 1927 um die neue Geschäftsordnung für den Kurdirektor. In der Gemeindevertretersitzung vom 9.2.1927 (Bericht in der BSZ v. 12.2.1927) wurde zunächst der Kuretat verabschiedet. Die Mehrheit der Gemeindevertretung war der Meinung, daß die Kur sich selbst tragen müßte und ein Finanzausgleich durch die Gemeinde nicht in Frage käme. Dann ging es um die Frage, ob die Kurverwaltung von der allgemeinen Verwaltung abgetrennt werden sollte, damit der Parteienstreit nicht immer wieder ein Hemmnis der Kurentwicklung würde. Die Mehrheit wollte die Kurverwaltung aus der Zuständigkeit der Gemeindekörperschaften herausnehmen, um den politischen Einfluß der Parteien auszuschalten.

Um die Frage der neuen Geschäftsordnung für den Kurdirektor entzündete sich eine heftige Debatte. Bürgermeister Benninghoven verweigerte die Aufklärung über die neue Geschäftsordnung für den Kurdirektor mit der Begründung, er habe wegen der angeblichen Verletzung seiner Rechte durch diese Einspruch erhoben.

Daraufhin beschloß die Gemeindevertretung, daß die Geschäftsordnung in der Gemeindevertretersitzung in 14 Tagen vorgelegt werde. Darüber hinaus sollte sich eine Finanzkommission innerhalb von drei Wochen mit der Beratung eines GmbH-Status für die Kurverwaltung befassen. Eine andere Kommission, bestehend aus den Herren Colloseus, Munk, Dr. Thilenius und Rübsamen, hatte die Aufgabe, noch einmal die Akten des früher beschlossenen Ortsstatuts über die Abtrennung des Kurbetriebes einer Prüfung zu unterziehen.

In der Gemeindevertretersitzung vom 23.2.1927 gab der Bürgermeister die zuletzt beschlossene Geschäftsordnung und den Vertrag zwischen dem Gemeinderat und dem Kurdirektor bekannt. Er teilte außerdem mit, daß der Kreisausschuß die Beanstandung der Geschäftsordnung als zu Recht bestehend anerkannt habe. Nun beschloß die Gemeindevertretung, die alte Geschäftsordnung von 1926 bestehen zu lassen und den Vertrag mit dem Kurdirektor zu genehmigen.

Nach einem Bereicht der »Taunuszeitung« vom 18.3.1927 (Nr. 54) sollte wegen der Geschäftsordnung des Kurdirektors eine Klage im Verwaltungsstreitverfahren durchgeführt werden. Nach der Einweihung des Kurhauses begab sich Kurdirektor Wienkötter nach Ende der Kursaison auf eine Werbereise nach Amerika, von der er laut TZ vom 26.11.1927 (Nr. 233) Ende November zurückgekehrt war. Weiter berichtete die TZ, daß der Kurdirektor, »nachdem er nunmehr das Kurwesen in Soden völlig reorganisiert hat«, am Ende des Jahres aus seiner Stellung ausscheiden werde. Im Kompetenzstreit aber hatte laut TZ vom 31.10.1927 (Nr. 214) der Bezirksausschuß in Wiesbaden entschieden, daß die Bade- und Kurverwaltung selbständig sein sollte. Der Kurdirektor gelte als unwiderruflich angestellt.

Nach Inkrafttreten der Preußischen Sparverordnung vom 12.9.1931 kamen in der Sitzung des Gemeinderates vom 23.11.1931 notwendige Sparmaßnahmen zum Vorschlag. Steuerrückstände, die damals vor allem bei den Gaststätten und Pensionen wegen der schlechten Geschäftslage sehr häufig waren, sollten nicht mehr niedergeschlagen, ebenso die Gewerbesteuer eingetrieben werden. Davon betroffen war z.B. die Pastillenfabrik, der Kurhauspächter und der Deutsche Hof. Außerdem wurde eine Schulstelle abgebaut, in der Folge Rektor Becht nach Frankfurt versetzt.

Der Beigeordnete Waldbock beschwerte sich beim Landrat über die von Bürgermeister Benninghoven eigenmächtige »Erledigung« einiger Tagesordnungspunkte, da bei der betreffenden Sitzung der Gemeinderat beschlußunfähig war. Der Bürgermeister seinerseits forderte Maßnahmen gegen einige Gemeinderatsmitglieder wegen ihres unentschuldigten Fehlens bei der ordnungsgemäß anberaumten Sitzung. Diese aber konnten aus dem Disziplinargesetz nicht begründet werden, deshalb verzichtete der Bürgermeister am 22.2.1932 auf eine Weiterverfolgung seines Antrags. Die nächste Gemeinderatssitzung fand erst am 10.3.1932 statt. Auf ihr wurden dann die strittigen Punkte der Tagesordnung vom November 1931 erledigt.

4. Gesellschaftliche und politische Vorgänge in der Gemeinde

Die in den zwanziger Jahren steigende Zahl der an Sach- und Feierabendinteressen orientierten Vereine, wie z.B. Kleintierzuchtverein oder Skat- und Kegelvereine, macht deutlich, wie sehr die »kleinen Leute« an politischen wie standesbedingten Vorgängen desinteressiert waren und sich von diesen fernzuhalten trachteten. Kleine Handwerker und Gewerbetreibende suchten in Zeiten der gesunkenen Kaufkraft durch Reduzierung ihrer Preise bis zu 25% zu Aufträgen zu kommen und so überhaupt noch Umsatz zu machen. Rückhalt fanden sie im Handwerker- und Gewerbeverein. Nicht allen gelang es, wenigstens das Lebensnotwendige zu erwirtschafen. So kam es zu Notverkäufen, oft nur um Steuerrückstände bezahlen zu können.

Der Handwerker- und Gewerbeverein bildete zugleich ein Gegengewicht zu er im Ort tonangebenden »gutbürgerlichen Mittelschicht«, wie sie sich z.B. im Vorstand und Beirat des 1927 aus den drei bisher um die Kur bemühten Vereinen, Ärzteverein, Kurverein und Verschönerungsverein darstellte: Ärzte, Hotelbesitzer, Kaufleute, Bankvorsteher,

Postdirektor, Schulrektor, Bahnhofsvorsteher und Oberpostmeister. Nur der in der Öffentlichkeit bekannte aktive Schuhmachermeister Krick wurde als Vertreter des Handwerker- und Gewerbevereins hinzugezogen, ebenso die »Sprecher« des Gesangvereins und des Turnvereins, denn diese brauchte man für die Ausgestaltung von Festen und Veranstaltungen. Letztlich aber waren alle Planungen auf die Förderung der Kur abgestellt, Operettenabende z.B. des Süddeutschen Operettentheaters Frankfurt a.M. ebenso wie »Symphonische Konzerte«. In den Bad Sodener Lichtspielen zeigte man Programme mit Publikumslieblingen wie Henny Porten, Emil Jannings, Lilian Harvey, Harry Liedke, Pat und Patachon. Maskenbälle wurden getrennt veranstaltet, solche, die in den großen Hotels stattfanden (Kurhaus, Rheinischer Hof, Hotel Colloseus) und den allgemeinen »Bürgermaskenbällen« sowie den Vereinsveranstaltungen.

Auch zu Wohltätigkeitsveranstaltungen wurde eingeladen, um die ständig wachsende Not des durch Arbeitsmangel »bedrängten Mittelstandes« (BSZ 1926) und der Erwerbslosen zu lindern. Daß davon eine große Anzahl Einwohner betroffen war, zeigt die Tatsache, daß im Jahre 1926 der katholische Kirchenchor seinen alljährlich üblichen Maskenball mit der Begründung ausfallen ließ, daß viele Gemeindemitglieder nicht mehr in der Lage seien, mit ihrem geringen Einkommen an einem Maskenball teilzunehmen. Man traf sich statt dessen in Altenhain im Gasthaus Zum Taunus zu einem gemütlichen Beisammensein. Überhaupt wurden in jenen Jahren von vielen Vereinen Familienabende veranstaltet, die der Geselligkeit dienen sollten. Stammtische waren üblich, wie z.B. der der begüterten Handwerker als Frühstücksstammtisch im »Adler«. Aber auch die politischen Parteien suchten durch solche Stammtischrunden Mitglieder zu werben. Der Zahl der Versammlungsanträge nach, die an die Besatzungsbehörden gestellt wurden, und der Häufigkeit der Einladungen in der BAD SODENER ZEITUNG entwickelte die Deutsche Volkspartei (DVP) die größte Aktivität. Hier verbanden sich nationale Gesinnung mit einem übersteigerten, intoleranten Nationalbewußtsein und Liberalität im Sinne eines parlamentarischen Verfassungsstaates im Rahmen der gegebenen politischen Verhältnisse.

Ebenso aktiv war die Deutsche Demokratische Partei (DDP), die sich als Sachwalterin der durch Krieg und Inflation geschädigten bürgerlichen Mittelschicht betrachtete. Sammlungsort reaktionär rechtsstehender Gegner des »Weimarer Systems« war die Deutschnationale Volkspartei (DNVP), extrem antidemokratisch, unterschwellig schwang schon deutsch–völkischer Antisemitismus mit. Ablesbar war die Einstellung einer Partei an den bei ihren Versammlungen gehaltenen Vorträgen. Hinter scheinbar allgemeinen Themen, wie z.B. »Rechtsverhältnisse in Bad Soden a.Ts. im Laufe mehrerer Jahrhunderte«, gehalten von Rektor Frischholz, verbargen sich Gedankengänge, die das Thema »Reichsfreiheit« und »freies Reichsdorf«, das unnachgiebige Kämpfen der Einwohner Sodens und Sulzbachs um die Erhaltung ihrer kaiserlichen Privilegien, auf die Zeit übertrugen und als Propagandamittel für eigene Programme und zu deren Rechtfertigung nutzten. Im Sog dieser Parteien konnte die Nationalsozialistische Deutsche Arbeiterpartei ihr Gedankengut entfalten und Mitglieder gewinnen. Von Vorteil waren für sie auch die langjährige Aktivität einzelner Mitglieder in den verschiedensten Vereinen, wodurch es ihnen möglich war, im Sinne ihrer Partei zu wirken. Nicht überall wurde der Propagandatätigkeit der Nationalsozialisten und ihrer Sympathisanten gegengesteuert, was auch seinen Grund darin hatte, daß der Ortsgruppenleiter der Partei schon langjährig in der Gemeindearbeit wie auch in Vereinsvorständen tätig war, im Ort ein gewichtiges Wort mitreden konnte.

Daß dennoch dessen parteipolitische Agitation nicht überall hingenommen wurde, zeigte eine Auseinandersetzung innerhalb der Turngemeinde im Jahre 1928. In der Vorstandssitzung vom 29.10.1928 wurde dem 1. Schriftführer des Vereins, eben dem Ortsgruppenleiter der NSDAP, vorgeworfen, daß er den Ankauf des Saales des Frankfurter Hofes nur betreibe, um daraus eine »Hitlerkaserne« zu machen. Die Mehrheit des Vorstandes bestritt, daß im Verein Politik gemacht werde und daß die Mehrheit in diesem Gremium Mitglieder einer »staatsgefährdenden Partei« seien. Der Angegriffene selbst sprach von politischer Hetze und zog einen Vergleich mit den zahlreichen SPD-Anhängern in den Vereinen der Vorkriegszeit. Diese seien auch nicht aus ihren Vorstandsämtern entfernt worden. Insgesamt herrschte die Meinung vor, »daß ein Parteiführer nicht auch zugleich Vorstandsmitglied eines Vereins sein kann«. Die Auseinandersetzung hatte die Amtsniederlegung des 1. und 2. Vorsitzenden sowie der beiden Schriftführer zur Folge. Auf der nächsten Generalversammlung wurde festgestellt, daß »jeder Politik treiben kann«, solange diese nicht in den Verein hineingetragen werde. Bei der Neuwahl des Vorstandes fielen dann von 87 abgegebenen Stimmen 68 auf den NSDAP–Ortsgruppenleiter als 1. Vorsitzenden. Im Vorstand waren in der Folge von 6 Vorstandsmitgliedern 4 NSDAP–Anhänger. Der Vorsitzende blieb bis zu seiner Ernennung zum Kreisleiter des Kreises Mainz im Jahre 1938 im Amt. 1931 wurde durch den Landrat ein Disziplinarverfahren gegen den NSDAP–Ortsgruppenleiter eingeleitet, weil er sich »für seine Partei werbend betätigt« habe, was mit seinem Amt als Schöffe nicht zu vereinbaren sei, da dies den Beamten verboten war (§ 2 des Disziplinargesetzes für nichtrichterliche Beamte vom 21.7.1852–G.S.S. 465/Beschluß des Preußischen Staatsministeriums vom 25.6.1930 – St. M. I No. 7683, nach dem ehrenamtliche Beamte, die Mitglieder der NSDAP oder der KPD waren, nicht aktiv für ihre Partei wirken durften). Die Mitglieder des Gemeinderates, Anhänger der DDP und DVP, traten in einem Schreiben an den Landrat für den vom Amt Suspendierten ein. Sie betonten, daß sie zwar zu der politischen Einstellung und Betätigung des Betroffenen nicht Stellung nehmen wollten und auch auf dem Standpunkt stünden, »dass die große Politik mit der Betätigung in dem Gemeindevorstand nichts zu tun hat«, aber daß sie feststellen müßten, daß auch der Beschuldigte in den Sitzungen diesen Grundsatz befolgt habe. Er habe immer im Interesse der Gemeinde gehandelt und mit ihnen in diesem Sinne zusammengearbeitet. Das Verfahren stütze sich auf Punkte, welche mit seiner Betätigung im Gemeindevorstand nichts zu tun hätten.

In der Gemeindevertretung war es 1930 schon zu einer Kontroverse der SPD mit der NSDAP gekommen. Letztere hatte Flugblätter verbreitet, die den Bürgermeister veranlaßten, die darin enthaltenen Unwahrheiten, die vor allem die SPD betrafen, in der Sitzung vom 23.12.1930 zu verurteilen. Auch sieben Gemeindevertreter bestritten in einem Brief vom 7.1.1931 an die Gemeindevertretung, daß der Sprecher der SPD–Fraktion in der Sitzung vom 23.12.1930 die angegebene Aussage gemacht habe. Die Briefschreiber stellten den Antrag, daß die Gemeindevertretung dies durch einen Beschluß bestätigen sollte. Dies geschah mit 9 gegen 5 Stimmen.

In einem Schreiben vom 1.9.1931 (Tgb. A. Nr. 920) teilte der Landrat mit, daß das Urteil über die Entfernung des Beschuldigten vom Amt vom 21.5.1931 rechtskräftig geworden sei und somit ein Nachfolger (laut §§ 8, 9 des Gemeindewahlgesetzes vom 9.4.1924 in Verbindung mit dem Ministerialerlaß vom 11. Juli 1931 IV a 175) zu bestimmen sei.

Das Verbot der Betätigung von Beamten in der NSDAP und KPD (St. M. I. Nr. 7683 – M. Bla. VS. 599) wurde am 27.7.1932 für die NSDAP aufgehoben. Dennoch wurde der Antrag des aus dem Amt entfernten Gemeindeschöffen auf Wiedereinstellung am 7.10.1932 mit der Begründung abgelehnt, »daß im Hinblick auf die Vorschriften des § 8 Gemeindewahlgesetzes ein Rückgängigmachen der verhängten Dienststrafe der Entfernung aus dem Amte nicht erfolgen kann, wenn die gegen Sie verhängte Dienststrafe der Entfernung aus dem Amte rechtskräftig sein sollte«, was am 20. Juni 1931 geschehen war.

5. Wahlen vor 1933

Die Ergebnisse der Wahlen von 1919 bis zum Ende des Jahres 1932 lassen die Meinungen und Auffassungen der Einwohner Sodens und deren Entwicklungen und Veränderungen deutlich werden.

Nachdem zunächst zu Beginn der Besatzungszeit 1918/19 ein allgemeines Versammlungsverbot ausgesprochen worden war, bemühten sich die Vorkriegsparteien, zu den für 1919 festgesetzten Wahlen (verfassungsgebende Nationalversammlung, Gemeindewahlen) Wahlversammlungen abzuhalten. Vorsorglich waren diesbezügliche Anträge eingereicht worden. Die »Administration militaire française« genehmigte dann »die Abhaltung der bisher im besetzten Gebiet verboten gewesenen örtlichen Wahlen« und ließ in allen Zeitungen bekanntmachen: »Die Versammlungs- und Redefreiheit wird in weitgehendstem Maße zugestanden. Jeder Bürger kann seine Meinung äussern und verteidigen unter der einzigen Bedingung, dass diese Meinungsäußerung weder gegen die öffentliche Ordnung, noch gegen die Sicherheit der alliierten Armeen oder die Ehre Frankreichs und seiner Alliierten verstösst«.

Das Wahlergebnis macht die damals gegebenen Mehrheitsverhältnisse deutlich. Sechs Parteien hatten sich an der Wahl beteiligt: die Deutsche Demokratische Partei (DDP), die Deutsche Volkspartei (DVP), die Deutschnationale Volkspartei (DNVP), die Mehrheitssozialisten (SPD), die Unabhängigen Sozialdemokraten (USP) und das Zentrum. Die Stimmenverteilung war folgende:

DDP	DVP	DNVP	SPD	USP	Zentrum
459/33%	296/21,4%	23/1,7%	361/26%	35/2,8%	204/15%

Das »bürgerliche Lager« hatte mit 71,1% der Stimmen die absolute Mehrheit. Die Ziele und Auffassungen der DDP, der DVP und der DNVP waren national-konservativ. Die DVP hielt zwar die Völkerversöhnung für erstrebenswert, sah sie jedoch solange als unmöglich an, wie die »Ehre des Volkes von Feinden zertreten wird«. Deshalb war man gegen den aufgezwungenen Versailler Frieden und plädierte für die Vereinigung aller Deutschen einschließlich Österreichs. Die DDP verlangte ebenso die Revision des Friedensvertrages und das Selbstbestimmungsrecht wie die Gleichberechtigung Deutschlands. Sie war gegen die Absplitterung deutscher Volksteile, zumal sie einen »Volksstaat« und gleiches Recht für alle in Gesetzgebung und Verwaltung forderte.

Ähnlich dachte in dieser Hinsicht das Zentrum, die Partei der Katholiken, betonte aber außerdem die unbedingte Rechtmäßigkeit der Mittel und Grundlagen.

Die am 16.11.1919 abgehaltenen Gemeindewahlen hatten folgendes Ergebnis:

DDP	DVP	DNVP	SPD	USP	Zentrum
294/22.8 %	376/29 %	–	387/28 %	79/6,1 %	156/12 %

Die bürgerlichen Parteien hatten demnach einen Rückgang auf 63,8 % der Stimmen zu verzeichnen (- 7,3 %), die Sozialdemokraten eine Zunahme auf 34,1 % (+5,3 %) (Differenz Splittergruppen).

Die nächsten Wahlen waren die Wahlen zur Preußischen Landesversammlung am 26.1.1919.

Bei den Reichstagswahlen vom 6.6.1920 konnten die bürgerlichen Parteien wieder ein Plus verzeichnen, 73 % der Stimmen, während die Sozialdemokraten nur auf 26,9 % (-4,2 % gegenüber dem Gemeindewahlergebnis) kamen:

DDP	DVP	DNVP	SPD	USP	Zentrum
394	468	111	511		207

Die Ergebnisse der Wahlen zum Preußischen Landtag am 20.2.1921, zum Kommunallandtag und zum Kreistag liegen nicht mehr vor.

Bei den Gemeindewahlen vom 4.5.1924 erhielten die bürgerlichen Parteien 701 Stimmen (45,8 %) und die Sozialdemokraten 576 Stimmen (37,7 %), eine Freie Vereinigung gewann 252 Stimmen (16,48 %). Auf der örtlichen Ebene ist also ein deutlicher Trend zur Sozialdemokratie festzustellen, wohl eine Folge der zunehmenden Probleme im Beschäftigungsbereich infolge der Inflationsjahre.

Trotz wieder steigender Kurgastzahlen – 1919:418, 1922:2 428, 1923:800 und 1924:3 131 – fehlte es im Dienstleistungsgewerbe und im Handwerk an Arbeitsplätzen und Aufträgen. Die Kurgäste bevorzugten nicht nur der Preise wegen die kleinen Privatquartiere, da sie eine persönliche Note in Bedienung, Verpflegung und Wohnlichkeit hatten, wiewohl sie meist wenig Komfort boten. Da in diesen Quartieren meist kein Personal angestellt wurde, sondern die Familienmitglieder, Frauen und Töchter, die Bedienung übernahmen, gingen in Hotels und Gasthäusern durch den dortigen Rückgang der Kurgastzahlen Arbeitsplätze verloren.

Erster Beigeordneter wurde Albert Waldbock, Schöffen wurden der Fabrikant Philipp H. Schutt (DDP), Landwirt Friedrich Dinges 5 (DVO), Malermeister Franz Wolf (Freie Vereinigung), Kaufmann Ernst Eulenstein (SPD) und Kaufmann Anton Walter (SPD). Eulenstein, Schutt und Dinges gehörten schon dem vorherigen Gemeinderat an.

Die Reichstagswahl vom 7.12.1924 brachte folgende Stimmenverteilung: DDP 377, DVP 387, DNVP 145, SPD u. USP 601, Zentrum 198 und KPD 17 Stimmen. Diese Wahl ist für die Sodener Belange deshalb so wichtig, weil bei ihr zum erstenmal die NSDAP angetreten war und 17 Stimmen erhielt. Die »Hitlerbewegung«, wie man sie fünf Jahre später in Soden nannte, war demnach auch in Soden mit ihren Zielen bekannt. Ein im »Höchster Kreisblatt« am 19.2.1923 unter der Überschrift »Hitler, der bayrische Diktator« erschienener Artikel, der ein »Porträt des Führers der Nationalsozialisten« zeichnete, wurde wohl auch hier im Ort gelesen. Neben einer detaillierten Beschreibung der Person Hitlers und seiner Redeweise führte der Verfasser, der ungenannt blieb, auch die Ziele der »Bewegung« an: Kampf gegen die Juden, Kampf gegen alles Nichtdeutsche und Kampf für den nationalen Gedanken. Da hieß es weiter: »Was Hitler spricht, ist Kampf, Kampfansage«. Er sei der neue »Prophet«. Das »sozialistische Lager« wurde als

Hitlers größter Gegner bezeichnet. Seine Anhänger kämen nicht so sehr aus dem sozialistischen Lager, obwohl er es verstanden habe, die Reihen in diesem Lager zu lichten, sondern aus dem bürgerlichen Mittelstand und der Jugend. Der bürgerliche Mittelstand habe zu den alten Führern kein Vertrauen mehr. »Da ist Adolf Hitler wie ein Komet am politischen Himmel und sein Redefeuer leuchtet weithin. Auf seiner Fahne flammt der nationale Gedanke, der heute mehr denn je die Herzen beseelt. Darum der Zulauf zu Hitler«. Er wird in der Folge als eine Zeiterscheinung, als Vorkämpfer für die nationale Sache bezeichnet. Abrechnung mit den Novemberverbrechern von 1918 sei seine Devise. Volkseinheit und Volkseinigkeit im nationalen Gedanken wird propagiert.

Die Wahl des Reichspräsidenten am 26. April 1925 brachte eine neue Verteilung der verschiedenen Gruppierungen. Zunächst standen beim ersten Wahlgang auf der Wahlliste sieben Kandidaten, von denen keiner im gesamten Reichsgebiet die erforderliche absolute Mehrheit erhielt. Es waren Braun (SPD), Held BVP (=Bayr. Volkspartei), Hellpach (DDP), Jarres (DNVP, DVP), Ludendorff (NSDAP), Marx (Zentrum) und Thälmann (KPD). Die Stimmenverteilung in Soden war folgende: Braun 505/33,4% – Held 1/0,06% – Hellpach 282/18,5% – Jarres 255/34,5% – Ludendorff 29/1,9% – Marx 166/10,9% – Thälmann 9/0,6%.

Im gesamten Reichsgebiet sah die Stimmenverteilung so aus: Braun 29% – Held 3,7% – Hellpach 5,8% – Jarres 38,8% – Ludendorff 1% – Marx 14,5% – Thälmann 7,0%.

Beim zweiten Wahlgang am 26.4.1925 gab es neben Thälmann zwei Blockgruppierungen. Hindenburg als Kandidaten unterstützten die DVP, die DNVP, die BVP und die NSDAP; Marx war der Kandidat des Zentrums, der SPD und der DDP. Hindenburg, der mit relativer Mehrheit gewählt wurde, erhielt in Soden 743 Stimmen/44,27%, Marx 922 Stimmen/54,9% und Thälmann 13 Stimmen /0,8%.

Im gesamten Reichsgebiet sah die Stimmenverteilung so aus: Hindenburg 48,3%, Marx 45,3% und Thälmann 6,4%.

In Soden hatte sich also der »Volksblock« gegen den »Bürgerblock« durchgesetzt. Bei den folgenden Wahlen bis Ende 1932 handelt es sich nur bei der vom 17.11.1929 um eine Gemeindewahl, alle anderen, mit Ausnahme der vom 24.4.1932, einer Landtagswahl, waren Reichstagswahlen.

Aus den im Stadtarchiv Bad Soden a.Ts. vorhandenen Wahlunterlagen, Wahlvorschlägen, Kandidatenerklärungen, Wahlausschußnominierungen und Auszählunterlagen der Jahre 1929–1933, ist zu ersehen, daß nur wenige Bürger politisch aktiv waren. Bestimmte Namen tauchen immer wieder auf.

Der Wahlausschuß für die Gemeindewahl am 17.11.1929 bestand aus: Heinrich Michel, Anton Hartling, Oskar Kromer und Hugo Pütter; Stellvertreter waren Friedrich Wagner, Ernst Eulenstein, Josef Schicke und Dr. Max Isserlin. In zwei Wahllokalen wurde gewählt: Rathaus und Badehaus.

Sechs Listen waren zur Wahl zugelassen: Sozialdemokratische Partei (SPD) mit 24 Kandidaten, Deutsche Zentrumspartei mit 7 Kandidaten, Deutsche Volkspartei (DVP) mit 12 Kandidaten, Deutschnationale Volkspartei (DNVP) mit 6 Kandidaten, Deutsche Demokratische Partei (DDP) mit 10 Kandidaten und die Nationalsozialistische Deutsche Arbeiterpartei (NSDAP) mit 6 Kandidaten.

In den Berufen, die diese Kandidaten ausübten, und derjenigen, die die betreffenden Parteien stützten – jeweils zwischen 10 und 13 Personen hatten die Listen unterschrie-

Gemeindewahl.

Kennwort: Nationalsozialistische Deutsche Arbeiter-Partei (Hitler-Bewegung)

Erklärung.

Der Unterzeichnete erklärt hiermit, daß er der Aufnahme seines Namens in den Wahlvorschlag der Nationalsozialistischen Deutschen Arbeiter-Partei (Hitler-Bewegung) zur Wahl der Gemeindevertretung am 17. November 1929 zustimmt.

Baden-Baden, den 31. Oktober 1929.

Vor- und Zuname: Fritz [illegible]

Beruf: Bankdirektor

Wohnung (Str. u. Nr.) [illegible] 4.

Bescheinigung.

Es wird hiermit bescheinigt, daß der obenbezeichnete Bewerber am Wahltage das fünfundzwanzigste Lebensjahr vollendet hat, die Reichsangehörigkeit besitzt, in den letzten 6 Monaten ununterbrochen seinen Wohnsitz in der Gemeinde hatte und vom Wahlrecht nicht ausgeschlossen ist.

[illegible], den 24. Oktober 1929.

(Siegel)

Der Gemeindevorsteher:

[illegible]

Bürgermeister

Gebührenfrei!

Form. [illegible]
Propaganda-Verlag Herford, Schließfach 132.

Einverständniserklärung, für die NSDAP (Hitler-Bewegung) bei der Gemeindewahl vom 17.11.1924 zu kandidieren ben – sind keine besonderen Schwerpunkte in beruflicher Hinsicht zu erkennen. Vom Handwerker über den Kaufmann und den Beamten bis zum Rentner war alles vertreten. Bei der SPD und der DDP gab es je eine Frau als Kandidatin. In der DDP fallen die Berufe auf: Arzt, Bänker, Hotelbesitzer und mehrere Handwerksmeister. Diese Gruppierung arbeitete mit der zahlenmäßig stärkeren DVP zusammen, bei der sich begüterte Landwirte befanden, so der oftgenannte und offenbar einflußreiche Friedrich Dinges V. Die Listen der katholischen Zentrumspartei weisen konstant dieselben Namen auf, was wohl auf die kirchengemeindlichen Aktivitäten der Betreffenden zurückzuführen ist. Die Liste der NSDAP zeigt, was die Berufe betrifft, ein breites Spektrum. Spitzenkandidat war der Ortsgruppenleiter, von Beruf Bankdirektor. Ihm folgten ein Bankbeamter, drei Handwerker und ein Lagerarbeiter. Gestützt wurde die Liste von einem weiteren Bankbeamten, einem Lehramtskandidaten, einem Techniker, einem Weißbinder, einem Landwirt, einem Schornsteinfegermeister, einem Laboranten, einem Händler und zwei kaufmännischen Angestellten.

Die erhaltenen Flugblätter zu dieser Wahl spiegeln, was die Beziehung zwischen der SPD und der KPD angeht, die bekannte Zerstrittenheit der Linken. Die SPD, die sich als Interessenvertretung der Arbeiter und Kleinbauern verstand, gab die Parole aus: »Keine Stimme den bürgerlichen Parteien...den Nationalsozialisten und Kommunisten«, durch die die Arbeiter nur Schaden gehabt hätten. Sachargumente waren das Defizit der Kurverwaltung von 80 000 Mark, das die bürgerliche Mehrheit und der Nationalsozialist verschuldet habe, auch die Gesamtschulden Sodens, die mit 2 Millionen Mark beziffert wurden. Das Gespenst eines Regierungskommissars drohe. Sonderinteressen sei gedient worden. Der Ausbau der Wasserversorgung, Straßenbau, Wohnungsbau, die Verbesserung der Einrichtungen des Badehauses und die notwendige Neufassung der Quellen seien verhindert worden. Das Freiluft-Schwimmbad im Altenhainer Tal, das der Volksgesundheit diene, 1927 angelegt, sei nur bei heftigem Widerstand der bürgerlichen Parteien durch Ausnutzung einer Zufallsmehrheit von der SPD durchgesetzt worden. 35 000 Besucher habe das Bad in diesem Jahr gehabt. Steuererhöhungen träfen die Kleinhandwerker, das Kleingewerbe und die Kleinpensionsinhaber. Bei der Verteilung des Bäderkredites habe es Herr Colloseus verstanden, sich den Hauptanteil zu sichern.

Die Wahlen vom 17.11.1929 hatten folgendes Ergebnis: DDP 354 – DVP 491 – DNVP 67 – SPD 479 – Zentrum 221 – NSDAP 181 Stimmen. Sitzverteilung: DDP 4 – DVP 5 – SPD 5 – Zentrum 2 – NSDAP 2 Sitze.

Über zwei Wahlvorschläge, einen von der SPD und eine parteiübergreifende »Liste Dinges«, auf der auch der Führer der NSDAP stand, wurden am 5.12.1929 die sechs Gemeinderatsmitglieder gewählt: DDP 1 – DVP 2 – SPD 2 – NSDAP 1 Vertreter.

Die bis Ende 1932 folgenden Reichstags- bzw. Landtagswahlen hatten folgende Ergebnisse:

	1930	24.4.32 Landtag	31.7.32	6.11.32
DDP	—	—	—	—
DVP	461	245	189	276
DNVP	73	104	172	149
SPD	546	553	618	492
Zentrum	294	274	383	279

	1930	24.4.32 Landtag	31.7.32	6.11.32
Staatspartei	188	87	52	34
Reichspartei d. Mittelstandes	114	—	13	—
Christl. sozial. Volksdienst	36	—	33	51
Deutsches Landvolk	—	7	5	—
NSDAP	551	796	1128 (37%)	838 (33%)
Kommunisten	54	67	89	141
Sonstige	—	9	47	—

X. Die Zeit des Dritten Reiches

1. Das Jahr 1933

Aus der Zeit von 1933–1945 sind im Bad Sodener Stadtarchiv nur noch wenige Akten vorhanden (Abt. III/XV). Sie wurden bei der Sichtung des Materials beim Aufbau des Stadtarchivs in Vorgängen anderer Zeitabschnitte gefunden oder waren bestimmten Themenkreisen zugeordnet, z. B. einer Akte »Wahlen«, waren also mehr oder weniger durch Zufall erhalten geblieben. Die eigentlichen Unterlagen aus jener Zeit waren nicht mehr auffindbar. Sie waren, spätestens beim Umzug in das neue Rathaus, mit aussortierten Vorgängen beseitigt worden. Im wesentlichen handelt es sich bei den noch vorhandenen Akten um Wahlunterlagen aus der Zeit der Reichstags-, Landtags- und Gemeindewahlen vom 5. und 12. März 1933.

Eine wichtige Quelle vor allem für die Beantwortung der Frage, wie das am 30. Januar 1933 installierte Regime in der Gemeinde immer mehr an Boden gewinnen konnte und warum Duldung und Unterstützung für den nationalsozialistischen Staat in der Bevölkerung immer mehr zunahmen, ist der nur durch Zufall in Privathand erhaltene Band der

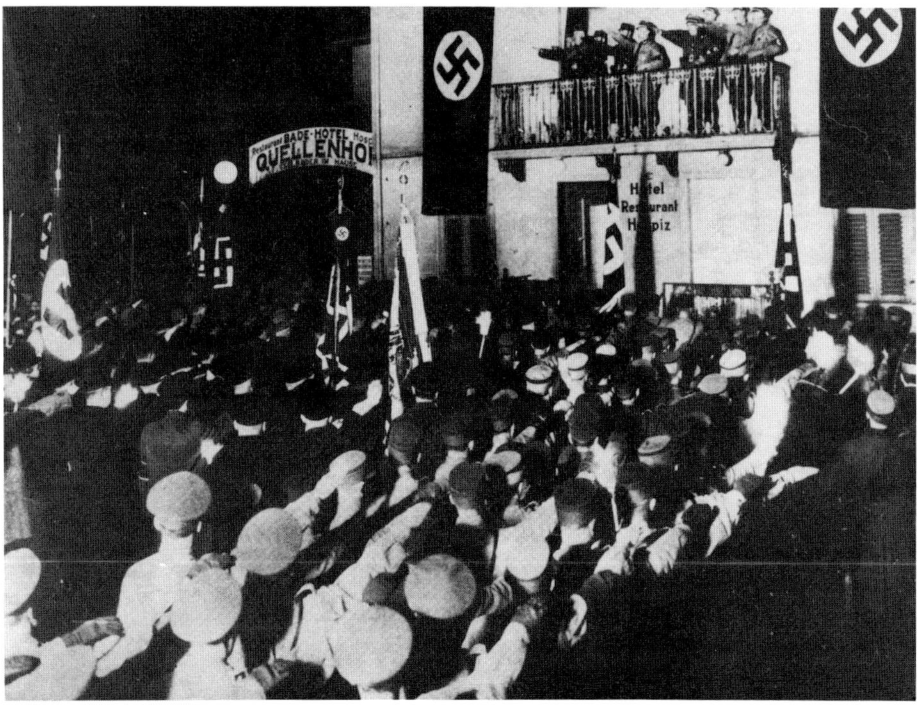

Kundgebung der NSDAP vor der Parteidienststelle im Hotel Quellenhof im Jahre 1933

BAD SODENER ZEITUNG des Jahres 1933. In den Spalten *AMTLICHES, LOKALES UND ALLGEMEINES* finden sich dort immer wieder Aussagen und Mitteilungen, die die Vorgänge jenes Jahres erhellen.

So spricht ein Rückblick während der ersten Sitzung der Gemeindevertretung am 25. Januar 1933 »über die vergangenen Jahre, insbesondere über die immer größer werdende Not, die auf dem ganzen deutschen Volke lastet und sich besonders im Jahre 1932 katastrophal auswirkte«, und gibt der Überzeugung Ausdruck, »daß das deutschen Volk, das seit 1914 in ununterbrochener Kette so Furchtbares erlitten und trotzdem bewundernswerte Disziplin bewahrt habe, trotz aller Schwierigkeiten dennoch sich wieder aufraffen und emporkommen werde«. Arbeitsbeschaffungsprogramme und Sofortprogramme wurden gefordert, im Bereich Kanal- und Straßenbau auch angekündigt. Dann beherrschen Themen der bevorstehenden Reichstags- und Landtagswahlen am 5. März und den für den 12. März angesetzten Wahlen zu den kommunalen Körperschaften, Gemeindevertretungen, Kreistagen und Provinziallandtagen die Titel- und Reklameseiten.

Die »Gleichschaltung« wurde mit der »Verordnung über die Auflösung der Vertretungskörperschaften der Gemeinden und Gemeindeverbände« vom 4. Februar 1933 (Nr. 13.830 Preußische Gesetzsammlung Nr. 6 1933 vom 7.2.1933 S. 21f) eingeleitet, der gleichzeitig die »Verordnung über die Festsetzung des Wahltages für die kommunalen Neuwahlen« am 12. März 1933 folgte (Nr. 13.831 Preußische Gesetzsammlung Nr. 6 vom 7.2.1933 S. 22), die als Begründung für die Neuwahlen die Verordnung des Reichspräsidenten zur Sicherung der Haushalte von Ländern und Gemeinden vom 24. August 1931 (Reichsgesetzblatt I S. 453) nennt. So hoffte man, die neue Reichtstagsmehrheit auch in den Gemeindevertretungen installieren zu können.

Am 2. Februar folgte, drei Wochen vor dem Reichstagsbrand, das Verbot von Versammlungen, Ansammlungen und Umzügen der kommunistischen Partei Deutschlands unter freiem Himmel (BSZ = *BAD SODENER ZEITUNG* Nr. 15 vom 4.2.1933 Bekanntmachung). Der Wahlkampf wurde, so die BSZ, »in sehr scharfe(r) Polemik« geführt.

Der SPD wurde wegen ihrer Forderung nach Enteignung der Großgrundbesitzer und der Schwerindustrie im Sinne ihres Erfurter Programms (1891) und dem Aufbau einer sozialistischen Plan- und Bedarfswirtschaft eine programmatische Annäherung an den Kommunismus nachgesagt. Die SPD wehrte sich in einem Aufruf, in dem es hieß: ». . . Daß wir die Republik schufen, allen Staatsbürgern, Männer und Frauen gleiche Rechte gaben, das allgemeine, gleiche Wahlrecht für Staat und Gemeinde einführten, die Sozialversicherung verbesserten, die Arbeitslosenversicherung durchsetzten, den Arbeitslohn tariflich gegen Unternehmerdruck sicherten, daß wir den Beamten das Koalitionsrecht gaben, die Mieter gegen die Hausbesitzer schützten, daß wir den Achtstundentag proklamierten, Volksbühnen schufen, Arbeiterwohungen errichteten, mit Luft und Licht und Grünflächen und Spielflächen – das ist unser ›Novemberverbrechen‹!« (BSZ vom 4.2.1933).

Das Zentrum betonte den Willen zur Sammlung und schloß eine Duldung der Regierung nicht aus. DVP und Christlich-sozialer Volksdienst wollten Ende Februar 1933 eine Listenverbindung eingehen (BSZ vom 4.2.1933).

In der ersten öffentlichen Wahlversammlung der NSDAP, bei der der Redner von der Gauleitung Hessen-Nassau-Süd besonders auf die Pläne seiner Partei zur Arbeitsbeschaffung einging, waren laut BSZ »Die Sodener Geschäftswelt, Haus- und Grundbesitzer, Kur-Interessenten und nicht zuletzt die Arbeiterschaft« zahlreich vertreten »und folgten mit Aufmerksamkeit den aufklärenden Ausführungen und bezeugten ihre Zustimmung durch lebhaften Beifall«.

An dem am Sonntag, dem 19.2.1933, durchgeführten SA-Marsch, bei dem laut der BSZ »die tadellose Haltung beachtet« wurde, befand sich »ein großer Prozentsatz Kriegsteilnehmer in der Marschkolonne«. Am 27.2.1933 sprach bei einer Wahlkundgebung, der ein Fackelzug vorangegangen war, Gauleiter Sprenger. In der BSZ hieß es am 2.3.1933: »Redner zeichnete ein klares und verständliches Bild des marxistischen Irrwahns, der sich durch die Politik vom Munitionsarbeiterstreik im Frühjahr 1918 angefangen über Umsturz, Waffenstillstand, Versailles, Dawes- und Joung-Plan . . . hinzog«.

Auch die technischen Möglichkeiten wurden genutzt, Reden in Sammlungslokalen übertragen, Lichtbildvorführungen mit Filmen wie »die nationale Erhebung«, »Der Tag von Potsdam« oder »14 Jahre System«, »Deutsche Wehr — deutsche Ehr« und »Deutschland erwacht«, Spielfilme wie »Der Choral von Leuthen«, »Der SA-Mann Brandt« veranstaltet (BSZ vom 13.4., 29.4., 17.8.1933). In der BSZ finden sich von allen Parteien Wahlaufrufe. Das Zentrum warb für den »Block der Ordnung«, die Deutsche Volkspartei für die »Nationale Front eines freien gerecht regierten deutschen Volkes der Zukunft«, die Kampffront Schwarz-Weiß-Rot mit Hindenburg für »Einheit dem deutschen Volk«. Die NSDAP veranstaltete am Samstag, den 4. März 1933, ein »Freiheits-Feuer« auf dem Dachberg.

Das Ergebnis der Reichstagswahl vom 5. März 1933 in Soden lautete: NSDAP 1155 – SPD 484 – KPD 70 – Zentrum 265 – Kampffront Scharz-Weiß-Rot 172 – DVP 182 – Christl.-sozialer Volksdienst 53 – Deutsche Staatspartei 25 Stimmen.

Das Ergebnis der Landtagswahl vom gleichen Tag: NSDAP 1120 + 28 Mit Hindenburg für ein nationales Preußen – SPD 453 – KPD 69 – Zentrum 254 – Kampffront Schwarz-Weiß-Rot 172 – Radikaler Mittelstand 1 – DVP 190 – Christl.-sozialer Volksdienst 55 – Staatspartei 25 Stimmen.

Am Tag nach diesen Wahlen begann der Wahlkampf für die Gemeindewahlen am 12. März 1933. In einer Wahlversammlung am 6.3.1933 wollte der Ortsgruppenleiter der NSDAP die nationalsozialistische Gemeindepolitik darlegen. In der Wahlversammlungsanzeige der Partei in der BSZ vom 9. März 1933 warb man um das Vertrauen der Wähler. Habe man am 5. März Adolf Hitler das Vertrauen geschenkt, so gelte es jetzt, klare Verhältnisse in der Gemeinde zu schaffen.

In der BSZ vom Dienstag, den 7. März 1933 wurden die zur Wahl zugelassenen sechs Wahlvorschläge bekanntgemacht: NSDAP mit 18 Kandidaten, SPD mit 16 Kandidaten, Zentrum mit 7 Kandidaten, Kampffront Schwarz-Weiß-Rot mit ebenfalls 7 Kandidaten, DVP mit 10 Kandidaten und eine überparteiliche Liste mit 11 Kandidaten. Letztere begründete ihren Zusammenschluß damit, daß nicht Parteipolitik oder Weltanschauungen bei den Gemeindewahlen entscheiden dürften, sondern »gründliche Kenntnisse, klarer offener Blick, größtes Verantwortungsbewußtsein und höchste Arbeitsfreude ... größte Sauberkeit in allen Fragen der Verwaltung, Stellungnahme ohne Ansehen der Person, unermüdliche Dienstleistung im Interesse des ganzen Gemeinwesens . . .«, »nicht Haß, nicht Kampf«, wie es in ihrer Wahlanzeige in der BSZ vom 7.3.1933 hieß. Die Gemeinden seien in Not.

Das Wahlergebnis der Gemeindewahl vom 12. März 1933: NSDAP 985 — SPD 378 — Zentrum 257 — Kampffront Schwarz-Weiß-Rot 142 — DVP 257 — Überparteil. Bürgerliste 148 Stimmen. Danach ergab sich folgende Sitzverteilung: NSDAP 9 — SPD 3

— Zentrum 2 — Kampffront Scharz-Weiß-Rot 1 — DVP 2 — Uberparteil. Bürgerliste 1 Sitz.

Kreistagswahl und Kommunallandtagswahl hatten folgende Ergebnisse:

	Kreistagswahl	Kommunallandtagswahl
NSDAP	1068	1098
SPD	405	401
Zentrum	269	264
Kampffront Schwarz-Weiß-Rot	144	141
DVP	264	246
Christl.-soz. Volksdienst	29	—
Sonstige	4	2
Staatspartei	—	38

In den Gemeinderat wurden gewählt: Bankdirektor Fritz Fuchs, Kaufmann Wilhelm Göbel, Sekretär Konrad Haub, Schreiner Johann Hofmann und Chemiker Dr. Wilhelm Schaich. Die Genannten schieden aus der Gemeindevertretung aus.

Die Wahlerfolge vom 5. und 12. März 1933 wurden von der NSDAP in Bad Soden mit Aufmärschen und Aktionen gefeiert. Am Nachmittag des 8. März 1933 marschierten SA-Leute mit einem Spielmannszug zum Paulinenschlößchen, das damals Rathaus war, und hißten im Beisein einer großen Menge von Einwohnern dort die Hakenkreuzfahne und die Fahne Schwarz-Weiß-Rot. Am 9. März wurden weitere Flaggenhissungen vorgenommen, so auf dem hiesigen Postgebäude, dem Bahnhofsgebäude sowie auf dem Kreis-Altersheim. Gleiches geschah auch an den meisten Orten im Reich. Den Protest des Kölner Zentrumsabgeordneten Joos wischte Reichsminister Hermann Göring mit der Bemerkung zur Seite, daß er dafür verantwortlich sei, daß »der Wille der Majorität des deutschen Volkes gewahrt wird.«

Am Dienstag, den 14.3.1933 stellte die NSDAP ihre Gemeindevertreter nach einem Fackelzug durch Soden im Saal des Frankfurter Hofes vor. Der Ortsgruppenleiter der NSDAP und der Ortsgruppenführer des Stahlhelm sprachen zu den Zielen ihrer zukünftigen Gemeindearbeit, ersterer faße seine Propagandathesen in dem Satz »Gemeinnutz geht vor Eigennutz« zusammen, der Stahlhelmführer verwies auf die »Ziele eines Freiherrn vom Stein«. Ein konkretes Programm für die Gemeindearbeit hatte keiner von beiden Rednern vorzustellen. Auch die Feiertagsreden zur Eröffnung des Reichstags am 21. März 1933 in der Potsdamer Garnisonskirche, dem sogenannten »Tag von Potsdam«, sollten das Bekenntnis zur nationalen Erhebung, zum Volk und der Partei, zur nationalen Disziplin und Ordnung jedermann zur Pflicht im Sinne »des großen Preußenkönigs« machen. Am Abend dieses Tages wurde dann ein Höhenfeuerwerk auf dem Dachberg abgebrannt. Zu dieser Veranstaltung, die mit einem Fackelzug verbunden war, hatten erstmals auch die Sodener Vereine in Anzeigen in der BSZ vom 11.3.1933 ihre Mitglieder zur Teilnahme aufgerufen. Ziel der nächsten Wochen war es, die Jugend für die Partei zu gewinnen. Arbeitslosen Jugendlichen wurde ein Arbeitsdienstlager in Schwalbach angeboten, wo sie täglich 6 Stunden arbeiten sollten. Am 30.3.1933 wurde in der BSZ für den »Scharnhorst-Bund deutscher Jungmannen« geworben, dessen Arbeit in der Linie der Bestrebungen des Reichskuratoriums für Jugendertüchtigung lagen. Kameradschaft, vaterländische Gesinnung und körperliche Ertüchtigung sollten durch Heimarbeit und Ausmärsche gefördert werden. In einer Anzeige in der BSZ vom 23.5.1933 wurde für einen Halbtags-Ausflug des BDM (Bund deutscher Mädchen) geworben.

Wenn in einem Artikel der BSZ vom 30.3.1933 der neue Geist der Jugend beschrieben wurde, Volk, Vaterland, seine Ehre und seine Wehr als Ideale des Jugend-Gedankens genannt, sie als sittliche Angelegenheit gewertet sind, dann war aus der am 16.9.1933 in der BSZ in der Rubrik »Aus Hessen und Nassau« veröffentlichten Mitteilung über den Abtransport einer größeren Anzahl von »Schutzhäftlingen« in ein Konzentrationslager, deren Tätigkeit man ausschalten und die man »ihrer verdienten Strafe« zuführen wollte, zu ersehen, was man unter dem »Kampf um die Reinheit in jeder Form, um die Sitte, um die Erhaltung deutscher Kultur« verstand (BSZ vom 30.3.1933). Als ein Sodener Sozialdemokrat dann abgeholt wurde, sprach man nunmehr nur hinter vorgehaltener Hand seine Vermutungen aus, und nur bei Leuten, bei denen man sicher war, daß sie keine Parteigänger der NSDAP waren.

Der Boykott-Tag gegen jüdische Geschäfte am 1. April 1933, der von der Ortsgruppenleitung der NSDAP in einem Aufruf als Gegenaktion gegen »Greuelnachrichten aus dem Ausland« dargestellt wurde, mit dem die Hetze »jüdischer . . . Volksverräter« gegen das »erwachte, nationale Deutschland« beantwortet werden sollte, fand nicht bei allen Sodener Einwohnern Zustimmung. Verwunderlich war es nach dieser Aktion nicht, daß der neue Besitzer eines ehemals jüdischen Geschäftes in Frankfurt bereits Anfang Oktober 1933 als »rein christliches Unternehmen« in der BSZ Reklame machen konnte.

Schon in der Gemeindevertretersitzung vom 30. März 1933 wurde auf Antrag der NSDAP Hitler mit 18 gegen 3 (SPD) Stimmen zum Ehrenbürger ernannt und ihm ein Kuraufenthalt in Bad Soden angeboten. Auf Antrag der DVP wurde dann auch Reichspräsident von Hindenburg Ehrenbürger von Bad Soden. Zum 44. Geburtstag Hitlers am 20.4.1933 wurde eine Lebensmittelspende durchgeführt, die an »in Not befindliche Volksgenossen und Familien mit Ausnahme von zwei Volksgenossen, die verzichteten«, verteilt wurde. Sämtliche Unterstützungsempfänger »ohne Unterschied der Partei«, wie es in der Annonce über die Verteilung der »Hitler-Spende« hieß (BSZ vom 25.4.1933) wurden bedacht.

Zum 1. Mai 1933, dem »Feiertag der nationalen Arbeit« wurde ein Festprogramm entwickelt. Die Sodener Vereine und Verbände riefen in Zeitungsanzeigen ihre Mitglieder zur Teilnahme an diesen Veranstaltungen auf. Immer wieder hieß es in den Annoncen: Teilnahme ist Pflicht oder Ehrenpflicht! Vormittags wurden die Feierlichkeiten aus Berlin im Musikpavillon im Kurpark übertragen, anschließend fand eine Kinovorführung statt, am frühen Nachmittag eine zweite und dritte. Abends wurde ein Fackelzug veranstaltet, anschließend ein Fest-Kommers im Saal des Frankfurter Hofes.

Im Mai 1933 wurde Bad Soden Sitz der NSDAP-Kreisleitung. Beauftragter Kreisleiter war Ortsgruppenleiter Fuchs. Am 4.6.1933 kam der preußische Ministerpräsident Hermann Göring auf seiner Fahrt nach Königstein durch Soden. Er wurde im Auftrag der Ortsgruppe der NSDAP und der Gemeinde vom Beigeordneten Fuchs begrüßt. Über 1.000 Personen, so die BSZ, nahmen an dem Empfang teil.

Das Zusammenkommen bei zahlreichen öffentlichen und festlichen Anlässen, die die NSDAP veranstaltete, bewirkte bei den immer öfter als »Volksgenossen« angesprochenen Einwohnern ein Gefühl von Zusammengehörigkeit, so daß die Gleichschaltungsmaßnahmen, Parteien und Vereine betreffend, auf keinerlei Widerstand trafen, zumal deren Spitzenverbände den Verordnungen zustimmten und den Anschluß an die Organisationen der NSDAP suchten.

Am 22.6.1933 wurde die SPD im ganzen Reich verboten, die Mitglieder der SPD aufgrund eines Funkspruchs des Ministers des Innern vom 24.6. (II 1410 a) und in Ausführung der §§ 40, 41ff des Polizeiverwaltungsgesetzes vom 1.6.1931 von den Sitzungen der Gemeindevertretung ausgeschlossen.

Am 1. Juli löste sich die Bad Sodener Ortsgruppe des Zentrums auf (BSZ vom 4.7.1933). Das Ende des Parteienstaates war gekommen, auch das Ende des Parlamentarismus. Der damalige Reichstag sollte nach einem Jahr durch eine »Volksvertretung« abgelöst werden.

Was die Gleichschaltung der Vereine betrifft, so beließ man den örtlichen Vereinigungen eine Art Schattenexistenz. Zwar waren diese wie z. B. die Turner in der Gauturnerschaft gleichgeschaltet, konnten aber auf Ortsebene als Verein weiterbestehen, wie das Programm zum Erntedankfest am 1. Oktober 1933 zeigt.

Die Festzüge von Soden und Sulzbach am Erntedankfest trafen sich auf dem Sulzbacher »Schlageter-Sportplatz«. Der Kreisleiter wies in seiner Rede darauf hin, daß man »hier auf historischem Boden zusammengekommen, wo vor hunderten von Jahren die Bewohner der Freien Reichsdörfer Soden und Sulzbach ihre Erntedankfeste feierten«. Jeder sei verpflichtet, an der Erneuerung und dem Wiederaufstieg des Vaterlandes aktiv teilzunehmen.

Da es in Soden kein Gewerkschaftshaus gab, war auch die Besetzung dieser Gewerkschaftseinrichtungen am 2. Mai durch die Arbeisfront und die nationalsozialistischen Betriebsorganisationen in Soden nicht registriert worden. Am 11. Juli 1933 (BSZ vom 13.7.1933) hatte dann eine NSB-Versammlung der Ortsgruppe Bad Soden stattgefunden.

Am 30. Juli 1933 war in Bad Soden (1.300 Teilnehmer) ein SA-Sportfest veranstaltet worden, Anlaß für die »alten Kämpfer« der Sodener SA auf die »Kampfzeit« in einem Artikel der BSZ vom 27.7.1933 zurückzublicken. Am 4. Oktober 1931 waren sie zum erstenmal durch den Ort marschiert, wie Truppführer Lehming schrieb.

In dem Bericht der BSZ vom 14.9.1933 wurde über die »Pflicht-Versammlung« des Krieger- und Militärvereins berichtet, der nunmehr neben seiner bisherigen Fahne die Kyffhäuserbundfahne mit einem Hakenkreuzwimpel zu tragen hatte. Solche Bestimmungen wurden für wichtig erachtet, da die Vereine immer wieder mit den Parteiorganisationen zusammen auftraten und so die Einheit des Denkens deutlich gemacht werden sollte.

Zum Reichsparteitag in Nürnberg 1933 waren auch NSDAP-Mitglieder von Soden gefahren. Sie wurden bei ihrer Rückkehr am 5.9.1933 feierlich empfangen. Auch auf dem Gauparteitag in Frankfurt am 23. und 24. September war Soden vertreten. Der Sammelsonntag der NS-Volkswohlfahrt, genannt »Winterhilfswerk«, am 8. Oktober führte zur Aufstellung der Blocks mit Blockwarten und Helfern des WHW. Laut BSZ vom 7.10.1933 waren in Soden zwanzig Blocks eingeteilt worden, jeweils mit einem Blockwart und zwei bis drei Helfern. Zu einer Befehlsausgabe mußten diese am 7.10.1933 um 19 Uhr im Restaurant Weigand erscheinen. Sie hatten dann am Sonntag, den 8.10.1933, Dienst. In der Folge übten sie auch eine gewisse Kontrollfunktion aus. Sie überwachten nicht nur die Handlungen der Einwohner, sondern beobachteten auch Personen und Familien, die der Partei verdächtig waren. Gesinnungsschnüffelei war an der Tagesordnung.

Vom 15.–22. Oktober veranstaltete der Handwerker- und Gewerbeverein in Verbindung mit der NSDAP-Hago zur Reichshandwerkswoche eine »Werkstückschau« im Frankfurter Hof, die mit einem Fackelumzug verbunden war, an dem alle Sodener Vereine mitwirkten.

Am 28.10.1933 veröffentlichte die BSZ die für die Reichstagswahl am 12.11.1933 aufgestellte Einheitsliste mit den zehn Spitzenkandidaten der NSDAP:

1. Reichskanzler Adolf Hitler,
2. Stellvertreter des Führers Rudolf Heß,
3. Reichsminister Dr. Wilhelm Frick,
4. Reichsminister Hermann Göring,
5. Reichsminister Dr. Joseph Goebbels,
6. Stabschef der SA Ernst Roehm,
7. Reichsminiser Walter Darre,
8. Reichsminister Franz Seldte,
9. Vizekanzler Franz von Papen,
10. Reichsminister a. D. Alfred Hugenberg.

Unter der Überschrift »Morgen gilt's!« wandte sich die Partei, obwohl sie sich »hätte beruhigen können, daß durch das Ermächtigungsgesetz vom 23. März dieses Jahres Adolf Hitler die weitgehenden Vollmachten zur Regierung für vier Jahre bekommen hat«, »bereits nach acht Monaten an das deutsche Volk«. Die Rede Hitlers in der Frankfurter Festhalle wurde am Sonntag, den 29.10.1933, in Bad Soden gemeinsam gehört, und zwar laut Anzeige bei Federweißem und Rüdesheimer im Hotel Adler. Deshalb fiel auch die vorgesehene Wanderung des Taunus-Klubs Bad Soden aus.

Ihre Erfolgsbilanz verbreitete die Partei in Zeitungsartikeln: »Im Oktober Erwerbslosenzahl erstmals gesunken« (1934 in Soden 134), »Preisermäßigung in der Fettwirtschaft zugunsten der Minderbemittelten«, »Erfolgreiche Außenpolitik«.

Zur Außenpolitik fand gleichzeitig mit der Reichstagswahl eine Volksbefragung statt. Gleichberechtigung mit anderen Nationen hieß die Parole. Eine diesbezügliche Anzeige in der BSZ lautete: »Wehrlos! Aber nicht ehrlos! Für Ehre, Gleichberechtigung, Arbeit und Frieden! Stimmt mit ›Ja‹! Wählt geschlossen die Liste der National-Sozialistischen Deutschen Arbeiterpartei«.

In einem Artikel der BSZ am 11.11.1933 eines Herrn Müller-Scheld hieß es u.a.: »Alle deutschen Wählerinnen und Wähler haben am 12. November zu beweisen, ob sie es überhaupt wert sind, daß noch jemand an ihre Vernunft, an ihre Einsicht und an ihre Bedeutung glaubt . . . Die NSDAP und ihren Führer nicht wählen, wäre ein Verbrechen vor Gott und der Zukunft des deutschen Volkes . . . Nur der verworfenste Abschaum in Deutschland kann diesen geradezu göttlichen Glauben Adolf Hitlers an sein Volk mißachten!«

Am 7. November kündigt eine Anzeige in der BSZ den Film »Blutendes Deutschland« in den Bad Sodener Lichtspielen an. Am Tag der Reichstagswahl wurden in Soden die Flaggen gehißt. Sämtliche Kraftfahrzeugbesitzer mußten ihre Wagen ab 12 Uhr am Parteibüro (Restaurant Weigand) zum Transport bereitstellen. Das Ergebnis der Wahl hieß: NSDAP 2.435 Ja-Stimmen, 149 ungültige Stimmen; Volksabstimmung: 2.503 Ja-Stimmen, 42 Nein-Stimmen, 46 ungültig.

Am Samstag, den 18.11.1933, findet sich in der BSZ ein Artikel »Die Nein-Wähler«. Darin heißt es u.a.: ». . . An dieser nunmehr für alle Zeiten leuchtend dokumentierten deutschen Schicksalswende können selbstverständlich die rund 2 Millionen Nein-Stimmen, die im ganzen Reich abgegeben wurden, nicht das Geringste ändern. Es gibt in jedem Volk eine beschränkte Anzahl Personen, charakterlose Subjekte, die nie und nimmer für die heilige Sache einer wahren Volksgemeinschaft zu gewinnen und zu ihr zu rechnen sind. Im deutschen Volk sind diese Elemente jetzt bis zu ihrem letzten Vertreter gezählt. Zwei Millionen gemeine Verräter am schaffenden, ringenden Volk, . . ., das sie am Sonntag in schamloser Weise verraten wollten. Wenn je das niederträchtige Wort, das einst einer der ersten Vertreter der Partei des organisierten Landesverrates, der SPD, von der Hundepeitsche sprach, angewandt werden müßte, dann für die Landesverräter vom Sonntag ... Muß heute nicht jedem dieser Verräter seine Schande wie ein Kainsmal auf der Stirne brennen und ihn mit dem Gefühl eines Aussätzigen über die Straße gehen lassen . . . daß er nie mehr in seinem Leben das Recht hat, Anteil zu nehmen an den Schicksalsfragen der Nation, weil er sich selbst für sein Leben ehrlos gemacht hat? . . . Wir aber sind in diesen Tagen bis ins Innerste beglückt, denn nun ist es endlich wahr geworden . . .: Ein einiges, heiliges Deutsches Reich.«

Das Jahr der Machtübernahme schloß mit einer Weihnachtsfeier der Partei. In der BSZ erinnerte einer der Mitglieder der »alten Garde« an die ersten Anhänger der Partei. Dort heißt es u.a.: ». . . Die hiesige Ortsgruppe der NSDAP nimmt bei dieser Ehrung (gemeint ist die Ehrung der »alten Garde«) eine besondere Stelle ein, ist doch Bad Soden der Platz, welcher im Verhältnis zu allen anderen Orten und Städten im Reich die meisten alten Kämpfer besitzt. Für den ganzen Maintaunuskreis werden z.B. an eingesessene Parteigenossen 14 Ehrenzeichen verliehen, hiervon kommen auf die OG. Bad Soden 13. Heute . . . ist es dringend notwendig sich derer zu erinnern, die jahrelang bereit waren, den schweren Gang für Deutschlands Auferstehung in unserer Gemeinde zu gehen. Während der Zeit der Besatzung, des passiven Widerstandes, waren es 3 Mann (Heller, Maurer Karl [Gärtner] und Fuchs), bald kamen Schäfer, Lüders und Kilb dazu . . . Am 24. März (1925) traten sie mit dem Führer in schriftliche Verbindung und gaben ihm Kunde von ihrem gläubigen Vertauen und ihrer Gefolgschaftstreue. Die erste Anmeldung ging ab. Als außerhalb des besetzten Gebietes beschäftigt, meldete sich Fuchs an. Er erhielt die Mitgliedsnummer 999 . . . Im Oktober 1927 wurde die OG. gegründet. Im Frühjahr 1928 stießen die letzten hinzu, welche heute als »Alte Garde« bezeichnet werden . . . Bereits 1927 war Fuchs als von dem Gauleiter bestätigter einziger Nationalsozialist in das Gemeindeparlament eingezogen. 1928 sah die Heyse-Versammlung mit dem unvergeßlichen Peter Gemeinder im Frankfurter Hof. Ganze 15 Mann behaupteten sich gegen die tobenden Gegner. Ich sehe noch den ›roten Kronprinzen‹ aus Höchst, wie er wutgeifernd die Genossen um 1 Uhr nachts aufforderte, den Saal zu verlassen und Gemeinder das herrliche Schlußwort sprach. Mit dieser Versammlung hatten sich die Nationalsozialisten in Soden durchgesetzt ... Diejenigen, die durchgehalten haben, sie erhalten am Samstag bei der Weihnachtsfeier das herrliche Ehrenzeichen der Bewegung und werden es mit Stolz in Ehren tragen. Hier die Namen: Fuchs, Heller, Schäfer, Kilb, Scheurich, Baier Fritz, Hofmann Johann, Schmunk Ludwig, Schnabel, Müller Emil, Beickler, Maurer Wilhelm und Graf Paul.«

2. Die beiden christlichen Kirchen und das Jahr 1933[1]

Das Verhältnis der beiden christlichen Kirchen zu den Ereignissen des Jahres 1933 war vor allem bei der evangelischen Kirche geprägt durch die in der Vergangenheit geübte Praxis, Kirche und Staat, vor allem in Preußen, in enger Verbindung zu halten. Aus der ehemals reichs- und landesherrlichen Bindung der Kaiserzeit, in der z.B. der Ortspfarrer zugleich die Schulaufsicht wahrnahm, mußte man sich lösen, da die Weimarer Verfassung eine solche nicht mehr praktikabel machte. Man suchte die innerkirchliche Erneuerung zur Volkskirche hin. Eine der Voraussetzungen hierfür, so glaubte man Ende der zwanziger Jahre, war die Wiedergewinnung von »Stabilität im Vaterland«, wie dies in der Chronik der Kirchengemeinde vermerkt ist. Diese konnte nur erreicht werden, so die verbreitete Meinung, wenn die Vielzahl der Parteien reduziert wurde. Bei der Reichstagswahl am 14.9.1930 standen noch 16 Parteien auf dem Bad Sodener Wahlzettel. Als dann die NSDAP bei der Reichstagswahl am 31.7.1932 mit 1.128 Stimmen die Mehrheit auf sich vereinigte, glaubten viele, hier tue sich eine Hoffnung auf für eine bessere Zukunft. Großen Eindruck müssen auch, nach den Aufzeichnungen in der Kirchengemeindechronik, die Feierlichkeiten zur Eröffnung des Reichstags am 21.3.1933 hinterlassen haben, wo, wie es heißt, ein »mächtiger, nie zuvor gesehener Fackelzug . . . unter Führung der NSDAP« sich durch die Straßen Sodens bewegte, beim Höhenfeuer auf dem Dachberg der Ortsgruppenleiter »begeisternde Worte der Freude« sprach. Und als dann am 1. Mai der »Feiertag der nationalen Arbeit« von »allen Vereinigungen und Schichten der Gemeinde« in »erhebender Einmütigkeit« begangen wurde, »ganz Soden marschierte« und in »dichter Geschlossenheit« die Führerrede hörte, schienen auch die Voraussetzungen zum Aufbau einer einzigen evangelischen »Reichskirche«, wie Hitler sie wünschte (BSZ vom 8.7.1933), gegeben.

Der Vortragsabend am 28. Mai 1933 sollte »Die deutsche Wende und innere Erneuerung des Volkes und der Kirche« zum Thema haben. In der BSZ vom 27.5.1933 ist vom »Kampf um die deutsche Reichskirche« die Rede, vom »Aufbruch der deutschen Nation«, der »die Kräfte der Reformation gebieterisch auf den Plan ruft«. Die religiöse »Sanierung« dürfe nicht vergessen werden. »Jeder evangelische, der es bejaht, daß ihm sein Vaterland höchstens zeitliches Gut und sein Evangelium höchstes ewiges Gut ist, wird sich willig aufrufen lassen zur Lutherparole: ›Meinen lieben Deutschen bin ich geboren, ihnen will ich dienen!‹«

Über den Abend, bei dem die Ortsgruppe der Glaubensbewegung ›Deutsche Christen‹ erstmals an die Öffentlichkeit trat, hieß es dann in der BSZ am 30.5.1933, daß deren Vorsitzender, Justizinspektor E. Weyel, die Versammlung mit dem »frohen Hinweis auf die wunderbare Wende in Volk und Vaterland« eröffnete, der Kirchenchor ein »Jubellied« sang, der Pfarrer in seinem Vortrag über »Die neue Wende und die innere Erneuerung des Volkes und der Kirche« sprach. Die Veranstaltung in dem mit Blumen und den »kirchlichen und neuen deutschen Fahnen geschmückten Raum« des Hotels Adler sei gut besucht gewesen, eine »erwartungsvolle Stimmung« habe geherrscht. »Ausgehend von der allzeit vaterländischen Arbeit des Evangelischen Bundes« habe der Redner »die bewußte Einreihung dieser Arbeit in den nationalen Aufbruch unserer Tage« herausgestellt, »Entstehung, Beweggründe und seitherige Erfolge der Glaubensbewegung deutscher Christen« geschildert. Die »anregende« Versammlung sei mit einem »Gelöbnisheilruf auf unseres Volkes große Führer« geschlossen worden.

Für den 21.7.1933 wurde die erste »öffentliche Kundgebung« der Glaubensbewegung ›Deutsche Christen‹ im Frankfurter Hof angesagt. Pfarrer Deißmann aus Sulzbach war der Redner. Die Wahl des Pfarrers D. Friedrich von Bodelschwingh zum Reichsbischof, die sich als voreilig herausstellte, war von der hiesigen Gemeinde mit großer Zustimmung aufgenommen worden (BSZ vom 30.5.1933: »Amtsantritt«). Von der Wahl des preußischen Landesbischofs und ehemaligen Wehrkreispfarrers Ludwig Müller dagegen war man wenig begeistert. Die im Juli 1933 bekanntgegebene neue Kirchenverfassung stellte das »Führerprinzip«, verankert im Reichsbischofsamt, heraus und betonte, daß die evangelische Kirche keine »Staatskirche« sein sollte und die Kirchenverfassung keinen »Arierparagraphen« enthalten sollte, was die in der Folge geübte Praxis widerlegte. Für den 23. Juli 1933 waren die evangelischen Christen zur Wahl der Kirchengemeindegremien aufgerufen. Nur »Volksgenossen«, so in der BSZ vom 20. Juli 1933, »die sich vorbehaltlos zum 3. Reich bekannten, sollten gewählt werden. Ende September 1933 fand im Hotel Adler ein Gemeinschaftsabend der Glaubensbewegung ›Deutsche Christen‹ statt. Pfarrer Deißmann, Sulzbach, sprach über »Die gegenwärtige kirchliche Lage«.

Am 19.10.1933 wurde der »Deutsche Luthertag« aus Anlaß des 450. Geburtstages von Martin Luther gefeiert. Wegen der Wahlen am 12.11.1933 war er auf diesen Termin verlegt worden. Auf dem Programm standen ein Festgottesdienst, eine »Evangelische Kundgebung« und ein Festabend im Frankfurter Hof mit einem Vortrag des Ortspfarrers mit dem Thema »Luther und Hitler«. »Bei aller Verschiedenheit des ihnen von Gott anvertrauten Werkes«, so der Festredner, »zeige sich bei ihnen eine solche überraschende Ähnlichkeit . . . daß der evangelische Deutsche vorbehaltlos für die Gegenwart anstreben müsse: Dienst am deutschen Volk in Luthergeist und Hitlergeist«.

Die Unsicherheit bei den Gemeindemitgliedern war, wie ein Artikel der BSZ vom 7.12.1933 zeigt, groß. Man redete von der Gefahr, die dem protestantischen und katholischen Glauben durch die »nordischen« Religionen erwachsen sei. Die ›Deutschen Christen‹ ihrerseits meinten, daß von einem »bewußten christlich verwurzelten Nationalsozialist(en)« über diese Dinge geredet werden müßte, was dann auf einem Vortragsabend am Samstag, den 9.12.1933, in der evangelischen Kirche geschah. Studiendirektor i.R. Tietzen aus Niesky O./L., Nationalsozialist, der aus Herrenhuter Kreisen stammte, sollte »vielen Evangelischen, die durch die kirchlichen Vorgänge der letzten Zeit beunruhigt sind und ihr religiöses Empfinden nicht recht einordnen können in die nationalsozialistische Weltanschauung, Aufklärung und innere Festigung bringen« (BSZ vom 9.12.1933).

Das »Kampfblatt für Deutschen Glauben, Rasse und Volkstum«, »Durchbruch« betitelt, wurde auch von Sodener evangelischen Christen gelesen. Dennoch gab es auch in Bad Soden unter den evangelischen Gemeindemitgliedern Widerspruch zu der Haltung der eigenen Kirche, was belegbar ist (Zusammenstellung diesbezüglicher Vorgänge in Privatbesitz, Kopien im Stadtarchiv).

Schreiben und Texte (z.B. Martin Niemöller »Ein Wort zur kirchlichen Lage« der »Bekennenden Kirche«) wurden heftig diskutiert und bis zur persönlichen Kontroverse von führenden Gemeindemitgliedern durchgefochten. Der Entwurf eines Handzettels aus dem Jahre 1937 nennt die Hauptgründe der Ablehnung der Glaubensbewegung ›Deutsche Christen‹. Zur Frage nach der Gefahr für den christlichen Glauben werden zunächst Versammlungs- und Zeitungsverbote sowie das Verbot des kirchlichen Gesetzblattes genannt, dann die Behinderung des Reichs-Kirchenausschusses und die Predigtverbote, die zum Rücktritt des Reichskirchenausschusses geführt hatten. Der Reichskirchenminister Kerll hatte zudem erklärt, daß ihm das Festhalten an der Auffassung, daß Jesus Christus die unantastbare Grundlage der Kirche sei, lächerlich erscheine. Die ›Deutsche(n) Christen‹ sahen in Jesus nur eine »Heldenfigur, deren Leben nicht als Tat Gottes zu unserem Heil gelebt wurde, einen ›Mythos‹«. Deutschland in seinem

Leiden und Erwachen war in ihren Augen eine Verkörperung des ewigen Christus. Es gebe »nur Sünden gegen Volk und nordisches Blut, nicht mehr Sünden gegen den lebendigen Gott. Christi Opfertod bedeutet nicht mehr als der Tod eines nationale Kämpfers in Deutschland«.

Die ›Deutsche(n) Christen‹ erstrebten eine »nationalen Kirche«. Die evangelische und die katholische Kirche sollten verschmolzen werden und ganz im Volke aufgehen«. Ein DC-Pfarrer schrieb, daß »in der neuen Kirche ein Eintopfessen viel wunderbarer sei als das überlebte Abendmahl«.

Freundschaften sollten über diesem Streit zerbrechen. Ein engagierter Sodener evangelischer Christ schrieb nach der Verhaftung Martin Niemöllers an den Reichsjustizminister, entweder ein ordentliches Verfahren gegen diesen einzuleiten oder ihn freizulassen. Um dies »einfache Recht« bitte er, »das in Deutschland sogar dem Verbrecher gewährt wird«. Der Höhepunkt dieser Auseinandersetzungen innerhalb der evangelischen Kirchengemeinde Soden fiel in die Jahre 1937 und 1938.

Was die katholische Kirchengemeinde am Ort betrifft, so war diese, erst ab 1873 selbständige Pfarrei, bemüht, Anschluß an das öffentliche Geschehen der Gemeinde zu finden. Immer aber blieb sie in der Minderheitsrolle in dem seit alters evangelisch orientierten Ort. So beschränkte sich ihre Aktivität auf Festfeiern im Jahreskreis und vor allem Ende der zwanziger und Anfang der dreißiger Jahre in der Zeit der großen Arbeitslosigkeit auf karitative Tätigkeit. Im übrigen orientierte sie sich in der Öffentlichkeitsarbeit an den Tendenzen und Grundsätzen der katholischen Zentrumspartei, und umgekehrt beeinflußten die Aussagen der Kirche die Haltung der Zentrumsführung.

Die Bischofskonferenz konzipierte jeweils die Stellungnahmen zu Tages- und Glaubensfragen, die den Gemeinden in »Hirtenbriefen« der Bischöfe dann vermittelt wurden. Ein solches »Oberhirtliches Mahnwort« zu den bevorstehenden Wahlen findet sich in der Rhein-Mainischen-Volkszeitung vom 4.11.1932. In ihm wies der Kölner Kardinal Schulte darauf hin, daß es bei der Wahl darum gehe, Reichstagsabgeordnete zu wählen die »auf Förderung und Schutz der religiösen Interessen und Stellung der Kirche im öffentlichen Leben« achteten. Wahlbeteiligung sei eine »vaterländische Pflicht« und entspreche der Verantwortung des »treuen katholischen Christen«. »Hütet Euch vor Agitatoren und Parteien« hieß es in dem Mahnwort weiter, »die des Vertrauens des katholischen Volkes nicht würdig sind. Schöpfet Eure Belehrung aus bewährten katholischen Blättern. Das ist die Mahnung Eurer Bischöfe, die dem politischen Parteienkampf den Einritt in das Heiligtum der Kirche verwehren . . .«.

Am 28.3.1933 erklärte der Episkopat auf der Fuldaer Bischofskonferenz, »daß die allgemeinen Verbote und Warnungen nicht mehr als notwendig betrachtet zu werden brauchen, nachdem von den höheren Vertretern der Reichsregierung öffentlich und feierlich Erklärungen gegeben sind, durch die der Unverletzlichkeit der katholischen Glaubenslehre und den unveränderlichen Aufgaben und Rechten der Kirche Rechnung getragen, sowie die vollinhaltliche Geltung der von den einzelnen deutschen Ländern mit der katholischen Kirche abgeschlossenen Staatsverträge durch die Reichsregierung ausdrücklich zugesichert sind. Die in früheren Maßnahmen liegenden Verurteilungen bestimmter religiös-sittlicher Irrtümer werden nicht aufgehoben«. Am 8.7.1933 wurde das »Reichskonkordat« zwischen dem Dritten Reich und der katholischen Kirche paraphiert, am 20.7.1933 erfolgte die Unterzeichnung, für die Reichsregierung durch Vizekanzler Franz

v. Papen, für den Hl. Stuhl durch Kardinalstaatssekretär Pacelli, den späteren Papst Pius XII. Am 10.9.1933 wurde das Konkordat ratifiziert und trat damit in Kraft.

Den Abschluß des Konkordates nahm der Vorsitzende der Fuldaer Bischofskonferenz, Kardinal Bertram, zum Anlaß, ein Schreiben an Hitler zu richten (BSZ vom 25.7.1933), in dem er »Anerkennung und Dank« namens der in der Fuldaer Bischofskonferenz vereinigten Oberhirten aussprach. ». . . nach bestem Können« wolle man mit der jetzigen Regierung zusammenarbeiten, »die die Gewährleistung von christlicher Volkserziehung, die Abwehr von Gottlosigkeit und Unsittlichkeit, den Opfersinn für das Gemeinwohl und den Schutz der Rechte der Kirche als Leitstern ihres Wirkens aufgestellt« habe. »Mit dem tiefen und herzlichen Dank für die rasche Verwirklichung dieser Vereinigung der höchsten Gewalten verbindet der Episkopat den dringenden Wunsch, daß auch in der Ausführung und Auswirkung ein ernstliches und aufrichtiges Entgegenkommen herrschen möge . . . damit es der Kirche umso leichter werde, die hohen Kräfte unserer heiligen Religion . . . zu entfalten. In tiefer Verehrung Ew. Exzellenz ganz ergebener (gez.) A. Card. Bertram«.

Wie weit die Identifizierung der Ziele kirchlicher Organisationen mit den von den Nationalsozialisten propagierten Thesen und Parolen derzeit schon fortgeschritten war, zeigen die Ansprachen des Generalpräses Msgr. Hürth und des Generalsekretärs des katholischen Gesellenvereins aus Anlaß von dessen Pilgerfahrt zur Ausstellung des »Hl. Rocks« in Trier im August 1933, über die die BSZ am 15.8.1933 berichtete: »Generalpräses Hürth wies schon in seiner Begrüßungsansprache darauf hin, daß ihn ein Bild ganz besonders ergriffen habe, nämlich als Sonntag früh im Dom ein SS-Mann stützend und tragend eine Schwerkranke zum Heiligen Rock begleitete. Dieses Bild könne als Symbol bezeichnet werden«. Dr. Nattermann sagte, »er glaube, daß der Volkskanzler Adolf Hitler und der Gesellenvater Ado(l)f Kolping sich die Hand reichen könnten zu den verschiedenen Aufgaben«. »So möchte ich auch jetzt erneut betonen«, so fuhr er fort, »daß wir uns freuen, wenn aus echten treuen Kolping-Söhnen ebenso treue SA- und SS-Männer werden . . .«.

Im Juli 1933 hieß es in einem Artikel der BSZ (datiert vom 15.7.1933), daß der Verbindungsmann der ehemaligen Zentrumsfraktion im Reichstag, Dr. Hackelsberger, und der Verbindungsmann der ehemaligen Zentrumsfraktion im Preußischen Landtag, Dr. Graß, als Hospitanten in die nationalsozialistische Fraktion übernommen würden. Über die weitere Aufnahme von Hospitanten der ehemaligen Zentrumsfraktion wurde verhandelt. Wer in Frage kam, wurde in diesen Verhandlungen von der NSDAP entschieden. Mit diesen Vorgängen war den ehemaligen Mitgliedern der örtlichen Zentrumspartei der Weg der Anpassung vorgezeichnet. Zwar trat keiner der führenden Mitglieder als PG der NSDAP bei, doch suchte man durch den Beitritt zu einer untergeordneten Parteiorganisation, wie z.B. der SA-Reserve, sich der ständigen Beobachtung und Verdächtigung durch die NSDAP zu entziehen. Trotz Drohungen und wiederholten Drängens gab aber keiner von ihnen seine kirchlichen Ehrenämter (Kirchenvorstand, Organistendienst etc.) auf, wohl der eine oder andere der jüngeren Zentrumsanhänger, die um ihr berufliches Fortkommen bangten.

Daß das Mißtrauen der NS-Partei auch nach Jahren noch die örtlichen ehemaligen Zentrumsführer verfolgte, beweist die Tatsache, daß im Zusammenhang mit dem Attentat auf Hitler am 20. Juli 1944 der ehemalige 1. Vorsitzende des Zentrums in Soden von der Gestapo verhaftet wurde.

Wie im Mai 1933 die meisten Mitglieder z.B. des Evangelischen Mädchenbundes dem neugegründeten Bund Deutscher Mädchen (BDM) sich anschlossen, so gingen auch bei den katholischen Organisationen die Mitgliederzahlen zurück. Die Zahl der Osterkommunionen sank von 1260 im Jahre 1933 auf 572 im Jahre 1934. Jugendliche konnten sich nunmehr nur in kleinsten Gruppen in kirchlichen oder privaten Räumen treffen. Zu Festfeiern nach außerhalb, wie etwa zu Diözesanjugendfeiern nach Limburg, fuhr man mit Fahrrädern, und zu zweit oder zu dritt. Doch fehlte man dann bei den sonntäglichen Appellen, da man ja auch Mitglied der HJ oder des BDM geworden war. Öffentliche Stellungnahmen zu den politischen Vorgängen von seiten des Pfarrers oder des Kirchenvorstandes sind nicht verzeichnet. In der Pfarrchronik wurden nur noch kirchliche Ereignisse kommentiert. Viele praktizierten zunächst weiter ihren Glauben, nahmen die Bespitzelung und Drohungen hin. Man richtete sich nach den Verlautbarungen der Amtskirche. Die Zahl derer aber, die dies taten, wurde im Laufe der Jahre immer kleiner, vor allem bei den jungen Menschen. Wenige Einzelvorgänge sind noch bekannt, wo meist ältere Menschen ihrer, der Parteiideologie widersprechenden Glaubensüberzeugung öffentlich Ausdruck gaben.

3. Die Zeit von 1934 bis 1938
Der 10. November 1938[2]

Für die Zeit der Jahre 1934–1938 liegen keine, die Sodener Ereignisse betreffenden Unterlagen mehr vor, außer einigen Zeitungsartikeln und die Gemeindeverwaltung betreffende Anordnungen, so z. B. der Runderlaß des Ministeriums der Justiz vom 31.10.1934 (IV a I 174/34 und IV 7110/23.8.34) über den Nachweis der arischen Abstammung bei der Berufung von kommunalen Ehrenbeamten, abgezeichnet am 10.12.1934. Vom 15.3.1934 datiert die Verfügung (V 477) zu den Richtlinien für die Handhabung des Gesetzes zum Schutze der nationalen Symbole vom 12.2.1934. Es sollten Vorschläge für eine ergänzende Polizeiverordnung und Meldung über einen Mißbrauch der nationalen Symbole gemacht werden.

Die Liste des Gemeinderates aus diesem Jahr nennt vier Beigeordnete und zehn Gemeinderäte, sämtlich NSDAP-Mitglieder. Nach der Hauptsatzung vom 14.7.1936 war die Bestellung von Beiräten für die finanziellen Angelegenheiten der Gemeinde, die Bade- und Kurverwaltung und die Fürsorgeangelegenheiten durchgeführt worden. Ihre Rechtsstellung regelte der Runderlaß des Preußischen Ministers des Innern vom 10.3.1936 (V a VI 7.12/36). Danach waren diejenigen Beiräte, die für längere Zeit dieses Amt versahen, als gemeindliche Ehrenbeamte anzustellen, diejenigen, die nur bei der Durchführung einer vorübergehenden Angelegenheit mitwirkten, nicht. Je fünf wurden am 22.9.1936 für die drei Ressorts berufen. Die meisten gehörten schon dem Gemeinderat an. Trotzdem erhielten sie eine besondere Anstellungsurkunde. Diese datierten vom 6. März 1937.

In den Jahren 1934 und 1935 fanden in Bad Soden verschiedene, von der NS-Partei veranstaltete Kundgebungen und Feiern statt, über die im *HÖCHSTER KREISBLATT* berichtet wurde. Am 11.2.1934 (berichtet in der Ausgabe vom 13.2.1934 des HK) trafen sich die Mitglieder der Ortsgruppe der NSDAP Bad Soden im Saale des Frankfurter

Hofes zu einer Kundgebung »Für Saarland und Saarvolk«, auf der die Redner die »strategische Bedeutung des Saarlandes«, vor allem für Frankreich, betonten. Am 24.2.1934 berichtete das HK über die geschichtliche Entwicklung der NSDAP Ortsgruppe Soden, die im Oktober 1927 gegründet worden war. Eine Großkundgebung gegen »Miesmacher und Nörgler« fand am 21.6.1934 im Kurhaus statt, auf der der Gaupropagandaleiter Müller-Scheld sprach (HK vom 22.6.1934). Am 3.12.1934 »weihte« Gauleiter Sprenger die Kommunalpolitische Führerschule des Gaues Hessen-Nassau in der »Villa Aspira«, dem ehemaligen jüdischen Erholungsheim in der Talstraße Bad Soden ein (HK vom 4.12.1934). Im Gebäude der Kreisleitung im ehemaligen Quellenhof in Bad Soden wurde am 16.6.1935 die Kreisschule der NSDAP eröffnet (HK vom 18.6.1935). Die »Rückkehr des Saarlandes ins Reich« feierte man am 1. März 1935 mit einer Kundgebung (HK vom 2.3.1935). Eine Großkundgebung »aller Deutschbewußten« gegen »Staatsfeinde: Judentum, Kommunisten, den politischen Katholizismus, evangelische Kritiker und Deutschnationale« wurde am 30.8.1935 abgehalten (HK vom 31.8.1935).

Bei den Wahlen vom 29. März 1936 stimmten laut *HÖCHSTER KREISBLATT* vom 30. März 2.698 Sodener für Hitler, 32 Stimmen waren gegen ihn abgegeben worden oder ungültig.

Ein großes Reit- und Fahrturnier unter der Leitung des Majors a. D. von Richter-Rettershof und SS-Sturmführer Prof. Selk lockte am 25. und 26. Juli 1936 viele Zuschauer aus dem Kreis nach Bad Soden (HK vom 27.7.1936). Vom Samstag, dem 8. August 1936, bis zum Montag, dem 10. August 1936, veranstaltete die NSDAP des Main-Taunus-Kreises ein Kreis-Volksfest in Bad Soden. Vor der Volksschule musizierte am Samstagvormittag der Gau-Musikzug des Arbeitsgaues XXV Wiesbaden, am Nachmittag wurde in der Turnhalle der Volksschule die Ausstellung »Das Werden der NSDAP im Main-Taunus-Kreis« und eine Ausstellung der NS-Frauenschaft eröffnet. Am Samstagabend fand im Kurpark eine »Große kulturpolitische Veranstaltung« statt, bei der die Dichtung »Opfergang« zur Aufführung gebracht wurde. Mitwirkende waren der Reichsarbeitsdient, SA, HJ, JV, BDM, Landjahr, »Schaffende« und Einzelsprecher. Ab 13 Uhr marschierten am Sonntag die Gliederungen und Verbände auf den Sportplatz am Eichwald, wo von 14–16 Uhr eine große »volkstümliche« Veranstaltung unter der Mitwirkung von Volkstanz- und Spielgruppen, Werkscharen, Landjahr, Deutschem Sängerbund, dem Reichsbund für Leibesübungen und zwei SA-Kapellen stattfand. Ab 16 Uhr begann ein Volksfest, das am Montag ab 15 Uhr mit anschließender Kinderbelustigung fortgesetzt wurde. Am 11. August hieß die Überschrift im *HÖCHSTER KREISBLATT:* Das Kreisfest der NSDAP begeistert die Bevölkerung, Großer Erfolg der Sodener Veranstaltungen — Kampfzeit-Erinnerungen in der Ausstellung — Lehrreiche Schau der NS-Frauenschaft — »Opfergang«, eine wertvolle kulturpolitische Darbietung im nächtlichen Kurpark — Volksfest mit abwechslungsreichen Vorführungen.

Dem Teffen des »alten Führerkorps in Hessen-Nassau« am 9.9.1936, den »Kameraden der alten Garde«, sandte der Kreisleiter des Main-Taunus-Kreises eine »Begrüßungsadresse«, in der er stolz berichtete, daß die Ortsgruppe Bad Soden bereits 1927 gegründet worden sei und er »mit zu den 550 ersten Glaubensträgern des nationalsozialistischen Gedankens gehören« dürfte. Am 17.10.1936 fand im großen Kurhaussaal eine Versammlung der »führenden Persönlichkeiten des Main-Taunus-Kreises« statt. Aus allen 49 Orten des Kreises waren »552 Führer der Bewegung und 39 Fahnen« »unter den Klängen des Badenweiler Marsches« mit dem »Kreisstab« und den Ortsgruppenleitern »durch das Spa-

Das ehemalige israelitische Kurheim „Aspira" nach der Einrichtung einer NS-Führungsschule 1935

lier der Werkscharen« in den Saal eingezogen, wie das *HÖCHSTER KREISBLATT* am 19.10.1936 berichtete. Dazu kamen die Leiter und Leiterinnen der NS-Organisationen, die Bürgermeister mit dem Landrat Dr. Janke an der Spitze und die »Führer der heimischen Wirtschaft«. Die Veranstaltung stand in Verbindung mit der Eröffnung des Winterhilfswerkes (WHW). Kreisleiter Fuchs wandte sich in seiner Ansprache gegen Lauheit, Gleichgültigkeit und Unverstand und die »Meckerer, die überall etwas auszusetzen haben«. Wer glaube, nicht mitmachen zu müssen, »dem zeigen wir, daß er muß«. »Wo der Gleichklang« (sprich: die Gleichschaltung) hergestellt sei, »da kann es kein Versagen geben«, so der Redner. Auch gegen das »Weltjudentum« und den »Weltbolschewismus« wandte er sich. Es müsse endgültig gehandelt werden. Das gemeinsame Ziel »sei ewiger Friede, der Friede der Ehre, der Friede der Freiheit und der Friede der Gerechtigkeit«.

Zum 9. November 1936 wurden die »Ehrengräber« dreier alter Kämpfer der Partei auf dem Friedhof mit Grabsteinen in der Form eines Hakenkreuzes versehen. In einer Gedenkfeier für die »Ermordeten der Bewegung« im Kurhaussaal verlas Sturmführer Dichmann die Namen der am 9. November 1923, »für Ehre und Freiheit ermordeten

Programm für das

Kreis-Volksfest

der N. S. D. A. P. Main-Taunus-Kreis

am 8., 9. und 10. August 1936 in

Bad Soden am Taunus

Samstag, den 8. August

nachm. 16 bis 17 Uhr **Standkonzert** vor der Volksschule in Bad Soden a. Ts. Ausführung: Gau-Musikzug des Arbeitsgaues XXV Wiesbaden, Leitung: Gau-Musikzugführer Pg. Blum.

nachmittags 17 Uhr Eröffnung der Ausstellung „Das Werden der N. S. D. A. P. im Main-Taunuskreis" und einer Ausstellung der N. S. Frauenschaft in der Turnhalle der Volksschule zu Bad Soden a. Ts.

abends 20 Uhr **Große kulturpolitische Veranstaltung** im Kurpark zu Bad Soden a. Ts. (bei ungünstiger Witterung im Kurhaus). Aufführung der Dichtung „Opfergang". Musikalische Umrahmung: Gau-Musikzug des Arbeitsgaues XXV Wiesbaden. Mitwirkende: Reichsarbeitsdienst, S. A., H. J., J. V., B. d. M., Landjahr, Schaffende und Einzelsprecher.

Sonntag, den 9. August

ab 13 Uhr Aufmarsch der Gliederungen u. Verbände auf dem neuen Sportplatz.

von 14 bis 16 Uhr **große volkstümliche Veranstaltung** unter Mitwirkung von Volkstanz- u. Spielgruppen, Werkscharen, Landjahr, Deutscher Sängerbund, Reichsbund für Leibesübungen usw. 2 S.A.-Kapellen.

ab 16 Uhr **Beginn des Volksfestes.**

Montag, den 10. August

ab 15 Uhr Fortsetzung des Volksfestes. Große Kinderbelustigung auf dem Festplatz.

Programm für das Kreis-Volksfest der NSDAP Main-Taunus-Kreis 8.–10. August 1936 in Bad Soden am Taunus

Kameraden in München« und die Namen der »Opfer des Gaues Hessen-Nassau«. Der 9. November 1923, so der Kreisleiter, sei der Tag geworden, »an dem das Licht des neuen Deutschlands aufging«.

Im Jahre 1937 gab es folgende größere Veranstaltungen und wichtige Vorgänge in Bad Soden: 4.3.1937 (HK vom 6.3.1937) Großkundgebung der NSDAP. 3.5.1937 (HK vom 4.5.1937) Einweihung des Ortsgruppenheimes der NSDAP im Hause »Bethesda« in der Kronberger Straße, das die Gemeinde der Partei zur Verfügung gestellt hatte. Es zogen ein die Partei, die NSV, die DAF, die NS-Frauenschaft, HJ und BDM sowie der NS-Kindergarten. Neuer Ortsgruppenleiter wurde Hans Faubel. Am 12.6.1937 (HK vom 12.6.1937) war die Amtszeit Bürgermeister Benninghovens abgelaufen. Zwölf Jahre war er Bürgermeister von Bad Soden. Am 2.7.1937 berichtete das HK über die Amtseinführung von Bürgermeister Pg. Jakob Rittgen.

Ende September 1937 nahm Kreisleiter Fuchs Abschied von Bad Soden. Er übernahm den Kreis Mainz. Im Saal des Frankfurter Hofes verabschiedete er sich in einer Feierstunde. Ortsgruppenleiter Faubel erinnerte in seiner Ansprache daran, daß Fuchs mit seiner Arbeit Soden »zu einer Hochburg des Nationalsozialismus gemacht« habe. Der scheidende Kreisleiter erinnerte seinerseits an die Anfänge seiner Tätigkeit in Bad Soden, wo er mit sechs Mann am 14. September 1930 den Sieg in Bad Soden errungen habe (*HÖCHSTER KREISBLATT* vom 29.9.1937). Auch rief er den Zuhörern den Silvesterabend 1932 ins Gedächtnis, wo »auf dem Dachberg ein riesiges Hakenkreuz aufleuchtete, dessen Licht viele, die abzufallen drohten, wieder herbeizog«. Schon 1930 habe Bad Soden eine NSV (Nationalsozialistische Volkswohlfahrt) gehabt. Heute stehe der Ort an der Spitze aller Gemeinden des Main-Taunus-Kreises. »Ganz besonderen Wert« lege er auf »den Selbsterhaltungstrieb des Volksheilbades Soden«. Neuer Kreisleiter wurde im Rahmen der Neuorganisation des Gaues ab 1.10.1937 Kreisleiter Scheyer. Er wurde von Gauleiter Sprenger in sein Amt eingeführt (HK vom 8.10.1937).

Am 30.10.1937 wurde in Soden die erste »Eheweihe« durch SA-Sturmführer Richter vollzogen. Es heiratete der Bad Sodener Sturmführer Dichmann (HK vom 1.11.1937).

Im Zusammenhang mit dem Reichs-Erbhofgesetz, das die »Neubildung des deutschen Bauerntums« durch die »blutmäßige Bindung von Familie, Sippe und Volk« fördern sollte, wurde Anfang Dezember 1937 (HK vom 4.12.1937) die Bauernführerschule der Landesbauernschaft Hessen-Nassau in der Oranienstraße in Bad Soden eröffnet.

Vom 1. Januar 1938 datiert eine Schrift des Bürgermeisters »Erläuterungen zu den Projekten der Gemeinde/Bade- und Kurverwaltung«, in der festgestellt wird, daß der gesamte Kurbetrieb seit Jahren einen Stillstand zu verzeichnen hat und die Kureinrichtungen dringend der Modernisierung bedürfen. Soden warb im März 1938 mit einem neuen »Bildführer«, einem Vogelschaubild, in dem auch die Hotels und Pensionen eingezeichnet und mit Zahlen versehen waren. Ein beigefügtes Verzeichnis half, die einzelnen Gebäude aufzufinden. Am 9.2.1938 berichtete das HK über den Bau des größten Schießstandes des Kreises in Bad Soden.

Aus Anlaß des Anschlusses Österreichs fand am 12.3.1938 eine Großkundgebung in Bad Soden statt (HK vom 14.3.1938). Bei der Volksabstimmung über die Schaffung eines Großdeutschen Reiches nach dem Anschluß Österreichs stimmten in Soden von 2.905 Wahlberechtigten 2.834 mit »ja« und 28 mit »nein«, 43 Stimmen waren ungültig.

Zur »Volksabstimmung« und zum »Tag des Großdeutschen Reiches« fand am 10.4.1938 eine Großveranstaltung statt (HK vom 9.4.1938), mit Böllerschießen am Sonntagmorgen,

Übertragung der Führerrede im Kurpark, einem Höhenfeuerwerk am Abend mit Glockenläuten und dem gemeinsamen Singen des »Niederländischen Dankgebetes«.

Am 21.5.1938 berichtete das HK, daß Bad Soden wieder das alte Wappen aus der Zeit vor 1809 führen dürfe (blaues Feld, rotbereifter, bekreuzter Reichsapfel).

Weitere Veranstaltungen sind im HK aus diesem Jahr verzeichnet: 5.6.1938 (HK vom 7.6.1938) 250 Jugendgruppenführerinnen weilen in einem Zeltlager in Bad Soden. Gauleiter Sprenger hat sie besucht. 25./26.6.1938 (HK vom 27.6.1938) Kreistag der NSDAP Maintaunus-Obertaunus in Bad Soden. Ausstellung »Kunst im Volk«, u. a. Werke der Kronberger Malerkolonie (Fritz Wucherer, der auch die große Ansicht von Soden im Kurhaus gemalt hatte), Richard Schoenfeld und Prof. Hausmann. HK vom 30.8.1938: Sonnenfest der NS-Frauenschaft im Kurhaus. 9.11.1938 (HK vom 11.11.1938): Gedenken an die »Blutzeugen« vom 9.9.1923 am Ehrenmal im unteren Kurpark. Wie diese wenigen Vorgänge zeigen, brachten die Jahre 1934 bis 1938 eine Konsolidierung des NS-Regimes in Bad Soden. Sie erfolgte ohne irgendwelche besonderen außergewöhnlichen Widerstände.

Wie man z.B. 1936 gegen nicht bedingungslos in der Parteilinie handelnde Amtsträger vorging, zeigt ein Beispiel aus der *BAD SODENER ZEITUNG* vom 28.4.1936 (Nr. 51). Dort war in Nr. 50 ein Gedicht veröffentlicht worden, das den jüngsten Aufstieg Sodens als Kurbad darstellte und diesen der unermüdlichen Arbeit des damaligen Bürgermeisters Benninghoven zuschrieb. Unter der Rubrik »Partei-Amtliches« erschien in Nr. 51 der Text: »Die von gewissen Seiten unternommenen Versuche, Menschen, die sich im Dritten Reiche noch zu bewähren haben, anzudichten und zu besingen, stehen nicht im Einklang mit den nationalsozialistischen Grundsätzen. Ich ersuche dringend Dichter und Verbreiter derartiger Ergüsse in der Zukunft mehr Takt und Würde zu zeigen. Fuchs, Kreisleiter«.

Die wesentlichsten Entwicklungen in diesen Jahren gipfelten in den Ereignissen des 9. und 10. November 1938, der sogenannten »Reichskristallnacht«. In Soden lebten nach der Personenstandsaufnahme von 1937 41 Juden innerhalb und außerhalb der Israelitischen Kuranstalt. Soden hatte seit alters eine Synagoge (siehe Band »Leben aus den Quellen« Kapitel V). Bis 1934 war das Verhältnis der Einwohner Sodens zu ihren jüdischen Mitbürgern ohne Probleme, verdienten doch eine ganze Reihe Sodener durch Aufträge der Kuranstalt und durch jüdische Gäste und Bürger ihren Lebensunterhalt. Den jüdischen Glaubensgewohnheiten begegnete man bis dahin mit einer Mischung aus Scheu und Achtung. Dann begannen die Versuche der Gemeinde, veranlaßt durch die NS-Partei, die Israelitische Kuranstalt aus Soden zu entfernen. Am 12.11.1936 schrieb der Bürgermeister an den Vorstand der Anstalt, daß diese für Soden untragbar geworden sei. Er bezog sich dabei auf die Behandlung von Tuberkulosekranken in der Kureinrichtung. Die »Verlegung« an einen anderen Ort sollte geprüft werden. Die in Aussicht genommene Gemeinde *NORDRACH* im Schwarzwald aber lehnte die Aufnahme ab.

Im weiteren Verlauf wirkten sich dann die von der Regierung erlassenen Gesetze aus. Jüdische Unternehmen und Geschäfte, wie etwa die Produkten- und Futtermittelhandlung Scheuer/Grünebaum, wurden nicht mehr mit Waren beliefert. Auch die Werbung des Kurortes paßte sich den Maßnahmen der Partei an. Zeitungsannoncen aus jener Zeit trugen den Zusatz: »Juden nicht erwünscht«. Die *STÜRMER*-Propaganda bewirkte, daß eine Reihe der bis dahin unbehelligt hier in Soden lebenden jüdischen Bürger auswanderten, u.a. Sara Kallner geb. Beith, die Schwester der früheren Leiterin der Israelitischen Kuranstalt, ihre Tochter Eva Kallner und die Kinder des Pferdehändlers Strauss, Hanna und Willi Strauss. Andere der alteingesessenen Juden aber glaubten, als ehemalige Weltkriegsteilnehmer unbehelligt zu bleiben.

Schon mit dem Gesetz zur Wiederherstellung des Berufsbeamtentums vom 7.4.1933 war die Entlassung von Juden aus der Verwaltung und öffentlichen Einrichtungen erfolgt, wenn auch damals ehemalige Weltkriegsteilnehmer noch ausgenommen waren. Die Nürnberger Gesetze vom 15. September 1935 (Reichsbürgergesetz und das Gesetz zum Schutze des deutschen Blutes und der deutschen Ehre) aber entzogen Juden die staatsbürgerlichen Rechte. Eheschließungen zwischen Juden und »Personen deutschen Blutes« wurden verboten, Verstöße mit Zuchthaus und anschließender Einweisung in ein KZ bestraft. Es folgte am 18. Oktober 1935 das Gesetz zum Schutze der Erbgesundheit des deutschen Volkes.

Im Jahre 1937 wurden, nachdem man im Jahre 1936, dem Jahr der Olympiade in Berlin, alle antijüdischen Maßnahmen unterbrochen, antijüdische Schilder und Plakate für die Dauer der Spiele entfernt hatte, weitere Berufsverbote gegen Juden ausgesprochen. Am 28. März 1938 entzog man den jüdischen Religionsgemeinschaften den Status von Körperschaften öffentlichen Rechtes. Am 26. April 1938 wurden Juden verpflichtet, ihr Vermögen anzumelden. Alle jüdischen Betriebe mußten ab dem 14. Juni 1938 als solche gekennzeichnet sein. Bei der »Assozialen-Aktion« vom 15. Juni 1938 wurden 1.500 Juden, die als vorbestraft galten, verhaftet und in ein KZ gebracht. Am 25. Juli 1938 wurde jüdischen Ärzten das Praktizieren verboten. Alle Juden mußten nach dem Erlaß vom 17. August 1938 ab 1. Januar 1939 die Zwangsnamen *SARA* oder *ISRAEL* als zusätzliche Vornamen führen. Am 27. September 1938 wurde jüdischen Rechtsanwälten die Ausübung ihres Berufes verboten.

Am 10. November 1938 begann am Mittag der Pogrom in Soden. Über den Ablauf der Ereignisse gibt es eine gerichtliche Darstellung vom 27.6.1949. Danach wurde an diesem Tag die Einrichtung des jüdischen Betsaals (Synagoge in der Neugasse) vernichtet; die Einrichtung der jüdischen Kuranstalt demoliert und die Anstalt anschließend niedergebrannt; die Wohnungseinrichtung des Leiters der Kuranstalt, Dr. Isserlin, zerstört; die Fremdenpension Freymann demoliert, ebenso die jüdische Villa Grünebaum und die Wohnung des kaufmännischen Angestellten Strausser in der Königsteiner Straße. Auch die Leichenhalle des jüdischen Friedhofs wurde verwüstet. Die Insassen der zerstörten Häuser wurden gewaltsam aus diesen und dann aus Soden vertrieben, einige wurden noch am selben Tag ins KZ Buchenwald abtransportiert. Mina Grünebaum, die ehemalige langjährige Haushälterin von Dr. Isserlin, 1933 noch vom Reichspräsidenten für ihre langjährige Tätigkeit ausgezeichnet, wurde später in der Nähe von Minsk wegen Entkräftung erschossen. Der Tod einiger anderer ehemaliger Sodener Bürger in einem KZ ist ebenfalls bekannt, so der Eheleute Cohn und des kaufmännischen Angestellten Strausser sowie des Herrn Grünebaum.

Die Haupttäter wurden in einem Prozeß im Juni 1949 wegen Landfriedensbruch unter erschwerenden Umständen in Tateinheit mit schwerem Hausfriedensbruch und des Vergehens der Beschädigung von Gegenständen der Verehrung einer im Staat bestehenden Religionsgemeinschaft und von Sachen, die dem Gottesdienst gewidmet waren, sowie dem Vergehen einer Verübung beschimpfenden Unfugs in einem zu religiösen Versammlungen bestimmten Ort zu Zuchthaus und Gefängnisstrafen verurteilt. Einige von ihnen kamen durch das Gesetz über die Gewährung von Straffreiheit vom 31.12.1949 wieder frei, andere erreichten in einer Berufungsverhandlung eine Strafmilderung.

10. November 1938. Die brennende verwüstete Kuranstalt für arme Israeliten in der Talstraße

Zu vermerken ist auch, daß im Laufe der Aktionen Diebstähle und Plünderungen sowohl durch einzelne Beteiligte wie auch »Requirierungen« durch die Partei und auch durch städtische Angestellte und Arbeiter in größerem Umfang vorkamen. Verurteilt wurde deswegen nur ein einziger der Beteiligten. Die Angeklagten suchten als Zeugen vor Gericht von sich und einzelnen Personen abzulenken und Fremde für die Ausschreitungen verantwortlich zu machen, was auch unbeteiligte ehemalige Parteianhänger praktizierten. Von seiten der zusammengelaufenen Zuschauermenge gab es wohl Unmutsäußerungen im kleinen Kreis. Offen trat niemand den Tätern entgegen.

Nach den Geschehnissen vom 10. November 1938 lebte noch der Produktenhändler Scheuer einige Zeit in Soden, was aus Steuerakten nachweisbar ist, ebenso Mitglieder der Familie Grünebaum, die 1941 nach Frankfurt ziehen mußten.

In der *BAD SODENERR ZEITUNG* vom 14. Januar 1939 (Nr. 5/40. Jahrgang) ist auf der Seite 3 in der Rubrik *AMTLICHE BEKANNTMACHUNGEN* im Zusammenhang mit den Aktionen vom 10.11.1938 folgender Text abgedruckt:

Warnung

Im Zusammenhang mit der Aktion aus Anlaß der Volksempörung gegen die Juden in Bad Soden am Taunus sind alle möglichen Gerüchte im Umlauf.

Es wird hierzu amtlich mitgeteilt, daß eine polizeiliche Untersuchung aller Vorgänge durchgeführt wurde, die eine restlose Aufklärung aller Vorkommnisse gebracht hat.

Diejenigen Personen, denen ein Verschulden nachgewiesen werden konnte, werden zur Rechenschaft gezogen.

Darüber hinaus sind jedoch Gerüchte im Umlauf, deren Haltlosigkeit einwandfrei erwiesen ist. Es ergeht aus diesem Grunde die eindringliche Warnung an die Verbreiter solcher unwahren Gerüchte mit dem Hinweis, daß strengste Bestrafung derjenigen Personen erfolgt, die unwahre Gerüchte in die Welt setzen und weiterverbreiten.

Bad Soden am Taunus, den 12. Januar 1939

Der Bürgermeister als Ortspolizeibehörde

Eben jener Bürgermeister, der diese Warnung publizieren ließ, hatte bei den Requirierungen z.B. im Hause Freymann, wo er silberne Eßbestecke aus einem verschlossenen Büffet herausnehmen und in sein Dienstzimmer im Rathaus bringen ließ, mitgewirkt. Auch ein Klavier ließ er ins Kurhaus schaffen. Der ehemalige Parteirichter schrieb am 16.12.1946 an den Gendamerieoberwachtmeister Z., daß zwölf Sodener, die er mit Namen nannte, in diesem Zusammenhang als Diebe zu betrachten seien. Die verantwortlichen Dienststellen hätten damals den Standpunkt vertreten, daß die Ausschreitungen an sich nicht strafbar seien. Nur tätliche Übergriffe und schwere Bereicherung hätten geahndet werden sollen. Im übrigen hätten der Ortsgruppenleiter und der Bürgermeister die Macht, aber nicht den Willen gehabt, die Ausschreitungen zu verhindern. Dann folgt der Satz: »Sie hatten damals nicht nur die politische Macht, sondern auch die sittliche Verpflichtung, die Beteiligten als Werkzeuge zu mißbrauchen.«

4. Der Zweite Weltkrieg 1939–1945

Die Unterlagen für das Zeitgeschehen in Soden in diesem Zeitabschnitt sind dürftig. Akten sind nicht mehr erhalten, nur der Zeitungsband der *BAD SODENER ZEITUNG* (= BSZ) des Jahres 1939. Er befindet sich in Privatbesitz. Die Auswertung anderer Zeitungen ist für Bad Sodener Vorgänge unergiebig. Das gleiche gilt für Archive.

Das *HÖCHSTER KREISBLATT* (= HK) vermerkt z. B. im April 1939, daß unter den vom Führer aus dem Gau Hessen-Nassau eingeladenen Trägern des Goldenen Ehrenzeichens der Partei aus dem Main-Taunus-Kreis zwei verdiente Träger aus Bad Soden waren, Pg. Kilb und Pg. Hoffmann.

In der Ausgabe vom 21.6.1939 des HK wurde die Bad Sodener Sonnwendfeier vom gleichen Tag mit einem Umzug durch den Ort und dem Abbrennen eines Sonnwendfeuers auf dem Dachberg angekündigt.

Außer der Heldengedenkfeier im März 1940 (HK vom 11.3.1940) ist noch erwähnenswert, daß im April dieses Jahres eine Ausstellung von bei einer Metallsammlung »geopferter« Gegenstände aus Nickel, Kupfer und Zinn in Bad Soden zu sehen war. Weitere Nachrichten bringen keine neuen Aspekte aus diesen Jahren.

Es ist nun nicht die Aufgabe dieses Abschnitts, den Kriegsverlauf darzustellen und zu kommentieren. Es sollen hier die örtlichen Ereignisse des Jahres 1939 aus der Sicht der BSZ aufgezeigt werden, so anhand von Schlagzeilen die zielstrebige Vorbereitung auf den Krieg sowie der Kriegsbeginn, wobei Schwerpunkte innerhalb des Zeitgeschehens beachtet werden, so Maßnahmen der NSDAP, Veranstaltungen der Partei und die Propaganda jener Zeit.

Schon in der Nr. 1 der Zeitung wurde bekanntgemacht, daß das am 1.3.1938 eingeführte Pflichtjahr für Mädchen zur Behebung des Mangels an weiblichen Arbeitskräften in Land- und Hauswirtschaft nunmehr nicht nur für einzelne Berufsgruppen, sondern für alle Mädchen unter 25 Jahren Pflicht sei. In Soden verschafften sich auf diesem Wege einige NS-Führer »billige« Haushaltshilfen. Begleitende Artikel wie ›Brot von der eigenen Scholle‹ und ›Die Scholle ruft die Jugend‹ sorgten für den geeigneten propagandistischen Hintergrund. Die SA-Reserve wurde mit einem Vortrag über Rassekunde und Erbgesundheitsgesetz, den ein hiesiger Arzt in Anwesenheit des Obersturmführers hielt, auf die Parteilinie gebracht. Später erschien in der Zeitung sogar ein Artikel über die Notwendigkeit reinrassiger Zucht von Kaninchen.

Der Kreis-Führerappell der NSDAP wurde in diesem Monat in Bad Homburg gehalten. Die Vereinsversammlungen schlossen selbstverständlich immer mit einem ›Sieg Heil‹ auf den Führer. Am 6.1.1939 begann der Unterricht der Volksschule mit einer Flaggenhissung auf dem Schulhof.

Das ›Deutsche Frauenwerk‹ hielt einen Gemeinschaftsabend ab, auf dem der Schulungsleiter der Hausschule des Reichsnährstandes Stagura über jüdische Glaubens- und Gesetzeslehre sprach sowie über die Gefahr des Judentums für das Volk. Hier unternahm dieser den Versuch, das Alte Testament als nichtjüdisches Traditionsgut, sondern indisches, und damit indogermanisches Erbe zu deklarieren. Auf einem weiteren Schulungsabend des Frauenwerks wurden Teile aus »Mein Kampf« vorgelesen und ein Vortrag über das Volksbrauchtum gehalten. Am 22.2.1939 wurde in einem Gruppenappell der Jungmädelschar des BDM der Jahrgang 1928 aufgenommen. Anschließend folgte ein »Propagandamarsch« durch die Ortsstraßen.

Noch im Januar wurden die Jahrgänge 1906 und 1907 als Wehrpflichtige erfaßt.

Bürgermeister Rittgen war Obmann der Kreisabteilung Main-Taunus des Deutschen Gemeindetages geworden.

Die Führerrede anläßlich des 30. Januar wurde wie in der Folge alle Führerreden im Wortlaut in der BSZ abgedruckt. Die Rede hatte die Bevölkerung, »angetreten vor ihren Lautsprechern« als »1. Regierungserklärung des Großdeutschen Reichstags aus dem Munde des Führers« entgegengenommen.

Anfang Februar lautet eine Zeitungsüberschrift: »Deutschland unbesiegbar — Frankreich wird von England nicht mehr so viel Unterstützung erhalten wie im Ersten Weltkrieg«. Die Ereignisse des Spanischen Bürgerkrieges, in dem »deutsche Freiwillige« auf seiten Francos kämpften, standen im Hintergrund. Der Stapellauf des Schlachtschiffs »Bismarck« wurde gefeiert. Mit Hinweisen auf die »Rüstungshysterie« und die Geschäftssucht Englands, das Flaggschiff ›Georg V.‹ war vom Stapel gelaufen, wurde die eigene Aufrüstung gerechtfertigt. Ein Sodener Arzt führte einen »Luftschutz-Sanitätskurs« durch. Die Berliner Automobilausstellung machte großen Eindruck auf die Jugend. »Großdeutschlands Motorisierung« sollte vorangetrieben werden. Viele Zuschauer lockte die VW-Propagandafahrt durch den Kreis, auch in Soden vor der Kreisleitung, im Juli 1939 an.

Am Freitag, den 10. Februar 1939, war Papst Pius XI. gestorben. In der Ausgabe der BSZ vom 23.2.1939 hieß es dann: »Antifaschistische Kreise wünschen bei der Nachfolge für Pius XI. einen gegen den Rassenkampf eingestellten, antifaschistischen Papst« aufgrund »jüdischer Inspiration«. Als mit Pius XII. ein deutschfreundlicher Papst gewählt worden war, gab es keine Kommentare.

Erstmals taucht dann der Anspruch auf die ehemaligen deutschen Kolonien auf: »Deutschland braucht seine Kolonien zur wirtschaftlichen Entlastung«. Reichsleiter Ritter v. Epp begründete den Kolonialanspruch mit der Notwenigkeit, »überseeische Ergänzungsräume der heimischen Erde« zu besitzen. Auch Hitler sprach vom »Anrecht an der Verteilung der Güter dieser Erde«.

Die Heldengedenkfeier am 12.3. wurde mit einem Erinnerungstag der Schaffung der deutschen Wehrmacht verbunden. Dem gemeinsamen Aufmarsch der Gliederungen der Partei zum Ehrenmal im Kurpark folgte eine Ehrenwache der SA bis zum Abend und ein gemeinsames Eintopfessen der Bevölkerung. Eßkarten waren schon von den NSV-Blockwaltern vorher verkauft worden.

Der Begriff »Endsieg« wurde in der BSZ erstmals im Zusammenhang mit der bevorstehenden Kapitulation Madrids verwendet. In der »Legion Condor« kämpfte auch ein Sodener mit. Das NSFK (Nationalsozialistisches Fliegerkorps) hatte in Soden viele Anhänger. Ende Januar 1939 wurde der Führer der Standarte 75 des Nationalsozialistischen Fliegerkorps, Wagenführ, zum Hauptmann der Reserve der Luftwaffe befördert. Anfang Februar gab es einen Tag der offenen Tür in der Werkstätte des NSFK Bad Soden in der Volksschule. In einer Jugendfilmstunde führte man in der zweiten Märzwoche der HJ den Film ›Pour le mérite‹ vor. Bei einem Appell Anfang April wurden die Jahrgänge 1920 und 1921 aufgefordert, zwecks Übernahme in die Partei zu erscheinen. Wer beim Appell fehle, habe keinen Anspruch mehr, übernommen zu werden.

Am 12.4.1939 verabschiedete die Leiterin des NSV-Kindergartens Else Milch die volksschulpfichtigen Kinder.

Die Kriegerkameradschaft Bad Soden lud zu einem Kameradschaftsappell für den 15.4.1939 ein, bei dem Erscheinen Pflicht war. Leutnant der Reserve Klees hielt einen Vortrag »Wiedersehen an der Westfront«.

Am 15.4.1939 eröffnete Kreisleiter Scheyer eine Ausstellung der NS-Frauenschaft des Kreises im Kurhaus. Themen waren: ›Kampf dem Verderb‹, ›Volks- und Hauswirtschaft‹, das ›Ernährungshilfswerk‹, ›Deutsches Brauchtum‹, der ›Mütterdienst‹, der ›Frauenhilfsdienst‹, ›Bäuerliche Wohnkultur‹ und das ›Landfluchtproblem‹. Zur gleichen Zeit fand eine Tagung der Betriebsführer, Betriebsobmänner und Vertrauensmänner der Arbeitsfront des Kreises im Kurhaus statt.

Zum Geburtstag des »Führers« wurden die Häuser beflaggt. Ein Fackelzug ehrte »den Erneuerer der Nation«. In der BSZ war ein Gedicht einer Sodnerin abgedruckt, das mit den Zeilen endete: ». . . und drohen je Wetterwolken/wir halten die Treue felsenfest/Heil Hitler — befiehl — wir folgen.« Laut BSZ hatte die Geburtstagsparade der Wehrmacht im Ausland starken Eindruck gemacht. Die »Weltgeltung der Wehrmacht« lautete die Schlagzeile. In Soden waren die neuen Politischen Leiter in einer Feierstunde im Kurhaus vereidigt worden. Inzwischen war die Tschechoslowakei zerschlagen, das Protektorat Böhmen und Mähren gebildet worden. Das Geschehen feierte man in Soden wiederum mit einem Fackelzug und einer Kundgebung. Das Memelland war »heimgekehrt«. Ein weiteres Schlachtschiff war vom Stapel gelaufen, ebenso das KdF-Schiff ›Robert Ley‹.

Die Übereinstimmung der Auffassungen des Reiches und Italiens waren durch die Achse Berlin-Rom politisch und militärisch von den beiden Außenministern, von Ribbentrop und Graf Ciano, besiegelt worden.

In einer Rede zum 1. Mai rühmte Hitler die »kraftvolle Friedenspolitik« Deutschlands. Die Maifeierlichkeiten sollten eine »Abrechnung mit den Kriegshetzern« vor allem in England sein. Der Staatsakt aus Berlin wurde in Soden öffentlich übertragen. Eine Jugendkundgebung folgte. Am Abend war im Kurhaus eine Abendfeier mit Tanz und Unterhaltung. Reichsleiter Alfred Rosenberg hielt am 8. Mai 1939 im Berliner Sportpalast eine Rede mit dem Thema »Die andere Revolution«, in der er die »geistig weltanschauliche Krise des demokratischen Gedankens und der kapitalistischen Welt« zum Gegenstand seiner Ausführungen machte und ihr die nationalsozialistische Revolution gegenüberstellte. Am 19.5.1939 fand um 20 Uhr 30 eine Großkundgebung im Kurhaus statt unter dem Motto: »Die Straße frei – Großdeutschland marschiert«.

Am 21.5.1939, dem »Ehrentag der deutschen Mutter«, erhielten 62 kinderreiche Sodener Frauen das »Ehrenkreuz der deutschen Mütter«, das in drei Stufen, bronze, silber und gold, verliehen wurde. Die Veranstaltung war von der NS-Frauenschaft und dem Deutschen Frauenwerk unter der Leitung der Kreisfrauenschaftsleiterin Uhrich organisiert worden. In diesen Tagen wurde auch der neue ›Deutschland-Sender‹ eröffnet, der ein »Sprachrohr Großdeutschlands« sein sollte.

Am 16.5.1939 wurde zum erstenmal von »polnischen Gemeinheiten« in der BSZ berichtet. Das nächste Ziel der nationalsozialistischen Expansion visierte man an. In der Ausgabe der BSZ vom 15.6.1939 ist von »Britischen Lügen, von von London verbreiteten Sensationsmeldungen« über einen bevorstehenden deutschen Einmarsch in Polen und in die Slowakei die Rede. Noch war es nicht soweit. Auch in der Ausgbe der BSZ vom 20.6.1939 wurde von »erfundenen Divisionen« und englischen »Hetzmeldungen« über Truppenbewegungen im Protektorat Böhmen und Mähren berichtet. In der Nummer 62 der BSZ vom 27.5.1939 ist von SA-Wehrmannschaften, von vor- und nachmilitärischer Wehrerziehung die Rede. Anfang Juni wurde Prinzregent Paul von Jugoslawien eine Militärparade vorgeführt, »Großdeutschlands Stolz«, wie es in der BSZ heißt. Auf dem Reichskriegertag in Kassel war Hitler anwesend. Reichskriegerführer war SS-Gruppenführer General der Infanterie Reinhard. Auch die SS-Verfügungstruppe ›Germania‹ ist erwähnt.

Am 9.6.1939 fand ein Luftwaffenkonzert des Musikkoprs des 1. Flakregiments 29 Frankfurt a. M. im Gartenrestaurant Weigand statt. Am 15.6.1939 führte die NSV eine »Lebensmittel-Opferring-Sammlung« durch. Am 17.6.1939 meldete die BSZ, daß der 5. schwere Kreuzer vom Stapel gelaufen sei. Die Nr. 73 der BSZ vom 20.6.1939 berichtete vom »Tag von Scapa Flow«, dem 20. Jahrestag der Selbstversenkung der deutschen Flotte nach dem Ersten Weltkrieg.

In einem Rückblick über die Jahre 1933–1939 wurde Bad Soden als »Kreishauptstadt der Bewegung« bezeichnet. Im Adreßbuch für den Main-Taunus-Kreis von 1939 sind folgende Dienststellen der NSDAP und ihre Leiter in Bad Soden genannt: Kreisleitung und Kreisleiter, Kreisgeschäftsstelle und Kreisgeschäftsführer, Kreiskassenleiter, Kreisorganisationsleiter, Kreispersonalamtsleiter, Kreispropagandaleiter, Kreispresseamtsleiter, Kreisamtsleiter für Agrarpolitik, Kreisschulungsleiter, Kreisamtsleiter für Kommunalpolitik, des Amtes für Erzieher, des Amtes für Beamte, des Amtes für Technik, des Amtes für Volksgesundheit, des Amtes für Rassenpolitik, des Amtes für Kriegsopferversorgung, Kreiswirtschaftsberater, Kreisturnwart, Kreisfilmstellenleiter, Kreisfunkstellenleiter und das Kreisgericht der NSDAP mit dem Kreisgerichtsvorsitzenden. Alle Amtsträger waren Sodener Bürger. Von den Gliederungen der NSDAP befanden sich in Soden der Sturmbann der SA mit dem Sturmbannführer, die Geschäftsstelle der NS-Frauenschaft mit der Kreisfrauenschaftsleiterin, die NSV-Geschäftsstelle mit dem Kreisamtsleiter im Amt für Volkswohlfahrt, die Geschäftsstelle und der Kreisobmann der NSG »Kraft durch Freude« und der Kreiswart.

In der Ausgabe der BSZ vom 20.6.1939 wurde mitgeteilt, daß der Reichsjugendführer Baldur von Schirach den Ernteeinsatz der HJ befohlen hatte, und zwar für die Grünfutterernte, die Pilzsammlung, für die Heu- und Getreideernte, die Flachsernte, die Fallobst- und Beerenernte, die Hackfrucht- und Gemüseernte und das Sammeln von Bucheckern, Eicheln und Kastanien.

Vom 1.–3.7.1939 veranstaltete KdF ein großes Volksfest in Bad Soden. Es wurde eröffnet mit einem Doppelkonzert des Musikkorps der Fliegerhorstkommandantur Wiesbaden und der Kurkapelle. Hinter der Schule war ein Vergnügungspark aufgebaut. Ein Volksfest mit Tanz beschloß die Veranstaltung. In Frankfurt hatten bis zum 4.7.1939 5.000 Besucher die Ausstellung »Entartete Kunst« besichtigt. Die NSV und KdF am Ort boten verbilligte Karten zum Besuch der Ausstellung an. Am 16.7.1939 eröffnete Hitler in München im Festsaal des Deutschen Museums den »Tag der deutschen Kunst«. Das Motto des Festzuges lautete: »2.000 Jahre deutsche Kultur«.

Am 3.7.1939 feierte Prof. Dr. h. c. Albrecht Schmidt, Bad Soden, der Erfinder des künstlichen Nebels, Schüler von Bunsen, seinen 75. Geburtstag. Schmidt war Ehrenbürger der Universitäten Berlin und Frankfurt a. M. Hitler verlieh ihm wegen seiner Verdienste um die Wehrchemie zu seinem Geburtstag die Goethemedaille und ernannte ihn zum SS-Obersturmbannführer. Schmidt hatte im Ersten Weltkrieg in den IG Farben Höchst gearbeitet.

Seit Anfang Juli stand in der Berichterstattung der BSZ die Danzig-Frage im Vordergrund. Prophezeite und nicht stattgefundene Putschversuche sollten Hitlers Friedensliebe beweisen. Andererseits gab es Überschriften wie: »Danziger NSDAP: Wir wollen zu Deutschland«. Chamberlains Äußerung »Danzig ist eine deutsche Stadt« wurde zitiert. Über Ausschreitungen in Posen wurde berichtet.

An die Erzieher erging der Auftrag, Westwall und Schule zum Unterrichtsthema zu machen. Stolz berichtete die BSZ: »22.000 Panzerwerke im Westwall«. Die Zusammenarbeit der Wehrmacht mit der HJ zum Zwecke der vormilitärischen Erziehung wurde in der Ausgabe vom 12.8.1939 in der BSZ bekanntgegeben. Am 2.8.1939 feierte die Partei den 25. Jahrestag des Beginns des Ersten Weltkrieges als »Feiertag der Wehrmacht«.

Am 28.7.1939 wurde die »16. Große Rundfunk- und Fernsehausstellung Berlin 1939« von Dr. Goebbels eröffnet. Er bezeichnete in seiner Rede den Rundfunk als »Brücke und Waffe«. Der erste Fernseheinheitsempfänger wurde vorgeführt. In der Ausgabe Nr. 92 vom 5.8.1939 berichtete die BSZ von der Rückkehr der SS-Tibet-Expedition, mit der fünf SS-Führer 1 ½ Jahre in Lhasa waren. In der gleichen Ausgabe ist von »100 Jahre deutsche Seegeltung« und von einer Kundgebung in Danzig die Rede. Polnische Drohungen gegen die Stadt werden ausführlich berichtet. Diese bezogen sich aber auf einen vorangehenden deutschen Waffeneinsatz.

Am 23.8.1939 wurde über den Nichtangriffspakt Deutschland-Sowjetrußland berichtet. Gleichzeitig bezeichnete ein Artikel den Westwall als »unbezwingbar«.

Am 29.8.1939 gab man die Einführung von Bezugsscheinen für lebenswichtige Güter bekannt. Es sei eine vorsorgliche Maßnahme, hieß es in der BSZ.

Hatte die Ausgabe der BSZ noch am 31. August 1939 geschrieben: »Chamberlain erhofft friedliche Lösung«, zugleich die polnische Mobilmachung bekanntgegeben, so erschien in der Nummer 104 vom Samstag, dem 2. September 1939, der Abdruck der Rede Hitlers vor dem Reichstag, in der er den Einmarsch in Polen rechtfertigte, in ungekürztem Wortlaut. Die Reichtstagssitzung bezeichnete die Zeitung als »historisch«. Die

Schlagzeile der ersten Seite lautete: »Treu bis in den Tod!« Die »Heimkehr Danzigs ins Reich« war vollzogen. Gleichzeitig wurde der Ausfall der Kirchweih mitgeteilt. Die Reserve-Feuerwehr befahl man zur Übung. Einzelfragen der Bezugsscheinpflicht gab der Reichsminister für Ernährung und Landwirtschaft bekannt. Es folgte die Kriegswirtschaftsverordnung zur Sicherung der deutschen Verteidigungskraft.

Hinweise auf Kampfhandlungen mit den Westmächten England und Frankreich waren spärlich. In Soden feierte man die Einnahme jeder polnischen Stadt als Bestätigung der Aussagen der Partei und ihrer Politik. Die Schnelligkeit des Vormarsches der deutschen Truppen ließ manchen, der einen Sieg in diesem Zweifrontenkrieg für unmöglich hielt, verstummen. Der Vormarsch der Roten Armee zu der mit Ribbentrop vereinbarten Demarkationslinie meldete die BSZ am 21.9.1939.

Am 24.9.1939 hielt die NSDAP einen Mitgliederappell im Kurhaussaal ab, bei dem Ortsgruppenleiter Faubel einen dringenden Appell an alle richtete, »im gegenwärtigen Opfergang unseres Volkes Vorbild zu sein«. Neue Parteimitglieder erhielten ihre Mitgliedsbücher. Am 3.10.1939 gab die BSZ bekannt, daß aus Anlaß der Kapitulation Polens sieben Tage lang mittags von 12–13 Uhr die Glocken läuten würden. Am 6. Oktober 1939 richtete auf der Sitzung des Reichstages in Berlin Hitler einen »letzten Appell zur Vernunft« an die Westmächte. Die Zeitung bezeichnete seine Vorschläge »zum Aufbau eines neuen Europa« als »großzügig«. Zugleich aber wurde auf eine Neuordnung im Osten verwiesen, Umsiedlungen als notwendig bezeichnet. Das »Lebensrecht« des deutschen Volkes sei stärker als der »Versailler Vertrag«. Seine Ziele formulierte Hitler in fünf Punkten, in denen u. a. die »Ordnung des gesamten Lebensraumes nach Nationalitäten«, angestrebt wurde, »das heißt: eine Lösung jener Miniorітätenfragen, die nicht nur diesen Raum berühren, sondern darüber hinaus fast alle süd- und südosteuropäischen Staaten betreffen«. Was damit gemeint war, zeigten die folgenden Jahre.

Es folgten im Oktober und November Meldungen über die Versenkung britischer Kriegsschiffe, die Umsiedlung der Südtiroler als dem »Ergebnis inniger Freundschaft« mit Italien, über Rohstofflieferungen aus der Sowjetunion, den Attentatsversuch auf Hitler im Bürgerbräukeller in München am 8.9.1939; dann am 28.10.1939 die erste Anzeige über einen Gefallenen aus Soden. Der Oberfeldwebel K. S. war als Beobachter einer Aufklärungsgruppe bei einem Feindflug an der Wesfront tödlich getroffen worden. In der Todesanzeige hieß es: »Mit voller Begeisterung zog er aus, tot kehrte er zurück«. Am 28. Oktober 1939 fand für den »im Kampf um Deutschlands Ehre« Gefallenen eine Trauerfeier statt. Er wurde auf dem Ehrenfriedhof begraben. Auch die Auszeichnung eines Sodeners mit dem EK II vermerkte die BSZ am 25.11.1939. Zur vormilitärischen Wehrerziehung sollten sich Freiwillige im Alter zwischen 18 und 45 Jahren laut BSZ vom 2.12.1939 melden.

Sammlungen führte die NSV durch, Bücher für verwundete und kranke Soldaten, Kleinkinderwäsche, Spielsachen. »Opfersonntage«, jeder zweite Sonntag im Monat, wurden gehalten. An diesen Tagen erwartete man Geldspenden. Auch die »Eintopfessen« des WHW behielt man bei.

In der Silvesterausgabe der BSZ vom 30.12.1939 hieß es unter der Schlagzeile »Vorwärts zum Sieg!«, daß der Sinn des Krieges die »Sicherstellung des dem deutschen Volks zukommenden Lebensraumes« sei und daß man sich keiner Gewalt beugen werde. In einer Rede hatte der Stellvertreter Hitlers, Rudolf Heß, gesagt, daß das »höchste Gesetz«

die »Erhaltung des Volkes, der Selbsterhaltungstrieb der Nation« sei. Es könne keinen Verzicht auf ein »rassisch gesundes Erbgut« geben.

Für die Jahre 1940 bis 1945 gibt es nur wenige Unterlagen für die örtlichen Geschehnisse in der Kriegszeit, zumal die BSZ ihr Erscheinen im »Zuge der pressepolitischen Bereinigung und Kräftezusammenfassung im deutschen Pressewesen« mit der Nr. 64 des 42. Jahrgangs am Samstag, dem 31. Mai 1941, einstellen mußte. Die Verlagsrechte gingen mit Wirkung vom 1. Juni 1941 auf den Verlag »Frankfurter Volksblatt« über.

Mit zunehmender Kriegsdauer vermehrten sich auch die Probleme für die Bevölkerung. Die Rationierungen wichtiger Güter verschärfte die Lage, z.B. bei der Zuteilung von Heizmaterial in den Wintermonaten. Der Mangel an Rohstoffen machte sich bemerkbar. Am 15. März 1940 wurden in allen Kirchen die Glocken beschlagnahmt und registriert. Am 4. und 5. Mai 1942 wurden sie dann abgeholt. Die verschiedensten Sammlungen von Altmaterialien und Naturprodukten folgten in regelmäßigen Abständen. Auch bei der Lebensmittelzuteilung zeigten sich im Laufe der Jahre die Kriegsfolgen trotz des siegreichen Feldzuges gegen Frankreich, das am 24. Juni 1940 den Waffenstillstandsvertrag unterschrieben hatte. Hitler befahl aus diesem Anlaß die 10tägige Beflaggung der Häuser und das Läuten der Glocken an sieben Tagen von 12 Uhr bis 12 Uhr 15. Am 11.6.1940 hatte Italien Frankreich den Krieg erklärt.

Unmittelbare Berührung mit dem Kriegsgeschehen erhielten die Einwohner Sodens nicht nur durch Gefallenen- und Vermißtenmeldungen. Am Kriegsende waren es 173 gefallene oder vermißte Soldaten. Über die Schäden und Folgen des Luftkrieges berichtet das Heft 8 der »Materialien zur Bad Sodener Geschichte«. Schon im Jahre 1940 entstanden Schäden durch die rings um Frankfurt aufgestellten Flakbatterien, von denen eine mit 18 Geschützen (1944) bei Sulzbach stationiert war. Auf der Höhe des Dachbergs in der Gemarkung »Hipperich« befand sich eine Schweinwerfer- und Horchgerätestellung, in der Oranienstraße 13 der Befehlsstand des Stabes der Flakabteilung 396. Nach dem Beginn der Luftangriffe auf Frankfurt im Mai 1940 wurden im Sodener Bereich in diesem Jahr 28 Flakschäden, verursacht durch die Sulzbacher Geschütze, gemeldet, vor allem von der Gärtnerei Sinai auf der Wilhelmshöhe, deren Gewächshäuser immer wieder beschädigt wurden.

Die ersten Bombenabwürfe auf Soden geschahen in der Nacht vom 7. auf den 8. Juli 1941. Sie gingen in der Umgebung des Schwimmbades nieder und machten vier Häuser unbewohnbar. 42 Schadensmeldungen gingen dazu ein. Bei dem Abwurf in der Nacht vom 3. auf den 4. August 1941 fielen Bomben in der Dachbergstraße, am Dachberg und im Gebiet der Oranienstraße. Am 22./23. August 1941 wurde vor allem das Altstadtgebiet getroffen. In der Enggasse wurde ein Haus völlig zerstört. Über diese Vorgänge ist ein kurzer Bericht des katholischen Pfarrers Weis in der Pfarrchronik erhalten. Er schrieb damals: »Auch in diesem Jahr hatten wir hier sehr unter den Folgen des Krieges . . . zu leiden . . . in diesem Jahr (1941) verging kaum eine Woche ohne solchen (Alarm). Seither blieb man meistens trotz des Alarms im Bett. Das änderte sich aber, als auch hier die Bomben fielen. Im August wurde Soden dreimal bombardiert, jedesmal gab es großen Häuserschaden, beim 3. Mal auch drei Todesopfer. Einmal fielen 6 Bomben in den Garten des Dr. Thilenius . . .«. Auch über Luftschutzkurse und Schulungen berichtete der Pfarrer.

Im Jahre 1942 fanden Bombenabwürfe in der Nacht vom 24. auf den 25. August statt, hauptsächlich in der Nähe des Badehauses, wo der Hochdruckkessel leck wurde, und in der Kronberger Straße. Dort wurden drei Häuser zerstört, weitere zehn unbewohnbar. Unter den zerstörten Gebäuden waren das Kinderheim der NSV, das Farbwerkserholungsheim und das Haus Bethesda, in dem die Ortsgruppe Bad Soden ihren Sitz hatte, waren beschädigt. Im Zusammenhang mit diesen Ereignissen gab es in der Folge einen Streit darum, wer als erster den im Keller des zerstörten Kinderheimes sich befindenden Personen geholfen habe. Ein Sodener schlug sich sogar selbst für das Kriegsverdienstkreuz als Auszeichnung für besonderen Einsaz bei der Befreiung der Kinder des Heimes aus dem Keller des zerstörten Hauses vor.

Auch über diesen Fliegerangriff hat Pfarrer Weis in der Kirchenchronik berichtet: ». . . In der Nacht des 25.8. erfolgte ein großer Angriff auf die ganze Gegend um Frankfurt. Zwischen 2–3 Uhr erfolgten hier drei gewaltige Detonationen. Ich ging gleich aus dem Keller und sah eine gewaltige dunkle Wolke jenseits des Burgbergs aufsteigen . . . Ein gewaltiges Feuer stand in der Richtung Fft., es stellte sich aber später als eine Feuersbrunst in Schwalbach heraus. Hier in Soden brannte es nicht. Doch hatten die Luftminen schreckliche Verwüstungen hier angerichtet. 4 solcher Geschosse im Gewicht von je 18 Zt. waren hier gefallen, aber die 4. war nicht explodiert. Sie waren in der Cronbergerstr. niedergegangen. 3 Häuser waren vollständig zerstört und viele andere in der Umgebung schwer beschädigt ... Die Fensterscheiben in der Königsteinerstraße und im Kurhaus waren gesprungen, sogar eine Scheibe im Pfarrhaus. Auch die bunten Fenster in der Kirche sind auf der einen Seite ein- oder hinausgedrückt worden, ebenso auch in der Sakristei. In den eingestürzten Häusern hat es 5 Tote gegeben, darunter auch (Generaloberartz a. D.) Dr. Zippel«.[3] Auch den Angriff in der Nacht vom 8.–9. September 1942, bei dem in Sulzbach 28 Scheunen und 8 Häuser in Flammen aufgingen, beschrieb Pfarrer Weis, ebenso über den Angriff auf Frankfurt am 4. Oktober berichtete er. Ausgebombte kamen in großer Anzahl ins Umland. Vier Personen fanden im Pfarrhaus Aufnahme.

»Brandbomben auf die Kirche«, so lautet die Beischrift in der Kirchenchronik zu dem Bericht aus dem Jahre 1944. »Bei dem letzten Terrorangriff auf Frankfurt und Umgegend am 21. März hat auch unsere Kirche etwas mitbekommen. 2 Brandbomben fielen auf das südliche Kirchendach außen nahe an der Dachrinne. Das Dach fing Feuer und um ein Haar wäre die Kirche abgebrannt. Der Brand wurde aber gleich gemerkt und Dank der tatkräftigen Hilfe der Nachbarschaft ... gelöscht. Auch zwei Franzosen haben eifrig gelöscht. Die ganze Parkstraße war mit Brandbomben übersät, im Garten lagen »bloß« vier. An vielen Stellen brannte es, die Kurverwaltung (gemeint ist das alte Parkinhalatorium) brannte ab . . . Das nennt sich Krieg: in Wirklichkeit ist es Mord und Brandstiftung«, so schloß der Pfarrer seinen Bericht. Nachzutragen ist, daß das Materialienheft 8 als Datum dieses Bombenabwurfs die Nacht vom 22. zum 23. März 1944 angibt. Weiter wird dort erwähnt, daß das obere Stockwerk des Badehauses in dieser Nacht abbrannte.

Über den Luftangriff vom 2. zum 3. Februar 1945 machte Pfarrer Weis folgende Eintragung in die Pfarrchronik: »In der Nacht vom zweiten zum 3. Februar erlebte Bad Soden den schlimmsten Fliegerangriff. Das ganze Gebiet des Taunus wurde in dieser Nacht schwer heimgesucht. Zwischen 12 und 1 Uhr fiel eine Luftmine oder Sprengbombe von ungeheurem Ausmaß, – man spricht von einer 120 Zt.-Bombe – und ungeheuerer Wirkung mitten auf die Königsteiner Straße dem Kurpark gegenüber. Halb Soden wurde . . . in Mitleidenschaft gezogen. Wir saßen im Keller und dachten, das Haus stürze zusammen. Der Schaden an Kirche und Pfarrhaus war groß. In der Kirche wurden alle

Fenster zerstört, auch die gemalten, ebenso auch die Türen, besonders die schwere Haupttür, sie ist zersplittert, der Windfang war eingedrückt. Auch das Dach wurde durch herabfallende Steine und weitgeschleuderte Äste von den Alleebäumen z.T. eingedrückt und schwer beschädigt. Im Pfarrhaus waren alle Fenster mit den Rahmen zerbrochen, die Außentüren eingedrückt und zerrissen, so daß es vieler Wochen bedurfte, um die Schäden einigermaßen auszubessern. Es fehlt an Fensterglas . . . Es ist fast ein Wunder, daß niemand tot geblieben ist. Alle sehnen das Ende des Schreckens herbei.«

Über dieses Ende schrieb der Pfarrer: »Das lang ersehnte Ende der Schrecken folgte endlich in der Karwoche (1945), als am Gründonnerstag, dem 29. März, nachmittags 2 ½ Uhr, die ersten amerikanischen Panzer durch Soden rollten. So eine Karwoche hat das deutsche Volk noch nicht erlebt. Am Palmsonntag Morgen hieß es plötzlich, alle müßten flüchten, Soden müsse geräumt werden. Man stelle sich die Panik und Aufregung vor. Die Einsichtigen hatten alle den Entschluß (gefaßt) zu bleiben u. sich nicht durch Parteigerede betören zu lassen. Die meisten Flüchtlinge kamen auch nach ein oder zwei Tagen enttäuscht wieder zurück. Die letzten Tage verbrachten fast alle in den Kellern, d.h. die Nächte. Hier bei mir schliefen sechs Personen im Keller. Es ging das ganz gut. Am Dienstag Nachmittag schoß auch die amerikanische Artillerie nach Soden hinein. 5 oder 6 Schuß fielen. Es entstand dadurch schon großer Schaden an Häusern in der Alleestraße, auch wurden dadurch 3 Personen (eines Begräbniszuges) auf der Straße getötet.[4] Man war keine Stunde seines Lebens mehr sicher. Dazu die ungeheueren Schwärme von Flugzeugen, die täglich planmäßig über uns hinwegflogen . . . Mit Spannung harrte man auf die Ankunft des Feindes. Endlich, Gründonnerstag nachmittag gegen 2 Uhr hörte ich ein eigenartiges Gerassel. Da sah ich vom Fenster aus auch den ersten amerikanischen Panzer die Köngisteiner Straße langsam hinauffahren. Es folgten in kurzen Abständen noch mehrere (3. Bataillon 319. Infanterie-Regiment). Frau H. . . . sagte: ›Ich könnte vor Freude tanzen‹. So groß war die Freude darüber, daß der Bombenterror aufhörte. Einzelne Häuser wurden mit Soldaten belegt, auch St. Elisabeth. Gegen kath. und prot. Geistliche war man sehr zuvorkommend. Anfangs entsetzten sich die Leute über die schwarzen Soldaten, alsbald gewann man sie aber lieb. Der Kurpark war der Parkplatz für Autos, diente den Soldaten auch als Spielplatz.

Alle deutschen Behörden u. Ämter hörten jetzt auf, ebenso stellten Bahn und Post den Betrieb ein. Es kam ein herrenloser Zustand. Nun setzten die Plünderungen der Ostarbeiter ein, . . . Bei der Einsetzung von Bürgermeister und Landrat wurden auch die Geistlichen gefragt . . .«.

Auch der evangelische Pfarrer hat Einzelheiten über das Kriegsende in Bad Soden in der Kirchenchronik vermerkt: ». . . Gegen Ende – so Februar–März 1945 – bestand die Gefahr, daß die Kirchenbücher, aus denen die Ariernachweise beurkundet wurden, von der Parteileitung gen Osten verschleppt wurden. Unser Main-Taunus-Kreis war von der Gauleitung zur »Toten Erde» bestimmt worden; alle Bewohner sollten den Kreis evakuieren und sich nach Osten absetzen, damit hier noch geordneter Verteidigungskampf geführt werden könnte. Aber nur die »100 und 150%igen« gehorchten am Palmsonntag dem Befehl; man merkte es kaum, daß sie abgezogen waren. Nach paar Tagen waren sie wieder zurück, soweit sie nicht Verhaftungen durch die inzwischen eingezogenen Amerikaner befürchten mußten. Soden wurde von Süden, von Höchst aus »erobert«. In unabsehbarem Zug auf Jeeps und Lastwagen kamen die Amerikaner an. Entgegengegangen war ihnen ein Sozialdemokrat, der viel von der NSDAP hatte einstecken müssen.

Er übergab die Stadt . . . die meisten Häuser zeigten weiße Fahnen. Auf dem Bürgermeisteramt mußten sämtliche Waffen abgegeben werden, auch Jagd- und Jugendsportwaffen. Die Volksschule nahm schwarze Soldaten der Amerikaner auf. Zu ihnen drängte die hungrige Jugend – wegen Kaugummi und Zigaretten – und in häßlicher Weise Weiblichkeit – wegen Fett und Cornedbeef-Büchsen . . . Die Gemeindeverwaltung wurde . . . reorganisiert. Der kathol. Pfarrer und ich wurden vom »Volk« der Gemeinde als »good men« dazu beordert, auch als solche angenommen; und man hörte gern und zum besten der Gemeinde auf unsern Rat. Wir beide hatten auch als Unparteiliche die neue Kreisverwaltung mit installieren helfen. Wir hatten auch am ersten Personalausweise, daß wir Tag und Nacht unbehindert auf der Straße oder auf Reise gehen konnten . . . ohne Rücksicht auf die Kur und ihre Wiederbelebung (wurden) alle Betten für Flüchtlinge zur Verfügung gestellt. So war Soden bald ›gesättigt‹ bezgl. des Aufnahmesolls. Und wir bekamen meist Schlesier und Sudetendeutsche . . .

Einer besonderen Erwähnung bedarf das Problem der Entnazifizierung. Ein Kapitel für sich! Es müßte die Überschrift tragen: Von der diabolischen Wandlungsfähigkeit eines Menschen. Immerhin: der Pfarrer hat für machen gut sprechen können und müssen, aber die undankbarsten Gemeindeglieder, womit ja auch ein Pfarrer rechnen muß, sind mir aus den Reihen derer gewachsen, die bitterlich um »Persilscheine« (Persil = ein Waschmittel!) baten. Hierher gehört auch das Nachtaufen von Kindern, die jahrelang ungetauft geblieben waren, die Nachtrauungen (in der NS-Zeit gab es die sog. nationalsozialistische ›Eheweihe‹) und die Wiederaufnahmen in die evang. Kirche nach früherem Austritt . . .«.

Die Beschwernisse der Besetzung betrafen vor allem jene, die ihre Häuser räumen mußten, um den Besatzungstruppen Platz zu machen, so z.B. Einwohner in der Taunusstraße und Auf der Weide. Auch das Kurhaus wurde im Juli von den amerikanischen Truppen beschlagnahmt. Eine nächtliche Ausgangssperre war verhängt worden.

Aus den letzten Monaten vor Kriegsende ist noch eine »verabscheuungswürdige Tat« (BSZ vom 13.2.1970) zu berichten, die am 20. Februar 1945 geschehen war. Lange Jahre war sie aus dem Bewußtsein der Öffentlichkeit verdrängt worden. Bekannt wurde sie erst wieder durch einen Brief des Revieroberforstwarts i.R. Eckert von Neuenhain, mit dem er sich um die Erhaltung eines etwa 130 Jahre alten Erlenstammes in der Abteilung 1 b des Eichwaldes einsetzte und mit dem es eine besondere Bewandtnis hatte. Dazu sei hier auszugsweise ein Artikel der BSZ vom 13. Februar 1970 wiedergegeben, der sich mit den Vorgängen aus jenen Februartagen des Jahres 1945 befaßte.

»Kurz vor Kriegsende, am 20.2.1945, verübten Nazischergen im Eichwald eine verabscheuungswürdige Tat. Ein siebzehnjähriger HJ-Soldat wurde erschossen und an Ort und Stelle verscharrt. Nach Berichten Bad Sodener Bürger hatte sich der junge Soldat von seiner in Bad Soden liegenden Einheit entfernt. Weinend auf einer Treppe in der Stadtmitte sitzend, gab er Passanten auf deren Fragen Antwort, er habe Heimweh nach seinen Eltern. In der Stadt aufgegriffen, wurde er von einem Kriegsgericht, das im Hotel Adler tagte, zum Tode durch Erschießen verurteilt.

Augenzeugen berichteten, daß der Soldat, mit einer Schaufel auf dem Rücken vor einem Exekutionskommando hergehend, zum Eichwald geführt wurde. Auf Befehl eines Hauptmanns mußte der Soldat sein Grab schaufeln, wurde an die Esche gestellt und erschossen. Zu einem späteren Zeitpunkt gruben die städtischen Bediensteten . . . die nur flach mit Erde bedeckte und bereits in Verwesung übergegangene Leiche aus. Dabei wurde außer den Brustschüssen noch ein Genickschuß festgestellt . . . Der Vater des Erschossenen holte die Leiche in die Heimat . . . seine Heimat sei im Hunsrück gewesen. Im Sterberegister 1945 der Stadt Bad Soden ist der Tote nicht registriert. . . . im Dezember . . . zeigte mir (dem Revieroberforstwart) mein . . . Hausmeister . . . die Esche am Rande des Holzabfuhrweges in Abteilung 1 b. (Er) hatte in die Esche ein Kreuz und den Todestag des Soldaten eingeschnitten. Der Stamm zeigte in Brusthöhe eine durch Einschlag von Geschossen entstandene Kuhle.«

Oberforstwart Eckert wollte erreichen, daß der Baum als Mahnmal erhalten bleiben sollte, »aus Pietät gegenüber dem Toten und zur abschreckenden Erinnerung der Nachwelt an die Schandtaten des Naziregimes«. Von den unmittelbar an dem Vorgang der Ausgrabung des Toten im Eichwald und Verbringung auf den Bad Sodener Friedhof Beteiligten, machte der ehemalige Gemeindearbeiter E. M. am 1.11.1989 folgende Angaben:

Herr M. war in jener Zeit des öfteren bei der Gemeinde tätig, so auch in der Zeit vom 16.4.1945 bis zum 20.12.1945. Im Auftrag seines Vorgesetzten, Herrn V. von der Gemeinde Bad Soden, grub er mit seinem Kollegen, Herrn F., am 2. April 1945 den Toten aus, der ca. 20 cm mit Erde bedeckt war, so daß sie beim ersten Spatenstich schon auf die Schuhe des Toten stießen. Die Leiche war in eine Zeltplane eingewickelt. Sie wurde zum Bad Sodener Friedhof gebracht und dort im Verlauf von 3 oder 4 Begräbnissen am 3. April mitbestattet. Der Name des Toten war nicht bekannt. Anfang September 1945 wurde der Leichnam auf Wunsch des Vaters des Toten ausgegraben, wobei es Mühe machte, unter den vier in Frage kommenden Begräbnissen, den richtigen Leichnam zu finden. Der Tote wurde in seine Heimat übergeführt. Herr M. war bei der Exhumierung zugegen.

Der Bund Deutscher Pfadfinder Maintaunus ist 1984 den Geschehnissen nachgegangen und hat den Namen des Erschossenen ermittelt. Danach hieß er Wendelin Bauer aus Külz im Hunsrück. Bauer war im Juni 1944 in ein »Wehrertüchtigungslager« nach Weimar einberufen worden. Im Oktober 1944 kam er zu einer Flakeinheit nach Nordhessen. Im März 1945 habe, so die Angehörigen des Toten, der Bataillonskommandant die jungen Soldaen nach Hause geschickt. In Zivil versuchten sie die Heimatorte zu erreichen. Bei der Überquerung des Rheins wurde Wendelin Bauer von seinem NS-begeisterten Kameraden als fahnenflüchtig verraten und von Militärpolizei verhaftet. Der Gefangene wurde mit anderen zusammen auf einem Lastwagen nach Bad Soden gebracht und dort von einem Standgericht, das im Hotel Adler tagte, nach anderen Aussagen war es das Hotel Europäischer Hof, zum Tode verurteilt. Bei der Wegführung in den Eichwald soll es zu Auseinandersetzungen zwischen Passanten, Soldaten und SS-Leuten gekommen sein. Die zur Exekution bestimmten Soldaten einer Luftwaffeneinheit aus Eschborn sollen sich daraufhin geweigert haben, die Erschießung durchzuführen. Zwei Frankfurter SS-Männer hätten sich daraufhin bereitgefunden, die Hinrichtung durchzuführen. Nunmehr ist in der Darstellung der Ereignisse durch die Pfadfinder von zwei Erschossenen die Rede, wobei bei der zweiten Person noch eine merkwürdige Begebenheit berichtet wird. Die Leiche sei nachts auf Sulzbacher Gebiet geschafft worden, die Sulzbacher aber hätten den Leichnam wieder auf Sodener Gebiet zurückgeschafft. Ein Sodener Pfarrer habe daraufhin seine Gemeinde von der Kanzel herab gerügt. Verläßliche Aussagen hierüber gibt es bisher nicht. Außerdem ist in dem Heft der Pfadfinder, das sich mit dem Vorgang befaßt, als Erschießungstag der 26. März angegeben. Viele Fragen sind in diesem Zusammenhang noch ungeklärt, eine Reihe von verschiedenen Begebenheiten schildernden Darstellungen nicht belegbar, auch widersprüchlich. Die Esche, an der Wendelin Bauer erschossen wurde, ist nicht mehr vorhanden.

XI. Die Zeit nach 1945

1. Die Lage

Soden war im Krieg glimpflich davongekommen. Der Ort hatte zwar mehrere Zerstörungen durch Bomben und Artilleriefeuer davongetragen, insgesamt aber war seine Struktur intakt geblieben. Nur 0,7 % der bebauten Fläche war von den Schäden betroffen.

Mit dem Einzug der amerikanischen Besatzungsgtruppen glaubte man von dem »besseren Sieger« besetzt worden zu sein. Man fühlte sich nicht ganz so »vogelfrei«, obgleich die Angst vor dem, was ja kommen mußte, tief saß. Eben diese Angst verhinderte auch chaotische Zustände. Der Zustrom der Vertriebenen und ihre Berichte über die Vertreibung aus den Ostgebieten und den Kampf ums Überleben auf den Landstraßen machte das ganze Ausmaß der Niederlage und des Ausgeliefertseins deutlich. Die Berichte über die Greueltaten des NS-Regimes in den Konzentrationslagern ließ selbst ehemalige Parteigänger der Nationalsozialisten erschrecken. Der Alliierte Kontrollrat regierte. Seine Verfügungen hingen an den Anschlagtafeln im Ort.

Die aus der Gefangenschaft heimkehrenden Soldaten der Gemeinde kamen wenigstens hier in eine noch halbwegs intakte Umwelt. Die Trümmerwüste blieb ihnen erspart. Die Familien nahmen sie auf und versorgten sie mit dem Nötigsten. Besonders schwer hatten es die aus der sowjetischen Gefangenschaft Heimkehrenden. Die meisten waren durch die erlittenen Entbehrungen und die ihnen abverlangte Fronarbeit in Bergwerken und in den sibirischen Lagern krank und arbeitsunfähig. Viele kehrten erst nach Jahren zurück. Ehemalige NS-Funktionäre wurden in Arbeitslagern interniert. Das zentrale Problem war die Unterbringung und Eingliederung der Vertriebenen und Evakuierten. Die Situation zwang die Einwohner zusammenzurücken, wenn auch unter dem Zwang amtlicher Verordnungen und unter vielem Streuben. Menschen wurden gezählt, Räume aufgenommen, Fremde zugewiesen. Die Wohnraumbewirtschaftung hatte begonnen. Man mußte sich Küche und Bad teilen, auf derselben Etage leben, fremde Gewohnheiten ertragen. Unterschiede in der kulturellen, religiösen und sozialen Entwicklung verlangten ein bewußteres »Hinhören« auf den, mit dem man es nunmehr auf engem Raum zu tun hatte, nicht nur der Mundart wegen.

Bis 1949 waren laut Statistik im Jahrbuch 1950 der Stadt Bad Soden (S. 35) 1.301 Heimatvertriebene und 1.189 Evakuierte zu den 4.342 Altbürgern hinzugekommen, die nunmehr 36 % der Einwohner Bad Sodens ausmachten. Laut einer Statistik des Hessischen Staatsministeriums für Arbeit und Wohlfahrt vom 6.10.1946 (Az.: IV/56 a 86/2912/46) gab es in dem betreffenden Jahr im Main-Taunus-Kreis noch 13,1 % zweckentfremdeten Wohnraum, Räume, die z. B. als Büro- und Arbeitsräume genutzt wurden, obwohl sie ursprünglich Wohnräume waren. Zur Unterbringung weiterer Vertriebener sollte eine Überprüfung vorgenommen werden. Schon im April 1946 hatte der Main-Taunus-Kreis auf Grund des Reichsleistungsgesetzes § 5,22 und 23 zur Sicherung der Unterbringung weiterer Heimatvetriebener u. a. Räume des Park-Hotels beschlagnahmt. Am 26. Juni 1945 befanden sich dann 10 Flüchtlingsfamilien in diesem Haus. Danach wurden alle Familien mit weniger als vier Personen in Sodener Privatquartiere umgesiedelt. Noch im Mai 1947 wohnten zwischen 45 und 50 Personen im Park-Hotel.

Die dort gegebenen hygienischen Zustände beschreibt die Sodener Ärztin Dr. Herta Naporra-Hughes in einem ärztlichen Zeugnis (alle Angaben im Kreisarchiv, Aktenordner Park-Hotel Bad Soden, Bd. II 1945–1950). Nur eine Klosettanlage stand zur Verfügung, und diese war noch zerstört. Die vorhandenen Schäden waren sowohl durch Bombeneinwirkung am 2./3.2.1945 als auch bei der Belegung des Hauses durch die Besatzungstruppen entstanden.

Im Juli 1946 waren in Bad Soden 4.023 Wohnräume registriert, 32 davon waren unbewohnbar und reparaturbedürftig, 16 nicht reparaturfähig, 167 durch die Besatzungsmacht belegt. Nach der Meldung vom 11.7.1946 waren noch 137 Wohnräume frei und somit belegungsfähig. Nutzungsentschädigung zahlte für beschlagnahmte Räume das Besatzungsamt, bei dem z. B. schon am 20. August 1945 die I. G. Farbenindustire Aktiengesellschaft als Besitzerin durch den Sub-Control Officer Lt. Col. E. S. Pillsbury (Mac 0-114533) für die Inanspruchnahme des in Soden gelegenen Genesungsheimes 5.066 RM an nachgewiesener Nutzungsentschädigung für die Zeit der Belegung durch US-Truppen vom 30.3. bis einschließlich 14.6.1945 einforderte. Alles wurde bewirtschaftet. Bezugsscheine zu erhalten, war fast aussichtslos. Ehemalige Soldaten mußten oft ihre verschlissene Montur auch weiterhin tragen. Soldatenmäntel, umgearbeitet und umgefärbt, waren im Stadtbild nicht selten. Es kam die Zeit, wo der selbstangebaute Tabak geraucht wurde, »Ami-Zigaretten« im Tauschgeschäft die »Währung« waren, Zigaretten-»Kippensammler« ihre kostbaren Funde »neu verarbeiteten«, denn die Zigarettenzuteilung war kaum nennenswert. Für 50 Zigaretten erhielt man ½ kg Butter. Sämtliche Lebensmittel und Gebrauchsgüter waren rationiert und bezugsscheinpflichtig.

Außer dem Normalverbraucher gab es die Kategorien Säugling, Kleinstkind, Kleinkind, Kind, Jugendlicher, darüber hinaus Zulagen für Kranke, Schwerstarbeiter usw. Ab 27. Mai 1946 wurde z.B. die Brotration für Normalverbraucher auf 4 kg im Monat festgesetzt, also 129 Gramm für einen Tag. Der Tageskaloriensatz betrug 1.275 Kalorien (Frankfurter Rundschau vom 17.5.1946). In der 112. Zuteilungsperiode vom 1. bis 31. März 1948 waren es 8.250 Gramm, also 266 Gramm täglich; 170 Gramm Fett, 450 Gramm Fleisch, 1.400 Gramm Nährmittel, 62,5 Gramm Käse, 1.000 Gramm Zucker, 125 Gramm Kaffee-Ersatz, 9.000 Gramm Kartoffeln und 1 Liter E-Milch (entrahmte Milch) (Franfkurter Allgemeine Zeitung vom 28.2.1953).

Obstlesen, »Kartoffeln-stoppeln« (auf den Feldern Nachlese halten), Getreideähren bei der Ernte sammeln und verschroten, um Suppen damit zuzubereiten, Gerste, Hafer; jeder Fleck Garten war schon seit den Kriegsjahren zum Anbau von Gemüse genutzt worden. Selbst der Bürgermeister von Bad Soden hielt sich eine Ziege, was ihm einen Spottnamen eintrug. Auch das Heizmaterial war knapp und wurde zugeteilt. Schon im Krieg hatte man manchen Winter frieren müssen. Kohlen wurden »geklaubt«, auf Bahnhöfen und Straßen den Fahrzeugen nachgelesen. Jedes Stück Holz war kostbar. Mancher Baum in den Sodener Waldungen wurde ohne Genehmigung geschlagen und verheizt. Selbst die Abfalltonnen der amerikanischen Besatzungssoldaten waren Fundgruben für vielerlei. Jede weggeworfene Büchse mit Eßbarem war kostbar. Verboten war es den Soldaten und den bei ihnen Bediensteten, Reste von Lebensmitteln und Speisen an Deutsche zu geben, wiewohl viele Essensportionen und angebrochene Dosen mit Lebensmitteln einfach in die Mülltonnen gekippt wurden.

Der schwarze Markt blühte. Zum »Hamstern« und Tauschen fuhr man aufs Land. Schmuck, Teppiche und sonstige Wertgegenstände wurden gegen Kartoffeln, Geschlachtetes, Fett und Eier eingetauscht. Für ein Stück Seife wurden auf dem schwarzen Markt bis zu 35,– RM bezahlt.

Nach der Hinrichtung der elf im Nürnberger Prozeß zum Tode verurteilten NS-Verantwortlichen und der Militärs im Oktober 1946 erfolgte die »politische Säuberung« mit Hilfe von Spruchkammern, auf Grund der durch das Nürnberger Urteil für verbrecherisch erklärten Organisationen der NS-Zeit. Die Einstufung der Betroffenen reichte von ›Nicht betroffen‹, Entlastete, Mitläufer bis Minderbelastete, Belastete (Aktivisten) und Hauptschuldige. Sanktionen waren Freiheitsentzug, Vermögenseinziehung, Berufsverbot, Amts- und Penionsverlust, Geldbuße, Verlust des Wahlrechts. Auch in Soden wurden Häuser ehemaliger NS-Führer enteignet, Vermögen teilweise eingezogen und Haftstrafen ausgesprochen.

Am 30.9.1946 wurden neue Kennkarten ausgegeben. Sie enthielten Lichtbild, Fingerabdruck, Personenbeschreibung und den Spruch der Entnazifizierungskammer durch eine an bestimmter Stelle durchgeführten Lochung. Zu diesem Zweck war die Kennkarte mit 12 Feldern versehen worden. In den Quadraten 1–5 wurde die Lochung entsprechend dem Spruchkammerurteil vorgenommen. Amnestierte und Begnadigte erhielten ein Loch im Quadrat 5. Bei Einweisung in ein Arbeitslager wurde das Feld 6 benutzt, Feld 7, wenn ein Betroffener nur besondere oder gewöhnliche Arbeiten verrichten durfte. Durfte jemand kein öffentliches Amt mehr bekleiden oder war ihm das Wahlrecht abgesprochen, wurde Feld 9 mit einem Loch versehen; bei Wohnraumbeschränkung Feld 10, Feld 11 bei Verlust der Fahrberechtigung für ein Auto, Feld 12, wenn der Betroffene nicht als Lehrer, Schriftsteller oder Rundfunkkommentator tätig sein durfte. Somit war bei jeder Vorlage der Kennkarte die politische Vergangenheit für jedermann erkennbar.

Parteien waren zunächst nur auf Kreisebene zugelassen, ab 30.11.1945 auch in den neu gebildeten Ländern der amerikanischen Besatzungszone. Am 27. Januar 1946 wählten die Landgemeinden ihre Gemeindevertretungen. Vier Gruppen waren von der Wahl ausgeschlossen: 1. Personen, die die Militärregierung verhaftet hatte oder deren Verhaftung befohlen worden war. 2. Alle ehemaligen Mitglieder der NSDAP, die vor dem 1.5.1937 der Partei beigetreten waren oder aktiv für die Partei tätig gewesen waren, außerdem SS-Mitglieder. 3. Amtsträger der Partei, Führer und Unterführer der SA, der HJ, des BDM, des NS-Studentenbundes, des NS-Dozentenbundes, der NS-Frauenschaft, dem NSKK und dem NSFK. 4. Erklärte Anhänger und Mitarbeiter des Nationalsozialismus.

In Bad Soden traten vier Parteien zur Wahl an: SPD, CDU, LPD und KPD. 2.832 Einwohner waren wahlberechtigt, es wählten 2.578 = 91%. Die SPD erhielt 1.002 Stimmen = 39,2%, die CDU 605 Stimmen = 23,3%, die LPD 842 Stimmen = 32,7% und die KPD 62 Stimmen = 2,4% (Kreisarchiv des MTK 38/10 b II).

Den Wahlen zur Gemeindevertretung folgten am 28. April 1946 die Kreistagswahlen und am 30. Juni 1946 die Landtagswahlen. In Bad Soden hatten diese beiden Wahlen folgende Ergebnisse:

	Wahlberechtigte	Wähler	SPD	CDU	LPD	KPD	ungültig
Kreistagswahl	2.925	2.116	756	596	623	62	79
		72,3%	35,7%	28,2%	29,4%	2,9%	3,7%
Landtagswahl	3.139	2.669	1.011	727	711	85	135
		85%	37,9%	27,2%	26,6%	3,2%	5,1%

Am 1.12.1946 fand ein Volksentscheid über den Entwurf für eine hessische Verfassung statt, den die amerikanische Militärregierung gebilligt hatte. Gleichzeitig wurde der Landtag neu gewählt. Die Stimmen in Bad Soden verteilten sich wie folgt:

Wahlberechtigte	Wähler	SPD	CDU	LPD	KPD	ungültig
3.417	2.846	953	644	898	126	225
	83,3%	33,5%	22,6%	31,5%	4,4%	8%

In Bad Soden war von der Demontage von ehemaligen »Rüstungsbetrieben« und sogenannten »überzähligen Anlagen«, 186 in der amerikanischen Zone, als Reparationslieferungen für die Besatzungsmacht nichts zu bemerken, wohl aber wurde damit auch die Zahl der Arbeitsplätze erheblich vermindert und die Chance, eine Anstellung in einem größeren Betrieb zu bekommen, wesentlich geschmälert. Widerstand gegen die alliierten Maßnahmen sollte die Minderung der Lieferung von Nahrungsmitteln zur Folge haben.

Inzwischen war Anfang Januar 1948 der Marshall-Plan als Hilfe für die europäischen Länder beschlossen worden. Von der Jahresrate von 4.875 Mill. Dollar sollten die britische und amerikanische Besatzungszone 414 Mill. Dollar erhalten. Vom 1. April 1948 bis zum 1. Februar 1950 erhielt Westdeutschland 828 Mill. Dollar als Marshallplan-Hilfe (nach Kurt Zentner, Aufstieg aus dem Nichts Bd. II, Kiepenheuer & Witsch Köln/Berlin S. 108f).

Die Care Hilfssendungen der Cooperative for American Remittances to Europe, ein Zusammenschluß US-amerikanischer Wohltätigkeitsorganisationen, brachten vor allem für die Kinder durch die Einrichtung der Schulspeisung eine Linderung des Hungers. Ab dem 9. Juni 1947 wurden in der Volksschule 573 Schülerinnen und Schüler gespeist. Ab Mitte Juli stand die Schulküche in den Kellerräumen der Schule hierfür wieder zur Verfügung. Zwei angestellte Köchinnen bereiteten die Speisen. Der Unkostenbeitrag für eine Woche betrug 1 RM, später 1,50 RM.

Am 29. Oktober 1947 untersuchte der Amtsarzt 612 Schulkinder, da nunmehr nur noch 280 Portionen zur Ausgabe gelangen konnten und eine Auswahl getroffen werden mußte, wer weiter an der Schulspeisung teilnehmen durfte. Den Gesundheitsgruppen 15 und 14, sämtlich Tbc-Kinder, gehörten 41 Kinder an, der Gruppe 13 206 Kinder, der Gruppe 12 89 Kinder, der Gruppe 11 123 Kinder, der Gruppe 10 89 Kinder (Chronik der Volksschule Bd. 2). Im Kurhaus bewirteten am 16.12.1947 die amerikanischen Soldaten 350 jüngere Schulkinder. Jedes Kind wurde mit Süßigkeiten bedacht. Am 19.12.1947 beschenkten amerikanische Jugendorganisationen die älteren Schulkinder in einer Feier im Saal des Frankfurter Hofes.

Die *WÄHRUNGSREFORM* wurde mit dem Gesetz Nr. 61 als Proklamation der Militärregierung in den drei Westzonen am 20.6.1948 durchgeführt. Im § 6 des Gesetzes war der »Kopfbetrag« festgesetzt, der einen Umtausch von 40 RM in 40 DM vorsah, weitere 20 DM sollten innerhalb von 2 Monaten zwischen dem 20.8. und 11.9.1948 ausgezahlt werden. Alle übrigen RM-Beträge mußten auf Bank- oder Sparkonten eingezahlt werden und sollten im Verhältnis 10:1 umgetauscht werden. Die Lebensmittelkartenstellen zahlten die Kopfbeträge aus. Für alle Reichsmarkverpflichtungen wurde ein Moratorium von 1 Woche, bis zum 26.6.1948, eingerichtet, während dem keine Schulden bezahlt werden mußten.

Bewirtschaftung und Preisvorschriften wurden gelockert. Geldbesitz mußte mit einem Fragebogen angemeldet werden. Mit der Neuregelung des Geldwesens wurde ein

LASTENAUSGLEICH durchgeführt (6.7.1948), verbunden mit einer Vermögensfeststellung und der Bemessung einer Vermögensabgabe. Mit ihm sollten Schäden und Verluste abgegolten werden, die sich infolge von Krieg und Vertreibung ergeben hatten, sowie Härten gemildert werden, die durch die Währungsreform eingetreten waren. Bis zum Anfang des Jahres 1979 wurden rund 140 Milliarden DM zur Befriedigung dieser Ansprüche ausgezahlt.

Am 27.7.1948 schlossen sich die amerikanische, englische und französische Besatzungszone zur *TRIZONE* zusammen. Am 13.10.1948 wurde vom Verwaltungsrat das *NOTOPFER BERLIN* beschlossen. Von je 100 DM steuerpflichtigem Einkommen sollten 60 Pfennige abgeführt werden. Auch auf Postsendungen wurde eine Abgabe erhoben.

Am 25.4.1948 fanden wieder Gemeinde- und Kreistagswahlen statt:

Wahlberechtigte		Wähler	SPD	CDU	LDP	KPD	ungültig
Gemeinde-	4.195	3.522	1.049	805	1.411	—	257
wahl		84 %	29,9 %	22,8 %	40,1 %	—	7,3 %
Kreistags-	4.197	3.608	980	787	1.404	141	296
wahl		86 %	27,2 %	22 %	39 %	3,9 %	8,2 %

(Kreisarchiv MTK 38/10 b II).

2. Die Zeit von der Gründung der Bundesrepublik 1949 bis 1990

Der sich verstärkende Ost-West-Gegensatz verhinderte ein einheitliches deutschlandpolitisches Konzept der Besatzungsmächte, so daß im Bereich der drei westlichen Alliierten ein deutscher Teilstaat, die Bundesrepublik Deutschland, gebildet wurde. Stationen auf diesem Wege waren die am 20. Juni 1948 durchgeführte Währungsreform und der am 1. September 1948 konstituierte Parlamentarische Rat, dessen Aufgabe es war, eine provisorische Verfassung, das »Grundgesetz« auszuarbeiten, das dann am 23. Mai 1949 verkündet wurde. Am 14. August 1949 erfolgte die 1. Bundestagswahl. Die daran beteiligten Parteien erhielten in Soden folgende Stimmenanteile: SPD 1.112 Stimmen, CDU 686 Stimmen, FDP 1.485 Stimmen und KPD 119 Stimmen. Am 7. Oktober 1949 wurde die Bundesrepublik Deutschland gegründet.

Noch aber verblieben in Soden amerikanische Soldaten. Vor allem das Kurhaus wurde, nachdem es im Frühjahr 1946 von den Amerikanerrn völlig neu ausgestattet worden war, als Offiziersclub genutzt. Manager dieses Clubs war der Bad Sodener Einwohner Peter Scharp.

1949 gab es immer noch Lebensmittelkarten. Ausgabestellen waren in der Parkvilla bzw. im Bürgersaal des Frankfurter Hofes. Erst am 1.5.1950 wurden sie abgeschafft. Die Schulspeisung behielt man in diesem Jahr noch bei.

Am 27.6.1947 waren der Gemeinde Bad Soden die Stadtrechte verliehen worden. Bürgermeister war seit dem 9.7.1948 Gilbert Just, der Dr. Kuno Meyer abgelöst hatte, der vom 2.6.1945 bis zum 24.3.1948 Bürgermeister von Bad Soden gewesen war. Der ordentliche Etat der neuen Stadt betrug in diesem Jahr 878.340 DM.

Der Neuaufbau der Stadtverwaltung in neun Abteilungen wurde in Angriff genommen. Die anstehenden Fragen der Stadt standen in einer öffentlichen Versammlung am 14.5.1949 im Bürgersaal des Frankfurter Hofes zur Debatte. Wichtigstes Problem war in dieser Zeit noch immer das Wohnungsproblem. 3.500 Evakuierte und Heimatvertriebene waren nach Soden gekommen und mußten seit dem Kriegsende untergebracht werden. Für die Kur standen derzeit nur noch 300 Betten, gegenüber 1.100 im Jahre 1938 zur Verfügung. Dementsprechend betrug die Zahl der Kurgäste in diesem Jahr nur 3.000, über 50 % weniger als 1938. Eine »Gemeinnützige Bau- und Siedlungsgesellschaft« wurde gegründet, die am 9. September 1949 im Bürgersaal des Frankfurter Hofes eine »Großkundgebung«, wie es im Bad Sodener Kuranzeiger hieß, zwecks praktischer Durchführung des »Aufbauwerkes« abhielt.

1952 plante man den Bau von 36 Wohnungen (BS-Kuranzeiger vom 14.2.1952). Für den Bau von zwei Wohnblocks stellte die Stadt 1953 66.000 DM als Darlehen bereit. 105.000 DM aus Landesmitteln waren für den Ostflüchtlingswohnungsbau bestimmt. Hierfür gab die Stadt noch einmal 31.200 DM. Insgesamt standen 283.200 DM zur Verfügung. Im August 1953 konnte das Richtfest für 30 Wohnungen der Baugenossenschaft gefeiert werden. Bis zum 1.7.1954 waren 24 Wohnungen fertiggestellt. 1955 folgte der Bau von zwei Wohnblocks mit 36 Wohnungen, bis November dieses Jahres hatte die Baugenossenschaft 110 Wohnungen erstellt. Auch das Paulinenschlößchen ließ die Stadt nach den Plänen des Architekten Ferdinand Wagner renovieren und zu einem Café und Weinrestaurant umgestalten, am 19.1.1952 eröffnen.

Die Zahlungstermine des Lastenausgleichs waren im September 1949 Thema einer Generalversammlung des Haus- und Grundbesitzervereins. Nach der amtlichen Bekanntgabe waren in diesem Jahr Zahlungen am 20.10 und 20.12 fällig, danach am 20.2.1950. In der Folge sollten die Zahlungstermine am 20.5., 20.8., 20.11. und wieder am 20.2. liegen.

Die Bildung von Vereinen wie Sportvereine, Jugendgruppen, Erwachsenenbildungsvereine waren damals noch »genehmigungspflichtig«, Vereine mit wirtschaftlichen, beruflichen und politischen Zielen »lizenzpflichtig«. Anfang März 1950 wurde der Kur- und Verkehrsverein neu gegründet.

Am 23.4.1950 fand im Paulinenschlößchen die Eröffnungstagung des neuen Bäder-Instituts Bad Soden statt, dessen Leiter Prof. Lampert wurde (siehe Band »Leben aus den Quellen« S. 46f). Wegen der Änderung der Artikel 75 und 137 der Verfassung des Landes Hessen fand am 10.5.1950 eine Volksabstimmung statt, bei der von 4.781 Stimmberechtigten in Soden 1.107 ihre Stimmme abgaben, davon 963 mit »Ja« stimmten und 99 mit »Nein«; ungültig waren 45 Stimmzettel.

Die Arbeiten am alten Sprudel, die am 5.12.1949 begonnen worden waren, wurden am 20.8.1950 beendet, so daß der Sprudel wieder springen konnte.

Am 3.3.1951 eröffnete Rudolf Gebser die 2. Apotheke in Bad Soden, die »Kur-Apotheke«, an der Königsteiner Straße/Ecke Alleestraße.

Das Jahr 1951 war ein Jubiläumsjahr. 250 Jahre Heilbad Bad Soden wurde gefeiert. Schirmherr der Veranstaltungen war der hessische Ministerpräsident Georg August Zinn. Als Aprilscherz stellte sich die am 29. März 1951 im Bad Sodener Kuranzeiger aus Anlaß der 250-Jahr-Feier für den 1. April angekündigte Eröffnung einer Spielbank heraus. Doch auch in diesem Jahr war z.B. die Not an Heizmaterialien noch nicht überwunden. Pro Haushalt wurden nur 13 Zentner Kohle für den Zeitraum vom 1.4.1951 bis zum 31.3.1952 ausgegeben. Zusätzlich konnten Preßbriketts aus Braunkohle und 10 % Nußkohle bezogen werden. Auch waren noch immer die Bestimmungen des Kontrollratsgesetzes Nr. 18 der Militärregierung, des Wohnungsgesetzes, gültig, die die Wohnraumbewirtschaftung regelten.

Am 31.3.1952 beschlossen die Stadtverordneten die Erhebung einer Getränke- und Speiseeissteuer. Ab der Ausgabe vom Mittwoch, dem 30.4.1952, trug der Bad Sodener Kuranzeiger wieder den Titel BAD SODENER ZEITUNG.

Die Gemeindewahl vom 4.5.1952 hatte folgendes Ergebnis: SPD 1.235 Stimmen = 6 Sitze, CDU 574 Stimmen = 3 Stize, FDP 774 Stimmen = 4 Sitze, BHE (Block der Heimatvertriebenen und Entrechteten) 535 Stimmen = 3 Sitze und DP 524 Stimmen = 2 Sitze. Der Etat der Stadt belief sich für dieses Jahr auf 1.045.050 DM. Er wurde am 21.11.1952 verabschiedet.

Die Bundestagswahlen vom 3.9.1953 brachten in Bad Soden folgende Stimmenverteilung: SPD 1.173 Stimmen, CDU 1.628 Stimmen, FDP 822 Stimmen, BHE 425 Stimmen, DP 407 Stimmen, GVP 34 Stimmen, KPD 31 Stimmen; ungültig waren 171 Stimmen.

Im September 1953 plante man den Bau einer neuen Trinkhalle für 230.000 DM nach den Plänen des Architekten Ferdinand Wagner. Die alte Trinkhalle war eine nach der Quellenparkseite hin offene Holzhalle und nur als Schutz- und Wandelhalle für die Kurgäste bei der Brunnenkur gedacht. Nunmehr wollte man bei verlängerter Kursaison eine wettergeschützte Anlage schaffen, die auch für Kurkonzerte und dergl. nutzbar war. Dennoch war der Abriß der stil- und kunstvollen alten Halle zu bedauern. Heute würde man sie unter Denkmalschutz gestellt haben. Auch die Umgestaltung des Bezirkes Adlerstraße/Clausstraße mit dem Abriß des ersten großen Sodener Gasthauses »Zum goldenen Löwen« (Haus Walter) würde heute anders gelöst.

Am 9.1.1954 wurde Bürgermeister Just für weitere 12 Jahre wiedergewählt. Am 20.1.1954 genehmigte der Hessische Innenminister die blau-orange Bad Sodener Stadtflagge mit dem Stadtwappen. Die Farben leiteten sich vom Herzogtum Nassau her, während dessen Herrschaft sich Soden zu einem vielbesuchten Heilbad entwickelt hatte, das Wappen mit dem Reichsapfel sollte an die Zeit des freien Reichsdorfes erinnern.

Als weitere Vorgänge dieses Jahres sind anzuführen der Beschluß der Stadtverordnetenversammlung, die Straßenbeleuchtung zu modernisieren (Stromkosten jährlich 30.000 DM), 227.000DM für den Straßenbau bereitzustellen, die im Juni abgeschlossene Modernisierung des Badehauses und die am 11.5.1954 erfolgte Rückgabe des Kurhauses durch die amerikanischen Besatzungsbehörden. 141.000 DM mußte die Stadt letzteren für das überlassene Inventar zahlen. Am 1.5.1955 wurde das Haus wieder in Betrieb genommen. Pächter waren die Kaiser-Keller-Betriebe (Hans Arnold) in Frankfurt a. M. Auch die Modernisierung des Postamtes war im April 1954 abgeschlossen.

Die Landtagswahlen vom 28.11.1954 hatten in Bad Soden nachstehende Ergebnisse: 4.217 Wahlberechtigte hatten gewählt (= 82,1%), 125 Stimmen waren ungültig. SPD 1.520 Stimmen, CDU 999 Stimmen, FDP 918 Stimmen, BHE 456 Stimmen und KPD 55 Stimmen.

Für die Jahre 1955 bis 1960 lassen sich die folgenden Vorgänge auflisten: Im Januar 1955 erfolgte der Umbau und die Renovierung des Bahnhofs.

Mitte März wurde eine Fremdenverkehrsabgabe beschlossen, die ab 1.4.1955 zu zahlen war und 2% des Meßbetrages des Reingewinns aus der Kur betragen sollte. Nach der Satzungsveröffentlichung im Januar 1956 protestierte der Handwerker- und Gewerbeverein. An Beispielen zeigte daraufhin das Steueramt der Stadt die Geringfügigkeit der Belastung der Kurhalter auf. Ein Fremdenheim mit vier Betten z. B. hatte bei einem Jahresumsatz von 4.000 DM und bei einem Reingewinn von 20% = 800 DM bei einer

Abgabe von 2 % von diesem Betrag pro Bett 16 DM im Jahr zu zahlen. Ein Lebensmittelladen müßte bei einem Umsatz von 200.000 DM, bei 6 % Reingewinn = 12.000 DM und der Anrechnung von Einnahmen aus dem Fremdenverkehr von 10 % = 1.200 DM bei 2 % davon im Jahr 24 DM Abgabe zahlen.

Im März 1955 stellte die Stadt an der unteren Königsteiner Straße Erbbaugelände für 24 Häuser zur Verfügung. Zur gleichen Zeit kamen Überlegungen auf, ein Hallen-Freiluft-Schwimmbad zu bauen.

Im April 1955 plante man 470.000 DM für den 1. Bauabschnitt der Kläranlage im Etat ein.

Die Hebamme Margarete Dinges, die 1907 ihren Dienst von der Hebamme Keller übernommen hatte, trat nach 48 Jahren in den Ruhestand. 1.800 Geburten hatte sie betreut.

Am 17.7.1955 wurde die neue Trinkhalle eröffnet. Das Innere hatte Hans Wagner mit sechs großen Wandbildern geschmückt, Portraits berühmter Kurgäste. Am 10.9.1955 fand die Einweihung des Reitplatzes am Eichwald statt.

Die Bushaltestelle der Linien nach Frankfurt und Höchst wurden von der Salinenstraße an den Bahnhof verlegt.

Gegen Überlegungen der US-Armee, im Eichwald einen Truppenübungsplatz einzurichten, protestierte die Stadt und wies dabei auf die Existenzgefährdung des Heilbades durch diese Maßnahmen hin.

Eine neue Gebührenordnung für die Kanalgebühren datierte vom 10.10.1955.

Die Satzung für die Erhebung der Kurtaxe war für das Jahr 1956 wie folgt festgelegt: Vor- und Nachkurzeit 18 DM pro Einzelperson, für eine zweite Person 11 DM, für jede weitere 5,50 DM. In der Hauptkurzeit 30 DM für die Einzelperson, für die zweite Person 18 DM, für jede weitere 9 DM. Für die Winterzeit 9 DM für die Einzelperson, 5,40 DM für die zweite Person und 2,70 DM für jede weitere Person.

Im Mai 1956 plante man im Etat 400.000 DM für den Endausbau der Kläranlage ein.

Am 6.7.1956 fand die Grundsteinlegung für eine Reithalle auf dem Reitplatz statt; im September der erste Spatenstich für eine Glashütte der Firma Rosenthal an der unteren Königsteiner Straße.

Im August lieferte ein neuer Brunnen an der Sulzbacher Straße täglich 2.000 cbm Wasser.

Die Gemeinde- und Kreistagswahlen am 28.10.1956 hatten folgende Ergebnisse:

	Gemeindewahlen		Kreistagswahlen
SPD	1144 Stimmen	(zuvor 1.235)	1.346 Stimmen
CDU	716 Stimmen	(zuvor 574)	1.017 Stimmen
FDP	393 Stimmen	(zuvor 774)	810 Stimmen
Bürgerblock	759 Stimmen	(zuvor –)	–
Wählergem.	452 Stimmen	(zuvor –)	–
BHE	369 Stimmen	(1952 535)	508 Stimmen

In der Stadtverordnetensitzung vom 29.1.1957 ging es um die Verbreiterung bzw. bessere Sicherung des Bahnübergangs an der Sulzbacher Straße. Der zweite Bauabschnitt der Kläranlage war bis dahin nicht zur Ausführung gekommen.

Im Februar 1957 eröffnete die Kreissparkasse eine Zweigstelle in der Königsteiner Straße/Ecke Straße Zum Quellenpark.

Am 30.6.1957 gab Bürgermeister Just sein Amt in Soden auf und ging als Stadtdirektor nach Düsseldorf. Im Juni erwarb die Stadt den steckengebliebenen Neubau an der Königsteiner Straße, wo ehedem das Hotel Colloseus stand, für 70.000 DM, um dort ein neues Rathaus zu bauen. Am 18.8.1957 läuteten zum letztenmal die Glocken der alten katholischen Pfarrkirche am oberen Kurparkausgang an der Parkstraße, bevor diese dann abgerissen wurde.

Die Bundestagswahl am 15.9.1957 hatte in Bad Soden die folgenden Ergebnisse (Erst- und Zweitstimmen): SPD 1.212/1.155 Stimmen – CDU 1.710/1.648 Stimmen – FDP 575/569 Stimmen – BHE 333/330 Stimmen – DP/FVP 138/155 Stimmen – BdD -/6 Stimmen – DRP 114/109 Stimmen.

An seinem 80. Geburtstag am 20. September 1957 stiftete Dr. Adolf Reiss 5.000 DM für einen Kinderspielplatz. Am 2.10.1957 wurde Karl August Wallis, bisher Bürgermeister in Traben-Trabach, mit 9 gegen 8 Stimmen zum Bürgermeister von Bad Soden gewählt, am 10.12.1957 in sein Amt eingeführt. Anfang Januar 1958 stiftete der Badeärztliche Verein 20.000 DM zur Renovierung der Quellen VI a und VI b.

Am 31.1.1958 weilte der Hessische Ministerpräsident Georg August Zinn in Bad Soden. Der Bürgermeister trug ihm die Bitte der Stadt um Beihilfe für die Fertigstellung der Kläranlage vor. Man hoffte auf eine Behandlung der Beihilfe wie bei den hessischen Staatsbädern.

Landtagswahlergebnisse vom November 1958: 5.134 Wahlberechtigte, 4.201 abgegebene Stimmen, 116 ungültig. SPD 1.519 (zuvor 1.520) – CDU 1.390 (zuvor 999) – FDP 598 (zuvor 918) – BHE 434 (zuvor 458) – DP 144 (zuvor 108) Gesamtdeutscher Block/BHE über 5%.

Mit dem 1.4.1958 verpflichtete sich der Badeärztliche Verein jährlich 12 ½% aus dem Umsatz des Inhalatoriums der Stadt für Kurzwecke zur Verfügung zu stellen. Am 16.12.1958 übernahm der Bürgermeister auch das Amt des Kurdirektors, um Finanzmittel einzusparen. Mit dem Ende des Jarhes 1958 wurde eine Betriebssatzung für die städtischen Bade- und Kurbetriebe an Stelle der Satzung vom 25.6.1951 verabschiedet, die nunmehr ab dem 1.1.1959 ein Eigenbetrieb wurden und den Namen »Städtische Bade- und Kurbetriebe Bad Soden a. Ts.« erhielten. Leiter war der Kurdirektor. Der Magistrat berief eine »Kurkommission«, in der 5 Mitglieder der Stadtverordnetenversammlung, der Bürgermeister, 2 Betriebsratsmitglieder und 2 Mitglieder des Badeärztlichen Vereins tätig wurden. Die Unterzeichnung des diesbezüglichen Vertrages erfolgte am 6.1.1959. Eine Verbesserung des Bettenangebotes für die Kur brachte ein neues Sanatorium, das die LVA Württemberg mit 52 Betten errichtete. Im ehemaligen Park-Hotel richtete die IG Bergbau Bochum ein Bergmannserholungsheim ein. Im Dezember nahm das Taunus-Sanatorium von Prof. Dr. Böhlau seinen Betrieb auf.

Am 31.3.1959 räumten die amerikanischen Besatzungsdienststellen den Europäischen Hof. Vor der Beschlagnahme durch die Amerikaner war das Haus Wehrmachtserholungsheim. Über seine weitere Verwendung war man sich noch im unklaren. Am 10.10.1959 eröffnete Kultusminister Schütte die Vortragsreihe der neu gegründeten Erwachsenenbildung Bad Soden. Am 10.10.1959 wurde auch das vom Architekten Adam Wagner erbaute neue Rathaus seiner Bestimmung übergeben. In diesem Jahr kam die Kurverwaltung erstmals ohne einen Stadtzuschuß aus. 10.000 Kurgäste hatten Bad Soden besucht. Im Jahr 1960 standen laut einem Rundschreiben des Bundesministeriums für Wirtschaft vom 14.9.1959 und des Landrats vom 3.12.1959 (232/I/59) ERP-Kredite für die mittelständische gewerbliche Wirtschaft sowie die mittlere verarbeitende Industrie zur Verfügung, mit deren Hilfe Betriebe rationalisiert und modernisiert werden sollten. Bei 100%iger Auszahlung wurden sie mit 6% verzinst und hatten eine Laufzeit von zwölf Jahren.

In Bad Soden ging es damals um die Erneuerung des Kanalnetzes, das derzeit eine Gesamtlänge von 35 km hatte, und der Abwasserreinigungsanlagen. Zu diesem Zweck waren 1,6 Millionen erforderlich. Für eine Neubohrung und eine Wasseraufbereitungsanlage benötigte die Stadt 260.000 DM. Im Rahmen des Bad Sodener Wohnungsnotstandsprogramms waren in der verlängerten Schubertstraße von der Nassauischen Heimstätte 96 Wohnungen erbaut worden, 24 davon waren für Heimatvertriebene bestimmt. Den ehemaligen Europäischen Hof wollte die Stadt Frankfurt kaufen und dort ein Altenheim einrichten. Die städtischen Gremien aber sahen darin einen Verlust für die Kur und stimmten den Plänen nicht zu.

Die Gemeindewahlen vom 23.10.1960 hatten folgendes Ergebnis: SPD 1.406 (1.144) Stimmen – CDU 1.043 (716) Stimmen — FDP 701 (393) Stimmen – BHE 464 (1956 369) Stimmen – Bürgerblock 759 (1956 386) Stimmen – Wählergemeinschaft – (1956 452) Stimmen.

Die 60-er Jahre haben im Stadtgeschehen bestimmte Sachschwerpunkte. Im Jahre 1961 stand die Sicherung des Bahnübergangs an der Sulzbacher Straße der Schüler wegen im Vordergrund. Die Frage war, Fußgängertunnel oder Blinklicht mit zugbedienter Halbschranke. Gegen letztere wurden die Lehrerinnen und Lehrer der Theodor-Heuss-Schule beim Regierungspräsidenten vorstellig, ebenso der Elternbeirat. Weitere Themen waren die Umgestaltung der Adlerstaße, der später neben dem alten Bauernhof an der Ecke zur ehemaligen Hauptstraße auch das ehemalige Gasthaus ›Zum goldenen Löwen‹ (Haus Walter) zum Opfer fiel. Auch das Hotel Adler, ein lebendiges Stück Ortsgeschichte, wurde in jener Zeit abgerissen.

Die im Bad Sodener Vereinsring zusammengeschlossenen Vereine drängten immer wieder darauf, das Dilemma der Saalfrage endlich durch die Errichtung eines Bürgerhauses zu lösen. Mit dem Beschluß über eine Bausatzung der Stadt Bad Soden a. Ts. auf Grund des § 5 der Hessischen Gemeindeordnung vom 25. Februar 1952 (GVBl. S 11) durch die Gemeindevertretung im Juli 1961 wollte man diese Ordnung für die Baugebiete der Stadt vorschreiben, um die ›wilde Bebauung‹ im Interesse eines »schmucken Aussehens der Badestadt« (BSZ vom 6.7.1961) zu stoppen. Für die Gestaltung des neuen Kurparks zwischen der Salinenstraße und dem Eichwald wurde der Plan des Gartenarchitekten Dirks, Bad Nauheim, ausgewählt. Rund 450.000 DM waren für dessen Verwirklichung erforderlich. Neben der Fertigstellung der 163 Wohnungen auf der Großbaustelle der unteren Königsteiner Straße ist der Neubau der Volksschule zu erwähnen.

Um die Streckenführung der neuen Bahnstrecke von Niederhöchstadt über Schwalbach nach Bad Soden gab es in der zweiten Jahreshälfte 1962 eine lebhafte Diskussion, ob diese sowohl den Eichwald als auch den neuen Kurpark tangieren dürfe.

Ab Oktober 1962 konnte die Wasseraufbereitungsanlage in Betrieb gehen. Ein neuer Hochbehälter auf dem Dachberg ersetzte die drei alten Wasserbehälter, die nur 500 cbm, den vierten Teil eines Spitzentagesverbrauches der Stadt decken konnten. Nunmehr stand eine Kapazität von 1.140 cbm im neuen Reservoir zur Verfügung.

Am 10.12.1962 beschloß der Kreistag, das neue Kreiskrankenhaus im Sodener Eichwald zu bauen. Der Baubeginn der neuen B 8 verzögerte sich noch immer.

Am 10.12.1963 fand im Festsaal des Kurhauses die Wiedereinführung von Bürgermeister Wallis statt, der sich dann 1966 aus gesundheitlichen Gründen vom 1. Stadtrat Dr. Adolf Kromer vertreten lassen mußte und Anfang Januar 1967 im Hinblick auf seine angegriffene Gesundheit um seine Entlassung bat. Zu seinem Nachfolger wurde am 31.3.1967 einstimmig Dr. Helmuth Schwinge aus Fulda gewählt.

Bei einer Ortsbesichtigung für den Bau des neuen Kreiskrankenhauses im Eichwald wurden mehrere Hügelgräber entdeckt. Eines davon wurde von den bevorstehenden Bauarbeiten betroffen, so daß am 16. August an dieser Bodenerhebung mit den Ausgrabungsarbeiten begonnen wurde. Die Leitung der Grabung hatte Herr cand. phil. Wehlt, Marburg. In dem etwa 2.500 Jahre alten Grab wurden verschiedene Funde gemacht (siehe Kap. I,2).

Schwierigstes Problem der 60er Jahre war die Frage nach der Entwicklung der Kur in Bad Soden. In der BSZ vom 17. August 1961 wurde erstmals darüber berichtet, daß die Stadt »mit den zuständigen Regierungsstellen Gespräche darüber geführt« hat, »ob eine Übernahme der Städt. Bade- und Kurbetriebe durch das Land Hessen oder eine Beteiligung an einer zu bildenden GmbH möglich sei«. Trotz der guten finanziellen Lage der Kurbetriebe sei für die Stadt ein Nachholbedarf in der Höhe einer Investition von 12 Millionen DM in den nächsten Jahren gegeben. Am 12.9.1961 befaßten sich die Stadtverordneten mit der Frage der Umwandlung des Kommunalbades in ein Staatsbad. Grundsätzlich erklärten sie ihre Zustimmung zu diesen Plänen. Bürgermeister Wallis teilte mit, daß das Land einer solchen Transaktion wohlwollend gegenüberstehen würde.

Vom Verkauf des Bades erhoffte man sich Mittel, das Gesamtbild Sodens zum Positiven hin zu verändern. Außerdem entfalle für die Stadt jegliches Risiko im Kurbereich für die Zukunft. In der Stadtverordnetensitzung Ende November 1961 teilte Bürgermeister Wallis mit, daß derzeit Vertreter der Staatsbauverwaltung damit beschäftigt seien, den Wert der Kureinrichtungen zu schätzen. Die Hoffnung auf den Verkauf des Bades war der Grund dafür, den bis dahin höchsten außerordentlichen Jahresetat mit 3.441.000 DM vorzulegen. In der Magistratssitzung vom 12.4.1962 wurde laut Protokoll mitgeteilt, daß aufgrund der schriftlichen Anfrage des Magistrats vom 10.8.1961 an den Herrn Hessischen Minister der Finanzen nunmehr die erste mündliche Verhandlung wegen der Übernahme der Städtischen Bade- und Kurbetriebe durch das Land Hessen oder eine Beteiligung des Landes an einer zu bildenden Kapitalgesellschaft stattgefunden hätten. Dabei habe der beauftragte Ministerialrat mitgeteilt, daß als Kaufpreis »nicht der von der Stadt Bad Soden in einem Gutachten ermittelte Sachzeitwert anerkannt« werde. Als Kaufpreis »käme höchstens der Bilanzwert in Frage, wobei die in der Bilanz ausgewiesenen Verbindlichkeiten vom Lande Hessen erfüllt würden. Den mit 10 Millionen bezifferten Nachholbedarf wollte das Land übernehmen. Die Beteiligung an einer GmbH aber käme für das Land nicht in Frage. »Der Staat könne auch die Stadt nicht an Kurtax-Einnahmen beteiligen, nachdem der Bäderansatz im Hessischen Finanzausgleich geschaffen wäre.« Die Quellen könnten bei einer Übernahme als Staatsbad nicht Eigentum der Stadt bleiben.

In der Magistratssitzung vom 28. Mai 1962 wurde folgende, durch das Land Hessen betreffs des Kaufes der Bade- und Kurbetriebe aufgestellte Rechnung vorgetragen: die vom Land angebotene Kaufsumme betrage nach der Bilanzsumme z. Zt. 2,6 Millionen DM. Nach Abzug der vom Staat zu übernehmenden Schulden bleibe ein Barbetrag von 900.000 DM. Die Stadt aber rechnete mit einem Kaufpreis von mindestens 5 Millionen

DM, wenn man den Zeitwert der bebauten und unbebauten Flächen in Ansatz brachte. Die Bilanzwerte müßten demnach hier auf mindestens 800.000 DM aufgestockt werden.

Mit dem Verein Burgberg-Inhalatorium e. V. wurden Verhandlungen über die Bildung einer Betriebs-GmbH aufgenommen. Im Juni 1962 bildeten die Stadtverordneten ihrerseits mit je einem Vertreter der fünf Fraktionen eine Kommission, die prüfen sollte, ob die Verstaatlichung der Bade- und Kurbetriebe durchgeführt werden oder eine Betriebs-GmbH in Verbindung mit dem Badeärztlichen Verein geschaffen werden sollte. Der Kommission gehörten die Stadtverordneten Ruppertz, Geiger, Schiffmann, Günther und Dannewald an. In der Stadtverordnetensitzung am 24. Juli 1962 teilte Bürgermeister Wallis mit, daß die Kommission das umfangreiche Prüfungsmaterial noch nicht vollständig durchgearbeitet habe. Außerdem habe man Kontakte mit dem Verein Burgberg-Inhalatorium. Mit dem Staatsbeauftragten werde weiterverhandelt.

Die Pro-Kopf-Verschuldung von Bad Soden betrug in diesem Jahr 510 DM. Damit lag Bad Soden an vierter Stelle im Kreis. Andererseits stand die Stadt mit Steuereinnahmen von 2.660.489 DM im Jahre 1961 an der Spitze im Main-Taunus-Kreis und dies schon seit dem Jahre 1951. An Kurmitteln und Kurtaxe waren 1962 968.600 DM eingenommen worden.

Die BSZ veröffentlichte am 6. August 1964 einen »Offenen Brief« an den Magistrat der Stadt, in dem die Bad Sodener Ärzte Vorschläge zur Verbesserung des Kurbetriebes machten. Sie gingen davon aus, daß die Verhandlungen mit dem Land zwecks Übernahme als Staatsbad gescheitert waren, was aus der ablehnenden Antwort des Hessischen Finanzministers hervorging, die seit Monaten bekannt war. Die Ärzte hatten deshalb den Weg der Veröffentlichung in der Presse gewählt, weil »alle Versuche, mit den maßgeblichen Männern der Stadt ins Gespräch zu kommen, gescheitert« waren (BSZ vom 6.8.1964). Die meisten Eingaben seien noch nicht einmal beantwortet worden. In dem Schreiben wurde auf die Gefahr hingewiesen, daß Soden zu einem Stadtrand-Wohngebiet im Sog der Großstadt Frankfurt werde. Um den Charakter der Kurstadt zu erhalten, sollte das Kurgebiet erweitert und gegen den Durchgangsverkehr abgeschirmt werden. Eine Geschwindigkeitsbegrenzung auf 30 km wurde angeregt. Parkplätze sollten nur am Rande des Kurgebietes angelegt werden. Der Eichwald und das Altenhainer Tal sollten in den Kurbezirk einbezogen werden. Hochhäuser hätten in einem Kurviertel keine Berechtigung. Es wurde die Frage gestellt, ob es nicht möglich sei, die städtischen Kurbetriebe und den Inhalatoriumsverein zu vereinigen.

Aufgrund verschiedener Leserbriefe zu diesem Thema in der »Neuen Presse« und im »Höchster Anzeiger« veröffentlichten die sechs Mitglieder des Vereins Burgberg-Inhalatorium e. V., Dr. Jungeblodt, Dr. Naporra, Dr. Lang, Dr. Baumeister, Dr. Haupt und Dr. Wiesner, in der BSZ vom 20. August 1964 eine weitere Erklärung, in der die Leistungen des Vereins für die Bad Sodener Kur angeführt wurden. So beteiligte er sich seit dem 9.1.1954 mit 100.000 DM am Bau der neuen Trinkhalle, fand sich bereit, durch einen am 1.4.1958 abgeschlossenen Förderungsvertrag, jährlich 12 ½% des jährlichen Umsatzes den Bade- und Kurbetrieben zur Verfügung zu stellen. Dies waren im Jahre 1963 107.800 DM. Zur Quellensanierung wurden in drei Jahren noch etwa 100.000 DM zusätzlich überwiesen. Daneben beteiligte sich der Verein an den Kosten der Werbung und des Kurspiegels.

Am 24. Juli 1964 hatte dann eine Sitzung mit dem Magistrat stattgefunden, mit dem Ergebnis, daß der Inhalatoriumsverein der Stadt weitere 500.000 DM für die Verbesserung der Kuranlagen durch Kreditaufnahme zur Verfügung stellte und für sie bürgte. Die Stadt ihrerseits stellte die gleiche Summe bereit. Aus beiden Gremien wurde eine Kommission gebildet, die unter dem Vorsitz des Bürgermeisters und Kurdirektors die notwendigen Investitionen überprüfen und die Aufträge erteilen sollte. Insgesamt war diese Vereinbarung als Verhandlungsbasis für einen späteren Zusammenschluß des Burgberg-Inhalatoriums mit den städtischen Bade- und Kurbetrieben gedacht.

Eine zusätzliche Möglichkeit der Sanierung der Kurbetriebe eröffnete sich aus dem sogenannten Fremdenverkehrs-Förderungsplan des Landes Hessen, der 50 Millionen für die Modernisierung nichtstaatlicher Bäder vorsah und von dem sich nach Angabe von Bürgermeister Wallis, der Vorsitzender des Verbandes Hessischer Heilbäder war, Soden 10 Millionen erhoffte.

Mit dem Landesentwicklungsplan »Hessen 80«, der als Teilplan den Fremdenverkehrsentwicklungsplan beinhaltete, kam für Bad Soden die diesbezügliche Ernüchterung. Bad Soden war in diesem Plan als Kurort und Heilbad nicht als förderungswürdig eingestuft. Auch befand es sich nicht unter den künftig »vorrangig zu fördernden Schwerpunktorten für Kur und Rehabilitation«. Die Aussicht über die »nachrangige» Förderung noch Mittel zu erhalten, war ebenfalls gering. Die Stadtverordnetenversammlung beschloß daraufhin, dem Hessischen Ministerpräsidenten eine Stellungnahme zuzuleiten, um das »Eingefroren« – werden, wie es ein Stadtverordneter bezeichnete, zu verhindern.

Die weitere Entwicklung ist in Band I (S. 178ff) beschrieben, so daß hier nur noch auf einzelne Vorgänge aus anderen Sachbereichen hingewiesen wird. Am 16.5.1964 wurde der Neubau der Theodor-Heuss-Schule eingeweiht, im September 1965 die neue Sportanlage im Altenhainer Tal übergeben. Im Juli 1968 konnte der Erweiterungsbau des Kreisalten- und -pflegeheims durch Sozialminister Heinrich Hemsath übergeben werden, im Oktober 1968 feierte man nach zweijähriger Bauzeit das Richtfest für das neue Kreiskrankenhaus im Eichwald, das dann am 20.3.1970 eröffent wurde. Am 12.10.1969 erfolgte die Übergabe der neuen Friedhofshalle. Die Generalüberholung der Kurmittelhäuser, Badehaus, Trinkhalle, Inhalatorium, standen in diesem Jahr ebenfalls an.

Aus den 60er Jahren sind noch einige Wahlergebnisse nachzutragen, so die der Kommunalwahlen von 1964 und 1968 sowie der Bundestagswahlen vom 28.9.1969. Die BSZ vom 29.10.1964 nennt die folgenden Zahlen für die vorangegangene Kommunalwahl: SPD 1.614 (1.406) Stimmen – CDU 1.267 (1.043) Stimmen – FDP 982 (701) Stimmen – BHE 345 (464) Stimmen.

In der Nr. 43 der BSZ vom 24.10.1968 ist für die Kommunalwahl bei einer Wahlbeteiligung von 69,2% folgende Stimmenverteilung aufgelistet: SPD 1.627 Stimmen – CDU 1.551 Stimmen – FDP 911 Stimmen – NPD 241 Stimmen. Danach erhielt die SPD im Gemeindeparlament 7 Sitze, die CDU ebenfalls 7 Sitze, die FDP 4 Sitze und die NPD 1 Sitz.

Für die Bundestagswahl am 28.9.1969 nennt die BSZ die folgenden Zahlen (nach Erst- und Zweitstimmen getrennt): SPD 2.137/2.002 Stimmen – CDU 2.343/2.205 Stimmen – FDP 415/614 Stimmen – ADF 12/24 Stimmen – EP 0/19 Stimmen – GDP 0/15 Stimmen – NPD 224/274 Stimmen.

Das Thema der 70er Jahre, das über mehr als ein Jahrzehnt Stadtverordnete und engagierte Bürger beschäftigte und Gegenstand heftiger Auseinandersetzungen war, wurde mit dem einstimmigen Beschluß der Stadtverordneten in der letzten Sitzung vor Weihnachten im Jahre 1969, das alte Kurhaus abzureißen und ein Kongreß-Hotel zu bauen, aktuell. Der Verlauf der wechselvollen Planungen und des Streites um diesen Neubau wurde im Band I (S. 180ff) in seinen wesentlichen Abläufen beschrieben. Hier soll noch über einige andere Vorhaben und Ereignisse dieses Jahrzehnts berichtet werden.

Wichtigste Fragen kamen mit der Kommunalreform im Jahre 1971 auf. Vorgeschlagen war eine sogenannte große Lösung, bei der die fünf Gemeinden Bad Soden, Neuenhain, Sulzbach, Niederhofheim und Oberliederbach zusammengeschlossen werden sollten, oder eine kleine Lösung, die Bad Soden, Neuenhain und Sulzbach umfaßte, sowie gar eine Angliederung an Groß-Frankfurt a. M. Die Gemeindevertreter von Altenhain hatten sich entgegen dem Willen der Einwohner für ein Zusammengehen mit Kelkheim ausgesprochen. Sulzbach wollte selbständig bleiben. Bei einer Bürgerumfrage der CDU Anfang April 1971, die von der SPD kritisiert wurde, entschieden sich 70,2 % der Einwohner für die kleine Lösung, 5,7 % für die große Lösung und nur 2,3 % waren für einen Anschluß an Frankfurt. Letztlich kam es ab 1.1.1977 zum Zusammenschluß von Bad Soden, Altenhain und Neuenhain.

Zu diesen Entwicklungen kamen um die Jahreswende 1973/74 die vom Hessischen Minister des Innern unterbreiteten Vorschläge über die Bildung des Umlandverbandes Frankfurt, der die größten Teile des Main-Taunus-Kreises, den Hochtaunuskreis, Teile des Wetteraukreises, des Kinzig-Kreises, des Landkreises Groß-Gerau und des Landkreises Offenbach sowie die Städte Frankfurt und Offenbach umfassen sollte. Bis zum 20. März 1974 sollten die Stellungnahmen der Gemeinden beim Regierungspräsidenten in Darmstadt vorliegen. Mit der Gründung des Umlandverbandes sollte zugleich die Neugliederung des Main-Taunus-Kreises erfolgen, der dann die Städte Hofheim, Kelkheim, Bad Soden (mit Altenhain, Neuenhain und Sulzbach), Eschborn (mit Schwalbach) und Eppstein umfassen würde. Als Aufgaben des Umlandverbandes wurden genannt: Flächennutzung, Bodenbevorratung, Aufstellung eines Generalverkehrsplanes, Mitwirkung bei der Planung des öffentlichen Nahverkehrs, Abstimmung der energiewirtschaftlichen Interessen der Mitglieder des Verbandes, Beschaffung von Trink- und Brauchwasser, überörtliche Abfallbeseitigung, Aufgaben des Umweltschutzes, Landschaftsplanung, Standortberatung und Standortwerbung auf dem Gebiete der Wirtschaftsförderung, Errichtung, Betrieb und Unterhaltung überörtlicher Sportanlagen und Krankenhäuser. Die einzelnen Mitglieder sollten folgende Anzahl an Vertretern stellen: Frankfurt und Offenbach 39, die Städte des Main-Taunus-Kreises je 2, der Landkreis Main-Taunus 3. Die beiden Städte würden gegenüber den anderen Mitgliedern eine Sperrminorität besitzen und könnten diese überstimmen. Mit der Verkündung des Gesetzes über den Umlandverband Frankfurt am 11. September 1974 durch den Hessischen Ministerpräsidenten und den Hessichen Minister des Innern sollten die Voraussetzungen für eine geordnete Entwicklung des Verbandsgebietes geschaffen werden. Die in § 3 des Gesetzes aufgeführten Aufgaben des Verbandes mußten hinfort mit den Organen des Verbandes, Verbandstag, Verbandsausschuß und Gemeindekammer beraten werden. Die Mitglieder des Verbandstages wurden gewählt. Je einen Wahlkreis bildeten die Städte Frankfurt a. M., Offenbach und Vilbel, der Hochtaunuskreis, der Main-Taunus-Kreis, die Stadt Kelsterbach, der Landkreis Offenbach und die Stadt Maintal. 105 Verbandsabgeordnete waren demnach nach dem Hessischen Kommunalwahlgesetz zu wählen. Der Verbandstag wählte aus seiner Mitte einen Vorsitzenden und vier Stellvertreter. Für Beschlußfähigkeit, Abstimmung und Wahlen galten die Vorschriften der Hessischen Gemeindeordnung.

Tafel XIV.: Thurn und Taxis'sches Postamtsschild

Tafel XV.: Herzoglich Nassauisches Postschild

Tafel XVI.: Preußisches Postschild

Tafel XVII.: Das Altenhainer Tal – Aquarell von Paul Reiss aus dem Jahre 1862, im Alter von 16 Jahren gemalt (Heimatmuseum Bad Soden a. Ts.)

DIE GEMEINDE
BAD-SODEN A.T.
ERNENNT HIERMIT IN DANK-
BARER ANERKENNUNG DER
GROSSEN VERDIENSTE UM DAS
BLÜHEN UND GEDEIHEN UNSE-
RER GEMEINDE ALS BADEORT
HERRN JUSTIZRAT
PAUL
REISS
ZUM EHRENBÜRGER
WORÜBER DIESE URKUNDE
AUSGEFERTIGT IST.

BAD-SODEN A.T.
IM NOVEMBER 1921

DER BÜRGERMEISTER:

DER GEMEINDERAT:

Tafel XVIII.: Ehrenbürgerbrief für Paul Reiss aus dem Jahre 1921

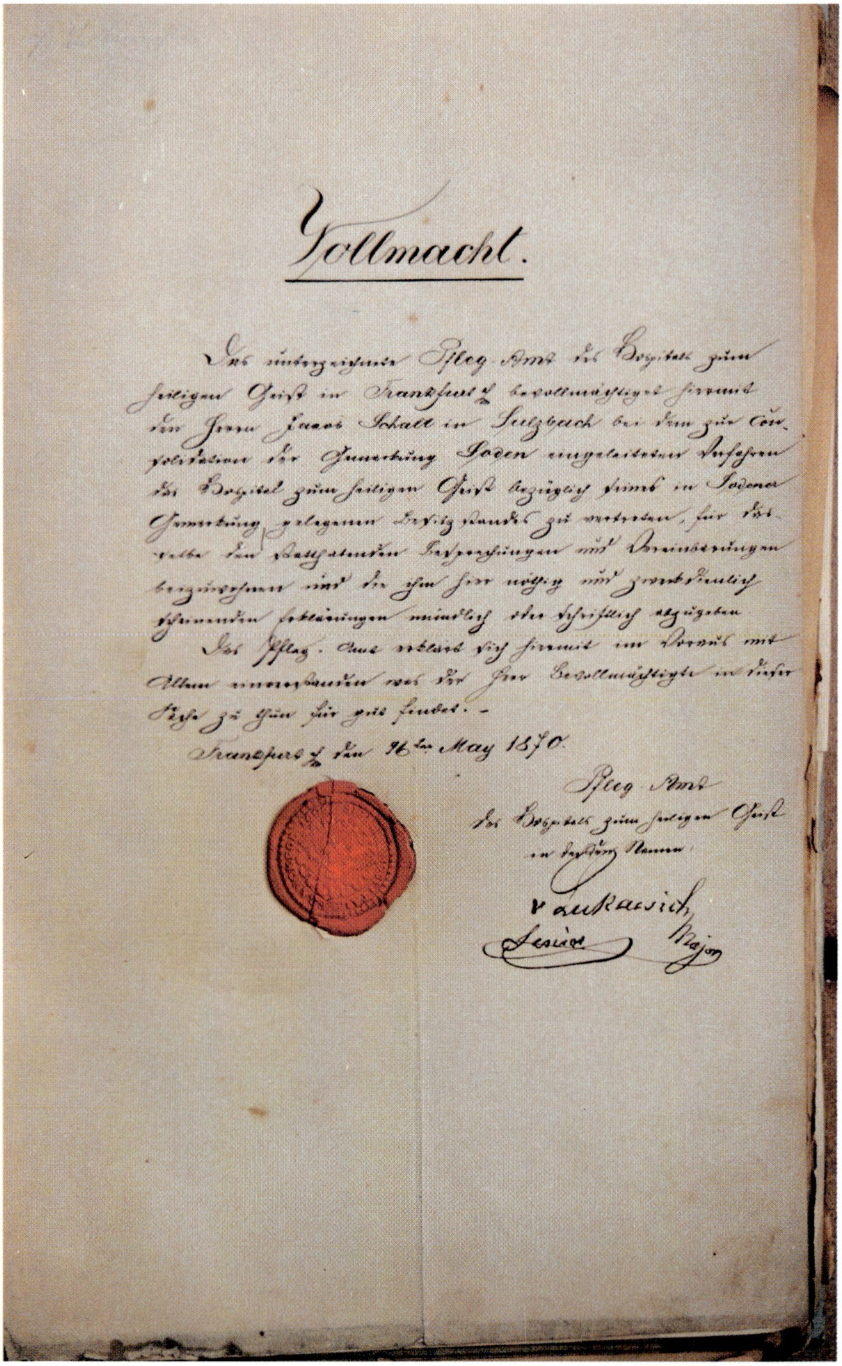

Vollmacht.

Das unterzeichnete Pfleg-Amt des Hospitals zum heiligen Geist in Frankfurt a/M bevollmächtiget hiermit den Herrn Jacob Schall in Sulzbach bei der zur Consolidation der Gemarkung Soden eingeleiteten Aufnahme das Hospital zum heiligen Geist bezüglich seines in Sodener Gemarkung gelegenen Besitzstandes zu vertreten, für dasselbe den stattgehabten Verhandlungen und Veränderungen beizuwohnen und die ihm hier nöthig und zweckdienlich scheinenden Erklärungen mündlich oder schriftlich abzugeben.

Das Pfleg-Amt erklärt sich hiermit im Voraus mit Allem einverstanden was der Herr Bevollmächtigte in dieser Sache zu thun für gut findet. –

Frankfurt a/M den 26ten May 1870.

Pfleg-Amt
des Hospitals zum heiligen Geist
in dessen Namen

v. Lukasevich
[illegible] Major

Tafel XIX.: Vollmacht des Pfleg-Amts des Hospitals Zum Heiligen Geist in Frankfurt a. M. für Herrn Jacob Schall in Sulzbach, der Konsolidation wegen

Tafel XX.: Siegel des Hospitals Zum Heiligen Geist in Frankfurt a. M.
auf der Vollmacht für Jacob Schall

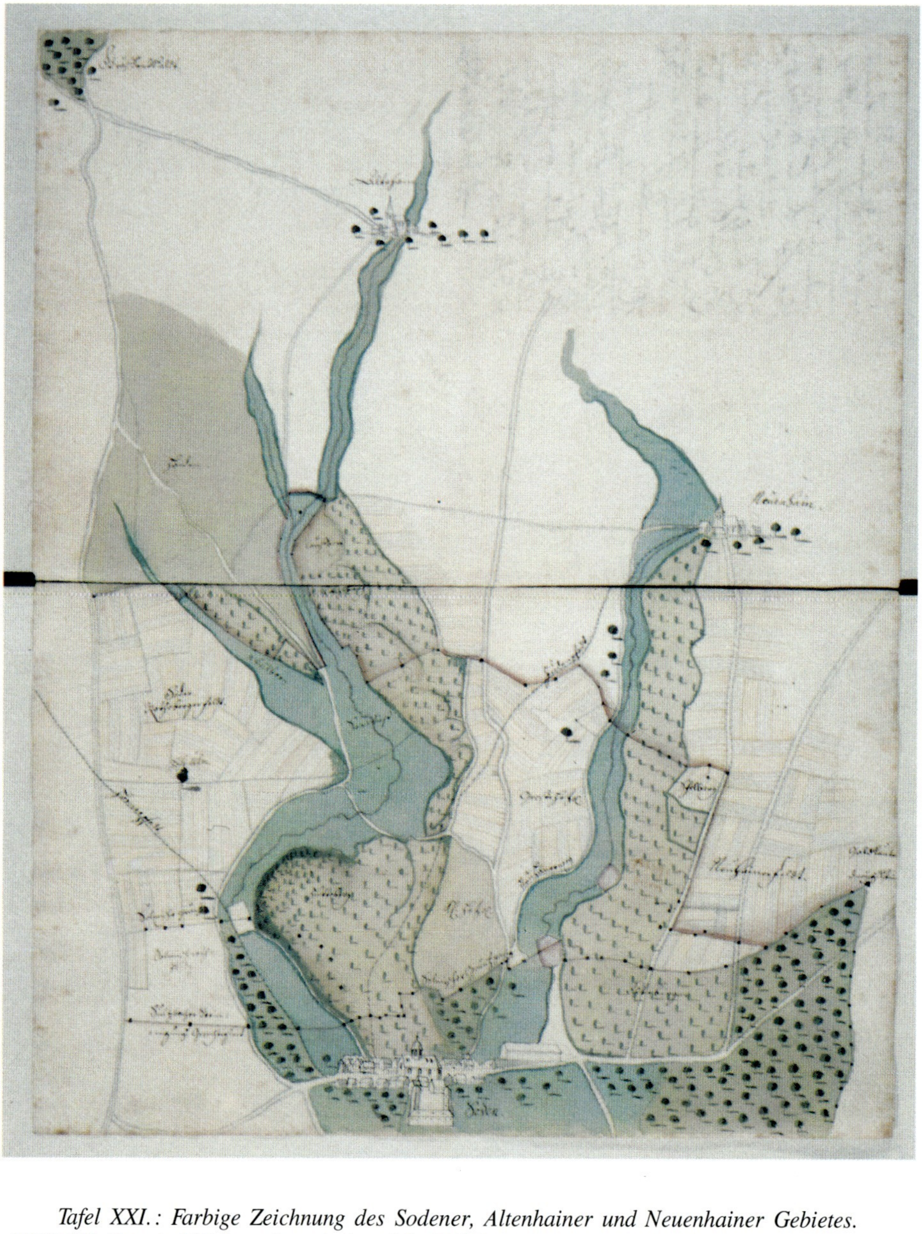

Tafel XXI.: Farbige Zeichnung des Sodener, Altenhainer und Neuenhainer Gebietes. (HHStAW Abt. 4, 167 fasz. 8, zwischen fol. 32/33) undatiert; auf der Rückseite der Zeichnung ein Bericht über eine Grenzsteinbesichtigung am 1. Oktober 1731

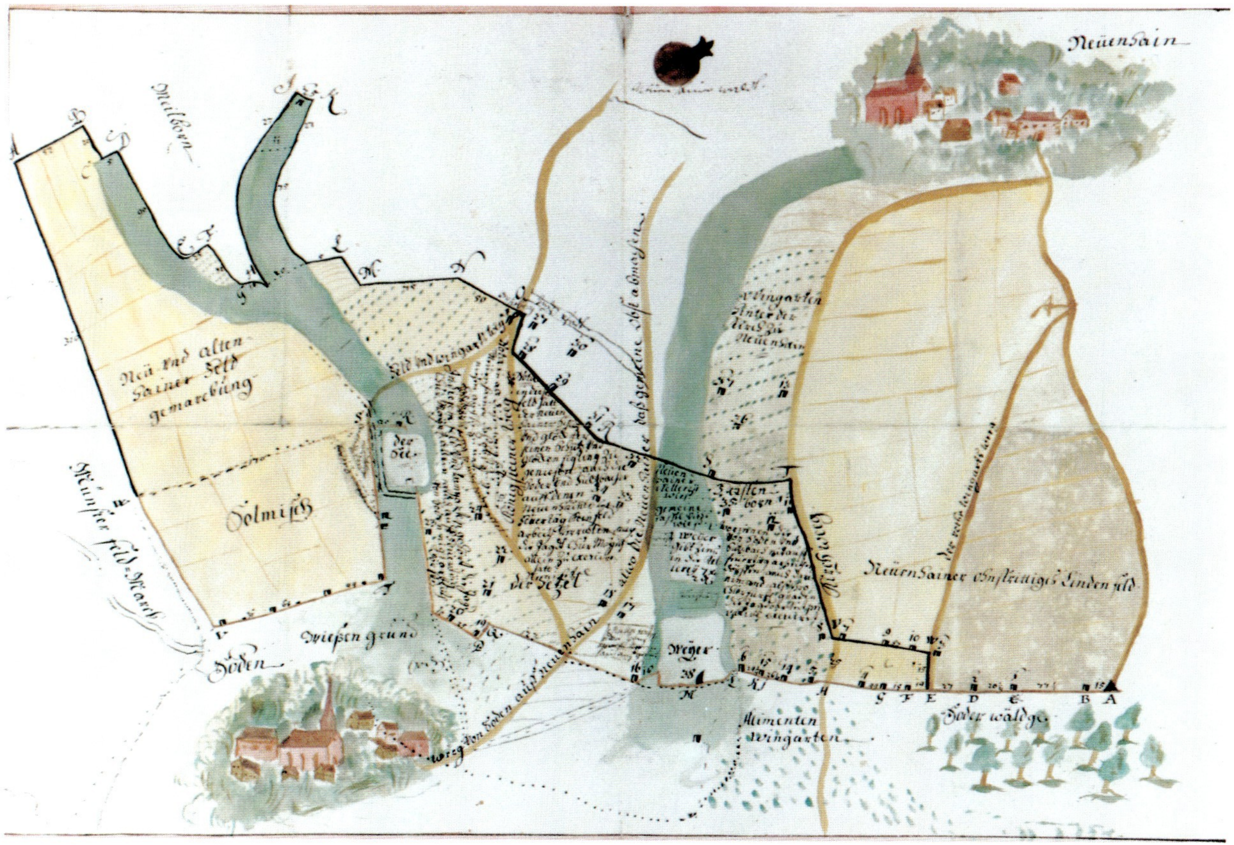

Tafel XXII.: Zeichnung des Gebietes von Soden und Neuenhain 1754 (HHStAW Abt. 3011 Karte 1368)

Tafel XXIII.: Zeichnung zum Baugesuch des Dr. A. Kallner zu Soden i. Taunus vom 18. April 1911: Ost-Ansicht der Villa »Aspira«

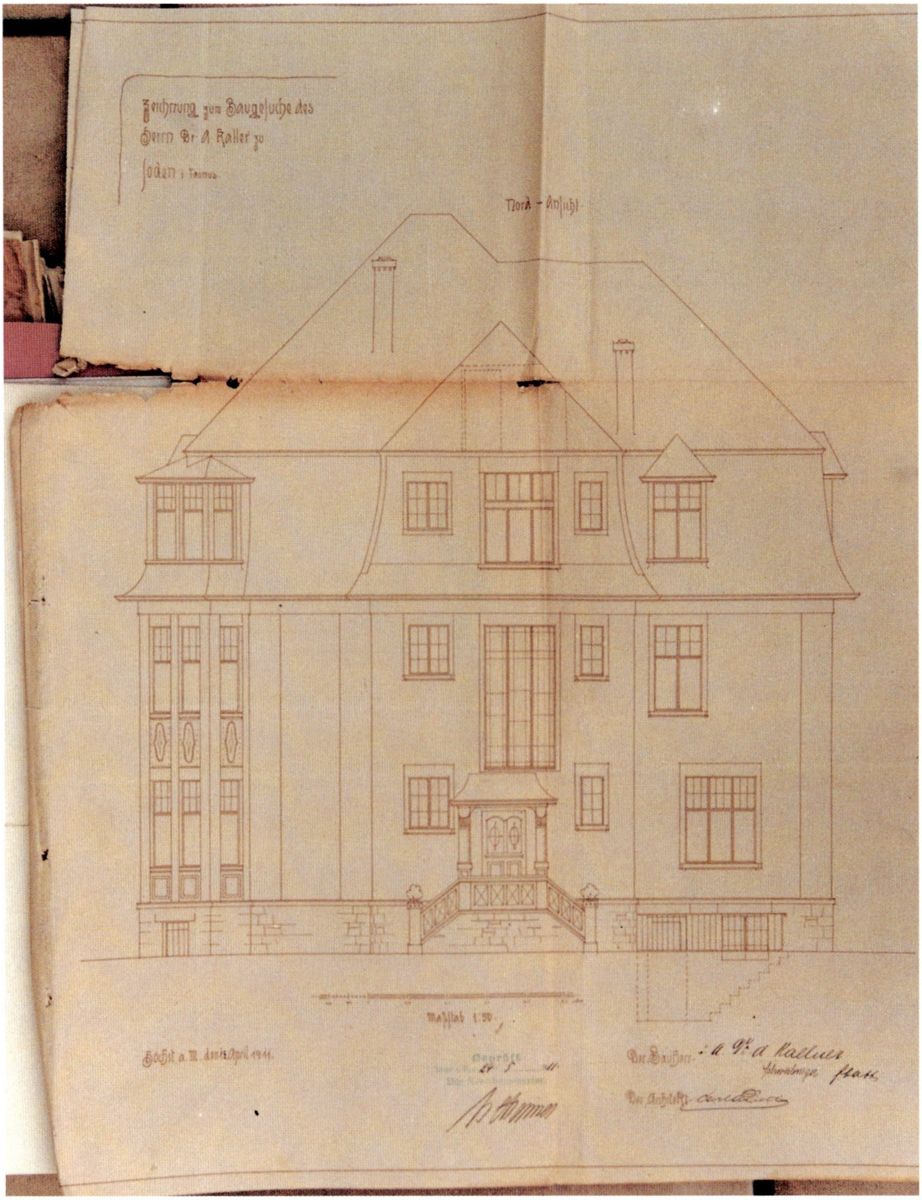

Tafel XXIV.: Zeichnung zum Baugesuch des Dr. A. Kallner zu Soden i. Taunus vom 18. April 1911: Nord-Ansicht der Villa »Aspira«

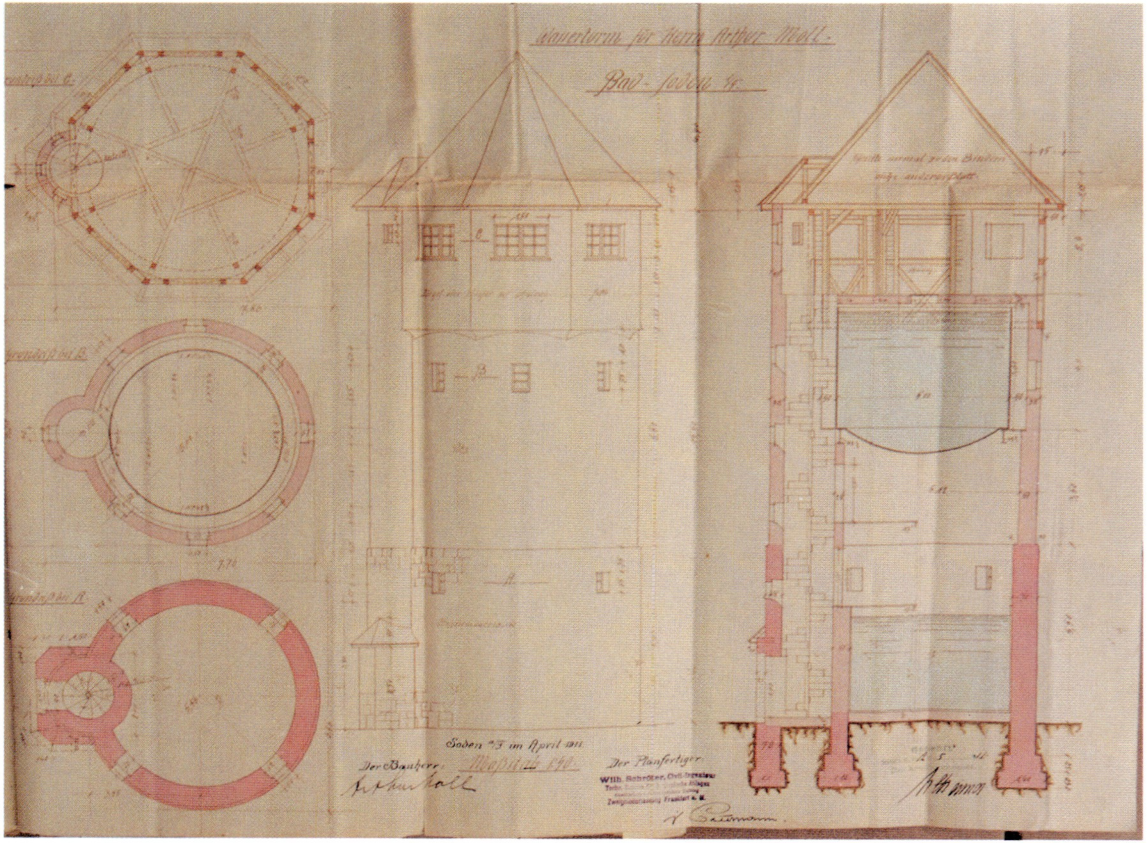

Tafel XXV.: Wasserturm für Herrn Arthur Moll, Bad-Soden i. Ts. vom April 1911 (Wilhelmshöhe) – Grundriß, Seitenansicht und Riß

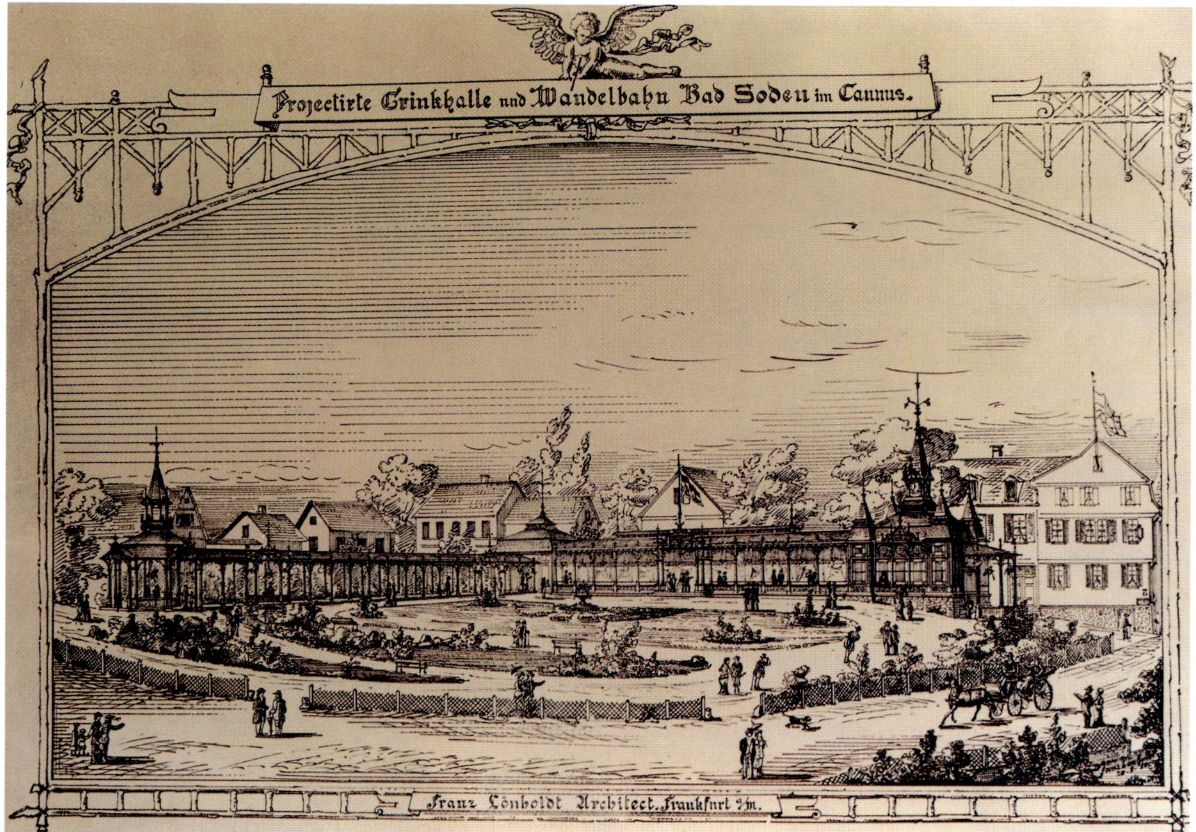

Tafel XXVI.: Zeichnung der Planung der ersten Sodener Trinkhalle 1880 (Museum Wiesbaden)

Tafel XXVII.: Gemälde von Richard Schoenfeld 1934:
Im alten Kurpark vor dem Badehaus (rechts hinten)

Tafel XXVIII.: Bad Soden am Taunus, Kurhaus mit Schwefel- und Wilhelmsbrunnen.
Ansichtspostkarte 1930

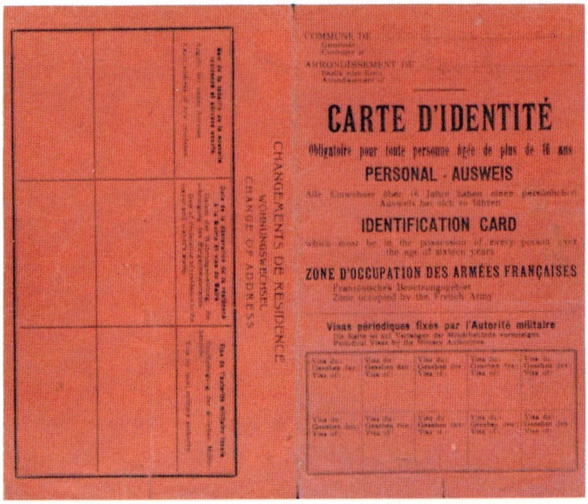

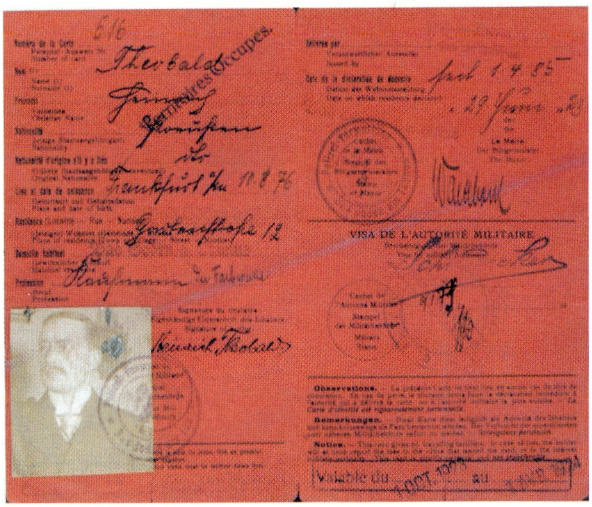

Tafel XXIX.: Carte d'identité von 1923,
Vorder- und Rückseite

Gegen einen Beschluß, durch den sich eines der Mitglieder gefährdet sah, konnte Einspruch erhoben werden, wenn mindestens ein Fünftel der Abgeordneten dies unterstützte. Der Einspruch hatte aufschiebende Wirkung. Der Verbandstag konnte Ausschüsse bilden, Sachverständige und Berater hinzuziehen. Den Verbandsausschuß wählte der Verbandstag. Er bestand aus dem hauptamtlichen Verbandsdirektor und dem Ersten und weiteren ehrenamtlichen Beigeordneten. Der Verbandsdirektor bereitete die Beschlüsse vor und führte sie im Auftrag des Verbandsausschusses aus. In der Gemeindekammer war je ein Vertreter der dem Verband angehörenden Städte und Gemeinden. Aufsicht über den Verband führte der Hessische Minister des Innern. Vom Verband wurden Umlagen erhoben. Das Gesetz trat am 1. Januar 1975 in Kraft.

Am 2.7.1973 wurde Hans Helmut Kämmerer als neuer Bürgermeister in sein Amt eingeführt. SPD und FDP hatten ihn nach der Kommunalwahl im Oktober 1972 gewählt; die CDU hatte den Juristen Reiner Faulhaber vorgeschlagen. Die Kommunalwahl hatte folgendes Ergebnis gehabt: SPD 2.290 Stimmen = 42,33% – CDU 2.315 Stimmen = 42,79% – FDP 680 Stimmen = 12,57% – NPD 125 Stimmen. Die Bundestagswahl vom 19.11.1972 brachte nachstehende Stimmenverteilung in Bad Soden (nach Erst- und Zweitstimmen): SPD 2.503/2.025 Stimmen – CDU 2.927/2.930 Stimmen – FDP 459/995 Stimmen – DKP 11/13 Stimmen – EFP 5/19 Stimmen – NPD 38/46 Stimmen.

An Sachproblemen sind aus diesen Jahren zu erwähnen der im Juli 1972 von den Stadtverordneten mit 2 Gegenstimmen und 2 Enthaltungen angenommene Stadterneuerungsplan sowie der Beschluß zur Erstellung eines Rahmenplanes für die Innenstadtsanierung im November 1973, mit dem die Altstadtsanierung vorangetrieben werden sollte. Im November 1978 wurde ein Altstadtsanierungsbüro eingerichtet. Für 1974 plante die Stadt den Bau von zehn Alten- und Sozialwohnungen.

Im November 1974 bestand die 1969 von der evangelischen und der katholischen Kirchengemeinde, der Arbeiterwohlfahrt und der Stadt Bad Soden gegründete Altentagesstätte in der Unterkirche von St. Katharina fünf Jahre. Sie wurde von Frau E. Birnstein, später von Frau Irmgard Maus geleitet. Besonderer Beliebtheit erfreuten sich die alljährlichen Weihnachtsbasare, deren Erlöse stets einem karitativen Zweck zugeführt wurden.

An Baumaßnahmen aus jenen Jahren sind zu nennen einmal die Eröffnung des Kurcafés in der Trinkhalle am 1.5.1975 sowie der Bau der Hasselgrundhalle und deren Eröffnung mit einer Festwoche im Juni 1975, der am 25.3.1976 eine Gewerbeschau folgte. Auch der Rathausanbau (Baumaßnahme Nr. 1) wurde 1975 beschlossen, mit dem das Gebäude praktisch verdoppelt wurde. In der Sitzung der Stadtverordneten vom Dezember 1975 hatten diese den Magistrat beauftragt, die Pläne zur Erweiterung der Sportanlage im Altenhainer Tal (Bebauungsplan Nr. 8) so überarbeiten zu lassen, daß der Hartplatz durch einen Rasenplatz ersetzt würde, und zwar so, daß der Ruhe- und Erholungscharakter des Tales erhalten bliebe. Die Erweiterung des Friedhofs an der Niederhofheimer Straße war 1973 in Angriff genommen worden.

Schon im Juni 1963 hatte sich die Stadt Bad Soden mit dem französischen Ort Beaulieu sur mer an der Côte d'Azur verschwistert. Im Mai 1964 weilten französische Jugendliche aus der Partnerstadt in Bad Soden. Im Jahre 1974 begann dann eine ausführliche Korrespondenz mit der französischen Stadt Rueil-Malmaison, im Departement Haut-de-Seine zwischen Paris und Versailles. Im Februar 1975 weilte eine fünfköpfige Delegation aus Rueil-Malmaison zwei Tage lang in Bad Soden. In der Sitzung vom 11.9.1975 beschloß die Stadtverordnetenversammlung von Bad Soden mit der Stadt Rueil-Malmaison eine Partnerschaft einzugehen. Über die »Jumelage« berichtete die BSZ in ihrer Ausgabe vom 21. November 1975 wie folgt: »Mit der Übergabe der Urkunde der Badestadt wurde Sonntag vormittag (16.11.1975) in der Hasselgrund-Halle der erste offizielle Akt der Verschwisterung zwischen der französischen Stadt Rueil-Malmaison und Bad Soden am Taunus in Anwesenheit zahlreicher Gäste und Bürger besiegelt. Der zweite wird im Dezember in Frankreich folgen.« An der Zeremonie nahmen der Bürgermeister von Rueil-Malmaison, Monsieur Baumel, sowie auch der Vizekonsul Rabault teil.

Der Partnerschaft mit Rueil-Malmaison folgte im ersten Halbjahr 1984 diejenige mit der österreichischen Stadt Kitzbühel, die schon des längeren geplant war. Am 23. Februar 1984 stimmten die Stadtverordneten offiziell über ein Angebot an diese Stadt ab, sich mit Bad Soden zu verschwistern. Der entsprechende Beschluß wurde gegen die Stimmen der SPD und der fwg gefaßt. Begründet wurde die Wahl der deutschsprachigen Stadt mit der schon bestehenden Partnerschaft zwischen Kitzbühel und Rueil-Malmaison und der Absicht, in absehbarer Zeit eine Ringpartnerschaft zustande zu bringen. Die SPD hätte lieber eine englische Stadt oder eine Stadt in der DDR bevorzugt, die fwg (= Freie Wähler Gemeinschaft) wies auf die entstehenden Kosten einer solchen Verschwisterung hin. Anfang Juni 1984 fuhr eine Delegation aus Mitgliedern des Stadtparlaments, des Magistrats und der Vereine nach Kitzbühel, wo die Verschwisterungsfeier durch den Bürgermeister von Kitzbühel, Hans Brettauer, und den Bad Sodener Bürgermeister, Dr. Volker Hodann, in Anwesenheit des Bürgermeisters von Rueil-Malmaison stattfand. Der zweite Teil der Verschwisterungsfeier wurde im Oktober in Bad Soden gefeiert, wo auch die Ringpartnerschaft der drei Städte endgültig vollzogen wurde.

Hatte man schon 1955 ein Hallen-Freiluftschwimmbad geplant und sich über die mögliche Bauart Gedanken gemacht, 1971 eine sogenannte Traglufthalle, wie eine Delegation sie sich in Dillenburg angesehen hatte, als »Zeppelin zu Fuß« für das Altenhainer Tal abgelehnt, so wurde das Thermalsole-Hallenbad nach den Plänen des Architekten Adam Wagner für rund 5 Millionen DM unter dem Bauherrn Ralf Herrmann und Familie 1972 kurz vor Pfingsten fertiggestellt und am 10.5.1972 eröffnet. Etwa 9.500 cbm umbauten Raum und 2.000 qm Nutzfläche hatte der Bau. 60 Firmen hatten ihn in knapp 16 Monaten erstellt. Außerdem verfügte das Bad über eine komplette Umwälzanlage. Alle drei Stunden fand eine Reinigung und Entkeimung statt.

1979 wurde die »Taunus-Therme« (»Sodenia-Therme«) von der Stadt Bad Soden für 9 Millionen DM erworben. In einer Pressekonferenz am 28.9.1979 im Paulinenschlößchen gab Bürgermeister Dr. Hodann die Einzelheiten des Kaufes bekannt. Danach hatte die Stadt für die Kaufsumme einen Kredit zu 4,5% aufgenommen, was eine jährliche Verzinsung von 427.500 DM bedeutete. Bei einer Tilgung von 3,25% ergab sich eine Belastung von 720.000 DM pro Jahr. Das Ziel war, das Thermalbad attraktiver zu gestalten. So wurden u. a. die Behandlungsmöglichkeiten für chronische rheumatische Erkrankungen und solche des Bewegungsapparates erweitert und verbessert. Die Temperatur des Solewassers im großen Schwimmbecken betrug 32° Celsius. Weitere Bau- und Renovierungsmaßnahmen wurden in den nächsten Jahren durchgeführt und sind auch im kommenden Jahrzehnt geplant.

Dr. Volker Hodann, Diplomvolkswirt, war aufgrund des Wahlergebnisses der Kommunalwahl vom 20.3.1977 am 30.6. dieses Jahres mit den Stimmen der CDU und der FDP zum Bürgermeister gewählt worden. Bei der Wahl hatte die CDU 55,75% der Stimmen erhalten und somit 21 Sitze in der Stadtverordnetenversammlung, die FDP 10,24% = 4 Sitze, die SPD 26,43% = 10 Sitze und die fwg 7,58% = 2 Sitze. SPD und fwg waren für den bisherigen Bürgermeister Hans-Helmut Kämmerer eingetreten, der bei einer Wahlniederlage auch bereit war, das Amt des 1. Stadtrates zu übernehmen. Aber die CDU/FDP-Koalition wählte nach teilweise erregter Debatte den FDP-Mann Günter Menze in das Amt des Stellvertreters.

Mit der Eröffnung des Sanierungsbüros mitten in der Altstadt Anfang November 1978 war die Möglichkeit für jeden Interessierten geschaffen, sich mit seinen Vorstellungen und Problemen in bezug auf Haussanierung und Planung an sachverständige Berater zu wenden, die als Partner der Stadt sachgerechte Lösungen erarbeiten sollten. Wie die BSZ vom 13. Februar 1980 mitteilte, hatte das Stadtparlament dann den Magistrat der Stadt in seiner vorangegangenen Sitzung beauftragt, mit der Nassauischen Heimstätte GmbH Frankfurt einen »Sanierungs-, Treuhand- und Trägervertrag zur Durchführung und Übernahme der Sanierung der Innenstadt innerhalb des förmlich festgelegten Sanierungsgebietes als treuhänderischer Sanierungsträger nach dem 10. Februar abzuschließen.« Bei der diesbezüglichen Abstimmung hatte es drei Gegenstimmen und vier Enthaltungen gegeben. Unter den Institutionen, die die Vielfalt des innerstädtischen Lebens bereichern sollten, ist hier die Wiedereröffnung des 1910 gegründeten und im Zweiten Weltkrieg zerstörten Heimatmuseums in der alten Hofreite aus der Mitte des 18. Jahrhunderts am Winkler-Brunnen zu nennen. Am 24. Juni 1978 konnten erstmals wieder die Fund- und Erinnerungsstücke aus der Sodener Vergangenheit besichtigt werden, wovon zahlreiche Sodener Gebrauch machten. Schon das Gebäude selbst verkörperte ein Stück Alt-Soden. Mit Förderungsmitteln des Bundes und des Landes Hessen waren die Gebäude hergerichtet worden. Unter der sachkundigen Leitung Rudolf von Noltings, der den Aufbau, die Sichtung des Materials sowie das Zusammentragen weiterer Sammlungsgegenstände bewerkstelligt und die Einrichtung besorgt hatte, erfuhr das neue Heimatmuseum in den folgenden Jahren eine stete Entwicklung. Neben den wegen des beschränkten Raumes wechselnden Ausstellungen wurden mehrere Sondersausstellungen durchgeführt, so z.B. aus Anlaß der 75-Jahr-Feier der Errichtung eines Sodener Heimatmuseums im Jahre 1910 im Jahre 1985 die Sonderausstellung »Soden in Nassauer Zeit« oder die Sonderausstellung zum 50. Jahrestag der Ausschreitungen gegen jüdische Mitbürger und jüdische Einrichtungen am 9. bzw. 10.11.1938.

Vom 19.–23. Mai 1979 führte die Stadt eine deutsch-französische Woche durch, woran eine große Delegation aus Rueil-Malmaison teilnahm. Das Programm reichte von Folklore-Veranstaltungen über einen ökumenischen Gottesdienst bis zu einem Partnerschaftsball mit den Sodener Vereinen in der Hasselgrund-Halle sowie Film- und Vortragsveranstaltungen des Arbeitskreises für Erwachsenenbildung und des französischen Kulturinstitutes Frankfurt. Auch ein Frühschoppen und ein Musikfest fehlten nicht.

Personelle Differenzen entwickelten sich Anfang des Jahres 1978 um die Person des Kurdirektors Deisenroth, der nach Angabe des Bürgermeisters seine Unterschrift unter ein Schriftstück der Gesellschafterversammlung verweigert hatte und geforderte Unterlagen dem Verwaltungsrat nicht hatte zukommen lassen. Auch schenke er Beschlüssen des Verwaltungsrates nicht die erforderliche Beachtung. Dr. Hodann sprach von fehlenden Akten und Zahlen und unterlassenen Informationen. Dies alles geschehe auf dem Hintergrund einer Kostenrechnung, die einen Verlust von einer halben Million DM für das erste Vierteljahr 1978 ausweise. Dem Kurdirektor war fristlos gekündigt worden, ein Gerichtsverfahren stand an. Die F.D.P. plädierte für eine Zurücknahme der fristlosen Kündigung und eine gütliche Einigung. Von einer Abfindungssumme von 38.000 DM war die Rede. Letztendlich übernahm Dr. Hodann die Geschäftsführung der Kurverwaltung GmbH gegen eine Aufwandsentschädigung bis zum Jahresende.

Die 80er Jahre waren gekennzeichnet zunächst durch den Bau des Kur- und Kongreß-Zentrums an der Stelle des alten Kurhauses, zu dem am 12. September 1980 der Hessische Wirtschaftsminister, Heinz-Herbert Karry, den Grundstein legte und das am 14. August 1982 mit einem Festakt eröffnet wurde. Die Baukosten des von der Friedrich Schröder Unternehmensgruppe Berlin zum Festpreis errichteten Kur-, Kongreß- und Bürgerzentrums betrugen 36,8 Millionen DM.

Das äußerlich vor allem auf der Kurparkseite schmucklose Gebäude erhielt durch die Schenkung einer umfassenden Sammlung Meißner Porzellans im September 1982, die in den folgenden Jahren von der Stifterin Sigrid Pless immer wieder ergänzt wurde, eine beeindruckende Ausgestaltung des Foyers. Auf dem Parkdeck vor dem Kurhaus hatte der Aachener Künstler Heinz Tobolla einen Brunnen gestaltet, der die Geschichte der Stadt Bad Soden in reliefartigen Darstellungen rund um ein zu einem S geschwungenen mächtigen Rohr darstellte. Die Kosten für den Brunnen betrugen 178.000 DM, die der Gesamtanlage mit der Kleinpflasterung ringsum rund 300.000 DM. Der Brunnen erhielt den Namen «Sigrid-Pless-Brunnen«.

Als zweite große Baumaßnahme wurde 1983 das viel umstrittene Parkhaus am Bahnhof nach achtmonatiger Bauzeit zum Festpreis von 5,6 Millionen DM mit 338 Einstellplätzen von der Firma Bilbinger und Berger mit 19.200 Kubikmeter umbautem Raum, einer Einfahrt und zwei Ausfahrten fertiggestellt und am 28. Mai 1983 seiner Bestimmung übergeben. Gleichzeitig wurde ein überdachter Busbahnhof eingerichtet und der Bahnhofsvorplatz mit Bäumen, Sträuchern, Beeten und einem Felsenbrunnen sowie einer Sitzanlage neu gestaltet. Die Gesamtbaukosten betrugen rund 7,8 Millionen DM. Der Beginn der Bauarbeiten an einem Parkdeck in der Altstadt stand unmittelbar bevor. Weitere Parkmöglichkeiten sollten am Haus Reiss geschaffen werden.

Ein Problem, das in den 80er Jahren des öfteren zur Debatte stand, waren leerstehende alte Häuser und Fabrikgelände. Schon 1980 wurde in der Stadtverordnetenversammlung über den Abriß des nicht mehr genutzten Gebäudes der ehemaligen Stiftung »Bethesda« debattiert. Einerseits war mit den leerstehenden Gebäuden eine Gefahr für Kinder und Jugendliche verbunden, andererseits vermerkte der 1. Stadtrat in der diesbezüglichen Sitzung, daß nicht genügend Nachfrage nach diesen leerstehenden Räumen bestünde. Dem allzu raschen Ruf nach der Spitzhacke wurde von Abgeordneten der SPD widersprochen. Doch das Haus »Bethesda« wurde in der Folge abgerissen, eine Maßnahme, die man heute wohl kaum mehr durchführen würde. Auch den Charakter der Innenstadt zu erhalten, bemühte man sich erst, nachdem eine ganze Reihe von alten Häusern vor dem endgültigen Zerfall standen. Dennoch suchte man bei der Neugestaltung eine »kleinzeilige Bebauung unter Verwendung des Motivs des »Fränkischen Hofes« (BSZ vom 6.8.1980) zu verwirklichen. Die Rahmenpläne der Stufen I und II wurden daraufhin abgestellt.

Die Frage nach Räumen für die Jugendarbeit tauchte in der Folge immer wieder auf, vor allem nachdem der vielbesuchte Treffpunkt »Guckkasten« in der Alleestraße geschlossen worden war. Das Jugendzentrum im alten Feuerwehrhaus hinter der Trinkhalle wurde 1980 zunächst wegen Differenzen unter den Jugendlichen auf deren Wunsch geschlossen, dann wieder als selbstverwaltendes Gruppenzentrum weitergeführt. Bei den Umbauarbeiten wurden dem Gruppenrat die Pläne vorgelegt und dessen Wünsche flossen in die Maßnahmen ein. 100.000 DM standen 1980 für die Renovierungsarbeiten zur Verfügung. Dennoch war die Frage nach Räumen für die Jugendlichen auf die Dauer ein heißes Eisen. Viele Jugendliche fühlten sich immer mehr in der Stadt isoliert und sahen in der vom Magistrat vorgesehenen Form des »Hauses der Jugend« den »absoluten Untergang jeder offenen Jugendarbeit« (BSZ vom 12.11.1980). Dennoch wurde die Tätigkeit im Haus der Jugend, das ab 1983 von der evangelischen Kirchengemeinde unter Beteiligung der Stadt und der Mitarbeit der katholischen Kirchengemeinde sowie des Vereinsrings getragen und von zwei Sozialarbeitern geführt wurde, im allgemeinen positiv gewertet (BSZ vom 25.7.1984). Die Arbeit verlaufe bei der privaten Trägerschaft »leiser, effektiver und auch unproblematischer«, so Dr. Hodann. Probleme bereite den Mitarbeitern »die lasche und gleichgültige Haltung vieler junger Leute.«

Als dann Ende Dezember 1983 die in den Gebäuden der ehemaligen Pastillenfabrik arbeitende Firma »Sodenta« ihre Fabrikation einstellte und die Gebäude über lange Zeit leerstanden, besetzte eine Gruppe junger Leute Anfang Februar 1985 das Hauptgebäude und wollte dort eine »Kulturfabrik« mit Musikbetrieb, Theaterveranstaltungen, Ausstellungen, Lesungen, Cafébetrieb, Spiel- und Liederabenden einrichten. Dem standen die Sanierungspläne der Stadt entgegen, die den Abriß der Fabrikgebäude und eine aufgelockerte Wohnbebauung im alten Stil für dieses 3.000 qm große Gelände vorsahen. Die Jugendlichen luden alle Bürger zu einem Informationsabend in ihre »Kulturfabrik« ein, um ihren eigenen Kulturbegriff deutlich zu machen und ihre Vorstellungen von Kulturarbeit zu vermitteln.

In einem Leserbrief der BSZ vom 21.2.1985 machte die Mutter eines der Beteiligten zudem deutlich, daß man deren Vorgehen als »Symbol für einen Anspruch auf autonome Lebens- und Kulturgestaltung« verstehen müsse. Sie rief die betroffenen Eltern auf, gemeinsam zu diskutieren, wie »unsere Jugendlichen vor weiteren Diskriminierungen und Kriminalisierung durch Mitbürger unserer Stadt« geschützt werden können, betonte gleichzeitig, daß die Jugendlichen sich über den »rechtlosen Zustand in der Fabrik« im klaren seien, deshalb auch versuchten, einen Verein zu gründen, um ein ernsthafter Gesprächspartner zu sein.

Für den Bürgermeister waren die Jugendlichen Rechtsbrecher (BSZ vom 6.3.1985) und »politische Einzelgänger«, die nur »persönliche Diffamierung und Verunglimpfung« zum Ziel hätten. Zunächst sei man den 2.700 jungen Mitbürgern zwischen 15 und 24 Jahren verpflichtet, von denen viele in Vereinen und Jugendverbänden organisiert seien. Nur 0,7 % der Jugendlichen stünden nach der Angabe eines CDU-Stadtverordneten (BSZ vom 13.3.1985) hinter der Forderung nach einem autonomen Jugendzentrum.

Als nach Meinung des Bürgermeisters die Angelegenheit ins »parteipolitische Fahrwasser« abzugleiten drohte, wurde die Freiräumung des Geländes für den 12. Februar 1985 festgesetzt, zumal am 4. Februar 1985 der Bauschein zwecks Neubebauung zugestellt worden war und somit der Abriß der Fabrikgebäude erfolgen mußte. Die Polizei räumte das Gelände bevor die Abbrucharbeiten begannen, obwohl für den Abend ein Gespräch mit dem Bürgermeister vereinbart war. Daraufhin versuchte eine Gruppe der Jugendlichen den Bürgermeister im Rathaus zu einem sofortigen Gespräch zu zwingen, was die Polizei verhinderte. Zu den Vorgängen gaben verschiedene Parteien Stellungnahmen in der BSZ ab. Die SPD bemängelte, daß das Kulturangebot der Stadt für jüngere Mitbürger nicht gerade »attraktiv« sei. Zudem vertrete sie die Meinung, daß das Jugendzentrum an fünf Tagen in der Woche geöffnet und verstärkt auf das aktive Mitwirken der Jugendlichen abgestellt sein müsse. Die Lösung des Problems »Sodenta« hätte durch Gespräche und nicht durch einen Polizeieinsatz erfolgen müssen.

Die *GRÜNEN* forderten ein »autonomes Jugendzentrum und Kulturtreff« und schlugen dafür das Badehaus vor. Zwar habe der Magistrat auf dem Sektor Kultur einiges vorzuweisen, nach Ansicht der *GRÜNEN* würden aber nur solche Objekte gefördert, die dessen »Kulturbegriff« entsprächen. In der Folge wurde das Gelände der ehemaligen Pastillenfabrik neu gestaltet und ist heute nach den Plänen der Sanierungskommission überwiegend in zweigeschossiger Bauweise bebaut. Erker und Wintergärten, Zwerggiebel und Gauben sind die Elemente, die die jetzigen Häuser von den ehemaligen Altbauten unterscheiden. Kleine Plätze und Grünzonen lockern den Bezirk auf.

Trotz der vielfältigen Auseinandersetzungen bei den in diesen Jahren durchgeführten Projekten und der von verschiedenen Seiten vorgebrachten Kritik konnte die CDU bei der Kommunalwahl im März 1981 51,4% der Stimmen (4.940 von 9.701 Stimmen) auf sich vereinen, die FDP 12,8% (1.230 Stimmen). Die in der Opposition stehenden Parteien SPD und fwg erhielten 25,4% (2.447 Stimmen) bzw. 10,4% der Stimmen bei einer Wahlbeteiligung von 74,99%.

Mit dem 1. Nachtragshaushalt 1981, der Anfang Mai 1981 vorgelegt wurde, war eine Fülle von Baumaßnahmen verknüpft, wie die Erneuerung der Straße Zum Quellenpark, die Erschließung des Baugebietes »Dachbergkopf«, vor allem aber der Erwerb des Geländes der alten Ziegelei an der Niederhofheimer Staße für 3.150.000 DM und 150.000 DM Nebenkosten, was in der Folge Ursache für tiefgreifende Geschehnisse und Auseinandersetzungen werden sollte, die der Stadt schweren Schaden zufügten. Der Gesamtverwaltungshaushalt betrug 29.108.160 DM. Mit dem Bebauungsplan Nr. 47 »Ziegeleigelände« wurde eine Mischbebauung geplant, mit der auch der Nachfrage nach preisgünstigen Wohnungen entsprochen werden sollte. Die extreme Kessellage des Geländes wollte man durch eine terrassenförmige Bebauung ausgleichen, um die vorgesehenen 250 Wohneinheiten bei einer maximal achtgeschossigen Bauweise verwirklichen zu können. Die Verkehrsanbindung sollte von der Höhe her gegenüber dem Wasserturm erfolgen. In der letzten Sitzung vor der Sommerpause im Juni 1983 kam es zu einer heftigen Auseinandersetzung bei der Frage der Offenlegung des Bebauungsplanes, wobei die hohe Ausnutzung der zur Verfügung stehenden Fläche (Ausnutzungsziffer 1,0) von der SPD kritisiert wurde, die die etwa 700 bis 750 Personen in einem »Kessel« zusammendränge und so die Lebensqualität der Bewohner erheblich mindern würde. Die Frage der Parkplätze und vorgesehenen Tiefgaragen brachte weitere kontroverse Rednerbeiträge. Die Diskussion eskalierte, die SPD verließ den Raum der Hasselgrundhalle. Die Offenlegung des umstrittenen Bebauungsplanes »Ziegeleigelände« beschlossen die Stadtverordneten der CDU gegen die Stimmen der beiden fwg-Vertreter und einer FDP-Stimme.

Um den Ankauf einer an das Hausgrundstück angrenzenden Parzelle (Flurstück 401/Flur 25) »Am kleinen Hetzel« durch den Bürgermeister Dr. Hodann (Kaufvertrag vom 26.2.1980) und den für dieses Grundstück von den städtischen Gremien festgesetzten Quadratmeterpreis von 180 DM im Gegensatz zu dem damals ortsüblichen Preis von 250 DM kam es mit einem Nachbar zu einem Streit, den das Landgericht Frankfurt a. M. dahingehend entschied, daß die Gremien der Stadt sich korrekt verhalten hätten. Dem Antragsgegner wurde im Wege einer einstweiligen Verfügung untersagt, zu behaupten, »selbst ein Freundschaftspreis wäre doppelt so hoch« und die Stadt habe das »Grundstück zum Freundschaftspreis oder sogar erheblich darunter verkauft« (BSZ vom 8.2.1984). Durch diesen Vorgang wurden die Auseinandersetzungen zwischen den Parteien weiter verschärft. Die SPD bezeichnete in einem offenen Brief ihres Ortsvorsitzenden an den CDU-Stadtverbandsvorsitzenden Form und Vorgehen des Bürgermeisters in dieser Angelegenheit als »geschmacklos und mit dem Amt und der Würde eines Bürgermeisters unverträglich«. Sein Verhalten sei seit langem einer Zusammenarbeit abträglich. In seiner Antwort (BSZ vom 15.5.1984) stellte der CDU-Stadtverbandsvorsitzende fest, es gehe der SPD nur um eine Verunglimpfung der Person des Bürgermeisters. Im übrigen habe die Stadtverordnetenversammlung am 6.9.1979 bei nur einer Gegenstimme dem Verkauf des total verwilderten Teilgrundstückes in der Hanglage, dessen Nutzung mit besonderen Schwierigkeiten verbunden war, zugestimmt. Ein Wiederkaufsrecht der Stadt sei im Kaufvertrag sichergestellt worden.

Trotz dieser unerfreulichen Auseinandersetzungen liefen wichtige Projekte im Stadtbereich weiter. So wurde mit Unterstützung der Stadt die Sodener Baugenossenschaft wieder aktiv und plante den Bau von 16 Sozialwohnungen auf der Krautweide, die Anfang März 1985 beziehbar waren (BSZ vom 6.3.1985).

Im Innenstadtbereich wurde das Gelände beim alten Frankfurter Hof (Haus Bockenheimer), auf dem sich u.a. in dem umgebauten ehemaligen Saal des Frankfurter Hofes zuletzt der kartographische Verlag Haupka & Co. befand, von der Stadt erworben. Der Verlag erstellte ebenfalls auf der Krautweide eine moderne Druckerei, und ging mit dem in Hamburg ansässigen Falk-Verlag eine Vertriebs-Kooperation ein. Auch der Frankfurter Ravenstein-Verlag zog in das neue Verlagsgebäude ein.

Am 6. Juli 1984 wurde auf dem Gelände der oberen Schubertstraße ein Spielpark eröffnet, dessen Bau 1,4 Millionen DM kostete.

Zur Lösung der Kurprobleme wurde eine Kurkommission gegründet, bei deren konstituierender Sitzung ein neues Konzept zur Diskussion gestellt wurde. Um die schlechten wirtschaftlichen Ergebnisse der Kur GmbH aufzufangen, die eine Modernisierung und Unterhaltung der Gebäude und Anlagen verzögerte, wurde die Verlegung der Badeabteilung ins Thermalbad, das erweitert werden sollte, oder ins Erdgeschoß des Inhalatoriums vorgeschlagen. Für die erste Lösung wären 12 Millionen DM erforderlich, für letztere 8 Millionen DM. Grundsätzlich waren alle Fraktionen der Stadtverordnetenversammlung mit der vorgeschlagenen Veränderung einverstanden.

Bei der Kommunalwahl vom 18.3.1985 erhielt die CDU 2.135 Stimmen = 46,67%, die F. D. P. 640 Stimmen = 13,99%, die SPD 1.223 Stimmen = 26,73%, die GRÜNEN 319 Stimmen = 6.97% und die fwg 258 Stimmen = 5,64%. CDU und FDP waren also in ihrer Führungsposition von den Wählern bestätigt worden. Gegenüber der Kommunalwahl 1981 aber hatte die CDU einen Rückgang von 4,73% zu verzeichnen, die FDP einen Zuwachs von 1,19%, die SPD ein Plus von 1,33%. Spitzenergebnis für die CDU war die Bundestagswahl vom März 1983. Damals sah die Stimmenverteilung wie folgt aus (Erst- und Zweitstimmen): CDU 3.072 – 2.622 Stimmen, FDP 323 – 813 Stimmen, SPD 1.749 – 1.580 Stimmen, DKP 9 – 4 Stimmen, die GRÜNEN 192 – 335, EAP 1 – Stimmen, NPD 16 – 15 Stimmen.

Die folgenden Ereignisse konzentrierten sich um das Problem der Sanierungsmaßnahmen des städtischen Kurwesens. Dabei stand der Plan im Vordergrund, die Anwendungen alle unter einem Dach, dem Inhalatorium, zu vereinen. Der Finanzbedarf für diese Maßnahmen wurde auf 25 Millionen DM geschätzt. Mit Hilfe einer sogenannten Fonds-

Gesellschaft, so der Vorschlag von CDU und FDP, sollte die Finanzierung sichergestellt werden, während die SPD die Mittel als Kommunalkredit auf dem freien Geldmarkt beschaffen wollte.

Der Stadtverordnetenversammlung wurde in der Magistratsvorlage Nr. 16 a aufgrund ihrer Beschlüsse vom 14. Juni 1984 und vom 30. Januar 1985 vorgeschlagen: »Die Stadt schließt mit der Kur- und Hotelbetriebsgesellschft Bad Soden am Taunus, BGB, bestehend aus dem Kaufmann Jochen Unkelbach, Frankfurt/Main, dem Wirtschaftsprüfer Edwin Veth, Niedernhausen, der Kauffrau Asra Peterschik, Frankfurt/Main und der Kauffrau Mechthild Allmayer, Königstein, zwei Erbbaurechtsverträge und übernimmt die Bürgschaft für den Mietzins aus zwei zwischen der Kur- und Hotelbetriebsgesellschaft Bad Soden am Taunus und der Kur- und Kongreßpark GmbH abzuschließenden Mietverträge, von denen die Stadt zunehmend Kenntnis nimmt.« Die GbR war laut diesem Beschluß zur Beschaffung der Mittel sowie zur gesamtschuldnerischen Haftung durch die Gesellschafter der GbR verpflichtet. Laut dem im Vertrag verankerten Zeitplan sollte am Inhalatorium am 1.10.1985 Baubeginn sein, Fertigstellung am 31.12.1986; am Badehaus, das zu einem Hotel umgebaut werden sollte, war der Baubeginn für den 1.1.1987 festgeschrieben, die Fertigstellung für den 28.2.1988. Die Kosten einschließlich der Einrichtung waren zum Festpreis von 25,2 Millionen DM vereinbart. Bürgermeister Dr. Hodann verteidigte die Vertragskonzeption vor der Presse mit dem Hinweis auf einen Artikel der Fachzeitschrift »Der Gemeindehaushalt«, in der der Direktor des Instituts für Wirtschaftspolitik an der Universität Kiel, Professor Dr. Manfred Wilms, Geschlossene Immobilienfonds als ein für die Finanzierung und Durchführung öffentlicher Bauvorhaben »prinzipiell geeignetes Instrument« bezeichnet hatte. Gegenüber einer Eigenfinanzierung, so Dr. Hodann, würde man 450.000 DM sparen. Die Notwendigkeit sofortigen Handelns wurde durch eine Wirtschaftlichkeitsbetrachtung zu den Baumaßnahmen unterstrichen, in der darauf verwiesen wurde, daß andernfalls Reparatur- und Ersatzinvestitionen in Höhe von 7 bis 8 Millionen DM vorgenommen werden und jährlich wegen des negativen Betriebsergebnisses rund 1,9 Millionen DM für die Kur zur Verfügung gestellt werden müßten (BSZ vom 10.7.1985).

Durch eine Pressemitteilung des Main-Taunus-Kreises vom 21.8.1985 erhielt die Öffentlichkeit Kenntnis von der Zwangsbeurlaubung von Bürgermeister Dr. Hodann durch den Landrat Dr. Löwenberg. Er begründete diese Maßnahme damit, daß im Zusammenhang mit der Abwicklung der Verträge aus dem Jahre 1981 über die Bebauung des Ziegeleigeländes schwerwiegende Verstöße gegen die Hessische Gemeindeordnung und die Gemeindehaushaltsverordnung fesgestellt worden seien. Dabei gehe es um eine finanzwirtschaftliche Größenordnung von etwa 12 Millionen Schweizer Franken. Die Kreditaufnahme in dieser Höhe, wie auch die vorgenommenen Umschuldungen, seien nicht entsprechend der geltenden Rechtsvorschriften erfolgt. Auch sei eine haushaltsrechtliche Absicherung nicht gegeben. Im übrigen habe sich Dr. Hodann bei der Aufklärung des Sachverhaltes nicht sehr kooperativ verhalten. Seit dem 23.8.1985 waren Beamte der Aufsichtsbehörde im Bad Sodener Rathaus mit Prüfungen beschäftigt, vor allem um den Verbleib von ca. 5 Millionen DM zu ermitteln, für die es im Zusammenhang mit der Grundstückstransaktion des Ziegeleigeländes keine Belege gab. Der Landrat gab zur Begründung der Zwangsbeurlaubung weiter an: »Im übrigen sind gegen den Bürgermeister auch Vorwürfe erhoben worden, die unter strafrechtlichen Gesichtspunkten gewürdigt werden müssen«, was sich in der Folge bestätigte. Auch das von Dr. Hodann entwickelte Konzept der Fondsfinanzierung zur Sanierung der Kur, das von der Firma »Team Baubetreuung Jochen Unkelbach GmbH« in Frankfurt verwirklicht werden sollte, gab Anlaß zu Recherchen. Mittlerweile hatte man aber auch mit einer Eschborner Firma Kontakt aufgenommmen, mit der man glaubte, die Baumaßnahmen wesentlich günstiger verwirklichen zu können. Über die diesbezüglichen Vorgänge berichtete die BSZ vom 28.8.1985 dann weiter:

»Dazwischen lagen die Unterzeichnung der Verträge – vorbehaltlich der Billigung durch die Stadtverordnetenversammlung – und dann eine Begegnung, die der Anwalt Dr. Hodanns auf den 8.7. im Kurhaus, der Landrat aber auf den 7.7. in Dr. Hodanns Wohnung fixierte. Unkelbach habe dem überraschten Bürgermeister zwei Umschläge mit zusammen 400.000 DM in bar als erste Anzahlung auf die der Stadt zu erstattenden Planungskosten in die Hand gedrückt, die, laut ausgestellter Quittung, bei Scheitern der Verträge unverzüglich zurückzuzahlen seien. Sein Mandant (so Dr. Hodanns Anwalt Dr. Schiller) habe das Geld im Rathaus deponiert, weil die Banken schon geschlossen gewesen seien. Beim Zählen des Geldes am nächsten Tag zusammen mit der Sekretärin des Bürgermeisters habe sich herausgestellt, daß die Umschläge nur 397.000 DM enthielten. Nachdem die Verträge tatsächlich geplatzt waren, sei die Summe von Dr. Hodann an Unkelbach zurückgezahlt und die Quittung zerrissen worden. Wenige Tage später habe ein Anwalt des Unternehmers sich mit Schadenersatzsansprüchen wegen Vertragsbruches gemeldet. Aus einem Gespräch mit Landtagsabgeordnetem Kappel sei dessen Sorge hervorgegangen, daß Jochen Unkelbach sich noch im Besitz der (nachweislich vernichteten) Originalquittung befinde. Ähnliche Befürchtungen äußerte offenbar, nach Rückkehr Dr. Hodanns aus dem Urlaub, auch die CDU-Spitze des Kreises, Landtagsabgeordneter Karl-Heinz Koch, Kreisvorsitzender Dr. Stephan, die, so Dr. Schiller, Dr. Hodann nahegelegt hätten, sich mit Unkelbach zu arrangieren. Dabei habe der Bürgermeister auch von einem Brief Unkelbachs an die Kommunalaufsicht erfahren, des Inhalts, daß Dr. Hodann ihm zwar die Quittung abgenommen, aber das Geld nicht zurückgegeben habe. Schließlich war bei dem Pressegespräch in der Frankfurter Anwaltskanzlei von ›erpresserischen Forderungen‹ die Rede, auf die Dr. Hodann auf Anraten seines Anwalts zum Schein eingegangen sei. Es gebe eine eidesstattliche Erklärung vom 9.8.1985, in der Jochen Unkelbach versichere, daß er weder gegen die Stadt noch ihren Bürgermeister Ansprüche auf Rückzahlung oder Schadenersatz habe. Als Bedingungen dieser bei einem Notar hinterlegten Erklärung seien allerdings genannt: Zuschlag für das Projekt Kursanierung, für die Bebauung des Ziegeleigeländes und schließlich die Bebauung des ehemaligen Haupka-Geländes im Sanierungsgebiet der Altstadt.«

Inzwischen war das Dokument, das Dr. Hodann und sein Anwalt als wesentliches Entlastungsmaterial ansahen, von der Frankfurter Staatsanwaltschaft, bei der der Bürgermeister Strafanzeige wegen Erpressung und Verleumdung erstattet hatte, sichergestellt worden. Herr Unkelbach sprach allerdings von einem »völlig anderen Inhalt« und nannte die Vorwürfe »aus der Luft gegriffen«.

Die Ereignisse hatten Presseerklärungen der Parteien zur Folge. An der nächsten Stadtverordnetensitzung nach der Zwangsbeurlaubung Dr. Hodanns nahm Oberamtsrat Hißnauer als Beobachter des Landrats teil. Gegen den 1. Stadtrat lief ein Disziplinarverfahren als Mitunterzeichner der vorn erwähnten Kreditaufnahme in Höhe vom 12 Millionen SF und eines sogenannten »Rückabwicklungsvertrages« im Zusammenhang mit dem Grundstück »Ziegelei«, weshalb er sich auf dieser Sitzung für befangen erklärte. Unter den

Zuhörern der Sitzung befand sich auch Unternehmer Unkelbach, der sich auf Befragen durch die Presse nicht zur Sache äußern wollte. SPD-Anträge, eine Aussprache über die Ereignisse herbeizuführen und bis zur Klärung des Schadens nur noch Maßnahmen abzuwickeln, die bereits begonnen waren, wurden von der Mehrheit abgelehnt. Man war der Meinung, solange die Ermittlungen nicht abgeschlossen seien, sollte man nicht in ein schwebendes Verfahren eingreifen.

Die Rückabwicklung in Sachen Ziegeleigelände, die nach Dr. Hodann notwendig geworden wäre, weil der Bebauungsplan nicht zum vorgesehenen Termin fertiggestellt worden war, »was das 10-Millionen-Geschäft platzen ließ«, sollte im Rahmen eines 2. Nachtragshaushalts von der Stadtverordnetenversammlung legalisiert werden. An der Stadtverordnetensitzung am 19.9.1985 nahmen die Oberamtsräte Walter Hißnauer und Hubert Schullenburg, letzterer Leiter des Rechnungsprüfungsamtes, von der Aufsichtsbehörde teil, die über die Ermittlungen referierten. Sowohl beim Abschluß der Verträge, die den Verkauf des Ziegeleigeländes betrafen, als auch bei der Rückabwicklung stellten sie Rechtsverstöße fest, ebenso sei die Haushaltslage falsch dargestellt worden. Bad Soden habe in Wirklichkeit 14,3 Millionen DM mehr Schulden als im Haushalt ausgewiesen. FDP-Fraktionssprecher Heiner Kappel erklärte, daß er versucht habe, das Genehmigungsverfahren »Ziegeleigelände« zum Abschluß zu bringen, denn die Stadt sei – angeblich – verpflichtet gewesen, bis zum 31.12.1983 die Genehmigung des Bebauungsplanes zu erwirken, andernfalls könnten beide Parteien vom Vertrag zurücktreten. Bedenken gegen dieses Projekt habe er zu entkräften versucht. An den Verhandlungen mit der Firma Schmucker & Schmieder zur Ablösung von Erschließungsbeiträgen und der Rückabwicklung habe er nicht teilgenommen. Von der Rechtmäßigkeit der Zwischenfinanzierung sei er ausgegangen.

Die Forderungen der Firma Schmucker & Schmieder betrugen für die Erstattung nach den Ursprungsverträgen anfangs 17,9 Millionen DM, wobei für die Planungsleistungen (Architektenhonorar und städtebauliche Leistungen) 5,3 Millionen DM eingesetzt waren. Originalbelege konnten weder der Bürgermeister noch der 1. Stadtrat vorlegen. Die Kopie der von letzterem überreichten Einzelaufstellung unterschied sich in einer Position markant von der Aufstellung, die im Jahre 1985 auf Anforderung dem Magistrat übersandt wurde. In der Sitzung des Stadtparlaments vom 27.9.1985 wurde versucht, im Rahmen eines zweiten Nachtragsetats die in Frage stehende Summe von 14,3 Millionen DM, die zurückgezahlt wurde, so einzustellen, daß der Stadt möglichst wenig Schaden entstehe.

In den Berichten der BSZ vom 16.10.1985 (Nr. 42) wird erwähnt, daß im Verlauf der Auseinandersetzungen um diese Anschuldigungen außer dem Abgeordneten Kappel der Justitiar des Hessischen Städtetages in Wiesbaden sich für Dr. Hodann aussprach; letzterer sagte dem Bericht des Landrats mangelnde Objektivität nach. Er rücke die negativen Ergebnisse in den Vordergrund. Außerdem müsse der Erbbaurechtsvertrag der Aufsichtsbehörde vorgelegen haben. Konsequenzen aus den Vorgängen zog der Fraktionsvorsitzende der CDU, Peter Schimmelschmidt. Er trat von seinem Amt zurück und schied aus dem Stadtparlament aus.

Der Ablauf der verschiedenen Vorgänge läßt sich wie folgt zusammenfassen:

1. Im Februar 1981 kaufte die Stadt Bad Soden das Ziegeleigelände in der Absicht, ein Freizeitzentrum aufzubauen, zumal die überörtliche Planung (Regionalplanung, Flächennutzungsplanung des Umlandverbandes Frankfurt) derartige Festsetzungen favorisierte.

2. Auf Initiative der SPD-Fraktion schlug die Stadtverordnetenversammlung am 23.6.1981 vor, das Gelände doch wieder einer eventuell differenzierteren Wohnbebauung zuzuführen. Auf Vorschlag der SPD-Fraktion sollten Wohnmöglichkeiten für breite Bevölkerungsschichten, d.h. Mietwohnungen zu möglichst erschwinglichen Preisen geschaffen, außerdem sollte ein Freizeitangebot integriert werden. Die Entscheidung der Stadtverordnetenversammlung führte in der Folgezeit zum Aufstellungsbeschluß für den Bebauungsplan Nr. 47. Zwei Monate später stimmte dann die Stadtverordnetenversammlung der Eintragung eines Erbbaurechts zu, um eine Wohnbebauung zu ermöglichen.

3. Am 2.12.1981 schlossen der Bürgermeister und der 1. Stadtrat mit der Gesellschaft bürgerlichen Rechts Schmucker u. Schmieder verschiedene Verträge, u.a. einen Erbbaurechtsvertrag und städtebauliche Verträge, verbunden mit einem Optionsvertrag zum Ankauf des in Frage stehenden Grundstücks. Die Gesellschaft hatte einen Betrag von 6,8 Millionen DM an die Stad Bad Soden zu zahlen.

4. Im nachhinein stellte sich eine Rücktrittsklausel für den Fall, daß der erforderliche Bebauungsplan nicht bis zum 31.12.1983 rechtskräftig sein sollte, als entscheidend heraus. Alle schon an die Stadt gezahlten Beiträge mußten mit 12% Zinsen zurückgezahlt werden. Aus verschiedenen Gründen verzögerte sich jedoch die Genehmigung des Bebauungsplanes, wiewohl die Stadtverordneten diesen am 30.9.1983 als Satzung beschlossen hatten.

5. Zwar suchte man die Genehmigung des Bebauungsplanes zu beschleunigen und verhandelte mit neuen Bauherrn. Auch bis zum 30.6.1984 ging die Genehmigung trotz der Bemühungen des Landtagsabgeordneten Kappel nicht ein.

6. Die Stadtverordneten waren von diesen Vorgängen nicht unterrichtet. Die von seiten der Stadt Beteiligten versuchten, so zumindest ihre öffentlichen Einlassungen, in der Folgezeit, um einen Rechtsstreit zu vermeiden, zu einer Einigung mit der Baugesellschaft zu kommen.

7. Am 29.6.1984 schlossen der Bürgermeister und der 1. Stadtrat, da der Bebauungsplan noch immer nicht genehmigt worden war, einen Abgeltungsvertrag über die Rückabwicklung, wonach von der Stadt 14,3 Millionen DM an die Baugesellschaft zu zahlen waren.

8. Zwei Monate später verlangte die Bank Sicherheiten, denn es war noch kein neuer Bauherr gefunden. Bürgermeister und 1. Stadtrat unterzeichneten die 1. Prolongation. Bestätigt wurde, daß die Voraussetzungen für die Kreditaufnahme, also die Zustimmung der Stadtverordneten und der Aufsichtsbehörde vorlägen, was nicht der Fall war.

9. Im August 1985 wurden die Vorgänge bekannt und führten zur Zwangsbeurlaubung des Bürgermeisters sowie zu Disziplinarverfahren gegen ihn und den 1. Stadtrat (nach BSZ vom 21.11.1985).

Im Oktober 1985 beschloß dann die CDU – Stadverbandsvorstand und Stadtverordnetenfraktion – mit 14 : 4 Stimmen Bürgermeister Dr. Hodann abzuwählen. Der erste Wahlgang in der folgenden Sitzung der Stadtverordnetenversammlung am 1. November brachte eine große Mehrheit für die Abwahl Dr. Hodanns, der erforderliche 2. Wahlgang Ende November ebenfalls. Der 1. Stadtrat Günter Menze ließ sich beurlauben. Auf Vorschlag von Landrat Dr. Löwenberg bestellte der Regierungspräsident in Darmstadt gemäß § 141 der Hessischen Gemeindeordnung den bei der Kreisverwaltung tätigen Rechtsoberrat Hansjörg Röhrig zum Staatsbeauftragten für die Stadt Bad Soden a. Ts. Die Stelle des Bürgermeisters wurde neu ausgeschrieben. Dr. Hodann war wenige Tage vor dem zweiten Wahlgang zu seiner Abwahl verhaftet worden. Die Staatsanwaltschaft warf ihm u.a. Betrug, Untreue, passive Bestechung, Urkundenunterdrückung und Unterschlagung von 500.000 DM und 400.000 DM vor (BSZ vom 18.12.1985).

Am 1. März 1986 übernahm der Anfang Februar mit klarer Mehrheit gewählte ehemalige Bürgermeister von Sulzbach/Ts., Berthold R. Gall, das Amt des Bürgermeisters von Bad Soden a. Ts. Am 21.3.1986 hob Landrat Dr. Löwenberg die im Dezember 1985 ausgesprochene vorläufige Dienstenthebung des Ersten Stadtrats Günter Menze auf, da die diesem zur Last gelegten Dienstvergehen sich als weniger schwer erwiesen hätten, als angenommen worden war. Er wurde jedoch zur Zahlung einer Geldbuße verpflichtet.

Anfang November 1986 wurde vor der 14. Strafkammer des Frankfurter Landgerichts der Prozeß gegen Dr. Hodann eröffnet. Die Verteidigung forderte, daß das Verfahren vor der 2. Wirtschaftskammer geführt werde. Der von ihr beantragten Haftentlassung wurde nicht stattgegeben. In einem abgetrennten Verfahren waren zuvor schon die der Beihilfe angeklagten Bauunternehmer Schmucker und Schmieder zu je 50.000 DM Geldstrafe verurteilt worden. 1981 hatten sie einen Betrag von 500.000 DM als Parteispende an Bürgermeister Dr. Hodann gezahlt. Nach Rücktritt der Bauunternehmer vom Vertrag habe Dr. Hodann diese veranlaßt, den Betrag dem Architektenhonorar zuzuschlagen, das sie von der Stadt forderten. Die Quittung über die von dem Bauunternehmer Jochen Unkelbach entrichtete Vorausleistung von 400.000 DM habe der Angeklagte unter dem Vorwand, sie noch einmal prüfen zu müssen, als er sie in Händen hielt, vernichtet.

Im Stadtparlament kam es in der Folge zu Mutmaßungen über Geld, das bei Baumaßnahmen wie dem Kurhausbau von der Schröder-Gruppe an Einzelpersonen geflossen sei. Auch bei der Vergabe der Bauarbeiten bezüglich des Bahnhofsvorplatzes wurden Unregelmäßigkeiten festgestellt. Es waren, wie das Rechnungsprüfungsamt feststellte, Zuschüsse für über 5.000 Quadratmeter kassiert worden, die Nachmessung ergab aber nur eine Geländefläche von annähernd 3.000 Quadratmetern. Der Unternehmer mußte in der Folge 700.000 DM zurückzahlen (HK vom 13.7.1988). Der Prozeß gegen Dr. Hodann ging am 15. Januar 1987 vor der 2. Großen Strafkammer in Frankfurt weiter. Am 3.4.1987 erging das Urteil: sechs Jahre Haft wegen Betruges in zwei Fällen sowie Urkundenunterdrückung in einem Fall. Die Verteidigung stellte Antrag auf Revision (BSZ vom 8.4.1987), die am 3.3.1988 vom Bundesgerichtshof in Karlsruhe verworfen wurde. Somit wurde das Urteil rechtskräftig (Frankfurter Rundschau vom 4.3.1988). Der Senat des Bundesgerichtshofes wies zudem darauf hin, daß Dr. Hodann auch wegen Bestechlichkeit hätte verurteilt werden müssen, weil er eine angebliche Spende schon in der Absicht entgegengenommen habe, sie gar nicht dem angegebenen Zweck zuzuführen.

Anfang Mai 1987 konnte Bürgermeister Gall mitteilen, daß er mit dem Idsteiner Bauunternehmer Dietmar Bücher einen Käufer für das Ziegeleigelände gefunden hatte, das der Stadt jährlich 700.000 DM Kosten verursachte. Für die Rückabwicklung des Kaufvertrages mit der Mannheimer Firma hatte man einen Kredit aufnehmen müssen, der mittlerweile sich auf 15,5 Millionen DM belief. Nunmehr wurden für das Gelände 12 Millionen DM erzielt. Weitere 2 Millionen zahlte der Erwerber für Folgelasten. Auch übernahm der Käufer die Erschließung für das 44.381 Quadratmeter große Gelände sowie die Kosten von 560.000 DM für ein Regenrückhaltebecken. Sobald der Kaufvertrag rechtsgültig wurde, waren die Zahlungen fällig. 350 Wohneinheiten als Eigentumswohnungen sollten erstellt werden, drei Erschließungsstraßen das Baugebiet »Am Carlusbaum« durchziehen.

Turbulenzen entstanden noch einmal durch Forderungen der Bayrischen Hypotheken- und Wechselbank an die Stadt Bad Soden über drei Millionen DM (HK vom 31.12.1987). Beim Kauf des Ziegeleigeländes durch die Stadt 1981 für 3,15 Millionen DM war vereinbart worden, daß das Gelände Grünland bleibe. Sollte die Stadt bis zum 31.12.1985 es zu anderen Zwecken verkaufen, so sei ein Aufpreis zu entrichten, 47 DM pro Quadratmeter. Die Juristen der Stadt argumentierten jedoch damit, daß zunächst ein Erbbaurecht mit einer Kaufoption kein Kaufvertrag sei, darüber hinaus nach Sinn und Zweck der Nachtragsklausel nur dann ein Nachschlag zu zahlen sei, wenn dieser bei der Stadt Bad Soden verblieben sei, was jedoch aufgrund der Rückabwicklung des Geschäftes über das Ziegeleigelände nicht der Fall war. Das Landgericht und das Oberlandesgericht Frankfurt wiesen die Klage der Bank ab.

Anfang August 1989 erreichte es Dr. Hodann, daß der »Komplex Unkelbach«, die Frage also nach den 400.000 DM und dem Verschwinden der Quittung noch einmal zur Verhandlung vor einem Darmstädter Gericht zugelassen wurde. Die 13. Große Strafkammer des Landgerichts Darmstadt sprach am 12.12.1990 in dem Wiederaufnahmeverfahren Dr. Hodann im »Komplex Unkelbach« und von dem Vorwurf der Urkundenvernichtung frei. Neue Zeugen hätten nach Auffassung des Gerichts bestätigt, daß der ehemalige Bauunternehmer Unkelbach falsch ausgesagt hätte. Demzufolge habe Dr. Hodann ein Jahr zu lange im Gefängnis gesessen. Das Gericht sprach ihm deshalb eine Haftentschädigung für ein Jahr von 20 DM pro Tag zu. Es teilte aber auch mit, daß auch die 13. Große Strafkammer des Landgerichts Darmstadt bei der Beweislage, wie sie 1987 bestanden hat, ebenfalls zu einer Verurteilung wie das Frankfurter Landgericht gekommen wäre.

Außer den Vorgängen um den ehemaligen Bürgermeister Dr. Hodann waren in diesen Jahren noch dringende Sachprobleme zu bewältigen, so z.B. die Regulierung des Niedersdorfbaches im Stadtteil Neuenhain. Von dort kamen bei stärkeren Regenfällen und Wolkenbrüchen die Wassermassen, die, da der Kanal der Königsteiner Straße diese nicht fassen konnte, die Kanaldeckel wie Sektkorken hochspringen und die Flut den Hangweg und über die Ländereien der Kleingärtner und Landwirte talwärts schießen ließ, ganze Ländereien mit sich reißend, im Kurpark Wiesen und Quellen mit Schlamm und Geröll überschwemmte und erheblichen Schaden anrichtete, so am 26.7.1985 nach zwölfminütigem Gewitterguß (BSZ vom 7.8.1985). Vor allem die Neuenhainer Grundstücksbesitzer waren verärgert, da sie machtlos den angerichteten Verwüstungen ihrer Ländereien gegenüberstanden. Kostbarer Mutterboden war fortgeschwemmt worden, eine tonnenschwere Bruchsteinmauer, die den Bacheinlauf befestigen sollte, war unterspült worden, das Bachbett war zu einem »Canyon« geworden, wie es in dem Bericht der BSZ hieß. In der Folge bildeten die betroffenen Grundstücksbesitzer den »Aktionskreis Hinnersturch« (AKH), der die Sanierung des Bachbettes durch die Stadt Bad Soden forderte, nachdem in »den vergangenen 7 Jahren . . . nichts Erkennbares geschehen« sei. Am 25. April 1986 traf sich der AKH im Gasthaus »Georg Batz« zu einer Protestversammlung. Die Stadt ihrerseits verwies auf den Mangel an Geldmitteln.

Am 21. September 1987 begann der Bau eines Regenrückhaltebeckens am Niedersdorfbach für 1,6 Millionen DM. Unterhalb dieses Beckens wurde noch ein Erddamm aufgeschüttet. Als letzte Baumaßnahme erfolgte die Renaturierung des Geländes. Mit einer

Feier am 23. August 1990 auf der Krone des Dammes wurde der Schlußpunkt unter das Projekt Niedersdorfbach gesetzt. 3,27 Millionen DM waren für das Regenüberlaufbecken, dessen Kanäle sowie den Hochwasserrückhaltedamm und die Renaturierung erforderlich gewesen. 2,67 Millionen DM trug die Stadt Bad Soden, 600.000 DM das Land Hessen. Bürgermeister Gall bezeichnete die Baumaßnahme als das »sowohl im siedlungswasserwirtschaftlichen als auch im naturschützerischen größte Einzelprojekt der Stadt« (BSZ vom 29.8.1990). 9.900 Kubikmeter Wasser kann der Damm zurückhalten. 4.000 Kubikmeter Erde mußten für seinen Bau bewegt werden, 9.000 Kubikmeter Erde wurden als Füllmaterial für die »Niedersdorf-Klamm« verarbeitet (BSZ vom 29.8.1990).

Seit dem 30. August 1985 trägt der obere Teil der Adlerstraße an der Straße Zum Quellenpark, die Fußgängerzone ist, den Namen »Platz Rueil Malmaison«. Damit wurde auf die Bedeutung der damals zehn Jahre bestehenden Verschwisterung mit der französischen Partnerstadt hingewiesen.

Mitte April 1985 begann mit dem ersten Spatenstich durch Bürgermeister Gall der Bau von zehn Seniorenwohnungen im Rahmen der Altstadtsanierung. Am 1. Oktober 1987 waren die Wohnungen sämtlich bezogen. Bauherr war die Nassauische Heimstädte. Die Baukosten wurden auf 1.595.600 DM veranschlagt, 260.000 DM davon gab die Stadt Bad Soden als zinsloses Darlehen; ein weiteres Darlehen zur Kostendeckung betrug 369.400 DM, wovon die Stadt 203.170 DM trug, der Rest wurde aus Landesmitteln finanziert. Das Gebäude entstand an der Stelle der ehemaligen Sodener Synagoge. Deshalb wurde zum Gedenken an die Vorgänge des 10. November 1938 in Bad Soden, in deren Verlauf auch die Sodener Synagoge verwüstet worden war, eine Tafel angebracht. Um den Text der Tafel wurde gestritten. Sollte darauf verwiesen werden, daß Sodener Bürger die Täter waren oder Nationalsozialisten allgemein. Bürgermeister Gall fand letzteren Hinweis »wegen der Objektivierung dieser Tatsachen« für besser. Anfang November 1987 hatte der Arbeitskreis für Bad Sodener Geschichte, am 4.3.1985 gebildet, in einer Veranstaltung erstmals über die Geschichte der Bad Sodener jüdischen Gemeinde in einem Vortragsabend berichtet. Referent war Joachim Kromer. Eine ausführliche Darstellung der Geschehnisse des 10. November 1938 in Bad Soden anhand der Gerichtsprotokolle des Prozesses gegen die Täter im Jahre 1949 gab derselbe am 7. November 1988 aus Anlaß des 50. Jahrestages der Geschehnisse. Im Heimatmuseum wurde gleichzeitig eine Ausstellung zu diesem Thema gezeigt, bewegende Dokumente einer bedrückenden Erinnerung. Am Spätnachmittag des 10. November trafen sich Bürger der Stadt an der Stätte der ehemaligen Synagoge zum Gedenken an die Ereignisse vor 50 Jahren. Am Gedenkstein für die damals zerstörte und niedergebrannte Kuranstalt für arme Israeliten vorbei, ging man zum Friedhof der ehemaligen jüdischen Gemeinde von Soden auf der Wilhelmshöhe. Die BSZ berichtete am 17.10.1988 darüber u. a. wie folgt:

»Es war eine fast gespenstische Szene, die sich am Spätnachmittag des 10. November 1988 auf dem alten jüdischen Friedhof auf der Wilhelmshöhe abspielte. Die Dämmerung des ruhigen Spätherbsttages wurde vom kalkweißen Licht aus Scheinwerfern durchbrochen, das die zum großen Teil schräg auf Sockeln ruhenden Grabsteine mit ihren mitunter kaum noch zu entziffernden Inschriften in unwirkliches Licht tauchte . . . An zwei Gräbern beschwor Stadtarchivar Joachim Kromer die Erinnerung an eine Zeit, als hier Juden und Nichtjuden in Frieden miteinander lebten . . . Während der Verkehrslärm draußen vorüberrauschte, wurde das alte jüdische Totengebet gesprochen . . . Anschließend

. . . fand in der Bad Sodener evangelischen Kirche eine ökumenische Stunde der Besinnung statt . . ..«

Der Arbeitskreis für Bad Sodener Geschichte, zu dessen Organisation sich der Leiter des Heimatmuseums, Rudolf von Nolting, und der Stadtarchivar Joachim Kromer in einer Sitzung am 17.4.1985 gemeinsam bereit erklärten, hatte es sich zur Aufgabe gemacht, die Geschichte Bad Sodens zu erforschen und den Einwohnern der Stadt in einer Schriftenreihe *MATERIALIEN ZUR BAD SODENER GESCHICHTE* zugänglich zu machen. In dieser Reihe sind bis jetzt erschienen:

Heft Nr.	Titel	Verfasser
1	Bericht über die Grabung am ehemaligen Park-Hotel	Joachim Kromer, Rudolf v. Nolting, Christian Röhr
2	Die Familie Reiss in Soden	Joachim Kromer
3	Der jüdische Friedhof in Bad Soden a. Ts.	Edith Vetter, Kurt Wagner
4	Der 10. November 1938	Joachim Kromer
5	Weinbau in Bad Soden a. Ts.	Dr. Hermann Mölbert
6	Bad Soden a. Ts. 1918–1933	Brigitte Dörrlamm, Joachim Kromer
7	Kronik Bad Soden, Taunus 1897	Carl Ferdinand Oppermann, bearb. v. Hildegard von Nolting
8	Kriegsschäden im Zweiten Weltkrieg in Bad Soden a. Ts.	Werner Hansel, mit einem Beitrag von Gerhard Raiss
9	Wo Sodens Kurgäste logierten	Edith Vetter, Erika Ullrich

(Die Hefte wurden vorgestellt: Heft 1 am 12.12.1986 – Heft 2 am 8.8.1987 – Heft 3 am 17.11.1987 – Heft 4 am 24.3.1988 – Heft 5 am 10.10.1988 – Heft 6 am 26.1.1990 (Druck 1989) – Heft 7 am 20.4.1990 – Heft 8 am 10.12.1990 – Heft 9 am 3.6.1991)

Mit Themen der Bad Sodener Geschichte befaßten sich auch andere Gruppen interessierter Bürger. So erschien im Juni 1986 eine Schrift der Arbeitsgemeinschaft der Gymnasialen Oberstufe Schwalbach mit dem Titel »Soden im Kriegsjahr 1797« – Arbeit mit einer geschichtlichen Quelle. An der AG waren Michael Bothe, Brigitte Dörrlamm, Martin Schaller, Norbert Stieniczka und Wolf Thielking beteiligt, in Zusammenarbeit mit dem Stadtarchivar Joachim Kromer. Im Februar 1987 erschien die Schrift der AG »Der 1. Weltkrieg in der Chronik der Sodener Volksschule« – Arbeit mit einer geschichtlichen Quelle II, verfaßt von Brigitte Dörrlamm, Karina Faust, Norbert Stieniczka und Wolf Thielking unter Mitarbeit des Stadtarchivars. Anfang Januar 1988 erschien eine Broschüre, die vom Bund Deutscher Pfadfinder Schwalbach vorgelegt wurde, die sich mit den Ereignissen im Dritten Reich in Bad Soden, Schwalbach und Umgebung befaßte und auch die Erschießung zweier junger Soldaten am Ende des Krieges im Sodener Eichwald zum Gegenstand hatte. Die Arbeit stellte eine Zusammenfassung und Erweiterung der Hefte dar, die der Bund 1982 und 1984 veröffentlicht hatte. Zu den Vorgängen des 10. November 1938 in Bad Soden erschien im August 1988 eine Broschüre mit dem Titel: 1938–1988 Wie Geschichte vermacht wird, gerichtlich – amtlich – öffentlich und in den Köpfen; ein Beispiel aus dem Vordertaunus, verfaßt von der Arbeitsgruppe Brigitte Dörrlamm, Martin Schaller, Norbert Stieniczka, Wolf Thielking und Mai-Lin Tjoa.

Von besonderer Bedeutung, so die Feststellung des Diplomgeologen Christian Röhr, der auch bei den Grabungen am ehemaligen Park-Hotel beteiligt war, ist das Gelände der alten Ziegelei an der Niederhofheimer Straße. Die Lößwände der nach Südwesten gelegenen Steilhänge stellten eine einmalige Möglichkeit dar, die Entwicklung der Eiszeiten zu erforschen. Diese setzten sich aus mehreren Warm- und Kaltzeiten zusammen. Während der letzteren sammelten sich weniger als 1 mm Löß pro Jahr an, am Ende einer Kaltzeit demnach weniger als 1 Meter. In den Warmzeiten vermischten Bodenlebewesen den schwarzen Humus der abgestorbenen Pflanzen mit dem darunter liegenden hellbraunen Löß. So ließen sich heute acht solcher dunklen Bodenbildungen in der Wand erkennen, woraus die Wissenschaftler folgerten, daß es acht Warmzeiten gegeben haben muß. Proben aus der Sodener Ziegelei wurden auch von Prof. Dr. Arno Semmel von der Frankfurter Universität auf ihren Paläomagnetismus hin untersucht, denn im Löß ist dieser, der sich im Laufe der Erdgeschichte häufig änderte, fest eingefroren. So konnte man, da bekannt ist, wann Veränderungen im Magnetismus auftraten, bestimmen, daß die sechste Schicht der Warmzeiten sich vor ca. 700.000 Jahren gebildet hat. Gleichzeitig ist ein anderes Phänomen aus der wärmeren Phase der letzten Kaltzeit feststellbar. In dieser Zeit breitete sich im Bereich der Sodener Altstadt ein See aus. Damals brach 90 km entfernt von Soden im Gebiet des Laacher Sees ein Vulkan aus, dessen Asche auch im Gebiet des Sodener Sees niederging. In der Baugrube des ehemaligen Park-Hotels konnte diese als »Laacher-See-Tephra« in den sogenannten »limnischen Sedimeten« 1986 nachgewiesen werden.

Im Laufe der Jahre zeigte das Heimatmuseum Bad Soden eine Reihe von Sonderausstellungen, so ab 20. Juni 1979 »Arabische Volkskunst aus dem Sultanat Oman«, von Oktober 1983 bis Februar 1984 die Ausstellung »500 Jahre Kirche in Bad Soden«. Im Oktober 1985 feierte das Museum sein 75jähriges Bestehen mit der Ausstellung »Soden in Nassauer Zeit«, dem Zeitraum von 1803–1866, in dem Soden sich zu einem Kurort von internationalem Ruf entwickelt hatte. Seit dem 15. Januar 1987 waren im Heimatmuseum Bad Soden erstmals Aquarelle des ehemaligen Ehrenbürgers Paul Reiss zu sehen. 29 Blätter aus Privatbesitz waren ausgewählt worden, Sodener Motive und charakteristische Landschaften wie z.B. die »Loreley« oder Naturbeobachtungen wie z.B. »Aufzug eines Gewitters« sowie Stilleben und Porträts, auch Selbstporträts, Bilder, die die besonderen Phänomene einer Straße, eines Ausblicks, eines Bauwerks, einer Landschaft, ja eines einzelnen Baumstammes deutlich werden lassen. Aus Anlaß des seit dem Sommer 1987 alljährlich stattfindenden Stadtfestes – die Jahre zuvor wurde ein Sommernachtsfest veranstaltet – zeigte das Heimatmuseum ab 8. August 1987 bis zum 31. Oktober 1987 auch eine Auswahl vom Gemälden, Zeichnungen und Radierungen des Malers Richard Schoenfeld, der von 1915 bis zu seinem Tode im Jahre 1959 in Soden im Haus »Siesta« in der Kronberger Straße gewohnt hatte. Von 1920 an hatte Schoenfeld sein Atelier in Frankfurt a. M. im Städelschen Kunstinstitut. Viele seiner Bilder zeigten norwegische Motive, war doch seine Frau Mena Freuchen Norwegerin, selbst auch Künstlerin. Am 16.6.1988 wurde die Sonderausstellung »Post in Soden« eröffnet, am 5.11.1988 die Sonderausstellung »Erinnerung an Bad Sodener Geschichte – 10. November 1938«.

Viele Stunden lang dauerte der Einsatz der Bad Sodener Feuerwehren, um die durch Brandstiftung in der Nacht vom 27. auf den 28. September 1987 in Brand geratene Scheune des Heimatmuseums vor der völligen Vernichtung zu retten. Das Feuer zerstörte nicht nur einen Großteil des 1751 als Teil eines fränkischen Hofes erbauten Gebäudes, sondern auch Ausstellungsstücke, die zum Inventar des Museums gehörten. Der Schaden betrug rund 200.000 DM. Auf dem Platz vor der Scheune wurden seit 1982 im Sommer jeweils an Samstagvormittagen die kurstädtischen Jazzfrühschoppen veransaltet. Am 27.5.1989 wurde die restaurierte Scheune wieder eingeweiht. In diesem Jahr zählte das Heimatmuseum Bad Soden über 6.000 Besucher.

Ende April 1988 wurde nach einjährigen Sanierungs- und Neugestaltungsarbeiten der »Wilhelmspark« – 1911 als »Kaiser-Wilhelms-Park« angelegt – wieder als eigener Park von Bürgermeister Gall vorgestellt. Über 240.000 DM hatten die Umgestaltung der Wege, die Pflanzungen, die Anlage von Nistgelegenheiten für die heimische Vogelwelt und die neue Beleuchtung gekostet. Dazu kamen Sanierungsarbeiten am Glockenbrunnen für 25.000 DM und am Winkler-Brunnen. Die Kosten hierfür hatte ein Bad Sodener Kreditinstitut übernommen. 1990 wurden an diesem Brunnen Nacharbeiten erforderlich. Als ein Beispiel »positiver Bürger-Beteiligung« bezeichnete Bürgermeister Gall bei der Einweihung des neugestalteten Champagner-Brunnens am 6. Juni 1987 das Engagement des Lions Clubs Vortaunus für den Umbau der Brunnenanlage. 45.000 DM hatte der Lions Club zusammengetragen.

Im Jahre 1979 vergab die Stadt Bad Soden erstmals einen Kunstförderpreis. Mit ihm sollte Künstlern, »die die Mitte ihrer Lebensbeziehungen im Main Taunus Kreis haben« (Jahreschronik Bad Soden am Taunus 1980 S. 40) und »vorrangig mit modernen Techniken arbeiten« die Möglichkeit gegeben werden, zu vorgegebenen Themen Exponate zu gestalten; nicht nur um junge Künstler zu fördern, sondern auch damit Kunstinteressierte der Stadt sich mit der heutigen Kunstszene an Ort und Stelle auseinandersetzen können.

Von besonderer Bedeutung vor allem für die ständig wachsende Gruppe älterer Menschen, die in vielen Fällen der Betreuung, Pflege und anderweitiger Hilfe bedürfen, vor allem Alleinstehende, für die z.B. schon seit Jahren »Essen auf Rädern« geschaffen worden war, wurde zum 1. Juli 1989 die »Ökumenische Diakoniestation Vortaunus« gegründet. Zu dieser Einrichtung haben sich die Kirchengemeinden in Bad Soden, Liederbach und Sulzbach mit den jeweiligen Kommunalverwaltungen zusammengetan. Außerdem war ein Förderverein »Ökumenische Diakoniestation Vortaunus« geschaffen worden, um die Diakoniestation bei der Erfüllung ihrer Aufgaben zu unterstützen und die nötigen Geldmittel zum Betrieb der Station bereitzustellen. Die Hilfe der Schwestern und Krankenpfleger kann von allen Mitbürgerinnen und Mitbürgern ohne Rücksicht auf ihre Konfession in Anspruch genommen werden. Die Geschäftsführung liegt bei der evangelischen Gemeinde. Nach Beendigung der Renovierung bzw. Neuaufbau der ehemaligen Remise des Paulinenschlößchens wird die Station dort ihren Sitz haben.

Anfang Juni 1990 weilten der Kulturattaché der sowjetischen Botschaft in Bonn, Alexander D. Masslakow, und der Chefkorrespondent der sowjetischen Tageszeitung Iswestija, Jewgeni Bowkun, in Bad Soden. Sie wollten die Stadt kennenlernen, in der 1860 die Geschwister Tolstoi sich aufgehalten hatten. Bei einem Rundgang durch die Stadt besichtigten sie das Haus Königsteiner Straße 83, in dem Leo Tolstoi gewohnt, und das Haus »Landlust« Wiesenstraße/Ecke Zum Quellenpark. Besonderes Interesse fand die Eintragung Tolstois in das Besucherbuch der Sodener Volksschule, das im Heimatmuseum aufbewahrt wird (siehe Band Leben aus den Quellen S. 213/Tafel XIII).

Ende Juni 1990 waren der Vorsitzende des städtischen Nationalausschusses der tschechischen Kurstadt Franzensbad, Miroslaw Korelus und Frantisek Zima, Sekretär des städtischen Nationalausschusses, zu Besuch in Bad Soden. Anfang September 1990 wurde eine Absichtserklärung zwecks Gründung der Partnerschaft mit Stadtsekretär Zima und Dr. Pavel Stribrny ausgetauscht. Dem Abschluß der Partnerschaft müssen die beiden Stadtparlamente noch zustimmen.

Am 14.9.1990 machten Postkutschen aus alter Zeit aus Anlaß des 500jährigen Jubiläums der Post auf ihrem Reiseweg in Bad Soden Halt. Rundfahrten durch die Stadt waren begehrt.

Am Tag der Vereinigung der beiden deutschen Staaten, dem 3. Oktober 1990 wurde im alten Kurpark auf der Vogelwiese von Stadtverordnetenvorsteher Kurt E. Bender und Sodener Bürgern eine Roteiche gepflanzt. Ansonsten feierten die Kirchengemeinden aus diesem Anlaß Gottesdienste, die evangelische eine Andacht am Vorabend des 3. Oktober und die katholische eine Messe am Vormittag dieses Tages. Glockenläuten aus Anlaß der Vereinigung hatten die Pfarrer mit der Begründung abgelehnt, die Glocken sollten nur zum Gottesdienst rufen.

XII. Aus den Gemeindeakten

1. Liste der Bad Sodener Bürgermeister

In der »Soder Kriegsrechnung« von 1797 findet sich die Bezeichnung »Bürger Meister«. Zu unterscheiden ist zwischen dem Bürgermeister und dem Gerichtsbürgermeister. Das eigentliche Organ der Gemeindeverwaltung war das Gericht, in Soden das Untergericht. Ihm stand der Gerichtsbürgermeister vor, wie die »Soder Kriegsrechnung« von 1797 ausweist. Ihm zur Seite waren die Gerichtsschöffen gegeben (siehe z.B. Materialien zur Bad Sodener Geschichte Heft 7 S. 238).

Die Aufgaben der Gemeindeverwaltung teilten sich Bürgermeister und Gerichtsbürgermeister. Letzterer hatte die Rechnung der Gemeinde zu führen und haftete mit seinem Privatvermögen. Der Gemeindebürgermeister mußte die Rechnungen gegenzeichnen. Der Gerichtsbürgermeister vertrat den Oberschultheißen. Auch beaufsichtigte er die Orts- und Feldpolizei. Nominiert und ernannt wurde z.B. 1698 der Gerichtsschultheiß des Sodener Untergerichts vom Bürgermeister und Rat der Stadt Frankfurt, der damals mit Kurmainz die Treuhandschaft über den Ort ausübte.

Seit 1808 gab es nur noch einen gewählten Bürgermeister. Manchmal war es schwer, einen Kandidaten zu finden. Auch kam es vor, daß der Gewählte das Amt ablehnte oder es vor dem Ende seiner Amtszeit niederlegte, so daß ein die Geschäfte des Bürgermeisters führender Amtsträger eingesetzt werden mußte (siehe in der Liste 1818/1826/1833 Peter Jung).

Die früheste Nachricht über den Sodener Schultheiß datiert aus dem Jahre 1435. Aus der Zeit vorher nennt Butteron[1] den Schultheiß des Abts, Cuntz Schrott, für das Jahr 1408 und als Schultheiß des Junkers von Königstein Henne Weigart, ohne deren Zuständigkeitsbereich im Ort näher anzugeben. Für die Folgezeit wurden die nachstehenden Angaben festgestellt:

Name	Amtszeit	Beleg
Henne Schoderang der Junge	1433	Butteron S. 122
Kuno Keiser	1435 (1462)	HHStAW A XII 59 und 60
Wolfgang Konrad	1442, 6.VII.	HHStAW A XII 59
Hans Groß	1458, 8.II.	HHStAW A XII 59
Henne Rorich	1473, 4.VII.	HHStAW A XII S. 44 (erwähnt bei der Huldigung für Frankfurt an der Spitze des Sodener Gerichts mit Schöffen)
	1478, 30.VII.	HHStAW A XI 472 (Streitschlichtung – wegen Abts-Reisekosten)
Henne Baumer	1507	Lersner II S. 623
Philipp Weigel	1508	HHStAW A XII 60
Cloß Schneider	1539, 30.IX.	HHStAW A XI 453 (Solmser Gerichtsschultheiß? Quittung des Pfarrers Joh. Bingenheim zu dem Vertrag zwischen dem Abt von

		Limburg und Graf Philipp zu Solms-Rödelheim; betr. Arrest von 9 fl Abtseinkünfte von den Kirchenbaumeistern in Soden vom 30.9.1539) (Limburgisches Gerichtssiegel, Soden)
Claus Bauer (od. Baum)	1606, 1.VII.	Lersner II S. 623 (ab 1.VII.) (25.XI. abgedankt)
Johann Maier	1606	Butteron S. 122 (ab 9.XII.)
Johs. Bommersheim	1618, 27.IV.	HHStAW A XI 469 (Fölbel-Gericht)
Claus Bauer (od. Baum)	1625, 2.VI.	Lersner II S. 624 (auf seinen Antrag hin verabschiedet)
Nicolaus Anthes (od. Andes)	1625, 16.VIII.	Lersner II S. 624
Johann Martini	1626, 12.I.	Lersner II S. 624
Volpert Diehl	1653	HHStAW Abt. 4, 526 XIII, 13/S. 16
Nicolaus Rudolff	1692	Lersner II S. 624 (Oberschultheiß, resigniert 1698)
Jokob Bender	1698	Lersner II S. 62 (+ 1703)
Peter Petri	1703	Lersner II S. 624 (Oberschultheiß) (Taufeintrag vom 6.9.1716 für Hans Henrich Petri, Enkel des »gemeinschaftlichen Schultheißen« Johann Peter Petri ›20.II.1726‹
Karl Ludwig Hartwig	1751	Sulzbacher Kirchenbuch
Johann Rudolf	1752	Butteron S. 123
Lorentz Kern	1769	Protokollbuch v. 1769
Leonhard Müller	1795	Butteron S. 123
Heinrich Christian sen.	1796	Oppermann'sche Chronik
Johann Georg Jung	1797	»Soder Kriegsrechnung« 1797
Christian Langhans	1806	?
Caspar Diehl	1809ff	HHStAW A XI 619f
Peter Jung	1818	HHStAW Abt. 228, 102 Bl. 53 (Dienst übertragen)
Peter Diehl	1818–1826 (22.IX.)	StABS, HHStAW Abt. 228, 102 Bl. 2–24/40/41
Peter Jung	1826–1827 (1.X.)(21.V.)	HHStAW Abt. 228, 102 Bl. 40/41
Friedrich August Dinges	1827–1833 (21.V.) (21.V.)	StABS, HHStAW Abt. 228, 102 Bl. 48/49/69
Peter Jung	1833 (21.V.–26.X.)	HHStAW Abt. 228, 102 Bl. 70/72
Friedr. Wilh. Christian Langhans	1833–1848 (26.X.) (15.III.)	ChevKG, HHStAW Abt. 228, 102 Bl. 70/105/107

Friedrich Dinges	1848–1876 (18.III.)	StABS, HHStAW Abt. 228, 102 Bl. 119–295
Peter Butzer	1876–1890	StABS
Ludwig Schilling	1890–1893	StABS
Georg Busz	1893–1912	StABS
Dr. Friedrich Höh	1912–1920 (20.IX.)	StABS
Niederschulte	1920–1923	StABS (8.VI. ausgewiesen aus bes. Zone, Vertr. d. 1. Beigeordn. Waldbock)
Alfred Benninghoven	1925–1937 (13.VI./12.VI.)	StABS *11.IV.1890 +18.11.1945
Jakob Rittgen	1937–1939 (1.VII.)	StABS *1.III.1891 +14.IX.1945
Karl Bohle	9.IX.1939 (komm.)–9.III.1944/ab 10.III.1944 (hauptamtlich) –2.VI.1945	*17.III.1892 +27.II.1952
Dr. Kuno Meyer	1945–1948 (2.VI./24.III.)	StABS *15.III.1883 +6.XII.1968
Gilbert Just	1948–1957 (9. VII./ 30.VI.)	StABS *5.IV.1914 + 9.IV.1986
August Karl Wallis	1957–1967 (10.XII./ 31.III.)	StABS *14.2.1909 +7.XI.1981
Dr. Helmuth Schwinge	1967–1973 (1.VI./31.V.)	StABS *22.XII.1930
Hans-Helmut Kämmerer	1973–1977 (2.VII./ 31.VII.)	StABS *1.VII.1926
Dr. Volker Hodann	1977–1985 (1.VIII./ 2.XII.)	StABS
Hansjörg Röhrig	Staatsbeauftragter 1985/86 (9.XII./ 28.II.)	
Berthold R. Gall	1986 (1.III./)	StABS

Die Namen der für Soden und Sulzbach zuständigen frankfurtisch-kurmainzischen Oberschultheißen aus dem 17. und 18. Jahrhundert sind uns ebenfalls bekannt[2]:

Johann Balthasar Kalbach	1649	HHStAW Abt. 4, 526 XIII, 13
Hans Georg Bleichenbach	1653	

Johann Philipp Kemmerling	1658/1661	
Christian Albrecht Maisch	1667	
Ernst Casimir v. Bassy	1670	HHStAW Abt. 4, 526 XIII
Johann Satorius	1692	HHStAW Abt. 4, 526 XIII
Nicolaus Rudolff	1692(?)	
Simplicius Benedictus Erstenberger	1704	
Anton Christ. Itter	1725	
Johannes Rebenstöcker	1726 (?)	
Johannes Streit	1750 (?)	
Johann Paul Gobler	1750	HHStAW Abt. 4, 526 XIII
Johann Adolph Triebert	1753	HHStAW Abt. 4, 526 XIII
Johann Wendelin Feldmann	1765	HHStAW Abt. 4, 526 XIII
Heinrich Joseph Catta	1796 und nach 1803	

In den Akten des HHStA Wiesbaden finden sich noch folgende Angaben: Am 29. Mai 1649 präsentieren drei Landherrn den Johann Balthasar Kalbach zum Schultheißen den Gemeiden Soden und Sulzbach nach dem Herkommen. Zur Präsentation sind sie nach Sulzbach gefahren, wo sie die beiden Gemeinden zusammengerufen haben. Der Vorgang fand nicht unter der Linde statt, da der Platz dort noch von schwedischen Reitern belegt war, sondern im Pfarrhof unter den Nußbäumen[3].

Am 27. November 1691 starb nach 22jährigem Dienst der Oberschultheiß Ernst Casimir v. Bassy in Sulzbach[4]. Im Februar 1670 hatte er seinen Dienst angetreten[5]. In einem Schreiben vom 21. Januar 1692 bewarb sich der Sodener Schultheiß Johann Nicolaus Rudolff um die Oberschultheißenstelle[6], die dann aber der Kronberger Keller Johann Satorius am 28. Februar 1692 erhielt[7]. Landverweser war damals Johann Martin von der Burgfelden. Am 4. Mai 1698 bat Schultheiß Rudolff von Soden um seine Entlassung[8]. Am 15. Juli 1698 wurde der Sodener Gerichtsmann Jacob Bender Schultheiß des Sodener Untergerichts. Nominiert und ernannt hatte ihn Bürgermeister und Rat der Stadt Frankfurt[8]. In einem Schreiben vom 23. Dezember 1703 des Oberamtmanns von Bettendorf wird mitgeteilt, daß der Schultheiß Jacob Bender verstorben ist, zugleich wird Peter Petri nominiert[9]. Der Tod des Oberschultheißen Satorius wurde in einem Schreiben vom 24. Januar 1704 mitgeteilt. Kurmainz nominierte daraufhin Benedict Erstenberger (+ 1725), Frankfurt Anton Christian Ittar[10]. Die Ernennung von Johann Paul Gobler zum Oberschultheiß erfolgte am 12.11.1750, die von Johann Adolph Triebert 1753[11]; dieser starb 1765[12].

2. Aus den Bürgermeister-Akten

Die ersten Nachrichten über eine Familie eines Sodener Bürgermeisters sind die der Familie des Karl Ludwig Hartwig, der 1751 Schultheiß zu Soden war.

Hartwig war zweimal verheiratet, in erster Ehe mit Anna Maria Rossbach seit 1744. Diese war im Oktober 1722 geboren und starb nach ihrem ersten Wochenbett 1751 und wurde am 25. April dieses Jahres begraben. Das am 23. März 1751 geborene Mädchen

Anna Margaretha starb am 18. Juni 1751. Hartwig heiratete danach 1751 die Tochter des Neuenhainer reformierten Pfarrers Johann Justus Reichhold, Catharina Barbara. Aus dieser Ehe gingen vier Kinder hervor, der Sohn Vitus Gottfried, geb. 13. März 1752, gest. am 2.1.1753, dessen Pate der Amtskeller Veit Gottfried Straub in Neuenhain war, eine Tochter, Maria Agnes Franziska, geb. 19.9.1753, Johann Heinrich Hartwig, geb. am 7.8.1755, dessen Pate der Salinenverwalter Johann Heinrich Langhans war, und Johann Peter Hartwig, geb. am 3.4.1758; sein Pater war der Neuenhainer reformierte Pfarrer Johann Peter Schmidt.

Der Name Hartwig kommt im Sulzbacher Kirchenbuch, aus dem all diese Angaben stammen, nach dem 3.4.1758 nicht mehr vor. Die zweite Frau Hartwigs hatte eine Schwester, Jungfer Anna Maria Reichholdin, geb. am 29.6.1747 in Neuenhain, die bei ihrer Schwester in Soden lebte und im Alter von 16 Jahren und 23 Tagen starb und am 23. Juli 1763 begraben wurde.

Weitere Angaben über Vorgänge im Zusammenhang mit den Sodener Schultheißen und Bürgermeistern ergeben sich vor allem aus den Akten über die Wahlen eines neuen Bürgermeisters und den Akten über die Gemeindeverwaltung im Hessischen Hauptstaatsarchiv in Wiesbaden, Abteilung 228,102. Aus diesen lassen sich Fakten auch über die Berufe der Einwohner und die Höhe ihrer Steuerabgaben erheben.

Aus Blatt 64 der Abt. 228, 102 geht hervor, daß Schultheiß Caspar Diehl beim Rückzug der napoleonischen Truppen als Geisel sein Leben für die Gemeinde Soden opferte.

Die Blätter 2–24 derselben Nummer 102 geben Kenntnis von einem Vorgang, an dem der Schultheiß Peter Diehl beteiligt gewesen war. Aus den Protokollen verschiedener Aussagen Beteiligter geht hervor, daß am 19. Juni 1821 der Jude Löb Daniel mit seiner Ehefrau Rösge von Niederhofheim, 45 Jahre alt, und Jakob Moses auf dem Wagen des Müllers Schila von Frankfurt aus nach Hause gefahren sei. In Höchst hätten sie im Wirtshaus »Zum grünen Baum« Halt gemacht. Dort sei der Schultheiß Diehl mit mehreren Sodenern gesessen, u. a. Adam Dinges, alle schon betrunken. Diese seien dann dem Wagen gefolgt und hätten sich auf der Königsteiner Chaussee auf den Wagen begeben. Einer habe dann nach dem Juden mit einer Sense geschlagen, zwei andere faßten die Jüdin um den Leib, einer davon setzte sich dann auf ihre Beine. Diehl habe ihr mit dem Stock den Rock aufgehoben und »ihr Unzucht zugemuthet«, sie und ihren Mann beschimpft. Drei bis vier weitere Sodener, die sich auf dem Wagen befanden, verhielten sich still. Schließlich machte die Frau sich los und stieg mit ihrem Mann vom Wagen. Als die Frau den Vorgang zur Anzeige brachte, schickte der Schultheiß mehrmals Leute zu ihr, die sie zu einem Vergleich überreden sollten, zuerst Salomon Frank, zuletzt den Juden Meyer, mit welchem sie sich mit 4 fl verglichen habe.

Dennoch ordnete die Herzogl. Nassausiche Regierung an (ad Num. Reg 30.630), daß der Amtmann Hendel in Höchst baldmöglichst einen anderen Bürger zum Schultheißen vorschlage, auch deshalb, weil Diehl auch »keinen ordentlichen Lebenswandel führt«. Dieser protestierte gegen seine Entfernung aus dem Amt (R. 716 Bl. 26). Dennoch wurde er am 22. September 1826 entlassen. Ab 1. Oktober 1826 erhielt der Badewirt Peter Jung im Frankfurter Hof provisorisch die Schultheißenstelle. Auf eigenen Wunsch wurde er dann am 21. Mai 1827 von der Verwaltung wieder entbunden und diese Friedrich August Dinges übertragen, der am 12. Juni 1827 von Amtmann Hendel verpflichtet, mit Dekret vom 27.12.1827 zum Schultheißen ernannt wurde. Auf eigenen Wunsch hin wurde er am 21. Mai 1833 aus dem Amt entlassen. Sein Nachfolger war Peter Jung bis zum

26. Oktober 1833. Ihn, der das Amt nicht weiterführen wollte, löste der Feldgerichtsschöffe Friedrich Langhans ab, der bis in das Paulskirchenjahr 1848 das Amt innehatte.

Ab 18. März 1848 war Friedrich Dinges Bürgermeister. Mit seiner Amtsführung war man im Königlich Preußischen Amt nicht immer zufrieden. Er sei »sehr nachlässig in Erledigung der ihm ertheilten Aufträge« und bei der »Einsendung von periodischen Arbeiten« gewesen (Nr. 102 Bl. 286). Von 1871 bis 1875 erhielt er vom Königl. Amtsgericht 20 Ordnungsstrafen in Höhe von 10–15 Silbergroschen bis zu 1 Taler und 15 Silbergroschen (Nr. 102 Bl. 285). Dennoch hatte ihm der Großherzog von Baden das Ritterkreuz 2. Klasse des Zähringer Löwen-Ordens 1869 verliehen. Er hatte, als er in Soden zur Kur weilte, den Bürgermeister persönlich kennengelernt. Liest man die in Blatt 295 gegebene Darstellung der Sodener Verhältnisse im Jahre 1874 (Nr. 102 Bl. 295), was die Bürgermeisterei betrifft, so kann man von ordentlichen Verhältnissen kaum sprechen. Ein kleines Zimmer im Hause des Bürgermeisters neben der Küche, von wo man jedes Gespräch mit anhören kann, war die Amtsstube. Bei den abendlichen Gemeinderatssitzungen standen die Einwohner vor der Stubentür und belauschten die Verhandlungen. Fremde lachten über diese Zustände, so der Bericht. Die Benutzung eines Raumes oben »im Badehause«, gemeint war der Nassauer Hof, wurde vorgeschlagen. Feste Bürostunden scheint es auch nicht gegeben zu haben, die hielt der Bürgermeister aus dem Stalle kommend, mit der Mistgabel in der Hand ab. Zum Schluß des Schreibens heißt es dann: »... und für den Bürgermeister ist es besser, daß derselbe aus seinen 4 Wänden heraus kömmt, er kann dann nicht mehr so fortgehen wie er will und Alles liegen lassen. Fast jeder Sodener Bürger weiß über ihn zu klagen, doch keiner wagt sich offen gegen Ihn heraus.« Es fehlt die Unterschrift.

Als am 4.1.1882 die Amtszeit des Bürgermeisters Butzer ablief und eine Neuwahl anstand, ersuchte der Höchster Amtmann Habel mit einem Schreiben vom 5.9.1881 die Gemeinde um die Aufstellung der Hauptwähler und Abteilungslisten. Nach diesen Listen waren zur Wahl der Wahlmänner 177 männliche Einwohner Sodens wahlberechtigt. Es wurde nach dem Dreiklassenwahlrecht gewählt, wonach die Höchstbesteuerten zusammen ein Drittel des gesamten Steueraufkommens aufbrachten und so die erste Klasse bildeten, die Nächsthöchstbesteuerten mit ebenfalls einem Drittel die zweite Klasse und alle übrigen das letzte Drittel. Zu den Höchstbesteuerten gehörten Sanitätsrat Dr. Georg Thilenius, Sanitätsrat Dr. Wilhelm Stöltzing, Postmeister Alexander Himmelreich, der Kaufmann Leopold Milch, der Gemeinderechner Carl Hennig, die Gastwirte Wilhelm Weiß, Georg Fleß und Adam Uhrich, der Conditor Friedrich Hahner und die »Landmänner« Georg Dinges III, Friedrich Dinges I und Adam Müller IV. Die Höhe ihrer Steuerabgaben lag über 100 Mark. Der Höchstbetrag war 527 Mark und 28 Pfennige. Nur drei der Wahlberechtigten zahlten keine Steuern. Das Gesamtsteueraufkommen betrug damals 6.483 Mark und 23 Pfennige. Aus den Listen ergibt sich auch die berufliche Struktur des Ortes. Danach waren zu dieser Zeit in Soden 55 Handwerker, 50 »Landmänner«, 8 Kaufleute und Händler sowie 8 Gastwirte ansässig.

Die Wahl der Wahlmänner fand am 30. November 1881 statt. In der ersten Klasse wählten 12 der 13 Wahlberechtigten 6 Wahlmänner, Carl Colloseus, Carl Hennig, Adam Uhrich, Friedrich Hahner, Leopold Milch und Georg Fleß. In der zweiten Klasse wählten 31 der 37 Wahlberechtigten Sanitätsrat Dr. Koehler, Sanitätsrat Dr. Stöltzing, Ignaz Burkhard, Philipp Bechtel, Christoph Weigand und David Stern. In der dritten Klasse fiel die Wahl der 110 von 127 Wahlberechtigten auf Conrad Scheffler, Franz Schmitt, Adam Müller V, Johann Hermann Christian, Peter Guckes und den Schmied Friedrich Müller. Am 10. Dezember 1881 nachmittags 16 Uhr wurde auf dem Gemeindezimmer durch 6 Gemeinderäte und 18 Wahlmänner Peter Butzer erneut vom 5.1.1882 an auf 6 Jahre zum Bürgermeister von Soden gewählt.

Die nächste Bürgermeisterwahl fand am 23.12.1887 statt. Dazu wurden am 1.12.1887 in den drei Klassen je neun Wahlmänner gewählt. Die erste Klasse umfaßte 13 Wahlberechtigte, die zweite 34 und die dritte 111. Wiederum fiel die Wahl der neun Gemeindevorsteher und der 27 Wahlmänner einstimmig auf Peter Butzer. Seine Wiederwahl wurde für die Zeit ab 5.1.1888 auf zwölf Jahre in einem Dekret vom 29.12.1887 bestätigt. Bürgermeister Butzer blieb aber nur bis 1889 im Amt. Am 27. November 1889 bat er in einem Schreiben Landrat von Trott zu Solz um seine Entlassung zum 1. April 1890, um einer drohenden Amtsenthebung wegen ungeordneter Verwaltung zuvorzukommen. Gleichzeitig bat er um Beurlaubung, um sein Amtsbüro und das Rechnungswesen zu ordnen. Der Landrat bewilligte ihm zunächst vier Wochen.

Bürgermeisterstellvertreter Friedrich Dinges übernahm den Dienst am 4.12.1889. Die Bürgermeisterstelle wurde am 22.1.1890 neu ausgeschrieben, und zwar im Hannover'schen Kurier, dem Rheinischen Kurier, dem Kreisblatt und dem Preußischen Verwaltungsblatt in Berlin. Die drei Klassen wählten ihre je neun Wahlmänner diesmal an verschiedenen Tagen, die erste mit 11 Wahlberechtigten am 31.3.1890, die zweite mit 32 Wahlberechtigten am 10.4.1890 und die dritte mit 108 Wahlberechtigten ebenfalls am 31.3.1890. Die Bürgermeisterwahl erfolgte am 25.4.1890 durch die 9 Gemeindevorsteher und 26 Wahlmänner (1 fehlte entschuldigt). Mit 30 Stimmen wurde der Sektretär im Polizeipräsidium Frankfurt, Ingenieur Ernst Ludwig Schilling, gewählt. 5 Stimmen erhielt der andere Kandidat, Heinrich Pfeiffer. Bestätigt wurde die für 12 Jahre erfolgte Wahl vom 5. Mai 1890 ab durch Dekret vom 1.5.1890. Am 5. Mai 1890 wurde Bürgermeister Schilling vom Landrat vereidigt[13]. Schon am 1.4.1893 aber legte Bürgermeister Schilling sein Amt nieder, um bei der Königlichen Polizeiverwaltung in Dienst zu treten. Seine Bewerbung unterstützte der Landrat Meister[14]. Grund für seinen Weggang war wohl auch die Tatsache, daß er wegen seines »etwas schroff(en)« Vorgehens in Polizeiangelegenheiten mit einzelnen Bürgern »in Konflikt geriet« und örtliche Gruppeninteressen bezüglich der Kurangelegenheiten ihm das »Leben leid gemacht haben«. Zwar hatte er den Gemeinderat auf seiner Seite, nicht aber einen Großteil der Bürgerschaft. Ein weiterer Grund für die Aufgabe seines Bürgermeisteramtes ist wohl in der an ihn am 21.3.1893 ausgesprochenen Verwarnung zu suchen[15].

Der Streit mit dem »Wahlkomité der Opposition«, wie die gegen den Bürgermeister und den Gemeinderat agierende Gruppe sich in Anbetracht der bevorstehenden Neuwahlen eines Bürgermeisters dann nannte, dauerte bis in die Amtsperiode des neuen Bürgermeisters hinein. Im »Rheinischen Kurier« und im »Höchster Kreisblatt«[16] erschienen anonyme Artikel dieser Gruppierung, die überschrieben waren »Zur Abwehr«. Ein Flugblatt kam in Umlauf: »Zur Sodener Wahlmännerwahl! Wahlaufruf der Opposition!« Der Gemeinderechner Ernst Keller wurde als Bürgermeisterkandidat genannt. Treibende Kraft der Aktionen war der Privatier Johannes Roland, dem der Hotelbesitzer Georg Fless, der Kaufmann Conrad Killian und der Wagnermeister Jacob Müller zur Seite standen. Auch die in Aussicht genommenen Wahlmänner der zweiten und der dritten Klasse waren aufgeführt. Eingaben an den Landrat folgten. Man bemängelte auch die kurze Frist für die Einsichtnahme in die Bewerberliste für die Bürgermeisterwahl. Der Landrat sah keinen Grund, eine Verlängerung der Frist anzuordnen. Die Wahlmännerwahl vom 24. März wurde vom Landrat für ungültig erklärt, da von den 27 zu wählenden Wahlmännern »nur 24 als unzweifelhaft gewählt zu betrachten waren«. Sie wurde am 1. April 1893 wiederholt. Der erneute Einspruch der Opposition wurde abgewiesen. Auch das von Johannes Roland beantragte Vorgehen im Aufsichtswege gegen die Gemeindevertreter Brückmann, Dinges und Milch wurde abgelehnt. Bürgermeister Schilling seinerseits führte in seiner Stellungnahme zu den Beschwerden zur Kennzeichnung der Person seines Gegenspielers Roland an, daß dieser am 13. Januar 1835 als unehelicher Sohn einer Pariserin aus der »in Frankreich sehr verbreiteten Gesellschaft ›Freie Liebe‹ geboren worden« sei. Sein Vater solle ein Redakteur gewesen sein. Interessant ist, daß der Bürgermeister auch vermerkt, daß die auch unehelich geborene Schwester Rolands im Institut des Frl. Hillebrand zu Rödelheim, später in Soden, erzogen wurde. Roland habe ehedem in Paris gelebt, wegen der Teilnahme an der »Konspiration gegen Napoleon III. flüchten müssen und Asyl bei Frl. Hillebrand gefunden«. Dem Amt Königstein und dem Landratsamt Homburg sei er als »Querulant« ebenfalls bekannt. In der hiesigen Bürgerliste sei er seit 1884 eingeschrieben. Bestraft worden sei er bisher nicht.

Am Montag, den 17. April 1893 nachmittags 17 Uhr fand dann die Bürgermeisterwahl statt. Außer den 36 Wahlmännern wählten der Bürgermeisterstellvertreter Pfeiffer, die Gemeindevorsteher R. Rübsamen, Ph. Brückmann, L. Milch, C. Colloseus, Fr. Christian, Dr. Stöltzing, Dr. Thilenius und Fr. Dinges. Einstimmig wurde Georg Busz von Paderborn gewählt. Busz war am 10. Juli 1850 als Sohn des Oberprokurators Busz in Aachen geboren worden. Als Seconde-Leutnant war er wegen Invalidität 1879 aus der Armee entlassen worden, danach Bürgermeister in Reuland/Kreis Malmedy, 1892 in Puderbach. Busz' Amtszeit begann am 6. Mai 1893 und war auf die Dauer von 12 Jahren festgesetzt. Sein Gehalt betrug 3.000 Mark jährlich.

Zu den Konfrontationen um die Bürgermeisterwahl, wo es hauptsächlich um die Frage ging, ob der Gemeinderat Wahlbeeinflussung betrieben habe, kamen noch Probleme im Bereich der Verwaltung hinzu. In einem Schreiben des Landrats an Bürgermeister Butzer vom 24. Juni 1889 beanstandete dieser nach einer Revision die Büro- und Kassenverwaltung in vielen Punkten. Aktenstücke waren z.T. nicht aufzufinden oder vernichtet worden. Es fehlten die »elementarsten Vorbedingungen für eine geordnete Geschäftsführung«, auch in der Polizeiverwaltung, wo Anzeigen nicht bearbeitet worden und Strafen nicht vollstreckt worden waren. Es war weder eine Registratur noch ein Geschäftsjournal vorhanden. Man hatte bei den Gemeinderatssitzungen oft kein Protokoll geschrieben, auch der Jahresabschluß für 1886/87 fehlte. Anweisungen des Landrats und des Regierungspräsidenten waren nicht ausgeführt worden. Der Landrat sprach vom »nachlässigen und pflichtvergessenen Verhalten« des Bürgermeisters. Er erteilte ihm »auf Grund des § 18 des Disziplinargesetzes vom 21.7.1852 in Verbindung mit § 36 des Zuständigkeitsgesetzes einen scharfen Verweis« und machte sein Verbleiben im Amt von einer »vollkommenen Neuordnung der dortigen Geschäftsverwaltung« abhängig. Außerdem schlug er die Anstellung eines Gemeindesekretärs vor. Es folgten Einzelanordnungen betreffs der Führung des Geschäftsjournals, eines »General-Termin-Kalenders«, eines täglichen »Termin- und Reproduktions-Kalenders«. Aktenheftung wurde angeordnet, Vernichtung von Akten untersagt. Zusätzlich zur Aufbewahrung der Akten sollte eine Registratur eingerichtet werden. Für das Bürgermeisterbüro war ein Inventarverzeichnis anzulegen. Die Sitzungsprotokolle waren während der Gemeinderatssitzungen ins Protokollbuch einzutragen. Für vorhandene Wertpapiere und Hypothekenbriefe sollte eine eiserne Kassette angeschafft werden. Über die Art der von der Firma Fay und Morgenstern unter dem 23.4.1887 wegen der Verpachtung der Mineralquellen nach § 24 des Vertrages über den Mineralwasserversand hinterlegten Kaution und der damit verbundenen Abrechnungen sei zu berichten, ob diese überhaupt stattgefunden habe. Der Nachweis über den Grundbesitz der Gemeinde sollte gesucht werden, ebenso verschiedene Berichte über andere öffentliche Angelegenheiten[17].

All diese Anordnungen waren der Anlaß, daß Bürgermeister Butzer ein Gesuch um Entlassung aus dem Amt einreichte und zugleich um einen Urlaub bis zum 1. April 1890 bat. 4 Wochen wurden ihm bewilligt.

Auch mit dem Bürgermeisterstellvertreter gab es Schwierigkeiten. Am 26.2.1891 wurde wegen Dienstvergehen nach § 36, 4 des zuständigen Gesetzes vom 1.8.1883 ein Verfahren zwecks Entfernung aus dem Amt eingeleitet. Daraufhin legte dieser sein Amt nieder, das Verfahren wurde eingestellt. Gemeindevorsteher Pfeiffer vertrat Bürgermeister Schilling während einer 42tägigen militärischen Dienstleistung (27.2.1891 Journ. Nr. A 556). Am 5.3.1891 wurde er zum Bürgermeisterstellvertreter gewählt.

Am 6. Mai 1893 wurde Bürgermeister Busz als neuer Bürgermeister von Landrat Meister in sein Amt eingeführt. Am 2.2.1897 wählte der Gemeinderat Leopold Milch zum Bürgermeisterstellvertreter.

1897 lief ein Verfahren wegen Meineids gegen Bürgermeister Busz, das nach Mitteilung des 1. Staatsanwaltes Langer in Wiesbaden am 5.8.1897 eingestellt wurde. Dabei ging es um Steuerangelegenheiten des von Adolf Dünkelberg gekauften »Mackel'schen Hauses« (ehemaliger Lehrer in Soden) und den zu dieser Angelegenheit von Bürgermeister Busz gemachten Äußerungen (Schreiben des Kreis-Ausschusses Höchst Journal Nr. A 3.481 v. 16. Juni 1898). Landrat Steinmeister riet Bürgermeister Busz, größere Vorsicht und Gewissenhaftigkeit walten zu lassen, um seinen Gegnern keine Handhabe zu Angriffen gegen ihn zu geben. Der nächste Revisionsbericht vom 28.7.1898 des Landrats Steinmeister fiel positiv aus. Wesentliche Beanstandungen der Verwaltungsangelegenheiten gab es nicht.

In einem Schreiben vom 12.8.1899 aber beanstandete der Kreisausschuß (Journ. Nr. A 4.633), daß die Sodener Fremdenliste nicht den Namen und den Wohnort des verantwortlichen Redakteurs enthielt (§ 7 des Gesetzes vom 7.5.1874, Reg. Bl. 1.874 S. 65ff). Im August 1899 kam es um die Inhalationen im Hause von Dr. J. Koehler zu einem gerichtlichen Vorgang. Der Bürgermeister hatte den Drucker Pusch gebeten, ein Flugblatt des Arztes, in dem dieser sich rechtfertigen wollte, nicht in die Fremdenliste aufzunehmen, um Unruhe unter dem Kurpublikum zu vermeiden. Busz hatte Auszüge aus dem Protokoll der Sitzung des Sodener Gesundheitsrates veröffentlicht, in der Dr. Koehler angegriffen worden war. Der Kreisausschuß lehnte ein Vorgehen gegen den Bürgermeister ab, da über die Aufnahme der Annoncen in die Fremdenliste allein der Drucker Pusch entscheide[17].

Bürgermeister Busz wurde am 15.4.1905 für weitere acht Jahre wiedergewählt und am 1.5.1905 von Landrat v. Achenbach bestätigt[18]. Die Wahl hatten die Gemeindeverordneten, Schöffen und der Beigeordnete nach den §§ 46 bis 54 der Landgemeindeordnung vom 4.8.1897 vorgenommen. Das Gehalt des Bürgermeisters wurde ab 1.10.1906 auf 5.300 M jährlich festgesetzt. Zusätzlich erhielt er noch 150 M Vergütung als Standesbeamter.

Meinungsverschiedenheiten zwischen der Gemeindevertretung und dem Bürgermeister führten am 19.6.1908 dazu, daß diese wegen eines vom Bürgermeister, ohne die Beratung durch die Gemeindegremien abzuwarten, mit dem Taunus-Elektrizitätswerk abgeschlossenen Vertrages mit 9 gegen 1 Stimme diesem ihr Mißtrauen aussprach und eine Aufsichtsbeschwerde beschloß. Aus einem Schreiben der Gemeindeverwaltung an den Landrat vom 7.7.1908 geht hervor, daß in dem von Bürgermeister Busz mit dem Taunus-Elektrizitätswerk geschlossenen Vertrag der Passus aufgenommen war, daß das Werk auch nach 1933 das Recht haben sollte, die Straßen der Gemeinde für Fernleitungen zu benutzen. Außerdem hieß es, daß der Vertrag mit der Unterschrift des Bürgermeisters Gültigkeit erhalten sollte, somit also die Gemeindevertretung und die Aufsichtsbehörde ausgeschlossen worden waren. Zu diesem Vorgang erklärte Dr. Rothschild in der Gemeindevertreterversammlung, daß Bürgermeister Busz »früher ein Darlehen von Herrn Vormbaum hatte«, also vom Besitzer des E-Werks »in materieller Hinsicht abhängig war«. Unterzeichnet war das Schreiben an den Landrat von den Gemeindevertretern Schutt, Jul. Colloseus, Heinr. Rübsamen, Phil. Christian, H. Düvel, Christ. Weigand, Emil Petri und Ad. Christian IV.

Bürgermeister Busz rechtfertigte sich in einem Schreiben an den Landrat v. Achenbach vom 9.7.1908 (I. Nr. 2.995). Alle Verhandlungen seien von dem Oberingenieur Schöberl der Technischen Hochschule in Darmstadt geführt worden. Man möge zudem den Direktor Schmitt und den Ingenieur Spott des Taunus-Elektrizitätswerks hören, die bestätigen könnten, daß keine Vereinbarung ohne Zustimmung des Gemeinderates getroffen worden sei. Herr Vormbaum könne zudem bestätigen, daß er jede Verhandlung mit ihm abgelehnt habe.

In der BSZ vom 9.7.1908 wandte sich Herr Vormbaum an die Bürger von Soden und erklärte sein Verhalten. Der Gemeinderat habe ihm den Wasservertrag gekündigt und den Wasserpauschalpreis pro Jahr von 400 M auf 1.200 M erhöht. Er sei deshalb gezwungen, den Pauschalabnehmern vor Ablauf der Konzessionszeit zu kündigen, wozu ihn eine »Erkenntnis des Königlichen Landgerichts zu Frankfurt a. M.« berechtige. Der Lichtpreis werde auf 1 M für die Kilowattstunde erhöht. Mit Auflösung des Vertrages entfalle für das Werk die Verpflichtung, Straßen und öffentliche Gebäude sowie Privathäuser mit Strom zu versorgen. Dies alles sei eine Folge des Verhaltens des Gemeinderates.

Dieser wollte nun seinerseits die Vorwürfe gerichtlich klären lassen. Dr. Rothschild forderte daraufhin die Strombezieher auf, ihre Anschriften zwecks eines gemeinsamen Vorgehens gegen das Werk abzugeben. Von seiten des Werks wurde nun einzelnen Strombeziehern die Leitung gekappt. Die Gemeinde ließ daraufhin ein Gutachten erstellen. Für dieses und andere Maßnahmen wurden ca. 6.000 M ausgegeben. Das gegen Bürgermeister Busz am 10.7.1908 eingeleitete Disziplinarverfahren aber wurde eingestellt, da die Genehmigung des Vertrages durch die Gemeindevertretung zwar vom Gemeinderat vorausgesetzt, nicht aber ausdrücklich gefordert worden war. Zehnmal hatte der Gemeinderat den neuen Vertrag verhandelt. Auch die Schöffen Dinges und Dr. Thilenius hatten dies als ausreichend erachtet. Was das Darlehen für Bürgermeister Busz aus dem Jahre 1896 betraf, so war dieses zurückgezahlt worden. Es bestanden keine Forderungen mehr[19–26].

Zum 1.10.1912, spätestens zum 1.1.1913 sollte die Sodener Bürgermeisterstelle neu besetzt werden. Sie wurde mit einem Gehalt von 4.500 M jährlich, steigend von 3 zu 3 Jahren um 300 M bis zum Höchstbetrag von 5.400 M, ausgeschrieben. Die Anstellung eines besoldeten Bürgermeisters hatte sich von Dezember 1899 bis März 1905 hingezogen[27], da die Gemeindevertretung ihre Zustimmung verweigert hatte und erst die Verfügung des Landrats v. Achenbach vom 10. Februar 1905[28] zu einem positiven Ergebnis führte.

Für die Neubesetzung der Bürgermeisterstelle bewarben sich mehrere Kandidaten. Zu ihrer Begutachtung reisten die Gemeinderäte Düvel und Schutt zu den Bewerbern und führten mit ihnen und ihren derzeitigen Dienstherren Gespräche. Einzig der Gerichtsassessor Dr. Höh wurde von ihnen für geeignet befunden und auch gewählt. Am 18.10.1912 wurde er durch den Landrat Klauser in sein Amt eingeführt.

Zu einer Meinungsverschiedenheit zwischen Dr. Höh und dem Gemeinderat kam es nach dessen Ausscheiden aus dem Amt im September 1920, als er die ihm zustehende Zahlung der Differenz wegen der Höherstellung der Gemeinde im Ortsklassenverzeichnis für die letzten 6 Monate seiner Amtszeit forderte, was die Gemeinde ablehnte. Erst die Entscheidung des Regierungspräsidenten[29] vom 24.7.1922 als Antwort auf das Schreiben der Gemeinde vom 3.7.1922[30] veranlaßte den Gemeinderat, den Betrag von 675 M an Dr. Höh, zu der Zeit Bürgermeister von Altena in Westf., auszuzahlen.

Um die Bürgermeisterwahl nach der Ausweisung von Bürgermeister Niederschulte aus der französischen Besatzungszone am 8.6.1923 kam es 1924 wegen einer von dem Gemeindevertreter Wickenhäuser am Ende der öffentlichen Sitzung der Gemeindevertretung vom 30. Juli 1924 gemachten Äußerung zu einer öffentlichen Auseinandersetzung zwischen diesem und dem ehemaligen Bürgermeister Niederschulte, der mittlerweile Bürgermeister in Herborn/Dillkreis war. Gemeindevertreter Wickenhäuser hatte in der Sitzung geäußert, Niederschulte »hätte einen Waggon englischen Koks in Frankfurt a. M. verschoben, das man sich allenthalben in den Wirtshäusern erzähle«. Dem sollte er noch hinzugefügt haben: »Das stimme!« Die Gemeindevertretung sei dem nicht entgegengetreten.

Niederschulte reichte dem Regierungspräsidenten in Wiesbaden außer dem Schreiben mit der Schilderung des Vorganges auch die Beilage Nr. 181 der »Freien Presse« vom 5.8.1924 ein, die den Bericht über die Gemeindevertretersitzung enthielt, und beantragte eine Untersuchung gegen sich selbst[32]. In der Nr. 184 des Höchster Kreisblatts erschien dann eine öffentliche Aufforderung von Bürgermeister Niederschulte an den Gemeindevertreter Wickenhäuser, innerhalb von drei Tagen in der Bad Sodener Zeitung, dem Höchster Kreisblatt und der Freien Presse sowie in der nächsten Gemeindevertretersitzung zu erklären, daß er die »unwahren und skandalösen Gerüchte« als »glatt erfunden mit dem Ausdruck aufrichtigen Bedauerns« zurücknehme[33].

Der Gemeindevertreter Wickenhäuser wurde am 23.9.1924 von der Gemeinde zur Sache vernommen. Er wies die Anschuldigung zurück, behauptet zu haben, der ehemalige Bürgermeister Niederschulte habe einen Waggon englischer Kohlen verschoben. Er habe lediglich die Anfrage gestellt, ob etwas darüber bekannt sei. Der Vorsitzende der damaligen Sitzung, Herr Schutt, habe dies verneint. Er selbst habe nur wissen wollen, »ob an der Sache etwas Wahres sei«. Seine Anfrage habe sich auf die Aussage des Gastwirts Heinrich Vogel gestützt, der diese in seinem Lokal getan habe.

In dieser Angelegenheit gab Philipp Schutt in einem Schreiben an den Beigeordneten Waldbock vom 24.9.1924 zu Protokoll, daß der Gemeindevertreter Wickenhäuser die Frage gestellt habe, ob bekannt sei, daß der ehemalige Bürgermeister Niederschulte und der Gemeindebaumeister Lehming Kohle verschoben hätten. Er habe daraufhin Wickenhäuser zur Vorsicht mit solchen Außerungen gemahnt und ihm das Wort entzogen. Darüber hinaus habe er erklärt, daß gerade Niederschulte in der Notzeit besonders für die Einwohnerschaft Sodens gesorgt habe. Die Behauptung, er und der Beigeordnete hätten die Frage Wickenhäusers mit Frohlocken hingenommen, sei unwahr, zumal der Beigeordnete Waldbock zu der Zeit nicht mehr anwesend gewesen sei. Außerdem frohlocke man nicht »über einen Mann, der ausgewiesen ist«.

In einem Bericht der Freien Presse vom 5.8.1924 hatte der Gemeinderat Schutt die Gerüchte um den ehemaligen Bürgermeister als Argumente gegen diesen genutzt. Er führte weiterhin an, dieser habe den Gemeinderat von Soden als franzosenfreundlich bei der Regierung angeklagt. Dr. Thilenius bewertete dagegen seine Arbeit in Soden positiv. Weitere Unterlagen zu diesem Vorgang sind nicht vorhanden.

3. Die Sodener Rathäuser

Das erste bekannte Sodener Rathaus stand nahe der Quelle V, dem Sauerbrunnen, und der Schmiede in der Nähe der Kirche. Es muß um 1700 erbaut worden sein und wurde zugleich als Schulstube genutzt.

1821 wurde zwischen der Quelle IV, dem Solbrunnen, und der Quelle XVIII, dem Wiesenbrunnen, ein neues Schulhaus erbaut[34]. 1855 verlegte man dieses Gebäude in den Gemeindegarten beim Nassauer Hof. Diesen hatte die Gemeinde 1854 angekauft. 1859 wurde das alte Gemeindehaus bei der Quelle V abgerissen[35]. Bis 1876 war dann die Bürgermeisterei während der Amtszeit von Bürgermeister Dinges in dessen Haus »Ecke Hauptstraße und Enggasse, vis-à-vis der Stadtkirche« (siehe Karl Presber, Sodener Fremdenführer Wiesbaden 1873). In der Folge waren die Amtsstuben im Nassauer Hof. Bürgermeister Butzer amtierte in seiner Wohnung Adlerstraße 1, einem Nebenbau des Hotels Adler.

Als im Jahre 1900 der Nassauer Hof zum Abbruch kam, etablierte die Gemeinde ihre Amtsstuben in der Villa Karlsbad Ecke Alleeverbindungsweg (heute Brunnenstraße)/Alleestraße (heute Napp OHG vormals Stroka).

Erst als am 31.10.1908 die Gemeinde den ehemaligen Sommersitz der Herzogin Pauline von Nassau, das »Paulinen-Schlößchen«, samt dem Gesindehaus und der Krug'schen Villa (heute Park-Villa) von dem Sanitätsrat Dr. Georg Thilenius kaufte, zog die Gemeindeverwaltung in das Paulinen-Schlößchen um. Das Gesindehaus nahm das Bauamt auf, die Park-Villa wurde als Wohnhaus vermietet[36].

Nach dem Zweiten Weltkrieg wurde der Neubau eines Rathauses immer dringlicher. Am 3.6.1957 befaßten sich die Stadtverordneten mit dieser Frage. Es bestand zudem damals die Möglichkeit, an der Königsteiner Straße ein Grundstück (654 qm) mit einem im Rohbau befindlichen Haus zu erwerben. Hier hatte ein auswärtiger Geschäftsmann einen Hotelbetrieb auf dem Gelände des ehemaligen Hotels Colloseus errichten wollen. Er war aber vor der Vollendung des Baus gestorben und seine Frau hatte den Komplex der Alemannia-Hausgesellschaft (Hans-Arnold-Betriebe) verkauft, die ihrerseits dort Wohnungen für ihre Angestellten einrichten wollte. Von dieser Gesellschaft erwarb in der Folge die Stadt das Grundstück und den Rohbau für 70.000 DM und stellte der Alemannia im Tausch ein Grundstück in der Paul-Reiß-Straße zur Verfügung. Die Stadtverordneten hatten den Kauf mit 12 gegen 2 Stimmen bei 2 Stimmenthaltungen gebilligt. Die Baukosten für das neue Rathaus betrugen 380.000 DM, für die Einrichtung wurden weitere 50.000 DM benötigt, wie Bürgermeister Wallis bei der Einweihung am 10.10.1959 mitteilte. Landrat Dr. Wagenbach überreichte bei dieser Gelegenheit der Stadt einen Scheck von 5.000 DM als Geschenk des Main-Taunus-Kreises[37].

Mittlerweile hat sich der Neubau vor allem nach der Eingliederung Neuenhains und Altenhains wiederum als zu klein erwiesen. Das Bauamt befindet sich seit der Gebietsreform im ehemaligen neuen Rathaus in Neuenhain, das Ordnungsamt in dem ehemaligen Gebäude der Volksbank in der Straße Zum Quellenpark. Überlegungen zu einem Neubau des Rathauses bzw. einem Umbau und einer Erweiterung werden derzeit angestellt. Nach der Beendigung der Renovierung des Paulinen-Schlößchens wurde ein Teil der Verwaltung dorthin verlegt (Amt für Soziales, Sport und Kultur, Ordnungsamt).

4. Stadtrechte — *Bad* Soden

Schon in den siebziger Jahren des vergangenen Jahrhunderts wurde vor allem in der Werbung für den Kurort Soden der Begriff »Stadt« verwendet. So lesen wir in Karl Presbers Sodener Fremdenführer von 1873[38] S. 17 im Abschnitt V. Lokales für die Bürgermeisterei die Angabe »Ecke Hauptstraße und Enggasse, vis-à-vis der Stadtkirche«. Laut evangelischer Pfarrchronik wurde Soden seit 1867 als Stadtbezirk betrachtet und auch so behandelt.

In der fünften Auflage von 1885 heißt es in der Annonce: »Städtisches Kurhaus zu Soden am Taunus[39]. Die Werbung für das Kurhaus verwendet in der Folge in allen Veröffentlichungen der Kurschriften den Begriff »Städtisches Kurhaus«[40]. Aber erst im Jahre 1926 unternahm die Gemeinde den ersten Versuch, Stadtrechte zu erhalten. In einem Schreiben vom 2. Juni 1926 an den Gemeinderat brachten die Abgeordneten Joseph Munk, Gustav Wickenhäuser, Ludwig Martin, Oscar Kromer, Dr. Thilenius, Wilhelm Kunz, Julius Colloseus und Heinrich Rübsamen den Antrag ein, »der Gemeinderat wolle mit allen Mitteln darauf hinarbeiten, dass der Landgemeinde Soden die Stadtrechte verliehen werde.« Sie begründeten ihren Antrag wie folgt: »Nach dem ganzen Umfange der Verwaltung und dem Aufgabenkreis, der weit über das Mass dessen hinausgeht, was selbst in bedeutend grösseren Stadtgemeinden erforderlich ist, glauben wir, dass bei ernstlichem Willen und zielbewusstem Vorgehen der Erfolg einem solchen Antrage auf die Dauer nicht versagt bleiben kann[41].«

Am 15.6.1926 nahm der Gemeinderat Kenntnis von einem Schreiben des Reichsstädtebundes in Berlin vom 3.6.1926, in dem mitgeteilt wurde, daß nach »§ 1 der Landgemeindeordnung für die Provinz Hessen-Nassau« . . . »Landgemeinden auf ihren Antrag nach Anhörung des Kreistages und Provinziallandtages durch Beschluß des Staatsministeriums zu Stadtgemeinden erklärt werden« können. »Dies soll in der Regel geschehen, wenn eine Landgemeinde überwiegend städtischen Charakter und mehr als 10.000 Einwohner hat«. Mit dem Landrat, dem Regierungspräsidenten und dem Oberpräsidenten sollte möglichst persönlich vor Antragstellung Fühlung aufgenommen werden.

Der Gemeinderat genehmigte die Stellung eines Antrages im Sinne der Ausführungen des Reichstädtebundes[42]. Die Gemeindevertretung stimmte der Empfehlung des Gemeinderates am 14.7.1926 mit 18 Stimmen zu[43]. Am 10. September 1926 richtete der Gemeindevorstand ein Gesuch um Verleihung der Stadtrechte an den »Herrn Minister des Innern in Berlin (durch den Herrn Vorsitzenden des Kreisausschusses, Höchst, den Herrn Regierungspräsidenten in Wiesbaden und Herrn Oberpräsidenten in Cassel)«. Als Anlagen waren eine von Postdirektor a. D. Vohl erarbeitete Denkschrift, die Beschlüsse des Gemeinderates und der Gemeindevertretung beigefügt[44]. An »bekannte und benachbarte Landtagsabgeordnete«[45] wurde die Denkschrift übersandt und um Unterstützung des Antrags gebeten.

Das Antwortschreiben des Preußischen Ministers des Innern vom 6.12.1926 hat folgenden Wortlaut[46]: »Auf den Bericht vom 10. November 1926 – Pr. I. 2. G. 2.878 – erwidere ich ergebenst, dass ich dem Antrag des Gemeindevorstandes in Bad Soden auf Erklärung der Landgemeinde Bad Soden zur Stadtgemeinde keine Folge zu geben vermag. . . I. A. gez. v. Leyden«. Der Gemeinderat nahm von dem ablehnenden Bescheid am 10.1.1927 offiziell Kenntnis, die Gemeindevertretung in ihrer Sitzung am 9.2.1927[47]. Stadtrechte erhielt Bad Soden erst im Jahre 1947. Am 18. Juni 1946 richtete die Gemeinde ein Schreiben an den Hessischen Ministerpräsidenten, in dem sie diesem mitteilt, daß die Gemeindegremien beschlossen haben, die Landesregierung zu bitten, Bad Soden die Bezeichnung »Stadt« zu verleihen. Schon in den Jahren 1926 und 1934 habe man einen solchen Antrag gestellt. Der Regierungspräsident in Wiesbaden habe in einem Schreiben vom 11.4.1935 mitgeteilt, daß er einen entsprechenden Antrag beim Minister des Innern eingereicht habe. Dieser Antrag sei dadurch hinfällig geworden, da nach dem Inkrafttreten der Deutschen Gemeindeordnung für die Verleihung der Bezeichnung »Stadt« der Oberpräsident zuständig wurde. Ein entsprechender neuer Antrag sei wohl aus parteipolitischen Gründen vom Landrat nicht weitergegeben worden. Nun spreche die Gemeinde erneut die Bitte um die Verleihung der Bezeichnung »Stadt« aus. Mit Schreiben des Hessischen Ministers des Innern vom 10. Juni 1947 (Abt. IV – 200/06) an den Bürgermeister wurde der Gemeinde Bad Soden dann durch Kabinettsbeschluß vom 21.5.1947 die Bezeichnung »Stadt« verliehen (Bezug: Kabinettssitzung vom 21.5.1947 lfd. Nr. 10).

Im Staatsanzeiger für das Land Hessen Nr. 28 (Seite 267) heißt es unter Nummer 382:

»Verleihung der Bezeichnung ›Stadt‹ an die Gemeinde Bad Soden/Taunus. Der Gemeinde Bad Soden/Taunus ist gemäß § 9, Absatz 2, der Hessischen Gemeindeordnung vom 31.12.1945 durch das Hessische Staatsministerium (Kabinettsbeschluß vom 21.5.1947) die Bezeichnung ›Stadt‹ verliehen worden.

Der Minister des Innern IV – 200/06 – 4.7.47.«

Die diesbezügliche Urkunde trägt das Datum vom 27. Juni 1947.

Auch die Bezeichnung »Bad Soden« erhielt die Gemeinde erst im Jahre 1922 zugesprochen, wiewohl schon in den achtziger Jahren des vergangenen Jahrhunderts die Bezeichnung »Bad« Verwendung fand, in der offiziellen Schrift der Gemeinde von 1893 als Titel erschien. Amtlich wurde die Bezeichnung Bad Soden durch eine in Nr. 17 des Amtsblatts der Preußischen Regierung zu Wiesbaden vom 29. April 1922 erschienene »Landespolizeilische Anordnung«, in der es unter der Nummer 325 hieß:

»Die im Kreis Höchst a. M. gelegene Landgemeinde Soden a. T. wird von jetzt ab ›Bad Soden am Taunus‹ genannt.

Wiesbaden, 21.4.22 Der Regierungspräsident.«

Auch die Schreibweise »Bad Soden am Taunus« war lange Zeit umstritten. Der Verband Hessischer Heilbäder führte 1954 Soden unter dem Titel: »Soden am Taunus, Bad«. Seit 1924 benutzte das hiesige Standesamt die Bezeichnung »Bad Soden am Taunus«. Ab 1955 galt diese als die offizielle Schreibweise.

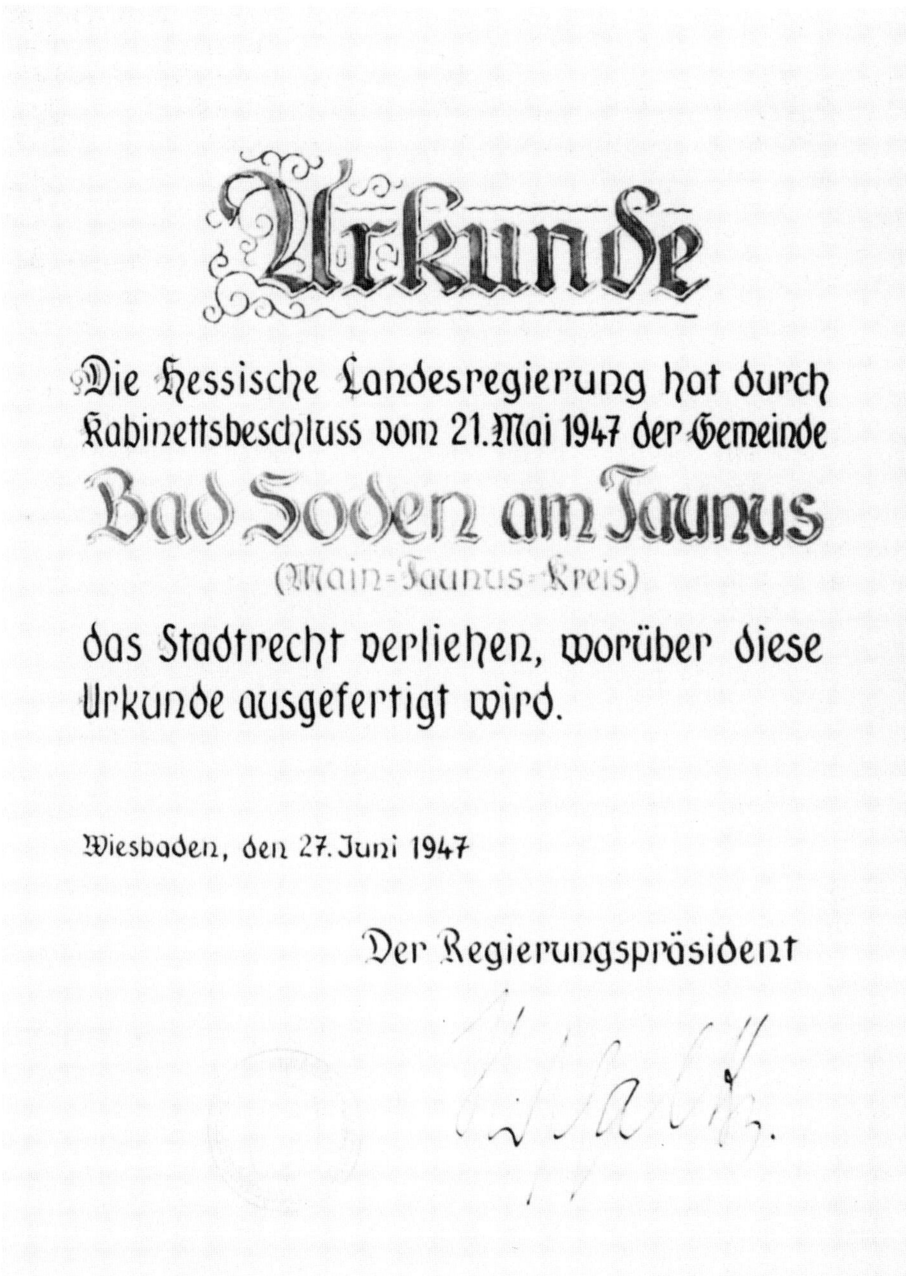

Urkunde

Die Hessische Landesregierung hat durch Kabinettsbeschluss vom 21. Mai 1947 der Gemeinde

Bad Soden am Taunus

(Main-Taunus-Kreis)

das Stadtrecht verliehen, worüber diese Urkunde ausgefertigt wird.

Wiesbaden, den 27. Juni 1947

Der Regierungspräsident

Urkunde des Wiesbadener Regierungspräsidenten zur Verleihung der Stadtrechte für Bad Soden am Taunus durch die Hessische Landesregierung vom 27. Juni 1947

Ab 1. Januar 1975 sollte nach einem Erlaß des Hessischen Ministers des Innern vom 8.11.1974 die Stadt die Bezeichnung »Bad Soden (Taunus)« führen. Dagegen erhob die Stadt am 3.6.1975 Einspruch. Am 1. Dezember 1976 teilte Bürgermeister Kämmerer in einer amtlichen Bekanntmachung mit, daß der Einspruch Erfolg hatte und daß das »Neugliederungs-Schlußgesetz« die bisherige Bezeichnung »Bad Soden am Taunus« wieder übernommen habe. Auch habe der Hessische Minister des Innern durch Erlaß vom 8.11.1976 (Staatsanz. S. 2.091) seine Anordung vom 9.12.1974 wieder aufgehoben[48].

5. Siegel - Wappen - Flagge

Der im Sodener Wappen geführte Reichsapfel ist schon auf einem Grenzstein von 1725 zu finden[49]. Dort befinden sich unter dem Reichsapfel die Buchstaben SD für Soden. Auf einem Grenzstein aus dem Jahre 1813 stehen diese Buchstaben rechts und links vom Reichsapfel, darunter die Jahreszahl 1813. Auf den beiden anderen Seiten des Steines sind die Buchstaben NH für Neuenhain und AH für Altenhain ohne Wappen angebracht[50].

Bis zur nassauischen Zeit aber benutzte Soden das Sulzbacher Gerichtssiegel. Erst 1809 kam man bei der nassauischen Regierung um Genehmigung eines eigenen Siegels ein. Am 9.5.1809 bemerkte der Oberschultheiß Catta in einem Amtsbericht[51], »daß die Gemeinde Soden kein anderes Ortswappen als einen Reichsapfel von jeher bis jetzt geführt habe«. Demnach muß der Reichsapfel schon früher Ortswappen gewesen sein, was die erwähnten Grenzsteine belegen. Die Nassauische Regierung bestimmte als Ortssiegel ein rundes Siegelfeld mit einem Kranz am Rande, das Feld durch eine Linie geteilt, im oberen Teil der nassauische Löwe und im unteren die Inschrift SODENER GERICHTS SIEGEL 1809[52].

Zur preußischen Zeit nach 1866 findet sich im Sodener Siegel der Reichsapfel mit einem Kreuz in der dem Eisernen Kreuz angenäherten Form und der Umschrift: *Königreich Preussen. Gemeinde Soden am Taunus*[53].

Am 10. Januar 1914 (Nr. 135) wandte sich Bürgermeister Dr. Höh wegen einer Warenschutzangelegenheit, die vor dem Patentamt verhandelt wurde, an die Verwaltung des Nassauischen Archivs in Wiesbaden mit der Bitte um Auskunft, ob die Gemeinde als ehemaliges freies Reichsdorf zur Führung des Reichsapfels als Wappen die Berechtigung habe[54]. Im Antwortschreiben vom 14.1.1914 stellte das Staatsarchiv fest, daß Soden »wie es scheint, auch früher schon . . . ein Wappen und zwar als Wappenschild darin den Reichsapfel führte, obwohl das Ortsgericht bis dahin ein eigenes Siegel mit einem Siegelbilde nicht hatte, das bei Stadtgemeinden in der Regel Wappenbild war«. Dies hing wohl mit der Tatsache zusammen, daß der Oberschultheiß und das Obergericht ehedem in Sulzbach etabliert waren.

Wie Soden und wann der Ort zu dem Wappen mit dem Reichsapfel kam, ist unbekannt. Auch von einer besonderen Verleihung ist weder in einer Urkunde noch in Akten noch in einer Denkschrift die Rede. In einem Schreiben von Bürgermeister Benninghoven vom 14.9.1934 an den Landrat des Main-Taunus-Kreises teilte dieser mit, daß eine eigene Genehmigung zur Führung des in dem Gemeindesiegel enthaltenen Wappens mit dem Reichsapfel nicht vorliegt, die Gemeinde nach dem Schreiben des Staatsarchivs in Wiesbaden vom 14.1.1914 aber zur Führung des Wappens berechtigt sein dürfte[55]. Auch in einem Schreiben vom 22.4.1937, das Dienstsiegel der Gemeinde Bad Soden betreffend (Verf. v. 14.4.1937 – A 731), vertrat der Bürgermeister diese Auffassung und berief sich dabei auf »Siebmachers Wappenbuch« I. 4 Abtg Band II S. 329 Tafel 316.

In einem Brief vom 2.6.1937 fragte die Gemeinde beim Landrat an, ob sie bis zur endgültigen Entscheidung berechtigt sei, das alte Dienstsiegel zu verwenden[56]. Der Landrat wandte sich seinerseits am 26.4.1937 um Entscheidung an den Regierungspräsidenten in Wiesbaden[57]. Dieser entschied am 11.6.1937, daß er die Gemeinde Soden für berechtigt erachte, das Wappen mit dem Reichsapfel »ohne besondere Neuverleihung weiter zu führen«[58] und gab Hinweise auf Form und Farbe des Wappens: ein roter, golden bereifter Reichsapfel, bekrönt mit einem goldenen Kleeblattkreuz auf blauem Grund. Um die Form des Schildes und die Farbwahl gab es damals unterschiedliche Vorstellungen bei den verschiedenen, dem Regierungspräsidenten eingesandten Entwürfen. Am 13.1.1938 billigte dieser das letzte eingesandte Muster[59].

Am 19. März 1940 stellte der Kreisleiter der NSDAP an das Landratsamt den Antrag, das Sodener Wappen zu ändern.

Daraufhin wandte sich der Landrat an das Staatsarchiv in Wiesbaden und ersuchte »gemäß Ziffer 2 der Ausführungsanweisung zu § 11 DGO vom 22. März 1935 in Verbindung mit Abschnitt II Ziffer 1 des Runderlasses vom 20. März 1937 – Va VI 7 73/37« um Stellungnahme[60]. Das Staatsarchiv in Wiesbaden lehnte in seiner Antwort vom 12.10.1940 eine Änderung ab.

Noch einmal wurde die Wappenfrage bei der Gebietsreform 1977 aufgeworfen. Sollte die neue Gesamtstadt Bad Soden mit Neuenhain und Altenhain das bisherige Sodener Wappen übernehmen oder ein neues Wappen gestaltet werden. Der Vorschlag, die Wappen der drei Orte in einem Wappen zu vereinigen, wurde verworfen. Der Hessische Minister des Innern Gries erteilte am 7. März 1977 der Stadt Bad Soden gemäß § 14 Abs. 1 der Hessischen Gemeindeordnung in der Fassung vom 1. Juli 1960 (GVBl. S. 103) in einer Urkunde die Genehmigung, das seitherige Sodener Wappen mit dem Reichsapfel als Wappen und Siegel der Gesamtstadt weiterzuführen (»In Blau einen roten, golden bereiften Reichsapfel, bekrönt mit einem goldenen Kleeblattkreuz«). In einem weiteren Schreiben des Ministers vom 22.2.1978 hieß es dann: »Die Weiterführung der Wappen der früheren Gemeinden Altenhain und Neuenhain ist nicht statthaft.«

Am 4. März 1954 beantragte der Magistrat der Stadt Bad Soden, nachdem die Stadtverordnetenversammlung in ihrer Sitzung vom 27.1.1954 ihre Zustimmung erteilt hatte, in einem Schreiben an den Landrat des Main-Taunus-Kreises gem. § 14 der Hessischen Gemeindeordnung vom 25.2.1952 »die Genehmigung zur Annahme einer Flagge für die Stadt Bad Soden am Taunus«. Ein Flaggenentwurf war beigefügt. Er zeigte die nassauischen Farben blau-gold in zwei senkrechten Streifen. In der Mitte des Flaggentuches war das Stadtwappen eingelassen[61]. Diesem Antrag angefügt war ein Gutachten des Staatsarchivs in Wiesbaden, in dem festgestellt wurde, daß der Führung einer Stadtflagge in der vorgeschlagenen Form nichts im Wege stehe und der Antrag daher vom Staatsarchiv unterstützt werde[62]. Der Hessische Minister des Innern stimmte dem Antrag des Magistrats, eine Flagge führen zu dürfen, mit Erlaß vom 26.4.1954[63] zu. Die in diesem Schreiben gegebene Flaggenbeschreibung lauetete: »Auf der Trennungslinie des zweifeldrigen blau-goldenen Flaggentuches das Stadtwappen, in Blau einen roten, golden bereiften Reichsapfel bekrönt mit einem goldenen Kleeblattkreuz«. Der Erlaß wurde im Staatsanzeiger Nr. 20 vom 15.5.1954 unter Nr. 129 und im Amtsblatt des Main-Taunus-Kreises Nr. 16 vom 15.6.1954 veröffentlicht.

Nach dem Zusammenschluß von Altenhain und Neuenhain mit Soden im Jahre 1977 stellte sich die Frage, ob die Flagge von Bad Soden in der ursprünglichen Form beibehalten werden sollte oder, wie die Stadtverordnetenversammlung vorschlug, »am oberen Rand des Flaggentuches in kleinerem Maßstab (gegenüber dem amtlichen Wappen in der Mitte) die Wappen der früher selbständigen Gemeinden Neuenhain (Drei Linden) und Altenhain (Dorfkapelle) zusätzlich aufgenommen werden«. Dem stimmte das Hessische Hauptstaatsarchiv in Wiesbaden jedoch nicht zu[64], schlug dagegen vor, »bei der Auswahl der Farben für das Flaggentuch die Wappenfarben der beiden ehemaligen Gemeinden zu berücksichtigen; . . . aus dem Altenhainer Wappen Silber und aus dem Neuenhainer Wappen Grün zu verwenden«. Wie die Aufteilung des Farbfeldes erfolgen sollte, wurde nicht angegeben.

Der Hessische Minister des Innern schloß sich zunächst dem Vorschlag des Hessischen Hauptstaatsarchivs an, betonte in seinem Schreiben vom 26.10.1978 an den Magistrat von Bad Soden[65], daß er Verständnis für das Anliegen der Stadtteile Altenhain und Neuenhain habe, die Symbole weiterzuführen. Es sei nichts dagegen einzuwenden, wenn dies durch Vereine, Fremdenverkehrseinrichtungen o. ä. geschehe. Im amtlichen Verkehr könnten diese »untergegangenen Wappen« nicht mehr erscheinen.

In einer Urkunde vom 18.8.1980 erteilte der Minister dann der Stadt Bad Soden die Genehmigung, die seitherige Stadtflagge weiterhin zu führen[66], das Wappen mit dem Reichsapfel auf blau-goldenem Flaggentuch. Die Genehmigung wurde im Staatsanzeiger für das Land Hessen Nr. 35 S. 1.538 unter der Nummer 956 veröffentlicht.

XIII. Eisenbahn – Post

1. Der Bau der Sodener Eisenbahn

Die Bad Sodener Eisenbahn gehört zu den drei Stichbahnen rund um Frankfurt, die vor 1860 gebaut worden waren; sie ist die älteste. Die Konzessionserteilung erfolgte am 26. Juli 1845 an die Sodener Aktiengesellschaft, die auch zugleich die Genehmigung zum Bau des Sodener Kurhauses erhielt[1]. Erteilt wurde die Konzession dem Frankfurter Bankhaus Gebrüder Bethmann. Ausschlaggebend für den Bau war die Erwartung, daß der Sodener Badebetrieb weiteren Aufschwung nehmen würde und damit für die Aktionäre ein gutes Geschäft mit dem neuen Verkehrsmittel zu erwarten war, außerdem ein schnelleres und bequemeres Reisen von der Stadt nach dem Badeort für die Frankfurter Bürger versprach, zumal die Sodener Bahn an die 1839/40 eröffnete Taunusbahn Frankfurt-Wiesbaden Anschluß hatte.

Für die Trasse mußte man zur Vermeidung größerer Steigungen den flachen Hang des Sulzbachtales ausnutzen. Für den Bau des Bahnkörpers wurden 77 Parzellen, insgesamt 10 Morgen 124 Ruthen 82 Schuh Land im Zehntablösungswert von 495 fl 36 xr an die Eisenbahn abgegeben[2], für den Bau von neuen Feldwegen neben der Bahnlinie weitere 73 Parzellen mit 1 Morgen 14 Ruthen 43 Schuh benötigt, Zehntablösungswert 50 fl 20 xr[3]. In der Gemarkung Soden verlor die Herzoglich Nassauische Domäne die Zehntberechtigung für 4 Morgen 55 Ruthen 42 Schuh, ein Verlust von 199 fl 55 xr nebst Zinsen von 5% ab 11.11.1845, die vom Amt in Höchst eingefordert wurden.

Über den Bahnbau berichtet der Jahresbericht der Sodener Aktiengesellschaft von 1847. In Höchst errichtete man eine Remise für die Lokomotiven, zwei Wärterwohnungen und ein Wasserhaus, in Soden ein Empfangsgebäude mit Kassiererwohnung, einen Güterschuppen, ein Magazin sowie ein Wasserhaus. Auch ein »Freiabtritt« fehlte nicht. Die Gesamtkosten[4] beliefen sich auf 651.420 Mark. 153.000 Mark waren für den Grunderwerb erforderlich gewesen, 66.912 Mark für Erdarbeiten und Durchlässe, 201.396 Mark für den Oberbau, wobei 85 mm hohe Schienen verlegt wurden, von denen 1 m das Gewicht von 22 kg hatte. Für Wegübergänge mit Schranken und Wächterhäuschen mußten 7.092 Mark aufgebracht werden. Die Bahnhofsbauten kosteten 32.474 Mark, Drehscheiben, Weichen und Einfriedungen 30.372 Mark, die beiden Lokomotiven 73.716 Mark, die Wagen 30.900 Mark. Gebaut worden waren die Lokomotiven von der Karlsruher Maschinenfabrik Emil Keßler 1846 mit den Nummern 53 und 54. Sie trugen den Namen »Soden« und »Nassau«. Jede hatte ein Leergewicht von 16,65 t, das Dienstgewicht betrug 18,90 t, der Zylinderdurchmesser 30,5 cm, der Durchmesser des Treibrades 1,425 m.

Der Betrieb der Bahn war ganz auf die Sodener Kur abgestellt. Am 22. Mai 1847 wurde er eröffnet. Der Zug fuhr nur in den Sommermonaten, vom 1. Mai bis zum 30. September. Seine Durchschnittsgeschwindigkeit betrug 30 Stundenkilometer. Der Fahrpreis von Frankfurt nach Soden in der III. Klasse kostete 36 xr, in der Diligence 48 xr, von Höchst nach Soden 24 xr. Täglich verkehrten 6 bis 8 Zugpaare, die etwa 250 Personen pro Tag beförderten.

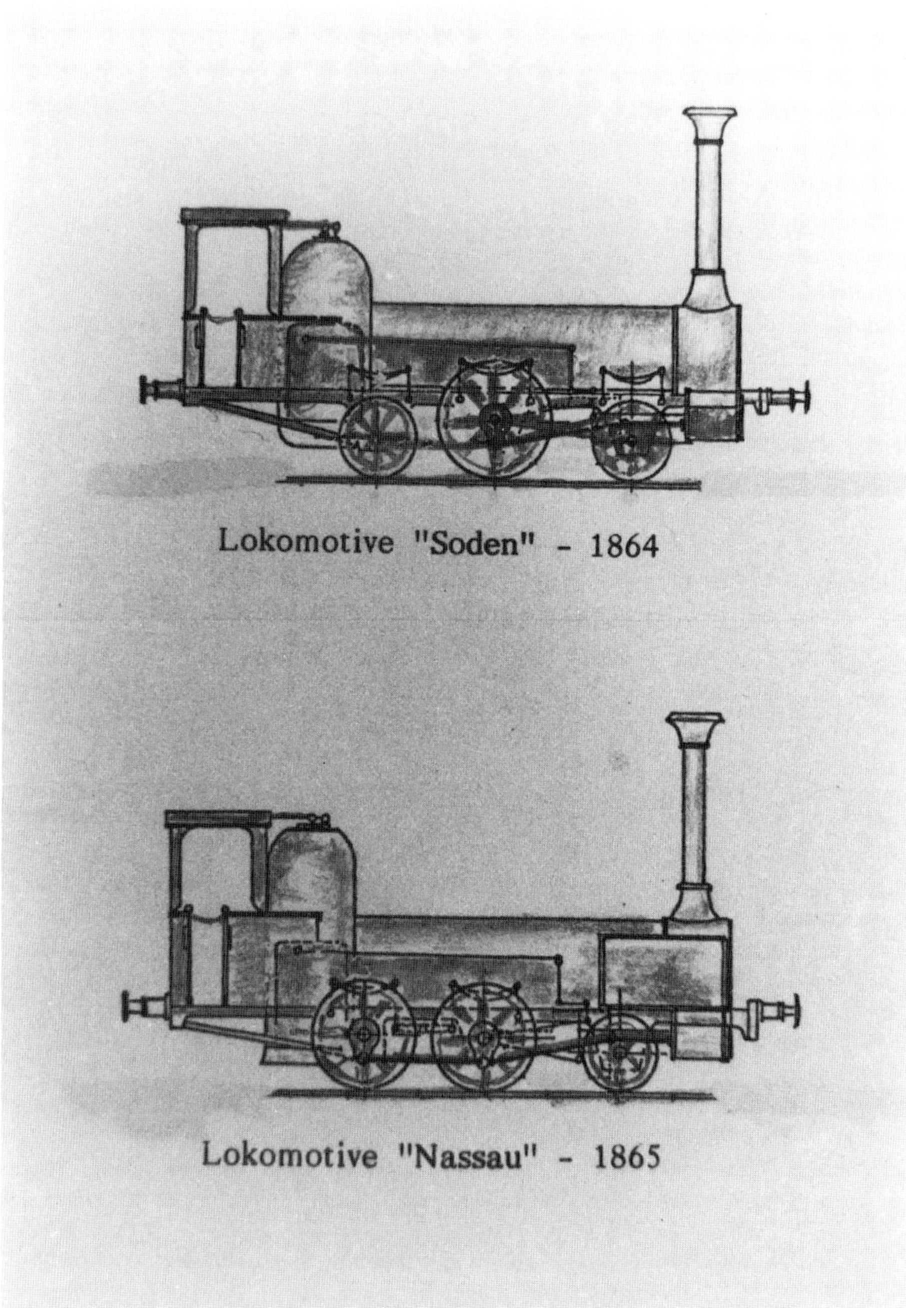

Zeichnungen der Seitenansichten der beiden Lokomotiven der Sodener Bahn nach deren Umbau 1864 und 1865

Soden**er** Eisenbahn.

1. Septbr

Vom ~~10. Juni~~ 1852 an finden bis auf Weiteres die Fahrten auf der Sodener Eisenbahn folgendermaßen statt:

Von Frankfurt nach Hochst u. Soden.	Von Hochst nach Soden.	Von Soden nach Hochst und Frankfurt resp Castel und Wiesbaden
Vormittags	Vormittags	Vormittags
6 Uhr 50 Min.	7 Uhr 15 Min nach Ankunft des um 6 Uhr Mrgs. von Wiesbaden abgehenden Zugs	8 Uhr direct nach Frankfurt [illegible] zu Hochst an den um [illegible] Uhr von Frankfurt nach Wiesbaden abgehenden [illegible]
	8 Uhr 50 Min. nach Ankunft des um 7 Uhr 35 M. von Wiesbaden abgehenden Zugs.	10 Uhr 45 Min. nach Hochst [illegible] an den um 11 Uhr von Frankfurt nach Wiesbaden abgehenden Zug
11 " 15 "	11 Uhr 40 Min. nach Ankunft des um 10 Uhr 35 M. von Wiesbaden abgehenden Zugs.	12 Uhr direct nach Frankfurt
Nachmittags	Nachmittags	Nachmittags
2 Uhr 40 Min.	2 Uhr 55 Min.	3 Uhr 10 Min nach Hochst
	3 Uhr 25 Min. nach Ankunft des um 2 Uhr von Wiesbaden abgehenden Zugs 5. 30.	4 Uhr direct nach Frankfurt 6 [illegible]
6 " 25 "	6 Uhr 45 Min. nach Ankunft des um 5 Uhr 35 M von Wiesbaden abgehenden Zugs.	7 Uhr 30 Min. direct nach Frankfurt
	~~5 Uhr.~~	~~6 Uhr [illegible] Min. nach Hochst [illegible] an den um [illegible] Uhr [illegible] von Frankfurt nach Wiesbaden abgehenden Zug~~
~~8 " 40 "~~	~~8 Uhr 55 Min.~~	~~9 Uhr 15 Min. direct nach Frankfurt~~

~~[illegible]~~

Soden, im ~~Juni~~ 1852
Aug.

Der Vorstand der Sodener Actien-Gesellschaft

Fahrplan der Sodener Eisenbahn vom August 1852

Diese Frequentierung war auf die Dauer zu gering, um den Betrieb rentabel aufrechterhalten zu können. So wurden 1860 auf Drängen der Aktionäre die Fahrten eingestellt, zumal damals größere Reparaturen und Gleisarbeiten anstanden. Die nassauische Regierung wurde gebeten, die Bahn zu subventionieren oder der Gesellschaft eine Konzession zur Einrichtung eines Spielkasinos mit Hasardspiel in Soden zu gewähren, weil man so hoffte, mehr Fahrgäste anzuziehen. Die Regierung lehnte ab und drohte, das Vermögen der Gesellschaft einzuziehen und zu verkaufen. Vier Jahre dauerte der Streit. Enteignen konnte die Regierung die Aktiengesellschaft nicht, sonst hätte sie die Bahn in eigener Regie übernehmen müssen. Die Konzession verbot den Verkauf zugunsten eines Dritten. Im März 1862 verlangte die Aktiengesellschaft eine Aversionalsumme von 10.000 Gulden und eine 3%ige Zinsengarantie, eine Verlängerung der Steuerfreiheit und des Wasserdebits auf weitere zwanzig Jahre und die Nutznießung des Solsprudels. Regierung und Gemeinde Soden lehnten dies ab. 1863 übernahm die Regierung eine 4%ige Zinsengarantie im Maximalbetrag von 1.750 fl, woran sich die Sodener Gemeinde mit einem Drittel beteiligen mußte. Nach dieser Abmachung kam es am 2.3.1863 zum Kaufabschluß mit

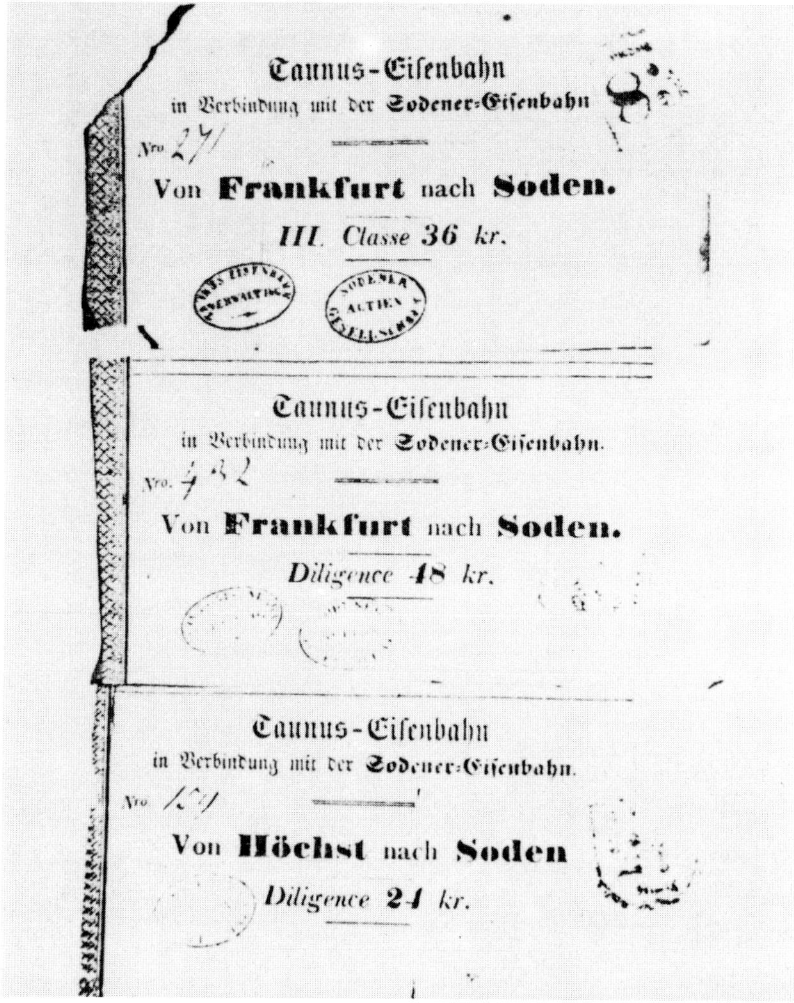

Fahrkarten der Taunus-Eisenbahn für die Fahrt von Frankfurt nach Soden, III. Klasse und Diligence

der Taunusbahn, wonach diese für 100.000 fl die Bahn nebst Inventar übernahm. Die Instandsetzung der Bahn kostete nochmals 150.000 Mark[5].

Am 30.8.1863 wurde der Betrieb der Bahn wieder aufgenommen. In diesem Jahr fuhr sie bis zum 25. Oktober[6]. Am 1.1.1872 wurde die Taunusbahn und somit auch die Sodener Bahn an die Hessische Ludwigs-Eisenbahn verkauft, von dieser am 3.5.1872 dann an den preußischen Fiskus. Am 4. Oktober 1872 genehmigte das Ministerium auf Antrag des Sodener Gemeinderates den »versuchsweisen« Betrieb »mit beschränktem Dienst« auch während des Winters. Vier Zugpaare fuhren täglich.

Erste Probefahrt der Taunus-Eisenbahn am 23. Juni 1839

Bahnhof Soden nach 1865 – Zug mit der Lokomotive Nr. 18 »Nassau«

Bahnhof Soden im Jahre 1905

Bahnhof Soden um 1930

Nach der Verstaatlichung der Sodener Bahnlinie wurden die beiden Lokomotiven umgebaut und erhielten neue Nummern, die »Soden« 1864 die Nummer 17 (ab 1866 Nr. 19), die »Nassau« 1865 die Nummer 18. Die »Soden« wurde zu einer 1A1-Tenderlok durch Anbau von Vorratsräumen, Bremsen und Pufferbohlen. Die »Nassau« veränderte man 1865, ein Jahr später als die »Soden«, zu einer 1B-Tenderlok.

1879 wurde in Sulzbach eine Station errichtet. Das dafür erforderliche Land stellte die Gemeinde Sulzbach zur Verfügung, außerdem 14.000 Mark. Seit 1881 ist die Sodener Bahn eine Sekundärbahn. Mit dem Neubau der Limesbahn ab 1972 und dem Weiterbau der Kronberger Strecke über Niederhöchstadt und Schwalbach nach Bad Soden wurde die Gefahr der Stillegung der Strecke abgewendet, die man nach dem Zweiten Weltkrieg lange Zeit befürchten mußte, da man die Gleisanlagen in Soden und Sulzbach eingeschränkt hatte. Durch die Elektrifizierung der gesamten Strecke wurde die Fahrzeit der Züge verkürzt.

Im Heimatmuseum Bad Soden befindet sich eine Fotografie, die in der Literatur der Vergangenheit immer mit dem Titel versehen worden war: Ankuft Richard Wagners in Bad Soden am 12.8.1860 nach 11jähriger Verbannung. Nun ist aber auf dem Schornstein der Lokomotive deutlich die Nummer »18« zu erkennen. Diese Nummer hat die »Nassau« aber erst 1865 erhalten. Somit kann die Aufnahme erst ab 1865 entstanden sein.

2. Aus der Sodener Postgeschichte

Die erste Nachricht über das Bestehen einer Postverbindung Sodens mit Höchst haben wir von dem im Jahre 1830 in Soden zur Kur weilenden Ludwig Börne. Ungeduldig, so schrieb er in sein Tagebuch, erwarte er das Eintreffen des Postboten, dem er oft ein gutes Stück des Weges gegen Höchst entgegenging, um schnellstmöglich die neuesten Nachrichten über die Pariser Unruhen zu erfahren[7].

Schon 1616 führte der Kaiserliche Hofpostkurs von Frankfurt nach Königstein. Ob er dabei Soden passierte, ist fraglich, da die Straßenverbindung wohl an Soden vorbeiführte[8]. Auch die Karte mit den Postkursen von 1793[9] zeigt, daß die Route von Frankfurt über Königstein, Würges, Limburg Richtung Koblenz und Köln führte. Auf der Karte der von Thurn und Taxis zwischen 1860 und 1867 benutzten Eisenbahnlinien[10] ist auch die Strecke Höchst-Soden genannt und eingezeichnet. Felix Mendelssohn-Bartholdy schrieb am 17.7.1844 an Carl Klingemann in London: »Der Omnibus nach Königstein fährt zweimal des Tages vorbei.« Er meinte damit die Diligence, den Eilwagen zwischen Franfkurt und Köln. Im Amtsblatt des Herzoglich Nassauischen Oberpostamtes für die Ämter Königstein und Höchst vom 25. Mai 1858 heißt es: »Mit der Kölner Dilligence finden außer größeren Fahrpostsendungen auch Personenbeförderung statt« (Farbtafel XIII). In der Zeitschrift Didaskalia Nr. 39 vom Donnerstag, den 8.12.1844, hieß es, daß die »Poststraße nach Königstein, Limburg u.s.w., jetzt gegen alles Erwarten ziemlich belebt ist«.

Wie man sich in einem normalen Postwagen, eben dem Sodener, fühlte, beschrieb Friedrich Stoltze in der »Frankfurter Latern« vom 26.8.1861: »Die Sodener Postwagen haben keine Laterne, und man hat uns deshalb aufgefordert, sie wenigsten in die Laterne zu setzen. Klein genug sind sie allerdings dazu. Wer sich einen Begriff von demjenigen Wohlbehagen machen will, das bei dreißig Grad Hitze sechs Personen in einer halbwächsigen sächsischen Kattunkiste überfällt, der nehme einmal Platz im Coupé einer Sodener Postkutsche. Eine schrecklichere, roth angestrichene Fürstlich Thurn- und Taxis'sche Maikäferschachtel mit vier Rädern ist gar nicht zu ersinnen. Eine löbl. Postdirection scheint vermuthlich nur lauter Sodener Badegäste im Aug' gehabt zu haben, die allerdings und im Allgemeinen an übertriebener Fallstaffigkeit nicht leiden. Vielleicht schwebten ihr auch dickere Personen vor, z.B. wie kürzlich jener geistliche Herr, dem der Vollmond nicht allein ins Gesicht, sondern auch in den Leib geschlagen war, und dazu noch seine Köchin vor sich auf dem Schoß hatte und bei er Ankuft in Höchst bedauernd ausrief: ›Ach, da sind wir ja schon!‹«

Die nassauische Post war seit 1806/1807 vom Herzog dem Fürsten von Thurn und Taxis als Lehen übertragen woden[11] (Farbtafel XIV/Farbtafel XV). In einem Schreiben an den »Durchlauchtigsten Fürst« von Thurn und Taxis aus Frankfurt vom 17. April 1842 (Nr. 10.843) heißt es: »In dem Herzoglich Nassauischen Kurorte Soden erheischte das örtliche Bedürfnis während der Badesaison schon seit dem Jahre 1836 die Einrichtung einer Postcollection jährlich auf die Dauer von drei bis vier Monaten. Doch beschränkte sich der Geschäftskreis derselben nur auf die Besorgung von Briefen und kleinen Päckereien, größere dagegen und der Transport von Personen waren bisher gänzlich ausgeschlossen. Bei dem von Jahr zu Jahr sich steigernden Besuche dieser Heilquellen wird eine solche Einrichtung nicht mehr ausreichen; das h. Oberpostamt dahier hat deshalb in den ehrerbietigst beigeschlossenen Berichte zur Abhilfe dieses Mangels für die nächste Saison die Errichtung einer ständigen Postexpedition zu Soden mit der Ausdehnung auf Güter und Personentransport beantragt, zugleich auch die Überzeugung ausgesprochen, daß die sich ergebende Einnahme an Porto und Franko für Briefe und Päckereien bei weitem ausreichen würde, dem ständig anzustellenden Expeditor ein seinem Geschäftsumfange entsprechendes Diensteinkommen zu gewähren . . .«

Gleichzeitig stand die Einrichtung eines ständigen Personen- und Güterverkehrs zwischen Königstein und Höchst durch den Königsteiner Posthalter Colloseus auf eigene Rechnung bevor. Bis dahin hatte man mit Mietkutschen reisen müssen. Das »Generale« an sämtliche Postanstalten über die Einrichtung einer Poststation in dem Kurort Soden datiert vom 20.6.1842. Mit dem 1. Juli 1842 gab es in Soden eine Brief- und Fahrpostexpedition[12].

Mit Rescript (ad Nr. 5033/4355) vom 22.4.1842, »resp. durch das höchste Decret vom 31. August 1842« wurde Wilhelm Himmelreich zum Postexpeditor ernannt[13]. Der Text des Bestallungsbriefes lautet: »Wir Max . . . Erblandpostmeister im Herzogthum Nassau bekunden und bekennen hiermit, daß wir in der Eigenschaft als Erblandpostmeister im Herzogthum Nassau in Gemäßheit des, des Herrn Herzogs zu Nassau Durchlaucht von mir gethanen Vorschlags und darauf von höchstdenselben erfolgten Genehmigung des seitherigen Postcollectors Wilhelm Himmelreich zu Soden zum Postexpeditor daselbst hiermit ernennen. Wir bestellen daher denselben hiermit und in Kraft dieses zum Postexpeditor in Soden mit der Obliegenheit diesen ihm anvertrauten Postdienst nach Maßgabe der jetzt und künftigen Herzogl. Nassauischen Postordnung und der von uns ihm zugehenden besonderen Instruktion getreulich zu verwalten, und man sichere ihm dagegen ein diesem Dienste angemessenes Einkommen, so lang er solchen versehen wird. Und zwar ist solches provisorisch, mit Vorbehalt namentlich des Einzugs der Emolumente (Nebeneinkünfte) und sonstigen Gehalts-Regulierung dermalen festgesetzt auf

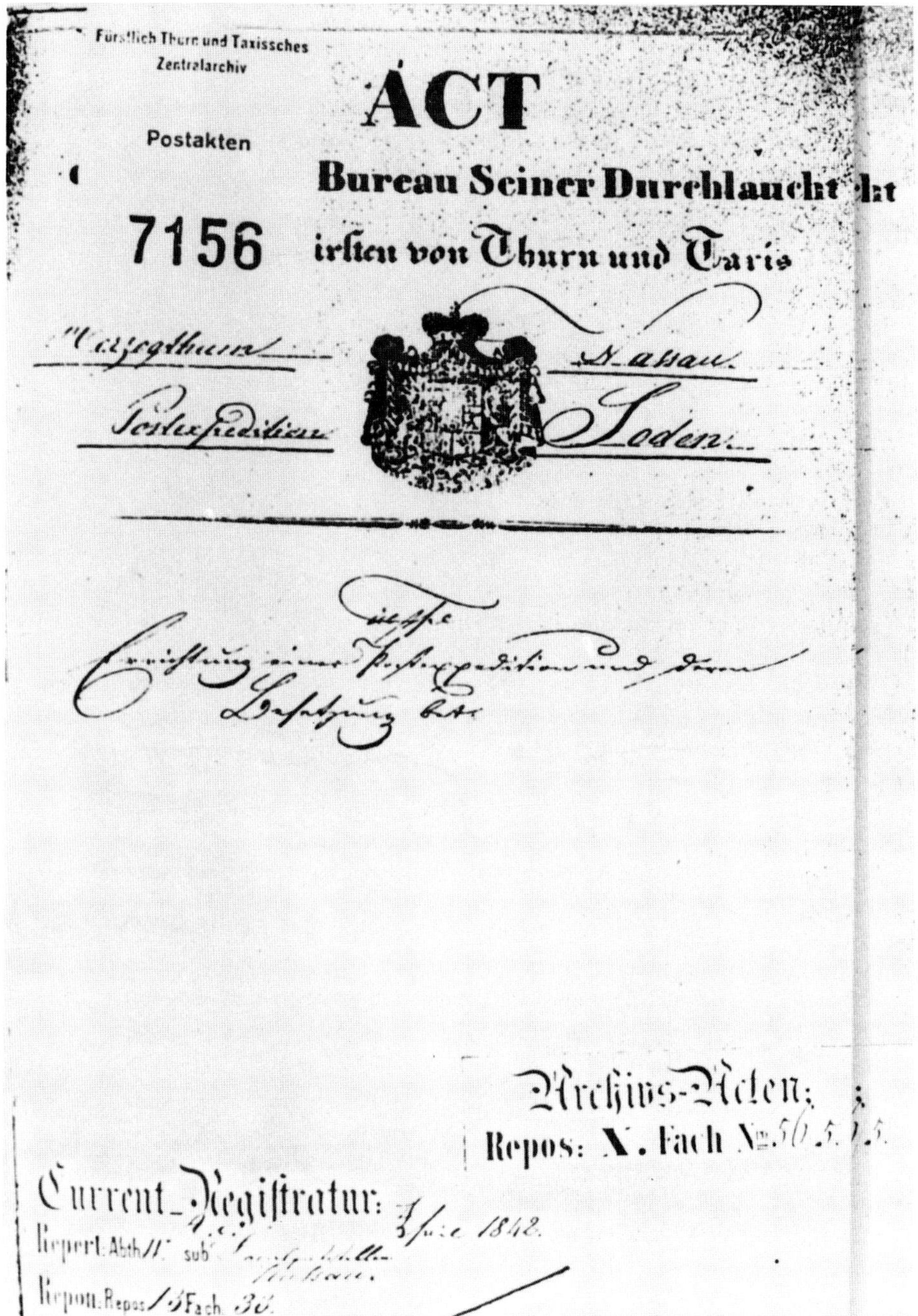

Fürstlich Thurn und Taxisches Zentralarchiv

Postakten

7156

ACT

Bureau Seiner Durchlaucht

[F]ürsten von Thurn und Taxis

Herzogthum Nassau

Postexpedition Soden

Errichtung einer Postexpedition und deren Besetzung betr.

Archivs-Acten:
Repos: X. Fach №56.5.

Current-Registratur: 1842.
Repert. Abth. II. sub
Repon. Repos. 13 Fach 38.

Titelblatt der Akte über die Errichtung einer Postexpedition in Soden und deren Besetzung im Jahre 1842

1) ein Fixum von 50 Gulden jährlich,

2) Fünf Procent Tantieme von dem Brief- und Päckereyporto und Franco, ausschlüßlig der Personengelder und des Überfrachtportos,

3) Den Bezug der Paket- und Brief- Belieferungs-, der Procura-, Accontierungs-, Zeitungs- und Stafetten- (?) Bestall-Gebühren, und

4) eine Amtskostenvergütung von Dreißig Gulden für Stallung, Heitzung und Beleuchtung des Amtslocals und sämtliche Bureaukosten sowie für Übernahme aller Briefe und Paket-Bestellungen und sonstige Ausgaben.

In Rechnung (?) deßen ist gegenwärtiger Bestallungsbrief . . . So geschehen Regensburg, den 31. August 1842 . . . E. G. Hänsel«.

Für das Anstellungsdekret war eine Kanzleitaxe von 7 Gulden zu erheben. Für das Jahr 1842/1843 beliefen sich die Bezüge von Postexpeditor Himmelreich auf 171 fl 13 xr, die sich wie folgt zusammensetzten:

1.	fixe Besoldung	50 fl
2.	Tantiemen	12 fl 47 xr
3.	Zeitungs-Expeditionsgebühren	8 fl 14 xr
4.	Briefbestellgebühren	45 fl 38 xr
5.	Paketbestellgebühren	16 fl 26 xr
6.	Postscheingebühren	2 fl 48 xr
7.	Postagier Einschreibgebühren	5 fl 20 xr
8.	Amtskosten Aversum	30 fl
	Summe	171 fl 13 xr

Die Einnahmen des Büros beliefen sich auf 315 fl, die sich wie folgt zusammensetzten:

Briefporto und Franco	225 fl 1 xr
Päckereiporto und Franco	31 fl 20 xr
Personen-Geld	58 fl 39 xr

Am 15. September 1843 genehmigte der Erblandpostmeister im Herzogtum Nassau[14] eine Erhöhung des Gehalts des Postexpeditors Himmelreich, und zwar des Fixums von 50 fl auf 100 fl und der Amtskostenvergütung von 30 fl auf 50 fl. In ihrem Bericht an den Thurn-und-Taxis'schen Fürsten vom 22.8.1846 befürwortet die General-Post-Direktion den Antrag Himmelreichs vom 1. August 1846 um Gehaltsaufbesserung[15]. Begründet wurde dies mit der ständig steigenden Frequentierung des Bades, zumal auch die Herzogin Pauline sich dieses zu ihrer »künftigen zeitweisen Residenz gewählt hat und wahrscheinlich im nächsten Jahre oder noch früher sich daselbst aufhalten wird«. Die Direktion schlug folgende Gehaltsregelung für Postexpeditor Himmelreich vor:

1.	Fixum jährlich	200 fl
2.	5% vom Brief- und Päckereiporto und Franco (excl. Personengelder) etc.	ca. 17 fl 17 xr
3.	Die gesetzlichen Emolumente	ca. 132 fl 55 xr
4.	Amtskosten Aversum	110 fl
zusammen		460 fl 12 xr;
abzüglich der anfallenden Amtskosten von		210 fl
verbleiben dem Expeditor Himmelreich		250 fl 12 xr.

1861 beantragte Postexpeditor Himmelreich eine »Gratification« bei der General-Post-Direktion in Frankfurt wegen der im letzten Sommer (1860) zwischen Höchst und

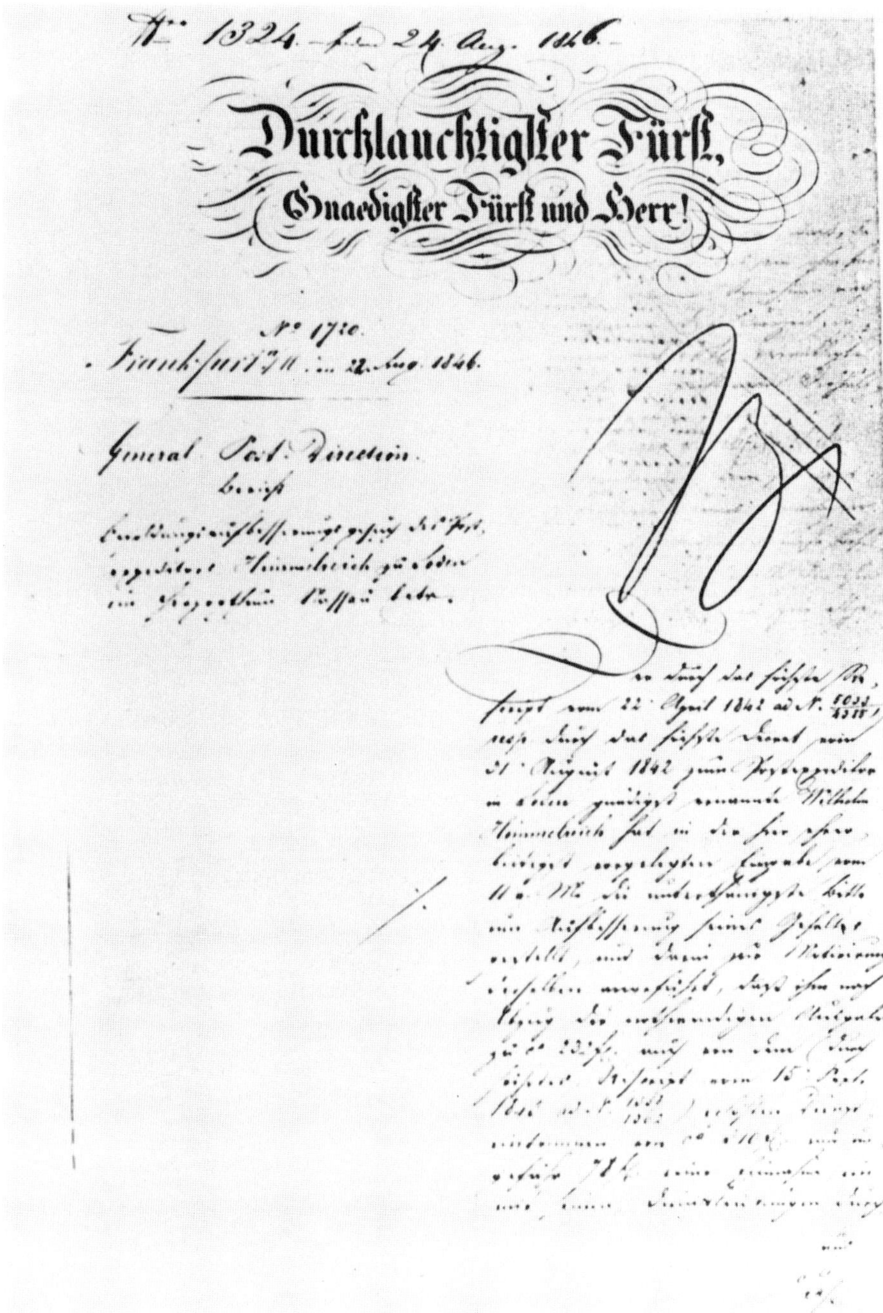

No 1324. ... 24. Aug. 1846.

Durchlauchtigster Fürst,

Gnaedigster Fürst und Herr!

No 1720.

Frankfurt a/M ... 22. Aug. 1846.

General Post Direction

Titelblatt eines Berichtes der General-Post-Direction in Frankfurt a.M. vom 22. August 1846 wegen eines Besoldungsaufbesserungsgesuches des Postexpeditors Himmelreich von Soden

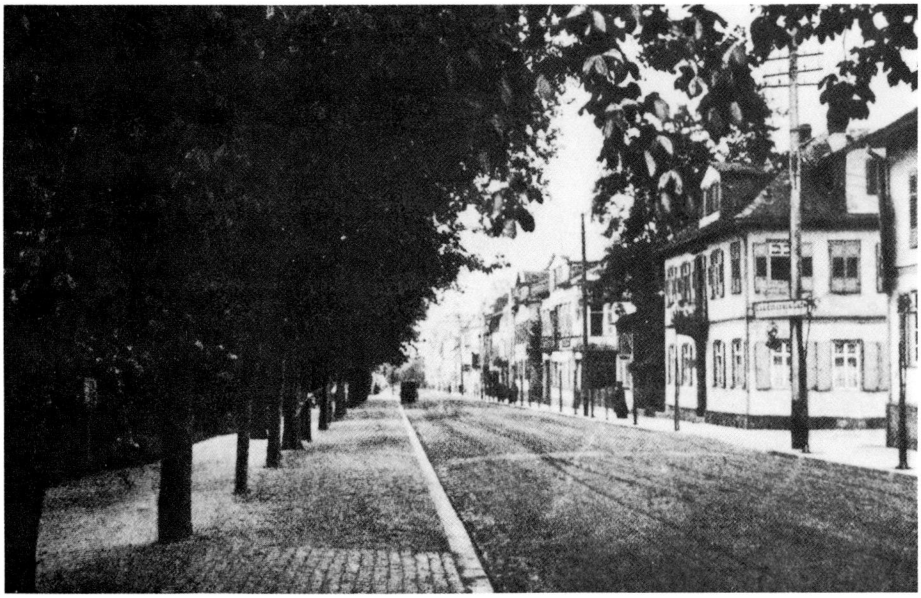

Erstes Sodener Posthaus an der Königsteiner Straße (rechts im Bild)

Soden abgehaltenen Lokalfahrten und der ihm dadurch entstandenen zusätzlichen »Mühewaltung«. Himmelreich hatte darauf verwiesen, daß der Postexpeditor Schmidtgen zu Höchst eine Remuneration (Vergütung) von 150 fl aus dem gleichen Grund erhalten habe. Am 5.2.1861 wurde ihm die Vergütung wohl bewilligt. 1862 befürwortete die Fürstliche General-Post-Direktion wegen der »besonders starken Personen-Frequenz bei den Fahrten« von Höchst nach Soden eine Gratifikation von 100 fl. Himmelreich erhielt aber nur 75 fl zugesprochen, da ein Aushilfsbeamter bei den Fahrten mit tätig gewesen sei[16].

Die Postexpedition befand sich im Hause des Wilhelm Himmelreich Ecke Königsteiner Straße/Hauptstraße (heute Zum Quellenpark – Taunus-Sparkasse), Königsteiner Straße 77 (früher Nr. 43). Himmelreich hatte dieses Haus 1830 als zweites Haus an dieser Straße erbauen lassen. Das Haus wurde am 2. Februar 1945 bei einem Fliegerangriff zerstört.

Telegrafenbetriebsstelle wurde die Postexpedition am 15. Juli 1867. Seit dem 12. November 1900 gab es eine Fernsprechvermittlungsstelle sowie eine öffentliche Sprechstelle (Farbtafel XVI).

Am 1. Mai 1897 zog die Poststelle in das Gebäude Kronberger Straße 6 um. Am 1. Mai 1927 erwarb die Post das Gebäude. Nach dem Zweiten Weltkrieg mietete sie am 18.10.1971 in einem Neubau auf dem Gelände des ehemaligen Deutschen Hofes Ecke Königsteiner Straße/Mühlweg Räume für ein neues Postamt an.

Bis zum 31. März des Jahres 1902 gab es eine von Soden ausgehende Landpostfahrt, die den Verkehr mit Niederhofheim, Kelkheim-Münster, Kelkheim und Kelkheim-Hornau

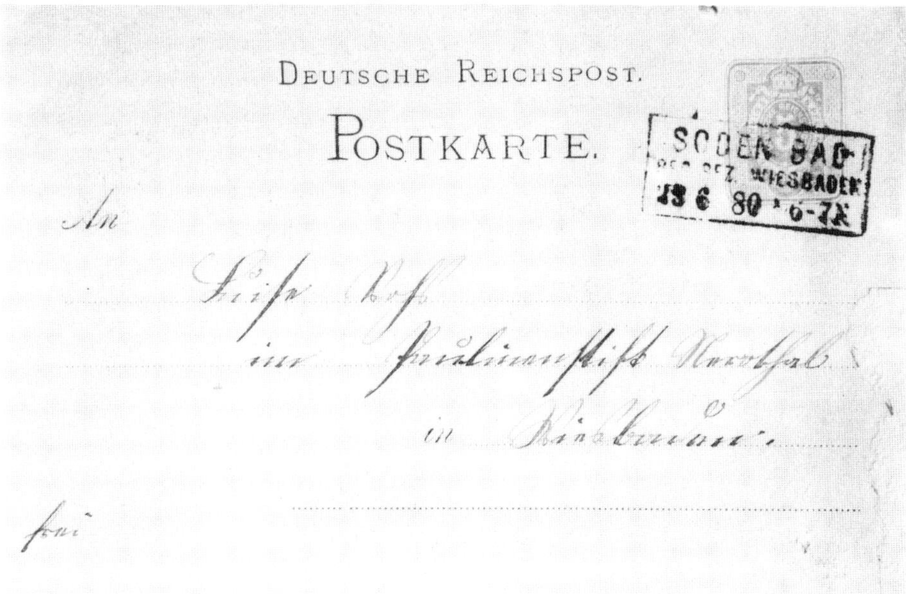

Postkarte der Deutschen Reichspost,
Poststempel: Soden Bad – Reg. Bez. Wiesbaden – 23.6. (18)80 6–7h

besorgte. Sie wurde eingestellt, als die Kleinbahn Höchst-Königstein am 1. April 1902 ihren Betrieb aufnahm. Zum Landzustellbereich Soden gehörten auch Altenhain und Neuenhain. In Neunhain wurde am 10. Mai 1886 eine Postagentur eingerichtet. Zu Soden gehörten auch die Postagenturen Münster (vom 1.4.1888 bis 31.3.1902), Kelkheim (vom 1.4.1900 bis 31.3.1902) und Sulzbach (vom 1.3.1913 bis 31.3.1927).

Während der Besatzungszeit nach dem Ersten Weltkrieg war der Briefverkehr nur innerhalb der besetzten Zonen zugelassen und wurde überwacht. Nachdem anfänglich alle Fernsprechverbindungen unterbrochen worden waren, wurde lebenswichtigen Betrieben die Benutzung des Fernsprechers mit besonderer Genehmigung erlaubt. Da die Oberpostdirektion Frankfurt nicht im besetzten Gebiet lag, war in Wiesbaden eine Vertretungsstelle eingerichtet worden. In der Zeit des passiven Widerstandes vom 13. Januar 1923 bis zum 26. September 1923, als der gesamte Postverkehr zum Erliegen kam, wurden der Postassistent Reimund Macher mit seiner Familie und dann auch sein Vertreter, Postassistent Fröhlich, aus der besetzten Zone ausgewiesen.

Amtsleiter der Bad Sodener Post waren:

1842–1867	Wilhelm Himmelreich
1867–1882	Postmeister Alexander Himmelreich
1882–1906	Postmeister Friedrich Lebrecht Henneberger
1906–1921	Oberpostmeister Karl Spieß

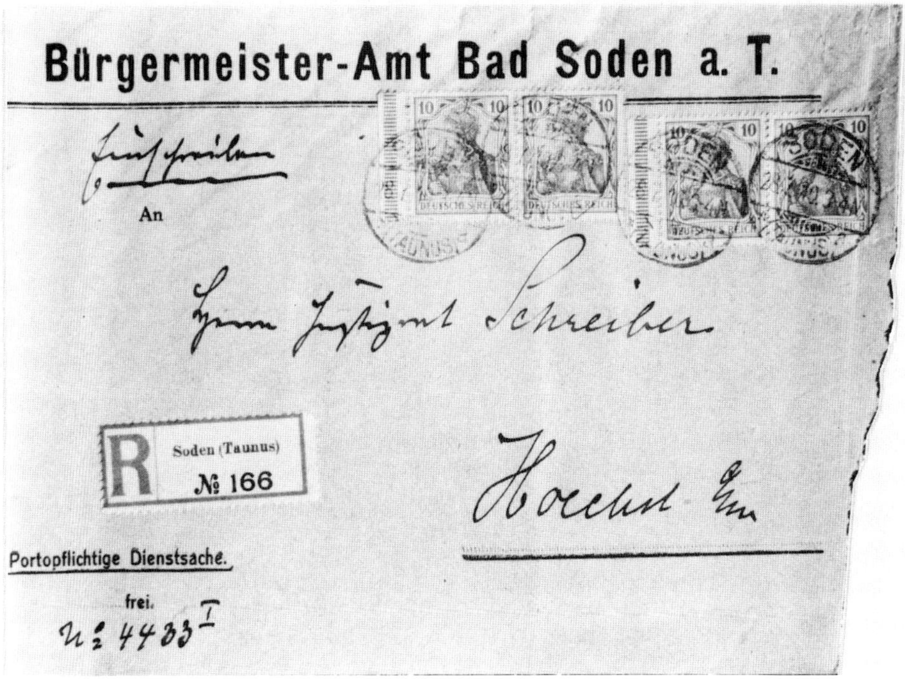

Einschreibebrief aus dem Jahre 1910, Absender: Bürgermeister-Amt Bad Soden a. T.

1921–1933 Oberpostmeister Heinrich Linker
1933–1939 Oberpostmeister Hermann Müller
1939–1945 Postmeister Philipp Valentin
1945–1949 Postassistent Jean Meyer (bis zum 1.2.1949)
1949 Oberpostsekretär Hellerbach (Vertreter bis zum 1.8.1949)
1949–1955 Oberpostverwalter Konrad Dinges

Nach der Angliederung des Bad Sodener Postamtes als Zweigpostamt an den Postamtsbereich Höchst:

1955–1958 Anton Schrodt
1958–1959 Paul Schmidt
1959–1965 Otto Stock
1965–1968 Joachim Guder
1968–1984 Walter Pietsch
1985–1991 Otto Zinkhan
seit 1991 Postamtmann Wolfgang Lehr[17].

XIV. Die Flurnamen der Sodener Gemarkung

Vorbemerkung:

Der älteste erhaltene Grenzstein vom Sodener Gebiet ist ein sogenannter Dreimärker, der sich heute am Heimatmuseum Bad Soden befindet. Er stammt aus dem Jahre 1725. Er stand ehedem an der Straße von Neuenhain nach Schwalbach, da wo die Straße nach Kronthal abzweigt. Die erste Frontseite zeigt links oben einen Sporn, darunter die Buchstaben SB für Sulzbach; auf der rechten Seite den Reichsapfel, darunter die Buchstaben SD für Soden, darunter die Buchstaben NI. Ihre Bedeutung ist unklar. Auf der Seite gegen Neuenhain hin zeigt der Stein eine dreiteilige Rute, darunter die Buchstaben NH für Neuenhain. Die Schwalbacher Seite ist mit einem Schwalbenschwanz in einem Kreis gekennzeichnet, flankiert von den Buchstaben SB, darunter die Buchstaben SCHW für Schwalbach. Auf dieser Seite befindet sich auch die Jahreszahl 1725.

Der Dreimärker zwischen Soden, Altenhain und Neuenhain befand sich ehemals am Fahrweg im Altenhainer Tal. Er trug die Jahreszahl 1813. Die Sodener Seite zeigte neben dem Reichsapfel die Buchstaben S und D für Soden sowie darunter die Jahreszahl 1813. Auf der Altenhainer Seite waren die Buchstaben A und H, auf der Neuenhainer Seite die Buchstaben N und H eingeschlagen.

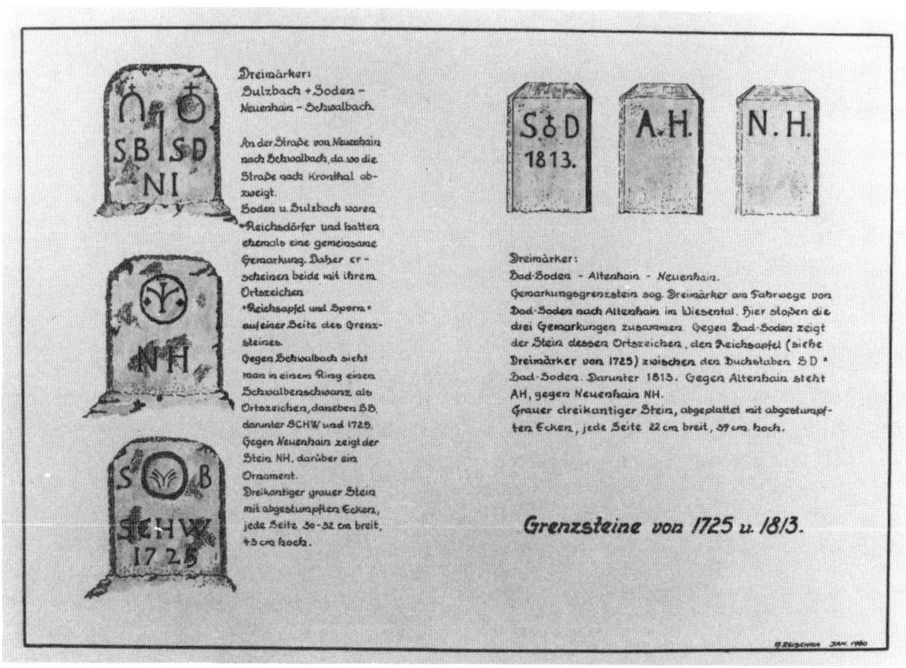

Die Grenzsteine von 1725 und 1813 (Zeichnung Zeischka 1960)

*Links: Dreimärker Grenzstein von 1725 –
1. Schauseite: Sporn und Reichsapfel,
darunter: SB = Sulzbach und SD = Soden,
darunter: NI = Niederhofheim*

*Rechts: Dreimärker Grenzstein von 1725 –
2. Schauseite: In einem Ring
ein lebensbaumähnliches Ornament,
darunter: NH = Neuenhain*

*Unten: Dreimärker Grenzstein von 1725 –
3. Schauseite: In einem Ring
ein stilisierter Schwalbenschwanz,
daneben links und rechts S und B =
Schwalbach, darunter die Jahreszahl 1725*

1. Das Grenzprotokoll von 1864 und die Anlagen zu den Verlosungsprotokollen von 1871/72 und 1873

In der Zeit der Dorfgründung war das Land der Gemarkung gemeinsamer Besitz. Durch das Los wurden den einzelnen Bauern Wiesen, Weiden und Äcker zugeteilt. Von Zeit zu Zeit wurde die Verlosung wiederholt, um einen Wechsel im Besitz der Lose zu gewährleisten.

Für gewöhnlich betrieb man damals die Dreifelderwirtschaft, wobei Sommerfrucht- und Winterfruchtanbau sowie beweidetes Brachland wechselten. Das Brachland diente als Weide. Es bestand für jeden Flurzwang. So mußte jeder den Anbauwechsel mitvollziehen, die Termine der Fluröffnung, Bestellung, Ernte und Flurschließung beachten. Wo aber, wie in Soden, unterschiedliche Herrschaftsverhältnisse gegeben waren, wird man sehr bald von einer zwingenden Dreifelderwirtschaft abgekommen sein, zumal die Bodenverhältnisse Acker- und Weideland in bestimmten Gemarkungsgebieten, vor allem im Innerortsbereich, vorschrieben.

Auch ließ der Weinbau keine regelmäßigen Besitzerwechsel durch Verlosung zu. So waren bestimmte Distrikte nur als Weideland zu nutzen, andere dienten dem Feldfruchtanbau. So sind die Flurnamen Krautweide, Sauheck oder Ochsenwiese zu erklären. Nach der Bildung der preußischen Provinz Hessen-Nassau im Jahre 1868 wurde 1869 mit der Konsolidation begonnen, d.h. beschränkte dingliche Rechte an Grundstücken wurden mit dem Grundstückseigentum vereinigt.

Die Verlosungsprotokolle, vor allem die dort beigefügten Pläne aus den Jahren 1871 bis 1873 geben Aufschluß über die seitdem gebräuchlichen Flurnamen. Doch eine ganze Reihe Flurbezeichnungen stammen aus der Zeit vor der Konsolidation und sind in den neuen Plänen nicht mehr verzeichnet. Andere sind in ihrer Lage in den Plänen »verrückt« eingeschrieben. Sogar Ausdrucksverschiebungen und Verballhornungen aufgrund der mündlichen Überlieferung der Namen und durch Hör- oder Schreibfehler bei der Aufnahme 1869 lassen sich feststellen. Darauf wird bei den einzelnen Namen noch zurückzukommen sein. Flurnamen waren in der Vergangenheit die Wegweiser für die Bewohner des Ortes, vor allem die Bauern. Sie dienten außer der Wegfindung auch dem Besitznachweis und sind so in die Stockbücher eingetragen worden. Sie kennzeichnen das Gelände und dessen Nutzung, halfen so, Beziehungen zur Umwelt zu schaffen, auch zur Vergangenheit. Viele Flurnamen überliefern Sitten und Gebräuche, knüpfen an religiöse wie rechtliche Vorgänge an.

Eine zusammenhängende Erfassung aller Flurbezeichnungen Sodens im vergangenen Jahrhundert bieten erstmals, soweit bekannt und verfügbar, zum einen das »Grenzprotokoll von den Waldungen der Gemeinde Soden – Forstverwaltungsbezirk Hofheim, Forstinspectionsbereich Wiesbaden 1864«, zum anderen die Zeichnungen der »Felder der Gemarkung Soden als Anlagen zu den Verlosungsprotokollen« bei der Konsolidation (Konsolidationsinstruktion für das Herzogtum Nassau vom 2. Januar 1830) aus den Jahren 1871, 1872 und 1873. Aus diesem Protokoll und den Karten sind die folgenden Flurnamen entnommen.

Bei dem Grenzprotokoll der Waldungen der Gemeinde Soden handelt es sich um diejenigen Waldungen, die innerhalb des Ortsbereichs lagen. Danach umfaßten diese 237 Morgen 94 Ruten und bestanden aus 3 Bezirken, die in 4 Distrikte geteilt waren. Der größere

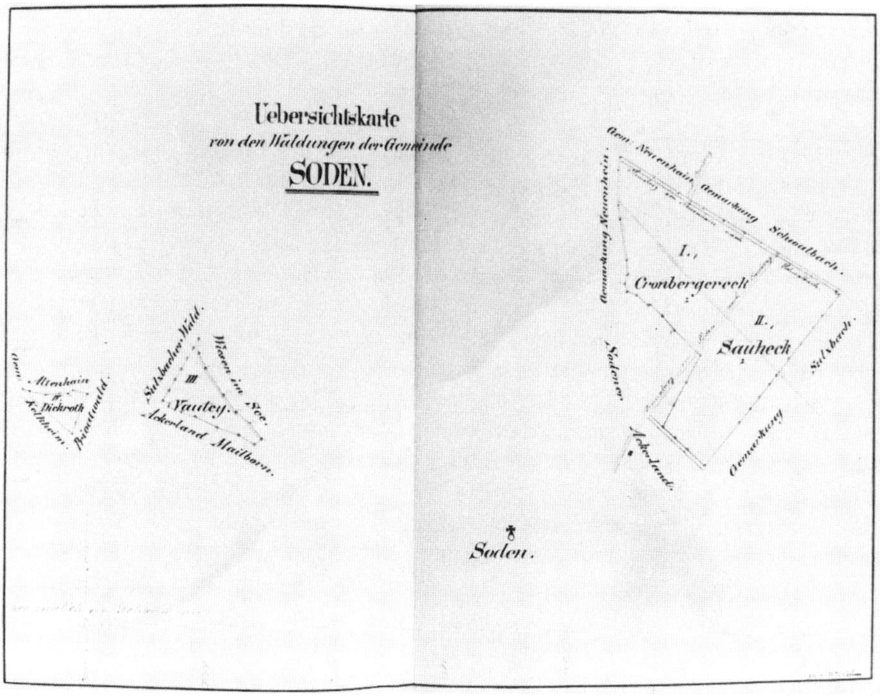

Übersichtskarte von den Waldungen der Gemeinde Soden, die im Ortsbereich lagen

Distrikt hieß *CRONBERGERECK*. Er lag 150 Meterruten (1 nassauische Rute = 10 Fuß = [4.80m] 5m) nordöstlich des Ortes. An diesen schloß sich südöstlich der Distrikt *SAUHECK* an. Die beiden anderen Distrikte *VAUTEY* und *DICKROTH* lagen etwa 300 Ruten westlich vom Sodener Ortskern. Ihre 28 Morgen 53 Ruten bestanden aus Nadelholz, während die Bestände der beiden ersten Distrikte mit 198 Morgen 25 Ruten mit Eichen bepflanzt waren, im wesentlichen der heutige Eichwald. Mit Wegen und Schneisen sowie der zur Holzzucht nicht nutzbaren Flächen (11 Morgen 16 Ruten) machte der Bestand 237 Morgen 94 Ruten aus (1863).

Die Flurnamen der Verlosungsprotokolle sind den Anlagenzeichnungen entnommen und durch Namen ergänzt, die in den Jahren zuvor z.B. in den Stockbüchern genannt sind und bestimmten Distrikten noch zugeordnet waren. (Die Ergänzungsnamen sind durch Einrücken gekennzeichnet). Die Reihenfolge ist nicht der Feldnumerierung nach gewählt, sondern beginnt im westlichen Teil der Gemarkung mit dem 2. Feld, das die Flur links des Weges nach Altenhain (Kelkheimer Straße) vom Tal bis zur Niederhofheimer Straße zum Gegenstand hat.

2. Feld, Anlage zum Verlosungsprotokoll vom 3. August 1871. Das genannte Feld beginnt im hinteren Teil des linken Tales am Waldstück *DICKROTH*. Die Senke heißt

Im Lindenborn, *Am Lindenborn*, der Hang nach der B8 hin *Am rothen Berg*; das Gelände zum Waldstück Vautey hin *Mailborn*, wie auch die Wiesen an der Vautey entlang *Am Mailborn* oder *Mailbornwiesen* genannt werden.

Die Silbe »Mail« geht auf das gotische Wort »mail«, althochdeutsch »meil« = Mal, Fleck, Makel zurück, u.U. ein Hinweis auf eine altgermanische Malstatt, wie sie H. Vohl[1] im Altenhainer Tal vermutet.

Nach Westen zu schließt sich das Baumstück *Im Mailborn* an, gegen den Kelkheimer Weg hin die Flur *In der Pelzkappe*. Die Anhöhe nach Westen zu trägt den Namen *Im rothen Berg*, *Der rothe Berg* und der obere Teil *Vogelhütte* oder *Die Vogelhütte*.

Der Hang, der sich zum Kelkheimer Weg hin vom rothen Berg her absenkt, heißt *An der rothen Berglache*, im unteren Teil *Rothe Berglache* und *Der Ackerborn*, wobei die beiden letzten Flurbezeichnungen 1871 zu dem Flurnamen *Am Kelkheimerweg* zusammengefaßt wurden. Der Begriff »Lache«, althochdeutsch lahha, bedeutet Lache, Pfütze, Loch, lateinisch lacus = See, Vertiefung.

Auf der südöstlichen Seite des Kelkheimerweges liegen, vom Tal nach der Höhe zu genannt, die Flurstücke *Am Kisselberg* = steiniger Boden, wie »Kisselsteine« (= Hagel-

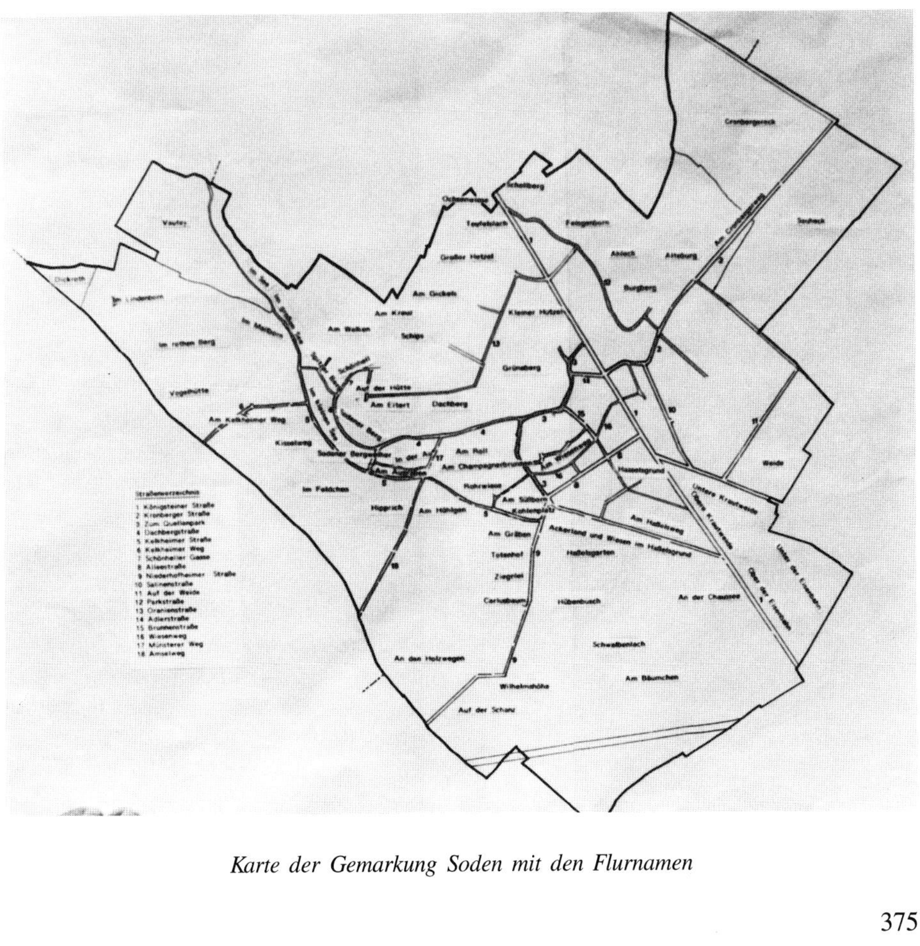

Karte der Gemarkung Soden mit den Flurnamen

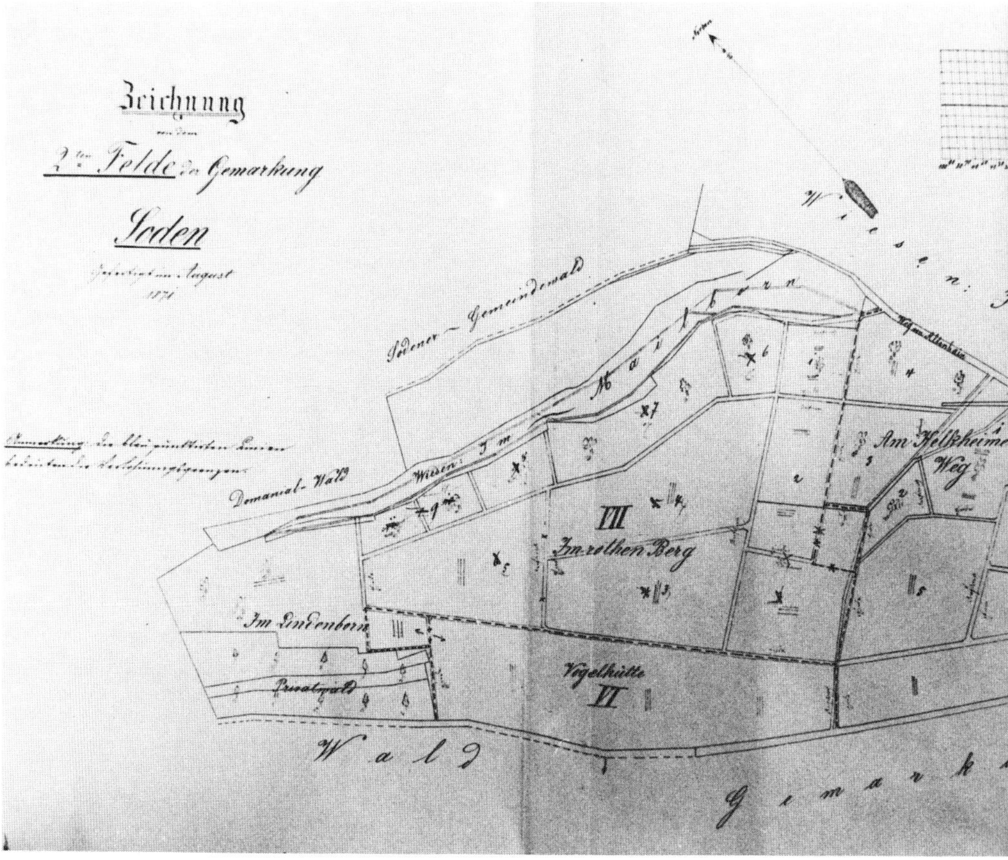

Zeichnung von dem 2. Feld der Gemarkung zur Zeit der Konsolidation (westlicher Teil)

körner), *Am Madebirnbaum* (ein allgemein germanisches Wort für Insektenlarve, Fliegenmade usw.) und *Das Feldchen*, letzteres als *Im Feldchen*[2] oder *rothes Feldchen*, mundartlich *Viehlche*, eine Sammelbezeichnung für das ganze Gelände bis zum Münsterer Weg. Vohl bringt die Bezeichnung »rothes Feldchen« mit den Fluren der germanischen Malstatt zusammen als geweihte Fluren, die zum Umzugs(Prozessions)gelände gehörten und bei besonderen Anlässen mit Blut besprengt worden seien. Die Bezeichnung »Bluts« für das Gelände an der Dachbergstraße, die früher so genannt wurde, gehört auch hierher.

Zwei Flurnamen blieben für das Gelände an der Kelkheimer Straße erhalten, *Kisselweg* und *Hipprich* oder Hipperich, Am Hipperich. Letztere Flur erklärt H. Vohl mit dem Begriff »springen, tanzen, hüpfen«, also ein Vergnügungsplatz in der Frühzeit. Hipprig bedeutet auch dürr, mager; ein Hippe ist eine Ziege, möglicherweise ein Hinweis auf eine Ziegenweide.

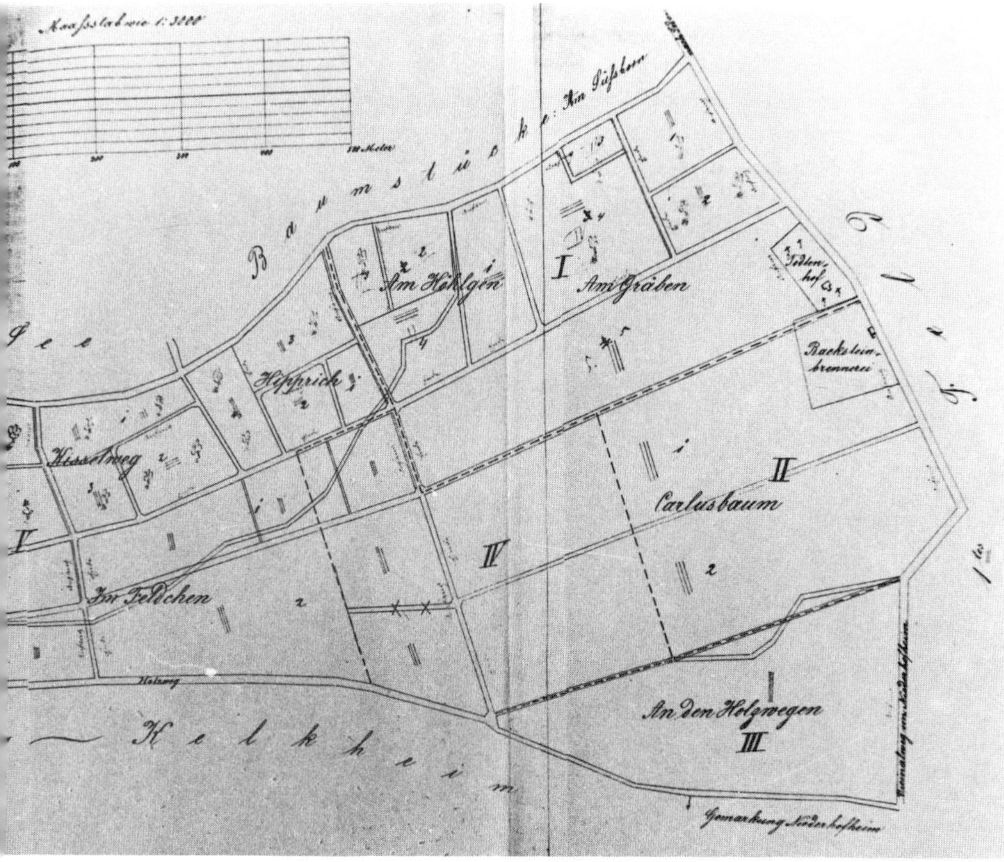

Zeichnung von dem 2. Feld der Gemarkung zur Zeit der Konsolidation (mittlerer Teil)

Für Flur *Kisselweg*, mittelhochdeutsch »kisil« für Kies, Korn, s.o., trägt auch noch die Bezeichnungen *Auf der Sorge* und *Die Kirschlache*, die mit der Bezeichnung Hipprich, Am Hipprich von der Straße her *Die Goldgrube, Am Höhlchen* und *Das Feldchen über dem Höhlchen* auf der Höhe *An der hohen Weide.*

Südöstlich des Münsterer Weges liegt die Flur *Am Münsterer Pfad.*
Das Gelände, das sich hier bis zur Niederhofheimer Straße anschließt, hat nebeneinander drei Flurbezeichnungen: *Am Höhlchen* oder *Am Hölgen*, *Am Gräben* und *Der Kuhpferg.* Zur Höhe hin schließt sich *Das Gräbenfeldchen* an.

Südlich davon im Gebiet der Kurgärtnerei und dem neuen Teil des Friedhofes bis zum Holzweg auf der Höhe liegt die Flur *Am Carlusbaum*, die allerdings früher im Westteil *Die Reihbäume* genannt wurde, im Gebiet der ehemaligen Ziegelei *Der Ziegenberg.*

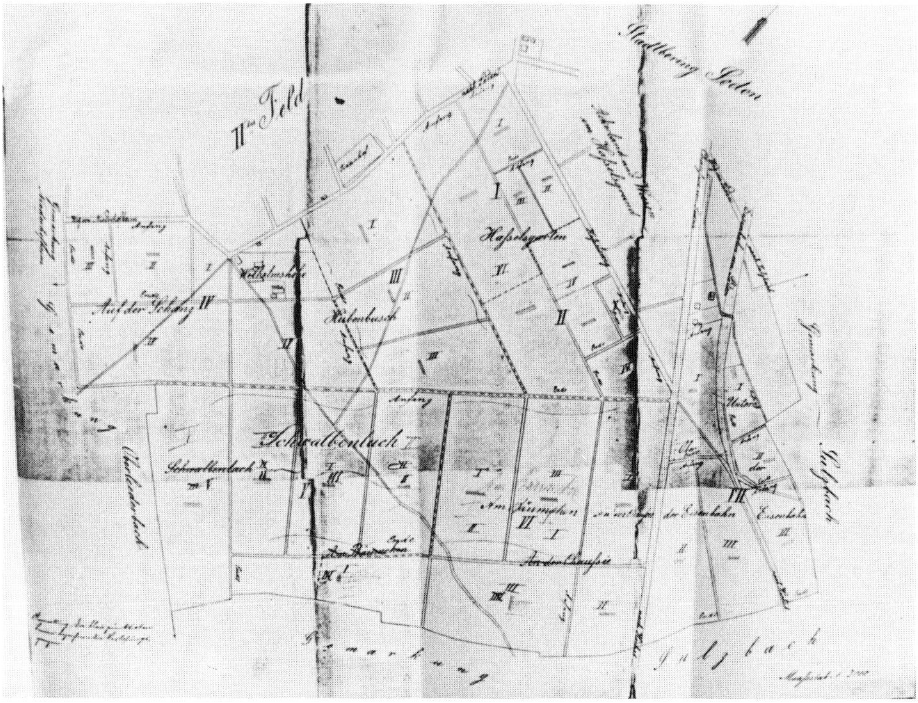

Zeichnung von dem 2. Feld der Gemarkung zur Zeit der Konsolidation (östlicher Teil)

Die Herkunft des Namens Carlusbaum ist unklar. Es liegt wohl eine Wurzelmischung vor, ahd. Karal = Mann, freier Mann einfachen Standes; aber auch im Sinne von Geliebter, Ehemann.

Die südlichste Flur westlich der Niederhofheimer Straße hieß *An den Holzwegen*, zu der noch das Baumstück *Am Süßborn* (Baumstück: Am . . .) kam.

An das 2. Feld schließt sich das 1. Feld mit den Fluren von der Niederhofheimer/Oberliederbacher Gemarkung nach Osten bis zur Königsteiner Straße und dem Gelände bei der Eisenbahnlinie Höchst-Soden an.

1. Feld »*Bäumchesfeld*«, Anlage zum Verlosungsprotokoll vom 28. Januar 1871:

Das Gebiet um den jüdischen Friedhof und ein Teil der Felder der ehemaligen Gärtnerei Sinai gehört zu der Flur *Auf der Schanz*, an die sich nach Südosten hin die Flur *An den Holzwegen* fortsetzt und die Flur *Neun Nußbäume* ehemals sich angliederte.

Das Gebiet *Wilhelmshöhe* reicht vom ehemaligen Wasserturm der Gärtnerei bis zum Ende des an der Niederhofheimer Straße gegenüberliegenden Geländes der ehemaligen Ziegelei und setzt sich in der Flur *Hübenbusch*, die bis zur Händelstraße reicht, fort, wobei die Flur »Auf der Schanz« die Flur »Wilhelmshöhe« fast vollständig umschließt.

Die Silbe »Hüben-« bezieht sich auf die Begriffe »hie=üben«, »Drüben«, »da(r)=üben«, also das Land jenseits der Niederhofheimer Straße (siehe dazu auch Abschnitt 2).

Den Fluren »An den Holzwegen« und »Neun Nußbäume«, gelegen südöstlich von der Flur »Auf der Schanz«, fügt sich die Flur *Schwalbenlach* oder *Die Schwalbenlach* an. Diese war aber vor der Aufnahme von 1871 noch in die Fluren *Hellsches Gut*, gelegen an der Flur »Auf der Schanz«, *An den Holzwegen* und *Die Schwalbenlach* sowie nach der Limesspange zu die Flur *Die Morgen* unterteilt.

Östlich der »Schwalbenlach« liegt die Flur *Am Bäumchen*. Südöstlich, übergreifend auf die Fluren »Schwalbenlach« und »Am Bäumchen« findet sich vor der Aufnahme die Flur *Am Bäumchesfeld*.

Zwischen der Flur »Am Bäumchen« und der Königsteiner Straße ist die Flurbezeichnung *An der Chaussee* in die Zeichnung eingetragen, bei der an der Gemarkungsgrenze, die Straße übergreifend wohl vor deren Bau die Flur *In der Pfarrlach* zu finden war. An der heutigen Schubertstraße lag die Flur *Bäumchesweg*.

Die Flur südlich der Hasselstraße heißt *Haßelsgarten* oder *Am Haßelsgarten*, auf der anderen Straßenseite zur Königsteiner Straße hin liegen die Fluren *Haßelsgrund* und *Am Haßelsweg*, früher auch *Ackerland am Hasselsgrund* und *Wiesen im Hasselgrund* genannt. Das Wort »Hassel« weist einmal auf eine Fischart hin, althochdeutsch hasela, zum anderen ist ein Hasselboden oder Hasselgrund ein Landstrich mit Boden aus Kies, rötlichem Ton und schwarzer Erde, kalkreich.

Auf der gegenüberliegenden Seite der Königsteiner Straße nach der Bahnlinie hin hießen die Fluren *Ober der Eisenbahn* und auf der Ostseite der Bahnlinie *Unter der Eisenbahn*, wobei direkt an der Südseite der Bahnlinie ehemals das Gelände *Hinter der Krautweide* genannt wurde.

3. Feld und Wiese in der Gemarkung Soden, Anlage zum Verlosungsprotokoll vom 15. April 1872. Vom Weg nach Altenhain über den Dachberg bis zur Königsteiner Straße sowie dem Hasselgrund.

Im Altenhainer Tal befanden sich früher zwei Seen und ein kleinerer Weiher. Sie dienten als Wasserlieferant für die Saline. Danach wurden die Fluren in diesen Distrikten bezeichnet (von Nordwesten): *Im großen See, Im kleinen See, Sodener Bergsweiher.* Ein Zwischenstück des großen Sees hieß *Am See.*

Der Hang hinter dem Hundedressurplatz führt die Bezeichnung *Am Walken*. Walken bedeutet hin und her bewegen, altnordisch valka, althochdeutsch giwalchen; ein Walkenkraut ist die Lichtnelke (Lychnis), die Tollkirsche (Atropa belladonna) der Walkenbaum. Wuchsen hier diese Pflanzen in Überzahl? Die westlichste Ecke dieses Distrikts hieß ehedem *Der Falkensteiner*, die östlichste Ecke *Der Keppler*. Ein Kepler ist ein Kappelmönch, ein Mönch mit einer Kappe, ähnlich der Bauernkappe.

Die Anhöhe bei der großen Linde heißt *Spitzer Berg*, *Der spitze Berg*.

Der Weg vom Ende der Dachbergstraße nach rechts die Höhe trägt seit alters den Namen *Schönhell* oder *Schönhellergaß*. Die Silbe »-hell« bedeutet im Althochdeutschen hald(e) oder held(e) = abfallendes Gelände, Abhang. Der Name hat also mit der manchmal verballhornten »Schönhöller Gasse« nichts zu tun. In einem Pachtvertrag aus dem Jahre 1364 (siehe auch Kap. II, Anmerk. 19) ist von der »schonen helden« die Rede.

Das Gelände links des nach rechts auf die Höhe hinaufführenden Pfades ist die Flur *An der Schönhellergasse*, südöstlich davon hieß die Lage *Am Eitert*, althochdeutsch Etar, mittelhochdeutsch eter, was eingezäuntes Feld, auch Brunnengehege bedeutet. Weiter

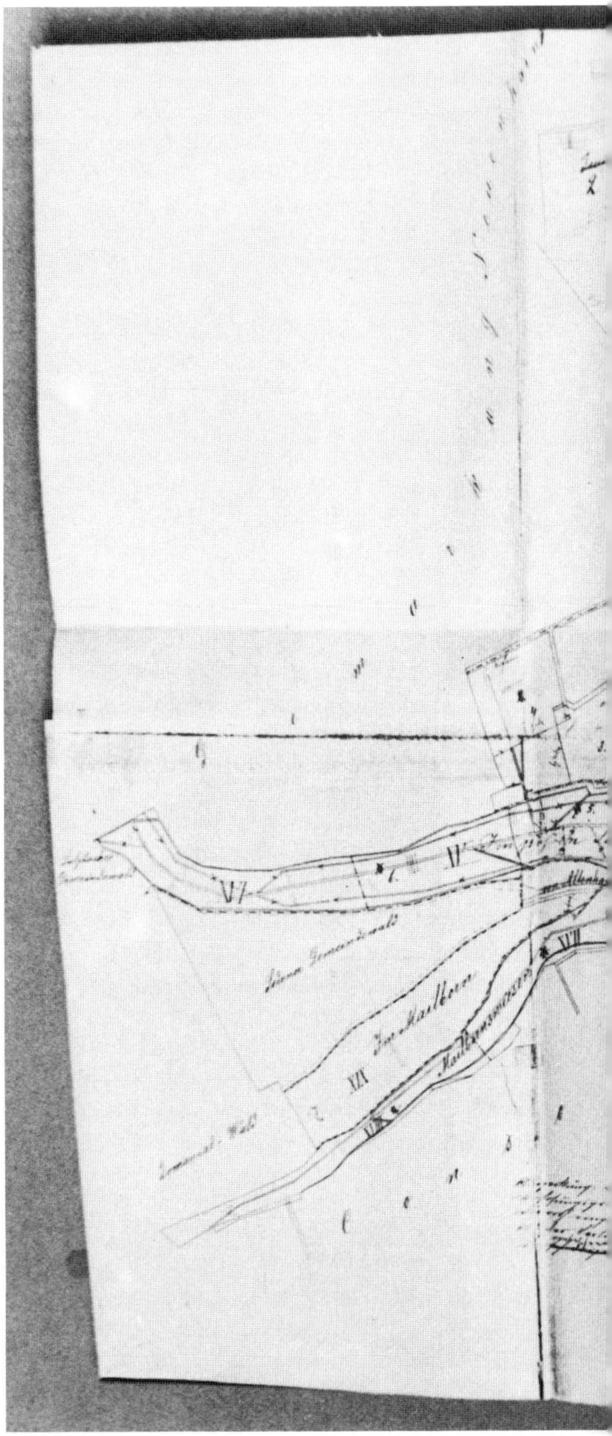

Zeichnung des 2./3. und 4. Feldes zur Zeit der Konsolidation (südlicher und nordöstlicher Teil)

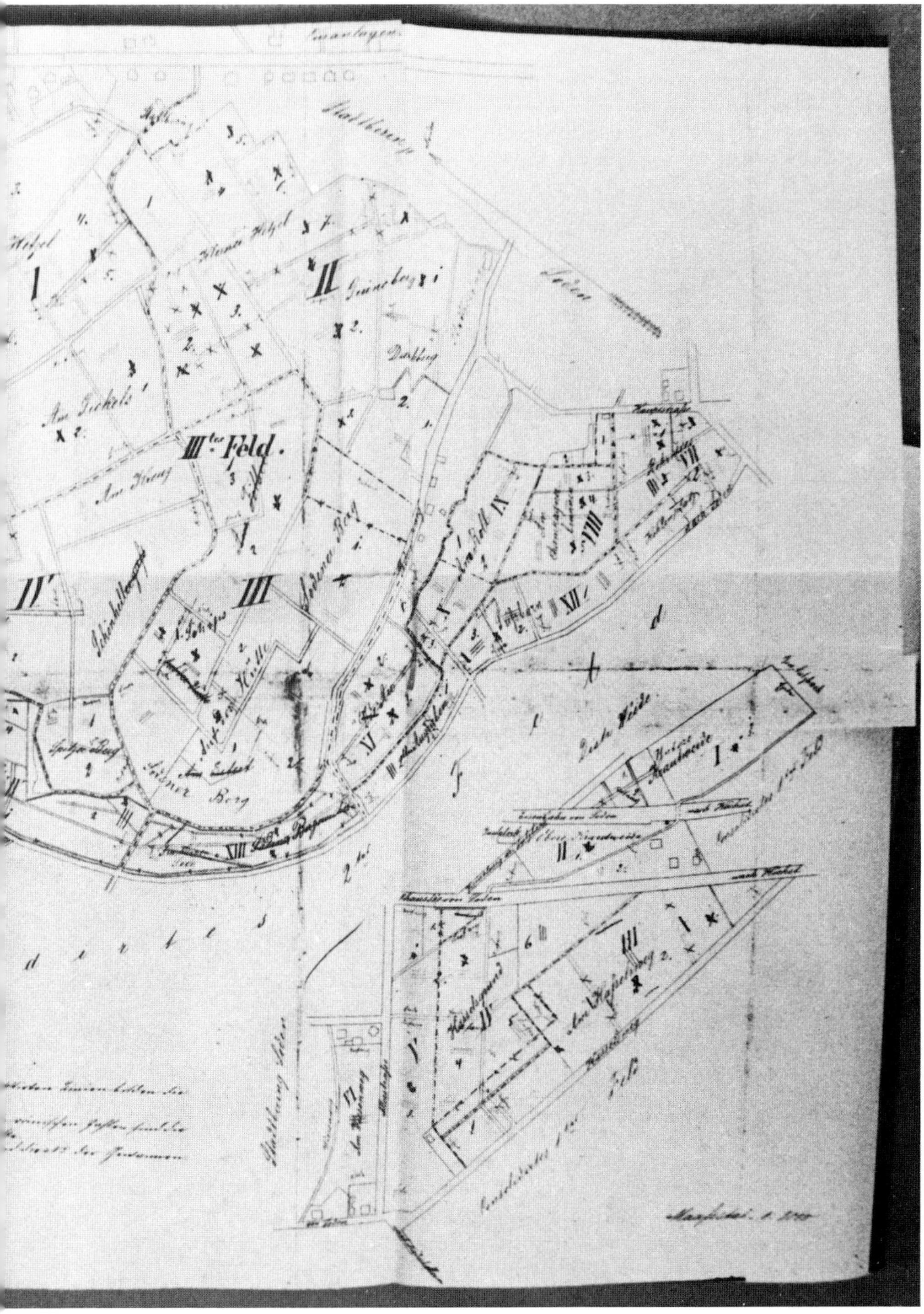
IIIter Feld

oberhalb hieß die Flur *Am Kreuz*. An der Grenzscheide auf der Höhe beim alten Wasserreservoir stand ehedem ein Kreuz.

Rechts des Weges liegt der Distrikt *Schips* oder *Auf der Schips*. Als Schip bezeichnete man den Lockruf der Schafe. Schipse sind Schuppen. Möglicherweise war hier eine vielgenutzte Schafweide. Der auf der Höhe gelegene Teil hatte auch den Namen *Auf dem Fölbel* (siehe Band I, S. 61, 63).

Die Flur *Auf der Hütte* schließt sich gegen das Tal hin der Schips an. Der ganze Hang der Dachbergstraße entlang heißt *Sodener Berg*, der vordere Teil der Höhe mit dem Wäldchen ist der *Dachberg*, der sich im Gebiet der evangelischen Kirche im *Grüneberg* oder *Der Grünberg* fortsetzt.

Das Gebiet beim Haus Reiss trägt den Namen *Kleiner Hetzel*. Eine Hetzel ist eine Elster, ein Hetzel ein junges Lamm. Ehedem folgte die *Hetzelhöhe* und an der Königsteiner Straße *Im Hetzel*. Das Gelände auf der Höhe oberhalb des Kleinen Hetzels und der Hetzelhöhe heißt *Am Gickels*. Ein Gickel ist ein Hahn; das Wort steht bildlich für Hochmut, Stolz, für den Geck. Es bedeutet auch »verdreht« oder (drehbarer) Deckel. Eine Gickelbeere ist die Preiselbeere (Vaccinium vitis idaea). War diese ehemals dort im Vorkommen verbreitet? Durch Goethe wurde Gickels als Bergname bekannt.

Dieser Flur ist benachbart nach Süden hin *Am Kreuz* und nach Norden hin *Großer Hetzel, Im großen Hetzel*.

An der Gemarkungsgrenze nach Neuenhain zu, nahe der Königsteiner Straße, liegt die *Teufelslach*. So bezeichnet wurden oft Orte heidnisch-germanischer Götterverehrung, wiewohl dies hier nicht gemeint sein kann. Vielmehr trifft der Name auf ein sumpfiges Loch oder einen Weiher zu (Lache = Pfütze, lat. lacus = See). In dieser Gegend lag der sogenannte Rabenweiher.

Die Flur vom Schwimmbad ostwärts im Talgrund am Bach entlang trägt den Namen *In der Au, die Aue, Am Augraben*. Der Name Au, Aue, mhd. ouwe, ahd. ouwa bedeutet vom Wasser umflossenes Land, feuchtes Gelände.

Der Distrikt zwischen Talstraße und Dachbergstraße gegenüber dem Dachberg heißt *Die Hochstadt* (Hochstatt?). Sie zieht sich bis zur Straße Zum Quellenpark hin.

Der Grund zwischen Talstraße und Kelkheimer Straße heißt an der Talstraße *Am Roll* und zur Kelkheimer Straße hin *Am Süßborn*.

Nordöstlich des Rohrwiesenweges liegt die Flur *Rohrwiese* oder *Die Rohrwiese*, die sich bis zum Martin-Luther-Weg hinzieht.

Das Gebiet zwischen Martin-Luther-Weg und Niederhofheimer Straße hieß ehemals im nordöstlichen Teil *Auf der Brück* und im Südteil *Kohlenplatz*.

Das Gelände beiderseits des Wiesenweges ist die Flur *Am Wiesenweg* oder *Wiesenweg*.

Südöstlich der Alleestraße liegt der *Haßelsgrund* und nach dem Dreieck Königsteiner Straße Hasselstraße *Am Haßelweg* oder *Ackerland im Hasselsgrund*.

Der Winkel zwischen Gartenstraße und Königsteiner Straße ab der Richard-Wagner-Straße trägt den Namen *Wiesen im Hasselsgrund*.

Auf der gegenüberliegenden Seite der Königsteiner Straße bis zur Bahnlinie liegt die *Obere Krautweide,* über der Bahnlinie die *Untere Krautweide*.

Der Winkel zwischen Sulzbacher Straße und Salinenstraße wurde *Scharfeneck* genannt.

Das Gebiet an der Straße Am Bahnhof steht mit *Sodweg* verzeichnet, die Gegend der Einmündung der Salinenstraße in die Kronberger Straße als *Bleiche*.

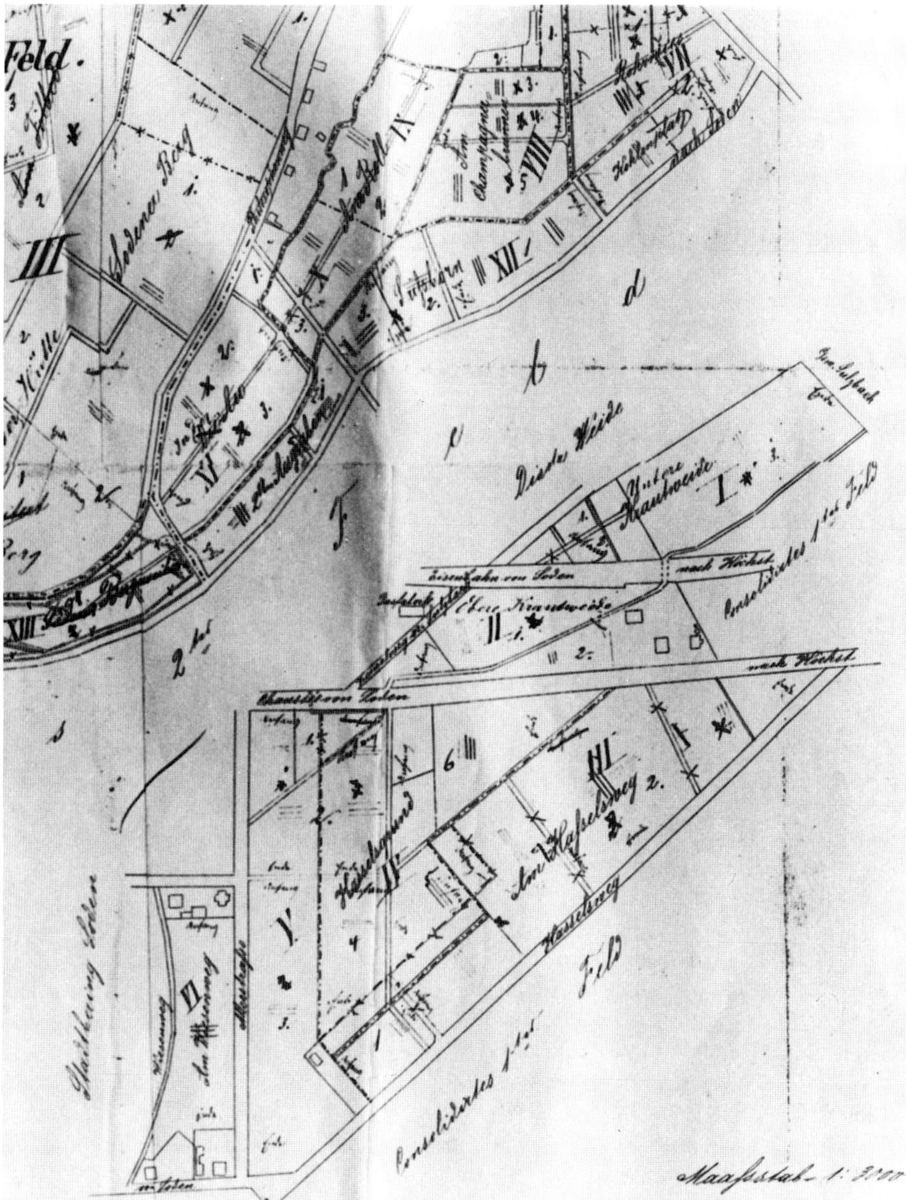

Südöstlicher Anschluß zur vorigen Abbildung

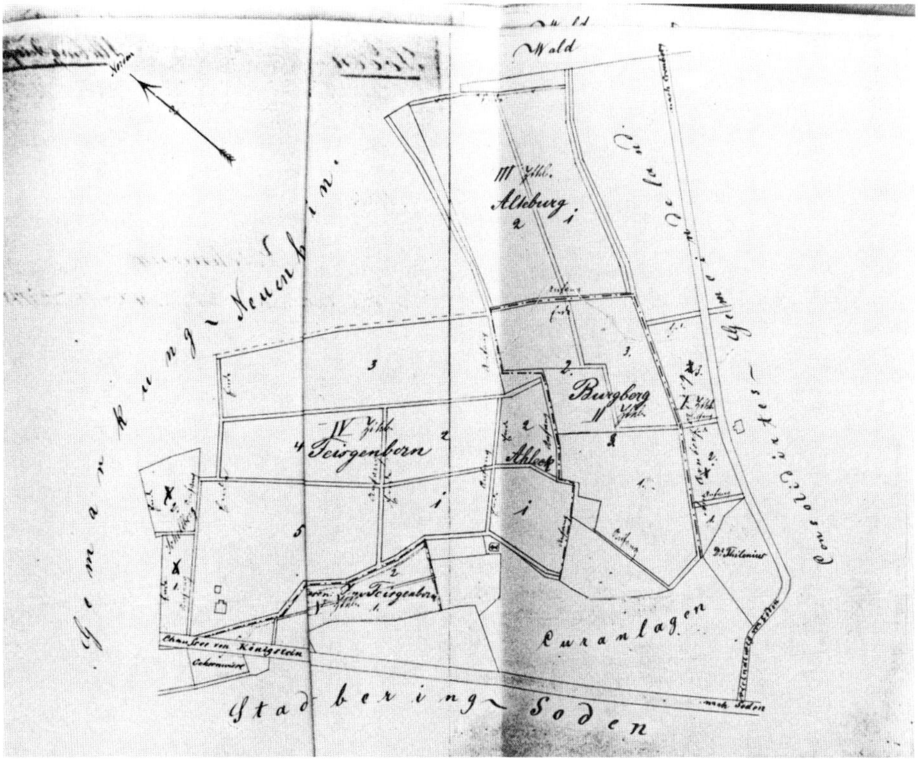

Nordöstlicher Anschluß

Das ganze Gelände zwischen Kronberger Straße, Eichwald und Sulzbacher Straße bis zur Gemarkungsgrenze Sulzbach trägt den Namen *Weide*.

Die Fluren *Alteburg* und *Feisgenborn*, Anlage zum Verlosungsprotokoll vom 4. August 1873 (von der Königsteiner Straße ostwärts bis zum »Cronberger Weg«):

An der Gemarkungsgrenze nach Neuenhain zu liegt die Flur *Ochsenwiese*, deren Ertrag für gewöhnlich für den »Faselochsen« bestimmt war; östlich davon die Flur *Schellberg*. Der Name mag mit dem Begriff Schall, verhallen zu tun haben, also auf einen Echo gebenden Berg hinweisen. Es könnte aber auch eine Verbindung zu dem Wort chelidon gr. = Schwalbe bestehen, wie er z.B. bei der Schwalbenwurz, der Schellwurz oder dem Schöllkraut Verwendung findet.

Südsüdöstlich davon liegt die große Flur *Feigenborn*, auch *Im Feisgenborn*. Der Name, 1326 Feisenborn genannt, mundartlich Fasgeborn, leitet sich von dem Wort feist = fett her, ahd. feiz(i)t (ursprüngl. Partizip Präsens) auch feizge[3]).

Bei der Schillerlinde heißt die Flur *Ahleck*[4], wobei die Herkunft des Namens unklar ist. Mit Ahl bezeichnet man eine unfruchtbare Sandschicht, aber auch einen Winkel zwischen Gebäuden, einen Zwinger.

Die Flur um die Burgwarte auf dem ehemaligen, wegen seiner vielen Weinstöcke *Nadelkissen* genannten Bergkuppe ist mit dem Namen *Burgberg* bezeichnet. Sie setzt sich nach Nordosten in die Flur *Alteburg* fort. Die Flur, die an die Kronberger Straße stößt, heißt *Am Cronbergerweg*.

2. Flurnamen des Ackerbuches von 1787 – 1813

Im *Sodener Ackerbuch*[5] aus den Jahren 1787 bis 1813 finden sich Flurnamen, die zum Teil später nicht mehr genannt werden oder in ihrer Schreibweise sich von denen aus den Jahren der Konsolidation unterscheiden. Die dort gebrauchten Flurnamen seien hier angeführt, um einen Vergleich mit den im ersten Abschnitt aufgeführten Bezeichnungen zu ermöglichen:

Name	Jahr	Akten-Nr.	Vergleichsname bzw. Erklärung
Am Kießelweg	1787	1	Am Kisselberg
Im Dietzl »oder so gelegen« Im Rothfeldgen	1787	2*	
Auf dem Roll	1788	7	
Auf dem Klippel	1788	11	
Im Feldtgen	1788	12	
Im kleinen Hetzel	1788	13	
Im Meilborn	1788	14	
Im See	1788	14	
Am Hipenbusch	1788	15*	Hübenbusch (?) gemeint ist möglicherweise auch der Begriff Hippe = Ziege, also Ziegenwiese
Haßelsgrund	1789	16	
Am Soderberg Im Söderberg	1789	17	
auf dem Fölbel	1789	20	
Im Rothenberg	1789	21	
Im kleinen Hetzel	1789	23	
Im Faistgeborn	1789	23	
Im Haßelsgrund	1790	27	
Im Rothenberg	1790	29	
An der Krämsergasse	1790	30*	Kremser = Kutsche, Reisewagen
Im Haßelsgrund	1790	30	
An der Schwalbenlach	1790	33	
Im Faistgeborn	1790	35	
Auf dem Fölbel	1791	37	Weinberg auf dem Fölbel
Alte Burg	1791	38	
Auf dem Fölbel	1791	42	Weinberg auf dem Fölbel
Auf der Hütt	1791	42	Weinberg auf der Hütt

Name	Jahr	Akten-Nr.	Vergleichsname bzw. Erklärung
Auf dem Fölbel	1791	42	Weinberg auf dem Fölbel
Im Haßelsgrund	1792	45	
Auf dem Roll	1792	46	
Auf der Ruhe Wieß	1792	46*	
Im See	1792	46	
In der Bach	1792	48*	
Im Mühlfeld	1793	50*	
Auf dem Haßelsgarten	1793	50	
Im See	1793	50	
Frankfurter Wegfeldt	1793	52*	
Am See	1793	52	
Höchster Wegfeldt	1793	52*	
Oberfeld	1793	52*	
An den 9 Nußbäumen	1793	52*	
obig dem Haßelsgarten	1793	52	
Am Bäumgen	1793	52*	
An der Lainenkaut	1793	52*	
Im Haßelsgrund	1793	52	
Im kleinen Hetzel	1793	53	
Auf der Rohrwieß	1793	53	
Im großen Hetzel	1793	55	
In der Klaußgaß	1794	63*	Straße in Soden; Klaus oder Claus von dem lateinischen Wort claudere = schließen (Form des Supinums: clausum); althochdeutsch klus(e), mittelhochdeutsch klusa; gebraucht auch für: eingehegtes Grundstück, Abschluß; Klause = Mönchsstube; claudit(chen) = Nachtwächter(chen); Weg, wo die Nachtwächterstube lag (?)
Im rothen Berg	1796	68	
Im Loderber(b)g	1796	68*	
Im Hetzel	1796	68	
In der Teufelslach	1796	68	
Im kleinen Hetzel	1796	69	
Auf die Klauß	1796	70*	Straße in Soden
Neben der Burg gleig	1796	72*	Weinberg neben der Burg gelegen
Am Karles Baum	1798	83	
Auf der Schön	1799	87	
Heller Gaße			
Im Haßelsgrund	1803	103	
Im roten Volge	1803	104*	
Auf der Hochwart	1803	104*	

Name	Jahr	Akten-Nr.	Vergleichsname bzw. Erklärung
In der schön Höll	1803	105	
Im Weinberg am rabe weyherr	1805	105c*	
Im Oberfeld unter dem Bäumgen	1806	107*	
Im rothen Feldgen	1806	107	
Underliederbacher Feld	1809	117*	
Im großen Hetzel	1810	119	
In der dreyangels	1810	120*	Dreyangel = Triangel, Dreieck
Auf dem Kilbergarten	1810	121*	= Kälbergarten
An Kalles Baum	1812	126	= Carlusbaum
Im großen Hetzel neben der Hetzelhohl	1812	126	
Im Rothen Fälgen	1812	126	
An den 6 Nußbäumen	1812	126*	
An der Burg	1812	126*	Weingärten an der Burg
Im Feißgenborn	1812	126	
Im Sulzbacher Feld	1812	132*	
Im See	1812	132	
Im kleinen Hetzel	1812	135	
Im Mailborn	1812	135	
Im See	1812	135	
Im Haßelsgrund	1812	135	
Auf dem Ne(l)bel Berg	1812	136*	
Am Heppergraben	1812	136*	Heppe=Hepe=Hippe=Ziege
Auf dem Roll	1812	136	
Am Falckensteiner	1812	136*	
Am Hoppenstück	1812	136*	Huppel (?) = Unebenheit, Hügel
Im Helgen	1813	139*	= Im Höhlchen

Die mit einem * bezeichneten Namen sind 1871/73 nicht aufgeführt.

Für die Durchführung der Konsolidation in den Jahren 1870–1874 wurden für die Gemarkung Soden bestimmte Klassenwerte festgesetzt. In einem Schreiben von Bürgermeister Dinges vom 14. Mai 1870 heißt es:

»Nachdem man von der Bodenverschiedenheit in der Gemarkung Soden und insbesondere im I. Felde (Bäumchesfeld) Kenntniß genommen hatte, wurden heute von den unterzeichneten Vor- und Nachtaxoren und dem Feldgericht von Soden die bei der Consolidation anzunehmenden Classenwerthe bestimmt. Es wurden vorher noch folgende Musterparzellen für die Classe C als die beste im Ackerland, die Classe F als die 4te im Ackerland und H als die 6te im Ackerland bezeichnet:

für C gilt die Parzelle nordöstlich der Höchst-Sodener Chaussee des Bürgermeisters Friedrich Dinges Art. 57 Stb. No 5417 im Werthe pro Morgen 700 Gulden.

Für F gilt die Parzelle des Peter Ries, im Distrikt Rotheberg, Art. 517 Stb. No 2912 im Werthe pro Morgen 350 fl.

Für H gilt die Parzelle des Adam Eichhorn im Distrikt Rotheberg Art. 71 Stb. No 1721 im Werthe pro Morgen 116 fl 40 xr.

Für die Krautgärten und Wiesen soll ein höherer Werth angenommen werden und zwar gilt für die Ruthe A = 9 fl 20 xr und die Ruthe B = 8 fl 10 xr.

Im Ganzen werden für die Consolidation der Gemarkung Soden 10 Classen, resp. 11 mit 0 (ausschließlich der Bauplätze) angenommen und gilt für die Ausgleichung und Berechnung folgende Classentabelle:

pro Ruthe = 25 meter
Classen Wert der Classen in Verhältniss = | pro Morgen Wert der Classen in

	fl	xr	Sgr.	fl	xr	Thlr &	Sgr.	zahlen
A	9	20	160	933	20	533	10	A8
B	8	10	140	816	40	466	20	B7
C	7	–	120	700	–	400	–	C6
D	5	50	100	583	20	333	10	D5
E	4	40	80	466	40	266	20	E4
F	3	30	60	350	–	200	–	F3
G	2	20	40	233	20	133	10	G2
H	1	10	20	116	40	66	20	H1
I	–	35	10	58	20	33	10	I ½
K	–	17½	5	29	10	16	20	K ¼

Die Classe 0 hat keinen Werth

Für den Werth der Bauplätze werden besondere Bestimmungen noch vorbehalten.

Vorgelesen, gen. und unterschrieben

Bürgermeister Dinges

Georg Schmunck, Peter Uhrich, Georg Uhrich, Jakob Christian II, Friedrich Müller I, Jacob Hardt, Jacob Müller I, Caspar Christmann;

W. Baldus, Geometer — Dr. Krack(?)«

Aus den Special-Nachweisen läßt sich nun ersehen, wer aus welchen »Classen« Land zugeteilt bekam, so z.B. vom Iten Zuteilungsbezirk des II. Feldes 1871: Ludwig Müller aus den Klassen D und F, Adam Dietrich aus den Klassen C und D, Heinrich Mackel (Lehrer Fr.) aus der Klasse C, Martin Dinges aus den Klassen D und F, Johann Diehl und Frau aus der Klasse D und Johann Diehl II (ledig) aus den Klassen D und E. In diesem Zuteilungsbezirk wurden über 60 Ruten zugeteilt. Gegen die »rubrirte Taxation« konnte Beschwerde eingelegt werden. War dies nicht der Fall, so wurde das »Taxationsgeschäft« geschlossen (Farbtafel XIX, Farbtafel XX).

3. Grenzstreitigkeiten

Auch auf anderen Karten der Gemarkungen dieser Gegend finden sich die wichtigsten Flurnamen des Sodener Bereichs, so z.B. auf Skizzen aus dem Hessischen Hauptstaatsarchiv in Wiesbaden (Abt. 4, 167 – Abt. 3011 Karten Nr. 980 und 1368[6]) (Farbtafel XXI, Farbtafel XXII). Die Skizzen sind farbig angelegt. Die mit Nr. 167, undatiert, auf deren Rückseite sich ein Bericht über eine Grenzsteinbesichtigung am 1. Oktober 1731 befindet (fasz. 8 zwischen fol. 32 und 33), gibt die Bachläufe der beiden Sulzbacharme und deren Wiesengründe dunkel-blaugrün getönt wieder; die bewaldeten Flächen, unterschieden in Busch- und Baumbestände, sind hell- und dunkelgrün getönt und mit den entsprechenden Symbolen versehen. Dabei läßt die Skizze (Nr. 167) erkennen, daß die Sodener Ackerflächen im Hetzel und an der Münsterer Höhe liegen. In einem unter der gleichen Nummer abgelegten Text (fasz. 82 zwischen fol. 210 und 211), der undatiert ist und sich mit »Weidgängen und Botmäßigkeiten« befaßt, sind verschiedene Streitpunkte angesprochen, so zunächst die Frage der Bestellung eines Feldschützen. Diese stehe nicht den Sodenern zu, sondern dem Vogteischultheißen zu Neuenhain oder dem höfischen Gerichtstag zu Sulzbach.

Angezweifelt wird weiterhin, daß der mit Frankfurt ehedem getroffene Vergleich betreffs des Bezirks »oberhalb der Straße am Weinberg« gelegen, der dem »Fölbelgericht« gehöre und dem Graf von Solms-Laubach vom Stift Limburg einst zu Lehen gegeben worden war, je dem Stift bekanntgeworden sei. Darüber hinaus stellt der Verfasser des Schreibens fest, daß »vorgemeltes Dorf« Soden keine Gemarkung habe, sondern zwischen den Gemarkungen Sulzbach und Neuenhain liege, auch »keiner Schäferei berechtigt« sei, dennoch vor Jahren damit angefangen habe und während des ganzen Jahres in der Vogtei und öfter in der Neuenhainer Gemarkung habe weiden lassen. Im übrigen sei Frankfurt in Soden zuständig. Neuenhain erhob mit dieser Begründung Anspruch auf eine Reihe Sodener Gebiete, so auf die Flur »Auf der Schlicht«, die Flur »Feisgenborn«, die Flur »Alteburg«, den hangabwärts ziehenden Talgrund bis in die Nähe der heutigen Paul-Reiss-Straße und große Teil der »Großen und kleinen Hetzel«. Im Altenhainer Tal beanspruchte Neuenhain den Wiesengrund »Im See«.

Altenhain verlangte die »Solmische« Flur »In der Schmieh«, die zum Vilbeler oder Solmser Gericht in Soden gehörte. Letztendlich kam zu Neuenhain die Flur »Die Schlicht«, kleine Teile nur von den Fluren »Feisgenborn« und »Hetzel«. Für Neuenhain bestätigt wurde der Besitz der Fluren »Gickels«, des »Wachholders«, der Flur »Dachsberg« und der Flur »Hitzeloch« und im Altenhainer Tal der Flur »Im alten Grund«. In der Skizze Nr. 167 sind folgende Flurnamen verzeichnet: Soder Rothebergerfeldt – Hohe Ulm – Hornerpfadt – Solmisch roth Feldchen – Haiden – Laußberg – Dachsberg – Meilborn – Seestück – Hütteberg – Solmischer Grenzgang – Kleiner Hetzel – Großer Hetzel – Judenpfadt (Weg von Neuenhain nach Soden über den Dachberg) – Schellberg – Feisgenborn – Alteburg – Neuhainer Feldt – Goldkaute und genannt ist der »Dreyeckstein«, ein Dreimärker zwischen Neuenhainer, Sodener und Schwalbacher Gebiet.

Wegen der »fürwaltenden Irrungen« zwischen Neuenhain/Altenhain und Soden »auf Gräntzen und des Weidegangs halber«[7] trafen sich am 15. Juli 1754 die von der kurfürstlichen Regierung in Mainz ernannten Kommissare, Hofrat von Stubenrauch und Hofrat Wincop, sowie der Syndicus J.C. von Fichard und der Frankfurter jüngere Bürgermeister Moors morgens um 9 Uhr in Soden und ließen die Neuenhainer Hof- und Regierungsräte wissen, daß man sich an dem »dreieckigen Stein« an diesem und am folgenden Tag treffen werde, die strittigen Distriktfragen zu regeln. Hinzugezogen wurden einige »Untertanen« von Neuenhain, Soden und Sulzbach. Landamtmann Bockleutner führte ein Diarium. Am 17.7.1754 traf man sich im Amtshaus zu Neuenhain, an den folgenden Tagen abwechselnd im Haus des Oberschultheißen Triebert in Sulzbach und im Badhaus (alter Frankfurter Hof von 1722) in Soden, wo die Kommission logierte.

An den Verhandlungen beteiligt waren auch die Actuarios Aul und Lismann. Amtskeller Straub von Neuenhain war am Sonntag, den 21. Juli 1754, im Sodener Badhaus zum Essen eingeladen. Am 22.7.1754 wurden mit den kurmainzischen Räten des Morgens etliche »Maßensteine«, gezeichnet mit S.R. und dem Sulzbacher Gerichtssiegel, am Rothen-Bergfeld besichtigt. Nach der Rückkehr ins Sodener Badhaus fertigte man ein Endprotokoll aus (Nr. 2) und übergab den Gemeinden Neuenhain, Soden und Sulzbach je eine Kopie.

Die Sodener sollten binnen 14 Tagen vorbringen, was sie zur Ausschließung der Gemeinde Neuenhain von der »Koppel-Weide« im »rothen Feld« einzuwenden hätten. Allen Parteien wurde jeder Streit bei Androhung von 50 fl Strafe untersagt. Innerhalb von 4 Wochen konnte jede Partei ihre Einwendungen vorbringen. Die Stadt Frankfurt wurde in diesem Zusammenhang als »Mitherrschaft« (neben Kurmainz) bezeichnet. Aller Anlaß zur Beschwerde der Gemeinde Soden sollte vermieden werden. Im übrigen wollte man nach Dokumenten forschen, die die Grenzen sicher wiedergaben.

So gaben dann die Neuenhainer an, daß beim Umgang von 1614 der Münsterer Weg als die Grenze zwischen Neuenhain und Sulzbach gesetzt worden sei; danach müßte der ganze »rothe Berg« Neuenhainer Gebiet sein. Die Sodener aber widersprachen diesem Ansinnen und nannten einen anderen Münsterer Pfad als Grenze, der hinten im Tal lag. Strittig waren nach wie vor der Distrikt Feisgenborn, der Judenpfad, Hayers und der Soder-Berg. Von den 1728 »gehobenen« Steinen war nur einer für die Sodener Ansprüche wirklich dienlich, weil bei den übrigen sich »Sulzbacher Geheimnus« darunter befunden, was aber bewies, daß die Neuenhainer in »sämtlichen strittigen Gegenden fast gar nicht begütert« waren.

Somit war verständlich, daß die Sodener und Sulzbacher den Schützen dort bestellten und allzeit den Viehtrieb in jenen Distrikten »exercirt« hatten. Nach dem Neuenhainer Amt wurden nur der »Beth- und Gültwein« (die Zins- und Naturalabgabe) nebst dem Kirchen-Siegling abgeführt. Die strittigen Distrikte waren von der ansonsten mit Frankfurt gemeinschaftlichen Jagd ausgeschlossen. Es wurde vorgeschlagen, von einem Geometer einen »accoraten Riß« von den strittigen Gebieten anfertigen zu lassen. Am 23.7.1754 abends um 6 Uhr waren die Deputierten wieder in Mainz. Die »Relation der Deputierten« datiert vom 23. Juli 1754, vorgelegt wurde sie im Mainzer Senat am 1. August 1754.

Darüber hinaus existieren im Hessischen Hauptstaatsarchiv in Wiesbaden, Abteilung 4 Nr. 168 (fasz. 33 fol. 110) noch Schemata und Beschreibung des Sulzbacher kurfürstlich höfischen Hofes und Gerichts »sambt desen Gerechtigkeit«.[33] Danach war in bezug auf die Distrikte zu unterscheiden zwischen

1. den höfischen und freien Gütern im Altenhainer und Neuenhainer Feld, Wiesen und Weinberge, welche allein von denselben Dorfgerichten gesteint wurden;

2. den höfischen und freien Gütern in der Sodener und Sulzbacher »Terminey«, Äcker und Wiesen und Weingärten, welche von dem höfischen Gericht gesteint wurden;

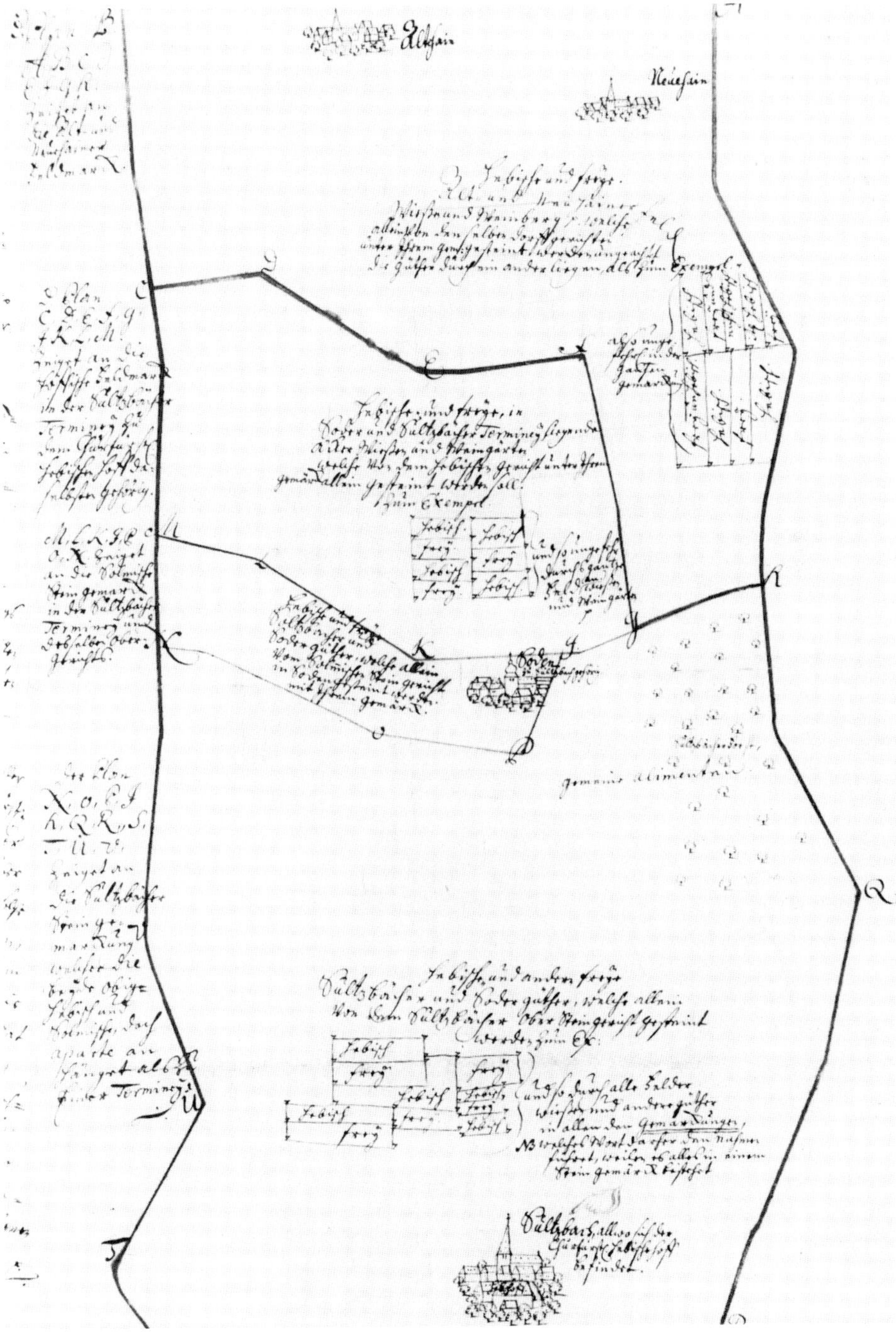

»Schema und Beschreibung, die Grentz zwischen Sulzbach und Neuenhain betr.«
(HHStAW Abt. 4, 168 fasz. 33 fol. 110)

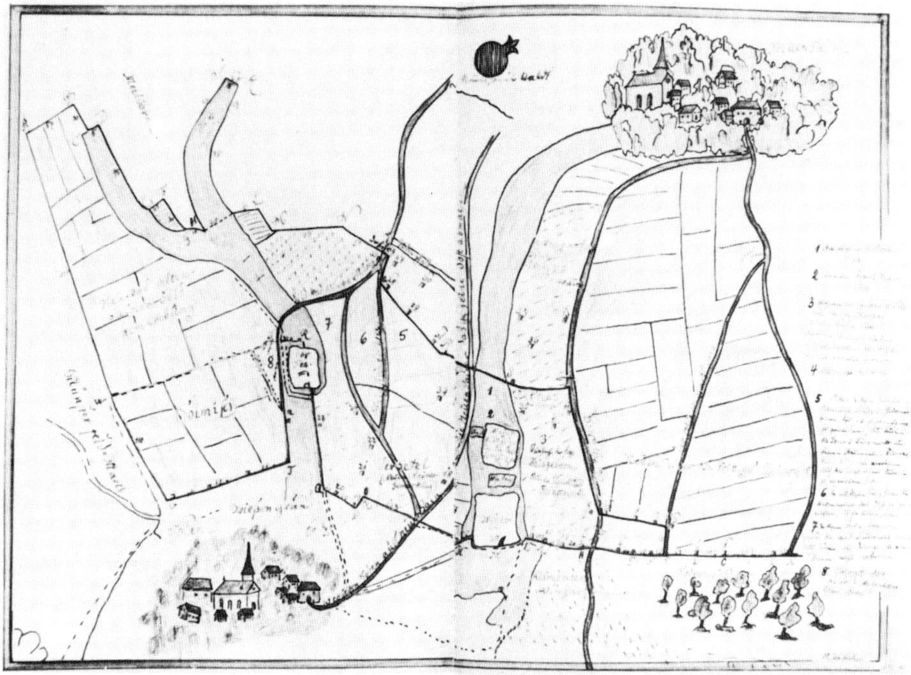

Zeichnung des Gebietes von Soden und Neuenhain 1754 (HHStAW Abt. 3011 Karte 980)

3. den höfischen und freien Sodener und Sulzbacher Gütern, welche von dem Solmischen Gericht in Soden gesteint wurden;

4. höfische und freie Sodener und Sulzbacher Güter, welche von dem Sulzbacher Obergericht gesteint wurden.

Auf zwei farbigen Skizzen aus dem Jahre 1754, die wegen der Grenzstreitigkeiten angefertigt worden waren[8], geben die bei der zweiten Karte an die Seite gedrückten Erläuterungen weitere Hinweise auf Neuenhainer Ansprüche. Die Texte lauten: »1 Neuenhainer Kellerei Wies – 2 Gemeinde Fassel–Viehs–Wies – 3 worinnen die von Soden–Sulzbach nit auf Feiertag arbeiten dörfen, auch darinnen niemand als Ihro Kurfürstlichen Gnaden die Jagdbarkeit privative exercieren – 4 Mallaperts Acker, vom Gericht Neuenhain ausgesteint – 5 Nota: In diesem Feld hat der Neuenhainer Schütz und Glöckner seinen »Schütz- und Glockensigling« zu genießen. Auch dürfen die Soder und Sulzbacher auf denen Neuenhainer Feiertag keine Feldarbeit verrichten. Auch die Jagd allein Kurmainz zu exerciren hat – 6 In all diesen Weg haben die Neuenhainer das Obst zu genießen, auch sie zu unterhalten 7 In diesem Feld- und Wiesengarten gehört die Jagd Kurmainz allein. Auch dürfen auf Feiertag die von Soden nicht arbeiten 8 Privat Weg. Weier? Neuenhain Blum? Bing? Garten.«

Was die Anmerkungen zu 8 bedeuten, ist unklar. Auf der Karte ist im Altenhainer Tal der »See« eingezeichnet, der zur Regulierung der Wasserzufuhr für die Saline genutzt wurde; ebenso sind zwei Weiher im Gebiet der heutigen Königsteiner Straße und des Kurparks wiedergegeben[13]. Das Dorf Soden liegt links unten am Bildrand. Dargestellt ist neben der Kirche von 1715 das Obertor mit Torhaus. Die Sodener Flur und Gemarkung ist nicht eingetragen. Dennoch geht aus den Texten hervor, daß Sodener in den genannten Fluren Besitz hatten, da sie nach den obigen Anmerkungen auf den Feldern arbeiteten und sie bestellten, was sie nicht tun würden, wenn ihnen die Felder nicht gehörten.

Der Grenzstreit zog sich noch jahrzehntelang hin. Noch 1801 gab es »Grenzirrungen« zwischen den Gemeinden. So beschwerte sich am 2. April 1801 die Gemeinde Neuenhain bei den zuständigen Regierungsstellen, daß Sodener Einwohner auf der Kippelweide (beim »Läusekippel« gelegen), wo Soden, Neuenhain und Altenhain aneinandergrenzten, dem Neuenhainer Schäfer den besten Hammel aus der Herde gepfändet und nach Soden gebracht hätten, weil sie das Weiderecht der Neuenhainer dort bestritten[9].

Der Name »Läusekippel«, »Läuseberg« oder »Läuseck« wurde gewöhnlich volksetymologisch so erklärt, daß an diesem Platz in früherer Zeit die Handwerksburschen und Zigeuner vor ihrem Einzug in das Dorf »Toilette machten«, d.h. sich entlausten. Diese Deutung ist falsch. Vielmehr bedeutet das Wort »Leyß« (1326 in einer Neuenhainer Pfarreiurkunde: »an dem Leyßebuchole« = Leyßebühel, Leyßebuckel) Wald, Baumwuchs. Die Silbe »Laus« geht auf das altnordische Wort lus, gotisch »Lauhs« zurück (lateinisch lucus = Wald). Läusekippel bedeutet demnach »bewaldete Kuppe«.

Ähnliche Verwechslungen gibt es auch bei anderen Flur- und Straßenbezeichnungen, so z.B. bei der alten Sodener Straße »Kaltlochgaß«. Die Silbe »kalt« hat nichts mit der dort herrschenden Temperatur zu tun. Es ist vielmehr auf das alt- und mittelhochdeutsche Wort »galt« (germanisch »gelt«) zurückzuführen, was »unfruchtbar« bedeutet (»gelles Vieh« = Kuh, die keine Milch gibt, weil sie nicht gekalbt hat, also unfruchtbar war). Die Silbe »Loch« hat ebenfalls mit einem Loch nichts zu tun. Sie geht vielmehr auf das althochdeutsche Wort »loh« und das mittelhochdeutsche Wort »lo(h) = Hain zurück. Kaltlochgasse bedeutet demnach unfruchtbares waldiges Gestrüpp, was ehedem auf die Gegend der Einmündung der Adlerstraße in die Königsteiner Straße zutraf[10]. Ähnlich ist es mit der Bezeichnung »Loderbach«, mit dem jener Teil des Sulzbaches, der durch das Altenhainer Tal fließt, schon 1469 bezeichnet wurde. In dem Wort steckt vermutlich der Wortstamm »Lütt«, »Lütten« = Letten, toniger Boden. In der Tat sind Grund und Ufer des Baches mit dicken Tonschichten durchzogen.

4. Ursprung Sodener Flurnamen – Ein Versuch von H. Vohl

In den Jahren 1922 bis 1925 gab Postdirektor a.D. H. Vohl, Leiter des Heimatmuseums Bad Soden und profunder Kenner der nassauischen wie der Bad Sodener Geschichte, die Reihe »Nassauer Jahreshefte für Heimatkunde« im Verlag Julius Pusch, Bad Soden a. Ts., heraus. Es erschienen damals vier Hefte, die sich sowohl mit der Vor- und Frühgeschichte wie auch der Siedlungsgeschichte der engeren Heimat befaßten[11]. Im Heft 2, das die Vor- und Frühgeschichte von Bad Soden a.Ts. zum Inhalt hat, versucht H. Vohl im Kapitel II für bestimmte Flurnamen der Bad Sodener Gemarkung im Altenhainer Tal eine Erklärung und Deutung zu finden, die nicht unbeachtet bleiben kann, wenn man

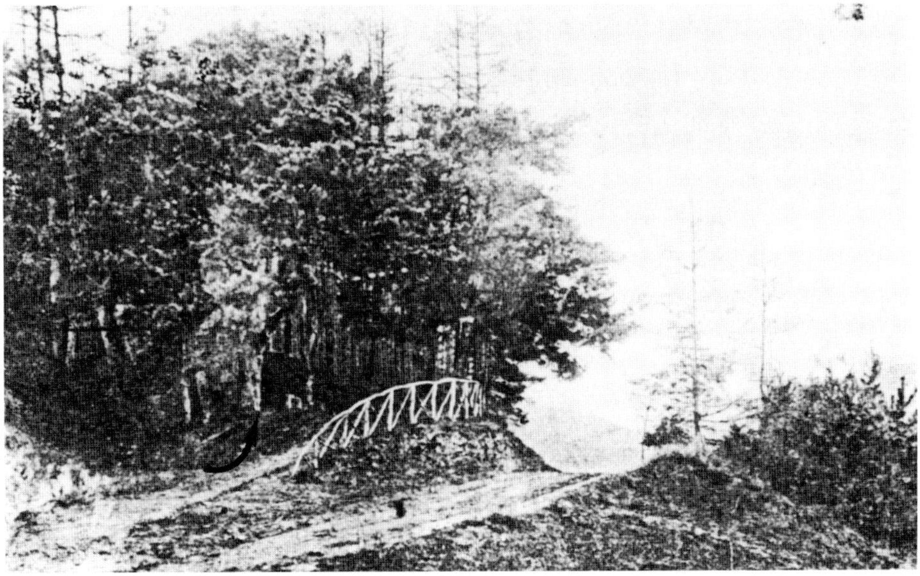

Altenhainer Tal, Eingang zum Wald. Die Reste des von H. Vohl erwähnten Felsstückes, Teufelskranz genannt, das ehemals bis in den Weg (rechts) hineinragte und bei dessen Anlegung abgesprengt wurde, Zustand 1910 (Pfeil)

über Sodener Flurnamen und ihre Bedeutung berichtet, worauf schon in den vorangegangenen Abschnitten hingewiesen wurde. Manche Aussage mag dabei in Zweifel gezogen werden, dennoch ist der Ansatz Vohls beachtenswert.

Er geht bei seinen Überlegungen von der allgemein gültigen Feststellung aus, daß der Ursprung vieler Flurnamen in die Zeit zurückreicht, in welcher der betreffende Distrikt zum erstenmal genutzt oder besiedelt wurde. In den Flurbezeichnungen machen sich bestimmte Volkselemente bemerkbar. So ist unverkennbar bei vielen Flurnamen Sodens das germanisch-(keltische) Element feststellbar (siehe oben die einzelnen Flurnamenerklärungen), wiewohl im Laufe der Jahrhunderte viele Bezeichnungen in ihrer ursprünglichen Sprachform nicht mehr verstanden wurden und z.T. auch durch Amtsschreiber bei der Aufnahme zu volkstümlichen Namen verballhornt wurden, wie z.B. die in Abschnitt 3 angeführten Flurbezeichnungen »Läusekippel« oder »Kaltlochgaß«. Hinweise auf eine frühe Besiedlung ergeben sich durch Funde aus neolithischer Zeit wie z.B. jene in der Kaiserstraße beim Haus Guckes im Juli 1910. H. Vohl nimmt auch aufgrund gemachter Funde auch eine germanische Niederlassung für das Altenhainer Tal an[12].

Er spricht von einer Hundertschaft und glaubt eine germanische »Malstatt« mit dem dazugehörigen »Prozessionsgelände« aus den Flurbezeichnungen ableiten zu können (siehe Kap. I, 3). Anhand einer Skizze sucht er die Gegebenheiten zu klären. Zunächst bezeichnet er den Pfad, beginnend von der heutigen Straße Zum Quellenpark beim

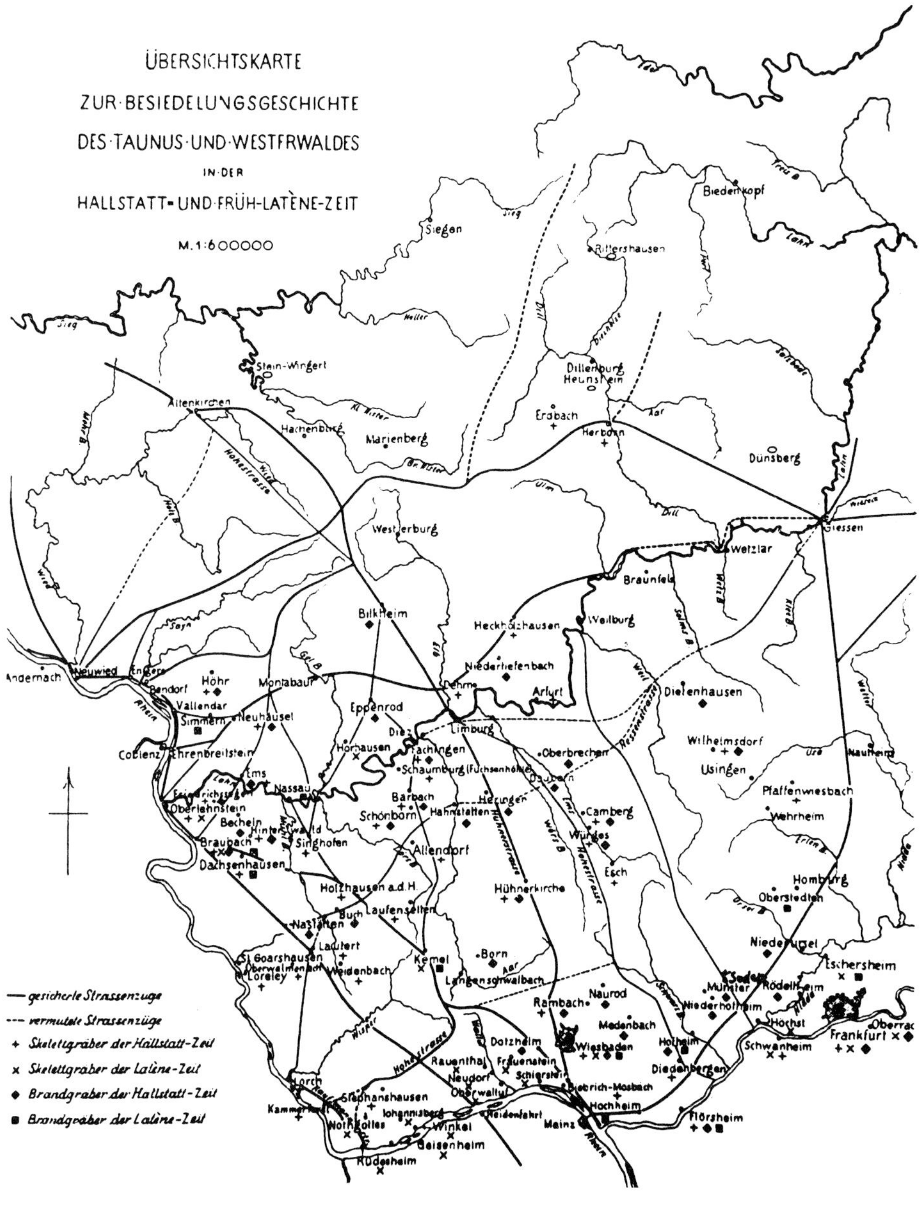

Übersichtskarte zur Besiedlungsgeschichte des Taunus und des Westerwaldes in der Hallstatt- und Früh-La-Tène-Zeit (Nass. Annalen Bd. 44 1916/17 K. Schumacher)

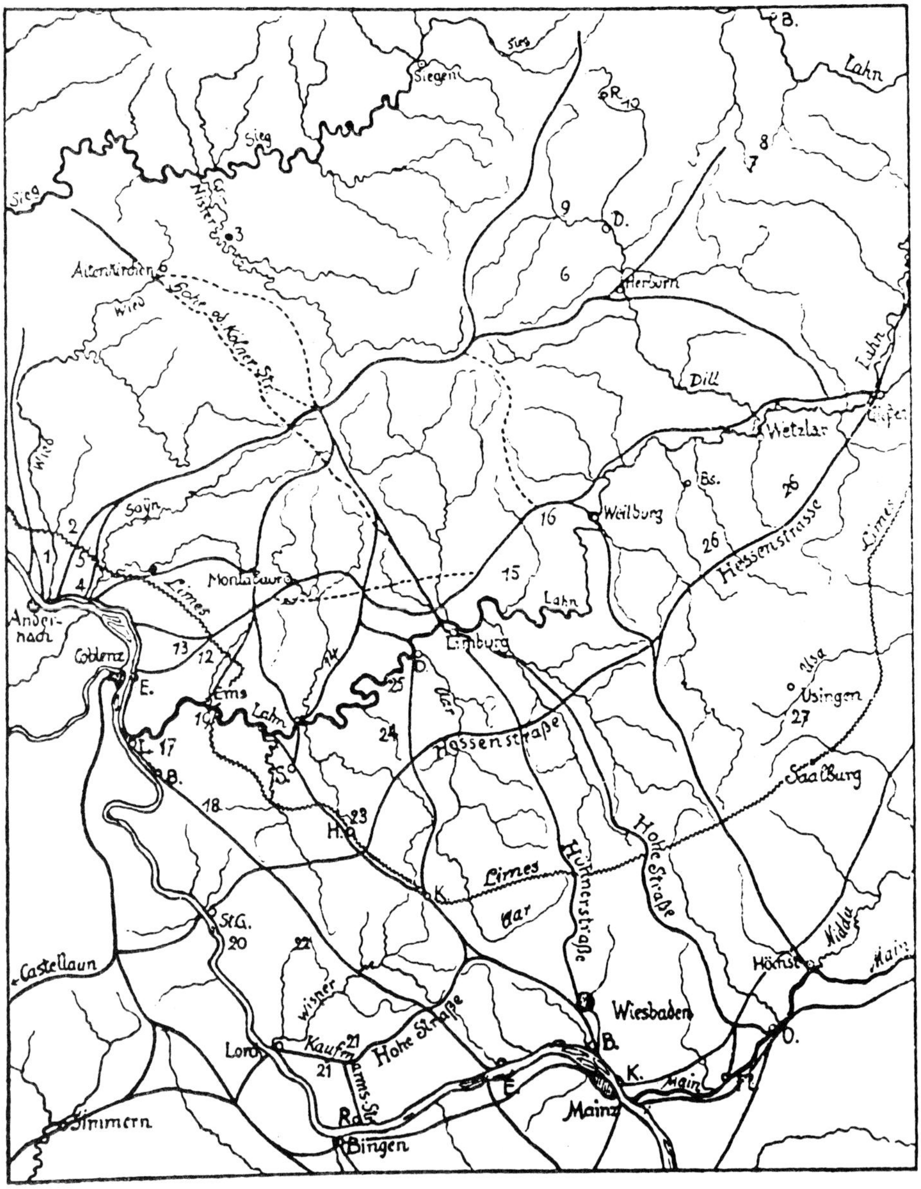

Übersichtskarte vorgeschichtlicher Wege (Nass. Annalen Bd. 44 1916/17 K. Schumacher)

Blick auf Soden um 1850 – Königsteiner Straße/Alleestraße
(rechts am Bildrand die Sodener Eisenbahn)

Glockenbrunnen (Nr. XII) über die Talstraße am Augraben (Bachweg) entlang am Schwimmbad vorbei, als »Hustertweg«. Der Name findet sich u.a. auch in der Bezeichnung »Hostertstraße« in Sulzbach. Vohl erklärt den Namen aus den Silben »hus« = Haus (im Sinne von Ort der Versammlung; vergl. den Begriff: »das hohe Haus«) und »stert« = Abgang (germanisch; im Englischen »Start«). Der Weg führt im Tal Richtung Altenhain an dem im Volksmund »Teufelskanzel« genannten Fels vorbei. Bezeichnungen wie »Bluts« für die Dachbergstraße und den dabei gelegenen Berghang waren noch Mitte des vergangenen Jahrhunderts in Gebrauch, vereinzelt noch in den dreißiger Jahren dieses Jahrhunderts bei älteren Einwohnern Sodens. In diesem Zusammenhang spielen auch die Flurbezeichnungen »rother Berg« und »rothes Feldchen«, im Volksmund oft »Viehlche« genannt, eine Rolle. Mit dem roten Opferblut wurden bei besonderen Anlässen die geweihten Fluren besprengt. Als Prozessions- und Festgelände gilt für Vohl die Flur »Hipperich«, wo gehüpft und gesprungen wurde.

Im Altenhainer Tal kreuzte nach Vohl auch eine »vorgeschichtliche, später römische Straße«, von Langenhain kommend und über die Schönheller Gasse und den Dachberg sich bis nach Schwalbach fortsetzend (nach Vohl Heft 2 S. 14 Anm. 1, »in der archäologischen Karte des Großherzogtums Hessen–Darmstadt eingetragen«) mit dem Hustertweg. An der Kreuzungsstelle wurden von den Landwirten Brückmann und Uhrich Topfscherben und »Töpferware« gefunden. Inwieweit Vohls Ableitungen zutreffen, läßt sich nicht mit weiterführenden Fakten belegen. Sie bleiben Mutmaßungen, wiewohl diese zwar bestritten, aber nicht widerlegt werden können.

XV. Personen der Sodener Geschichte

Immer wieder finden sich in der Geschichte eines Gemeinwesens Personen, die sich in besonderer Weise durch ihre berufliche wie ehrenamtliche Tätigkeit für ihre Gemeinde oder Stadt bewährten und besonders verdient gemacht haben. Als solche wurden sie nicht immer besonders ausgezeichnet, vielmehr blieb ihr Andenken oft nur mit einer von ihnen ins Leben gerufenen Institution, einer besonderen Unternehmung oder einer beständigen Arbeitsleistung verknüpft. Deshalb sind neben den Ehrenbürgern Bad Sodens auch jene Personen anzuführen, die nicht auf diese Weise geehrt wurden.

1. Bad Sodens Ehrenbürger

Ehrenbürger war seit dem 16. Jahrhundert in den Städten ein Bürger, der die Rechte, aber nicht die Pflichten des Stadtbürgers hatte. Er wurde, da etwaige Abgaben oder meist formelle Verpflichtungen vertraglich festgelegt waren, auch civis pacticus, Paktbürger genannt. Später war das Ehrenbürgerrecht eine Auszeichnung, die von einer Gemeinde oder einer Stadt Personen verliehen wurde, die sich um das Gemeinwesen besonders verdient gemacht hatten. Zuständig für die Verleihung ist die Gemeindevertretung, das Gemeindeparlament. Die Gemeinde kann die Ehrenbürgschaft wegen unwürdigen Verhaltens auch wieder entziehen, wie dies in Soden geschehen ist.

Der erste Sodener Ehrenbürger war *Enoch Reiss*, geboren am 30. April 1802 in Frankfurt a. M. Seit 1837 wohnte er in den Sommermonaten in Soden, wo er 1839 das heutige »Haus Reiss« bauen ließ. Durch seine Spende von 12 000 Gulden war es möglich, 1855/56 das Armenbad »Bethesda« in der Kronberger Straße zu errichten. Für den Ausbau und Unterhalt des Hauses gab er aus Anlaß seiner Goldenen Hochzeit 1877 eine weitere Summe, 1879 zusätzlich 25 000 Mark. Auch für den Umbau der evangelischen Kirche in den Jahren 1874 bis 1880 spendete er mehrere tausend Mark. Die Zahl der Fälle, außer den alljährlich regelmäßig für bestimmte Zwecke gegebenen Spenden, wo er die Not einzelner Familien im Ort beseitigen half, ist in den Akten über Armensachen der evangelischen Kirchengemeinde zu ersehen. Am 1. Oktober 1867 verlieh die Gemeinde dem inzwischen zum Herzoglich Nassauischen Kommerzienrat ernannten Enoch Reiss das Ehrenbürgerrecht. Er starb am 26. März 1885.

Ehrenbürger Sodens wurde im November 1921 auch sein Sohn *Paul Emil Reiss*, geboren am 5. Mai 1846 in Soden. Der Justizrat setzte das karitative Werk seines Vaters fort, förderte die Vorhaben der Gemeinde und des Kurbetriebes, bedachte Arme und Notleidende im Ort mit finanzieller Hilfe und stiftete alljährlich, dem Verwaltungsrat der Stiftung »Bethesda« angehörend, eine Anzahl von Freiplätzen sowie namhafte Geldbeträge zur Erhaltung des Hauses. Am 3. Juli 1926 starb er (Farbtafel XVII, Farbtafel XVIII).

Auch der Sohn von Paul Reiss, *Adolf Reiss*, geboren am 20. September 1877 in Frankfurt a.M. wurde am 20. Dezember 1952 Ehrenbürger von Bad Soden. Seine Tätigkeit konzentrierte sich auf die Jugendfürsorge. Er war geschäftsführendes Vorstandsmitglied der Frankfurter Zentrale für private Fürsorge und bis 1933 als Vertreter der freien Wohlfahrtsverbände Mitglied des Städtischen Jugendamtes Frankfurt a.M. Seine Sorge für in Not geratene Jugendliche veranlaßte ihn, die Hypothek für einen Hof in Athenstedt bei

Halberstadt zu geben, wo er in der Folge auch die Kosten für den Aufenthalt von Jugendlichen trug. Ein zweites Haus für Kinder mittelloser Eltern richtete er in der sog. Steinmühle bei Obererlenbach in der Nähe von Bad Homburg ein, wo er selbst sich oft zur Betreuung der Kinder aufhielt. Ebenso engagierte er sich in einem Kinderheim in Kelkheim-Hornau. Noch kurz vor seinem Tode am 10. April 1962 kaufte er das Haus und schenkte es der Zentrale für private Fürsorge. Auch in seinem Sodener Haus nahm er des öfteren Kinder mittelloser Eltern auf und betreute Jugendliche und Waisen. Die Verleihung des Ehrenbürgerrechtes betrachtete er als eine Art Wiedergutmachung »für die in der Nazizeit erlittene Unbill, in der von den damaligen Ortsgewaltigen das Andenken« seiner Familie geschmälert worden war. In seinem Testament schenkte er das Sodener Anwesen der Stadt Bad Soden für gemeinnützige Zwecke.

Schon in den ersten Monten der NS–Herrschaft, am 30.3.1933, hatte die Gemeindevertretung Sodens auf Veranlassung des Ortsgruppenleiters dem neuen Reichskanzler Adolf Hitler und dem Reichspräsidenten Paul von Hindenburg mit 16 gegen 3 Stimmen das Ehrenbürgerrecht verliehen. Am 5.7.1946 wurde es laut dem beglaubigten Auszug aus dem Protokoll der Gemeindevertretung Bad Soden am Taunus vom 6. August 1946 beiden aberkannt.

Einer der verdienstvollsten Bürger Sodens war *Dr. Henry Hughes*, geboren am 19. Dezember 1860 in Hamburg, ehedem englischer Staatsbürger. 1888 hatte er sich in Soden niedergelassen. Er war nicht nur als Arzt rastlos tätig, beauftragter Armenarzt, sondern erwarb sich große Verdienste um die Entwicklung Sodens als Heilbad. Dem Badeärztlichen Verein gehörte er 64 Jahre an. Seiner Initiative und seinem auch finanziellen Engagement verdankt das Bad Sodener Inhalatorium sein Entstehen und seinen Erhalt nach dem Ersten Weltkrieg. Seit 1894 war er Mitglied des Vorschußvereins, der späteren Volksbank, 1902 wurde er in deren Vorstand gewählt. Auch der Taunusklub, dessen Ehrenmitglied er zuletzt war, verdankt Dr. Hughes manche Initiative. Unter seinen Publikationen sind vor allem das »Lehrbuch der Atemgymnastik«, erschienen 1893, und die Allgemeine Perkussionslehre« aus dem Jahre 1894 zu erwähnen sowie die Niederschrift über die Geschichte des Park- und des Burgberg–Inhalatoriums. Am 19. Dezember 1950 wurde ihm das Ehrenbürgerrecht verliehen. Er starb im 92. Lebensjahr am 3. Mai 1952.

Am 6. Juni 1956 wurde das Ehrenbürgerrecht der Stadt Bad Soden an den Geheimrat *Leo Max Baginski* verliehen. Am 7. Juni 1891 in Kolmar (Preußen) geboren, hatte er 1912 sein erstes eigenes Unternehmen gegründet, 1932 die Prof. Dr. med. Much A.G. 1934 pachtete er die Brunnenverwaltung Bad Soden a.Ts. und förderte mit einer intensiven Werbung den Kurbetrieb des Ortes. 1948 begann der Neuaufbau seines in Berlin-Pankow enteigneten Werkes in Bad Soden, 1951 wurde die neuerrichtete Arzneimittelfabrik in der Sulzbacher Straße eingeweiht. 1956 zählte sie 450 Beschäftigte. Im Werk führte er die Errichtung einer Unterstützungskasse mit Altersversorgung ein und errichtete 125 Werkswohnungen. 50% der Beschäftigten waren Heimatvertriebene. 1954 stiftete er die in den Jahren 1955–1957 erbaute neue Pfarrkirche St. Katharina der katholischen Kirchengemeinde Bad Soden. 1964 konnte mit seiner Hilfe der neue Kindergarten der Pfarrgemeinde gebaut werden. Auch den Bau des evangelischen Gemeindehauses förderte er durch eine namhafte Geldspende wie auch das Anlegen des neuen Kurparks. Auch die Förderung sozialer Aufgaben war sein Anliegen. Leo Max Baginski starb am 19.3.1964 und wurde in der Gruft der katholischen Pfarrkirche beigesetzt.

Dem Neuenhainer Pfarrer i.R. *Otto Raven*, geb. am 6.2.1895 in Neuenhain, dort von 1923 bis 1961 in der Nachfolge seines Vaters Christian August Raven Pfarrer, wurde am 6. Juni 1979 das Ehrenbürgerrecht verliehen. Damit wurde nicht nur sein Wirken um das Gemeinwohl in seiner Amtszeit als Pfarrer gewürdigt, sondern Hauptanlaß der Verleihung war sein historisches Werk, das in seinem Buch »Neuenhain – Chronik einer Gemeinde« seinen Niederschlag fand. Seit 1960 war Raven schon Ehrenbürger von Neuenhain. Am 20. Juli 1983 starb er.

Ehrenbürger von Bad Soden wurde am 8. Juli 1980 *Dr. Adolf Kromer*, geb. am 13.12.1899 in Bad Soden a.Ts. Er war zwischen 1932 und 1933 als Vorsitzender des Zentrums Gemeindevertreter. Im Zusammenhang mit dem 20. Juli 1944 wurde er verhaftet. Von 1956 bis 1968 gehörte er den städtischen Gremien an, war von 1964 bis 1968 1. Stadtrat, während der Erkrankung von Bürgermeister Wallis dessen Vertreter. An der Umwandlung des Bade- und Kurbetriebes in die Kur-GmbH hatte er wesentlichen Anteil. Von 1958 bis 1961 war er ehrenamtlicher Richter am Verwaltungsgericht in Wiesbaden, seit 1954 Mitglied des Prüfungsausschusses für die Kaufmännische Gehilfenprüfung und des Prüfungsausschusses für Bilanzbuchhalter bei der IHK Frankfurt. Als langjähriges Mitglied des Kirchenvorstandes der katholischen Kirchengemeinde war er mehr als zehn Jahre im Bereich der Caritas tätig. Dr. Kromer starb am 25. Februar 1981.

Für besondere Verdienste um die Stadt Bad Soden und die Allgemeinheit wurde *Peter Scharp sen.*, geb. am 25.8.1912, am 11. Mai 1984 mit dem Ehrenbürgerrecht ausgezeichnet. Er gehörte vom 24.7.1962 bis zum 21.3.1981 der Stadtverordnetenversammlung an. Vom 11.12.1975 an bis zu seinem krankheitsbedingten Ausscheiden war er Stadtverordnetenvorsteher. Außerdem war er wegen seiner fachlichen Voraussetzungen im Jahr 1983 in den Aufsichtsrat der Kur- und Kongreßpark GmbH gewählt worden. Lange Zeit war er Vorsitzender des Hotel- und Gaststättenverbandes im Kreisverband Main–Taunus. Von 1971 bis 1975 war er ehrenamtlicher Richter am Sozialgericht in Frankfurt a.M.

Mit dem Ehrenbürgerrecht wurde am 10. März 1991 *Eric Albert Karry*, geb. am 12. April 1909 in Frankfurt a.M., ausgezeichnet. Während der NS–Herrschaft hatte er mit seiner Frau Deutschland verlassen müssen und war 1963 von England zurückgekehrt. Seit 1968 war er in verschiedenen Positionen innerhalb der städtischen Gremien tätig, u.a. Stadtverordneter, Schiedsmann und stellvertretender Bürgermeister. Im Prüfungsausschuß für Kriegsdienstverweigerer war er Beisitzer. Eric Karry ist Mitglied im Vorstand der Europa–Union und Ehrenvorsitzender der Europäischen Akademie Hessen.

2. Andere Sodener Bürger und für Soden wichtige Personen[1]

Von vielen in der Bad Sodener Geschichte wichtigen Personen wissen wir nur andeutungsweise oder wenig Konkretes, wiewohl sie in Urkunden, Briefen und Chroniken der Bemerkung wert waren, sei es durch ihre Tätigkeiten oder durch ihre Ausnahmestellung in ihrer Zeit. Ein Beispiel dafür ist die betonte Erwähnung einer Frau als Schulmeisterin in Soden im 17. Jahrhundert in einem Brief von Pfarrer Schott vom 20.4.1719. Daß man damals eine Frau zum Schuldienst genommen hatte, lag, wie die im Brief gemachte Bemerkung über den der Frau im Ort gegebenen Namen – »Volpt'in« (siehe Band: Leben aus den Quellen S. 187) – andeutet, an der besonderen Eigenart und dem Wissensstand dieser Frau, die man in der damaligen Zeit für eine Frau für ungewöhnlich, ja abergläubigerweise für der Zauberei verdächtig hielt, dennoch akzeptierte, ja für die eigenen Kinder glaubte nutzen zu können. Anders erging es der Frau des Juden Wolff im Jahre 1665 (siehe Band: Leben aus den Quellen S. 267). Sie wurde ihrer Fertigkeiten wegen der Zauberei verdächtigt und vor das Untergericht zitiert; war sie doch als Jüdin an sich schon Außenseiterin.

In der Kriegsrechnung des Jahres 1797 ist eine Reihe von Frauen als Besitzerinnen von Bauernhöfen angeführt, die wie die übrigen Bauern aufgefordert worden waren, ihre Abgaben zu entrichten. Meist sind sie mit dem Namen ihres verstorbenen Mannes eingetragen, z.B. Friedrich Christianin oder Karl Kellers Witib. Aber auch der eigene Vorname kommt vor: Maria Elisabeth Kernin. Über zwanzig solcher Eintragungen lassen sich feststellen.

Stärker im Mittelpunkt des öffentlichen Interesses standen jene Personen, die ihrer öffentlichen Tätigkeit wegen für die Menschen im Ort und das Gemeinwesen selbst und seine Entwicklung von Bedeutung waren. Beispiel hierfür ist der Frankfurter Arzt und Physikus Johann Bernhard Gladbach, der mit seiner Schrift über den Sodener Gesundbrunnen aus dem Jahre 1701 (siehe Band: Leben aus den Quellen S. 48ff) als der Begründer des Sodener Badewesens angesehen werden kann, wiewohl er nicht in Soden lebte.

Ähnliche Verdienste finden sich bei dem in Kronberg wohnenden Medizinalrat Dr. Heinrich Julius Ernst Ferdinand Küster (geb. 24.8.1791), der mit seinem 1820 erschienenen Buch »Soden und seine Heilquellen« über seine Forschungen und die Anwendungsmöglichkeiten der Quellen berichtete. Da es damals in Soden noch keinen Arzt gab, nahm er die Mühe auf sich und kam regelmäßig nach Soden und behandelte Kurgäste und Einwohner. Er war es auch, der die Heilkraft der Kronthaler Quellen entdeckte und 1833 das Bad Kronthal gründete (siehe Band: Leben aus den Quellen S. 66).

Ihm tat es der Frankfurter Arzt Salomon Friedrich Stiebel (geb. 20.4.1792) gleich. Seit 1815 praktischer Arzt in Frankfurt a.M., 1817–1858 Leiter des israelitischen Krankenhauses, 1845–1853 zugleich Chefarzt des Christschen Kinderhospitals, von 1830–1848 Abgeordneter der Gesetzgebenden Versammlung Frankfurt a.M., war er jahrelang bemüht, die Entwicklung von Soden als Bad voranzubringen. Seine Schrift aus dem Jahre 1840 »Soden und seine Heilquellen« wurde wegweisend für alle folgenden Untersuchungen und Veröffentlichungen über das Bad und den Ort. Auch war die Geschichte Sodens ihm ein besonderes Anliegen.

In die Reihe der Ärzte, die sich um den Badeort Soden besonders verdient gemacht haben, gehören auch jene aus der Familie Thilenius. Zwei seien hier erwähnt, zunächst der Obermedizinalrat Johann Friedrich Heinrich Otto Thilenius (geb. 21.12.1800), der 1841 der erste Badearzt Sodens wurde, dort während der Kurzeit wohnte und als der eigentliche Begründer Sodens als Badeort gilt. Seinem Andenken ist das Denkmal im alten Kurpark gegenüber den Quellen VIa und VIb gewidmet.

Von Bedeutung für die Entwicklung des Badeortes war die Tätigkeit von Sanitätsrat Georg Heinrich Karl Julius Wilhelm Thilenius (geb. 9.4.1830), seit 1859 Badearzt in Soden (siehe Band: Leben aus den Quellen S. 95, 293). Ein Brief Pfarrer Jungs rühmt nicht nur seine ärztliche Kunst – war es ihm doch auch zu verdanken, daß zahlreiche russische Gäste nach Soden kamen – , sondern seine stete Hilfsbereitschaft für die Kranken sowie seine »opferwillige Hand«. Georg Thilenius erarbeitete das Balneologische Standardwerk seiner Zeit (1882), schuf den »Bäderalmanach«, einen europäischen

Bäderkalender, war Mitbegründer der »Balneologischen Section« der Gesellschaft für Heilkunde in Berlin (1878), deren 1. Vorsitzender er war. Georg Thilenius war außerdem Vertreter der Nationalliberalen Partei in Berlin, seit 1870 Mitglied des Preußischen Abgeordnetenhauses und seit 1874 Mitglied des Reichstags, Mitglied der Petitionskommission, mit Bismarck bekannt. Ihm verkaufte 1855 Herzogin Pauline von Nassau das »Paulinen–Schlößchen« (siehe Band: Leben aus den Quellen S. 71).

Auch seine zweite Frau, Helena Bronislawa Suminska, geb. am 23.4.1844 in Lomza in Polen, katholisch, die er am 15.11.1865 in Warschau geheiratet hatte, hat sich sowohl in der im Entstehen begriffenen katholischen Kirchengemeinde als auch im örtlichen Frauenverein engagiert. Aus den Akten der katholischen Pfarrei St. Katharina geht hervor, daß es ihr Bestreben war, auch die Frauen in die Verantwortung für die neu entstehende Pfarrei und die Gemeinde einzubeziehen. In diesem Anliegen unterstützten sie die Frau des Hoteliers Colosseus und die Schwester des Sanitätsrates Dr. Koehler. Dies mag mit der Grund gewesen sein, daß die Mitglieder des Frauenvereins sie nach dem Tode ihres Mannes 1885 zur Vorsitzenden des Vereins wählten, was dem damaligen evangelischen Pfarrer Jung nicht konvenierte, war doch der Frauenverein ursprünglich eine Institution der evangelischen Kirchengemeinde. Hauptgrund seiner Ablehnung war, daß sie in einer sogenannten Mischehe lebte. Deshalb war ihre Frömmigkeit für ihn bigott. Auch für die Ortsarmen engagierte sie sich. Darüber hinaus setzte sie sich für die Einrichtung der neuen katholischen Kapelle ein, sammelte und stiftete zusammen mit Frau Colloseus eine Pyxis (Hostienbehälter) und ein Weihrauchfaß. Ihr Sohn Georg Christian war Professor an der Universität Hamburg und des dortigen Museums für Völkerkunde, im Jahre 1900 nach verschiedenen Forschungsreisen Berichterstatter für Medizin auf der Pariser Weltausstellung.

Für die Hebung der Kurqualität in Soden setzte sich der Lungenspezialist Dr. David Rothschild (geb. 30.3.1875) ein. Von 1900 bis 1914 war er als Lungenfacharzt in Soden tätig, nachdem er zuvor die Israelitische Kuranstalt in Soden geleitet hatte. Aus seiner Praxis heraus entstanden zahlreiche Veröffentlichungen über Lungenerkrankungen und deren Bekämpfung. Seine Aktivitäten im Sodener Gemeinderat vor dem Ersten Weltkrieg sind besonders hervorzuheben.

In die gleiche Richtung zielte auch die Arbeit von Dr. August Haupt (1853–1908), der seit 1881 in Bad Soden wirkte. Auch von ihm erschien eine Reihe von Abhandlungen auf dem Gebiet der Tuberkulosebehandlung sowie über den Kurort Soden. Dr. Haupt war Mitgründer des Krughaus–Inhalatoruims.

In den Gesundheitsbereich gehören auch die Tätigkeiten der Hebammen des Ortes. In der Kriegsrechnung des Jahres 1814 ist in der »Urkund 26« eingetragen, daß die Frau des Franz Petermann, Amme in Soden, für Gänge nach Höchst und Diäten 9 fl 12 xr ausgezahlt bekam. Zur gleichen Zeit erhielt Medizinalrat Cramer von Höchst 30 fl für die Behandlung von Kranken in Soden. Im Hintergrund steht die Tatsache, daß im Herbst und Winter 1813/14 in Soden das Nervenfieber (Typhus) grassierte (von 67 Toten in 12 Monaten 42 am Nervenfieber gestorben). Auffallend ist, daß in der »Urkund 30« vermerkt wurde, daß nun der Rechner Heinrich Anthes für die Höchstgänge 24 fl 24 xr erhielt, aus »Urkund 31« ist ersichtlich, daß eine neue Hebamme ausgebildet wurde. Für deren Ausbildung hatte Medizinalrat Cramer 15 fl erhalten. Hatte Frau Petermann sich bei der Krankenpflege angesteckt und war gestorben? Eine Krankenschwester gab es damals in Soden noch nicht. Zwei weitere Hebammen sind bei den Sodenern noch in gutem Gedächtnis, die Amme Keller und ihre Nachfolgerin Frau Margarete Dinges (geb. 11.11.1877), in Soden nur »die Amm« genannt, eine Persönlichkeit, deren Geradheit und Können von allen geachtet wurde. Selbst den Ärzten war ihr Rat willkommen. Über 40 Dienstjahre war sie in Soden, Neuenhain und Altenhain tätig.

Besondere Achtung und Anerkennung fand in Soden die evangelische Diakonisse Martha Holzhauer (geb. 14.10.1900 in Düsseldorf), die vom 1. Februar 1929 an als Krankenschwester hier bis zum Jahre 1969 wirkte. 1967 feierte sie ihr goldenes Schwesternjubiläum. Eng arbeitete Schwester Martha mit Schwester Ottilie von St. Elisabeth, der katholischen Krankenschwester zusammen. Diese starb nach 12jähriger Tätigkeit in Soden im Alter von 47 Jahren am Jubiläumstag ihrer evangelischen Mitschwester.

Eine in Soden geachtete und mit viel Vertrauen bedachte Persönlichkeit war Frau Dr. Herta Naporra–Hughes (geb. 13.3.1910), die Tochter von Dr. Henry Hughes, praktische Ärztin und Badeärztin. 1952 übernahm sie den stellvertretenden Vorsitz im Burgberg–Inhalatoriumsverein und wurde 1964 dessen 1. Vorsitzende. Ihre Arbeit galt neben der umfangreichen örtlichen Allgemeinpraxis dem Ausbau des Burgberg–Inhalatoriums sowie wissenschaftlichen Untersuchungen über die Wirkung der Sodener Kurmittel. Als Stadtverordnete und Mitglied der städtischen Kurkommission brachte sie manche Anregung und wertvolle Vorschläge zur Entwicklung des Bades ein. Seit 1967 gehörte sie dem Verwaltungsrat der Kur–GmbH an und war lange Zeit dessen stellvertretende Vorsitzende.

Als ein Beispiel der Verknüpfung und Anwendung wissenschaftlicher Arbeit mit örtlichen Fragen gilt die Tätigkeit von Dr. Dr. h.c. Georg Dahmer. Dr. Dahmer (geb. 25.3.1879) leistete Bedeutendes auf dem Gebiet der Geologie und Paläontologie. Seine Untersuchungen befaßten sich u.a. auch mit der fossilen Tier- und Pflanzenwelt des Sodener Gebietes in Anwendung seiner Forschungsergebnisse über die älteren geologischen Ablagerungen des Rheinischen Schiefergebirges und des Oberharzes. Er war ehrenamtlicher Mitarbeiter der Preußischen Geologischen Landesanstalt in Berlin, der Senckenbergischen Naturforschenden Gesellschaft in Frankfurt a.M. und des Landesamtes für Bodenforschung in Wiesbaden. Die Liste seiner wissenschaftlichen Veröffentlichungen umfaßt über 70 Nummer. Mit seiner umfassenden geologischen und paläontologischen Sammlung fand er internationale Anerkennung. 1944 erhielt er die silberne Leibniz-Medaille der Preußischen Akademie der Wissenschaften. Die Johann Gutenberg-Universität in Mainz verlieh ihm den Dr. rer. nat. h.c. Dr. Dahmer hat auch mehrere Monate lang die Redaktion der Bad Sodener Zeitung geleitet und war ständiger Mitarbeiter des Sodener Jahrbuches sowie des Kurspiegels. Des öfteren machte er Führungen durch Soden und vor allem lag ihm der Baumbestand des alten Kurparks am Herzen. Er starb am 17. Juli 1954.

Zu den Bad Sodener Bürgern, deren wissenschaftliches Arbeiten ebenfalls vor allem für den Badeort in den letzten Jahrzehnten von Bedeutung war, gehörte in der Nachfolge der bedeutenden Ärzte Sodens aus den Familien Thilenius und Haupt vor allem der Badearzt Dr. Johannes Wiesner. Am 6. Januar 1917 in Brieg in Schlesien geboren, hatte er in Breslau, Würzburg und München studiert. Nach Kriegseinsatz und amerikanischer Gefangenschaft übernahm er als Heimatvertriebener zunächst in Norddeutschland verschiedene Arztvertretungen. Als ihm 1948 von der Stadt Bad Soden die Stelle des Arztes im Badehaus übertragen wurde, begann zugleich seine wissenschaftliche Arbeit auf dem

Gebiete der Balneologie. 1951 übernahm er die Praxis des verstorbenen Badearztes Dr. Otto Thilenius in der Königsteiner Straße 59. Mit dem Umzug der Praxis in die Parkstraße 38 im Jahre 1958 konnte er die Arbeit des 1950 gegründeten hiesigen Bäderinstitutes intensivieren, zumal dieses seit 1951 als »Heinrich–Vogt–Institut für Bäderheilkunde« von ihm privat weitergeführt wurde. Vom Hessischen Staatsministerium für Wirtschaft und Verkehr anerkannt, war es seit 1963 Mitglied der Internationalen Gesellschaft für Bäder- und Klimaheilkunde (siehe Band I, S. 46f). Die wissenschaftliche Arbeit Dr. Wiesners erstreckte sich nicht allein auf die Wirkung der Sodener Quellwasser bei Bädern und Inhalationen, wie z.B. auch die Untersuchungen der Wirkung des Sodener Sprudelgases als natürlichem Kohlesäuregas auf den menschlichen Körper bei Sprudelgasbädern. Auf diesen Arbeiten fußten drei Dissertationen, die Dr. Wiesner wissenschaftlich begleitete. Auch seine vergleichenden Untersuchungen der physikalischen Eigenschaften verschiedener Heilquellen in der näheren Umgebung von Bad Soden, Königstein und Bad Homburg, sowie einiger Quellen in Süddeutschland waren von Bedeutung. Über die Balneotherapie der Atemwege–Erkrankungen veröffentlichte er in verschiedenen europäischen Fachzeitschriften, u.a. in Paris (Villes de Eaux Europeennes, Tourisme et Thermalisme 1962 Nr. 1) seine Forschungsergebnisse. Auch erschienen Beiträge von ihm im Handbuch der Bäder- und Klimaheilkunde. Für den Badeort Bad Soden wichtig waren seine Stellungnahmen zur Praxis und Planung des Kurbetriebes, z.B. zum »Kurgutachten für Bad Soden« aus dem Jahre 1974, wenngleich auch die Entwicklung des Kurbetriebes nicht immer in seinem Sinne von den zuständigen Gremien betrieben wurde.

Dr. Wiesner war zugleich aber immer ein engagierter Arzt für seine Kur- und Ortspatienten. Ein guter Diagnostiker, war für ihn nicht nur das körperliche Krankheitsbild von Bedeutung, sondern der Patient in seiner Gesamtheit. Noch kurz vor seinem Tode am 25. März 1991 arbeitete er an einer Darstellung der schlesischen Heilbäder, den Bädern seiner Heimat, wiewohl er zuletzt fast erblindet war.

In der Reihe der Bürger, die sich durch ihre langjährige Tätigkeit und ihren persönlichen Einsatz die Achtung ihrer Mitbürger erwarben, dürfen jene nicht vergessen werden, die im Dienst des Nächsten sich engagierten. Hier sind vor allem zwei Frauen zu nennen, Frau Magda Säuberlich und Frau Maria Euler. Frau Säuberlich stand dreißig Jahre lang im Dienst der Diakonie und hatte von 1961 an den Vorsitz im Diakonie–Ausschuß der evangelischen Kirchengemeinde. In den ersten Jahren ihrer Tätigkeit nach Beendigung des Zweiten Weltkrieges engagierte sie sich vor allem für die Heimatvertriebenen. Ihr selbstverständlicher Einsatz galt immer den Schwächsten der Gesellschaft, wie dies im März 1977 bei ihrer Auszeichnung mit dem Kronenkreuz in Gold in den Grußworten zum Ausdruck kam. Vor ihrer Tätigkeit in Bad Soden hatte Frau Säuberlich schon in Leverkusen, Amsterdam und Sofia auf kirchlicher Ebene gewirkt.

Frau Maria Euler war als Jugend- und Familienfürsorgerin ausgebildet und als solche vom 15.10.1946 bis zum 30.9.1960 für die Diözese Limburg tätig, dann Leiterin der Kreiscaritas und zuletzt Leiterin des Kreisaltenheimes in Bad Soden. Von 1950 bis 1962 gehörte sie als Mitglied des Kreistages dem Kreisjugend- und Wohlfahrtsausschuß und der Fürsorgekommission, außerdem der Kreisaltenheim-Kommission an. Den Caritasverband in Bad Soden betreute sie bis Anfang der 80er Jahre. Als langjähriges Mitglied des Pfarrgemeinderates von St. Katharina war sie als sachkundige Vorsitzende des Kindergartenausschusses die treibende Kraft zum weiteren Ausbau des Max-Baginski-Kin-

Blick auf Soden um 1850 (Druck und Verlag von G. G. Lange in Darmstadt)

dergartens. Vier Jahre lang war Frau Euler Abgeordnete des Landeswohlfahrtsausschusses und sechs Jahre lang Schöffin beim Amtsgericht Frankfurt a. M..

Genannt seien hier auch drei Ehrenstadträte, denen Soden in seiner Entwicklung viel verdankt:

O.E. Stahl, ab 1908 in Soden ansässig, begann seine kommunalpolitische Laufbahn 1911. Ab 1914 war er – damals nach den Grundsätzen des Dreiklassenwahlrechts gewählt – Gemeindevertreter. Als zugezogener Außenseiter mußte er sich mit Hilfe eines Verwaltungsgerichtsurteils sein Mandat gegen den Widerstand der in Soden tonangebenden Gruppe erkämpfen. 1933 legte er sein Amt nieder, nachdem er zuvor versucht hat, alle Parteien im Gemeindeparlament zu halten, was durch die NS–Vertreter verhindert wurde. 1951 kehrte er dann wieder in die Gemeindearbeit zurück und wurde Magistratsmitglied, als solches Baudezernent und 1. Stadtrat. 1953 wurde ihm einstimmig der Titel »Ehrenstadtrat« verliehen. Auf seine Initiative ging auch die erfolgreiche Bohrung im Jahre 1953 in der Sulzbacher Straße zurück, mit der die jahrzehntelange Wassernot in Bad Soden zunächst behoben wurde.

Johann Malinowski wohnte seit 1913 in Bad Soden. Er war seit 1906 Mitglied der SPD. In der Kommunalpolitik war er seit 1923 tätig. 1933 mußte er auf Veranlassung der NS–Gemeinderäte sein Gemeindeamt aufgeben. 1935 schickten ihn die Machthaber wegen seiner weiteren politischen Tätigkeit 20 Monate lang in ein Konzentrationslager. In der Folge wurde er laufend überwacht. Besondere Verdienste erwarb Johann Malinowski sich nach Kriegsende im Zusammenhang mit der Lebensmittelversorgung des Ortes und der Unterbringung der Heimatvertriebenen. Sein Augenmerk galt vor allem den Notstandsfällen. Als Mitglied der Gemeindevertretung gehörte er der Wohnungskommission und der Kurkommission an. Ab Juni 1952 war er bis 1960 Magistratsmitglied. 1956 wurde ihm die Ehrenbezeichnung »Ehrenstadtrat« verliehen.

Christian Herber wohnte seit 1931 in Bad Soden. Am 25.4.1948 wurde er zum erstenmal als Kandidat der SPD in die Gemeindevertretung gewählt, am 6.4.1949 zum Stadtrat berufen. Ab 1960 war er Vertreter des Bürgermeisters. Herber war stets ein Mann des Ausgleichs. Seine herzliche und gerade Art brachte ihm Achtung und Freundschaft ein. Durch seine Initiative als Kulturdezernent hat er wesentlich dazu beigetragen, daß die städtischen Bade- und Kurbetriebe modernisiert wurden und so Bad Soden mit den übrigen Heilbädern Schritt halten konnte. Auch für den Wohnungsbau als Vorsitzender im Aufsichtsrat der Sodener Baugenossenschaft war er unermüdlich tätig.

Beschlossen werden soll diese Reihe Sodener Bürgerinnen und Bürger, die in diesem Gemeinwesen einen besonderen Beitrag für die Allgemeinheit geleistet haben, mit der Erinnerung an eine Frau, deren Besonderheit, wie bei so vielen Menschen in früherer Zeit, vor allem auch der Frauen, der selbstverständliche, selbstlose alltägliche Dienst in einer Familie über Jahrzehnte hin war, der Jüdin Mina Grünebaum (geb. am 19.10.1881 zu Ems). Am 1. April 1933 war sie 25 Jahre im Dienst der Familie des jüdischen Sodener Arztes Dr. Max Isserlin (siehe Band: Leben aus den Quellen S. 343ff) und hatte aus diesem Anlaß ein Anerkennungsschreiben des Reichspräsidenten von Hindenburg erhalten. In der Bad Sodener Zeitung hieß es an diesem Tag: »Der Jubilarin dürfte es an Gratulationen nicht fehlen.« In der Tat war Mina Grünebaum im Ort wohl bekannt und wegen ihres selbstlosen, aufgeschlossenen und immer hilfsbereiten Wesens beliebt. Am 10. November 1938 wurde sie mit den Einwohnern der jüdischen Kuranstalt aus Soden vertrieben und von Frankfurt aus in ein Konzentrationslager verschleppt. Sie wurde, 58 Jahr alt, in der Nähe eines Lagers bei Minsk wegen Entkräftung erschossen.

Anmerkungen und Zeichenerklärungen

Anmerkungen zu Kapitel I. 1 - 6 (Vor- und Frühgeschichte)

1 Ortsakte Altenhain u. Bad Soden im Landesamt für Denkmalpflege Hessen, Abteilung Archäologische Dankmalpflege, Wiesbaden – Fundbericht EV 84/31 – Wolfgang Wawrzyniak, Steinaxt aus dem Neolithikum, Fund in der Altenhainer Mühlhell. In: Bad Sodener Zeitung v. 22.2.1984

2 siehe Heft 1 der Materialien zur Bad Sodener Geschichte S. 78 Nr. 1: Nachweis: R. Stampfuß, Die jungneolith. Kulturen 1929,206; E. Sangmeister, Glockenbecherkultur 1951,97; Inventarbuch Museum Wiesbaden (MW), zus. mit Nr. 2/3; MW 38.52 (früher Bonn U 2081)

3 1 Pfund = 467 g; 1 Lot = 1/32 Pfund = 14,5 g; demnach 1415,5 g

4 Dr. Wilhelm Dorow, Opferstätte und Grabhügel der Germanen und Römer am Rhein, Zweite Abteilung: Weg von Soden nach der alten Veste Königstein S. 17, Wiesbaden 1821 – siehe auch: Georg Wolff, Die südliche Wetterau in vor- und frühgeschichtlicher Zeit mit einer archäologischen Fundkarte, Frankfurt a.M. 1913 S. 145 und Hammeran, Urgeschichte S. 95/ Adam Hammeran, Urgeschichte von Frankfurt am Main und der Taunusgegend, Frankfurt a.M. 1882

5 H. Vohl, Bestands-Verzeichnis des Nassauischen Heimatmuseums für Bad Soden und Umgegend 1925/26 Abteilung IA Bodenfunde

6 siehe Heft 1 der Materialien zur Bad Sodener Geschichte S. 78ff

7 nach Auskunft von Willi Müller, Bad Soden Zum Quellenpark 22

8 Heft 1 der Materialien zur Bad Sodener Geschichte S. 11

9 Michael Sturm, Grabhügel im Main-Taunus-Kreis und zugehörige Funde. Förderkreis für Denkmalpflege im Main-Taunus-Kreis e.V. 1987 S. 66

10 a.a.O. S. 66

11 a.a.O. S. 66f

12 a.a.O. S. 122

13 D. Kleipa, unveröffentl. Entwurf

14 Oppermann, Kronik Bad Soden, Taunus; handschriftliche Aufzeichnungen 1896/97 S. 55/ vergl. Heft 7 Materialien zur Bad Sodener Geschichte S. 90

15 Heft 1 der Materialien zur Bad Sodener Geschichte

16 M. Sturm, a.a.O. S. 68

17 Fritz-Rudolf Herrmann, Vermutete frühmittelalterliche Befestigung auf dem Burgberg - in: Frankfurt am Main und Umgebung, Führer zu archäologischen Denkmälern in Deutschland 19 Konrad Theiss Verlag Stuttgart 1989 S. 189

18 Nassauische Jahreshefte Zweites Heft 1923 Herausgeber H. Vohl Verlag August Christian, Bad Soden a.Ts. S. 13/14

19 Nassauische Jahreshefte Erstes Heft 1922 S. 6ff

20 H. Vohl, Nassauer Jahreshefte Zweites Heft 1923, Zur Vor- und Frühgeschichte von Bad Soden am Taunus und seiner Umgebung, Verlag August Christian Bad Soden a.Ts. S. 14f

21 Dr. S.F. Stiebel, Soden und seine Heilquellen, Verlag von Carl Jügel Frankfurt a.M. 1840

22 Dr. O. Volger, Soden's Schriftenschatz, Verlag August Christian Bad Soden a.Ts. 1885 S. 447

23 Materialien zur Bad Sodener Geschichte Heft 1: Bericht über die Grabung am ehemaligen Park-Hotel, J. Kromer, R. v. Nolting, Christian Röhr S. 96

24 Dr. August Haupt, Bemerkenswerthe Zeitläufe in der Vergangenheit des ehemaligen freien deutschen Reichsdorfes Soden mit einer Ansicht aus dem Jahre 1800, Druck u. Verlag von P.J. Pusch's Wwe. S. 4f

25 wie 24 S. 2

26 Dr. Wilhelm Dorow, Opferstätte und Grabhügel der Germanen und Römer am Rhein Zweite Abteilung, Zweite Auflage 1826 S. 20f

27 Georg Wolff, Die Südliche Wetterau in vor- und frühgeschichtlicher Zeit mit einer archäologischen Fundkarte / In Kommission bei L. Ravenstein Frankfurt a.M. 1913 S. 145

28 wie 23 Abb. 39/40, Zeichnung 9 S. 51, S. 53f

29 wie 23 S. 81 - 86

30 Heimatmuseum Bad Soden am Taunus

31 Dr. S.F. Stiebel, Soden und seine Heilquellen, Verlag von Carl Jügel Frankfurt a.M. 1840 S. 22

32 C.D. Vogel, Historische Topographie des Herzogthums Nassau, Herborn, gedruckt bei J. C. Kempf 1836 S. 302

33 Fred Schwind, Zur Geschichte des heute hessischen Raumes im Frühmittelalter, in: Helmut Roth/Egon Wamers, Hessen im Frühmittelalter, Verlag Jan Thorbecke Sigmaringen 1984 S. 34ff

34 Materialien zur Bad Sodener Geschichte Heft 1 S. 88 Nr. 70

35 wie 23 S. 86ff

36 Staatsarchiv Darmstadt, B 9 Nr. 678

37 Theodor Schüler, Culturhistorische Skizzen aus den Taunus-Bädern. - Soden; in: Wiesbadener Tageblatt vom 12., 14., 15. und 16.12.1886 Nr. 291-294

38 Johann Isaak von Gerning, Die Lahn- und Main-Gegenden von Embs bis Frankfurt antiquarisch und historisch, Wiesbaden 1821 S. 89

39 Oppermann, Kronik Bad Soden, Taunus 1896/97 handschriftliche Notiz von Ernst Butteron 1951 zu S. 57

40 Dr. S.F. Stiebel, Soden und seine Heilquellen, Verlag von Carl Jügel 1840 S. 21

41 Karl August von Cohausen, Wallburgen; in: Nassauische Annalen 17, 1882 S. 108/109

42 Führer zu archäologischen Denkmälern in Deutschland Band 19 Frankfurt a.M. und Umgebung, Fritz Rudolf Herrmann, Bad Soden am Taunus, Main-Taunus-Kreis, Vermutete frühmittelalterliche Befestigung auf dem Burgberg S. 187ff

Anmerkungen zu Kapitel II. (Die Urkunde von 1191)

1 Albrecht Eckhardt, Das älteste Bolander Lehnbuch, in: Archiv für Diplomatik, Schriftgeschichte, Siegel- und Wappenkunde, 22. Band 1976 S. 317ff – HHStA Wiesbaden Abt. 3004, C 33

2 Wilhelm Sauer, Die ältesten Lehnsbücher der Herrschaft Bolanden, Wiesbaden 1882 S. 54 – Dietrich Kleipa, Die Ersterwähnung der Orte des Main-Taunus-Kreises, Rad und Sparren, Zeitschrift des Historischen Vereins Rhein-Main-Taunus 1. Jahrgang Heft 1 Juni 1975 S. 10

3 wie 1 S. 318

4 Peter Acht, Mainzer Urkundenbuch 2. Band Darmstadt 1971 S. 882

5 wie 4

6 Dietrich Kleipa, a.a.O. S. 10

7 Paul Wagner, Die Eppsteinischen Lehensverzeichnisse und Zinsregister des XIII. Jahrhunderts, Wiesbaden und München 1928 S. 80, 94, 119, 31, 140

8 wie 7

9 wie 7

10 wie 7

11 Originalurkunde im Bayrischen Hauptstaatsarchiv München, Mainzer Urkunden Nr. 33; Druck: Peter Acht, Mainzer Urkundenbuch, 2. Band Teil 2 Darmstadt 1971 S. 922 Nr. 557 – Text

12 Archiv für Mittelrheinische Kirchengeschichte 8 Jahrgang 1956: Kurt Köster, Leben und Geschichte der Christina von Retters (1269 - 1291) S. 241f

13 Hartmut Bock, Kloster Retters, in: Kelkheim 1990 S. 34–82

14 Übersetzung aus dem Lateinischen: Otto Raven

15 Die bisher in das Jahr 1222 datierte Urkunde wird von Hellmuth Gensicke, Wiesbaden, in das Jahr 1221 datiert. Repertorium B 107/1 HHStA Wiesbaden

16 Wilhelm Sauer, Nassauisches Urkundenbuch Bd. 1, 1-3 Wiesbaden 1886f Nr. 380

17 Landesarchiv Koblenz, Bestand 162 Nr. 1402 Band II S. 254ff

18 BHStA München, Mainzer Urkunden Nr. 987

19 wie 18 Nr. 1364

Anmerkungen zu Kapitel III. 1–4 (Die Zeit von 1035–1450)

1 Paul Imm. Fuchs, Deutsches Wörterbuch auf etymologischer Grundlage, mit Berücksichtigung wichtiger Mundart- und Fremdwörter sowie vieler Eigennamen, Stuttgart Hobbing & Büchle 1898 S. 270/Adolf Bach, Deutsche Namenkunde, Heidelberg 1953 - der Sulzbach führte ursprünglich den Namen »Sode«, was wohl versumpfter Bach bedeuten sollte

2 Dr. Ernst Wasserzieher, Woher? Ableitendes Wörterbuch der deutschen Sprache, Ferd. Dümmlers Verlag Bonn 1963 S. 389

3 Übersetzung unter Berücksichtigung von S. Fay, Sulzbach. Das Reichsdorf, Gemeinde Sulzbach 1983 S. 87f und Fr. C. v. Moser, Die Reichs-Freyheit der Gerichte und Gemeinden Sulzbach und Soden gegen die neuerliche Chur-Mayntz- und Franckfurtische Vogtey- und Schutz-Herrliche Eingriffe erwiesen und verteidigt 1753, Urkunden und Beweißthümer I. S. 3

4 S. Fay, a.a.O. S. 89/HStA Marburg K 393. Naumburger Copiar, fol. 6 ff und fol. 20 f;

5 Urkundenbuch (UB) Frankfurt a. M. II n. 232

6 UB Frankfurt a. M. II n. 184 (1321) und n. 232 (1323)

7 UB Frankfurt a. M. II n. 232

8 siehe: Karl Siegfried Bader, Dorfgenossenschaft und Dorfgemeinde, Hermann Böhlhaus Nachfolger Weimar 1962 S. 28f

9 Bader, a.a.O. S. 34

10 Bader, a.a.O. S. 57

11 siehe: Band »Leben aus den Quellen« S. 248

12 E. Kaufmann, a.a.O. S. 65 – Moser, a.a.O. Anhang Urkunden XXV – C. Wagner, Eppsteiner Lehensverzeichnis S. 94/Nr. 217 – S. Fay, a.a.O. S. 107ff

13 BStA Würzburg, Mainzer Bücher, Königsteiner Copiar f. 75

14 wie 13

15 S. Fay, a.a.O. S. 110 und 119

16 E. Kaufmann, a.a.O. S. 13

[17] nach S. Fay, a.a.O. S. 121 und 193 – StA Frankfurt a. M. Mgb E 6/N 11 – HHStA Wiesbaden Abt. 4/Cop. 3b Sulzbach + Soden
[18] Moser, a.a.O. Urkunden und Beweißthümer II S. 4
[19] HHStA Wiesbaden Abt. 4/1/6 – 1349
[20] Moser, a.a.O. Urkunden und Beweißthümer III/5.5
[21] G.A. v. Lersner, Chronika Bd. II S. 615
[22] HHStA Wiesbaden Abt. 4 VIII b, 1 Weistum von 1418 (nach Kaufmann)
[23] Moser, a.a.O. Urkunden und Beweißthümer XXIV
[24] nach E. Kaufmann, Geschichte und Verfassung . . . S. 14
[25] Otto Stamm, Die Herrschaft Königstein S. 22
[26] Moser, a.a.O. Urkunden und Beweißthümer IV
[27] nach E. Kaufmann, Geschichte u. Verfassung . . . S. 15
[28] Moser, a.a.O. Urkunden und Beweißthümer V
[29] Moser, a.a.O. Urkunden und Beweißthümer VI
[30] Moser, a.a.O. Urkunden und Beweißthümer VII
[31] HHStA Wiesbaden Abt. 4 VIIIb, 21 – Moser, a.a.O. Urkunden u. Beweißthümer
[32] Moser, a.a.O. Urkunden und Beweißthümer VIII
[33] Moser, a.a.O. Urkunden und Beweißthümer IX
[34] Moser, a.a.O. Urkunden und Beweißthümer X
[35] S. Fay, Sulzbach, Das Reichsdorf Sulzbach 1983 S. 131
[36] HHStA Wiesbaden Abt. 4/ IIIa, 2
[37] Johann Henrich Reiff von Soden, Abschriften der Privilegien (handschriftlich) 1751 – Moser, a.a.O. Urkunden und Beweißthümer XIII
[38] HHStA Wiesbaden Abt. 4/VIIIb, 21
[39] W.H. Struck, E. Kaufmann: Geschichte . . . Nassauische Annalen Nr. 64/1953 S. 204
[40] Moser, a.a.O. Urkunden und Beweißthümer XI
[41] Moser, a.a.O. Urkunden und Beweißthümer XII
[42] W.H. Struck, E. Kaufmann: Geschichte... wie 5
[43] wie 8
[44] Moser, a.a.O. Urkunden und Beweißthümer XIX
[45] E. Kaufmann, Geschichte . . . S. 18
[46] Moser, a.a.O. Urkunden und Beweißthümer XVI S. 15
[47] Moser, a.a.O. Urtheile und Beweißthümer XVI S. 15
[48] E. Kaufmann, Geschichte . . . S.19 Anm. 25
[49] Moser, a.a.O. Urkunden und Beweißthümer XVII S. 16
[50] Moser, a.a.O. Urkunden und Beweißthümer XVIII
[51] Moser, a.a.O. Urkunden und Beweißthümer XIX

Anmerkung zu Kapitel IV. 1-4
(Die Zeit von 1450 bis zum Bergsträsser Recess)

[1] W. H. Struck, E. Kaufmann, Geschichte . . . Nass. Annalen Nr. 64/1953
[2] E. Kaufmann, a.a.O. S. 20 Anm. 26
[3] Moser, a.a.O. Urkunden und Beweißthümer XXX S. 18/siehe auch Sigi Fay, Sulzbach. Das Reichsdorf I S. 144ff
[4] W. H. Struck, E. Kaufmann, Geschichte . . . Nass. Annalen Nr. 64 1953 S. 204
[5] HHStA Wiesb. XVI/1/Bl. 34 – Struck, Nassauische Annalen Nr. 64 1953 S. 204

[6] S. Fay, Sulzbach, Das Reichsdorf S. 155f
[7] StA Frankfurt Mgb E 6 Nr. 23
[8] S. Fay, a.a.O. S. 157
[9] Dr. Karl Bücher, Die Bevölkerung von Frankfurt am Main im XIV. und XV. Jahrhundert 1. Band Tübingen 1886 S. 686f - HHStA Wiesb. XV, 80
[10] Dr. Philipp Friedr. Schulin, Die Frankfurter Landgemeinden Frankfurt a. M. 1895 S. 244
[11] S. Fay, a.a.O. S. 168f
[12] S. Fay, a.a.O. S. 184
[13] Solmser Urkunden bearbeitet von Friedr. Battenberg, Darmstadt 1981 Repertorien des Hessischen Staatsarchivs Darmstadt, Bibliothek des Hauptstaatsarchivs Wiesbaden VII, 601
[14] wie 13 Nr. 1502 S. 1464
[15] W. H. Struck, a.a.O. S. 203
[16] wie 15
[17] HHStA Wiesb. Abt. 4 Nr. 54
[18] HHStA Wiesb. Abt. 4 Nr. 51
[19] HHStA Wiesb. Abt. 4 Nr. 52
[20] S. Fay, a.a.O. S. 176f
[21] Johan Henrich Reiff, Die Sodener Privilegien, Handschrift S. 65
[22] wie 21 S. 65
[23] wie 21 S. 66 – Moser, a.a.O. Urkunden und Beweißthümer XXVI
[24] O. Raven, Neuenhain . . . S. 67
[25] Moser, a.a.O. S. 15 § 21
[26] E. Kaufmann, a.a.O. S. 28 Anm. 46
[27] HHStA Wiesb. Abt. 4 Ia 1 – E. Kaufmann, a.a.O. S. 26 Anm. 42
[28] HHStA Wiesb. Abt. 4 Ia 1 – E. Kaufmann, a.a.O. S. 26 Anm. 42
[29] W. H. Sruck, E. Kaufmann . . . S. 204 in: Nass. Annalen Nr. 64 1953
[30] HHStA Wiesb. Abt. 4 / IV b 16 – E. Kaufmann, a.a.O. 27 Anm. 43
[31] Moser, a.a.O. S. 45
[32] Moser, a.a.O. S 45 Frankfurter Ratsprotokoll
[33] wie 32
[34] wie 32
[35] Oppermann, Kronik Bad Soden, Taunus Materialien zur Bad Sodener Geschichte Heft 7 S. 274ff
[36] Moser, a.a.O. Urkunden und Beweißthümer XXVIII S. 27ff
[37] E. Kaufmann, a.a.O. S. 29 Anm. 47–50
[38] HHStA Wiesbaden Abt. 4 VIa 2 – E. Kaufmann, a.a.O. S. 29f
[39] Moser, a.a.O. Urkunden und Beweißthümer XXXII
[40] HHStA Wiesb. Abt. 4 IX, 15
[41] Moser, a.a.O. Urkunden und Beweißthümer XXXIII
[42] HHStA Wiesb. Abt. 4 IX, 16
[43] HHStA Wiesb. Abt. 4 IX, 16
[44] Moser, a.a.O. Urkunden und Beweißthümer XXXIII S. 56
[45] Moser, a.a.O. Urkunden und Beweißthümer XXXIV
[46] Moser, a.a.O. Urkunden und Beweißthümer XXXV S. 68
[47] Moser, a.a.O. Urkunden und Beweißthümer XXXV S. 73
[48] Moser, a.a.O. Urkunden und Beweißthümer XXXV S. 74
[49] Moser, a.a.O. Urkunden und Beweißthümer XXXV S. 84
[50] Moser, a.a.O. Urkunden und Beweißthümer XXXV S. 85
[51] Moser, a.a.O. S. 22
[52] Moser, a.a.O. Urkunden und Beweißthümer XXXVI

Anmerkungen zu Kapitel V. 1–14 (Die Sodener Saline)

Die Salinengeschichte wurde auf der Grundlage des von Otto Raven erarbeiteten und von Dietrich Kleipa ergänzten Entwurfes erstellt.

1 C.D. Vogel, Historische Topographie des Herzogthums Nassau, Herborn 1836 S. 301f

2 H. Koehler, Der Curort Soden und seine Umgebungen, Frankfurt a. M. 1868 S. 26 – Otto Thilenius, Sodens Heilquellen, Frankfurt a. M. 1850 S. 32f (die Jahresangabe 775 ist ein Druckfehler) – Friedr. Wilhelm Grandhomme. Der Kreis Höchst a. M. in gesundheitl. und gesundheitspolizeil. Beziehung einschließl. einer geschichtl. und geolog. Beschreibung des Herzogthums Nassau, 1843 S. 868 – Karl Glöckner, Codex Laureshamensis, 3. Band, Darmstadt 1936 Urkunde Nr. 3335 – Wilhelm Sauer, Codex diplomaticus Nassoicus, Nassauisches Urkundenbuch, 1. Band, Wiesbaden 1885 S. 18 Urkunde Nr. 49 – Wolf-Arno Kropat, Die Wetterau als Königslandschaft von der Karolingerzeit bis zum Ende der Stauferzeit. In: Bad Homburg v. d. Höhe 782 – 1982, Bad Homburg 1983 S. 92

3 HHStA Wiesb. Abt. 4 Nr. 19 – Otto Raven, Aus der älteren Geschichte der Saline in Bad Soden. In: Rad und Sparren 1977 Heft 1 (4) S. 12/13

4 Stadtarchiv Frankfurt a.M. XV, K. Nr. 53

5 Moser, a.a.O. Urkunden und Weißthümer XI – Text siehe Kap. III, 4

6 HHStA Wiesb. Abt. 4 Urkunden Kopialbuch XVI, 3 Sulzbach/Soden Privilegia

7 Lersner, Chronica . . . I S. 462

8 HHStA Wiesb. Abt. 4,36

9 HHStA Wiesb. Abt. 4,39

10 Lersner, a.a.O. I S. 462 Priv. Civit. pag. 361

11 HHStA Wiesb. Abt. 4,53

12 Lersner, a.a.O. II S. 620

13 Adolf Schneider, Die Geschichte des Salzhandels zu Frankfurt am Main im 18. und 19. Jahrhundert unter besonderer Berücksichtigung der Salzquellen zu Soden, Bückeburg 1934 S. 22/23

14 siehe Anm. 13 S. 54/55

15 HHStA Wiesb. Abt. 4, Nr. 309

16 HHStA Wiesb. Abt. 4, 310 Belehnungsvertrag von 1491 (zwischen den Akten von 1617) Abschrift

17 siehe Anm. 15: 1493, fol. 13

18 siehe Anm. 15: 1496, fol. 43, 48

19 siehe Anm. 15: 1503, fol. 78

20 siehe Anm. 15: 1549, fol. 80, 83, 90, 98

21 siehe Anm. 15: 1567, fol. 18

22 siehe Anm. 15: 1567 und Lersner, a.a.O. II S. 621

23 Lersner, a.a.O. II S. 621

24 siehe Anm. 15: 1582, fol. 101

25 HHStA Wiesb. Abt. 4, 281

26 HHStA Wiesb. Abt. 4, 310

27 HHStA Wiesb. Abt. 4, 281

28 Datum siehe Text der Salinenzeichnung von 1615

29 siehe Anm. 13 Schneider, a.a.O. S. 27

30 HHStA Wiesb. 3011, 1131 H. Salinenzeichnung von 1615. Das alte Siedhaus ist hier irrtümlich auf der anderen Seite des Kronberg/Sulzbacher Weges eingezeichnet

31 siehe Anm. 13, Schneider, a.a.O. S. 60

32 siehe Anm. 31

33 HHStA Wiesb. Abt. 4, 163

[34] Otto Raven, Der Beidenauer Hof und die Rote Mühle. In: 750 Jahre Altenhain im Taunus 1982, Bad Soden 1982 S. 41–43

[35] HHStA Wiesb. Abt. 4, 700

[36] wie 35

[37] Alexander Dietz, Frankfurter Handelsgeschichte, 4. Band 2. Teil 1925 S. 740

[38] Adolf Schneider, a.a.O. S. 33

[39] Gemeindearchiv Sulzbach HA/2. Sulzbacher Höfisches Gerichtsweistum S. 61

[40] wie 39 S. 62 f

[41] HHStA Wiesb. Abt. 4, 702

[42] Moser, a.a.O. Urkunden und Beweißthümer XXXIV S. 65

[43] A. A. Lersner, a.a.O. Teil I S. 463

[44] möglich Quelle VIc oder d

[45] Adolf Schneider, a.a.O. S. 34–36, 63/64

[46] Adolf Schneider, a.a.O. S. 37

[47] Die zu den Akten HHStA Wiesb. Abt. 4, 331 gehörende Zeichnung von 1691 liegt jetzt bei den Akten Abt. 4, 332 (vorn)

[48] Werkbuch des Johann Henrich Reiff 1703 begonnen Heimatmuseum Bad Soden a.Ts. B 74

[49] Materialien zur Bad Sodener Geschichte Heft 1 1986 Joachim Kromer/Rudolf v. Nolting/Christian Röhr, Bericht über die Grabung am ehemaligen Park-Hotel

[50] Adolf Schneider, a.a.O. S. 38

[51] wie 50

[52] wie 50 S. 42

[53] Fried Lübbecke, Kleiners Florierendes Frankfurt, Frankfurt 1940, S. 63 – Adolf Schneider, a.a.O. S. 35

[54] Heinrich Koehler, Der Curort Soden am Taunus und seine Umgebungen, Frankfurt 1868 S. 35

[55] Otto Raven, Sodener Rebellion. In: Main-Taunus-Kalender 1957 S. 49–53

[56] HHStA Wiesb. Abt. 4, 788

[57] Gemeinderechnungen Soden 1769, 1770. HHStA. Wiesb. Abt. 4, 790, 791, 792

[58] Karl Roßbach, Geschichte der Freien Reichsdörfer Sulzbach und Soden, Soden 1924. Neudruck 1981 S. 97–99

[59] Adolf Schneider, a.a.O. S. 39/40

[60] Wilhelm Frischholz, Der Salzstreit in Bad Soden 1774 bis 1776. In: Kurspiegel Bad Soden am Taunus Nr. 7 v. 14.6.1952 Stadt Bad Soden a.Ts. S. 15–19

[61] wie 60

[62] Adolf Schneider, a.a.O. S. 52

[63] HHStA Wiesbaden Abt. 210 Nr. 5141

[64] HHStA Wiesb. Abt. 210 Nr. 5127

[65] Heinrich Koehler, a.a.O. S. 37

[66] Anton Kirchner, Ansichten von Frankfurt am Main, der umliegenden Gegend und den benachbarten Heilquellen, 2. Teil Frankfurt a.M. 1818 S. 195

[67] Adolf Schneider, a.a.O. S. 41

[68] Soden in Nassauer Zeit, Führer durch die Sonderausstellung 1985 Magistrat der Stadt Bad Soden a.Ts. Die Sodener Saline am Anfang des 19. Jahrhunderts

[69] Umzeichnung des Salinenplanes von 1800 in: Oppermann a.a.O. 1897 S. 121

[70] Heinrich Schweinsberg, Die Heilquellen zu Soden im Herzogtum Nassau, Gotha 1831 S. 19

[71] wie 69 S. 88

[72] Jakob Müller, Neue Bodenfunde beim Parkhausbau. In: Jahreschronik Bad Soden a.Ts. 1983 S. 47/48

[73] wie 65 S. 37

[74] Alexander Dietz, Frankfurter Handelsgeschichte, Band 1, Frankfurt a.M. 1910 S. 124

75 Umzeichnung des Salinenplanes von 1800 bei Oppermann, Kronik Bad Soden, Taunus 1897, handschriftlich und Materialien zur Bad Sodener Geschichte Band 7
76 Oppermann, a.a.O. Vereinigter Situationsplan
77 HHStA Wiesb. Abt. 3011 Nr. 1906 V: Karte von 1824 – Verbesserter Situationsplan in Materialien zur Bad Sodener Geschichte Heft 1 von Joachim Kromer S. 41

Anmerkungen zu Kapitel VI. 1–3 (Die Zeit der Frankfurter und Kurmainzer Kondominalherrschaft von 1656 bis 1803)

1 Moser, a.a.O. XXXV
2 Moser, a.a.O. XXXVI
3 HHStA Wiesb. Abt. 4 IVc, 4
4 Moser, a.a.O. XXXVII
5 Moser, a.a.O. XXXVIII
6 Moser, a.a.O. XXXIX
7 Moser, a.a.O. XL
8 Moser, a.a.O. XLI
9 Moser, a.a.O. XLII
10 HHStA Wiesb. Abt. 4 VIIIe, 5
11 wie 10
12 HHStA Wiesbaden Abt. 4 Gemeinderechnungen Soden
13 Stadtarchiv Bad Soden a.Ts. U1
14 Moser, a.a.O. XLV/XLIV
15 HHStA Wiesb. Abt. 4 V u. VI, 1
16 HHStA Wiesb. Abt. 4 Urkunden Grimm IV, 561
17 HHStA Wiesb. Abt. 4 VIIIb, 1 u. V, 2
18 HHStA Wiesb. Abt. 4 13,47
19 siehe E. Kaufmann, a.a.O. S. 35ff
20 Karl Roßbach, Geschichte der Freien Reichsdörfer Sulzbach und Soden, Verlag der Christian'schen Buchhandlung, Inhaber M. Böcking Bad Soden i.T. Nachdruck 1981
21 Karl Roßbach, Geschichte der Freien Reichsdörfer Sulzbach und Soden Verlag der Christian'schen Buchhandlung Bad Soden i.T. 1924 S. 93
22 Otto Raven, a.a.O. S. 242f
23 E. Kaufmann, a.a.O. 102ff
24 HHStAW Abt. 4 IX, 7
25 wie 24
26 HHStAW Abt. 4 IVb, 19
27 HHStAW Abt. 4 IVL, 19 – E. Kaufmann. a.a.O. S. 48
28 HHStAW Abt. 4 XIII, 40
29 E. Kaufmann, a.a.O. S. 49
30 Münchener Wochenblatt Nr. XIX 1790
31 HHStAW Abt. 4 XIII, 40
32 HHStAW Abt. 4, XIII, 40
33 HHStAW Abt. 4 XIII, 40
34 wie 33
35 Wiesbadener Tageblatt Nr. 291 v. 14.12.1886 S. 16

Anmerkungen zu Kapitel VII. 1–2 (Soden in Nassauer Zeit)

1 HHStA Wiesb. Abt. 4 XIII, 47
2 E. Kaufmann, a.a.O., S. 54 Anm. 98
3 AG d. Gynas. Oberstufe Schwalbach, Soden im Kriegsjahr 1797, 1986
4 E. Kaufmann, a.a.O. S. 54 Anm. 99
5 E.Kaufmann, a.a.O. S. 55/ HHStA Wiesb. Abt. 4 XIII, 47
6 wie 5
7 HHStA Wiesb. 5/100
8 Des Teutschen Volkes feuriger Dank- und Ehrentempel oder Beschreibung wie das aus zwanzigjähriger französischer Sklaverei durch Fürsten-Eintracht und Volkskraft gerettete Teutsche Volk die Tage der entscheidenden Völker- und Rettungsschlacht bei Leipzig am 18. und 19. Oktober 1814 erstenmale gefeiert hat. Gesammelt und herausgegeben von Karl Hoffmann zu Rödelheim. Auf Kosten des Herausgebers, Offenbach, gedruckt mit Brede'schen Schriften 1815 S. 640f
9 Oppermann'sche Chronik in der Ausgabe Materialien zur Bad Sodener Geschichte Heft 7 S. 139
10 F. Küster, Soden und seine Heilquellen . . ., Hadamar im Verlage der neuen Gelehrten= Buchhandlung 1820
11 Heinr. Schweinsberg, Die Heilquellen zu Soden im Herzogthum Nassau, Gotha Verlag von Georg Friedrich Krug 1831
12 Soden in Nassauer Zeit, Führer durch die Sonderausstellung aus Anlaß der Einrichtung eines Sodener Heimatmuseums im Jahre 1910, Bad Soden a.Ts. 1985; alle diesbezüglichen folgenden Angaben nach den Ausstellungsunterlagen des Heimatmuseums Bad Soden a. Ts.
13 Rolf Faber, Herzogtum Nassau 1806–1866, Nassauische Sparkasse 1981 Verlag Kultur und Wissen Wiesbaden S. 81
14 Chronik der evangelischen Kirchengemeinde Soden S. 19ff
15 Carl Vogt, Der achtzehnte September in Frankfurt, Im Auftrage der Clubbs der Linken vom Deutschen Hofe und vom Donnersberge, geschildert von Carl Vogt, Abgeordneter von Gießen, Frankfurt a. M., Literarische Anstalt (J. Rütten) 1848 S. 33 – Franz Neuland, Proletarier und Bürger, Arbeiterbewegung und radikale Demokratie 1848 in Frankfurt a. M., Herausgeber: Deutscher Gewerkschaftsbund Frankfurt a. M. 1973
16 wie 14 S. 27
17 wie 14 S. 35, 47, 51
18 wie 14 S. 23, 44
19 wie 14 S. 55ff

Anmerkungen zu Kapitel VIII. 1–2
(Soden unter preußischer Regierung 1866–1918)

1 Chronik der Volks=Schule zu Soden a.T. S. 109ff
2 Pfarr=Chronik der ev. Kirchengemeinde Bad Soden a.Ts. S. 141ff
3 Vierzehn Kaiser- und Vaterlands-Lieder, Düsseldorf Druck und Verlag von L. Schwann – Festlieder, Verlag von Karl Stracke, Buchhandlung Hagen i. W.

Anmerkung zu Kapitel IX. 1–5 (Die Zeit der Weimarer Republik)

1 Der Darstellung der Zeit von 1918–1933 liegt der Band der Materialien zur Bad Sodener Geschichte Heft 6 zugrunde, den der Autor dieses Chronikbandes mit der Co-Autorin Brigitte Dörrlamm 1989 verfaßt hat. Die Dokumente und Unterlagen zu diesem Band befinden sich im Archiv der Stadt Bad Soden a. Ts.

Anmerkungen zu Kapitel X. 1–4 (Die Zeit des Dritten Reiches)

1 Dieser Abschnitt wurde im wesentlichen von dem Kapitel XI des Materialienheftes 6 »Bad Soden a. Ts. 1918–1933«, das der Verfasser zusammen mit der Co-Autorin Brigitte Dörrlamm 1989 erarbeitet hat, übernommen und erweitert.

2 siehe: Materialien zur Bad Sodener Geschichte Heft 4: Joachim Kromer, 10. November 1938

3 Im Sterberegister der Stadt Bad Soden sind unter dem Datum des 25.8.1942 5 Personen eingetragen, die sämtlich im Hause Kronberger Straße 17 gewohnt haben und deren Todesstunde mit 2 Uhr angegeben ist:
Karl Anton Meckel, Harald Schleich, Frieda Czekala geb. Hoogestraat, Brigitte Czekala und Dr. Karl Otto Johannes Zippel.

4 Im Sterberegister der Stadt Bad Soden sind unter dem Datum des 27.3.1945 3 Personen eingetragen, bei denen der Vermerk »vor dem Hause Alleestraße 14« oder »vor dem Hause Alleestraße 23« hinzugefügt ist und deren Todesstunde mit 13.45 Uhr angegeben ist:
Ludwig Heinrich Johann Karl Müller, vor dem Hause Alleestraße 23, Johann Georg Scheer, vor dem Hause Alleestraße 14, Anna Maria Otto, vor dem Hause Alleestraße 14. Unter der Uhrzeit 16.20 Uhr ist der Tod von Rosalie Scheuren geb. Finkelmeier »durch Schußverletzung« eingetragen.

Anmerkungen zu Kapitel XII. 1–5 (Aus den Gemeindeakten)

1 Butteron S. 122
2 Butteron S. 123
3 HHStAW Abt. 4, 526 XIII, 13 S. 4
4 wie 3 S. 48
5 wie 3 S. 42
6 wie 3 S. 67
7 wie 3 S. 87
8 wie 3 S. 89
9 wie 3 S. 96
10 wie 3 S. 98
11 wie 3 S. 190
12 wie 3 S. 222
13 HHStAW Abt. 425, 110/111
14 wie 13 111
15 HHStAW Fach 64/2
16 HK (Höchster Kreisblatt) 1893 Nr. 14
17 alle Angaben StABS Sammelband VI
18 wie 14

19 BSZ v. 18.7.1908 Nr. 80

20 HK v. 13.7.1908 Nr. 160

21 BSZ v. 14.7.1908 Nr. 160

22 Schreiben des Kreisausschusses Höchst o.D. StABS Sammelband VI

23 Abschrift des Briefes an die Gemeinde Soden Sammelband VI

24 Abschrift des Briefes an Reg. Präs. Wiesbaden vom 11.8.1924 Eingang 6.9.1924 Pr. I.2.G. 1868/A 6417

25 HK Nr. 184 v. 11.8.1924

26 Freie Presse v. 5.8.1924 Nr. 181

27 Verfügung v. 22.2.1899 – I.N. A 942

28 Verfügung v. 10.2.1905 A 5338/Tgb. Nr. 2197

29 Pr. I.2.G. 2116 v. 24.7.1922

30 3.7.1922 Tgb. Nr. 1252

31 Brief v. 7.8.1924 an Reg. Präs. Sammelband VI

32 Brief v. 11.8.1924 Reg. Präs. Eingang 6.9.1924 A 6417 Sammelband VI

33 HK Nr. 184 v. 11.8.1924 – Freie Presse v. 5.8.1924 Nr. 181

34 siehe Band 1 Leben aus den Quellen S. 191, 199 und 206

35 Nassovia 1914 15. Jahrgang S. 75

36 HK v. 24.7.1939 Hundert Jahre Sodener Rathaus (ck). In diesem Artikel werden auch die Namen der bedeutenden Kurgäste des Paulinenschlößchens aus den Fremdenlisten des Hauses, die Dr. W. Thöne zusammengetragen hat, genannt: Prinzessin Maria v. Reuß, die Familie des Fürsten Hohenlohe=Oehringen, des Herzogs von Ujest in Schlesien, Fürst Victor Barjatinsky, Nachkomme des Normannen Rurk=Roderich, der im Jahre 862 das Zarenreich begründet hatte, Fürst Wladimir Mescherzky und Frau, Berater Kaiser Alexanders III., Graf Nikolaus Lambsdorff, russischer Minister des Äußeren, der Graf Orloff, Fürst Charkowsky (1869), Prinzessin Himscheff mit den beiden Prinzessinnen Wassiltschikoff (1870), Prinzessin Tscherbatoff mit einer Prinzessin Dolorouky (1871), Reichsrat Fürst Urussoff (1876, 1878 und 1880), Graf Moltke, die Familie des Fürsten Bismarck (5. Juni bis 10. Juli 1872) (siehe auch Band 1 Leben aus den Quellen S. 73)

37 FNP (Frankfurter Neue Presse) v. 5.6.1957, BSZ v. 15.10.1959, FR (Frankfurter Rundschau) v. 12.10.1959, FNP v. 3.10.1959, HK v. 9.9.1959 und 12.10.1959.

38 Carl Presber, Sodener Fremdenführer 1873 Wiesbaden

39 Carl Presber, Sodener Fremdenführer 5. Auflage Frankfurt a.M. 1885 S. 57

40 Dr. med. August Haupt, Soden am Taunus, Ein Ratgeber und Führer während des Kuraufenthaltes 2. Auflage Würzburg 1892/Führer durch Bad Soden im Taunus 1893 Selbstverlag der Kurverwaltung/Bad Soden a. Ts., Seine Heilbäder und deren Bedeutung XV. Auflage Gemeinde- u. Kurverwaltung unter Mitwirkung des Ärztevereins

41 Schreiben der 6 Gemeindeverordneten vom 2. Juni 1926 StABS S 1

42 Schreiben des Reichsstädtebundes Berlin Königgrätzer Str. 81 vom 3.6.1926 Nr. 2375 T/Hs StABS S 1

43 Erläuterung zu Punkt 6 der Gemeindevertretersitzung vom 14.7.1926 StABS S 1

44 Schreiben des Gemeindevorstands Bad Soden an den Minister des Innern in Berlin vom 10.9.1926 Tgb. Nr. 805 mit 3 Anlagen StABS S 1

45 Beschluß des Gemeinderates vom 25.10.1926, Landtagsabgeordnete um deren Unterstützung für den Antrag zu bitten; benannt wurden: Paul Röhle, Frankfurt a.M., Gewerkschaftshaus, Emil Goll, Frankfurt a.M. Zoologischer Garten, die Herren Wick, Oberursel und Generaldirektor Lammers

46 Ablehnende Antwort des Preuss. Ministers des Innern vom 6.12.1926 IV.a.II. 1569 auf den Bericht vom 10.11.1926 – Pr. I.2.G. 2878 und Weitergabe durch den Regierungspräsidenten in Wiesbaden vom 17.12.1926 – Pr.I.2.G. 3270 sowie des Landrats in Höchst vom 29.12.1926 D.V.d.K.A.-A. 8826 StABS S 1

47 Kenntnisnahme des Gemeinderates vom 10.1.1927 von dem ablehnenden Bescheid des Ministers des Innern vom 6.12.1926 – IV.a.II.1659 StABS S 1

48 Kreis-Archiv des Main-Taunus-Kreises 020–05

49 Zorn, Abb. 234a – auch Nr. 247a ohne J.ang.

50 Zorn, Abb. 240

51 HHStAW Abt. 1140 A. Höchst Tit II N. 16

52 wie 51

53 HHStAW 425, 110 v. 19.11.1887/Bekanntmachung der Wiederwahl von Bürgermeister Busz v. 16.4.1905

54 HHStAW 404, 922

55 AdMTK (Archiv des Main-Taunus-Kreises) Nr. 3778

56 AdMTK 46–8

57 AdMTK Nr. 37–38 (A 1208 v. 15.10.1937) vorgelegt am 24.5.1937

58 AdMTK Nr. 46–8 (A1208)

59 AdMTK Nr. 46–8 Reg. Präs. I 2 Nr. 3004 II/37

60 HHStAW 404, 1348

61 Der Mag. d. Stadt Bad Soden Abt. I Akt.-Z. D/Wo v. 5.3.1954

62 AdMTK 46–8 Tgb. Nr. ST.A. zu 844/54 Dr. Ddt v. 23.2.1954

63 Der Landrat des MTK Tgb. A.Nr. 159/54 an den Mag. d. Stadt Bad Soden v. 12.5.1954/Erlaß v. 26.4.1954 Az.: IV b(2)–3k 06 – Tgb. Nr. 1847/54

64 HHStAW Tgb. Nr. III 1/2a/Bö v. 10.10.1978

65 Der Hessische Minister des Innern IV A 23 – 3k 06 – 44/78 v. 26.10.1978

66 Der Hessische Minister des Innern IV A 23 – 3k 06 – 47/80 v. 18.8.1980 mit Urkunde v. 18.8.1980

Anmerkungen zu Kapitel XIII. 1–2 (Eisenbahn – Post)

1 Nassauisches Verordnungsblatt Jg. 1845 Nr. 10 S. 109

2 HHStAW 250/12 NR. 149

3 Bericht des Schultheißen Langhans vom 8.1.1846 der Herzogl. Receptur zu Höchst vom 5.1.1846 mit Aufstellung der Ablösungssumme und der Herzogl. Nassauischen General-Domänen-Direction an den Herzogl. Recepturbeamten, Hofkammerrath Schüler in Höchst vom 21.7.1846 ad Num. G.D.D. 8794

4 nach Heusinger

5 Bericht der Taunusbahn für 1869

6 Taunus-Zeitung vom 24.5.1906 Nr. 60 Soden, 22. Mai

7 Ludwig Börne, Gesammelte Schriften Band VIII Aus meinem Tagebuche, Hamburg 1832 und »Börne's Leben« von Karl Gutzkow, Hamburg 1840 S. 206 Supplement zu Börne's sämtl. Schriften

8 500 Jahre Post Thurn und Taxis Ausstellungskatalog 1990 S. 112

9 wie 8 S. 170/171

10 wie 8 S. 258

11 Archiv für Postgeschichte, Sonderheft 1984 S. 30

12 Fürstlich Thurn und Taxissches Zentralarchiv Postakten 7156 Herzogthum Nassau Postexpedition Soden (Errichtung der Expedition und deren Besetzung und Schriftwechsel aus den Jahren 1842 bis 1862) und Postakten Nr. 17 (Generalien 1841/1842), Postakten Nr. 97 (20. Juni 1842)

13 wie 12 Rescript ad N 5033/4355

14 wie 12 ad Sum. E. Nr. 1358/1362

15 wie 12 A 9337

16 wie 12 Nr. 3083 E. N. 4026

17 siehe: Rudolf v. Nolting, Aus der Postgeschichte von Bad Soden zusammengestellt nach Unterlagen der Deutschen Bundespost Juli 1988 (Begleitblatt zur Ausstellung)

Anmerkungen zu Kapitel XIV. 1–4 (Die Flurnamen der Sodener Gemarkung)

1 H. Vohl, Nassauische Jahreshefte, Verlag J. Pusch, Bad Soden a.Ts. 1923 2. Heft S. 16

2 wie 1 S. 17

3 Fuchs, Deutsches Wörterbuch auf etymologischer Grundlage Stuttgart 1898

4 Wasserzieher, Woher Hannover/Hamburg/Kiel/München 1963 S. 109

5 StABS Sammelband XVI

6 vergl. Raven, Neuenhain, Chronik eines Dorfes Neuenhain 1971 S. 533–535

7 HHStAW Abt. 4 Nr. 168

8 wie 7 und Raven S. 533–535/HHStAW Abt. 3011 Karte 980 und 1368

9 HHStAW Abt. 4 Nr. 169

10 H. Vohl, Nassauische Jahreshefte Verlag J. Pusch Bad Soden a.Ts. Heft 4 S. 24ff

11 wie 10 Heft 2 1923 Zur Vor- und Frühgeschichte von Bad Soden am Taunus und seiner Umgebung II. Die Sodener altgermanische Malstatt S. 13ff

12 wie 11 II. Kap. S. 13 ff

13 Das Wasser der Salinenquelle (Quelle VII Major) mußte auf die Gradierwerke gehoben werden. Dazu nutzte man den Neuenhainer Sulzbacharm, die Sültz genannt (die Wiesen nahe dem heutigen Bahnhofsgelände hießen: In der Sültz). Um einen gleichmäßigen Wasserlauf für die »Wasserkunst«, ein Mühlrad mit einem Hebewerk, zu gewährleisten, legte man oberhalb der Saline 3 Weiher an, den »Froschweiher« (in der Nähe des späteren Kurhausgeländes bei dem heutigen Parkausgang gelegen), den mittleren Weiher (oberhalb der heutigen Paul-Reiss-Straße im Geländewinkel der Parkstraße) und den »Fisch- oder Rabenweiher« (an der Gemarkungsgrenze über der Königsteiner Straße gegen Neuenhain zu). »Rabenweiher« hieß letzterer deshalb, weil ein Mann namens Rab dort seinen Bruder im Streit ertränkt haben soll.

Anmerkungen zu Kapitel XV. 1–2 (Personen der Sodener Geschichte)

1 Otto Renkhoff, Nassauische Biographie – Veröffentlichungen der Histor. Komm. für Nassau XXXIX/Bad Sodener Zeitung ab 1949/Frankfurter Neue Presse 12, 1957/Protokolle der Gemeindevertretung Bad Soden a. Ts./StABS Akten Hauptamt ab 1945/Joachim Kromer, Chronik der katholischen Pfarrgemeinde St. Katharina Bad Soden a.Ts. 1982/Pfarr-Chronik der evangelischen Kirchengemeinde Band I S. 105

Europawahl Juni 1979 – Gesamtstadt

SPD	2649 Stimmen	(29,8 %)	–	CDU	4841 Stimmen	(54,5 %)	–
F.D.P.	1049 Stimmen	(11,8 %)	–	DKP	22 Stimmen	(0,02 %)	–
EAP	10 Stimmen	(0,01 %)	–	CBV	18 Stimmen	(0,02 %)	–
Zentrum	10 Stimmen	(0,01 %)	–	Die Grünen	278 Stimmen	(3,1 %)	–

Wahlbeteiligung 68,8 %

Kernstadt

SPD 1229, CDU 2165, F.D.P. 472, Die Grünen 115 Stimmen

Landtagswahl vom 5.4.1987 – Gesamtstadt

SPD	2878 Stimmen	(25,61 %)	–	CDU	5853 Stimmen	(52,08 %)	–
F.D.P.	1490 Stimmen	(13,26 %)	–	Die Grünen	1004 Stimmen	(8,93 %)	–
DKP	14 Stimmen						

Kernstadt

SPD 26,99 % – CDU 50,84 % – F.D.P. 13,17 % – Die Grünen 8,9 %

Einwohnerzahlen von Bad Soden
(Kernstadt)

um	1500	ca.	200	Einwohner		
um	1600	ca.	300	Einwohner		
um	1760	ca.	400	Einwohner		
	1797		447	Einwohner		
um	1820	ca.	500	Einwohner		
um	1830		639	Einwohner	– 103 Häuser	
um	1860		1200	Einwohner		
	1873		1400	Einwohner	– 223 Häuser	
	1875		1398	Einwohner		– 308 Haushaltungen
	1880		1368	Einwohner		
um	1900		1700	Einwohner	– 260 Häuser	
um	1910		2000	Einwohner		
	1916		2513	Einwohner		
	1919		2738	Einwohner		
	1925		3200	Einwohner		
	1939		3818	Einwohner		
	1948		6600	Einwohner		
	1956		7217	Einwohner		
	1991		11097	Einwohner		

Berichtigung zu Band »Leben aus den Quellen«
In dem Band »Leben aus den Quellen« S. 349 sind in der Liste der Personenstandsaufnahme vom 11.10.1937 noch irrtümlich die Nr. 1 Ida Beith und die Nr. 24 Adolf Kallner aufgeführt. Beide waren schon vor diesem Datum verstorben. Sie sind auf dem jüdischen Friedhof in Bad Soden begraben (vergl.: Heft 3 der Materialien zur Bad Sodener Geschichte S. 204).

Register

Abbildungsnachweis

Die vorliegenden Abbildungen stammen aus dem Bestand des Bad Sodener Heimatmuseums und wurden von Rudolf von Nolting und Hans Joachim Kromer reproduziert.
Wo in der Bildunterschrift die Bezeichnung HHStAW erscheint, sind die Bildvorlagen vom Hessischen Hauptstaatsarchiv in Wiesbaden. Die Bilder der Urkunde von 1191 sowie von deren Siegel wurden vom Bayerischen Hauptstaatsarchiv München zur Verfügung gestellt.

Weg nach den drei Linden
Burgberg
Kath. Kirche
Kurhaus
B
Ku
önigstein